Bernd Hamm • **Die soziale Struktur der Globalisierung**

DIE SOZIALE STRUKTUR DER GLOBALISIERUNG

ÖKOLOGIE, ÖKONOMIE, GESELLSCHAFT

Bernd Hamm

mit Beiträgen von Daniel Bratanovic, Andrea Hense, Sabine Kratz, Lydia Krüger und Melanie Pohlschneider

KAI HOMILIUS VERLAG, 2006
Globale Analysen Band 4

Wer sind wir? Wo kommen wir her? Wohin gehen wir? Was erwarten wir? Was erwartet uns? Viele fühlen sich nur als verwirrt. Der Boden wankt, sie wissen nicht warum und von was. Dieser ihr Zustand ist Angst, wird er bestimmter, so ist er Furcht. Einmal zog einer weit hinaus, das Fürchten zu lernen. Das gelang in der eben vergangenen Zeit leichter und näher, diese Kunst ward entsetzlich beherrscht. Doch nun wird, die Urheber der Furcht abgerechnet, ein uns gemässeres Gefühl fällig. Es kommt darauf an, das Hoffen zu lernen. Seine Arbeit entsagt nicht, sie ist ins Gelingen verliebt statt ins Scheitern. Hoffen, über dem Fürchten gelegen, ist weder passiv wie dieses, noch gar in ein Nichts gesperrt. Der Affekt des Hoffens geht aus sich heraus, macht die Menschen weit, statt sie zu verengen, kann gar nicht genug von dem wissen, was sie inwendig gezielt macht, was ihnen auswendig verbündet sein mag. Die Arbeit dieses Affekts verlangt Menschen, die sich ins Werdende tätig hineinwerfen, zu dem sie selber gehören. Sie erträgt kein Hundeleben, das sich ins Seiende nur passiv geworfen fühlt, in undurchschautes, gar jämmerlich anerkanntes. Die Arbeit gegen die Lebensangst und die Umtriebe der Furcht ist die gegen ihre Urheber, ihre grossenteils sehr aufzeigbaren, und sie sucht in der Welt selber, was der Welt hilft; es ist findbar.

Ernst Bloch: „Das Prinzip Hoffnung“

Für Frank und Martin

Globale Analysen

Globalisierung ist ein umfassender Prozess, der kaum einen Aspekt unseres Lebens als Individuen, Gruppen oder Gesellschaften unberührt lässt. Er ist in fachwissenschaftlichen Spezialisierungen nicht zu fassen. Er verweist auf eine Zukunft, von der wir nur wissen, dass sie sich in beschleunigendem Tempo entfaltet. Sie wird durch die Spannungen in einem dialektischen Prozess bestimmt: Auf der einen Seite das neoliberale Dogma des entfesselten Marktes, für den Konkurrenz das alles herrschende Gestaltungsprinzip ist, für den die Bereicherung der Stärkeren und der Untergang der Schwächeren gerecht sind. Auf der anderen Seite steht die Antithese, die positive Utopie der Nachhaltigen Entwicklung, die Solidarität, soziale Gerechtigkeit und Menschenrechte, bescheidenes Sich-einrichten in den Bedingungen der Natur, Sorge für Mitmenschen und Umwelt unverzichtbare Errungenschaften der Zivilisation sind. Die Reihe Globale Analysen will dazu beitragen, diesen konfliktreichen Entwicklungsprozess zu untersuchen und zu verstehen. Sie will bewusst machen, dass der neoliberale Weg uns in die Katastrophe treibt. Sie will hervorheben, dass wir dem nicht hilflos ausgeliefert sind. Solches Verstehen ruft nach Alternativen, und solche Alternativen sind real, sind machbar, wenn wir, wenn wir Menschen sie wollen.

Bernd Hamm, Rainer Falk, Lydia Krüger – Die Herausgeber

Für ihre fleißige und sorgfältige Mitarbeit bei der technischen Umsetzung dieses Buches danke ich ganz besonders Jessika und Saskia.

Kai Homilius

IMPRESSUM

Kai Homilius Verlag
Christburger Strasse 4, 10405 Berlin
Tel.: 030 28 38 85 10 / Fax: 030 28 38 85 18
www.kai-homilius-verlag.de
Email: home@kai-homilius-verlag.de

Autor: Bernd Hamm
Cover: Joachim Geißler
Satz: KM Design, Berlin
Druck: Ueberreuter Tschechien
ISBN: 3-89706-603-3
Preis: € 19,90

Die Internetseite zum Buch: www.bernd-hamm.uni-trier.de

Die Deutsche Bibliothek-CIP-Einheitsaufnahme

Bernd Hamm
Die soziale Struktur der Globalisierung;
Hamm, Bernd – Berlin:
Kai Homilius Verlag, 2006

ISBN 3-89706-603-3 Ne: GT

Inhalt

Vorwort

Die „Struktur moderner Gesellschaften" (Hamm 1996) ist seit kurzem vergriffen. Nach nun beinahe zehn Jahren liegt eine Überarbeitung vor, in der das Erkenntnisinteresse und der grundsätzliche Aufbau zwar beibehalten wurden, die aber weit über eine bloße Aktualisierung hinausgeht. Geblieben sind der normative, an Nachhaltiger Entwicklung interessierte Ansatz und die Auffassung von Gesellschaft als einer über mehrere Ebenen hin verwobene und interdependente Struktur.

Die Hoffnung, damit (und mit Band 2: Siedlungs-, Umwelt- und Planungssoziologie) eine „ökologische Soziologie" begründen zu helfen, war vergebens. Sie hätte über die Reichweite einer Bindestrich-Soziologie hinausgreifen, hätte Soziologie in den weiteren Bezugsrahmen der Ökologie, menschliche Gesellschaft in den Naturzusammenhang einbinden wollen, in den sie gehört. Nach meinen mannigfachen Erfahrungen in disziplinübergreifenden Arbeitszusammenhängen mehr denn je überzeugt von der Notwendigkeit einer solchen Wendung, bleibt festzustellen, dass die fachinterne Reaktion auf diesen Vorschlag nahe bei Null lag. Der Trend geht in entgegen gesetzter Richtung: Die Soziologie, an einigen Universitäten bereits als eigenständiges Fach abgeschafft, kämpft unter der verordneten Zwangsamerikanisierung um ihr Überleben, indem sie sich an die neuen politischen Vorgaben so nahtlos wie möglich anpasst, sich disziplinär einkapselt, zuweilen sich anbiedert, zuweilen esoterisch wird.

Das Programm, zu einer humaneren, gerechteren, solidarischen Weltgesellschaft beizutragen, die sich ihrer ökologischen Grenzen bewusst ist, hat an Aktualität und Bedeutung nur zugenommen. Ausgangspunkt unseres Fragens nach Gesellschaft ist die erschreckend zunehmende Zerstörung der natürlichen Lebensgrundlagen – das hat sich in den vergangenen zehn Jahren zumindest global nicht geändert. Wir haben Grund zu der Annahme, dass „ökologische Probleme" in erster Linie solche der sozialen Organisation, der Abhängigkeiten, Institutionen, Entscheidungsprozesse und Machtverteilungen sind. So begründet sich der Zusammenhang zwischen Globalen Problemen und Sozialstruktur.

Dieser Band setzt auf den *Ebenen Weltgesellschaft, Europa und Deutschland* an und versucht, nach einer genaueren Diagnose der Überlebenskrise, eine makroskopisch angelegte Untersuchung der Struktur moderner Gesellschaften unter dem Erkenntnisinteresse an globaler Zukunftsfähigkeit. Sie richtet sich auf die wichtigsten sozialen Institutionen der jeweiligen gesellschaftlichen Ebene und wird den Nachweis führen, dass und warum diese Institutionen wenig geeignet sind, einen Wandel hin zu zukunftsfähiger Entwicklung zu befördern. Am Ende wird eine Vorausschau auf die wahrscheinliche Zukunftsentwicklung unter weiter so geltenden Bedingungen versucht und es werden aktuelle Reformvorschläge diskutiert.

Der vorliegende Band soll in erster Linie Studierenden eine *Analyse der Struktur moderner Gesellschaften* an die Hand geben. Er soll anderen, auch Praktikern und allgemein Interessierten Anregungen und Diskussionsstoff liefern. Er ist entstanden aus Vorlesungen, die ich seit fast zwanzig Jahren für Studierende des Grundstudiums der Pädagogik, der Soziologie und der Wirtschaftswissenschaften an der Universität Trier gehalten habe. Nun herrscht kein Mangel an Büchern zur Sozialstrukturanalyse. Deshalb ist deutlich zu machen, worin sich der vorliegende Ansatz von diesen unterscheidet:

- Sein Ausgangspunkt ist *normativ.* Zentral ist das Anliegen, einen Weg zu einer zukunftsfähigen Gesellschaft (sustainable development) zu suchen. Das Problem, zu dessen Lösung er beitragen will, besteht in der Gestaltung einer menschen- und gesellschaftswürdigen, friedlichen, zukunftsfähigen, demokratischen Umwelt. Das Erkenntnisinteresse ist daher *praktisch.* Diese Überlegungen begründen die wissenschaftstheoretische Position, die in diesem Buch eingenommen wird, und auch, warum wir uns vor klaren Wertungen nicht zurückhalten (können). „Ausgewogenheit" kann nicht unser Ziel sein, wenn damit gemeint ist, dass zwar häufig und laut vorgetragene, aber dennoch falsche oder irrelevante Argumente nicht genügend Raum finden. Im Übrigen werden Studierende unentwegt mit Positionen konfrontiert, denen die unsere kritisch gegenübersteht; wir brauchen die hier nicht zu wiederholen. Bleibt festzustellen, dass auch andere Sozialstrukturanalysen normativ argumentieren, ohne freilich die Grundlage ihrer Wertungen offen zu legen. In aller Regel geht aus den Texten hervor, dass sie das Bestehende auch für das Richtige halten. Hier unterscheiden wir uns deutlich.
- Die Analyse wird in vier Schritten vorgenommen: Zunächst werden die *begrifflichen und theoretischen Grundlagen* formuliert („Vorklärungen"). Dann wollen wir sehen, ob, warum und in welcher Hinsicht von einer *Krise,* gar einer solchen der Weltgesellschaft, zu sprechen ist. Drittens ist zu untersuchen, welche *Institutionen* auf welche Weise zu dieser krisenhaften Entwicklung beitragen bzw. sie nicht verhindern. Viertens schließlich ist nach *Alternativen* zu fragen: Welche Veränderungen – auf den hier untersuchten Ebenen – wären erforderlich, um womöglich eine Umkehr hin zu einer zukunftsfähigen Welt zu schaffen? Oberflächlich betrachtet vollzieht sich diese Untersuchung weit entfernt von dem, was viele für den eigentlichen Kern jeder ernsthaften Sozialstrukturanalyse halten: der *Klassenanalyse.* Aber es wird sich herausstellen, dass Macht- und Verteilungskonflikte am ehesten geeignet sind, den Zustand der Welt über die bloße Beschreibung hinaus zu erklären. Wir erheben keine Einwände, wenn jemand darin eine – im weiteren Sinn – Klassenanalyse, auch eine Kritik der bürgerlichen Gesellschaft erkennt.
- Im Gegensatz zu anderen Sozialstrukturanalysen beschränken wir uns nicht auf die Untersuchung einer nationalen Gesellschaft, vielleicht mit wenigen Hinweisen auf darüber hinausweisende Entwicklungen. Vielmehr betrachten wir die *nationale Ebene von Gesellschaft als eine der vielen möglichen,* nicht einmal unbedingt die überzeugendste, in jedem Fall aber als eine abhängige. Während sonst die Definition von Gesellschaft als nationale impliziert, dass dieser Ebene ein bedeutendes Maß an souveräner Selbstbestimmung und

Unabhängigkeit zukäme, gehen wir davon aus, dass wesentliche Entwicklungsbedingungen für die nationale Ebene von der europäischen und der globalen Ebene gesetzt werden und national faktisch nicht direkt beeinflußt werden können. Insofern fühlen wir uns der *Weltsystemtheorie* in ihren verschiedenen Ausprägungen verpflichtet. Aus diesem Grund haben wir einen makroanalytischen Ansatz gewählt und die globale vor die europäische, diese vor die nationale Perspektive gestellt.
- Im Gegensatz zu anderen Sozialstrukturanalysen widmen wir ideologiekritischen Argumenten relativ viel Raum. Wir halten dies für nötig, weil uns am Verständnis des *wirklichen* Funktionierens von Gesellschaft liegt und dieses insbesondere im Bereich der Institutionen in aller Regel durch ideologische Selbstinterpretation verstellt wird. Um Gesellschaft verstehen zu können, müssen wir durch diesen ideologischen Nebel hindurch gehen.

Die *didaktische Konzeption* wurde verändert. War die „Struktur moderner Gesellschaften" noch ganz betont als Lehrbuch konzipiert und mit Weiterführender Literatur, Übungsaufgaben etc. darauf ausgerichtet, so haben wir mit der vorliegenden Überarbeitung mehr die zunehmende Bedeutung elektronischer Medien bedacht. Wer das Buch gründlich durcharbeiten oder auch nur einzelne seiner Spuren im Internet intensiver verfolgen möchte, kann problemlos mit jeder Suchmaschine die jeweiligen Institutionen finden; dazu geben wir für jedes Kapitel Stichworte für die eigene Recherche an. Zudem machen wir einen ersten Schritt hin auf interaktives Lernen: Wir haben auf meiner Internet-Startseite zahlreiche Materialien, darunter auch ein Glossar, Übungs- und Klausuraufgaben, aber auch zusätzliche und weiterführende Quellen eingestellt, die laufend ergänzt werden.

www.bernd-hamm.uni-trier.de

Eine Reihe von Problemen konnten wir nicht auf für uns befriedigende Weise lösen:
- Der durch den linearen Verlauf der Sprache erzwungene Aufbau des Buches und seiner Argumente steht in einem unlösbaren Widerspruch zur inneren *Einheit der Dinge,* zum Neben- und Ineinander, die damit beschrieben werden sollen. Wir versuchen, der realen Komplexität der Welt nicht aus dem Weg zu gehen, und dennoch zwingt uns die Sprache zu drastischen Vereinfachungen und linearem Aufbau. Der Ansatz ist der Absicht nach *holistisch.* Aber selbst die Begriffe, die wir verwenden, die Logik des gedanklichen Aufbaus, das Verständnis von wissenschaftlicher Argumentation sind zutiefst abhängig und eingebunden in die *westlich-kapitalistische Kultur.* Wir können das feststellen, uns aber nicht davon lösen.
- Der Anspruch einer universell gültigen wissenschaftlichen Vorgehensweise zum Verstehen der Welt ist in sich selbst Ausdruck eines Herrschaftsverhältnisses. Der analytisch-positivistische Begriff von Wissenschaft, der alles unter das Gebot der Zahl zwingen und andere als mathematisierbare Zusammenhänge nicht akzeptieren will, ist in unserem Verständnis wesentlich mitver-

antwortlich für den Zustand der Welt. Dieses kritisch anzumerken, setzt uns jedoch noch nicht in die Lage, dem immer auch konsequent eine Alternative entgegensetzen zu können.

- Unbefriedigend bleibt der *Umgang mit quantitativen Daten:* Obwohl uns klar ist und wir darauf auch immer wieder hinweisen, wie problematisch nicht nur die Messgenauigkeit, sondern auch Gültigkeit und Verlässlichkeit der Operationalisierungen vor allem im Vergleich zwischen Ländern sind, war es doch undenkbar, ohne solche Daten auszukommen. Wir haben im Gegenteil ausgiebigen Gebrauch von den uns zugänglichen Quellen gemacht und sind doch die Zweifel nicht losgeworden, ob wir damit tatsächlich zur Präzisierung beigetragen haben.
- Das Buch ist in Aufbau und Logik, in der Wahrnehmung von und Sensibilität für Themen und Probleme und ihre Verknüpfungen, in seiner unvermeidlichen Beschränktheit das Buch eines *Mannes* geblieben. Mir bleibt nur, auf dieses Defizit deutlich hinzuweisen. Um das nicht zu verschleiern, sind wir durchgehend bei der männlichen Sprachform geblieben.

Wir haben uns große Mühe gegeben, *Fach- und Spezialjargon zu vermeiden* und so anschaulich wie möglich zu bleiben. Wir halten nichts vom „Herumturnen in den Ästen selbst errichteter semantischer Bäume“ (so einmal Renate Mayntz über Niklas Luhmann). Fremdsprachige Zitate sind meist ohne weitere Kennzeichnung von uns übersetzt worden – an wenigen Stellen, wo uns Authentizität von besonderer Bedeutung schien, haben wir die Originalsprache Englisch belassen. Bei den Quellenangaben haben wir einen Kompromiss angestrebt: Bücher, Beiträge in Fachzeitschriften und längere, sehr ausführliche Texte aus der Presse haben wir im Literaturverzeichnis aufgeführt; zahllose Informationen, die wir der Tagespresse, dem Internet oder anderen Massenmedien entnommen haben, bleiben unzitiert – sie hätten den Apparat um ein Mehrfaches aufgebläht. Die Quellenseite zu jedem Kapitel dient dem weiteren Selbststudium; die Quellen stützen zum Teil unsere Argumentation, sie sind aber mehrheitlich zur kritischen Konfrontation damit gedacht. Bei Prozentangaben haben wir im Allgemeinen auf die Stelle hinter dem Komma verzichtet, um nicht einen Präzisionsgrad vorzuspiegeln, den die Qualität der Daten nicht hergibt. Angaben über Preise haben wir (außer in Zitaten) in Euro umgerechnet, auch wenn viele internationale Quellen sie in US$ angeben. Bei der Frage, wie jener Teil der Welt zu bezeichnen sei, den man früher „Entwicklungsländer“ (Dritte Welt, Süden, Mangelgesellschaften usw.) bzw. andererseits „Industrieländer“ nannte (hoch entwickelte, postindustrielle, Überflussgesellschaften usw.) haben wir keine durchgehend einheitliche Lösung angestrebt. Jeder Begriff hat entschiedene Mängel, so dass wir alle verwenden – selbst „Entwicklungsländer“, weil die gemeinte Gruppe von Ländern nicht zögert, sich selbst (z.B. im VN-System) so zu bezeichnen. Wir halten auch die „reichen Länder“ (in denen ja keineswegs alle reich sind) nicht für besonders „entwickelt“ in einem Sinn, der unserem Weltverständnis entspräche. Zuweilen verwenden wir das „wir“ für die reichen Länder und wollen damit zum Ausdruck bringen, dass auch wir persönlich, wenn auch als Kritiker, zu diesem Teil der Welt gehören.

In vielen Semestern haben sich Studierende mit verschiedenen Fassungen der Vorlesung auseinandergesetzt und mir mit kritischen Kommentaren geholfen. Andrea Hense hat die Kapitel „Bevölkerung“ und „Ungleichheit“ neu entworfen, Lydia Krüger das Kapitel „Ökonomische Krise“ neu verfasst. Sabine Kratz hat Materialien für die Neufassung der Kapitels „Soziale Sicherung“ und „Zukünfte“ geliefert; Melanie Pohlschneider hat mich bei der Überarbeitung des Kapitels „Ökologische Krise“ unterstützt; und Daniel Bratanovic hat zur Fertigstellung aller Kapitel beigetragen. Wir alle haben das gesamte Buch mehrfach diskutiert und Entwürfe kritisiert. An der „Struktur moderner Gesellschaften“ (1996) hatten neben Lydia Krüger und Sabine Kratz auch Sabine Frerichs, Anja Krippes, Klaus von Raussendorff, Stefan Rumpf und Dirk Zeeden mitgewirkt. Ihre Spuren sind inzwischen so sehr verwischt, dass ich sie für das vorliegende Buch nicht mehr in Anspruch nehmen mag. Peter Atteslander hat das „Anomie“-Kapitel kritisch kommentiert, Rainer Falk die Kapitel „Ökonomische Krise“ und „Wirtschaft“. Eine überaus fruchtbare und anregende Diskussion mit Andre Gunder Frank hatte gerade wieder begonnen, als er nach langer Krankheit am 23. April 2005 starb – sie hat sich vor allem im Kapitel über Wirtschaftliche Institutionen niedergeschlagen. Viele Gespräche mit Bernhard Schäfers und Johan Galtung sind in den Text mit eingeflossen, ohne dass ich sie genau zuordnen könnte. Ihnen allen bin ich zu Dank verpflichtet. Kai Homilius, meinen Verleger, will ich gerne darin einschließen.

Trier, im August 2005, Bernd Hamm

Vorklärungen

In diesem Kapitel werden das Erkenntnisinteresse, wichtige Fragestellungen und Begriffe und die wissenschaftstheoretische Position der folgenden Sozialstrukturanalyse behandelt. Ausgangspunkt ist die *globale ökologische Krise,* gegen die als Antithese der Begriff der *zukunftsfähigen, nachhaltigen Entwicklung* gesetzt wird. Wir diskutieren, was „Gesellschaft" sei und zeigen daran, dass Begriffe interessengebunden sind; dass nur die Weltgesellschaft genau definiert werden kann und dass es sinnvoll ist, Untereinheiten aus dem spannungsvollen Verhältnis zwischen äußerer Abhängigkeit und innerer Struktur zu verstehen. Anschließend legen wir dar, was wir unter Sozialstruktur und ihrer Analyse verstehen, in welchem Verhältnis sie zu Verhalten und Handeln steht und welche Rolle Globalisierung dabei spielt. Das führt uns zu unserem Erkenntnisinteresse, das mit dem Begriff Nachhaltige Entwicklung bezeichnet wird. „Gesellschaft" wird als die uns Menschen spezifische Weise aufgefasst, unseren Stoffwechsel mit der Natur, also unsere Ökonomie, zu organisieren. „Umwelt" wird verstanden in ihrer Qualität als Ressource wie in ihrer Qualität als Raum. Am Ende des Kapitels stehen einige Bemerkungen zum Menschenbild, das unserer Arbeit zu Grunde liegt.

1.
Gesellschaft, Sozialstruktur, Zukunftsfähigkeit

1.1 Was ist Gesellschaft?

1.1.1 Definition von Gesellschaft

Was ist Gesellschaft? *Gesellschaft,* so wollen wir definieren, *ist eine Mehrzahl von Menschen, die vieles miteinander gemeinsam haben: Sprache, Kultur, Institutionen, Geschichte, ein Wir-Gefühl, also Identifikation, ein Gebiet, das sie bewohnen, samt seiner Infrastruktur.* Die vieles miteinander gemeinsam haben und deshalb miteinander in Beziehung stehen, so müsste man ergänzen, wobei „miteinander in Beziehung stehen" genauer bedeutet, dass sie etwas *austauschen:* Informationen, Geld, Gefühle, Befehle, Berührungen, Worte, Gesten etc. Die Gemeinsamkeiten der Sprache, der Institutionen etc. sind die Bedingung dafür, dass der Austausch gelingt. Wenn wir solche Gemeinsamkeiten mit anderen Menschen nicht haben (z.B. gleiche Sprache, gleiche Institutionen etc.), dann ist der Austausch mit ihnen zwar nicht unmöglich, aber viel schwieriger, und deshalb ist er seltener.[1] Gemeinsamkeiten schließen ein (nach innen, „uns") und schließen aus (andere, „sie"), sie definieren Grenzen zwischen Innen und Außen. Grenzen sind die Voraussetzung für die Bestimmung, wer dazu gehört und wer nicht.[2]

Gesellschaft wird meistens alltagssprachlich, aber auch in vielen soziologischen Texten, gleichgesetzt mit dem *Nationalstaat* als nationale Einheit in staatlichen Grenzen. Das ist keineswegs die einzige Möglichkeit, und oft auch gar nicht befriedigend. „Wir Deutsche" haben eine gemeinsame historische Erfahrung. In unserem Fall, Deutschland, beginnt diese gemeinsame Geschichte formal mit der Reichsgründung 1871 (man fragt sich: vorher keine deutsche Gesellschaft? Was war z.B. mit dem Heiligen Römischen Reich deutscher Nation?). Es handelt sich – außer in den Jahren des Nationalsozialismus – um ein föderalistisches Gebilde (sind dann auch die Länder Gesellschaften? Immerhin gab es nach dem Dreißigjährigen Krieg über 300 kleine Fürstentümer, Königreiche oder freie Städte; bis 1934 eine Staatsbürgerschaft der Länder!). Zwischen 1949 und 1990 war diese gemeinsame Geschichte durch die Teilung unterbrochen (war Deutschland zwei Gesellschaften?). Wir haben, damit zusammenhängend, eine gemeinsame Kultur, sofort erkennbar an der gemeinsamen Sprache, und das galt auch, bei einigen Einschränkungen, während der Jahre der Teilung (aber was ist mit den Deutschsprachigen in anderen Ländern?). Wir haben ein gemeinsames Territorium mit völkerrechtlich anerkannten Grenzen (aber im Verlauf

1 – vgl. auch den Begriff von Gesellschaft in anderen Sozialstrukturanalysen, z.B. bei Schäfers, 2004 oder in soziologischen Wörterbüchern wie z.B. Endruweit,/Trommsdorff, 2002, 195 ff.

2 – Für eine eingehende Diskussion dieses Themas vgl.: Kneer/Nassehi/Schroer (Hg.), 2001

historischer Ereignisse war das immer wieder etwas anderes). Bei genauerem Hinsehen wird *jeder Bestandteil der auf den Nationalstaat bezogenen Definition unsicher.*[3]

Die *historische Bedingtheit* solcher Begriffe miterwähnen bedeutet gleichzeitig, sie auch für die Zukunft nicht als statisch und unveränderbar anzusehen. Was wird die deutsche Gesellschaft der Zukunft sein? Wir erleben derzeit einen Prozess, in dem sich das Staatensystem, das sich in Europa im 19. Jh. vollendet hat, qualitativ verändert. Es ist gut vorstellbar, dass in einer nicht allzu fernen Zukunft ein *europäischer Staat* existieren wird mit Teilgesellschaften, die sich eher an *regionalen* Gemeinsamkeiten bilden als an den heutigen nationalen Staatsgrenzen. Der Nationalstaat war schließlich eine Schöpfung, eine Problemlösung der Vergangenheit, und es lässt sich leicht argumentieren, dass er seine Aufgaben heute unter deutlich veränderten Bedingungen nicht mehr zufriedenstellend erfüllt („Globalisierung“). Es bedeutet aber auch, dass Gesellschafts- und Sozialstrukturanalyse Wege finden muss, mit diesen Unsicherheiten wissenschaftlich nachvollziehbar umzugehen. Auf jeden Fall: Eine eindeutige Definition der deutschen Gesellschaft ist auf diesem Weg nicht zu finden.

Versuchen wir es mit einem anderen Merkmal, den *Einwohnern* – aber natürlich unterliegt auch deren Bestimmung der wechselnden Festlegung von Grenzen. Wer gehört dazu – und wer nicht? Unzweifelhaft dazu gehören Menschen mit einem deutschen Pass, die sich zurzeit auf dem Gebiet der Bundesrepublik aufhalten. Aber das sind ja nicht alle, denen wir hier begegnen können. Gehören dazu auch die stationierten Militärangehörigen fremder Staaten, immerhin zeitweilig rund 700.000 Amerikaner, Kanadier, Briten, Belgier, Franzosen, Russen (die in der amtlichen Statistik nicht erscheinen)? Wohl eher nein. Wie steht es aber mit den rund sieben Millionen Ausländern, die nach amtlichen Angaben heute in der Bundesrepublik leben (abgesehen davon, dass die Genauigkeit dieser Statistik umstritten ist – vermutet werden etwa eine Million, die illegal hier leben)? Was ist mit den Asylsuchenden, die in Lagern und Wohnheimen auf ihre Anerkennung oder in Gefängnissen auf ihre Abschiebung warten? Was mit den „deutschstämmigen“ Aussiedlern aus Polen, Rumänien, der früheren Sowjetunion, die nach Art. 116 GG deutsche Staatsangehörige sind und was mit den Deutschstämmigen, die nicht nach Deutschland aussiedeln, sondern an ihren Wohnorten im Ausland bleiben wollen? Gehören sie zur deutschen Gesellschaft? Gehören bundesdeutsche Staatsbürger, die zurzeit im Ausland leben, dazu oder nicht? Sind Ausländer, die in Deutschland leben, Mitglieder der deutschen Gesellschaft? Sind sie es womöglich nur dann, wenn sie „integriert“ sind, also z.B. die deutsche Sprache sprechen? Oder geht es generell um die Personen mit deutscher Muttersprache – und was ist dann mit den Österreichern, Deutschschweizern, Elsässern, Luxemburgern, Südbelgiern, Südtirolern – oder gar mit den Siebenbürger Sachsen, mit den Mennoniten in Nordamerika, mit den deutschsprachigen Kolonien in Chile, Argentinien oder Paraguay? Auch so lässt sich keine eindeutige Definition gewinnen.

3 – vgl. auch die Diskussion bei Endruweit, 1995, 142 ff.

Ist die Regio Basiliensis eine Gesellschaft – mit gemeinsamer Sprache, aber über drei Nationalstaaten gehend? Oder die Region SaarLorLux mit ihrem moselfränkischen Dialekt – die als Großregion gar Gebiete aus vier Ländern einschließt, davon eines ganz? Ist die Schweiz – mit vier Sprachen – eine Gesellschaft oder sind es vier? Ist Belgien – mit drei Sprachgruppen, die sich zeitweilig heftig bekämpften – eine Gesellschaft? Handelt es sich bei Spanien um eine Gesellschaft oder um mehrere? Und bei Frankreich, das nicht nur im Elsass, in der Bretagne, im Pays d'Oc, im Baskenland und in Korsika Autonomiebewegungen erlebte, sondern mit den Provinces d'Outre Mer auch noch Überseegebiete zu seinem Hoheitsbereich zählt? Und Indien – nach dem Anthropological Survey mit 325 Sprachen, von denen 32 von mehr als einer Million Menschen gesprochen werden, 18 anerkannte Amtssprachen sind und gar 15 verschiedenen Schriften? Oder Puerto Rico, eine kleine Insel in der Karibik, die von den USA regiert und verwaltet wird und nie eine staatliche Unabhängigkeit kannte? Die Russische Föderation mit ihren zahlreichen nationalen Minderheiten? Kanada mit seinen beiden "founding races" und seinen zahlreichen kulturellen Minderheiten? Gibraltar – auf spanischem Territorium, aber von Großbritannien verwaltet? Kaum ein Nationalstaat, bei dem wir nicht auf erhebliche Probleme stoßen, wenn wir die Frage nach der Bestimmung seiner Gesellschaft stellen.

Man wird auf die nationalen Rechtsordnungen verweisen, tatsächlich eine bedeutende institutionelle Gemeinsamkeit und ein wichtiges Bestimmungsmerkmal des Nationalstaates. Aber ist Europa, ist die europäische Rechtsordnung nicht inzwischen viel wichtiger geworden als die nationale? Gewiss haben wir gemeinsame Geschichte, Grenzen, Normen und Institutionen: Haben das nicht auch die *Bundesländer?* Sind das also Gesellschaften? oder die *Städte und Gemeinden?* oder die Europäer – ist also *Europa* eine Gesellschaft? Ist die Bundesrepublik nicht auch eingebunden in eine Vielzahl internationaler Abkommen und Verträge, Loyalitäten und Verpflichtungen, die ihre Autonomie begrenzen und Einfluss haben auf die Normen, die sich nach innen an uns alle richten? Was ist mit den EG-Verträgen, dem gemeinsamen Binnenmarkt, dem Europäischen Wirtschaftsraum? Was mit dem Maastrichter Vertrag, der Europäischen Verfassung, die so viele neue Kompetenzen an „Brüssel" übertragen haben? Immerhin beeinflusst „Europa" direkt oder indirekt den weitaus größten Teil unserer gesamten Gesetzgebung! Ist „Gesellschaft" nicht vielmehr ein Gebilde, das nur *im Wechselspiel äußerer Abhängigkeiten und innerer Strukturen definierbar* ist?

Offensichtlich ist die Frage nicht so einfach, wie sie im ersten Moment aussieht und nicht so klar zu beantworten, wie man sich das für eine Definition wünscht. Eine klare Definition von „Gesellschaft" scheitert daran, dass ein höchst veränderliches, facettenreiches, fließendes Gebilde sprachlich als „ein Ding", als etwas Festes mit scharfen Konturen, abgebildet werden soll.[4] Der Alltagssprache entsteht daraus kein Problem. Auch die Gesellschaftswissenschaften sehen sich dadurch nicht gehindert, die „deutsche Gesellschaft" zu behandeln, ihre Sozialstruktur darzustellen, ihre Ausprägungen gar historisch herzuleiten.

---

4 – u.a. auch: Tenbruck, 1989

Wichtig ist an dieser Stelle nur, dass Sprache und Wahrnehmung der realen Welt *nicht etwa „objektive" Vorgänge* sind, sondern selbst schon *sozialstrukturell eingebunden.* Begriffe sind Hilfsmittel der Verständigung, sie hängen mit Interessen zusammen und mit Positionen in Kontexten. Begriffe sind, wie man daran gut erkennen kann, Vereinbarungen. Sie sind nicht wahr oder falsch, sondern zweckmäßig oder unzweckmäßig – bezogen auf Zwecke, auf eine *Fragestellung* und ein *Erkenntnisinteresse.* Die sind vorab zu klären, bevor sich im konkreten Fall sagen lässt, was wir als Gesellschaft definieren wollen.

Eindeutig definieren lässt sich nur die *Weltgesellschaft* – aber das hilft uns nicht viel weiter, weil diese Weltgesellschaft ja nicht gleichzeitig auch Handlungseinheit ist, weil sie nur sehr schwach ausgeprägte Institutionen hat. Für sie gilt, wenn auch in einem sehr weiten, einem in die Zukunft gerichteten, normativen Sinn, die Gemeinsamkeit von Kultur, Geschichte, Rechtssystem, Institutionen. Auch wenn die noch schwach ausgeprägt erscheinen mögen, ist doch „Die eine Welt"[5] für uns alle zunehmend Wirklichkeit und Aufgabe zugleich. Ihre Institutionen sind als Staatensystem organisiert. Aber es gibt keine Teilgesellschaften (mehr), die sich in irgendeinem vernünftigen Sinn als autonom, souverän, unabhängig verstehen ließen. Die organizistische Analogie, die sich die Entwicklung der Weltgesellschaft wie das Entstehen eines Baumes aus einem Samenkorn vorstellt, ist irreführend. Zutreffender ist ein Bild, das die Weltgesellschaft als einen Rahmen sieht, der zunehmend dichter mit Fäden ausgewoben wird (Wallerstein). Alle anderen Einheiten, die als Gesellschaften angesprochen werden können, haben – zusammen mit der *inneren Struktur* – die äußere Abhängigkeit als Charakteristikum. Das muss sich in Sozialstrukturanalyse wieder finden lassen.

Diese Einsicht hat Konsequenzen, die sich besonders klar erläutern lassen an der Entwicklung einer *europäischen Gesellschaft:* Vieles spricht dafür, Europa auf dem Weg hin zu *einer* Gesellschaft zu sehen, auch wenn das noch lange dauern und über viele weitere Schritte führen mag. Das Wesen, der Kern dieser Gesellschaftswerdung besteht in der Ausbildung gemeinsamer *europäischer Institutionen,* die wir bereits in reichem Maße haben und die an jedem europäischen Gipfel weiter ausgebaut werden. Das Zusammenwachsen zu einer Gesellschaft geschieht über Institutionenbildung. Dieser so bedeutende Vorgang ist aber nur verständlich, ja nur erkennbar, wenn wir von der Vision einer europäischen Gesellschaft ausgehen, die es ja noch nicht gibt, die erst in Zukunft entstehen soll. Das aber heißt, dass die wirklich wesentlichen Fragen zum Verständnis dieser Gesellschaft aus der *Zukunft* bezogen werden. Denn es leuchtet unmittelbar ein, dass eine Untersuchung der europäischen Gesellschaft, die z.B. sich auf Daten der nationalen Statistiken der Mitgliedsstaaten stützt, eben dieses zentrale Element der Institutionenbildung gar nicht in den Blick bekommen kann, weil sie Europa begreift als additiv zusammengesetztes Produkt der Nationalstaaten, also aus einem Gesellschaftsmodell der Vergangenheit. Jede Einsicht, die aus solchen Analysen gewonnen werden könnte, bleibt dem natio-

5 – Nolte, 1982

nalstaatlichen Organisationsprinzip verhaftet und geht vorbei an dem bedeutenden Prozess der Gesellschaftswerdung.[6]

Wir wollen dieses Argument in zwei Richtungen verallgemeinern: Einmal richtet es sich grundsätzlich *gegen den Ausschließlichkeitsanspruch einer positivistischen Forschungslogik,* die vielmehr relativiert und deren Nutzen jeweils am Forschungsgegenstand begründet werden muss.[7] Zum anderen werden wir am Ende dieses Kapitels argumentieren, dass auch die Erkenntnisleitende Idee einer global zukunftsfähigen Entwicklung nur von einer Utopie her, nicht aber durch retrospektive Datenanalyse, gewonnen werden kann. Darin mag einer der Gründe dafür zu suchen sein, dass sich die Soziologie bisher mit dem Thema der globalen Zukunftsfähigkeit (wie übrigens auch mit der Gesellschaftswerdung Europas) nicht intensiv befasst hat. Dies ist selbstverständlich kein Argument gegen Empirie, aber es ist ein Argument gegen eine Auffassung von Empirie, die – überspitzt gesagt – ihren Wahrheitsbeweis nur durch die quantitative Analyse (notwendigerweise vergangener) statistischer Daten zu führen sucht.

Nachdem wir nun diesen traditionellen Gesellschaftsbegriff in Frage gestellt und einen allgemeineren definiert haben, eröffnet sich eine fruchtbarere Perspektive: Gesellschaft, gemäß unserer Definition, gibt es auf vielen Ebenen, angefangen von der lokalen Gemeinde über das Land, den Staat, den Kontinent bis hin zur globalen Gesellschaft. Auf allen Ebenen können wir die oben gegebenen Definitionsmerkmale beobachten. Das ist auch zweckmäßig. Wir können jetzt feststellen: (1) Auf jeder Ebene gibt es Gesellschaft im Sinn der Definition. (2) Alle diese Gesellschaften sind horizontal verflochten mit solchen auf gleicher Ebene (also Gemeinden mit Gemeinden, Nationalstaaten mit Nationalstaaten etc.). (3) Alle sind vertikal verflochten mit anderen Ebenen und die Beziehungen sind nicht einfach auf die zwischen jeweils nur zwei Ebenen beschränkt, sondern gehen über alle Ebenen hinweg: Die Gemeinde hat nicht nur Beziehungen mit dem Land, sondern auch mit dem Nationalstaat, mit dem Kontinent, mit der Weltgesellschaft. Gesellschaft verstehen verlangt dann, ihre innere Wirkungsweise in ihren äußeren Abhängigkeiten zu untersuchen. Leider wird die Sache noch komplizierter.

1.1.2 Gesellschaftsbilder

Wir orientieren uns in unserem Handeln nicht an der Wirklichkeit, sondern an unseren *Vorstellungen über die Wirklichkeit.* Die weitaus meisten Informationen über diese Wirklichkeit beziehen wir aus sekundären Quellen, aus Medien, und wir haben keine Möglichkeit zu prüfen, ob solche Informationen richtig sind oder nicht, oder ob sie für uns wichtig sind oder sein werden, ob wir sie speichern müssen oder nicht. Daher wählen wir alle unterschiedlich aus, tragen wir alle unterschiedliche „Wahrheiten" in uns, verwerten dafür unterschiedliche Erfahrungen. Das verweist auf die *Gesellschaft in uns,* auf Gesellschaftsbilder.

---

6 – vgl. dazu die Kontroverse zwischen Haller, 1992 und Hamm, 1993, samt der Reaktion von Haller, 1993

7 – das wurde bereits im „Positivismusstreit" ähnlich vorgetragen, vgl.: Adorno, 1968

Wir wollen drei *idealtypische* Gesellschaftsbilder, wie sie in unserer Gesellschaft neben- und miteinander vorhanden sind, kurz skizzieren:

Angehörige der Mittelschicht – und wir räumen sofort ein, dass deren Definition so schwierig und so unscharf ist wie die von Gesellschaft (→ Kap. 5.1) – tendieren dazu, die Gesellschaft als eine *Struktur* anzusehen, die *beweglich, durchlässig und beeinflussbar* ist. Es hängt von der *eigenen Leistung* ab, also von Bildung, Fleiß, Einsatzbereitschaft, Disziplin usw., ob man „es zu etwas bringt", d.h. in der gesellschaftlichen Hierarchie aufsteigt und so an Einkommen, Ansehen und Macht gewinnt. Dies ist erstrebenswert und der wohlverdiente Lohn für Leistung, wobei Leistung sich an ökonomischen Größen, letztlich in *Geldeinheiten,* messen lässt. Wer viel leistet, der soll dafür auch viel bekommen – so lautet die Gerechtigkeitsvorstellung der Mittelschicht. Danach leistet jemand, der im Jahr € 10.000 „verdient", relativ wenig (bezogen auf das Durchschnittseinkommen der Arbeitnehmer von, 2004, etwa € 26.600), jemand, der € 30.000 im Jahr „verdient" mehr, und jemand, der – wie z.B. der Vorstandssprecher der Deutschen Bank – € 30.000 *pro Tag* (ohne Nebeneinkünfte) „verdient", relativ viel, also ungefähr 365mal so viel. Eine weit verbreitete und wenig umstrittene Formel heißt, dass eine lange Ausbildung auch ein hohes Einkommen rechtfertige. Wer wenig bekommt, der leistet wohl auch wenig, aus welchen Gründen auch immer, und verdient bestenfalls Existenzsicherung. Klug ist, wer es schafft, andere – auf welche Weise es auch sein mag – für sich arbeiten zu lassen, als „Arbeit*geber*" (die Ideologie steckt bereits im Begriff), Spekulant, Aktionär und sich einen Teil ihrer „Leistung" anzueignen. Da Leistungen von Individuen erbracht werden, ist auch jeder verantwortlich für sein eigenes Schicksal, für seinen Erfolg ebenso wie für sein Versagen. Leistung kann sich am besten im Wettbewerb entwickeln. Daher ist der Kapitalismus, der auf Wettbewerb basiert, in dieser Logik auch die den Menschen wirklich angemessene Wirtschafts- und Gesellschaftsform.

In diesem Wettbewerb siegt, wer die besten Wachstumschancen hat. Was nicht wächst, geht zwangsläufig im Konkurrenzkampf unter, und das ist auch gut so, es entspricht dem evolutionären Gesetz vom *survival of the fittest.* Individuell ist der Einkommenszuwachs, gesellschaftlich und politisch ist die *Wachstumsrate des Sozialproduktes* zum wichtigsten Nachweis und Ziel für Erfolg geworden. Da gibt es zwar manchmal auch Probleme, aber dafür werden wir – in der Regel technisch-wissenschaftliche – Lösungen finden. Nur in der Mittelschicht gibt es die Überzeugung, dass durch „rationale" Argumentation und Verhandlung Probleme gelöst werden können und dass dies immer den Ausgleich unterschiedlicher Interessen durch Kompromiss erfordert. Verhandlungslösungen kommen in der Regel dann zustande, wenn alle, die um den Verhandlungstisch herum sitzen, etwas dabei gewinnen („win-win-Situationen") (das ist freilich nur dann möglich, wenn man sich auf Kosten derer einigt, die nicht am Tisch sitzen) – bei Jürgen Habermas heißt dies der „herrschaftsfreie Dialog" (diese Figur wird 1981 zum Schlüsselkonzept seiner Gesellschaftsanalyse). Die Ungleichverteilung von Reichtum ist deshalb kein gesellschaftliches Problem, weil durch die Ausgaben der Reichen auch immer etwas für die Armen abfällt („Brosamentheorie") bzw. weil staatlich organisierte Umverteilung für sozialen Ausgleich sorgt. Es ist also gar nicht wichtig, so diese Theorie, ob einer an den schicken

Orten der Welt zehn oder fünfzehn Häuser besitzt – da er für deren Unterhalt Verwalter, Lakaien, Gärtner, Handwerker, Sicherheitsdienste, Versicherungen etc. benötigt, fällt immer für andere etwas ab. Die wiederum bezahlen Mieten, Konsumausgaben, Telefongebühren, Steuern etc., so dass daraus wieder Einkommen und Beschäftigung für andere entsteht, etc. Wenn wir den Reichtum begünstigen, dann sorgen wir nach dieser „Theorie" gleichzeitig dafür, dass auch die Armen ihr Auskommen haben.

Aus diesem Grund ist es auch richtig – so immer noch diese Logik – die Steuerlast der Reichen durch allerlei Ausnahmen zu erleichtern, weil die ja dann ihr Einkommen so ausgeben werden, dass daraus Beschäftigung und Einkommen für andere wird. Vor einigen Jahren ist einem Hamburger Multimillionär und vielfachen Immobilienbesitzer dies aufgefallen. Er hat seine Einkommenssteuererklärung gesetzlich legal klein gerechnet und ist dann zum Wohnungsamt gegangen, um eine Sozialwohnung zu beantragen – er hat den Berechtigungsschein bekommen und diesen seiner eigenen Meinung nach skandalösen Vorgang dann in der Presse veröffentlicht.

Solche Bilder dominieren bei uns, sie beherrschen die Medien, die uns weiterhin unbeschwerten Konsum empfehlen; die Regierungen, die uns angesichts des schon erkennbar zusammenbrechenden Sozialsystems beteuern, die Renten seien sicher; die Wirtschaft, die weiter unbeeindruckt behauptet, durch höhere Unternehmergewinne lasse sich (zumindest prinzipiell) ausreichende Beschäftigung für alle schaffen; die Schulen und Universitäten usw. Angehörige der Mittelschicht beherrschen die Medien, die Schulen, die Wirtschaft, die Politik, die öffentliche Verwaltung, die Verbände und Interessengruppen, die Universitäten und die Wissenschaft. *Die Mittelschicht hat die Gesellschaft ideologisch fest im Griff.* Ihr Gesellschaftsbild erscheint nahezu unangefochten als „die Wahrheit". Die Mittelschicht ist es daher auch, die vor allem sich die Vorteile aus diesem System aneignen kann. Der Mittelschicht gefällt das Bild von den individualisierten Lebensstilen, damit vom Ende der Klassengesellschaft, besonders gut. Soziologen wissen, wie sich daraus Profit ziehen lässt. Sie gehören in der Regel zur Mittelschicht und sind daher deren Gesellschaftsbild verhaftet (gerade sie hätten die professionelle Verpflichtung, diesen Standpunkt zu relativieren, Soziologie auf sich selbst anzuwenden, aber das geschieht selten). Daher lässt sich verstehen, dass Soziologen von Schelsky bis Beck besonders eifrig sind, wenn es darum geht, die „Klassengesellschaft" oder „Klassenantagonismen" abzuschaffen und dass dies in dieser Gesellschaft mit Prominenz, Preisen, Einfluss und Geld belohnt wird.[8]

Wir wollen zwei andere Gesellschaftsbilder skizzieren und werden dabei natürlich wieder mancherlei Differenzierungen und Schattierungen, die sich empirisch nachweisen ließen, unterschlagen.

Wir werden auch die *Unterschicht* nicht definieren (→ Kap. 5.1), sondern ein Gesellschaftsbild beschreiben, das „unten" typisch ist: Danach ist Gesellschaft eine *anonyme Struktur, der man ausgeliefert ist,* auf die man keinerlei Einfluss

8 – vgl. zur empirischen Forschung über Gesellschaftsbilder der Mittelschicht z.B. Pross/Boetticher 1971; Bourdieu, 1987; Girtler, 1989

hat. „Die da oben machen doch, was sie wollen", und das ist meist zum Nachteil meiner Gruppe. Die Vorstellung, man könne eine Karriere, ein zukünftiges Leben planen, ist diesem Gesellschaftsbild fremd. Womit auch: Die Aussichten, ein Vermögen erben oder durch ehrliche Arbeit ansammeln zu können, sind gering. Wer vom tagtäglichen Verkauf der Arbeitskraft lebt (was bei Tages- oder Wochenlohn annähernd wörtlich zu nehmen war), wem das Monatseinkommen gerade für das Nötigste reicht, für den ist *Zukunft keine reale Kategorie,* der kann nicht planen, für den gibt es keine Karriere, da ist ja auch nichts, das sich in eine Karriere investieren ließe. Was hier und jetzt geschieht ist wichtig, darauf muss man reagieren. Wenn einer „sich bildet", d.h. mit Bücherwissen abgibt, dann will er was Besseres werden, zu „denen da oben" gehören, die uns aus ihren Büros heraus verwalten. Schriftverkehr ist selten und ungewohnt, Bücher sind nahezu unbekannt. Schon gar nicht werden Bücher geschrieben (abgesehen von der kurzen Blüte einer „Literatur der Arbeitswelt" in den 1970er Jahren) – deshalb kann ein solches Gesellschaftsbild denen, die ihre Wirklichkeit aus Büchern beziehen (was insbesondere für Sozialwissenschaftler gilt), gar nicht aufscheinen. Für die *Kommunikation* ist typisch, dass sie hohe Anteile nichtverbaler Elemente, also Zeichen, Gesten, Mimik usw., enthält. Die Sprache besteht überwiegend aus kurzen Aussagesätzen, der Konjunktiv – Modus der Möglichkeit und beliebt in der Mittelschicht-Sprache – ist nahezu unbekannt. Der Sozialisationsstil ist mehr repressiv als belohnend und ermutigend. Der Markt ist in diesem Bild ein Instrument in den Händen der Besitzenden zur Ausbeutung, zum Betrug der anderen. Was die Werbung mir vorgaukelt, ist für mich ohnehin nicht erreichbar, jedenfalls nicht auf legalem Weg. Und in der Politik teilen sie den Kuchen eh nur unter sich auf. Die Welt ist auf vertrackte Weise so konstruiert, dass ich immer der Betrogene bin.[9]

Auch dieses Gesellschaftsbild beruht auf *realer Erfahrung,* ist also ebenso „wahr" wie das erste, vielleicht sogar deutlich häufiger. Aber da die Unterschicht nicht über die Macht und die Ausdrucksmöglichkeiten der Mittelschicht verfügt, ist uns (also den Angehörigen der Mittelschicht, denn nur sie werden dieses Buch lesen) dieses Gesellschaftsbild fremd. Da Schrift das wichtigste Medium ist, um Informationen aufzubewahren und Erfahrungen zu tradieren, ist es gerade der Alltag der „kleinen Leute", das normale Leben, das den Sozialwissenschaftlern und Historikern nur schwer zugänglich ist. Eine „Geschichte von unten", jenseits der Kriege und Helden, muss anders erschlossen werden und sich anderer Quellen bedienen. Die „unten" werden nicht nur um ihre Gegenwart, sondern auch um ihre Vergangenheit betrogen. Insofern sind auch Frauen überwiegend „unten".

Tatsächlich ist die Unterschicht – in unserer Gesellschaft ebenso wie global – der Verlierer, das Opfer, ausgebeutet, an den Rand gedrängt, die *benachteiligte Mehrheit.* Während Unterdrückung und Ausbeutung früher durch physische Gewalt geschahen, geschehen sie heute durch die Regeln des Marktes und der politischen Entscheidung, und die sind *zum Nachteil der Unterschicht*

---

9 – vgl. zur empirischen Forschung über solche Gesellschaftsbilder z.B. Popitz et al., 1957; Beckenbach et al., 1973; Lempert/Thomsen, 1974; Kern/Schumann, 1977

gemacht. Das gilt auch in Wahrnehmung und Sprache: Wir Mittelschichtler, die wir Bücher lesen, halten uns für die Mehrheit und die Angehörigen der Unterschicht für eine kleine, zahlenmäßig auch noch abnehmende, Randgruppe – auch wenn das empirisch falsch ist. Der Begriff „Ausbeutung" – der ja einfach bedeutet, dass jemand sich das Ergebnis der Arbeitsleistung anderer aneignet – ist aus der Gesellschaftsanalyse, ist auch aus den Medien verschwunden, obgleich das Phänomen in der Wirklichkeit millionenfach anzutreffen ist.

Die in der Mittelschicht und ihren Vertretern seit wenigen Jahrzehnten so beliebte Vorstellung, nach der Talente und Leistungsfähigkeit angeboren, genetisch fixiert seien, erweist sich ihr in doppelter Hinsicht als nützlich: Sie bestätigt die eigene Höherwertigkeit und liefert gleichzeitig eine Begründung dafür, dass die Unterschicht unten ist, bleibt und bleiben soll. Das mag der Grund dafür sein, dass ausgerechnet das Nachrichtenmagazin Der Spiegel diese Theorie besonders eifrig propagiert.[10] Noch in den sechziger Jahren herrschte die Annahme vor, Talente entwickelten sich vor allem in der frühkindlichen Sozialisationsphase und bedürften darum gerade bei denen „unten" besonderer Förderung. Heute ist dagegen die „Theorie" der Eliteförderung prominent, nach der die „Hochbegabten" möglichst schnell und sicher in gesellschaftlich privilegierte Positionen gebracht werden sollen, ohne sich durch die „Minderbegabten" darin aufhalten zu lassen. Diese „Theorie" kann ihren faschistischen Hintergrund kaum verleugnen: Wenn es genetisch bedingte, daher auch nicht veränderbare Unterschiede in der Leistungsfähigkeit zwischen Menschen gibt, dann rechtfertigt dies auch, die weniger Leistungsfähigen mit nur der nötigsten Schulbildung, nur der gerade Existenzerhaltenden Nahrung, nur aller einfachsten Wohnbedingungen zu versorgen, Behinderte wegzuschließen etc. Dann ist man nicht mehr weit entfernt von Ideen des „unwerten" Lebens, von Euthanasie und Rassismus. Logisch handelt es sich um eine "self-fullfilling prophecy": Indem ich die einen besonders sorgfältig pflege und die anderen vernachlässige (was z.B. in den geplanten „Elitehochschulen" der Fall sein wird), erschaffe ich die einen als „hochbegabt" und die anderen als „minderbemittelt".

Wir wollen diesen beiden noch ein drittes, ein *utopisches Gesellschaftsbild* gegenüberstellen, um damit deutlich zu machen, dass es auch „Wahrheiten" gibt, die in der gesellschaftlichen Realität gar nicht so häufig empirisch nachgewiesen werden, obgleich sie uns allen vertraut sind. Es existiert oft unausgesprochen neben den beiden anderen – Gesellschaftsbilder sind also nicht homogen und nicht frei von Widersprüchen. Dieses Gesellschaftsbild zählt nicht den monetären Erfolg als Leistung, sondern mitmenschliche Teilnahme, Freundlichkeit, Wärme, Mitleid, Geduld und Hilfsbereitschaft. Leistung hat viele Dimensionen, und es gibt niemanden, der nicht für irgendeinen anderen wichtig ist. Gerecht ist danach eine Situation, in der die Ressourcen der Welt, soweit sie erneuerbar sind und damit für den Konsum überhaupt zur Verfügung stehen, *allen* Menschen zugänglich sind, um ihre Grundbedürfnisse zu erfüllen. Vor allem aber ist Leistung ein gemeinschaftlicher Akt: Jeder ist, um etwas zu leisten, auf andere angewiesen, und niemand ist individuell verantwortlich dafür, wenn

10 – letztes von vielen Beispielen: Die Biologie der Partnersuche, 9/2005, 168 ff.

z.B. ein Betrieb hunderte von Beschäftigten entlässt. Jede Arbeit ist etwa gleichviel wert; allenfalls ist es richtig, die schmutzigsten und gefährlichsten Tätigkeiten am höchsten zu entlohnen. Bildung ist ein Privileg gegenüber denen, die schon früh ihren Lebensunterhalt erarbeiten müssen, und rechtfertigt keineswegs später höheres Einkommen, sondern verpflichtet vielmehr zu besonderer Verantwortung. Nicht Konkurrenz bringt die gesellschaftlich erwünschten Resultate, sondern Solidarität und Verständigung. Gesellschaft soll in Harmonie mit ihrer natürlichen Umwelt leben, also dieser Umwelt nicht mehr entziehen, als sie reproduzieren kann, und sie soll anderes Leben ebenso achten wie das eigene. Die Umwelt ist das Wertvollste, das wir überhaupt haben – wir müssen sie daher sorgsam pflegen und dafür unser bestes Wissen einsetzen. Dagegen können wir leicht auf Rüstungswettlauf, Raumfahrt, Großtechnologien, Rohstoffbörsen, Kapitalmärkte, Datenautobahnen, Autorennen, Apparatemedizin, Werbung, Moden, Verschwendungsproduktion, Bürokratie, internationale Wettbewerbsfähigkeit usw. verzichten. Die Vorstellung, dass ein Markt, auf dem sich zwischen Angebot und Nachfrage ein Tauschwert einstellt, Regelungsmechanismus einer guten Gesellschaft sein könnte, ist diesem Bild widersinnig, absurd. Vielmehr müssen wir mit möglichst sparsamem Ressourceneinsatz Gebrauchswerte herstellen, d.h. die nötigen Güter in möglichst hoher Qualität und Langlebigkeit produzieren und die Preisbildung so organisieren, dass sie zu allseits gerechten Einkommen führt. *Der eigene Wert besteht darin, wertvoll für andere zu sein.* Die Vorstellung, materielle Bedürfnisse seien unbegrenzt, ist unsinnig und daher auch die Idee vom prinzipiell nicht begrenzten Wachstum. Wo es Ungleichverteilung gibt, da muss die Not derer, die nichts haben, durch Umverteilung aus dem Reichtum anderer gelindert werden.

Auch dieses Gesellschaftsbild steckt in unseren Köpfen, freilich oft resignativ, mit einem „die Welt ist halt nicht so“. Aber ganz offensichtlich ist es die Grundlage unserer *persönlichen Ethik.* Tatsächlich betrügen wir in der Regel im privaten Umgang unsere Nächsten nicht, helfen Schwächeren, lügen und stehlen selbst dann nicht, wenn wir belogen und bestohlen werden – und wenn wir es doch tun, dann haben wir meist ein sehr feines, gut ausgebildetes Gefühl dafür, Unrecht getan zu haben (→ Kap. 6.1.1). Nicht nur das: Wir benehmen uns im Allgemeinen auch so, als könnten wir von unseren Mitmenschen Gleiches erwarten – dass sie uns nicht betrügen oder belügen, nicht bestehlen oder verleumden. Jedenfalls sind wir enttäuscht, wenn sie es dennoch tun. Dieses utopische Gesellschaftsbild ist real, uns weit herum auch gemeinsam (weit über die Grenzen unserer eigenen Gesellschaft hinaus): Die Utopie von der besseren Gesellschaft ist keine rein subjektive, private Phantasie, sondern das unterdrückte, verdrängte Wissen um die für alle besseren Regeln und um eine gemessen daran höchst ungenügende Wirklichkeit. Es ist die Kritik dieser Wirklichkeit. Wir nennen das Moral, Ethik, Religion oder dergleichen. Die ganz an die falsche Wirklichkeit Angepassten erkennt man leicht daran, dass sie „mal die Moral auf der Seite lassen“ wollen, wenn sie vermeintlich nüchtern und angeblich wissenschaftlich über die Wirklichkeit sprechen – als ob es eine Wissenschaft, eine Erkenntnis der Wahrheit jenseits und über der Ethik geben könne?! Es ist bemerkenswert und sicherlich ein Symptom für den Zustand unserer Gesellschaft, dass dieses Gesellschaftsbild ganz ins Private abgedrängt wurde und in der öffentlichen (und sozialwissenschaftlichen!) Diskussion bestenfalls ein mitleidiges Lächeln hervorruft.

Die drei Gesellschaftsbilder, so idealtypisch verkürzt und unvollkommen sie skizziert sind, sind *alle wahr* in dem Sinne, dass sie eine bestimmte Einsicht oder Erfahrung in eine Theorie verdichten. Der Umgang mit Sprache, mit Sexualität, mit Gewalt, die Vorstellung von Gerechtigkeit, von Gut und Böse, von Wahrheit ist in allen drei verschieden. Es hängt von der eigenen gesellschaftlichen Position, von den eigenen Interessen, von der eigenen Einsicht ab, welchem Bild man mehr Gewicht gibt. Gesellschaftsbilder werden durch Sozialisation vermittelt und durch selektive Kontakte bestärkt und stabilisiert. Immer tendieren wir dazu, das jeweils uns eigene für die ganze Wahrheit zu halten und unsere Welterfahrungen in dem jeweiligen Bezugsrahmen zu interpretieren: Es sind Ideologien.

Besonders umfassend und durchdringend war die Ideologisierung während des *Kalten Krieges*. Sie bestimmte alle Bereiche des gesellschaftlichen Lebens, die Medien, die Politik, die Wirtschaft, die Erziehung, die Sprache – auf beiden Seiten des Eisernen Vorhangs. Immer war a priori die andere Seite aggressiv, falsch verlogen, moralisch minderwertig und natürlich ideologisch, während man selbst auf der guten Seite stand und allenfalls durch die die Perfidie der anderen zu Dingen getrieben wurde (z.B. den Vietnamkrieg, die Unterstützung blutrünstiger Diktatoren), die man sonst niemals tun würde. Kaum jemand machte sich die Mühe, auf der anderen Seite einmal vorurteilslos-empirisch zu fragen, wie denn dort wichtige gesellschaftliche Probleme – Ungleichheit, Rolle des Staates, Gerechtigkeit, Eigentum, Demokratie – in der jeweils eigenen Logik gelöst wurden. Beidseitige Reisebeschränkungen verhinderten die persönliche Information: Die DDR war vor 1989 für Bundesdeutsche das Fremdeste aller Länder, und Amerikaner dürfen bis heute nicht nach Kuba reisen. Wir brauchten nicht zu fragen, weil wir das immer schon wussten: bei uns gut, dort schlecht. Leider sind auch noch große Teile der Transformationsforschung von solchen Voreinstellungen geprägt, und ganz gewiss war das die westliche Praxis im Osten nach 1989. Nach dem Zusammenbruch der sozialistischen Regime glauben Viele an das Ende der Ideologien.[11] Dabei ist die Ideologie („Es gibt keine Alternative") heute nur weitgehend ohne Konkurrenz, gegen die sie sich beweisen müsste.

Da alle drei Gesellschaftsbilder gleichzeitig vorkommen, wäre es unsinnig, darüber Mehrheiten bilden oder sie per Fragebogen abfragen zu wollen. Gesellschaftsbilder hängen mit gesellschaftlichen Interessen zusammen, sie rechtfertigen solche Interessen, konstruieren einen schlüssigen theoretischen Zusammenhang, in dem die jeweils eigenen Interessen als legitim erscheinen. Da jedes dieser Bilder sich auf eine erfahrbare empirische Realität berufen kann, erscheint es für uns selbst als wahr – und dann muss, so scheint uns, das *andere* falsch, ideologisch sein. Daher ist auch zu erklären, weshalb viele Angehörige der Mittelschicht, darunter Studierende, soziale Ungleichheit als gerecht empfinden – es rechtfertigt die eigene privilegierte Position. Sie werden darin

11 – Viel früher schon glaubte das Daniel Bell 1960

bestärkt einmal durch jene vulgär-darwinistische Begründung des Kapitalismus, nach der soziale Ungleichheit produktiv sei, weil sie die Menschen im Kampf untereinander zu Höchstleistung, zu maximaler Aggressivität anstachle; zum anderen durch die Ideologie, nach der in konservativen Zeiten immer besonders laut behauptet wird, Talente seien angeboren. Wer so angeblich naturgesetzlich (und damit ja auch nicht veränderbar) soziale Ungleichheit begründet, der hat keinen Grund mehr für die Achtung des anderen, gar des in irgendeiner Hinsicht Schwächeren.

1.2 Sozialstruktur

1.2.1 Sozialstruktur und Sozialstrukturanalyse

Wir haben argumentiert, dass das Handeln, das Wissen und die Einstellungen von Menschen durch ihre *Position in einer sozialen Struktur* bestimmt sind, bestimmt nicht in einem deterministischen, sondern in einem probabilistischen Sinn. Soziale Strukturen definieren Handlungsspielräume. Was ist Sozialstruktur? Unter „Struktur" im Allgemeinen verstehen wir ein *relativ stabiles Beziehungsgeflecht zwischen Elementen.* So wollen wir auch von Sozialstruktur sprechen als von einem *relativ stabilen Beziehungsgeflecht zwischen gesellschaftlichen Einheiten.* Einheiten sind Individuen, aber auch Kollektive: Familien, Haushalte, Gruppen, Betriebe, Vereine, Parteien, Städte, Staaten. „Beziehungen" meint, dass irgendetwas zwischen diesen Elementen *ausgetauscht* wird: Gefühle, Absichten, Geld, Informationen, Befehle. „Muster" soll bedeuten, dass dieser Austausch einigermaßen regelmäßig so und gerade so stattfindet. Und relativ stabil heißt nicht statisch, nicht unveränderbar, aber immerhin beharrend, sich rascher und kontinuierlicher Veränderung nicht ohne weiteres fügend. Vereinfacht gesagt handelt es sich um die außerhalb der Individuen existierenden gesellschaftlichen Institutionen, die unser Verhalten steuern und ihm Richtung, Grenzen und Vorhersagbarkeit geben.[12]

Sozialstrukturanalyse bedeutet dann, dass wir für eine zu definierende Gesellschaft festzustellen suchen, welches die typischen und relativ dauerhaften *Muster des Austauschs* zwischen den gesellschaftlichen Einheiten, also letztlich zwischen den einzelnen Menschen sind, dass wir das „Skelett" dieser Gesellschaft freilegen und seine Funktionsweise verstehen lernen. Wir werden Institutionen, die durch sie festgelegten Positionen und die durch sie definierten Rollen, also Verhaltenserwartungen, untersuchen. Diese innere Struktur muss in ihrer *Abhängigkeit* von anderen Ebenen von Gesellschaft und sie muss in ihrer *Veränderlichkeit* begriffen werden. Dies ist der eigentliche Kern von Sozialstrukturanalyse. Allerdings hat sich konventionell ein zweiter großer Bereich eingebürgert, der genauer als Untersuchung *sozialer Differenzierung* bezeichnet werden sollte. Differenzierung bedeutet, dass Phänomene in sich gegliedert sind, Bevölkerungen also z.B. nach Altersklassen. Im Gegensatz zum üblichen Sprachgebrauch („Altersstruktur") handelt es sich dabei nicht um eine Struk-

Sozialstruktur

Sozialstrukturanalyse

12 – vgl. z.B. auch die Definitionen bei Giddens, 1995, 23; Geissler, 2002, 19 f.; Schäfers, 2004, 3 f.

tur, denn Altersklassen sind *formale* Einteilungen und haben keine regelmäßigen und dauerhaften Austauschbeziehungen untereinander (im Gegensatz z.B. zu Generationen). Die Grenzen zwischen beiden sind nicht immer scharf zu ziehen: Während in der Ungleichheitsforschung soziale Schichten eine Form der Differenzierung sind (meistens operationalisiert als die Verteilung von Einkommen, Bildung und Status in einer Bevölkerung, es gibt keine regelmäßigen und dauerhaften Austauschbeziehungen zwischen Schichten), ist das bei Klassen anders – der Klassenbegriff enthält notwendig den Klassenkonflikt um den gesellschaftlich produzierten Mehrwert und ist folglich ein Strukturbegriff.

Immer beziehen sich Sozialstrukturanalysen auf *ganze* Gesellschaften. Sie wollen etwas über das *Funktionieren* dieser Gesellschaften aussagen, beziehen sich auf die *Gegenwart*, sind *makroanalytisch* und *empirisch* angelegt. Ob und unter welchen Bedingungen das „Funktionieren" einer Gesellschaft empirisch festgestellt werden kann, ist umstritten. Seit Jahrzehnten sind die Medien in Deutschland voller Klagen darüber, dass die deutsche Gesellschaft nicht funktioniere. Der Alltag der überwiegenden Zahl der Mitglieder dieser Gesellschaft aber verläuft weitgehend reibungslos, auch wenn sie über das eine oder andere klagen mögen. Es ist durchaus nicht klar, ob das ständige Einfordern von Reformen nur der Auflagensteigerung sensationssüchtiger Medien dient oder ob es wirklich von einer Mehrheit der Menschen geäußert würde. Nach unserem Erkenntnisinteresse würden wir, um „Funktionieren" attestieren zu können, mindestens zweierlei verlangen: Es wäre (1) nachzuweisen, dass die Grundbedürfnisse der Mitglieder dieser Gesellschaft befriedigt werden, ohne dass (2) dies auf Kosten von Menschen in anderen Gesellschaften oder der zukünftigen Generationen geschieht.

Der Unterschied zum zweiten großen Bereich der Makrosoziologie, der Analyse *sozialen Wandels*, besteht im Verhältnis zur Zeit. Da wirkliche Gesellschaften sich unentwegt sowohl im Ganzen wie in ihren Teilbereichen verändern, ist die Unterscheidung künstlich und wir werden sie auch hier nicht durchhalten können, werden daher Struktur *und* Wandel behandeln.[13] *Netzwerkanalysen*[14] unterscheiden sich von Strukturanalysen in zweierlei Hinsicht: einmal befassen sie sich nur mit einem Ausschnitt aus einer Struktur, zum zweiten behandeln sie eine momentane Manifestation, während Struktur das überdauernde, stabile Gerüst dahinter ist.

Ein allgemeines Einverständnis darüber, was Bestandteil einer Sozialstrukturanalyse sein müsse, gibt es nicht. In fast allen Texten kommen Bevölkerung und Ungleichheit, also Merkmale der sozialen Differenzierung vor – aber Recht, Religion, Familie, Jugend, Wissenschaft, Bildung, Siedlung, Sport sind deutlich seltener zu finden, obgleich sich gute Argumente für ihre Wichtigkeit angeben ließen.

Es gibt Sozialstrukturanalysen, die verbale Interpretationen statistischer Zahlen, z.B. des Statistischen Jahrbuchs der Bundesrepublik sind. So verfährt etwa der alle zwei Jahre erscheinende „Datenreport", der kritiklos übernimmt,

---

13 – wie übrigens auch Schäfers, 2004

14 – Zur Einführung z.B.: Jansen, 2003; vgl. auch: Castells, 2004

was ihm die amtliche Statistik anliefert (z.B. werden die Arbeitslosenzahlen der Bundesagentur für Arbeit unkommentiert nachgedruckt, obgleich bekannt ist, dass sie die wirkliche Arbeitslosigkeit um wahrscheinlich etwa fünfzig Prozent unterschätzen). Eine (theoretische) Begründung dafür, welche Bereiche dort behandelt werden und welche nicht, gibt es nicht.

Ein zweiter Typ versteht sich als enzyklopädische Beschreibung der Gesellschaft.[15] Der Autor mag sich zwar klar darüber sein, dass es eine Beschreibung ohne Theorie nicht geben kann, aber die Theorie bleibt unausgesprochen. Dem Autor ist klar, was er warum für „wichtige" Merkmale einer Gesellschaft hält, und meist verbindet sich das mit einer Idee von „Vollständigkeit".

Ein dritter Typ wird angeleitet durch eine explizit angegebene Theorie[16] oder einem analytischen Blickwinkel. Dort wird angegeben, warum welche Teilbereiche in welcher Weise behandelt werden. „Vollständigkeit" macht hier keinen Sinn, sie würde nur das jeweilige Erkenntnisinteresse verstellen. Vielmehr ist wichtig, aus den grundsätzlich beliebig vielen Aspekten der Sozialstrukturanalyse gerade die herauszuarbeiten, die für das Erkenntnisinteresse zentral sind. Das gelingt natürlich nicht immer. An einem aktuellen Beispiel: Hradil[17] argumentiert zu Recht, dass Sozialstrukturanalysen ohne theoretischen Bezugsrahmen die Gefahr innewohnt, „den Wald vor lauter Bäumen nicht mehr sehen" zu können. Er schließt sich den „Modernisierungstheorien der 1950er und 1960er Jahre" an, freilich nicht ohne auffallendes Bemühen, sie immer wieder zu relativieren. So rekapituliert er die wichtigsten kritischen Einwände gegen diese Theorien, freilich ohne daraus Konsequenzen zu ziehen.[18] Er fährt dann – für uns noch weniger akzeptabel – fort, indem er „Theorien, in denen pessimistische Entwicklungsperspektiven eindeutig überwiegen" aus seiner Betrachtung ausschließt: das seien „keine Modernisierungstheorien".[19] Mit anderen Worten: Hradil trifft eine normative Vorentscheidung, die als „Modernisierung" nur sehen will, was seiner Ansicht nach „optimistisch" zu bewerten ist. Er fragt also nicht nach der *empirischen* Entwicklung von Gesellschaften (die ja durchaus durch wachsende Abhängigkeiten, Ungleichheiten, Ausbeutung, durch Leiden und Opfer usw. charakterisiert sein könnte), sondern kennt den positiven Fluchtpunkt der Geschichte, entwickelt daran seinen Maßstab und schließt dem widersprechende empirische Daten aus. Allerdings ist ihm „nicht wichtig, ob die oder ggf. welche Modernisierungstheorie ‚stimmt'. Wichtig ist nur, der folgenden Darstellung *gedanklich* eine inhaltlich eindeutige Modernisierungstheorie zu Grunde zu legen. Aus ihr sollten erstens modellhafte Aussagen über den sozialstrukturellen Modernisierungsweg aller Länder der Erde (sic!) abzuleiten sein. ... Zweitens sollte die zu Grunde gelegte Theorie auch populär und als Alltagstheorie in den Köpfen vieler Menschen präsent sein".[20] Wenn es aber erheb-

15 – z.B. Schäfers, 2004

16 – z.B. Modernisierungstheorie bei Zapf, 1995, Hradil, 2004; Klassentheorie bei Autorenkollektiv, 1974; Krysmanski, 1982; Koch, 1994

17 – Hradil, 2004, 11

18 – ebd., 23 f.

19 – ebd., 24

20 – ebd., 24 f. – woher er letzteres weiß, bleibt im Dunkeln

liche empirische Einwände gegen eine Theorie gibt, was Hradil ja nicht leugnet, dann ist nicht einzusehen, wie sie dann eine fruchtbare Messlatte für Vergleiche abgeben kann. Zu allem Überfluss will er dann am Ende doch „immer wieder anhand empirischer Befunde" prüfen, ob diese Theorien zutreffen. Das kann nur in einem logischen Zirkel enden: Eine Messlatte wird entwickelt, an der selektiv Daten aufgereiht werden, an denen dann die Richtigkeit der Messlatte „geprüft" wird. So erweist sich denn auch das „modernisierungstheoretische Modell der Sozialstrukturentwicklung", das „der Kürze halber" in einer Tabelle zusammengestellt wird,[21] als von der Kritik gänzlich unbeeindruckt, pauschalistisch und ethnozentrisch aus der europäischen Erfahrung generalisiert. Das Beispiel zeigt, dass die Berufung auf eine Theorie noch lange nicht sicherstellt, dass auch die daran orientierte Sozialstrukturanalyse überzeugend ausfällt.

Was wir als „Skelett" von Gesellschaft verstehen (also für mehr und was wir für weniger wichtig halten) und wie wir bei der Analyse der Institutionen und Austauschbeziehungen vorgehen, ist abhängig von unserem *Erkenntnisinteresse* und unserer *Fragestellung.* Wenn das Erkenntnisinteresse sich auf die Wettbewerbsfähigkeit der deutschen Gesellschaft im internationalen Konkurrenzkampf richtet, wird man das „Funktionieren" der Gesellschaft anders definieren und für die Analyse andere Variable heranziehen, als wenn man wissen möchte, wo Deutschland im Modernisierungsprozess steht oder auf welche Weise die Gesellschaft Probleme bewältigt, die aus sozialer Ungleichheit entstehen. Es gibt daher nicht die eine, die „objektive" Festlegung dessen, was Sozialstrukturanalyse sei. Vielmehr ist immer anzugeben, worauf sich das Erkenntnisinteresse richtet und was die Erkenntnisleitende Fragestellung ist. Das geschieht selten explizit; meist ist man darauf angewiesen, es implizit zu erschließen.

1.2.2 Struktur – Verhalten – Handeln

Jede Sozialstrukturanalyse unterstellt, *dass zwischen Struktur und sozialem Handeln Zusammenhänge bestehen.* Wenn wir der Vermutung nachgehen, dass es gerade das Ineinanderwirken verschiedener Institutionen ist, das Menschen ein Verhalten nahe legt, dann können wir fragen, wie das geschieht, dieses Ineinander- und Hineinwirken. Deshalb unterscheiden wir hier auch bewusst *Handeln,* als ein in der Tendenz aktives, selbst bestimmtes, absichtsvolles Tun, von *Verhalten,* einem in der Tendenz eher fremdbestimmten, wenig reflektierten „Sich-von-außen-lenken-Lassen" – und vermuten, dass letzterem der höhere Erklärungswert für den gesellschaftlichen Alltag und die gesellschaftliche Stabilität, jenem die größere Bedeutung zur Lösung gesellschaftlicher Probleme, für Wandel und Veränderung zukommt. Einer der Gründe dafür ist, dass wir alle durch Gewohnheiten und Routine in unserem Alltagsleben davon entlastet werden, ständig neu über Situationen nachzudenken und immer neu zwischen möglichen Handlungsalternativen zu entscheiden. Die Frage, *ob und unter welchen Bedingungen für wen soziale Strukturen Verhaltensspielräume eröffnen,* die durch Handeln interpretiert, womöglich gar verändert werden können, bildet den Fluchtpunkt unserer Argumentation.

Handeln / Verhalten

21 – ebd., 30 f.

Handeln/Verhalten und Struktur sind *wechselseitig voneinander abhängig:* Wenn durch die soziale Struktur verfügbare Handlungsspielräume definiert werden, so wird andererseits durch Verhalten/Handeln die Struktur immer wieder bestätigt bzw. modifiziert. Die Menschen finden Strukturen vor, sind durch sie geprägt, ebenso wie sie sie durch Verhalten/Handeln bekräftigen. Wer Weihnachtsgeschenke kauft, bestätigt und bestärkt damit die Institution „Weihnachten“ in den bisher üblichen, überkommenen, kommerzialisierten Formen. Wer beschließt, dies nicht zu tun, verändert damit, wie marginal auch immer, die Institution. Würde eine solche Art der Konsumverweigerung Schule machen, dann würde aus Weihnachten etwas anderes, neues, die Institution würde sich verändern.

Institutionen sind der Leim, der aus Bevölkerungen erst Gesellschaften macht. Sie sind die Elemente, die Einheiten sozialer Strukturen. Das definiert ihre Aufgabe: Institutionen haben Funktionen und können danach beurteilt werden, ob sie die mehr oder weniger gut erfüllen. Dazu müssen wir auf eine *Vorstellung von der „guten“, der „richtigen“ Gesellschaft* zurückgreifen. Erst von dort aus macht es Sinn, die vorhandenen Institutionen zu untersuchen – und das heißt gleichzeitig: ihre Wirkungsweise kritisch zu diskutieren.

Ein Durchgang durch die soziologischen Lexika zeigt, dass der Begriff „Institution“ zu den schillerndsten, unklarsten und dennoch häufigsten in der Soziologie gehört. Wir wollen an dieser Stelle eine formale Definition einführen: *Institutionen sind verfestigte Verhaltensregeln und Beziehungsmuster, die einen – gegenüber der subjektiven Motivation – relativ eigenständigen Charakter besitzen.* Sie sind dem Menschen als „soziale Tatsachen“ vorgegeben, werden im Sozialisationsprozess erlernt, sind häufig rechtlich definiert und durch Sanktionen abgesichert.

Soziales Verhalten ist mehr oder weniger institutionalisiert, d.h. mehr oder weniger routinisiert und formalisiert. Diese formalisierten und routinisierten Muster lernen wir als uns äußerliche kennen. Wir lernen, ihnen zu folgen, ohne in der Regel erkennen oder verstehen zu können, dass es sich um Konventionen handelt, die von Menschen gemacht, von Machtverhältnissen abhängig sind und prinzipiell verändert werden können. Es gibt keine Institution, die für alle Menschen in jeder Zeit die „beste“ wäre. Oft erscheinen sie uns „natürlich“, selbstverständlich, als „dem Menschen gemäß“, aber das hängt mehr damit zusammen, dass wir es nicht gelernt haben, nach Alternativen zu fragen. Da wir von Geburt an in Institutionen hineinsozialisiert werden (Familie, Kindergarten, Schule, Betrieb, Gemeinde), erscheinen sie uns „natürlich“, notwendig, dauernd – im Sinn von unveränderbar.

1.2.3 Globalisierung

„Internationale Verflechtung“ beschreibt den Austausch von Menschen, Waren, Dienstleistungen, Kapital oder Informationen zwischen Staaten nach einem feststellbaren und relativ dauerhaften Muster. Solche Verflechtungen hat es immer gegeben, seit es Staaten gibt; allerdings sind sie im historischen Verlauf dichter und vielfältiger geworden. „Globalisierung“ meint eine neue Qualität dieser Entwicklung: Bei „internationalen Verflechtungen“ stehen die beteiligten

Staaten im Vordergrund, und es sind nicht notwendig alle Staaten einbezogen; bei „Globalisierung“ sind alle Staaten einbezogen, und das Verflechtungsmuster bestimmt das Handeln der Akteure mehr als umgekehrt. Globalisierung will verweisen auf den Prozess der Ausbildung einer *Weltgesellschaft.* Motor dieser Entwicklung ist die globalisierte Wirtschaft; ihre Folgen zeigen sich jedoch auch in Politik, Ökologie, Kultur und Gesellschaft. Doch die globalen Interdependenzen überziehen die Erde weder gleichmäßig noch symmetrisch: Die Entwicklungsbedingungen variieren nach der Stellung eines Landes in einem hierarchischen Weltsystem. Ein solcher Prozess ist, beginnend mit dem Zeitalter der großen „Entdeckungen“, in den Weltsystemtheorien[22] beschrieben worden. Die Ungleichheit zwischen den Staaten nimmt zu. Globalisierung wird sowohl absichtsvoll vorangebracht, als auch eigendynamisch verstärkt (machtpolitische, wirtschaftliche, technische, ökologische Triebkräfte). Im Begriff „Globalisierung“ schwingt die Vorstellung mit, die Welt werde überall von einem immer dichteren Geflecht von Wirtschaftsbeziehungen überzogen. Die Entwicklungsbedingungen überall auf der Erde glichen sich aneinander an, es handle sich also um einen Vorgang der Homogenisierung, des Ausgleichs sozialer Unterschiede. Das ist nicht nur ungenau, sondern falsch. Von einer gleichmäßigen Ausbreitung „der Wirtschaft“ kann nicht die Rede sein.[23]

Bei aller Komplexität des Vorgangs lässt sich der Beginn der jetzigen Phase der Globalisierung[24] doch einigermaßen genau bestimmen: Um die Mitte der 70er Jahre traten plötzlich verschiedene Ereignisse ein, deren innerer Zusammenhang zu einem „Erdrutsch“[25] führen sollte. In einer unsystematischen Aufzählung gehörten dazu das Ende des Vietnamkrieges; der erste Ölpreisschock und die Energiekrise; die von steigenden Zinsen, Energiepreisen und einer veränderten amerikanischen Geldpolitik ausgelöste internationale Schuldenkrise; der Beginn der Arbeitslosigkeit in den Ländern der OECD; die Aufkündigung des Bretton Woods-Währungssystems durch die US-Regierung und der Übergang zu freien Wechselkursen; das Ende des Entkolonialisierungsprozesses, die Verschiebungen der Mehrheitsverhältnisse und das damit verbundene neu entstandene Gewicht der Gruppe der 77 in der Generalversammlung der Vereinten Nationen; der von der CIA in Chile herbeigeführte Staatsstreich und die Ermordung von Präsident Salvador Allende; die (totgeborene) Neue Weltwirtschaftsordnung der Vereinten Nationen; der Rückzug der USA aus der Internationalen Arbeitsorganisation (und 1984 aus der UNESCO); die Gründung der G7; die Weltkonferenz über die menschliche Umwelt in Stockholm; der Bericht des Club of Rome über „Die Grenzen des Wachstums“ sowie wichtige technologische Innovationen wie die Erfindung der Glasfaser und des Mikrochips sowie die Verbreitung des Computers; die Anfänge des Internet; die Isolierung einzelner DNS-Abschnitte und der Beginn der Genmanipulation.

Globalisierung

22 – allen voran Wallerstein, 1974 ff.; vgl. auch: Frank 1998

23 – Hamm, 2000, 339 f.

24 – Globalisierung ist keineswegs eine neue Erscheinung; schon die Ausdehnung des römischen Weltreiches, vor allem aber die Zeit des Kolonialismus und Imperialismus bis zum Ersten Weltkrieg können so beschrieben werden

25 – Hobsbawm, 1998, 503 ff.

Als sich die Mehrheitsverhältnisse gegen Ende des Entkolonialisierungsprozesses verschoben, begannen die USA zusammen mit ihren westlichen Verbündeten, die VN systematisch zu demontieren (unter anderem mit Vetos im Sicherheitsrat oder der Weigerung, Urteile des Internationalen Gerichtshofes anzuerkennen, wie im Fall der Verminung nicaraguanischer Häfen, oder der politischen Erpressung der VN dadurch, dass die USA nur einen kleinen Teil ihrer Beiträge zahlten) und eine parallele globale Machtstruktur aufzubauen – informell und ohne demokratische Kontrolle: die G7 (→ Kap. 3.2, → Kap. 9.2.1). In diese Zeit fällt auch der Anfang vom Ende der sozialistischen Staaten, das durch innere Widersprüche, vor allem aber durch die Auslandsschulden herbeigeführt wurde.

Auch Altvater/Mahnkopf[26] beobachten (wie viele andere) seit Mitte der siebziger Jahre einen tief greifenden Transformationsprozess, den sie als „Informalisierung", als Auflösung von Normbindungen beschreiben: die Informalisierung der Arbeit, des Geldes und der Politik. Der Nationalstaat hatte einheitliche Normen über die Arbeits- und Sozialgesetzgebung und die Tarifautonomie, über Zentralbank und Kapitalverkehr sowie über demokratische Prozeduren geschaffen, die unter dem Druck der Globalisierung nun schrittweise zerbrochen werden.

Die endgültige Machtübernahme des Neoliberalismus nach 1990 wurde durch fünf zusammenwirkende Faktoren ermöglicht: (1) Der *Neoliberalismus* wurde von den konservativen US-amerikanischen Denkfabriken massiv gefördert und insbesondere in den Medien populär gemacht (→ Kap. 9.2.1). (2) Der so genannte *Nobelpreis für Wirtschaft,* der in Wirklichkeit gar kein Nobelpreis ist, verleiht dem Neoliberalismus wissenschaftliche Autorität. (3) Der *„Washington Consensus",* eine neoliberale Rezeptur zum Umbau der Wirtschaftssysteme, wird zur Grundlage der „Strukturanpassungspolitik", mit der Weltbank und Internationaler Währungsfonds die Kontrolle über verschuldete Länder erlangen (→ Kap. 3.2.4). (4) Der *Zusammenbruch der sozialistischen Regime* wird zum Anlass einer epistemologischen Säuberung in den Bildungssystemen zuerst im Osten, dann rasch aber auch im Westen. Dazu kommt (5) die *Entmachtung der Gewerkschaften.* Alle diese Faktoren wirkten zusammen und schufen ein Klima, in dem nur der Marktfundamentalismus Lösungen für sozioökonomische Probleme zu bieten schien.[27]

1.3 Erkenntnisinteresse: Zukunftsfähigkeit

1.3.1 Globale Krise

Schon seit langem[28] und mit zunehmender Intensität[29] werden wir darauf hingewiesen, dass die Menschheit dabei ist, ihre *natürlichen Lebensgrundlagen auf dem Planeten Erde zu zerstören.* Belege für diese These sind inzwischen vielfäl-

26 – Altvater/Mahnkopf, 2002, 9
27 – genauer dazu Hamm, 2004, 13 ff.
28 – z.B. Carson, 1962; Shepard/McKinley, 1969; McHale, 1970; Meadows, 1972 und viele andere
29 – Berichte des/an den Club of Rome; Jahresberichte des Worldwatch Institute; Weizsäcker, 1994; Laszlo, 1994; Sachs, 1995 und viele andere

tig vorgebracht worden. Dies ist der eigentliche Kern dessen, was wir als globale Krise wahrnehmen. Wir verwenden dabei den Begriff „Krise“ nicht in einem journalistischen, marktschreierischen, sondern vielmehr in einem analytischen Sinn, der später noch genau definiert werden wird.

Es wird immer wieder bestritten, dass die Menschheit sich katastrophalen Zuständen nähere.[30] Auch heute wieder wird argumentiert, dies alles sei gar nicht so schlimm, weil es der Menschheit noch immer gelungen sei, Auswege aus verfahrenen Situationen zu finden. Ein großer Teil der öffentlichen Debatte in den politischen Arenen, den Stellungnahmen von Wirtschaftsverbänden, den Medien wird geführt unter dem Tenor, mit technologischer Innovation und unbeirrtem Festhalten am Ziel des wirtschaftlichen Wachstums sei das schon zu meistern. Wir werden Argumente dafür vortragen, dass damit gerade die Mechanismen angerufen werden, die in die Krise geführt haben, dass es sich also um *einen fatalen Irrweg* handelt. Wie immer dem sei, muss verantwortliches Handeln vom schlimmstmöglichen Fall ausgehen und ihn zu verhindern suchen ("precautionary principle").

1.3.2 Zukunftsfähige Entwicklung

Die Leitfrage unserer Analyse lautet: *Wie können wir späteren Generationen eine Welt hinterlassen, die zumindest gleich viel an Lebenschancen zur Verfügung hält, wie wir selbst vorgefunden haben?* Wir müssen, mit anderen Worten, herausfinden, ob und unter welchen Bedingungen langfristig stabile Zukünfte möglich sein könnten. Dafür hat sich in der internationalen Diskussion der Begriff "Sustainable Development" durchgesetzt, ins Deutsche oft unvollkommen übersetzt als tragfähige, dauerhafte, nachhaltige, zukunftsfähige Entwicklung: „Dauerhafte Entwicklung ist Entwicklung, die die Bedürfnisse der Gegenwart befriedigt, ohne zu riskieren, dass künftige Generationen ihre eigenen Bedürfnisse nicht befriedigen können“.[31]

Diese Definition des Brundtland-Berichtes (so genannt nach der Vorsitzenden der Weltkommission für Umwelt und Entwicklung, der damaligen norwegischen Ministerpräsidentin Gro Harlem Brundtland) nennt zwei Probleme, die zu lösen sind: (1) nicht alle Menschen haben gegenwärtig die Chance, ihre Bedürfnisse zu befriedigen – wir brauchen also *intra*generative Gerechtigkeit; (2) wir dürfen unsere heutigen Probleme nicht auf Kosten künftiger Generationen, also etwa durch Umweltzerstörung oder Schulden, lösen, brauchen daher also auch *inter*generative Gerechtigkeit.

Dem Begriff Nachhaltige Entwicklung begegnet man derzeit oft und in sehr unterschiedlichen Zusammenhängen. Er ist geradezu modisch abgewertet und taucht selbst in den widersinnigsten Verbindungen auf, vor allem, seit große Unternehmen ihn für ihre Werbung nutzen. Was ist Sustainability – was bedeutet *Zukunftsfähigkeit?* Zukunftsfähigkeit ist ein *Prozess, in dem die menschliche Gesellschaft die Harmonie mit ihrer nichtmenschlichen Umwelt wieder findet.* Die Richtung und die Spielräume für die Entwicklung der menschlichen

---

30 – z.B. Lomborg, 2002, siehe auch die Rezension von Hamm 2005

31 – WCED, 1987, 46

Gesellschaft sind letztlich definiert durch die Tragfähigkeit der Natur. Gewiss verändert sich diese Tragfähigkeit, z.B. im Zusammenhang mit technologischer Entwicklung – aber sie ist immer und unaufhebbar begrenzt. Die „zukunftsfähige Gesellschaft" ist ein Ziel, auf das wir im Interesse unseres eigenen und des Überlebens künftiger Generationen hinstreben müssen. Die Weltkonferenz für Umwelt und Entwicklung (Rio de Janeiro 1992) hat dafür auf der Grundlage des Brundtland-Berichtes wegweisende Beschlüsse verabschiedet (→ Kap. 2.1).

Daraus ergibt sich die Aufgabe, wissenschaftlich zu untersuchen, ob und wie globale Zukunftsfähigkeit hergestellt werden kann und was dies für unterschiedliche Gesellschaften bedeuten mag.[32] Auf dieser Grundlage muss dann entschieden werden, was wir tun sollen, um das Ziel zu erreichen. In dieser Debatte haben sich drei einander widersprechende Positionen herausgebildet:

- Die *größte* und bisher einflussreichste, getragen von den Meinungsführern in Politik, Wirtschaft und Wissenschaft bei uns und in allen westlichen Ländern, tut so, als bestehe das Problem überhaupt nicht, und wenn es bestehe, dann sei erst einmal anderes wichtiger. Über eine gelegentliche verbale Konzession hinaus ist von dieser Seite kaum etwas zu hören. *„Weiter so"* heißt die Parole. Wenn es denn auf dem bewährten Weg Schwierigkeiten geben sollte, dann können sie mit wirtschaftlichem Wachstum, ein bisschen Umweltschutz und technischem Fortschritt bewältigt werden. Diese Position verliert an Einfluss und Anhängerschaft und wird langsam überholt von
- einer *zweiten* Position, der der *„ökologischen Modernisierung"*. Sie geht im Kern davon aus, dass einem im Grunde erfolgreichen und nur wenig korrekturbedürftigen Wirtschafts- und Gesellschaftssystem lediglich ein neues Element, nämlich weit reichender Umweltschutz, hinzugefügt werden müsse. Hier wird über die Wirksamkeit „marktwirtschaftlicher Instrumente", die erforderliche Effizienzrevolution, die ökologische Steuerreform, die Internalisierung externer Kosten, Verschmutzungszertifikate und dergleichen diskutiert und angenommen, eine ökologisierte Marktwirtschaft sei in der Lage, wieder Beschäftigung für (fast) alle zu bringen. Weitgehender Umweltschutz ist nötig, soweit er im Rahmen des weiterhin zu sichernden Wohlstandes, des Wachstums, der internationalen Wettbewerbsfähigkeit, der Erhaltung der Arbeitsplätze möglich ist. Ökologische Modernisierung kann gar neue Arbeitsplätze schaffen und technologische Innovationen bewirken, die sich insgesamt als Stärkung unserer internationalen Wettbewerbsfähigkeit auswirken werden. Beide Positionen, die zusammen satte Mehrheiten garantieren, argumentieren im Rahmen des bestehenden Wohlstands- und Konsummodells und meist in nationalen, bestenfalls europäischen Grenzen.
- Lediglich die *dritte* und bisher kleinste Gruppe der *„strukturellen Ökologisierung"* beharrt darauf, dass langfristige globale Überlebensfähigkeit nur durch tief greifenden gesellschaftlichen Wandel vor allem in den reichen Ländern gesichert werden könne und dass wenig Zeit bleibt, den Weg dorthin einzuschlagen. Sie zweifelt am Sinn weiteren wirtschaftlichen Wachstums, sie hält die Sicherung des „Standortes Deutschland" im Rahmen des internationalen

---

32 – z.B. Enquête-Kommission, 1994; Schwanhold, 1994

Wettbewerbs für ein sinnloses, ja gefährliches Konzept, sie sucht nach Alternativen zu einem System, das „sich zu Tode siegt".[33]

Wir denken, dass es gefährlich ist, diese Differenzen im Sinn eines Glaubenskampfes zu behandeln – es würde zu viel Kraft in einer ideologischen Auseinandersetzung binden, wo praktisches Handeln dringend erforderlich ist. Dafür sollten wir einige Eckpunkte im Auge behalten:

„Zukunftsfähigkeit" ist ein *globales* Konzept. Die Welt wird als eine Einheit betrachtet. Dahinter steht eine ethische Entscheidung: Die Menschheit insgesamt soll überleben, sie soll in einem solidarischen Zusammenhang gesehen werden. Heute handeln wir (gemeint sind hier Angehörige der reichen Länder und ihre Vertreter in Politik und Wirtschaft) nicht so: Wir verschieben vielmehr zahlreiche Probleme, die wir verursachen, in die Länder der Dritten Welt und des früheren Ostblocks, eignen uns aber die Ressourcen dieser Länder an (→ Kap. 3.2). Wenn wir das ändern wollten, hätte dies tiefe Folgen für alle Ebenen von Gesellschaft. Die ethische Entscheidung für globale Überlebensfähigkeit bedeutet praktisch Wohlstands- und Beschäftigungsverluste bei uns (→ Kap. 11.3).

„Zukunftsfähigkeit" ist ein *umfassendes* Konzept. Es erlaubt uns nicht mehr, die Welt in kleine, nach Fachdisziplinen oder Regionen definierte Stückchen zu zerschneiden, die wir dann unter „Experten" zur Bearbeitung aufteilen, die sich um den Rest nicht kümmern. Es gibt nicht so etwas wie eine isolierbare „Umwelt-Zukunftsfähigkeit", die angemessen in Begriffen biochemischer Reaktionen untersucht werden könnte. Es gibt keine Umwelt, die unabhängig wäre von einer Wirtschaft und ihren Regeln über den zulässigen Ressourcenverbrauch. Es gibt keine Wirtschaft, die unabhängig wäre von der politischen und sozialen Organisation, in der die Verteilung von Macht und die Möglichkeit geregelt sind, sich Vorteile auf Kosten anderer anzueignen. Es gibt keine Zukunftsfähigkeit ohne persönliche Sicherheit, ohne die Einhaltung von Menschenrechten und sozialer Gerechtigkeit, ohne die faire Verteilung von Lebenschancen, ohne die Befriedigung von Grundbedürfnissen und ohne Selbstbestimmung nicht nur für uns, sondern für alle Menschen.

„Zukunftsfähigkeit" erweist sich damit als ein kritisches, ein *radikales* Konzept. Es steht am Ende des Industriezeitalters und kritisiert dessen Ergebnisse. Es fordert unsere tagtägliche Wirklichkeit heraus und konfrontiert sie mit der Utopie einer besseren Welt. Wir brauchen solche Visionen, um die Mängel unserer Welt verstehen, relevante Fragen stellen und unseren Entscheidungen die richtige Richtung geben zu können (→ Kap. 11.4). Das rührt an die Wurzeln vieler Konzepte, auf denen unsere Vorstellung von gesellschaftlicher Ordnung wie selbstverständlich beruht: Wachstum, Demokratie, Menschenrechte, Entwicklung, Lebensqualität, Gerechtigkeit, Leistung, Arbeit, Verantwortung, Bildung. Wir haben keine Wahl: Sie alle müssen unter dem Kriterium „Zukunftsfähigkeit" neu überdacht, neu definiert, neu in Praxis übersetzt werden. Unser Denken, unser Handeln, unser Wirtschaften, unsere Politik, unsere Wissenschaft

33 – Meyer, 1992

– sie alle können nicht mehr die gleichen sein unter der Bedrohung der globalen Zukunftsfähigkeit. Hier müssen Lernprozesse in Gang kommen, die insbesondere uns in den Überflussgesellschaften schwer fallen müssen. Es gibt keine radikalere Frage als die nach den langfristigen Überlebensbedingungen der Menschheit auf dem Planeten Erde.

„Zukunftsfähigkeit" ist ein *dynamisches* Konzept. Es bezieht sich nicht auf irgendeine Art statisches Paradies, sondern vielmehr auf die fortlaufend zu verbessernden Fähigkeiten menschlicher Wesen, sich an die nichtmenschliche Umwelt anzupassen. Umweltschäden fallen nicht vom Himmel, sondern sind (in der Regel unbeabsichtigte) *Folgen absichtsvollen Handelns.* Sie gehen also zurück auf Entscheidungen, die von Menschen in sozialen Zusammenhängen getroffen werden. Es ist richtig, dass manche Menschen rücksichtslos ihrem egoistischen Eigeninteresse folgen. Aber es ist viel wichtiger zu verstehen, wie die *Strukturen* und *Ideologien,* in denen wir leben, solch blinde Selbstsüchtigkeit und destruktive Verhaltensweisen hervorbringen, rechtfertigen und belohnen. Solange sie gelten, werden die Menschen, die „falsche" Entscheidungen treffen, auswechselbar bleiben.

1.3.3 Gesellschaft als Stoffwechsel

Unter dem Erkenntnisinteresse an globaler Zukunftsfähigkeit ist es sinnvoll, die menschliche Gesellschaft *als Teil der gesamten Biosphäre* aufzufassen. Gesellschaften entnehmen Rohstoffe aus der Natur und verwandeln sie in konsumierbare Produkte und schließlich in Abfall – Prozesse, die in der Ökonomie als Produktion und Konsum bezeichnet werden. Dann erscheint „Gesellschaft" als die uns Menschen spezifische Weise, unseren *Stoffwechsel mit der Natur zu organisieren.*

Diese Sicht ist in der Soziologie nicht neu, wenn auch häufig ignoriert: „Die Arbeit ist zunächst ein Prozess zwischen Mensch und Natur, ein Prozess, worin der Mensch seinen Stoffwechsel mit der Natur durch seine eigene Tat vermittelt, regelt und kontrolliert. Er tritt dem Naturstoff selbst als eine Naturmacht gegenüber. Die seiner Leiblichkeit angehörenden Naturkräfte, Arme und Beine, Kopf und Hand, setzt er in Bewegung, um sich den Naturstoff in einer für sein eigenes Leben brauchbaren Form anzueignen. Indem er durch diese Bewegung auf die Natur außer ihm wirkt und sie verändert, verändert er zugleich seine eigene Natur".[34] Unabhängig davon, wenn auch nicht grundsätzlich anders, hat die Sozialökologie argumentiert. Jack P. Gibbs und Walter T. Martin[35] z.B. gehen von der Frage aus, wie die menschliche Spezies überlebe und antworten: „Der Mensch überlebt durch die kollektive Organisation der Ausbeutung natürlicher Ressourcen." Sie sprechen daher von Subsistenzorganisation als dem Gegenstand sozialökologischen Forschens.[36] Vom Ansatz her ähnlich denken z.B. Böhme/Schramm[37] und früher schon die Ökonomen William Kapp[38] und Ken-

34 – Marx, MEW 23, 192
35 – Gibbs/Martin, 1959
36 – für einen Überblick vgl.: Theodorson, 1982
37 – Böhme/Schramm, 1984
38 – William Kapp (z.B. 1950, 1983, 1987)

neth Boulding;[39] auch Hazel Henderson,[40] Herman Daly und John Cobb[41] und Mathis Wackernagel und William E. Rees[42] sollen hier erwähnt werden. Mayer-Tasch[43] hat tief in die Philosophie hinein Gedanken und Argumente zusammengetragen, die einer „politischen Ökologie" nahe stehen.

Menschliche Gesellschaft, betrachtet als Prozess des Stoffwechsels zwischen Mensch und Natur, bedeutet zunächst einmal, dass wir uns Menschen als *Teil des Naturprozesses*, von ihm abhängig und in ihn eingebunden sehen. Es folgt daraus weiter, dass wir in der materiellen Aneignung von Natur unser Überleben sichern müssen und folglich dazu tendieren werden, in der Wahrnehmung von Natur in erster Linie Aspekte der Nützlichkeit zu betonen. Was als nützlich erscheint, hängt u. a. von den (historisch bedingten) Arbeitsmitteln, den Technologien und den Organisationsformen ab, die einer Gesellschaft zur Verfügung stehen: Wer Eisen nicht gewinnen und bearbeiten kann, für den ist Eisenerz unnütz. Menschen sind Anhängsel der Evolutionsgeschichte der Natur; sie wirken aber als Gesellschaft auf diese Natur zurück, verändern sie und verändern sich selbst in diesem Prozess. Die wissenschaftliche Untersuchung von Gesellschaft muss sich folglich damit beschäftigen, wie der Stoffwechselprozess zwischen Mensch und Natur organisiert ist – und normativ: wie er *organisiert sein müsste, um langfristiges Überleben zu sichern.* Dieser Ansatz knüpft unmittelbar an die Vision der "Sustainability", der Zukunftsfähigkeit an.

Das Wissen um die wechselseitigen Zusammenhänge zwischen Natur und Gesellschaft, um den Stoffwechselprozess also, ist traditionell Gegenstand der Ökonomie. Die vorherrschende ökonomische Theorie hat zu diesem notwendigen Wissen allerdings wenig beizutragen. Sie ist daher auch immer wieder von Einigen kritisiert worden, die inzwischen eine „ökologische Ökonomie" etabliert haben. Zu ihnen gehört William Rees, an dessen Argumentation wir uns im Folgenden anlehnen:

Die neo-klassische Ökonomie hat sich mehr um die „Mechanik von Nutzen und Eigeninteresse" gekümmert als um die ökologischen Bedingungen des Wirtschaftens in einer begrenzten Welt. An drei ihrer Annahmen lässt sich dies besonders gut zeigen:[44]

- Sie tendiert dazu, menschliches Wirtschaften als vorherrschend über und im Grunde unabhängig von natürlichen Bedingungen zu sehen. Wir verhalten uns, als ob die Ökonomie etwas von der übrigen stofflichen Welt Getrenntes wäre. Die Ökonomie mag „die Umwelt" nutzen als Quelle von Rohstoffen und Senke für Abfälle, aber jenseits dessen wird sie wahrgenommen als bloße Kulisse menschlicher Angelegenheiten.
- Ökonomen haben eher den Kreislauf des Tauschwertes zum Ausgangspunkt ihrer Analysen gewählt als die Einbahnstraße des entropischen Durchsatzes von Energie und Materie. Die wichtigste Konsequenz ist eine eingeschränkte

39 – Boulding, 1978
40 – Henderson, 1991
41 – Daly/Cobb, 1989
42 – Wackernagel/Rees, 1995
43 – Mayer-Tasch, 1991
44 – Rees, 1995

Sicht ökonomischer Prozesse als sich selbst erhaltender Kreisläufe zwischen Produktion und Konsum. Am wichtigsten ist, „dass vollständige Reversibilität als allgemeine Regel angenommen wird, genau wie in der Mechanik".[45]

- Wir sind dazu gebracht worden zu glauben, dass Rohstoffe mehr Produkte menschlichen Erfindungsgeistes als Produkte der Natur seien. Nach der neoklassischen Theorie führen steigende Marktpreise für knappe Güter einerseits zu deren Schonung, andererseits zur Suche nach technischen Ersatzstoffen. Selbstverständlich enthält die ökonomische Theorie ein Modell von Natur. Aber dieses Modell beschreibt ein ökonomisches System, das, weil es von der physischen Realität unabhängig ist, unendliches Wachstumspotential hat.

Im Gegensatz zum üblichen Verständnis fließen die ökologisch bedeutsamen Ströme nicht kreisförmig durch die materielle Ökonomie, sondern nur in einer Richtung. Das Entropiegesetz sagt, dass in jeder Umwandlung von Materie die verwendete Energie und die Materie unablässig und unwiderruflich herabgestuft werden zu einem Zustand, in dem sie weniger und schließlich gar nicht mehr zu verwenden sind. Wirtschaftliche Aktivität verlangt sowohl Energie als auch Materie und trägt deshalb zum beständigen Anwachsen der globalen Netto-Entropie bei durch die unaufhörliche Emission von Abwärme und Abfällen in die Ökosphäre. Ohne Bezug auf diesen entropischen Durchsatz „ist es unmöglich, Ökonomie und Umwelt miteinander in Beziehung zu bringen – und dennoch fehlt das Konzept [der Entropie, B.H.] nahezu vollständig in der aktuellen Ökonomie".[46] Da unsere Ökonomien wachsen, die Ökosysteme, in die sie eingebettet sind, aber nicht, hat der Verbrauch von Ressourcen überall begonnen, die Raten nachhaltiger biologischer Produktion zu übersteigen. In diesem Licht gesehen ist ein großer Teil des heutigen „Reichtums" schlichte Illusion (→ Kap. 2.2). Nachhaltige Entwicklung ist ein Weg, der den Zuwachs an globaler Entropie zu minimieren sucht.

Die *Erschöpfung von Ressourcen* ist ein grundsätzliches Problem. Auch wenn es möglich wäre, nicht-erneuerbare Ressourcen wie Kupfer oder Erdöl zu ersetzen, ist das doch keine angemessene Lösung. Überhaupt sagen Märkte nichts über den Zustand vieler ökologisch kritischer Materialien oder Vorgänge. Der Knappheitsindikator der neo-klassischen Theorie versagt kläglich, wenn die Bedingungen seines Funktionierens nicht gegeben sind (→ Kap. 7.1). Konsum und Verschmutzung zerstören ökologisch wichtige Ressourcen, ohne dass ein Signal des Marktes darauf hinwiese, dass die Grundlagen des Überlebens zerstört werden. Wenn also kritische Dimensionen der globalen ökologischen Krise außerhalb des Bezugsrahmens des ökonomischen Modells liegen, dann hat die konventionelle Analyse *nichts zur Nachhaltigen Entwicklung beizutragen.*

Glücklicherweise hat die Ökosphäre die Möglichkeit, sich von Missbrauch zu erholen. Ihre Materie wird fortlaufend umgeformt, weil sie – im Gegensatz zu ökonomischen Systemen – Zugang zu einer externen Quelle freier Energie hat: der Sonne. *Photosynthese* ist der wichtigste produktive Prozess auf der Erde

45 – Georgescu-Roegen, 1975, 348
46 – Daly, 1989, 1

und die letzte Quelle allen biologischen Kapitals, von dem die menschliche Ökonomie abhängt. Da die Einstrahlung der Sonne konstant, stetig und zuverlässig ist, ist die Produktion in der Ökosphäre potentiell zukunftsfähig über jede Zeitspanne hinaus, die für die Menschheit relevant ist. Die Produktivität der Natur wird allerdings begrenzt durch die Verfügbarkeit endlicher Nährstoffe, die Effizienz der Photosynthese und schließlich die Rate des Energieeinsatzes selbst – Faktoren, die von Menschen beeinflusst werden. Der zentrale Grundsatz für zukunftsfähige Entwicklung lautet daher: Die Menschheit muss lernen, vom *Ertrag,* d.h. von der periodischen Regeneration des verbleibenden Naturkapitals zu leben. Die Menschheit kann nicht beliebig lange überleben, wenn sie nicht nur den Zuwachs, sondern wenn sie auch das Naturkapital verbraucht, oder wenn sie die Prozesse, die solche Regeneration überhaupt erst möglich machen, in ihrer Funktionsfähigkeit stört.

Wenn Gesellschaft als Stoffwechsel aufgefasst wird, dann wird es sinnvoll, nach der Art und der Herkunft der Inputs, nach den Prozessen der Umwandlung und nach der Art und dem Zielort der Outputs zu fragen – materielle Inputs sind Energie und Rohstoffe, Prozesse der Umwandlung nennen wir Organisation und Arbeit, immaterielle Inputs sind Finanzen und Informationen; materielle Outputs sind Abfälle fester, flüssiger oder gasförmiger Form bzw. Abwärme, immaterielle Outputs sind Bewusstseinszustände und Handlungsbereitschaften. Die Tätigkeiten, die zusammen den Metabolismus ausmachen, also Organisation und Arbeit, geschehen in Institutionen.

1.3.4 Was ist Umwelt?

Umwelt ist – zunächst – alles außer mir. Da gibt es keinen Unterschied zwischen „natürlicher“ oder „künstlicher“ Umwelt, zwischen „Sachen“, „Natur“ oder „Menschen“ – auch Menschen werden zunächst einmal als physische Objekte erfahren. Die Grenze ist freilich nicht so eindeutig: Die Unterscheidung zwischen *Umwelt* und *Inwelt* wird fließend, wo wir uns Umwelt in der Form von Nahrungsmitteln aneignen und sie zum Bestandteil der eigenen Physis transformieren, wo Umweltgifte durch die Muttermilch an Babys abgegeben werden und wo wir Teile der eigenen Physis in der Form von Exkrementen wieder an die Umwelt abgeben. Sie ist auch im nicht-materiellen Sinn kaum klar zu ziehen, wo wir nahezu alle Informationen, aus denen wir Wissen und Bewusstsein aufbauen, aus sekundären Quellen entnehmen und uns damit unter deren Bestimmungsgründe, etwa kommerzielle Interessen, beugen müssen. Auch unser Bewusstsein wird schließlich hergestellt nach Interessen, auf die wir keinen Einfluss haben (→ Kap. 9). Etwas anderes signalisiert die Unterscheidung zwischen *Umwelt* und *Mitwelt:* Sie will sagen, dass die Umwelt als Mitwelt unserer Solidarität, unserer Pflege und Schonung bedarf. Offensichtlich gibt es keine „Umwelt“, die nicht zutiefst sozial geprägt wäre. Der “Social Nature of Space”[47] wäre die “Social Nature of Nature” an die Seite zu stellen. „Natürlichkeit“ in dem Sinn, dass es sich um von Menschen seit je unberührte, sich selbst überlassene Umwelten handelte, gibt es nur noch als logischen Grenzfall.

Umwelt

47 – Hamm/Jalowiecki, 1990

Tatsächlich ist die Sache noch komplizierter: Umwelt ist alles außer mir, das ist ein zu sehr individualistischer Blickwinkel, denn in Wirklichkeit geschieht der „Stoffwechsel zwischen Mensch und Natur" immer in sozial organisierter Form, durch Arbeit und Arbeitsteilung, unter der Anleitung von Tarifverträgen, Gewerbeaufsicht und Arbeitsrecht, unter Eigentums- und Klassenverhältnissen.

Umwelt ist daher Inwelt in einem noch umfassenderen Sinn: Die soziale Organisation, die ganz wesentlich von den Möglichkeiten und Prozessen der Subsistenzgewinnung aus Mitteln der Natur bestimmt wird, wird im Verlauf der Sozialisation „internalisiert", d.h. zum Bestandteil unserer Persönlichkeit. Im gleichen Vorgang, in dem ein Mensch es lernt, Teil von Gesellschaft zu sein, lernt er auch Umwelt. Die Auseinandersetzung mit Umwelt ist gleichbedeutend mit der Internalisierung von Gesellschaft.

Umwelt – das sind zunächst einmal die in der Natur vorkommenden *Rohstoffe,* die wir Menschen mit Hilfe von anderen Menschen und von Technologien in Subsistenzmittel umformen können – also Pflanzen und Tiere, die wir essen, Erze, die wir als Metalle nutzen, fossile Rückstände, die wir als Primärenergien verwenden. Nun haben sich die Menschen „die Erde untertan" gemacht, sie unter sich so aufgeteilt, dass es kein Fleckchen gibt, auf das nicht jemand *Besitzansprüche* hätte. Da nicht alle nutzbaren Ressourcen überall natürlich vorkommen, müssen wir tauschen. Wir brauchen also Informationen, Transportmittel, Tauschmittel, Regeln der Verständigung und des Austauschs, kurz: Institutionen, eine gesellschaftliche Organisation, die es ermöglichen, dass solches verlässlich und vorhersagbar geschieht. Ein ganz erheblicher Anteil sozialer Interaktionen dient eben diesem Zweck. *Umwelt begründet soziale Verhältnisse.* Wenn der Internationale Währungsfonds ein Schuldnerland dazu zwingt, seine Produktion auf exportfähige Güter umzustellen, um damit die Devisen für die Rückzahlung von Schulden zu erwirtschaften oder die natürlichen Ressourcen des Schuldnerlandes für ausländisches Kapital zu öffnen, dann haben wir genau eine solche Institution vor uns (→ Kap. 7.2.1). Angesichts der Verknappung zahlreicher natürlicher Ressourcen ist nachvollziehbar, dass der Kampf um die Kontrolle solcher Güter immer wichtiger und heute auch in kriegerischer Form ausgetragen wird.

Das Organisationsmodell der reichen Länder, mit Massenproduktion und Massenkonsum, Staatsfinanzierung und sozialer Sicherung aus Erwerbsarbeit, privater Aneignung von Gewinnen und Sozialisierung der Verluste, ist geradezu angewiesen auf eine *immer höhere Steigerung des Verbrauchs natürlicher Ressourcen* und folglich auch auf die Produktion von immer mehr Abfall, die durch Recycling nur verzögert, aber nicht aufgehoben wird. Alleine durch die zunehmende Menge des erforderlichen Stoffdurchsatzes werden uns schließlich entscheidende Lebensgrundlagen entzogen.[48] Dabei gehen wir höchst verschwenderisch mit diesem kostbaren Gut um: Schätzungsweise achtzig Prozent der Materialien, die den Unternehmen zur Produktion geliefert werden, gehen nicht in die Wertschöpfung ein, sondern werden sogleich zu Abfall, Schrott, Ausschuss; siebzig Prozent der Energie, die den Unternehmen zugeführt wird, geht

48 – Gabor et al., 1976

als Abwärme verloren und verstärkt den Treibhauseffekt; nur zwei Prozent der Arbeitszeit wird für die eigentliche Wertschöpfung genutzt, der Rest für Warte-, Liege-, Verwaltungs-, Lager- und Transportzeiten.[49]

Ebenso wichtig wie die Umwelt in Form von in Subsistenzmittel umwandelbaren Stoffen wird die Umwelt als *Senke für unsere Abfälle.* Die fortschreitende Zerstörung der Ozonschicht und der Klimawandel als Folge der Emission von Treibhausgasen, die Verschmutzung der Böden und Meere haben ein Ausmaß angenommen, das bereits selber begrenzend für das menschliche Überleben wird. In welchem Ausmaß dies bereits konkret ist, erleben die Menschen in Australien am Auftreten von Hautkrebs, der im Übrigen auch in unseren Breiten drastisch zugenommen hat. Dass wir von diesem Zurückschlagen der Umwelt nicht verschont bleiben, wird noch ausführlich dargestellt werden (→ Kap. 2).

Das Konsummodell der reichen Länder ist nicht auf die ganze Erde generalisierbar. Das erleben wir zur Zeit am Kampf um Rohöl, wo nicht nur die US-Regierung an allen Fundstellen Militärbasen aufbaut, wo sich in Zentralasien eine neue Konfliktkonstellation aufbaut, sondern wo China und Indien auch mit Lieferanten Verträge abschließen, die bisher dem amerikanischen Einflussbereich zugerechnet wurden. Der aktuelle Boom der Stahlpreise geht zurück auf die verstärkte Nachfrage vor allem aus China, das mit seinen hohen Wachstumsraten eine rasant aufholende Entwicklung betreibt. In internationalen Konferenzen argumentieren die Entwicklungsländer dagegen, der Westen benutze das Schlagwort Nachhaltige Entwicklung nur, um sie von dem Wohlstand auszuschließen, den er Jahrhunderte lang auf ihre Kosten genossen habe. Vielmehr sei nach wie vor der kapitalistische Westen der größte Verbraucher natürlicher Ressourcen – folglich sei es an ihm zuerst, sein Verhalten zu ändern.

Diese Entwicklung verweist auf ein wesentliches, wenngleich regelmäßig ignoriertes Element jeder sozialen Struktur: ihre *räumliche Verortung.* Rohstoffe und Naturschätze sind nicht über die ganze Erde gleich verteilt. Vielmehr befinden sich die meisten Naturressourcen auf dem Territorium von Entwicklungsländern, die meisten Verarbeitungsanlagen aber und die nachfragestärksten Konsumenten aber in den reichen Ländern der Triade (Nordamerika, Europa, Japan). Das bedeutet Kommunikation und Austausch. Institutionen werden zu formalen Organisationen, die in Gebäuden untergebracht sind, dort aufgesucht werden können, interne Strukturen ausbilden, Knotenpunkte von Beziehungen bilden – als Betriebe, Behörden, Schulen, Bahnhöfe. Wenn wir uns bewegen, nutzen wir räumlich fixierte *Infrastrukturen:* Wege, Straßen, Eisenbahnlinien. Energie beziehen wir über Fernleitungsnetze, und zum Telefonieren benötigen wir Kabelverbindungen oder Sendemasten. Auch kultureller Austausch ist ohne materielle Infrastruktur nicht denkbar. Räume sind materiell verfestigte soziale Institutionen.[50] Menschen sind beweglich, Sachen räumlich fixiert. Der Stoffwechsel zwischen Natur und Mensch äußert sich u.a. darin, dass wir zur Gewinnung von Subsistenzmitteln räumlich fixierte technische Anlagen

49 – Helfrich, 1990

50 – An dieser Überlegung knüpft die soziologische Theorie von Raum an; vgl. z.B. Hamm, 1982; Hamm/Jalowiecki, 1990; Hamm/Neumann, 1996; Löw, 2004

benötigen, die Verhalten wenn nicht festlegen, so doch in engeren oder weiteren Grenzen kanalisieren. Man denke nur daran, in welch ungeheuerlichem Ausmaß unsere Gesellschaften sich vom Straßenverkehr oder von der zuverlässigen und regelmäßigen Versorgung mit elektrischer Energie abhängig gemacht haben! Der Austausch zwischen räumlich festgelegten Standorten bedeutet immer Transport (von Personen, Informationen, Gütern, Kapital). Das materielle Substrat von Gesellschaft ist nichts anderes als ein Netzwerk *materiell verfestigter sozialer Institutionen.* Es ist Teil sozialer Strukturen, freilich einer, der einer handlungstheoretisch – d.h. an der subjektiv-sinnhaften Orientierung des eigenen Handelns am Handeln anderer – konstruierten Soziologie entgehen muss.[51]

1.3.5 Menschenbild

Wenn Menschen genetisch unveränderbar egoistisch, gierig und aggressiv sind, dann gibt es keine Zukunftsfähigkeit. Dann sind wir teilnehmende Beobachter eines Prozesses, in dem sich die Menschheit selbst zerstört. Tatsächlich hat eine solche Argumentation viele schlechte Gründe für sich. Dann freilich hätte auch ein Lehrbuch zur Struktur moderner Gesellschaften wenig Sinn.

Deshalb ist an dieser Stelle eine Antwort auf die Frage fällig, welchem *Menschenbild* sich die Autoren dieses Buches verpflichtet sehen. Nur damit wird die ethisch-normative Ausgangsposition überprüfbar und diskutierbar. Wir gehen zunächst davon aus, dass es wenig sinnvoll ist, ein Menschenbild so zu beschreiben, als handle es sich um etwas Fixes, Festgelegtes, Statisches, womöglich genetisch Bestimmtes, über das „wahre“ und „falsche“ Aussagen gemacht und voneinander unterschieden werden könnten. „Der Mensch“, so ein solches Abstraktum (abgesehen von der männlichen Form) in unserem Zusammenhang überhaupt Sinn macht, ist weder gut noch schlecht, weder rational noch irrational, weder egoistisch noch altruistisch – oder was dergleichen Formeln mehr sein mögen. Er ist das schon gar nicht „von Natur aus“. Vielmehr zeigt die *conditio humana* eine schier unendliche Bandbreite an Variationen, es gibt nichts, was sich durch die Kulturen, durch die Geschichte, durch die Lebensläufe von Menschen nicht auffinden und belegen ließe. Kein Verbrecher, und sei er noch so grausam oder pervers, ist durch und durch und nur „schlecht“, und niemand ist ausschließlich „gut“. Vielmehr sind wir überwiegend das eine oder das andere, und dieses „überwiegend“ hängt von den Umständen, von den Bedingungen, von den Kontexten ab. Für uns kommt jenes Bild aus der interaktionistischen Soziologie[52] der Wirklichkeit am nächsten, das annimmt, dass wir unsere Qualität als Menschen in der Interaktion wechselseitig definieren: Wenn ich Dir vertraue, ist die Wahrscheinlichkeit groß, dass Du dich vertrauenswürdig verhältst. Menschen sind also weniger als Bündel von Eigenschaften zu definieren als vielmehr als Bündel von Beziehungen.

Indem wir uns wechselseitig als gut, altruistisch, einsichtig und liebevoll behandeln, schaffen wir uns als Gute, Altruistische, Einsichtige und Liebevolle.

51- darauf hat vor allem Hans Linde 1972 hingewiesen

52 – Berger/Luckmann, 1969

Indem wir uns darauf verständigen, dass etwas ein Problem ist oder werden könnte, schaffen wir Anlässe, uns gemeinsam darum zu kümmern. Es ist leicht einzusehen, dass die Kontrolle über solche Wirklichkeitsdefinitionen Teil der Sicherung von Macht und daher umkämpft ist. Wir wollen danach fragen, unter welchen strukturellen Bedingungen Menschen mit höherer Wahrscheinlichkeit geneigt sein werden, sich wechselseitig als Menschen statt nur als Objekte der Ausbeutung zu definieren. Und wir wollen untersuchen, ob und wie sich solche Bedingungen schaffen lassen. Konrad Lorenz wird der Satz zugeschrieben: „Das fehlende Bindeglied zwischen dem Affen und dem Menschen – sind wir". Wahrscheinlich befinden wir uns jetzt am Scheideweg, an dem sich klären muss, ob wir den Weg zur Menschwerdung finden oder ob wir als Spezies, wie viele andere vor uns, untergehen. Dies genau ist die Frage, die im Begriff des Sustainable Development gestellt wird.

1.3.6 Gesellschaftsbild

Auch hier, wie beim Menschenbild, geht es nicht um etwas mit objektiver Sicherheit Beweisbares, sondern vielmehr um etwas, das wir in unserem alltäglichen Handeln erst als Wirklichkeit schaffen. Gesellschaft verstehen wir nicht als Ergebnis *biologisch-evolutionärer Selektion,* in der das Survival of the Fittest wichtigstes Überlebenskriterium ist, das „Schwache" also unweigerlich dem Starken weichen wird und muss, wie das gängige Ideologen so gerne zur Rechtfertigung des eigenen Handelns behaupten. Vielmehr sehen wir menschliche Gesellschaft als Ergebnis eines *Zivilisationsprozesses,* in dem es immer darum gegangen ist, sich von den Fesseln der Kreatürlichkeit, also eben der bloß evolutionären Festlegung, zu befreien und dem *Menschlichkeit* entgegenzusetzen[53] – dann gibt es stark und schwach nur situativ, alle Menschen sind gleich viel wert, wenn auch (zum Glück) nicht gleich, jeder hat Stärken und Schwächen, jeder Talente, auch wenn die Chance, sie voll zu entwickeln, nicht für alle gleich ist. Dies anzuerkennen ist gerade das spezifisch Menschliche. Da jeder mit einer großen Zahl von Entwicklungsmöglichkeiten ausgestattet ist, wird es besonders wichtig, Gesellschaft so zu entwickeln, dass realistische Chancen entstehen, ihr Potenzial auch praktisch zu entwickeln. Es ist nicht eine Gesellschaft besser oder höher als die andere und kann daraus womöglich besondere Rechte für sich ableiten – und es ist nicht eine andere Gesellschaft weniger wert und kann deshalb ausgelöscht oder benachteiligt werden. Die Aufgabe einer zivilisierten Gesellschaft ist es vielmehr, gerade solche Bedingungen und Institutionen zu schaffen, die es den Menschen ermöglichen, als Menschen miteinander zu verkehren.

---

53 – das ist ein anderes Verständnis als jenes bei Elias, 1939; wir halten auch seine generelle These von der zunehmenden Substitution äußerer Gewalt durch Innensteuerung angesichts des gewalttätigen 20. Jahrhunderts für wenig überzeugend

1.4 Zusammenfassung

Dieses Kapitel problematisiert und diskutiert die zentralen Begriffe des Buches: Zukunftsfähigkeit, Gesellschaft, Umwelt, Menschenbild. Die Unmöglichkeit, für diese Begriffe eindeutige, operationalisierte Definitionen anzugeben, ist eine Folge der überaus komplexen Wirklichkeit, die auch durch vermeintliche sprachliche oder mathematische Präzision nicht aufzuheben ist. Darin wird zugleich der wissenschaftliche Ansatz einer ökologischen Soziologie deutlich, der ökologisch ist in dreifachem Sinn: einmal darin, dass er nach Gesellschaft fragt unter dem Erkenntnisinteresse, ob und wie die drohende Zerstörung natürlicher Lebensgrundlagen abzuwenden sei; zum zweiten, indem er „Gesellschaft" versteht als die uns Menschen typische Form, unseren Stoffwechsel mit der Natur zu organisieren; und drittens, indem er Umwelt versteht als das materialisierte Produkt menschlicher Geschichte und als Bündel von Institutionen, als Teil sozialer Strukturen, die unser Verhalten und Handeln bestimmen. Dann gerade ist es schlüssig, die Gründe für das Heraufziehen einer globalen Überlebenskrise zuerst und vor allem in gesellschaftlichen Institutionen zu suchen – die grundsätzlich änderbar sind.

Globale Probleme

In diesem Kapitel wollen wir argumentieren, dass die menschliche Gesellschaft insgesamt und die meisten ihrer Teilgesellschaften sich in einer tiefen Krise befinden: Was sich in Zeiten des atomaren Overkill als Problem statistischer Wahrscheinlichkeit behandeln ließ, wird heute als tiefgehende strukturelle Gefährdung der ökologischen, ökonomischen und sozialen Überlebensbedingungen in einigen Teilgesellschaften konkret und dauernd erfahrbar, andere scheinen davon (vorerst noch) verschont zu sein. Mehr als in irgendeinem anderen Indikator spiegelt sich darin die weltweite soziale Ungleichheit und Machtverteilung.

„Krise" wird hier im analytischen Sinn verstanden als eine *gesellschaftliche Entwicklung, in der bestimmte Variablen Werte annehmen, die normalerweise und nach bisheriger Erfahrung nicht für tolerabel gehalten werden* (das belegen wir in Teil 2 dieses Buches), in der die Regelungskapazität der bestehenden Institutionen überfordert ist (dies wird in Teil 3 diskutiert). In einer lebensbedrohenden Krise, wie sie hier vermutet wird, gibt es drei Alternativen künftiger Entwicklung: (1) Entweder schafft es die Menschheit, grundlegende Änderungen herbeizuführen, die ein längerfristiges Überleben möglich machen, oder (2) sie wird untergehen. Die dritte Alternative heißt Krieg: Ein Teil der Menschheit bereichert sich auf Kosten des anderen, beraubt ihn seiner Lebenschancen. So interpretieren wir die vorliegenden empirischen Daten. Dieser Krieg wird nicht nur mit militärischen Mitteln, sondern vielmehr mit ökonomischen und politischen Mitteln und unter ganz unterschiedlichen Argumenten geführt. Dies trägt dazu bei, dass er als einheitlicher Vorgang mit erkennbarer Logik nicht erscheint, die Medien ihn nicht so behandeln. Andre Gunder Frank hat ihn den Dritte(n)-Welt-Krieg genannt im doppelten Sinn: Es ist nicht nur der dritte der weltumspannenden Kriege, es ist auch der Krieg, der gegen die und in der Dritten Welt ausgefochten wird.[1] Es geht in diesem Teil darum zu verstehen, dass die verschiedenen Facetten der Krise – ökologisch, ökonomisch, demographisch, sozial – nicht zusammenhanglos nebeneinander stehen, sondern dass es sich um *einen,* eben einen umfassenden Vorgang handelt, dessen Beginn sogar klar bestimmbar ist: die zweite Hälfte der siebziger Jahre des letzten Jahrhunderts.

„Krise" ist ein Symptom sozialen Wandels, sie weist hin *auf qualitative Veränderung:* Die alten Regelungen gelten nicht mehr, neue sind noch nicht definiert. Viele haben darüber geschrieben, und viele haben sich dabei auf dieses letzte Viertel des 20. Jahrhunderts bezogen[2] – sie alle diagnostizieren einen Zustand der Welt, an dem sich Dinge gründlich ändern müssen. In der Wissenschafts-

---

1 – Frank, 2004 c

2 – U.a.: Grenzen des Wachstums (Meadows, 1972, 1994); Die letzten Tage der Gegenwart (Atteslander, 1971); Wendezeit (Capra, 1985); Menschheit am Wendepunkt (Mesarovic/Pestel, 1974); Zukunftsschock, Dritte Welle (Toffler, 1970, 1980); The Choice (Laszlo, 1995); Worldwatch Institute (1984-2005) und andere

theorie sind solche Momente bekannt als „Bifurkationspunkt" (Chaostheorie) oder „Paradigmenwechsel" (Kuhn). Eine Ahnung, „dass es so nicht weitergehen kann", ist vielen Menschen geläufig. Aber dieses „es" wird auf ganz unterschiedliche Dinge bezogen, und Vorstellungen, wie es denn weiter gehen könnte, in welche Richtung es denn gehen sollte, sind heftig umstritten.

Was da „Werte jenseits üblicherweise als tolerabel angesehener Grenzen" angenommen hat, wie also ein zunächst diffuses Verständnis von Krise inhaltlich beschrieben werden könnte, ist Gegenstand dieses Zweiten Teils. Dabei wird nicht Vollständigkeit angestrebt (was immer das in diesem Zusammenhang heißen könnte); wir wollen vielmehr wichtige Indikatoren nennen und auf ihre inneren Zusammenhänge untersuchen. Zuerst wird hier die *Belastung der natürlichen Umwelt* angeführt. Aber wir haben ja bereits argumentiert, dass dies alleine, wenn es sich also um ein auf Umweltschutz eingrenzbares Problem handeln würde, wahrscheinlich lösbar wäre, wenn auch unter Aufwendung enormer Kräfte. Die derzeitige „Problématique"[3] ist viel schwieriger zu verstehen und noch schwieriger gesellschaftlich zu bearbeiten. Wir wollen sie in drei eng ineinander verwobenen Faktorenbündeln darstellen: der *ökologischen* Krise, der *ökonomischen* Krise und der *gesellschaftlichen* Krise.

Auf den Chefetagen der Wirtschaft und der Politik sind die Probleme und Zusammenhänge, um die es hier geht, bekannt, oder sie könnten es zumindest sein: Drei Enquête-Kommissionen („Schutz der Erdatmosphäre", „Schutz des Menschen und der Umwelt", „Globalisierung der Weltwirtschaft") haben dem Deutschen Bundestag die nötige Zuarbeit geleistet, die Literatur dazu füllt viele Laufmeter Regale. Dass dennoch so wenig erkennbares, so wenig wirksames Handeln daraus wird, dass eben die *vorhandenen Regulationsmechanismen nicht greifen,* eben dies rechtfertigt den Begriff „Krise". Wenn Menschen nicht so handeln, wie das ihrer Einsicht, ihrem Wissen nach erforderlich wäre, dann liegt das in erster Linie an den Handlungsspielräumen, die sie wahrnehmen, also an den Strukturen, in denen sie handeln. Die wollen wir untersuchen. Aber wir haben früher argumentiert, dass solche Strukturen durch selbstbewusstes Handeln veränderbar sind – gerade dies ist anzumahnen. Niemand vermag zu sagen, wohin der Wandel führen wird – aber wir beginnen zu ahnen, welches die Alternativen sein könnten. Niemand weiß auch, ob diesem Wandel eine neue Phase relativer Stabilität folgen wird und kann – manches spricht dafür, dass wir in einen Strudel sich immer schneller vollziehender Änderungen geraten könnten, der ebenso wenig zum Stillstand kommt,[4] wie man Forschung und technologische Innovation aufhalten kann.

Es ist kein Zufall, dass die Krise ausgerechnet in dem historischen Augenblick sichtbar wird, in dem nach dem Kollaps der sozialistischen Systeme der Kapitalismus seinen Weltsieg errungen und seine Überlegenheit überzeugend demonstriert glaubte. Erst jetzt, da der politische Konkurrent abhanden gekommen ist und mit ihm der ständige Druck nachzuweisen, dass Kapitalismus und repräsen-

---

3 – So nannte der Club of Rome das komplizierte Syndrom aus ökologischer, ökonomischer und sozialer Krise

4 – Toffler, 1970

tative Demokratie die besseren Lösungen für die großen Fragen gesellschaftlicher Organisation (der Freiheit, der Gleichheit, der Brüderlichkeit) seien – erst jetzt also beginnt sich zu zeigen, dass es keineswegs ausgemacht ist, dass der Kapitalismus menschlicher, dass er ökologisch verantwortlich geworden ist, dass er gelernt hat, die ihm innewohnenden Kräfte der Selbstzerstörung zu beherrschen. Auch die beobachtbare, von der neo-klassischen ökonomischen Theorie und der neoliberalen, also primär den Unternehmerinteressen dienenden Politik besorgte Re-Ideologisierung der öffentlichen Diskussion kann die Zweifel daran nicht ausräumen. Grundprinzip ist geblieben der Kampf aller gegen alle um materiellen Wohlstand und Sicherheit, und dieser Kampf ist erbarmungsloser, als wir uns das lange vorgestellt hatten.

2.
Ökologische Krise

2.1 Vom Ersten Bericht an den Club of Rome 1972 zum Weltgipfel für Nachhaltige Entwicklung 2002

Vor mehr als dreißig Jahren erschien ein Buch, das die Weltöffentlichkeit alarmierte: „Die Grenzen des Wachstums, Bericht des Club of Rome zur Lage der Menschheit", verfasst von Dennis und Donella Meadows. Die Autoren fassen darin in allgemeinverständlicher Form die Ergebnisse von Forschungsarbeiten zusammen, die am Massachusetts Institute of Technology (MIT, Cambridge, Mass., USA) mit Hilfe mathematischer Simulationsmodelle durchgeführt worden sind. Das wichtigste Ergebnis dieser Untersuchungen:

„Dieses Systemverhalten tendiert eindeutig dazu, die Wachstumsgrenzen zu überschreiten und dann zusammenzubrechen. Der Zusammenbruch, sichtbar am steilen Abfall der Bevölkerungskurve nach ihrem Höchststand, erfolgt infolge Erschöpfung der Rohstoffvorräte. ... Mit einiger Sicherheit lässt sich deshalb sagen, dass im gegenwärtigen Weltsystem sowohl das Wachstum der Bevölkerung wie der Wirtschaft im nächsten Jahrhundert zum Erliegen kommen und rückläufige Entwicklungen eintreten, wenn nicht zuvor größere Änderungen im System vorgenommen werden".[5]

Der Bericht des Club of Rome kam gerade zur rechten Zeit, zumal im Juni 1972 die erste *Umweltkonferenz der Vereinten Nationen* in Stockholm stattfand. Sie hatte im Wesentlichen zwei Ergebnisse: Zum einen wurde die Einführung nationaler Umweltpolitiken angeregt und bestärkt, zum anderen das Umweltprogramm der Vereinten Nationen, (United Nations Environmental Program, UNEP) mit Sitz in Nairobi ins Leben gerufen. UNEP hatte freilich kaum Mittel und keine Kompetenzen, so dass Erfolge auf der globalen Ebene nicht zu erwarten waren. Die Umweltkrise verschärfte sich und alarmierende Ereignisse wie die Katastrophen von Bhopal 1984, Tschernobyl 1986, mehrere Flutkatastrophen und Tankerunfälle trugen dazu bei, die Öffentlichkeit für Umweltprobleme zu sensibilisieren (Tschernobyl war der Anlass, Umweltfragen aus dem deutschen Innenministerium herauszunehmen und einem eigens neu geschaffen Ministerium für Umweltschutz und Reaktorsicherheit zu übertragen).

1983 setzte die Vollversammlung der Vereinten Nationen die *Weltkommission für Umwelt und Entwicklung* unter der Leitung der norwegischen Ministerpräsidentin Gro Harlem Brundtland (daher auch Brundtland-Kommission bzw. Brundtland-Bericht) ein. Sie sollte (1) „langfristige Umweltstrategien vorschlagen, um bis zum Jahr 2000 und darüber hinaus dauerhafte Entwicklung zu errei-

5 – Meadows, 1972, 111 f.

chen"; (2) „empfehlen, wie die Besorgnis um die Umwelt sich in eine bessere Zusammenarbeit zwischen den Entwicklungsländern und zwischen den Ländern in verschiedenen Phasen wirtschaftlicher und sozialer Entwicklung umsetzen lässt, und wie sich gemeinsame und sich wechselseitig verstärkende Ziele erreichen lassen, die den gegenseitigen Abhängigkeiten zwischen den Völkern, von Ressourcen, Umwelt und Entwicklung Rechnung tragen"; (3) „überlegen, wie die internationale Gemeinschaft wirksamer mit den Umweltproblemen umgehen kann"; und (4) feststellen, „wie wir langfristige Umweltprobleme wahrnehmen, und wie wir Erfolg versprechend die Probleme des Schutzes und der Verbesserung der Umwelt bewältigen können, welches langfristige Aktionsprogramm für die nächsten Jahrzehnte gelten soll und welches die erstrebenswerten Ziele für die ganze Welt sind".[6]

Die Brundtland-Kommission legte ihren *Bericht* 1987 vor und lieferte damit nicht nur einen Überblick über den Zustand der globalen Umwelt, sondern untersuchte auch die vielfältigen Zusammenhänge, die zu den besorgniserregenden Schädigungen geführt haben. Der Bericht wurde zu einem allseits akzeptierten Referenzdokument[7] für die Beschreibung des Zustandes der globalen Umwelt, aber auch zu einem eindringlichen Appell zu dringendem, umgehenden Handeln auf allen Ebenen und zu einschneidenden Änderungen der sozialen, wirtschaftlichen und politischen Institutionen. Seine Wirkung wurde noch verstärkt durch die seit 1984 jährlich erscheinenden Berichte des Worldwatch Instituts „Zur Lage der Welt".

Die VN-Vollversammlung beschloss nach der Debatte des Berichtes im Dezember 1989, es sei eine *Konferenz der Vereinten Nationen über Umwelt und Entwicklung* (United Nations Conference for Environment and Development, UNCED) einzuberufen mit der Aufgabe: „UNCED soll den Übergang von einem fast ausschließlich auf die Förderung wirtschaftlichen Wachstums ausgerichteten Wirtschaftsmodell zu einem Modell herbeiführen, das von den Prinzipien einer dauerhaften Entwicklung ausgeht, bei der dem Schutz der Umwelt und der rationellen Bewirtschaftung der natürlichen Ressourcen entscheidende Bedeutung zukommt. Ferner soll UNCED dazu beitragen, eine neue globale Solidarität zu schaffen, die nicht nur aus wechselseitiger Abhängigkeit erwächst, sondern darüber hinaus aus der Erkenntnis, dass alle Länder zu einem gemeinsamen Planeten gehören und eine gemeinsame Zukunft haben".[8] Es ist bemerkenswert, wie hellsichtig schon damals die Vertreter der Mitgliedsstaaten die Lage erkannten.

Nach vier Vorbereitungskonferenzen kam die Weltkonferenz für Umwelt und Entwicklung im Juni 1992 in Rio de Janeiro zusammen. Bereits während der Vorbereitung zeigte sich, dass viele Entscheidungsträger aus Politik und Wirtschaft nicht bereit waren, aus globaler Verantwortung zu handeln und sich mehr orientierten am *Erhalt ihrer Machtpositionen und den Interessen ihrer heimischen Klientel.* Tiefgreifende Meinungsverschiedenheiten zwischen der EG und

---

6 – WCED, 1987, XIX

7 – Am Bericht kritisiert wurde vor allem, dass er Atomenergie, Gentechnik und Wirtschaftswachstum befürwortete

8 – zit. nach: Engelhardt/Weinzierl, 1993, 108

den USA, zwischen Industrie- und Entwicklungsländern, zwischen Politik und Wirtschaft, zwischen Regierungen und Nichtregierungsorganisationen wurden offenkundig. Vor allem die amerikanische Regierung lehnte kurz vor dem Präsidentschaftswahlkampf jegliche Zugeständnisse entschieden ab.[9] Der Widerstand der Industrieländer gegen internationale Übereinkünfte zum Schutz der Umwelt kann freilich durchgehend festgestellt werden, auch vor und nach der UNCED.

In Rio wurden zwei völkerrechtlich verbindliche Konventionen unterzeichnet: die *Klimarahmenkonvention* und die *Biodiversitätskonvention.* Beide Konventionen sind unter dem Druck vor allem der USA im Text bereits so entschärft worden, dass sie keine verbindlichen Daten und Zeiträume mehr enthalten. In Auftrag gegeben wurde in Rio die Ausarbeitung einer Konvention gegen die Ausbreitung der Wüsten. Der Schutz der Wälder war den Delegierten lediglich eine unverbindliche Erklärung wert. Die Teilnehmerstaaten unterzeichneten außerdem einen Aktionskatalog bis zum Jahr 2100, die so genannte *Agenda 21,* und eine Abschlusserklärung, die *Rio-Deklaration.* Zu all diesen Beschlüssen gab es dann eigene Verhandlungsstränge, an denen die Vertragsstaaten praktisch umsetzbare Lösungen suchten und in Protokollen vereinbarten (z.B. Kyoto-Protokoll zur Klimarahmenkonvention). Zur administrativen Unterstützung wurden jeweils Sekretariate eingerichtet.[10] Die Gesamtheit dieser Verhandlungsprozesse, die z.T. erst nach vielen Jahren und manchmal (z.B. zum Schutz der Wälder) gar nicht zu praktikablen Ergebnissen führten, bezeichnet man auch als „Rio-Prozess". Die Koordination, die periodische Überprüfung, die Koordination der unterstützenden Prozesse in den VN und ihren Sonderorganisationen sowie der Vollzug der Agenda 21 liegt bei der Kommission für Nachhaltige Entwicklung (Commission for Sustainable Development, CSD) und ihrem administrativen Unterbau in den Vereinten Nationen in New York.

Inzwischen war einerseits die Bedrohung durch die fortschreitende Umweltzerstörung deutlicher erkennbar und durch die Medien weit verbreitet worden. Orkane und Wirbelstürme, Überschwemmungen, Erwärmung der Atmosphäre und die Verwüstung weiter Landstriche, das Abschmelzen der Gletscher, das Ansteigen der Meeresspiegel und die Erwärmung der Meere, die Schädigung des Ozonschildes, die Verschmutzung der Luft und die Verseuchung der Böden und Gewässer, das Aussterben biologischer Arten, die jährlichen Waldschadensberichte und die rasche Zunahme umweltbedingter Erkrankungen bis hin zu Vergiftungen der Muttermilch und der Schädigung männlicher Spermien lieferten sich nacheinander die Schlagzeilen. Andererseits wurde auch immer klarer, dass die *Widerstände gegen spürbare Veränderungen in erster Linie von den westlich-kapitalistischen Ländern ausgehen,* die als die weltweit größten Ressourcenverschwender die Hauptverantwortung für die Entwicklung tragen. Geradezu schizophrene Züge nahm dieser Widerspruch am Berliner Klimagip-

9 – zur Position der Bundesregierung vgl.: Bericht der Bundesregierung 1993

10 – Klimarahmenkonvention: www.unfccc.org; Biodiversitätskonvention: www.biodic.org; Wüstenkonvention: www.unccd.org; Schutz der Wälder: www.un.org/esa/sustdev/aboutiff.htm – dort sind jeweils auch alle wichtigen Verhandlungsdokumente hinterlegt

fel (1995) an, auf dem der amerikanische Vizepräsident Al Gore[11] die Teilnehmerstaaten in seiner Rede zu raschem und entschiedenem Handeln aufrief und dann abreiste, die amerikanische Delegation und noch mehr die mitgereisten Industrie-Lobbyisten aber gleichzeitig alles unternahmen, um weitergehende Beschlüsse zu verhindern.[12] Es sollte denn auch bis im April 2005 dauern, bis mit der Ratifikation durch Russland das Kyoto-Protokoll zur Klimapolitik in Kraft treten konnte – ohne die USA freilich, dem weltgrößten Emittenten an Treibausgasen (26% der Emissionen bei 4% der Weltbevölkerung), die zuerst klimapolitische Beschlüsse überhaupt verhindern wollten, dann dafür sorgten, dass die Verhandlungen sich jahrelang im Dickicht technischer Detailfragen verhedderten und schließlich, als ein bereits sehr mäßiges Ergebnis nicht mehr zu blockieren war, ausstiegen.

Zehn Jahre nach Rio sollte in Johannesburg, Südafrika, der Weltgipfel für Nachhaltige Entwicklung (World Summit for Sustainable Development, WSSD) die erreichten Fortschritte überprüfen und neue Aktionslinien festlegen. Der vor allem von den Nichtregierungsorganisationen mit großer Hoffnung erwartete Gipfel wurde schon in den Medien, dann aber insbesondere von den Regierungen sehr zurückhaltend bewertet. Viele Delegationen kamen gar nicht, viele Regierungschefs ließen sich von Ministern oder Ministerialbeamten vertreten – ein diplomatischer Ausdruck dafür, dass man die Sache nicht sonderlich ernst nahm. Die Ergebnisse waren entsprechend ernüchternd. Es gab zwar, wie in allen Weltkonferenzen, eine Erklärung und einen Aktionsplan, der aber blieb weitgehend im Unverbindlichen, er benannte keine konkreten Adressaten, keine klaren Handlungen und Zeithorizonte, keine Überprüfungsmechanismen und keine Sanktionen. Lediglich die deutsche Bundesregierung sagte besondere Initiativen im Bereich der erneuerbaren Energien zu, ein Versprechen, das mit der Weltkonferenz für erneuerbare Energien 2004 in Bonn auch eingelöst wurde.

Martin Jänicke, Mitglied des Sachverständigenrates für Umweltfragen, zog denn auch eine nüchterne, gleichwohl beharrliche Bilanz.[13] Er beschreibt zuerst die Erfolge: Mehr als 130 Länder haben Umweltministerien bzw. zentrale Umweltbehören eingerichtet. Fast alle Länder haben einen nationalen Umweltplan oder eine nationale Nachhaltigkeitsstrategie entwickelt. Die große Mehrzahl der Länder hat der CSD über die Umsetzung der Agenda 21 berichtet. Die OECD, die EU und viele Mitgliedsländer haben Nachhaltigkeitsstrategien erarbeitet, die EU inzwischen das 6. Umweltaktionsprogramm implementiert, es gibt Lokale Agenda 21-Prozesse in 113 Ländern und zahlreiche industrielle Selbstverpflichtungen und freiwillige Vereinbarungen zum Umweltschutz. Bei der CSD sind inzwischen über tausend Nichtregierungsorganisationen registriert. „Der Rio-Prozess hat weltweit auf allen Handlungsebenen und in zentralen Verursachersektoren wichtige Lernprozesse ausgelöst".[14] Aber er sei eben auch „erkennbar an Grenzen gestoßen": Eine Auswertung der Erfahrung mit

11 – vgl. auch: Gore, 1992
12 – Der Spiegel 14/1995, 36
13 – vgl.: Jänicke, 2003, 34-44
14 – ebd., S. 35

nationalen Nachhaltigkeitsstrategien habe nicht stattgefunden, die meisten nationalen Strategien hätten eher den Charakter allgemein gehaltener Routinepublikationen, der in Johannesburg beschlossene "Plan of Implementation" sei unverbindlich und vage geblieben, und auch auf europäischer Ebene seien die Vorhaben weit hinter den Erwartungen zurück geblieben. Jänicke macht sechs Restriktionen aus, die diese Defizite erklären könnten. Weit entfernt davon zu resignieren schlägt er eine Reihe politischer Maßnahmen vor, die den Prozess selbst und die Zielerreichung verbessern könnten.

Jänicke's Einsichten generalisieren Erfahrungen, die so oder ähnlich von allen Verhandlungssträngen des Rio-Prozesses, aber auch von den anderen Weltkonferenzen der neunziger Jahre (1993 Menschenrechte, 1994 Bevölkerung, Frauen, 1995 Soziale Entwicklung, 1996 Städte usw.) bis hin zum Milleniumsgipfel der Vereinten Nationen in 2000 und den dort verabschiedeten Milleniums-Entwicklungszielen berichtet werden könnten. Das zu Grund liegende Muster ist nicht schwer zu erkennen: Die Regierungen sind durchaus einsichtig, wenn es darum geht, globale Probleme zu analysieren, ihre Ursachen zu benennen und zu ihrer Lösung oder Milderung nötige Maßnahmen zu definieren. Sie unterschreiben auch mehrheitlich entsprechende Absichtserklärungen und Aktionspläne. Unwissenheit fällt daher als Rechtfertigung für Nichthandeln aus. Dabei versuchen die Regierungen der reichen Länder unter stetig begleitendem Druck der Wirtschaftslobbies, Selbstverpflichtungen in eine Form zu verhandeln, die möglichst offen und unverbindlich bleibt. Dies muss ja nicht ausschließen, dass sie gewillt und in der Lage sind, ernsthaft etwas zu tun. Aber ob dann tatsächlich etwas geschieht, und was und wie effizient, das bleibt dem politischen Prozess zu Hause überlassen. Die reichen Länder werden in den Weltkonferenzen überwiegend zu Maßnahmen verpflichtet, die darauf hinauslaufen, in irgendeiner Form ihren Wohlstand mit den Armen zu teilen. Auf der anderen Seite aber hängt die politische Unterstützung durch die Interessengruppen und durch die Wählerschaft im Heimatland wesentlich davon ab, dass sie immer mehr versprechen: mehr Wachstum, mehr Beschäftigung, mehr Einkommen, mehr Wohlstand, mehr Sicherheit. Beides steht in offensichtlichem Widerspruch zueinander.

Gerade da, wo mit dem Argument der Globalisierung der neoliberale Weg des "race to the bottom" (runter mit den Löhnen, runter mit den Umweltauflagen, runter mit der staatlichen Regulierung, runter mit den Gewerkschaften), also die Angleichung auf niedrigstem Niveau erzwungen werden soll, um damit vor allem die Gewinne der Anteilseigner zu finanzieren – gerade da ist Nachhaltige Entwicklung in einem Systemkonflikt mit der vorherrschenden Politik und Ideologie. Die Mehrheiten in den wohlhabenden Ländern werden durch Arbeitslosigkeit und Lohndumping in der Tat zum Konsumverzicht gezwungen – aber dieser Verzicht ist weder gerecht verteilt, noch folgt er einer ökologischen Logik noch dient er dem internationalen Ausgleich der Wohlfahrtsunterschiede.

2.2 Ressourcenbelastung

Weltweit werden gegenwärtig pro Sekunde etwa 1.000 Tonnen Erdreich abgeschwemmt und abgetragen; nimmt der Waldbestand der Erde pro Sekunde um 3.000 bis 5.000 m^2 ab – auf ein Jahr umgerechnet ist das beinahe die Fläche der (alten) Bundesrepublik; rotten wir täglich vielleicht zehn, vielleicht fünfzig Tier- oder Pflanzenarten aus; blasen wir pro Sekunde rund 1.000 Tonnen Treibhausgase in die Luft – so schreibt Ernst Ulrich von Weizsäcker in seinem Buch „Erdpolitik"[15]. Andere Quellen bestätigen diese Sicht. Wenn sich das so fortsetzt, dann werden wir in 25 Jahren 1,5 Mio. der schätzungsweise fünf bis zehn Mio. biologischer Arten endgültig ausgerottet haben. In Deutschland sind von den 273 Vogelarten 61 % gefährdet und elf Prozent akut vom Aussterben bedroht. Im heißen Sommer 2003 sind wir eindringlich davor gewarnt worden, uns zu sehr der Sonne auszusetzen – die Schädigung der Ozonschicht führe zu häufigerem Auftreten von Hautkrebs. In Australien/Neuseeland riskiere jeder Dritte, von Hautkrebs befallen zu werden. Die Diagnose ist einmütig. Die Daten stammen aus verschiedenen und teilweise voneinander unabhängigen Quellen. Sie sind seit langem bekannt, immer wieder veröffentlicht worden, immer wieder diskutiert.

Probleme der Ressourcenbelastung, die der erste Bericht des Club of Rome als Auslöser für eine mögliche globale Katastrophe vermutet, stellen sich einerseits unter dem Gesichtspunkt versiegender Quellen[16], andererseits aber auch, wie in der Aktualisierung dieses Berichtes[17] argumentiert wird, unter dem Gesichtspunkt *überfrachteter Senken*.

Eines unter vielen Beispielen dafür ist der *Fischfang*. Das Earth Policy Institute[18] verwendet den Welt-Fischfang als einen seiner zwölf Indikatoren für eine gesunde Umwelt. Nach Jahrzehnten des stetigen Wachstums ist die Fangmenge 2003 nur ein wenig geringer als 2000. Da die Fangflotten in weiter entfernte Gebiete gezogen sind und das Aufspüren der Fischschwärme und der Fang selbst effizienter und die Flotten größer geworden sind, deutet dies auf zunehmende Erschöpfung der Vorräte hin[19]. Ähnliches gilt für den *Getreideanbau*: Die zur Verfügung stehende Fläche ist von 1950 bis 1981 angestiegen, aber 2004 gefallen – obgleich die Weltbevölkerung zunimmt, geht also die Anbaufläche zurück. Von 1950 bis heute wurde die Anbaufläche für Getreide pro Person halbiert[20] – auf Kosten zunehmend belasteter Böden. *Wassermangel* wird weltweit immer häufiger eine Ursache von Konflikten. Städte übernutzen Wasserreservoirs, die dann für landwirtschaftliche Produktion in den Dörfern nicht mehr zur Verfügung stehen; lokale Wasseraufstände sind häufig geworden in Indien und China; und Konflikte zwischen Ländern (u.a. Palästina, Mesopotamien) entwickeln sich nicht selten zu Kriegen. Sinkende Grundwasserspiegel und zunehmende Verschmutzung bei gleichzeitig deutlich ansteigendem Bedarf führen in

---

15 – Weizsäcker, 1994, 7

16 – Meadows, 1972

17 – Meadows et al., 1993

18 – www.earth-policy.org

19 – http://www.earth-policy.org/Indicators/Fish/2005.htm, 22.5.2005

vielen Weltregionen zu heftigen Auseinandersetzungen. Viele Süßwasserseen verlanden und versalzen: Der Tschadsee hat nur noch fünf Prozent seiner einstigen Wasseroberfläche, der Aralsee wird zur Wüste, tausende Seen in China sind völlig verschwunden, Kalifornien hat neunzig Prozent seiner Feuchtgebiete verloren – mehr als die Hälfte der fünf Mio. Seen auf der Erde sind in Gefahr. In den letzten fünfzig Jahren hat sich der Wasserverbrauch verdreifacht. Moderne Pumpen tragen dazu bei, dass in vielen Weltgegenden mehr Grundwasser entnommen wird als nach fließt[21]. Schon heute leben mehr als zwei Mrd. Menschen in Gebieten mit chronischem Wassermangel – und in den nächsten zwanzig Jahren soll der Wasserverbrauch um vierzig Prozent ansteigen. In fünf der brisantesten Wasser-Konfliktregionen – rund um den mittelasiatischen Aralsee, am Ganges, am Jordan, am Nil und an Euphrat und Tigris – wird die Bevölkerung bis 2025 zwischen dreißig und siebzig Prozent zunehmen[22] (siehe auch Abb. 2.1).

Die Geschichte einzelner Rohstoffe, vor allem des Erdöls, ist verschiedentlich Thema spannender, zuweilen romanhafter Darstellungen gewesen[23]. Wenn seit kurzem Rohöl- und Stahlpreise angestiegen sind, dann ist das mit neuen Nachfragern auf den Weltmärkten, vor allem China und Indien, zu erklären. Dazu ist die Erdölförderung ihrem Höhepunkt ("peak oil")[24] nahe. Es ist auffällig, wie sorgsam die amerikanische Regierung jede Anspielung auf Erdöl im Zusammenhang mit ihrem Krieg gegen den Irak vermeidet, obgleich die meisten Kommentatoren keinen Zweifel daran haben, dass dies das eigentliche Motiv ist. Larry Everest[25] hat diese Frage sorgfältig historisch untersucht und dokumentiert. Seine Erkenntnisse lassen ebenfalls keinen anderen Schluss zu. Auch die Massierung amerikanischer Militärbasen in der Region des Kaspischen Meeres, in der große Öl- und Gasvorkommen liegen, bestätigt diese Vermutung. Die eigenen US-amerikanischen Vorräte reichen bei bisherigem Verbrauch noch etwa für sieben Jahre.

Viele Rohstoffverbräuche werden uns gar nicht bewusst: Danielle Murray vom Earth Policy Institute hat berechnet, dass alleine die Herstellung (Bewässerung, Agrochemikalien, 21%), Verarbeitung (16%), der Transport (14%), das Marketing und der Verkauf (18%) sowie Aufbewahrung und Zubereitung (32%) der Lebensmittel in den USA ungefähr so viel Energie (vor allem Rohöl) verschlingen wie ganz Frankreich insgesamt an Energie verbraucht. Ölverknappung bedeutet deshalb auch, so schließt sie, Lebensmittelverknappung[26]. Im Mittel werden derzeit etwa 1.000 t Wasser eingesetzt, um eine Tonne Getreide zu produzieren.

---

20 – http://www.earth-policy.org/Books/Out/ch2data_index.htm, 22.5.2005

21 – www.earth-policy.org/Updates/2005/Update47_data.htm, 22.5.2005

22 – Einen Überblick über die Welt-Wasserkrise bietet Der Spiegel 35/2002, 146 ff.

23 – z.B. Paczensky 1984, Yergin, 1993, Engdahl, 2004

24 – Das US Energieministerium hat in einem Bericht (Hirsch Report) die möglichen Handlungsoptionen nach dem Überschreiten der Förderungsspitze untersuchen lassen, den Bericht wegen der dramatischen Ergebnisse aber bisher geheim gehalten; er ist dennoch informell zugänglich: www.projectcensored.org/newsflash/The_Hirsch_Report_Proj_Cens.pdf

25 – Everest, 2004

26 – www.earth-policy.org/Updates/2005/Update48_data.htm, 24.5.2005

Brennpunkte der Welt-Wasserkrise

Ogallala
Der größte fossile Grundwasserspeicher der USA verliert 12 Milliarden Kubikmeter Wasser jährlich. Die daraus bewässerte Fläche soll sich in 20 Jahren halbieren.

Libyen
Nicht erneuerbares Grundwasser, das sich während der Eiszeit bildete, fließt durch Pipelines 1.500 km weit auf Felder in der Wüste.

Nahost
Israel nutzt 90% des Grundwassers der besetzten Westbank. Per Schiff kommen bald Trinkwasserlieferungen aus der Türkei.

Euphrat und Tigris
Die Türkei kontrolliert mit Dämmen den Oberlauf von Euphrat und Tigris. Syrien und Irak brauchen das Flusswas-ser dringend.

Aralsee
Die Umleitung des Amudarja auf Baumwollfelder führt zur Austrocknung von Aralsee und Umland. Weitere 50 Seen im Delta des Zuflusses drohen zu verschwinden.

China
Schon 1972 erreichte der Gelbe Fluss erstmals nicht mehr das Meer. Am Jangtse müssen dem neuen, 185 Meter hohen Drei-Schluchten-Damm und seinem Stausee zwei Millionen Menschen weichen.

Tschadsee
Der einst sechstgrößte See der Welt ist in nur 30 Jahren auf ein Zehntel seiner ehemaligen Größe geschrumpft. Bauern zapfen seine Zuflüsse an.

Nil
Äthiopien plant, mehr als 200 kleinere Dämme am Oberlauf des Nils zu bauen. Konflikte mit Ägypten sind abseh-bar.

Indien
Durchfallerkrankungen fordern in Indien doppelt so viele Todesopfer wie Aids. Auslöser ist dreckiges Wasser.

Bangladesch
Bauern bewässern ihre Felder mit 1,2 Millionen Pedal-Pumpen. Durch den sinkenden Grundwasserspiegel löst sich Arsen aus dem Boden im Trinkwasser und vergiftet die Menschen.

Abb. 2.1 Quelle: Der Spiegel 35/2002, 147

Abfälle

Es gibt keine Produktion, die nicht Rückstände und *Abfälle* hinterließe – in Form von Abwärme, von Klär- und Lackschlämmen, von Verpackungen, von Ausschuss, von Strahlung usw. Je mehr wir produzieren, desto mehr Abfälle produzieren wir auch. Weltweit produzieren wir heute etwa die siebenfache Menge an Gebrauchsgütern wie 1950 und entziehen dem Planeten die fünffache Menge an Rohstoffen. Der globale Rohstoffverbrauch übersteigt nach einer Schätzung[27] die natürliche Regenerationsrate um zwanzig Prozent, nach einer anderen Schätzung[28] bereits um 40%. Die Europäische Umweltagentur EEA kommt in einer Studie zu dem Ergebnis, dass ein Europäer 50 t Material im Jahr verbraucht. 373 Mio. Europäer (EU15) entnehmen der Erde ungefähr 19 Mrd. t Material jährlich. Das ist zwar deutlich weniger als in den USA (84 t pro Kopf), doch mehr als in Japan (45). Für die Zeit von 1988 bis 1997 ist das in der EU15 ein Zuwachs von elf Prozent. Damit nimmt auch die Produktion von Hausmüll und Industrieabfällen zu[29].

Beängstigend sind die Zuwachsraten des *Müllaufkommens* in den wirtschaftlich schwächeren Beitrittsländern und Randgebieten der EU, die um jeden Preis ihren „Wohlstandsrückstand" aufholen möchten – vor allem in Osteuropa. Von den rund dreißig Mio. Tonnen Giftmüll, die jährlich in der EU anfallen, können nur etwa zwei Mio. Tonnen kontrolliert und ordnungsgemäß vernichtet und entsorgt werden. Vor allem in den Ballungsgebieten sind die Entsorgungskapazitäten erschöpft, zusätzlicher Deponieraum ist nicht mehr vorhanden. Statt auf konsequente Müllvermeidung und den weitestgehenden Einsatz von Recyclingtechniken setzen viele Länder auf einen Ausbau der Müllverbrennung, also auf eine *End-of-pipe-Technologie*, die am Ende zu reparieren sucht, was am Anfang der Wirkungskette nicht vermieden worden ist. Der grenzenlose Binnenmarkt führt dazu, dass Sonderabfälle in die Länder mit den niedrigsten Entsorgungskosten (die Unterschiede sind hier beträchtlich) und mit den niedrigsten ökologischen Standards (das sind in der Regel die ärmeren Randgebiete) exportiert werden. Die Entsorgung von Sondermüll, insbesondere der Export in die Dritte Welt und nach Osteuropa, ist längst zu einem Geschäftsbereich der organisierten Kriminalität geworden. Das gilt auch für die Verklappung und Verbrennung auf hoher See – seit vielen Jahren sind die Meere die beliebtesten Drecklöcher der Industrieländer. Giftige Algenteppiche, Robbensterben, Fische mit Krebsgeschwüren, Vögel, die im Öl ersticken, sind die kurzzeitig erkennbaren Folgen – die Einlagerungen von Giften, Säuren, Sprengstoffen, radioaktiven Abfällen, gar solchen militärischer Herkunft, haben aber Langzeitfolgen, die heute noch kaum absehbar sind.

Der Berliner Volkswirtschaftler und frühere CDU-Umwelt-Staatssekretär Lutz Wicke hat schon 1986 die Schäden quantifiziert, die jährlich in *Deutschland* an der Umwelt angerichtet werden. Eine Untersuchung des Umwelt- und Prognose-Instituts Heidelberg (1995) kommt zu einer Summe von 240 Mrd. € jährlich an angerichteten Umweltschäden, das sind umgerechnet durchschnittlich 9.000 € pro Haushalt, oder *über zwanzig Prozent des Bruttosozialproduktes* im gleichen Jahr. In dieser Höhe liegen also die externalisierten Umweltkosten, die unsere Wirtschafts- und Lebensweise verursachen, für uns selbst. In mindestens dieser Höhe (andere Faktoren kämen dazu) täuscht die Sozialproduktrechnung vermeintlichen Wohlstandsgewinn vor, während doch in Wirklichkeit Reparaturkosten zunehmen.

27 – WWF 2004
28 – http://tii-kokopellispirit.org
29 – Gourlay, 1993

Nun sind die westlichen Industrieländer gewiss Hauptverursacher der meisten Umweltschäden, aber in vieler Hinsicht und in großem Umfang ist es ihnen gelungen, diese *Schäden zu exportieren* – im direkten Sinn, wie beim Export von Problemabfällen, wie im indirekten Sinn[30]. Viele Länder der Dritten Welt befinden sich jedoch auf einer atemberaubenden Aufholjagd. *Schwellenländer* haben ihr Wachstum mit enormen Umweltschäden und zerstörten Sozialordnungen erkauft. Hohem Wirtschaftswachstum, politischen Wahlerfolgen wird alles untergeordnet[31]. Daran ist der Westen beteiligt: *West-Unternehmen* nutzen seit Jahrzehnten die billigen Löhne in Fernost als Argument, um ihre Fabriken wegen der strengen Umweltauflagen im eigenen Land, wegen niedrigerer Steuern und Löhne auszulagern. Viele Länder kommen ihnen mit Vergünstigungen, vor allem in Sonderwirtschaftszonen, entgegen. Sie versuchen mit ihrer Werbung und dem wachsenden Einfluss auf die Medien, dort westliche Konsumstandards durchzusetzen. Seit 1990 gilt das ganz besonders für die früheren Ostblockländer. Bei abnehmender Kaufkraft in den Herkunftsländern bleibt der Export als Wachstumsreserve. Das rücksichtslose Streben nach schnellem wirtschaftlichem Erfolg habe *asiatische Städte zu einer Todesfalle* gemacht, warnte die WHO. Die am meisten von Umweltverschmutzung heimgesuchten Städte sind in den neuen und alten Schwellenländern Asiens zu finden: Jakarta, Bangkok, Taipeh, Peking, Tianjin, Seoul. Aber auch in vielen anderen Ländern der Dritten Welt und des früheren Ostblocks sind die physischen Infrastrukturen der Städte so verrottet, dass sie dem Ansturm der neuen Industrialisierungswelle nicht standhalten können und zu ökologischen Notstandsgebieten werden.

Der *internationale Rohstoffhandel* ist Teil des globalen Nord-Süd-Problems: Teile der Dritten Welt sind Lager- und Produktionsstätten für Rohstoffe. Die Industrieländer, in denen die Verarbeitungsindustrien liegen, sind die wichtigsten Nachfrager. Die Preise werden überwiegend an den internationalen Rohstoffbörsen gebildet, es handelt sich um nachfragebestimmte Märkte, bei denen die größere *Verhandlungsmacht* auf Seiten der Industrieländer liegt[32]. Alle Versuche, zu Verhältnissen zu gelangen, die den Interessen der Entwicklungsländer genügend Rechnung tragen, sind letztlich gescheitert: Die Industrieländer nutzen ihre starke Machtstellung, um die Entwicklungsländer in ihrer abhängigen Position zu halten, die Rohstoffe dort unter geringen Arbeitskosten und geringeren ökologischen Auflagen auszubeuten, während sie gleichzeitig die Lagerstätten im Norden – Kanada, die USA, Australien und die GUS-Staaten verfügen über bedeutende Vorkommen – als strategische Reserve und politisches Druckmittel halten[33]. „Am konsequentesten wurde die grundsätzliche Ablehnung von Rohstoffabkommen von den USA verfolgt, die zugleich der weltweit größte Verbraucher von Rohstoffen sind. Gleichzeitig aber praktizieren die USA und die EU bei ihrer Agrarpolitik mit hohen protektionistischen Zollmauern und massiver Subventionierung eine der konsequentesten Formen

30 – Gauer et al., 1987
31 – für China siehe z.B. Ryan/Flavin, 1995
32 – Endres/Querner, 1993
33 – Mutter, 1995, 284

der Marktregulierung"[34]. Der Rohstoffsektor befindet sich in vielen Ländern der Erde in den Händen internationaler, von den Industrieländern aus kontrollierter *Rohstoffkonzerne.* Damit wird verhindert, dass die aus dem Export erzielten Gewinne der Dritten Welt z.B. zur Diversifizierung ihrer Wirtschaftssysteme zur Verfügung stehen. Die internationale *Schuldenkrise* verstärkt den Druck, Devisen zur Schuldentilgung aus der Ausbeutung natürlicher Rohstoffe zu erwirtschaften. Dazu zählen auch die Monokulturen der landwirtschaftlichen Cash-crop-Produktion mit resultierender Auslaugung und Versalzung von Böden, Schäden für den Artenschutz und weitere großflächige Rodungen von Waldgebieten zur Mengensteigerung. Resultat sind seit zwanzig Jahren zurückgehende Preise, die durch Recycling, synthetische Substitute und sparsameren Umgang mit Primärrohstoffen in den Industrieländern, aber mehr noch durch Strukturanpassungsprogramme weiter unter Druck bleiben.

2.3 Artenvielfalt

„Während sich viele Menschen über die Konsequenzen der globalen Erwärmung den Kopf zerbrechen, bahnt sich in unseren Gärten die vielleicht größte einzelne Umweltkatastrophe in der Geschichte der Menschheit an. ... Der Verlust an genetischer Vielfalt in der Landwirtschaft – lautlos, rapide und unaufhaltsam – führt uns an den Rand der Auslöschung, an die Schwelle von Hungersnöten in Dimensionen, vor denen unsere Phantasie versagt"[35]. Von den schätzungsweise zwischen drei und dreißig Mio. biologischer Spezies, die auf der Erde vorkommen, sind nur etwa 1,8 Mio. wissenschaftlich beschrieben worden. Derzeit rotten wir täglich vielleicht zehn, vielleicht hundert, vielleicht dreihundert biologische Arten endgültig aus – niemand vermöchte eine genaue Zahl anzugeben. *Wie können wir vernichten, was das gleiche Lebensrecht auf der Erde hat wie wir Menschen?* Wie zerstören, was wir noch gar nicht kennen, geschweige denn begreifen? Alle Pflanzen- und Tierarten haben wichtige Funktionen im gesamten Ökosystem der Erde, sonst hätten sie die Evolutionsgeschichte nicht so lange überstanden. Die genetische Vielfalt des Lebens schützt uns, nützt uns, ist eine Quelle von Freude, Genuss und Bewunderung. Ethische Gründe sprechen dafür, dass Menschen mit großer Achtung der ungeheuren Vielgestaltigkeit der Natur gegenübertreten sollten, von der sie selbst ein Teil sind. Dagegen werden häufig Argumente für den Schutz der Biodiversität angeführt, die den unmittelbaren Nutzen der Arten für den Menschen als Nahrungsmittel, für Medikamente oder als Rohstoff betonen.

Generell nimmt die *Artenvielfalt von den Polen zum Äquator hin zu.* Während die gemäßigten Breiten über wenige, aber individuenreiche Arten verfügen, ist es in den tropischen Regionen umgekehrt: Große Artenvielfalt geht einher mit geringer Individuenzahl. Die wichtigsten Ursachen des Artenverlustes sind bekannt:

34 – ebd., 289
35 – Mooney/Fowler, 1991, 10

- die Einführung neuer, von professionellen Züchtern hervorgebrachten Sorten,
- der ökonomische Druck auf die Bauern, den Anbau traditioneller Sorten zu ersetzen durch solche mit höheren Erträgen und Gewinnaussichten,
- die Zerstörung natürlicher Lebensräume.

Während, wie der Brundtland-Bericht[36] angibt, die durchschnittliche natürliche Überlebensrate einer biologischen Art bei etwa fünf Mio. Jahren liegen mag und während der letzten 200 Mio. Jahre im Durchschnitt etwa alle vierzehn Monate eine Art endgültig ausstarb, hat sich diese Rate unter dem Einfluss des Menschen dramatisch erhöht: drei Arten pro Stunde, d.h. siebzig Arten pro Tag oder 27.000 pro Jahr, schätzt der Evolutionsbiologe Edward Wilson[37]; andere Schätzungen gehen bis zum Doppelten dieses Wertes. Nach Schätzungen der FAO sind seit Beginn dieses Jahrhunderts *bereits drei Viertel der genetischen Vielfalt der Feldfrüchte verloren gegangen*[38]. Dagegen entstehen pro Jahr nur ungefähr zehn neue Arten. Während in den meisten Perioden der Erdgeschichte mehr neue Arten entstanden sind als verloren gingen, hat sich der Trend umgekehrt. Etwa 5.500 Tierarten gelten als gefährdet[39]. Selbst viele nicht im Bestand gefährdete Anbaupflanzen wie Reis oder Mais haben nur noch einen Bruchteil der genetischen Vielfalt, die sie noch vor einigen Jahrzehnten hatten. Wilson vergleicht das Auftreten des Menschen und seinen Krieg gegen die biologische Vielfalt mit den fünf großen Katastrophen, die in der Erdgeschichte nahezu alles Leben ausgelöscht haben, die letzte vor 65 Mio. Jahren, die das Aussterben der Saurier zur Folge hatte.

Von den Tausenden von *Nahrungspflanzen*, die einst von den Jägern und Sammlern genutzt wurden, werden heute nur wenige angebaut. Und von diesen decken ganze neun (Weizen, Reis, Mais, Gerste, Sorghum bzw. Hirse, Kartoffeln, Süßkartoffeln bzw. Yams, Zuckerrohr und Sojabohnen) mehr als drei Viertel des menschlichen Nahrungsbedarfs. Insgesamt ernähren wir uns im Großen und Ganzen von nur etwa 130 Pflanzenarten. Erstaunlicherweise haben bereits unsere Steinzeit-Vorfahren praktisch alle unsere heutigen Nahrungsmittellieferanten kultiviert"[40].

Allerdings hat sich dieser Prozess der Artenvernichtung in den letzten Jahrzehnten enorm beschleunigt. Zu Anfang unseres Jahrhunderts bauten indische Bauern noch 30.000 Reissorten an – heute kaum mehr als dreißig. Auf achtzig Prozent der Reisanbaufläche der Philippinen wachsen nur noch fünf Sorten[41]. Die bringen zwar höhere Erträge, verlangen aber nach Düngern und Pestiziden und sind infolge ihrer genetischen Homogenität überaus anfällig gegen neue Pilze, Viren und Klimaveränderungen. Mitte der siebziger Jahre waren bereits drei Viertel der traditionellen europäischen Gemüsesorten vom Aussterben bedroht. Die heutige Landwirtschaft hat mit „Natur" nur noch relativ wenig

36 – WCED 1987, 152 f.
37 – Wilson, 95
38 – Stiftung Entwicklung und Frieden, 1995, 302
39 – www.redlist.org, 25.5.2005
40 – Mooney/Fowler, 1991, 34
41 – http://www.welthungerhilfe.de/WHHDE/themen/reis/texte/05b_artenvielfalt.html

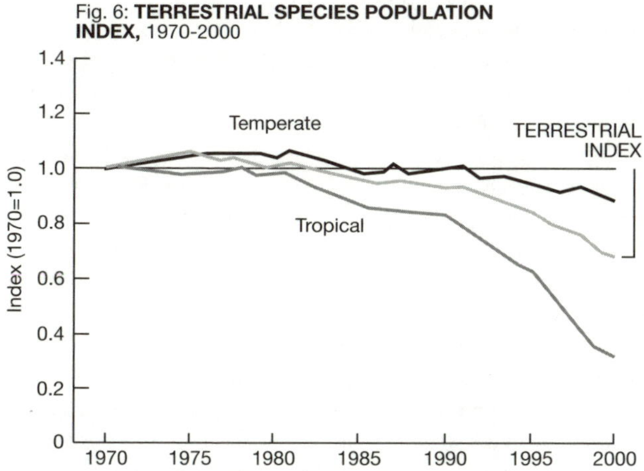

Abbildung 2.6: In den gemäßigten Zonen haben die terrestrischen Arten zwischen 1970 und 2000 um mehr als zehn Prozent abgenommen, tropische terrestrische Arten gingen gar um 65%

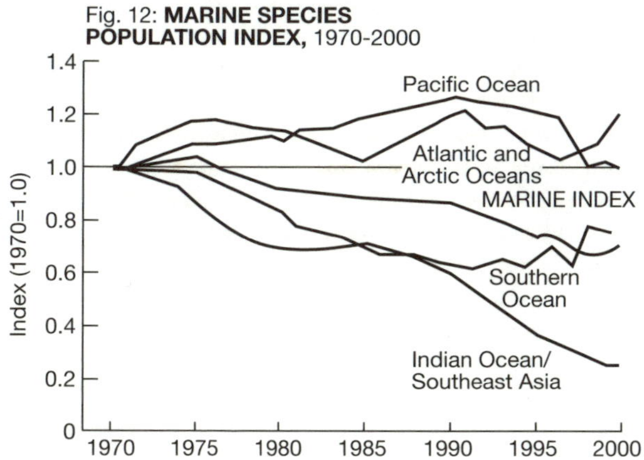

Abbildung 2.12: Der Index der marinen Arten ging zwischen 1970 und 2000 um dreißig Prozent zurück. Im Indischen und im Südlichen Ozean betraf dies alle Arten, während der mittlere Trend im Atlantik und um die Arktis stabil blieb.
Quelle: World Wide Fund for Nature: Living Planet Report 2005

zu tun. Es ist nicht „natürlich“, wenn riesige Flächen von einer einzigen Pflanze, geschweige denn von einer einzigen Variante dieser Pflanze, bedeckt werden. Die natürliche Heterogenität bot immer auch Schutz vor Krankheiten und Klimaschwankungen; Kulturen wurden zwar geschädigt, aber nicht vernichtet. „Hauptursache des Verlusts unseres landwirtschaftlichen Erbes ist zweifellos die Einführung neuer, von professionellen Züchtern hervorgebrachter Sorten“[42] (siehe auch Abb. 2.6 bzw. 2.12).

42 – Mooney/Fowler 1991, 88

Gespenstisch wurde 1996 am Beispiel des Gartenbambus (fargesia murielae) vorgeführt, welche Folgen solche Auswahlstrategien haben können: Der englische Pflanzensammler Ernest H. Wilson hatte 1907 diesen Bambus in der chinesischen Provinz Hupeh ausgegraben und nach seiner Tochter Muriel benannt. Sie wurde einige Jahre lang kultiviert und dann 1913 in den Londoner Botanischen Garten gebracht. Von dieser Pflanze stammen alle Nachfahren, die mit etwa dreißig Mio. Exemplaren über Europa und Nordamerika verbreitet wurden. Alle Pflanzen dieser Art blühten in diesem Jahr und vertrockneten anschließend. Weder Rückschnitt noch Düngung konnten sie retten. Für alle „tickte dieselbe genetische Uhr".

Die meisten unserer heutigen Nutzpflanzen beruhen auf einer sehr *schmalen genetischen Basis*, was ihre Widerstandsfähigkeit stark beschränkt. Umso mehr sind sie daher auf künstliche Düngung (die auch für „Unkräuter" förderlich ist), Bewässerung (die aber Insekten anzieht) und daher auf Behandlung mit Pestiziden, Herbiziden, Fungiziden und Insektiziden angewiesen. Pestizide töten Schädlinge wie Nützlinge ohne Unterschied, und viele Insekten entwickeln Resistenzen gegen Insektizide. Deshalb muss der Einsatz chemischer Gifte verstärkt und nach einiger Zeit muss eine Pflanzenart vom Markt genommen werden. Wenn keine Variation mehr vorhanden ist, ist kaum mehr natürliche Evolution möglich. Die Hochertragssorten von Weizen, Mais und Reis, die im Rahmen der Grünen Revolution gezüchtet und in den Ländern der Dritten Welt durchgesetzt worden sind, verlangten für den Anbau Kapitaleinsatz, den die armen Bauern nicht leisten konnten. Die *Grüne Revolution* führte daher faktisch in vielen Teilen der Dritten Welt zur Verarmung, zur Produktion für den Export und die *Einbindung in den Weltmarkt*. Die Subsistenzbauern aber mussten sich zuerst als Landarbeiter auf die großen Latifundien verdingen, dann in die Slums der Großstädte abwandern.

Patent-Monopole und globale Zugriffsmöglichkeiten haben die alten Saatgutfirmen in übernationale Anbieter auf dem Genetik-Markt verwandelt. Die Bausteine der neuen Bio-Wissenschaften sind Gene, deren Manipulation noch weit höhere Profite verspricht. Je mehr Gene, desto größere Chancen, neue Sorten, neue Nutzpflanzen und damit neue Möglichkeiten der Kontrolle über den Nahrungsmittelsektor zu entwickeln. „Während der Saatguthandel expandiert, verwandelt er sich gleichzeitig in eine ‚genetische Zulieferindustrie', in der die transnationalen Unternehmen dominieren, welche die Agrarchemikalien herstellen"[43]. Durch die *Kommerzialisierung der Landwirtschaft* der Dritten Welt gerieten auch die tradierten Sozialsysteme unter Veränderungsdruck. Kommunaler Landbesitz und die in Zentralamerika vorherrschende Auffassung, dass Saatgut prinzipiell verschenkt und nicht verkauft werden sollte, sind bloß zwei Beispiele für Traditionen, die ins Wanken gerieten. „Die Verkümmerung der genetischen Basis unserer Kulturpflanzen kann man an den empfohlenen Sortenlisten der Industrieländer ablesen, wo als Reaktion auf spezielle Ansprüche – wie etwa der Tiefkühlkosterzeugung oder der Verpackungsin-

43 – ebd., 129

dustrie – immer weniger Genotypen immer mehr zur Gesamtproduktion beitragen“[44].

Dass es sich dabei keineswegs um einen Vorgang handelt, der nur in Entwicklungsländern vorkommt, belegt der aktuelle deutsche Streit um die Kartoffelsorte „Linda“: Die Kartoffelzuchtfirma Europlant hat, nachdem der Patentschutz nach dreißig Jahren ausgelaufen war, entschieden, die Sorte vom Markt zu nehmen, um damit die Bauern daran zu hindern, sie in Zukunft ohne Zahlung von Lizenzgebühren anzubauen.

Die Regierungen der Europäischen Union sind mit der Herausgabe eines „Gemeinsamen Kataloges“ sogar noch einen Schritt weitergegangen. Die darin nicht aufgeführten Saatgut-Sorten werden für minderwertig gehalten und können von den Saatgutfirmen nicht legal verkauft werden, während sich die patentierten Sorten fast ausschließlich im Besitz und im Angebot großer Unternehmen befinden. Der jährliche Einzelhandelsumsatz mit Saatgut betrug schon Mitte der achtziger Jahre auf der ganzen Erde über 42 Mrd. €. Er ist entscheidend für die rund 15 Milliarden-Euro-Pestizidindustrie und Schlüsselfaktor für die Multi-Billionen-Euro-Nahrungsmittelindustrie, dem größten und wichtigsten Industriezweig der Welt. Eine fundierte Schätzung würde von einer Gesamtzahl von weltweit über 2.000 aktiven Zucht- und/oder Vertriebsunternehmen ausgehen, von denen sich mehr als drei Viertel in den westlichen Industrieländern befinden[45]. Multinationale Giganten von Shell bis ITT haben seit 1970 fast 1.000 früher unabhängige Saatgutfirmen aufgekauft oder sonst wie unter ihre Kontrolle gebracht. In Großbritannien beherrschen drei Firmen, davon zwei ausländische, achtzig Prozent des Gartensamenmarktes – ähnlich in anderen westlichen Ländern.

Von den marktbeherrschenden dreißig Unternehmen zählen elf zum Chemiesektor. Der größte Pestizid-Hersteller der Ölindustrie und inzwischen eines der größten Saatgutunternehmen der Welt ist Royal Dutch/Shell. „Shell Chemicals patentiert die Saaten des Konzerns schließlich in Italien ebenso wie in Südafrika. Shell Petroleum vertreibt das Saatgut des Konzerns auf den Inseln Mittelamerikas, und in den USA arbeitet die Shell Development Corporation an Sterilität bewirkenden Chemikalien für ihr Hybrid-Weizenprogramm. In deutschen Zeitschriften preist Shell seine Maissorten wie auch seine Herbizide in denselben Inseraten an. Kartelle, regionale Monopole und Preisabsprachen sind üblich. In amtlichen Untersuchungsberichten wird festgestellt, dass die Züchter gar die Resistenzen neuer Pflanzen gegen Insektenbefall und Krankheiten gezielt verringern, um damit den Umsatz an Chemikalien zu fördern“[46].

Analog lässt sich auch für die *Fleischproduktion* argumentieren: Durch Züchtung und durch abscheulichste Grausamkeiten bei der Tierhaltung werden die Absatzmengen maximiert, die dann wegen rückläufigen Konsums mit hohen Subventionen vernichtet werden. Die Europäische Union hat z.B. einige hundert Mio. Euro eingesetzt, um in Westafrika eine eigene Viehzucht aufzubauen, andererseits aber auch in den letzten zehn Jahren mehr als 300 Mio. € aufge-

44 – Heslop-Harrison, zit. nach: ebd., 98

45 – FAO, zit. nach: ebd. , 132

46 – ebd., 145 f.

wendet, um den Export eigenen Rindfleisches aus der Überschussproduktion dorthin zu stützen. Und dann holt die EU rund eine halbe Million Tonnen Futtermittel allein aus Westafrika, um ihre Überschussrinder zu mästen. Die heute rund 1,3 Mrd. Rinder der Erde verschlingen eine Getreidemenge, die ausreichen würde, um einige hundert Mio. Menschen zu ernähren. Die Viehzucht gehört zu den Hauptverursachern der Zerstörung tropischer Regenwälder und der Ausbreitung der Wüsten und damit der Vernichtung biologischer Arten[47]. Etwa 29% der Erdoberfläche werden bereits für die Rindfleischproduktion verwendet. Würde auch Asien den amerikanischen Lebensstil übernehmen, wären es 38%[48].

Die *Zerstörung natürlicher Lebensräume* ist der Hauptfeind wilder Arten, die von zunehmender Bedeutung für die Pflanzenzucht sind: Die Korallenriffs, in deren 400.000 km² man eine halbe Million Arten vermutet, sind so sehr bedroht, dass möglicherweise nur wenige Arten die nächsten zehn Jahre überleben. Die asiatischen Korallenriffe sind durch Dynamitfischerei, unkontrollierten Küstenbau und die Verwendung von Zyanid beim Fangen tropischer Fische bereits zu achtzig Prozent gefährdet. Die Welternährungsorganisation FAO schätzt, dass Meere, Seen und Flüsse gut ein Siebtel des tierischen Eiweißes liefern, das die Menschen zu sich nehmen. Das Artensterben in den Weltmeeren wird durch Überfischung rasch vorangetrieben. Die Reproduktionskraft der Meere wird erschöpft. 1993 verbot die UNO die Fischerei mit Treibnetzen – weitgehend wirkungslos[49]. Was sich nicht verkaufen lässt, wird nicht etwa wieder freigesetzt, sondern gleich zu Fischmehl verarbeitet. Immer mehr Arten werden nur noch in Zuchtprogrammen gehalten.

In den tropischen Regenwäldern wird mindestens die Hälfte aller Arten der Erde vermutet, es könnten aber auch neunzig Prozent sein. Von den 1,5 bis 1,6 Mrd. ha von einst sind nur noch 900 Mio. ha übrig geblieben, und jedes Jahr werden fast zehn Mio. Hektar vernichtet, und in weitere zehn Mio. Hektar wird massiv eingegriffen[50]. Rund 17.000 km² brasilianischen Amazonaswaldes wurden 1999 abgeholzt, 2004 waren es mehr als 26.000 km², über sechs Prozent mehr als im Jahr zuvor (siehe Tab. 2.1 im Anhang). Ursachen waren neben dem Holzeinschlag die Umwandlung von Regenwald in Farmen (dahinter steht der Fleischkonsum der reichen Länder, Hauptabnehmer ist die US-Fastfood-Industrie) sowie Landgewinnung zum Abbau von Bodenschätzen und zur Umwandlung in Siedlungsfläche.

Pharmaunternehmen schließen Verträge mit Regierungen ab, um exklusiv auf deren Gebiet Pflanzen und Tiere sammeln und deren Keimplasma konservieren zu können. Dahinter steht die Hoffnung auf Milliarden umsätze mit neu entwickelten Medikamenten. Internationale Gremien wie das der FAO nahe stehende *International Board for Plant Genetic Resources* (IBPGR, erster Vorsitzender ein Washingtoner Anwalt, der für das State Department gearbeitet hatte) werden entweder unglaublicher Taktlosigkeit oder krasser Machtpolitik

Meer

Regenwald

47 – Rifkin, 1994
48 – http://tii-kokopellispirit.org, 15.5.2005
49 – www.dradio.de/dlf/sendungen/hintergrundpolitik/288720/
50 – WCED, 1987, 153

beschuldigt, weil sie „einen überwältigenden Teil der Keimplasmaproben [die sie als Spenden aus der Dritten Welt erhalten, B.H.] in den westlichen Industrieländern und insbesondere in den USA“ einlagern[51]. Die USA behandeln dieses Saatgut als ihr Eigentum, verhindern, dass die Dritte Welt einen größeren Einfluss auf solche Spenden erhält und verschweigen nicht, dass sie den Austausch von Keimplasma nach den Bedürfnissen der amerikanischen Außenpolitik ausrichten. „Die Regierungen der Industrieländer sprachen bei den FAO-Auseinandersetzungen in Rom von Keimplasma als dem ‚gemeinsamen Erbe‘ der ganzen Menschheit, während sie gleichzeitig Gesetze über Patentierung von Saatgut verabschiedeten und Unternehmen berieten, um dieses gemeinsame Erbe im eigenen Land zu monopolisieren“[52]. „Der Süden besitzt das rohe Keimplasma in Wald und Feld, der Norden hat einen Großteil der Plasmaressourcen des Südens in seinen Genbanken eingelagert“[53].

Drohende *Hungersnöte* in Folge dramatisch reduzierter Resistenzen gehören keineswegs mehr in den Bereich der Phantasie: In Indonesien hat eine bis dahin unbekannte Seuche in den siebziger Jahren große Teile der Reisernte vernichtet. In den USA führte 1970 ein Befall genetisch identischer Maisbestände mit Braunfäule zu Ernteausfällen im Wert von über einer Milliarde Dollar, nachdem die Seuche zuvor schon in Mexiko gewütet hatte. Der harte Winter 1971/72 führte in der Ukraine zum Verlust von über dreißig Prozent der Ernte an Winterweizen, weil die genetisch homogene Sorte die klimatischen Bedingungen nicht vertrug. Durch Großaufkäufe musste ein Ausgleich gesucht werden, der in der Folge zu einem Anstieg der Weizenpreise um 25% führten (der amerikanische Landwirtschaftsminister Earl Butz nannte die US-Agrarüberschüsse die „Lebensmittelwaffe“).

2.4 Klimawandel

Für die klimatischen Bedingungen auf der Erde ist der *natürliche Treibhauseffekt* von wesentlicher Bedeutung. Die in der Atmosphäre vorhandenen Spurengase bewirken, dass die globale Durchschnittstemperatur in Bodennähe etwa 15°C beträgt und so das Leben in seiner heutigen Form ermöglicht. Diese Spurenstoffe lassen kurzwellige Sonnenstrahlung nahezu ungehindert zur Erdoberfläche passieren und absorbieren die reflektierte Wärmestrahlung. Die Abstrahlung in den Weltraum wird durch eine isolierende Schicht behindert. Dies ist, vereinfacht ausgedrückt, die physikalische Natur des Treibhauseffekts. Ohne den natürlichen Treibhauseffekt läge die mittlere Temperatur auf der Erde bei -18°C.

Menschliche Einwirkung hat *diesen natürlichen Treibhauseffekt zunehmend und nachhaltig verstärkt.* Bis zum Jahr 2100 wird ein Anstieg der Durchschnittstemperatur um 3°C erwartet. Von der Größenordnung her entspricht diese Dif-

51 – Mooney/Fowler, 1991, 169 f.
52 – ebd., 189
53 – ebd., 213

ferenz etwa dem Anstieg der Temperaturen seit der letzten Eiszeit vor 18.000 Jahren. Die Veränderungen werden aber nun ungleich schneller auftreten. Daraus erwachsen historisch nie gekannte Anpassungsprobleme der Ökosphäre. Der Mensch kennt in seiner ganzen Entwicklungsgeschichte als *homo sapiens* bisher nur einen Klimazustand, der um maximal 2°C über heutigen Mittelwerten liegt. Das Abschmelzen des Eises in Polkappen und Gletschern ist der deutlichste Hinweis auf die globale Erwärmung[54].

Viermal so viele zerstörerische Stürme fallen über die Länder der Erde her wie noch in den sechziger Jahren. Über dem Nordatlantik und Europa hat sich die Zahl starker Tiefdruckwirbel seit 1930 verdoppelt. Binnen vier Jahrzehnten stieg die Zahl der großen Naturkatastrophen weltweit auf das Dreifache. Die Windgeschwindigkeiten nehmen zu. Die Schadenssummen haben sich verzehnfacht. Allein für Deutschland sei durch einen Klimawandel dieses Ausmaßes von Schäden durch Naturkatastrophen in Höhe von 137 Mrd. € bis 2050 auszugehen[55]. Durch die Hitzewelle 2003 sind zehn bis 17 Mrd. € Schaden für die europäischen Volkswirtschaften entstanden – und 35.000 Menschen gestorben. Das „Jahrhunderthochwasser" von Elbe, Mulde und Donau 2002 hat in Deutschland Schäden von 9,2 Mrd. € verursacht.

Die *Erwärmung der Erdatmosphäre* beeinflußt Häufigkeit und Stärke von Naturkatastrophen. Fünf von sechs Naturkatastrophen basierten auf Wetterextremen. Das Eis des Columbia-Gletschers an der Südküste Alaskas zieht sich täglich um 35 m zurück. Im Schnitt sind das 1,5 m Eis pro Stunde. Der Eispanzer auf Grönland hat im Süden und Osten in den letzten Jahren mehr als einen Meter an Dicke verloren. Die Experten des Intergovernmental Panel on Climate Change (IPCC) schließen nicht aus, dass im Laufe der nächsten hundert Jahre die Hälfte aller Alpengletscher verschwindet. Dadurch gehen wichtige Süßwasserspeicher verloren, der Wasserspiegel der Binnengewässer sinkt, und bei gleich bleibender Einleitung von Abwässern verschlechtert sich die Wasserqualität rasch. In den letzten hundert Jahren ist der Meeresspiegel weltweit um zwanzig Zentimeter angestiegen. Derzeit steigt er um drei Zentimeter pro Jahrzehnt. Im Laufe dieses Jahrhunderts rechnen Klimaexperten mit einem Anstieg des Meeresspiegels zwischen 11 und 88 cm. Die Weltmeere erwärmen sich. Nachdem die Bush-Regierung jahrelang die anthropogene Klimaänderung geleugnet hat, warnte das Pentagon kürzlich in einer Studie vor den Gefahren eines „abrupt climate change"[56]. In den Tropen hat die Temperatur der oberen Wasserschichten in den letzten fünfzig Jahren um 0,5°C zugenommen. Ein Viertel aller bekannten Landtiere und Pflanzen, mehr als eine Million Arten, könnten Folge der globalen Erwärmung in den nächsten fünfzig Jahren aussterben.[57]

Es gibt heute keinen ernsthaften Zweifel mehr daran, dass die Erderwärmung *von Menschen zumindest mit verursacht* wird[58]. Industrie, Verkehr und Landwirtschaft emittieren Treibhausgase, vor allem Kohlendioxid und Methan.

---

54 – http://www.earth-policy.org/Indicators/Ice/2005.htm, 25.5.2005

55 – http://www.taz.de/pt/2005/02/17/a0159.nf/text

56 – http://www.fortune.com/fortune/print/0,15935,582584,00.html

57 – http://news.independent.co.uk/world/science_medical/story.jsp?story=479080

58 – IPCC, 1995; Schönwiese, 1994; Weiner, 1990; Haber, 1989; u.a.

Seit Beginn der Industrialisierung und besonders in den letzten Jahrzehnten hat der Mensch die Zusammensetzung der Erdatmosphäre verändert. Klimaänderungen und die Ausdünnung der stratosphärischen Ozonschicht, auch das ‚Ozonloch', sind die Folgen. Schon in den letzten hundert Jahren ist die durchschnittliche Temperatur auf der Erde um 0,6°C angestiegen: um 0,3°C allein von 1970 bis heute.

Eine CO_2-Konzentration von 400 ppm (parts per million) führt unvermeidlich zu einer Erwärmung um zwei Grad. Mit einem momentanen jährlichen Anstieg von 2 ppm und einer aktuellen Konzentration von 378 ppm wäre diese Grenze bereits in zehn Jahren erreicht. Heute produziert die iberische Halbinsel 45 Prozent mehr CO_2 als 1990 – die größte Zuwachsrate europaweit.

Ungefähr drei Viertel der anthropogenen CO_2-Emissionen während der letzten zwanzig Jahre sind auf das Verbrennen fossiler Brennstoffe zurückzuführen. Alleine die USA sind für mehr als ein Viertel der weltweiten Emissionen verantwortlich. Die CO_2-Emissionen der USA liegen derzeit fast ein Fünftel über den Werten von 1990[59]. Während aber Kanada und Europa Anstrengungen unternehmen, die Verbrennung fossiler Primärenergieträger zu reduzieren, wird sie durch die Energiepolitik der Bush-Regierung gefördert.

Viele Treibhausgase bleiben über Jahrzehnte, gar Jahrhunderte in der Atmosphäre. Die Zunahme von CO_2 ist am wichtigsten, weil sie quantitativ am meisten ins Gewicht fällt, auch wenn andere Spurengase effektiver zum Treibhauseffekt beitragen. Etwa alle zwanzig Jahre verdoppeln sich die CO_2-Emissionen. In Deutschland werden pro Jahr durchschnittlich mehr als 750 Mio. t CO_2 abgegeben, mehr als auf dem gesamten afrikanischen Kontinent. Obwohl China nach den USA der zweitgrößte CO_2-Emittent ist, pustet jeder Chinese nicht einmal drei Tonnen des Klimagases in die Erdatmosphäre; jeder Inder begnügt sich gar mit nur einer Tonne. CO_2-Ausstoß der Deutschen: zehn Tonnen; der Amerikaner: zwanzig Tonnen.

Mehr als ein Drittel aller CO_2-Emissionen stammt aus Kraftwerken (35%), gefolgt von privaten Haushalten und Kleinverbrauchern (24%). 17 Prozent entfallen auf den Verkehr; Industrie, Raffinerien und Hochöfen haben einen Anteil von zusammen 24%. Im Gegensatz zu häufig wiederholten Behauptungen wird auch bei der Erzeugung von Strom aus Atomkraftwerken (bei der Urangewinnung und -anreicherung, dem Bau der Kraftwerke, dem Transporten usw.) CO_2 emittiert. Die Landwirtschaft ist weltweit durch Rinderhaltung und Nassreisanbau für rund sechzig Prozent der Methan-Emissionen und durch Düngung für ebenfalls sechzig Prozent der Stickoxid-Emissionen verantwortlich[60].

Jährlich steigt die *FCKW-Konzentration* der Atmosphäre um fünf Prozent an. Chlor zerstört die Ozonschicht. Dadurch nimmt die UV-Strahlung auf der Erde zu. Sie kann bei Menschen Augenkrankheiten und Hautkrebs auslösen. Pflanzen und das Phytoplankton der Weltmeere sind besonders UV-empfindlich, so dass bei weiterem Ozonabbau mit Ernteeinbußen und Klimastörungen gerechnet werden muss. Auch ein sofortiger FCKW-Stopp würde keine Erholung brin-

---

59 – http://www.dradio.de/dlf/sendungen/hintergrundpolitik/327719/

60 – Globale Trends 1996, 263

gen, weil die FCKWs etwa fünfzehn Jahre brauchen, um bis zur Ozonschicht zu gelangen. Daher wird die Zerstörung dieser Schicht in jedem Fall weiter zunehmen und zwar umso mehr, je später Maßnahmen ergriffen werden. Vom Beginn der Produktion an bis 1989 (insgesamt etwa 22 Mio. t) waren erst 7 Mio. t in die Ozonschicht gelangt, wovon nur etwa eine Tonne abgebaut worden ist. Die gesamte Restmenge ist noch auf dem Weg hin zur Ozonschicht. Diese Menge hätte vermieden werden können, wenn Regierungen und Industrie auf die ersten Warnungen von Wissenschaftlern 1974 gehört hätten[61]. Obgleich weltweit nur zwanzig Firmen FCKW produzieren, ist kein Produktionsverbot in Sicht. Weltweit erstmalig hat die deutsche Bundesregierung 1990 eine FCKW-Halon-Verbots-Verordnung erlassen, nach der ab 1995 die Produktion und Verwendung einiger dieser Stoffe untersagt wird. Nachdem die USA 1978 die Verwendung von FCKW in Spraydosen verboten hatten, ist der Weltverbrauch nicht etwa gesunken, sondern er hat sich von privaten auf industrielle Anwender, vor allem zur chemischen Industrie, verlagert, hin zu Schaumstoffen und Lösungsmitteln. Allerdings wird über der FCKW-Diskussion oft vergessen, dass rund die Hälfte des Ozonschädigenden atmosphärischen Chlors damit gar nicht erfasst wird – sie wurde auch im Montrealer Protokoll „vergessen“[62].

Schadstoffeinträge ins Meer, in die Flüsse und über die Luft *schädigen das Phytoplankton in den Meeren*, mit der Folge, dass einerseits die Wolkenbildung über diesen Meeren beeinträchtigt und so die Erwärmung der Atmosphäre weiter verstärkt wird, andererseits die Fähigkeit dieser Algen zur Photosynthese gestört wird, was zusammen mit der Erwärmung des Wassers eine geringere Bindungsfähigkeit für CO2 und geringere Sauerstoffbildung zur Folge hat und damit den Treibhauseffekt weiter verstärkt[63]. Hier wird ein wichtiger Selbsterhaltungsmechanismus der natürlichen Kreisläufe gestört.

Stickoxide, Kohlenmonoxid und Kohlenwasserstoffe, die hauptsächlichen Bestandteile der Autoabgase, führen im Sommer zur photochemischen Bildung von *bodennahem Ozon*, insbesondere in Ballungsgebieten. Diese Ozon-Konzentration hat seit der Industrialisierung um durchschnittlich 300 bis 400% zugenommen. Der Sommersmog ist gesundheitsgefährdend, möglicherweise erbgutschädigend und krebserregend. Wahrscheinlich werden die Zellen von Blattpflanzen durch Ozon geschädigt, so dass saurer Regen, Schwermetalle und Schädlinge größere Schäden anrichten können.

Vor allem in den *Ländern des Südens* wird der Temperaturanstieg zu zusätzlichen Mangelerscheinungen führen. Noch mehr Wasser verdunstet, die Niederschläge gehen zurück, Brunnen versiegen, Böden vertrocknen, die Vegetation verdorrt, Wüsten dehnen sich aus. In Spanien, Italien, Teilen Frankreichs und Griechenlands, weiten Teilen Afrikas, im Mittleren Osten und im Süden der USA könnte eine Dürre herrschen wie derzeit in der afrikanischen Sahelzone. Im Norden wird es wärmer und feuchter. In Deutschland könnte ein Wetter herrschen wie jetzt in Italien, in Sibirien könnten Weizenfelder wachsen. Es

---

61 – Gaber/Natsch, 1989, 69
62 – ebd., 71
63 – Gaber/Natsch, 1989, 35

kommt zu einer jahreszeitlichen Umverteilung der Niederschläge: Im Winter wird es stärker als bisher regnen, die Sommer werden trocken. In höheren Bergregionen fällt mehr Regen als Schnee – so fließt Wasser schneller ab und verursacht Überschwemmungen, während die langsam schmelzenden Wasserspeicher als Nachschub für die Flüsse ausfallen. Der zusätzliche Regen nützt also der Landwirtschaft wenig. Die Bewohner des Nordens werden unter für sie neuen Krankheiten zu leiden haben. Gefahren drohen vor allem von Erregern, die bisher in den Tropen heimisch waren: Malaria und Gelbfieber könnten sich ausbreiten. Tropische Wirbelstürme bilden sich dort, wo die Oberflächentemperatur der Meere auf über 26°C ansteigt – diese Gebiete werden sich erheblich ausdehnen. Während der letzten schneearmen und viel zu warmen Winter war das früher übliche Kältehoch über Europa viel zu schwach ausgeprägt, um Sturmtiefs wirksam abhalten zu können. Orkanserien wie Anfang 1990 oder 1993 könnten bei weiter steigenden Wintertemperaturen zum Normalfall werden. Dann könnte es auch alljährlich zu Überschwemmungen kommen wie im Winter 1993/94 oder 1994/95, als große Landstriche an Rhein und Mosel überflutet wurden. Das hat vor allem mit der Kanalisierung der Flüsse, dem Verlust von Rückhalteflächen und der Flurbereinigung zu tun, die zu rascherem Abfließen der Oberflächengewässer führen.

Um einen halben bis zwei Meter werden schmelzende Gletscher und die thermische Ausdehnung des sich erwärmenden Wassers den Meeresspiegel im nächsten Jahrhundert voraussichtlich ansteigen lassen. 5 Mio. km^2 Land entlang der Küsten – eine Fläche, halb so groß wie Europa – würden vom Meer verschluckt. Menschen auf den Malediven, den Südseeinseln, einem erheblichen Teil der Bevölkerung in Bangladesh, Ägypten, Thailand, China, Brasilien, Indonesien, Argentinien, Gambia, Nigeria, Senegal und Mosambik bliebe nur die Auswanderung. Megalopolen wie Kairo und St. Petersburg, New York und Mumbai, Hamburg und Rotterdam wären bedroht. Wenn viele Mio. Menschen überschwemmungsgefährdete Gebiete verlassen müssen, wird das schwere wirtschaftliche und soziale Konflikte auslösen. Gerade in Ballungsgebieten werden Versorgungsprobleme wachsen und damit die Ausbreitung von Krankheiten, Seuchen, Gewalt und Kriminalität begünstigen[64]. Vielen der besonders fruchtbaren Deltagebiete wie denen der Flüsse Mekong, Nil, Orinoko, Amazonas, Ganges, Niger, Mississippi und Po droht Überflutung, wenn die Sedimentationsrate nicht mit dem steigenden Wasserspiegel Schritt halten kann. Bei Stürmen treten zusätzlich verheerende Überschwemmungen auf. Doch auch extreme Klimaschwankungen sind denkbar: Wüstenklima und Eiszeit könnten sich in Europa in rascher Folge abwechseln. Daran könnten sich Vegetation und Menschen nicht mehr anpassen. Auslöser könnten Strömungen im Atlantik sein, die durch Erwärmung und den Zufluss von mehr Süßwasser verändert werden.

Selbst wenn es gelingen würde, die Emission von CO2 und FCKW sofort zu unterbinden, wird dies an den Klimawirkungen noch über Jahre hinaus nichts ändern. Mit diesem nur hypothetischen Fall ist freilich nicht zu rechnen. Vor allem die rasche Industrialisierung von Entwicklungsländern wie China oder

64 – Stiftung Entwicklung und Frieden, 1995, 268

Indien wird hier drastische Auswirkungen haben: Würde sich die chinesische CO_2-Produktion pro Kopf (derzeit 2 t pro Jahr) an den US-Standard (20 t pro Jahr) angleichen, dann entließe das Land mehr CO_2 in die Atmosphäre als heute die ganze Menschheit[65]. Wenn Kohlendioxid und andere Treibhausgase weiterhin in den bisherigen Mengen ausgestoßen werden, ist der Klimakollaps bereits in rund zehn Jahren unaufhaltsam vorbestimmt. Das bisherige Rekordjahr war 2003 – 6,8 Mrd. t CO_2 sind emittiert worden, 4% mehr als im Jahr zuvor.

2.5 Gesundheit und Ernährung

„Der Welt unbarmherzigster Mörder und die wichtigste Ursache des Leidens auf der Erde ist ... extreme Armut", so beginnt der Weltgesundheitsbericht 1995, und er fährt fort: „Armut ist der wichtigste Grund dafür, dass Säuglinge nicht geimpft werden, sauberes Wasser und sanitäre Einrichtungen nicht zur Verfügung stehen, Medikamente und Behandlungen nicht erreichbar sind und Mütter im Kindbett sterben. Armut ist die wichtigste Ursache für geringere Lebenserwartung, für Behinderungen und Hunger. Armut trägt am meisten bei zu Geisteskrankheiten, Stress, Selbstmord, Auseinanderfallen von Familien und dem Missbrauch von Substanzen. Armut macht ihren zerstörerischen Einfluss vom Augenblick der Empfängnis bis zum Grab geltend. Sie verschwört sich mit den tödlichsten und schmerzvollsten Seuchen und bringt allen, die an ihr leiden, ein erbärmliches Dasein. Während der zweiten Hälfte der achtziger Jahre ist die Zahl der Menschen auf der Erde, die unter extremer Armut leben, angestiegen, und sie lag 1990 bei schätzungsweise 1,1 Mrd. – mehr als einem Fünftel der Menschheit. ... Jedes Jahr sterben in den Entwicklungsländern 12,2 Mio. Kinder unter fünf Jahren, die meisten aus leicht vermeidbaren Gründen – vermeidbar, in vielen Fällen, für nur wenige Pfennige. ... Ein Mensch in einem der am wenigsten entwickelten Ländern der Erde hat eine Lebenserwartung von 43 Jahren; in den am weitesten entwickelten Ländern beträgt sie 78 Jahre. Das ist ein Unterschied von mehr als einem Drittel Jahrhundert"[66].

Schon die *Definition* umweltbedingter gesundheitlicher oder genetischer Schädigungen bereitet erhebliche Schwierigkeiten, gibt es doch kaum ein Leiden, das nicht plausibel mit Umweltbedingungen in Zusammenhang gebracht werden kann. Da ist *einmal* die Komplexität der Stoffe und Risiken: Luftverschmutzung, UV-Einstrahlung der Sonne, radioaktive Strahlung, Unfallrisiko in AKWs, in Chemiebetrieben (Seveso, Bhopal, Sandoz, Hoechst), ausfließendes Rohöl (Niger-Delta), Agrochemikalien, Stürme, Überschwemmungen, Hilfs-, Zusatz- und Aromastoffe, ja selbst Gifte in Nahrungsmitteln, verpestetes Trinkwasser, Pflanzenschutzmittel, Rauchen, Alkohol, Drogen, Arzneimittel, Kosmetika, Textilien, Kunststoffe, Wasch- und Pflegemittel, Baustoffe, Holzschutzmittel, Elektrosmog, Kontamination von Böden, Autounfälle, Kriege, Kriminalität, Tierkrankheiten, Belastungen am Arbeitsplatz – sie alle können

65 – Stiftung Entwicklung und Frieden, 1995, 324

66 – WHO, 1995, 1

einzeln zu Gesundheitsschäden und zum Tod führen, vor allem aber treten sie regelmäßig in Kombinationen auf. Grenzen sind schwer zu ziehen, kausale Nachweise schwer zu führen. *Zweitens* ist es nicht möglich, an Tierversuchen eindeutig die Gesundheitsschädlichkeit für Menschen nachzuweisen[67]. *Drittens* sind Menschen solchen Gesundheitsbelastenden Situationen oft über lange Zeit und oft unentrinnbar ausgesetzt und Krankheitssymptome zeigen sich oft erst lange Zeit später, womöglich gar, im Fall von genetischen Schädigungen, erst in einer späteren Generation. Dabei ist die Exposition nicht über alle sozialen Gruppen gleichmäßig verteilt: Unterschiede zwischen Kindern, Erwachsenen im erwerbsfähigen Alter und Alten, zwischen Armen und Reichen, zwischen Frauen und Männern, zwischen Glücklichen und Unglücklichen müssten berücksichtigt werden.

„3,2 Mio. Kinder sterben jährlich an Durchfallerkrankungen; zwei Mio. Menschen fallen jedes Jahr der Malaria zum Opfer; Hunderte Mio. sind durch Parasitenbefall geschwächt, müssen verpestete Luft atmen und verseuchtes Wasser trinken. Über zwei Mrd. – mehr als vierzig Prozent der Weltbevölkerung – haben nicht genug zu essen oder zu trinken und leben in unsicheren Behausungen ohne vernünftige sanitäre Anlagen. Und 1,6 Mrd. Menschen haben noch nicht einmal die Möglichkeit, Gesundheitsdienste in Anspruch zu nehmen. ... Der Tod aus Wasserlöchern und Fabrikschloten ereilt fast ausschließlich die Armen“[68]. Auch wenn es also gute Argumente dafür gibt, dass Umweltschäden für das vermehrte Auftreten von Allergien, Krebs und Cholera, für die Schädigung männlicher Spermien, für Belastungen der Muttermilch, für Geburtsschäden bei Kindern mit verantwortlich sind, ist ein exakter, unwiderlegbarer, nach heutigen Regeln gerichtsfester empirischer Beweis, die eindeutige Feststellung einer Krankheitsursache im Sinn positivistischer Wissenschaftslogik nicht möglich. Selbst gründliche epidemiologische Untersuchungen können einen solchen Nachweis nicht mit letzter Gewissheit führen.

Umso mehr gilt dies für Krankheiten, die durch bisher kaum bekannte Mikroben: wie HIV, Marburg, Ebola, Junin und andere ausgelöst werden[69]. „Seuchen sind die Antwort der Natur auf den Naturschädling Mensch. Mikroben bilden gleichsam das Immunsystem der Biosphäre, die sich gegen die unkontrollierte Vermehrung eines Parasiten wehrt“[70]. Klimaänderungen, Umweltgifte, Urwaldrodungen, Staudammbauten – sie tragen zur Verbreitung solcher Mikroben bei. Viel mehr aber noch gilt dies für Bevölkerungswachstum und Mobilität, übervölkerte Metropolen, Kriege und Flüchtlingsströme, Flugverkehr. Das Grippevirus, von europäischen Einwanderern nach Nordamerika eingeschleppt, hat wahrscheinlich 56 Mio. Opfer unter der indianischen Bevölkerung dahingerafft. Prostitution, Drogenabhängigkeit und der weltweite Handel mit Blut haben die Übertragungswege für das HIV-Virus geschaffen. Als Ende der achtziger Jahre in Großbritannien massenhaft Rinder an BSE (Rinderwahnsinn) verendeten, kam der Öffentlichkeit plötzlich zu Bewusstsein, wo überall Rindergewebe ver-

---

67 – Teufel, 1994

68 – WHO, 1992

69 – einen Überblick geben Eberhard-Metzger/Ries, 1996

70 – Garrett, 1994, zit. nach: Spiegel 2/1995, 143

wendet wird: im Viehfutter und im Säuglingsbrei, in Medikamenten und Kosmetika. Schon eine geringfügige Temperaturerhöhung mag genügen, um vielen Mikroben neue Lebensräume zu erschließen. Immer wieder tauchen Gerüchte darüber auf, dass Mikroben zufällig oder absichtlich aus den Labors der Hersteller biologischer Waffen entwichen seien. Beweisen freilich lässt sich ein solcher Verdacht nicht, sie sind klein, billig, unkontrollierbar. Trotz des Verbots durch eine UN-Konvention von 1975 gehen die Forschung an und die Herstellung von biologischen Waffen weiter.

Zwanzig Mio. Menschen sterben jährlich an *übertragbaren Krankheiten*, bei weitem überwiegend an solchen, die durch Infektionen oder Parasiten übertragen werden: Tuberkulose fordert drei Mio., Malaria drei Mio. und Hepatitis B eine Million Opfer jährlich. Die Zahl der HIV-infizierten Erwachsenen wird weltweit auf mehr als fünfzig Mio. geschätzt, die Hälfte davon in Schwarzafrika. Vier Mio. Kinder sterben, weil ihnen Antibiotika fehlen, die pro Kind nicht mehr als fünfzehn Cent kosten. „Die ökologische Problematik tritt heute gegenüber den traditionellen ‚Erregern' in den Vordergrund"[71]. Klimaveränderung, verstärkte UV-Einstrahlung und die Zunahme des bodennahen Ozons dürften nicht ohne Folgen bleiben für die Ausbreitung neuer oder veränderter Krankheitserreger – Mikroben können sich wegen ihrer überaus kurzen Generationenfolge am besten und schnellsten auf neue klimatische Bedingungen einstellen.

Die gesundheitliche Versorgung hat in vielen Ländern der Dritten Welt empfindlich gelitten, insbesondere als Konsequenz der *Strukturanpassungsmaßnahmen*, die den Regierungen vom Internationalen Währungsfonds als Preis für neue Umschuldungspläne auferlegt werden (→ Kap. 3.2.4). Indirekte Folgen solcher Sparprogramme entstehen aus Kürzungen in den Bereichen Nahrungsmittelversorgung, Gesundheit, Infrastruktur und Bildung[72]. Am stärksten betroffen sind davon die Slumgebiete großstädtischer Agglomerationen. Dies zwingt zu dem Hinweis, dass die städtische Armut auch in den meist als wohlhabend bezeichneten Ländern der westlich-kapitalistischen Welt, insbesondere aber in den Ländern des früheren Ostblocks rasch zunimmt. Die Weltgesundheitsorganisation lässt keinen Zweifel daran, dass Gesundheitsvorsorge nicht isoliert betrieben werden kann, zu sehr hängt sie mit sozialen, ökologischen und wirtschaftlichen Verhältnissen zusammen.

Armut ist auch die Hauptursache für *Fehl- und Mangelernährung* (→ Kap. 5.3). 840 Mio. Menschen auf der Erde sind unterernährt, die meisten chronisch, und die Zahl sinkt nur langsam[73]. In 32 Ländern ist es während der 1990er Jahre gelungen, die Ernährungslage zu verbessern, in 67 Ländern, vor allem in Afrika, blieb die Lage konstant oder verschlechterte sich. Die Welternährungskonferenz 1996 mit ihrem Globalen Aktionsplan und seinen „Sieben Kernverpflichtungen" hat daran nicht viel verändert. Auch hier war am „Welternährungsgipfel +5" 2001 in Rom wenig Anlass zu Optimismus: Eine zwischenstaatliche Arbeits-

71 – Borgers/Niehoff 1995, 90

72 – WHO 1995, 40; Borgers/Niehoff 1995, 88

73 – FAO 2004

gruppe wurde beauftragt, Leitlinien für die Umsetzung des Rechts auf Nahrung (immerhin zentraler Bestandteil schon der Allgemeinen Erklärung der Menschenrechte von 1948!) in nationale Politiken zu erarbeiten. Dabei sind die Ursachen des Problems seit langem bekannt: Der Hunger ist *kein Produktionsproblem*, d.h. global gesehen besteht keinerlei Mangel an Nahrungsmitteln. Er ist vielmehr ein *Verteilungsproblem*, also ein Problem der politischen und wirtschaftlichen Organisation, die von den reichen Ländern kontrolliert wird. Ihnen, d.h. also uns, werden mangelnder politischer Wille und leere Versprechungen vorgehalten. Während die OECD-Länder im Durchschnitt ihre Bauern mit 12.000 € pro Kopf und Jahr subventionieren, bleiben für Bauern in den Entwicklungsländern nur gerade sechs Euro. Das Milleniumsziel, die Zahl der Hungernden bis zum Jahr 2015 zu halbieren, wird nach heutiger Lage nicht erreicht werden. Der Finanzbedarf dafür wird von der Ernährungs- und Landwirtschaftsorganisation der VN auf etwa 24 Mrd. € jährlich geschätzt. Zum Vergleich: Die reichste Familie der Welt, die Eigentümer der Wal-Mart-Kette, wird auf ein Vermögen von etwa 65 Mrd. Euro geschätzt – eine einzige Familie wäre leicht in der Lage, dem Hunger auf der Welt ein Ende zu setzen.

Angesichts der globalen Klimaveränderungen, der Übernutzung der Süßwasserreserven und der fortschreitenden Bodendegradation kann nicht ausgeschlossen werden, dass in weiten Teilen der Erde doch die Produktion selbst auch wieder zum Problem wird[74]. Der Hitzesommer 2002 in Indien und den USA hat zu *Ernteausfällen* in einer Größenordnung geführt, dass die weltweite Produktion um vier Prozent hinter dem Bedarf zurückblieb; der Hitzesommer 2003 in Europa reduzierte die Getreideproduktion um 30 Mio. t. *Chinas* Getreideproduktion ist zwischen 1998 und 2004 um 50 Mio. t zurückgegangen. Nachdem nun die Lagerbestände weitgehend erschöpft sind, muss das Land auf dem Weltmarkt (d.h. vor allem in den USA) zukaufen – das wird die Preise in die Höhe treiben, mit verheerenden Folgen vor allem für die Armen. Nach vier aufeinander folgenden Jahren mit Ernteausfällen müssten nicht nur die Lagerbestände wieder aufgefüllt werden, wir brauchten auch genug, um die 74 Mio. Menschen zu ernähren, die jährlich zur Weltbevölkerung hinzukommen: Wir brauchten dringend Rekordernten. Aber die Anbauflächen für Weizen in China, den USA, Russland und der Ukraine haben abgenommen. Das einzige Land, das nennenswert neue Flächen für die Getreideproduktion zur Verfügung stellen könnte, ist Brasilien – die weitere Abholzung der Amazonaswälder hätte unabsehbare Auswirkungen auf die Bodenerosion, das Weltklima, das Artensterben[75].

2.6 Tragfähigkeit

Die einfache Feststellung, dass „die Menschheit" die natürlichen Ressourcen des Planeten Erde übernutzt oder gar zerstört, ist ebenso richtig wie inhaltsleer,

74 – Pilardeaux, 2003

75 – http://www.earth-policy.org/Books/Out/Contents.htm

ja sie verschleiert sogar den entscheidenden Sachverhalt: Tatsächlich ist es nur ein relativ *kleiner Teil dieser Menschheit*, der nicht nur die Lebensgrundlagen künftiger Generationen zerstört, sondern auch heute schon der überwiegenden Mehrheit der Menschen ausreichende Lebenschancen vorenthält. „Wenn alle Menschen so lebten wie die heutigen Nordamerikaner, dann brauchten wir mindestens zwei zusätzliche Planeten Erde, um die Ressourcen zu schaffen, die Abfälle aufzunehmen und auf andere Weise die Erhaltung des Lebens zu sichern. Unglücklicherweise ist es so schwer, gute Planeten zu finden"[76].

Schon heute verbraucht *China* mehr als doppelt so viel Stahl wie die USA. Die Zahl der Personalcomputer verdoppelt sich alle 28 Monate. Im Jahr 2000 hat China die USA sowohl in der Zahl der Kühlschränke als auch in der der Fernsehgeräte überholt. Wenn China's Wirtschaftswachstum von 9,5 Prozent sich fortsetzt, dann würden 2031 die dann 1,45 Mrd. Chinesen ein durchschnittliches Einkommen von 38.000 US$ haben, so viel wie der USA heute. Nähmen sie einen amerikanischen Lebensstil an, dann würden sie zwei Drittel der Welt-Getreideproduktion konsumieren, vier Fünftel der Welt-Fleischproduktion, das Doppelte der Welt-Papierproduktion von heute; und 99 Mio. Fass Rohöl täglich verbrauchen (die Weltproduktion liegt zurzeit bei 79 Mio. Fass und dürfte sich kaum erhöhen lassen). Das gleiche gilt für Stahl und Kohle – mit CO_2-Emissionen, die größer wären als die gesamten Weltemissionen heute. Wenn die Motorisierung auf das heutige amerikanische Niveau anstiege, wären die dafür benötigten Verkehrsflächen größer als die gesamte Fläche der heutigen Reisproduktion in China. *Indien* hat ein Wirtschaftswachstum von durchschnittlich sieben Prozent bei einer Bevölkerung, die um 2030 die chinesische überholen dürfte. Und es gibt noch weitere drei Mrd. Menschen in der Dritten Welt, die auch gerne nach westlichen Konsumstandards leben möchten. Wir – wir Menschen in den wohlhabenden Ländern – sind dabei, die natürliche Ressourcenbasis der Erde endgültig zu zerstören[77].

Es sind verschiedene *Methoden* entwickelt worden, um zu zeigen, welcher Menge an Ressourcen es bedarf, damit eine gegebene Menge Menschen dauerhaft, nachhaltig überleben kann[78]. So haben Wackernagel/Rees[79] nicht nur festgestellt, dass die Menschheit als Ganzes heute die langfristige Tragfähigkeit der Erde bereits überfordert, also die Lebensgrundlage zukünftiger Generationen vernichtet, sondern auch nachgewiesen, dass dies in erster Linie in den „wohlhabenden" Ländern der Erde geschieht – die also *wohlhabend sind, weil sie die ökologische Basis der gesamten Menschheit zerstören*. Wenn geschätzt wurde, die Bevölkerung des Lower Fraser Valley (Kanada) übernutze den ihr zustehen-

76 – Wackernagel/Rees, 1996, 15

77 – www.earth-policy.org/Updates/2005/Update46.htm, 25.5.2005

78 – Vgl. z.B. das Konzept der „Ecocapacity" des niederländischen Beirates für Natur- und Umweltforschung (Opschoor/Weterings, 1992), den „Umweltraum" des Sustainable Netherlands-Berichtes (Milieu defensie, 1994), den „Material Input per Service Unit" des Wuppertal-Instituts (Schmidt-Bleek, 1994), den „Sustainable Process Index" (Naradoslawsky/Krotscheck/Sage, 1993) und den „Ecological Footprint" (Wackernagel/Rees 1996). Es ist nicht sinnvoll, die alle hier im einzelnen darzustellen; wir beschränken uns vielmehr auf die aus diesen Untersuchungen folgende zentrale Einsicht

79 – Wackernagel/Rees, 1996, 61 ff.

Fig. 15: **ECOLOGICAL FOOTPRINT PER PERSON,** by country, 2001

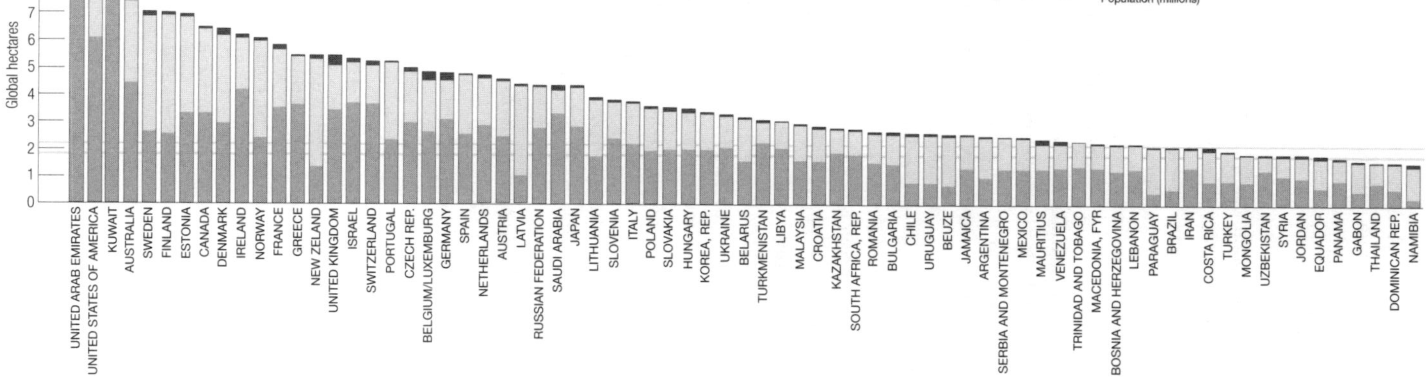

Fig.16: **HUMANITY'S ECOLOGICAL FOOTPRINT,** 1961–2001

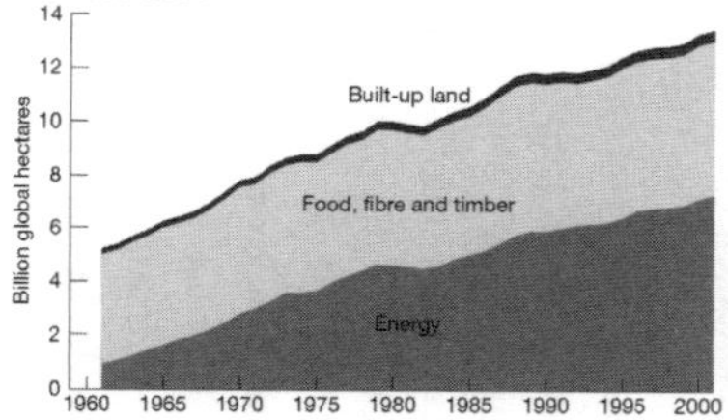

Fig.17: **ECOLOGICAL FOOTPRINT BY REGION,** 2001

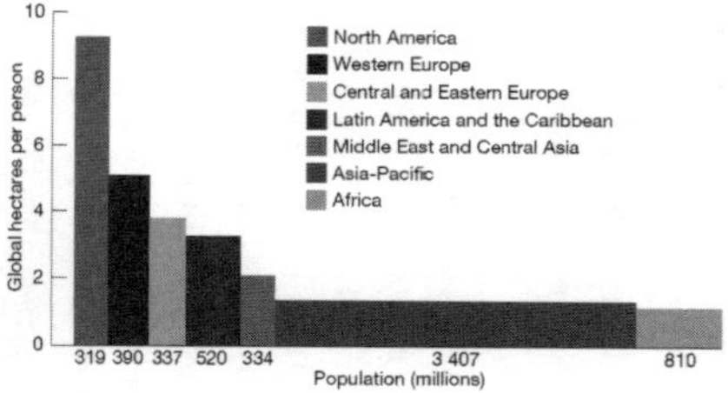

Abbildung 2.15: Der Ökologische Fußabdruck pro Person für Länder mit mehr als 8,5 Millionen Einwohnern. **Abbildung 2.16:** Der Ökologische Fußabdruck der gesamten Menschheit wuchs von 1961 bis 2001 um ungefähr 160% an, etwas schneller als die Bevölkerung, die sich im gleichen Zeitraum verdoppelte. **Abbildung 2.17:** Der Ökologische Fußabdruck nach Weltregionen 2001. Die Höhe jeder Säule entspricht dem regionalen Ökologischen Fußabdruck pro Person, die Breite ist proportional zur Bevölkerung und die Fläche der Säule entspricht dem Ökologischen Fußabdruck der Region insgesamt. *Quelle: World Wide Fund for Nature: Living Planet Report 2005, S. 3*

den Anteil an den globalen Ressourcen um das 19fache, die der Niederlande um das 15fache, die Deutschlands um das Zehnfache, während Indien mit einem *Ökologischen Fußabdruck* von nur 0,38 auskommen müsse, dann vermittelt dies eine ungefähre Vorstellung davon, wie viele „Lebenschancen" wir aus anderen Erdteilen importieren, um unsere Überkonsumtion aufrechterhalten zu können. Wir entziehen anderen Teilen der Welt Ressourcen, die dann der Bevölkerung dort für dauerhaftes Überleben fehlen (siehe Abb. 2.15, 2.16, 2.17). Neben dem Export von Abfällen zeigt sich vielleicht hier am deutlichsten, dass die Menschen in den wohlhabenden Ländern von der globalen Krise nur deshalb noch wenig betroffen sind, weil es ihnen gelungen ist, ihren Anteil an dieser Krise in die Entwicklungsländer oder jetzt zunehmend in die früher sozialistischen Länder zu exportieren und sich deren Lebenschancen anzueignen. Damit hängen unser Wohlstand und die geringere Lebenserwartung, die Kindersterblichkeit, die Armut, die Kriminalität in den nicht-westlichen Teilen der Welt unmittelbar miteinander zusammen. Wir leben auf Kosten der anderen. Die Mechanismen, die uns dies erlauben, sind heute weniger in den Arsenalen der westlichen Militärapparate zu finden als in *den Regeln und Institutionen der internationalen Handels- und Finanzpolitik*. Aber die Schäden, die wir an anderen Orten der Welt anrichten, beginnen zunehmend auf uns zurückzuschlagen.

Das wirtschaftliche *Nord-Süd-Gefälle* hat sich in den achtziger und neunziger Jahren verstärkt, ebenso das West-Ost-Gefälle seit etwa 1970. Drei Viertel der Menschheit müssen sich heute mit 22% des Welteinkommens begnügen, die 42 am wenigsten entwickelten Länder gar zusammen mit 0,7% des Weltsozialprodukts. Das Pro-Kopf-Einkommensgefälle zwischen westlichen Industrieländern und Entwicklungsländern insgesamt hat sich von einem Verhältnis von 15:1 im Jahr 1967 auf ein Verhältnis 35:1 am Ende der neunziger Jahre verschlechtert. Gleichzeitig nimmt die Verarmung innerhalb der wohlhabenden Gesellschaften selbst zu, gefördert durch die Regierungen. Tatsächlich ist ein *gigantischer Umverteilungsprozess im Gang, in dem die Armen der Welt vor allem den Reichtum derer mehren, die von Kapitaleinkünften leben*. Bedenkt man die Zahl seiner Opfer, dann ist es nicht falsch, von einer „ökologischen Aggression" der Industrie gegen die Entwicklungsländer zu sprechen, wie das der Direktor des Umweltprogramms der VN, Klaus Töpfer, getan hat.

Die Menschheit wird nur überleben, wenn es ihr gelingt, die ökologischen Bedingungen dafür sicherzustellen. Die Tragfähigkeit des Planeten ist begrenzt. Um diese Tragfähigkeit nicht zu überfordern und um die reichen Länder auf den ihnen in einem globalen Maßstab gerechterweise zustehenden Ressourcenverbrauch zurückzuführen, ist eine *drastische Abnahme des materiellen Konsums erforderlich*. Nach diesen Überlegungen dürften wir in Deutschland nur ungefähr ein Zehntel der Ressourcen verbrauchen, die wir heute in Anspruch nehmen. Diese Größenordnung wird bestätigt durch Studien des Wuppertal-Instituts und andere[80], in denen geschätzt wird, dass wir in Deutschland unseren Ressourcenverbrauch um den Faktor Zehn reduzieren müssten, um auf ein im globalen Vergleich gerechtes und dauerhaft haltbares Maß zu

---

80 – Schmidt-Bleek, 1994; BUND/Misereor, 1996; Wackernagel/Rees, 1996

kommen. Aber auch hier ist die Zahl nicht von großer Bedeutung. Wir müssten vielmehr eines der Grundprinzipien, auf denen unsere Gesellschaft aufgebaut ist, umkehren:

- statt vermeintlich grenzenlose Bedürfnisse mit einem maximalen Einsatz natürlicher Ressourcen befriedigen zu wollen,
- müssten wir die Grundbedürfnisse aller mit dem minimal möglichen Einsatz natürlicher Ressourcen sicherstellen.

2.7 Zusammenfassung

Wir haben in diesem Kapitel fünf Aspekte der Umweltbelastung behandelt, die von Menschen ausgehen: die Nutzung und Belastung von Rohstoffen, den Verlust biologischer Arten, Klimaveränderungen, gesundheitliche Folgen von Umweltschädigungen und regionale Tragfähigkeit. Alle diese Aspekte hängen eng miteinander zusammen. Die beobachtbaren Tendenzen sind klar, sie deuten durchgehend auf zunehmende Verschlechterung der Umweltbedingungen hin. Während die Länder des Südens am meisten unter den Lasten zu leiden haben, sind die Verursacher in erster Linie in den Ländern des Nordens zu suchen. Änderungen müssen daher, wenn sie wirksam sein sollen, von den Ländern des Nordens ausgehen. Es wird sich in den folgenden beiden Kapiteln herausstellen, dass die ökologische Problematik so eng und untrennbar mit der wirtschaftlichen und sozialen zusammenhängt, dass alle drei ohne einander nicht verstanden, geschweige denn gelöst werden können.

3.
Ökonomische Krise

Lydia Krüger

3.1 Theorie, Indikatoren, Datenkritik

Das Denken über Wirtschaftskrisen hat sich – wie die Krisen selbst – immer wieder verändert. In der klassischen Wirtschaftstheorie ebenso wie im neoklassisch geprägten System der Wirtschaftswissenschaften kommen Krisen nicht oder nur am Rande vor und es gibt keine spezifischen Methoden, sie zu analysieren. So geht beispielsweise die neoklassische Theorie davon aus, dass die verschiedenen Märkte von sich aus einem *Gleichgewicht* zustreben, in dem sich Angebot und Nachfrage auf den jeweiligen Märkten über die Preise einander anpassen. Ein derartig konzipiertes Modell der Volkswirtschaft ist per Definition krisenfrei. Treten über einen längeren Zeitraum dennoch Marktungleichgewichte auf, so wird dies auf *externe* Schocks bzw. „außerökonomische" Eingriffe zurückgeführt, die den Preisanpassungsmechanismus behindern oder verfälschen. Aus einer solchen Perspektive ist etwa Arbeitslosigkeit das Resultat mangelnder Anpassungsprozesse auf dem Arbeitsmarkt selbst, die durch äußere Eingriffe in das freie Spiel der Kräfte hervorgerufen werden. Nach dieser Theorie verhindern staatliche Eingriffe in Form von Unterstützungszahlungen für Arbeitslose, dass der Arbeitslohn auf ein Niveau sinkt, welches Neueinstellungen hervorrufen würde.

Unter dem Eindruck der Weltwirtschaftskrise von 1929 hat John Maynard Keynes dieses Grundmodell einer prinzipiell krisenfreien Marktwirtschaft in einem zentralen Punkt modifiziert: Im Gegensatz zu den *angebotsorientierten* Wirtschaftstheorien, deren Wirtschaftspolitik darauf abzielt, die Bedingungen für Investoren und Kapitalbesitzer durch niedrige Steuern, niedrige Löhne usw. zu verbessern, lenkte Keynes den Blick auf die gesamtwirtschaftliche *Nachfrage*. Da Unternehmen nur produzieren, wenn sie ihre Waren auf den Märkten auch absetzen können, kann es Keynes zufolge zu Krisen kommen, wenn pessimistische Zukunftserwartungen vorherrschen, die eine reibungslose Transformation von Ersparnissen in Investitionen blockieren. Im Gegensatz zur klassischen Theorie, die davon ausging, dass Güter- und Kapitalmärkte über den Zinssatz automatisch in Übereinstimmung gebracht werden, ging Keynes davon aus, dass die Sparneigung der Bevölkerung nicht nur vom Zinssatz, sondern auch von *Zukunftserwartungen* abhängig ist. Beispielsweise werden Unternehmer bei fallenden Aktienkursen abwarten, wie sich die Dinge entwickeln, statt ihr Kapital sofort zu (re)investieren – eine Situation, die in eine „Liquiditätsfalle" führen kann, so dass Zinssenkungen wirkungslos verpuffen (d.h. Unternehmen selbst dann nicht investieren, wenn der Zinssatz auf Null gesunken ist). Auf diese Weise können Geld- und Kapitalmarkt sowie Gütermärkte und der Arbeitsmarkt nicht mehr in einem einzigen vollständigen Gleichgewicht beschrieben werden. Um im Beispiel zu bleiben: Arbeitslosigkeit entsteht bei Keynes also nicht (nur) auf dem Arbeitsmarkt, sondern ebenso auf dem Güter- bzw. über die Investitionskalküle der Unternehmen auf dem Kapitalmarkt. Folge ist, dass eine kurzfristige Senkung der Löhne die Investitionen der Unternehmen noch verschlechtert, da sie von geringeren Absatzerwartungen ausgehen müssen. Die Preise von Vermögenswerten verfallen, eine allgemeine Deflation, in der die Löhne und Güterpreise fallen, ist die Folge. Auf diese Weise verfestigt sich das wirtschaftliche Ungleichgewicht, die neoklassischen Preisanpassungen versagen, es kommt zu massiven Krisenerscheinungen.

Keynes behauptete nun, dass derartige Krisen durch eine antizyklische Konjunkturpolitik des Staates überwunden werden können: Demnach muss der Staat in einer krisenhaften Situation zusätzliche Nachfrage erzeugen bzw. zusätzliche Investitionen tätigen, um die Wirtschaft wieder in Schwung zu bringen – statt durch Sparprogramme zur Verschärfung der Probleme beizutragen. Somit geht die keynesianisch geprägte Wirtschaftswissenschaft ebenfalls davon aus, dass eine krisenfreie wirtschaftliche Entwicklung möglich ist – allerdings nur, wenn der Staat korrigierend in den Wirtschaftsverlauf eingreift. Um zusätzliche Nachfrage durch die Fiskalpolitik zu erzeugen, muss die öffentliche Hand jedoch Kredite aufnehmen oder die Geldpolitik muss geringere Refinanzierungssätze verlangen, um die Kreditvergabe anzukurbeln bzw. die Geldhaltung relativ zu verteuern. Das ist solange unproblematisch, als damit Beschäftigung entsteht und mit ihr weitere Konsumausgaben und Steuern und soweit damit Investitionen finanziert werden, also Werte, die auch künftigen Generationen zur Verfügung stehen. Allerdings droht bei übermäßiger Kreditaufnahme eine *Inflation*, in der der Wert des Geldes sinkt – was für die Ökonomie gravierende Folgen haben kann. Noch weitaus schlimmere Folgen hat jedoch eine Wirtschaftspolitik, die ökonomische Krisen durch *vermehrte staatliche Nachfrage nach Rüstungsgütern bzw. vermehrte Rüstungsproduktion* zu überwinden versucht. Denn diese Politik des militärischen Keynesianismus oder Rüstungskeynesianismus geht in aller Regel mit Kriegen einher.

Marx

Marx führt ökonomische Krisen auf die *kapitalistischen Produktions- und Eigentumsverhältnisse* bzw. auf den Prozess der Kapitalverwertung selbst zurück. Demnach zeichnet sich die kapitalistische Produktionsweise dadurch aus, dass sie nicht an der Befriedigung der menschlichen Bedürfnisse (Gebrauchswert) ausgerichtet ist, sondern einzig dazu dient, Profit zu produzieren (Tauschwert) (→ Kap. 7.1). Kapital muss nach dem Durchgang durch Produktion und Handel zu mehr Kapital werden, sonst unterbleibt das Geschäft bzw. die Investition. Da einzig aus der „Ware Arbeitskraft" mehr herauszuholen ist, als sie kostet, diese Arbeitskraft durch Rationalisierungs- und Konzentrationsprozesse jedoch in immer größerem Umfang durch Maschinen ersetzt wird, kommt es zu tendenziell sinkenden Profitraten und zu periodischen Krisen. Laut Marx entsprechen die *Preise der Güter* nämlich letzten Endes dem Wert der *durchschnittlich notwendigen gesellschaftlichen Arbeitszeit*, der zu ihrer Herstellung erforderlich ist. Daher geht die dem Kapitalismus eigene Entwicklung der Produktivkräfte (bzw. Erhöhung der Arbeitsproduktivität) notwendigerweise mit einer sukzessiven

Entwertung des eingesetzten konstanten Kapitals einher: Es kommt zu *Überproduktionskrisen*:

„In den Krisen bricht eine gesellschaftliche Epidemie aus, welche allen früheren Epochen als ein Widersinn erschienen wäre – die Epidemie der Überproduktion. Die Gesellschaft findet sich plötzlich in einen Zustand momentaner Barbarei zurückversetzt; eine Hungersnot, ein allgemeiner Vernichtungskrieg scheinen ihr alle Lebensmittel abgeschnitten zu haben; die Industrie, der Handel scheinen vernichtet, und warum? Weil sie zuviel Zivilisation, zuviel Lebensmittel, zuviel Industrie, zuviel Handel besitzt. ... Die bürgerlichen Verhältnisse sind zu eng geworden, um den von ihnen erzeugten Reichtum zu fassen. – Wodurch überwindet die Bourgeoisie die Krisen? Einerseits durch die erzwungene Vernichtung einer Masse von Produktivkräften; anderseits durch die Eroberung neuer Märkte und die gründlichere Ausbeutung alter Märkte. Wodurch also? Dadurch, dass sie allseitigere und gewaltigere Krisen vorbereitet und die Mittel, den Krisen vorzubeugen, vermindert.“[1]

In der *Neoklassik* werden ökonomische Krisen entweder systematisch ausgeblendet oder zur kurzfristig notwendigen Bereinigung des Marktes im Sinne langfristigen Aufschwungs glorifiziert, im *Keynesianismus* werden Krisen zwar thematisiert und ihre kurzfristigen Auswüchse auch ernst genommen, im Grunde aber zu Konjunkturabschwüngen klein geredet, die man durch staatliche Eingriffe überwinden kann. Dagegen geht die *marxistische politische Ökonomie* davon aus, dass die kapitalistische Entwicklung notwendigerweise krisenhaft ist, wobei hier zwischen periodischen Krisen einerseits und einer alle Bereiche der Gesellschaft erfassenden Krise des gesamten kapitalistischen Systems unterschieden wird.

Nach einem Wörterbuch der Volkswirtschaft aus dem Jahr 1898 können Krisen im weiteren Sinne als „Störungen des Wirtschaftslebens“ begriffen werden, „durch die ein größerer Kreis von Personen erhebliche Nachteile erleidet.“ Zwar ist diese Definition ungenau und wirft weitere Fragen auf – es ist aber ohnehin nicht möglich, diese Ungenauigkeiten auszuräumen, da die Deutung einer Entwicklung als „krisenhaft“ immer politisch und wissenschaftlich umkämpft sein wird[2]. Dies gilt auch für die folgende Definition, die weniger auf die Analyse von kurzfristigen Entwicklungen als auf die Beurteilung eines Systemzustands abzielt und dabei versucht, die „erheblichen Nachteile“ etwas genauer zu fassen: *Demnach befindet sich ein ökonomisches* System *in einer Krise, wenn es nicht mehr in der Lage ist, allen Menschen das sozio-kulturelle Existenzminimum zu garantieren und/oder wenn es die natürlichen Überlebensgrundlagen zerstört.*

Wie beide Definitionen verdeutlichen, reichen ökonomische Indikatoren (also Daten zu Investitionen, Inflation, Verschuldung u. ä.) alleine keineswegs aus, um das Ausmaß und die Intensität von ökonomischen Krisen zu bestimmen. Dies zeigt auch die Erfahrung mit der Weltwirtschaftskrise von 1929, die

1 – Marx, Karl; Engels, Friedrich (1848): Manifest der kommunistischen Partei, in: MEW Bd. 4, S. 467 f.

2 – Borchart 1994

Def. ökonom. Krise

sich ja nicht nur in einem Verfall der Aktienkurse, schweren Bankenkrisen und dem Zusammenbruch internationaler Finanz- und Handelsbeziehungen ausdrückte, sondern in eine schwere *gesellschaftlichen Krise* mündete, die sich im starken Anstieg von Arbeitslosigkeit und Armut ebenso äußerte wie im Aufstieg faschistischer Bewegungen in verschiedenen Ländern. Ferner lässt sich auch die *ökologische Krise* auf die Funktionsweise eines Wirtschaftssystems zurückführen, das durch Konkurrenz und Anarchie geprägt ist, was zur rücksichtslosen Ausbeutung natürlicher Ressourcen zum Zweck der Profitmaximierung führt und internationale Initiativen zur Lösung globaler Probleme immer wieder scheitern lässt (→ Kap. 2.1). Den wohl schärfsten Ausdruck fanden (und finden) ökonomische Krisen schließlich in *Eroberungskriegen*, die zur massenhaften Vernichtung von Menschen, Häusern, Fabriken, Infrastruktur usw. führen. Dass zwischen Kriegen und ökonomischen Entwicklungen systematische Zusammenhänge bestehen, wird jedenfalls in der marxistischen Theorie betont: Demnach haben Kriege mit wirtschaftlicher Konkurrenz, mit ökonomischen Machtverschiebungen und Überproduktionskrisen zu tun, die immer wieder zur gewaltsamen Auseinandersetzung um die Neuaufteilung von Märkten und Rohstoffquellen führen.

Es ist nicht nur schwierig, Indikatoren zu bestimmen, die über das Ausmaß einer Krise Auskunft geben. Es kann auch schwierig sein, überhaupt an aussagekräftige Daten und Statistiken zu gelangen. Ein bekanntes Beispiel dafür liefert die Erfassung von *Reichtum und Vermögen* (→ Kap 5.2.3). Hier kann es sinnvoller sein, statt auf die Daten nationaler Statistikämter auf die Schätzungen von Privatbanken oder anderen Institutionen zurückzugreifen, die sich der Vermögensverwaltung widmen. Immerhin sind diese Institutionen an einer wirklichkeitsgetreuen Erfassung der so genannten „High Net Worth Individuals" (=Personen mit einem geschätzten Geldvermögen von über einer Mio. US$) interessiert. Noch problematischer sind internationale Statistiken z.B. zum *Kapitalverkehr*, die allenfalls als grobe Schätzungen dienen können. So sind die Daten der internationalen Finanz- und Wirtschaftsorganisationen nicht frei von *systematischen* Fehlern und Verzerrungen. Zwar verfügen Institutionen wie Weltbank und BIZ (Bank für internationalen Zahlungsausgleich) noch über relativ detaillierte Angaben zur *Kreditaufnahme* von Staaten und auch über Umfang und Richtung des Welthandels mit Gütern dürften sich einigermaßen verlässliche Aussagen machen lassen – wenn man vom Handel mit Waffen oder Drogen einmal absieht. Doch schon bei den ausländischen Direktinvestitionen sowie den grenzüberschreitenden Käufen und Verkäufen von Wertpapieren (=Portfolioinvestitionen) ist die Datengrundlage eher dürftig.

Eine prinzipielle Schwierigkeit besteht in der korrekten Erfassung des *konzerninternen Transfers von Ressourcen* – schließlich sind ganze Heerscharen von Steuer- und Unternehmensberatern damit beschäftigt, Gewinne durch komplexe Transaktionen mit Unternehmenstöchtern im Ausland am Fiskus vorbei zu schleusen. Dies ist insofern problematisch, als konzerninterne Transfers für die Weltwirtschaft immer wichtiger werden. Die UNCTAD schätzt, dass die 61.000 transnationalen Unternehmen mit ihren 900.000 Tochtergesellschaften etwa ein Zehntel des weltweiten Sozialprodukts erwirtschaften und es sich bei etwa einem Drittel aller Exporte um konzerninterne Austauschbeziehungen handelt – Tendenz steigend.[3]

3.2 Wirtschaftskrisen, Handelskonflikte, Schuldenkrisen

Es ist Mode geworden, Probleme wie wachsende Arbeitslosigkeit und Armut nicht mehr auf eine falsche Politik, sondern auf die „Globalisierung" zurückzuführen. Politiker verschiedener Parteien vertreten die Ansicht, dass „wir" viel zu lange über unsere Verhältnisse gelebt haben und uns nun zu „sozialen Grausamkeiten" durchringen müssen, um in der Weltmarktkonkurrenz nicht völlig ins Hintertreffen zu geraten. Für diese Meinung lassen sich zahlreiche Argumente anführen: Denn warum sollen Unternehmen noch in Deutschland produzieren, wo doch die Arbeitskosten in Polen oder der Slowakei, in Brasilien oder China so viel niedriger sind? Ist es nicht logisch, dass Werke in Deutschland geschlossen und Arbeitsplätze abgebaut werden müssen, wenn die Arbeitnehmer nicht bereit sind, auf Lohn zu verzichten bzw. länger zu arbeiten? Und muss man nicht die Steuern senken und spezielle Vergünstigungen einführen, damit reiche Vermögensbesitzer ihr Geld nicht in Steuerparadiesen im Ausland anlegen?

„Anleger müssen sich nicht mehr nach den Anlagemöglichkeiten richten, die ihnen ihre Regierung einräumt, vielmehr müssen sich die Regierungen nach den Wünschen der Anleger richten", so die Meinung des ehemaligen Vorstands- und heute Aufsichtsratsvorsitzenden der Deutschen Bank, Rolf E. Breuer. Der Chefökonom der gleichen Bank pflichtet ihm bei: „Die Finanzmärkte sind hinsichtlich der Beurteilung der Qualität der Wirtschaftspolitiken, die ihren Niederschlag in den Zinsen, im Wechselkurs, in den Aktienkursen usw. findet, im Zuge der Liberalisierung und Deregulierung der Finanzmärkte mehr und mehr in die Rolle eines ‚Weltpolizisten' geschlüpft."[4] Die Politiker scheinen ihnen Recht zu geben. „Wir können nicht Politik gegen die Finanzmärkte machen", sagte beispielsweise Außenminister Fischer in einem Interview mit der Frankfurter Rundschau am 30. September 2003.

Gibt es also keine Spielräume mehr für eine Politik, die sich an den Interessen der Bevölkerungsmehrheit statt an den Interessen der Konzerne und Vermögensbesitzer orientiert? *"There is no alternative"*, sagte die Premierministerin Margaret Thatcher Anfang der achtziger Jahre, als sie sich daran machte, die britischen Gewerkschaften zu entmachten, Staatsunternehmen zu privatisieren und soziale Rechte abzubauen. Wenn dies zutrifft, wozu braucht man dann noch Wahlen? Sollte man das Parlament vielleicht gleich abschaffen, damit die „notwendigen Reformen" zur Sicherung der Konkurrenzfähigkeit (=Lohnsenkung, Sozialabbau, Rentenprivatisierung usw.) nicht blockiert werden?

Wann begann der Prozess, der heute mit dem etwas diffusen Begriff der Globalisierung umschrieben wird und welche Etappen und Formen der Internationalisierung (Handel, Kreditbeziehungen, Produktionsverlagerung) lassen sich

---

3 – UNCTAD 2004: 8f.

4 – Walter 1995, 213

voneinander unterscheiden? Welche Krisentendenzen sind mit dem Welthandel und dem Export von Kapital (d.h. mit der Kreditvergabe, ausländischen Direktinvestitionen und Portfolioinvestitionen) verbunden? Und wie lassen sich diese Krisentendenzen erklären und überwinden?

3.2.1 Krisen, Kriege und die Wirtschaftsintegration der Nachkriegszeit

Fand in der Frühphase des Kapitalismus die Globalisierung vor allem in Form des *Warenhandels* statt, so wurde mit dem Übergang zur Großindustrie in den führenden kapitalistischen Ländern eine neue Qualität der wechselseitigen Verflechtung erreicht, in der dem *Kapitalexport* die primäre Rolle zukam. Die zunehmende Konzentration und Zentralisation des Kapitals ging mit einer internationalen Expansion einher, die sich in der Konkurrenz der führenden kapitalistischen Länder um Rohstoffe und Absatzmärkte niederschlug. Ende des 19. Jahrhunderts war eine qualitativ neue Stufe der Entwicklung erreicht: Der Kapitalismus der freien Konkurrenz wich dem *Imperialismus*.

Da die imperialistischen Staaten auf Expansion und Eroberung neuer Märkte und Kolonien angewiesen sind, gleichzeitig aber kaum noch unerschlossene Gebiete übrig geblieben waren, die man sich eingliedern konnte, verschärften sich die *Konflikte zwischen den kapitalistischen Großmächten*. So brach Deutschland – eine Nation, die bei der Aufteilung der Welt „zu spät" gekommen war, seit der Reichsgründung 1871 aber eine sehr dynamische wirtschaftliche Entwicklung aufweisen konnte – gleich zwei Weltkriege vom Zaun. Schon der Erste Weltkrieg, der erklärtermaßen um einen „Platz an der Sonne" (d.h. um mehr Kolonien) geführt wurde, ging mit einer schweren Erschütterung des kapitalistischen Systems einher: In vielen Ländern kam es zu schweren Unruhen, Revolten und revolutionären Aufständen, die in dem „schwächsten Glied der Kette", dem zaristischen Russland, erfolgreich waren. Nach einer kurzen Phase der Stabilisierung in den zwanziger Jahren setzte in den kapitalistischen Ländern eine zweite schwere ökonomische und politische Krise ein, die 1939 in den Zweiten Weltkrieg mündete. Dieser Krieg forderte nicht nur zig Millionen Todesopfer und hinterließ tausende zerstörte Dörfer und Städte. Durch die technologische Entwicklung (Atombombe) rückte erstmals in der Geschichte auch die Gefahr einer vollständigen Zerstörung der Lebensgrundlagen der Menschen in den Bereich des Möglichen.

Der Aufschwung des Kapitalexports, der nach dem Zweiten Weltkrieg wieder einsetzte, folgte daher nicht nur ökonomischen Motiven. Vielmehr spielten Erwägungen der USA eine Rolle, die ein *geopolitisches Interesse* daran hatte, die Frontstaaten des Kalten Krieges zu stabilisieren, den Wiederaufbau Westeuropas zu unterstützen und den Welthandel bzw. den Handel zwischen den kapitalistischen Ländern wieder in Gang zu bringen. Dies dürfte erklären, warum Staaten wie Westdeutschland und Japan, aber auch Südkorea oder Taiwan eine vergleichsweise dynamische wirtschaftliche Entwicklung durchliefen, die lange Zeit durch hohe Wachstumsraten der Wirtschaft (und der Exporte) gekennzeichnet war. Schließlich lagen alle diese Länder – im Gegensatz beispielsweise zu den lateinamerikanischen oder afrikanischen Staaten – in unmittelbarer Nachbarschaft zu sozialistischen Ländern und spielten für die USA eine zentrale Rolle als militärische Stützpunkte und Bündnispartner im Kalten Krieg.

Entsprechend der wirtschaftlichen Übermacht der Vereinigten Staaten nach dem 2. Weltkrieg waren es in den fünfziger und sechziger Jahren fast ausschließlich *transnationale Unternehmen* (TNU) aus den USA, die die Internationalisierung der Produktion vorantrieben. Zwischen 1950 und 1969 stiegen die *Auslandsdirektinvestitionen* (ADI) der US-Firmen um jährlich etwa zehn Prozent[5]. Allerdings stand der Kapitalexport nach dem Zweiten Weltkrieg nicht mehr so sehr im Zeichen der Unterwerfung von Kolonien und der Ausbeutung von Bodenschätzen – schließlich vollzog sich in weiten Teilen Asiens und Afrikas in den fünfziger, sechziger und siebziger Jahren ein Prozess der politischen und z.T. auch wirtschaftlichen Emanzipation von den ehemaligen Kolonialmächten. Auf diesen Entkolonialisierungsprozess musste auch die US-Administration Rücksicht nehmen, die schließlich befürchten musste, dass sich die ehemaligen Kolonien dem sozialistischen Lager anschließen. Entsprechend war der US-amerikanische Präsident Truman in seiner Antrittsrede 1947 sehr bemüht sich vom „alten Imperialismus" der europäischen Kolonialmächte abzugrenzen: „Wir müssen ein neues kühnes Programm aufstellen, um die Segnungen unserer Wissenschaft und Technik für die Erschließung der unterentwickelten Weltgegenden zu verwenden. ... Der alte Imperialismus – das heißt die Ausbeutung zugunsten ausländischer Geldgeber – hat mit diesem Konzept eines fairen Handels auf demokratischer Basis nichts zu tun."[6]

Stattdessen stand bei der Mehrzahl der ausländischen Direktinvestitionen, die in den fünfziger und sechziger Jahren von US-amerikanischen Firmen getätigt wurden, die Erschließung neuer Märkte im Vordergrund. So wurden überwiegend in Europa Tochtergesellschaften aufgekauft oder gegründet – wobei hier angemerkt werden muss, dass die Ansiedlung von Produktionsstätten im Ausland auch dazu diente, bestehende oder drohende *Handelsbarrieren* zu umgehen. Charakteristisch für den Kapitalexport der Nachkriegszeit war die *Aufspaltung der Produktion* in Teilfertigungen und deren Verlagerung an unterschiedliche Standorte – eine Entwicklung, die durch die zunehmende Zergliederung des Arbeitsprozesses sowie durch Fortschritte im Verkehrswesen und der Informations- und Kommunikationstechnologie ermöglicht und gefördert wurde. Neben dieser Strategie des „worldwide sourcing", welche die innerbetriebliche Arbeitsteilung für rasche Produktivitätsfortschritte zu nutzen verstand, nahm aber auch die Aufspaltung der Produktion in einzelne *Branchen* nach 1945 enorm zu. Eine Ursache hierfür war die wissenschaftlich-technische Revolution, die zu einer „Sortimentsexplosion" bei Produktions- und Verbrauchsgütern und zur verstärkten Aufgliederung alter und zur Entstehung neuer Industriezweige führte. *Taylorismus* (fortschreitende Zergliederung der Arbeitsvorgänge, arbeitende Menschen werden nur als Produktionsfaktoren und -kosten gesehen), *Scientific Management* (die wissenschaftlich unterstützte Rationalisierung der Arbeitsver-

---

5 – Hymer 1972, 216

6 – Vgl. Truman, Harry S. (1949): Inaugural Address, 20. Januar 1949, in: Documents on American Foreign Relations, Connecticut: Princeton University Press, 1967, dt.: zit. n.: Truman, Harry S. (o.J.): Memoiren, Bd.II, Stuttgart, S. 254f.

richtungen) und *Fordismus* (Massenproduktion zur Erreichung von Skalenerträgen, d.h. Gewinnen, die aus der pro Stück kostengünstigeren Produktion mit wachsenden Stückzahlen resultieren, auf der Angebotsseite; Massenkonsum, der durch Werbung kräftig unterstützt wird, auf der Nachfrageseite) wurden zu universellen Phänomenen.

3.2.2 Wirtschaftskrise, Ölpreisschock und Nord-Süd-Konflikt

Das Nachkriegsmodell kapitalistischer Entwicklung geriet Mitte der siebziger Jahre in eine Krise (→ Kap. 1.3.1). In allen großen Industrieländern erschlaffte die Wachstumsdynamik und es kam wieder zu struktureller Massenarbeitslosigkeit, gegen die sich auch durch antizyklische Konjunkturpolitik wenig ausrichten ließ. Diese strukturellen Stagnations- und Marktsättigungstendenzen in den großen Industrienationen hatten zur Folge, dass Konzerne und Banken aus den entwickelten Industrienationen verstärkt in Staaten der Dritten Welt nach profitablen Anlage- und Absatzmöglichkeiten suchten – und so wurden die Entwicklungsländer in den siebziger Jahren mit *Krediten* geradezu überschwemmt. Altvater zufolge expandierten die internationalen Kreditmärkte in den siebziger Jahren mit durchschnittlichen jährlichen Wachstumsraten von 22%. Im Vergleich dazu wuchs der Welthandel im selben Zeitraum nur um durchschnittlich sechs Prozent, und das Wachstum des Bruttosozialprodukts der OECD-Länder betrug etwa drei Prozent.[7]

Wie ist dieses starke Wachstum der privaten Kreditvergabe an Staaten der Dritten Welt zu erklären? Hier ist an erster Stelle die *Wirtschaftskrise 1973/74* in den Industrieländern zu nennen, die in der Literatur häufig mit den so genannten *Ölpreisschocks* in Verbindung gebracht wird (→ Kap. 1.3.1). Tatsächlich trugen sowohl die Nachkriegskonjunktur in Europa, die expansive Geldpolitik der USA als auch die enormen Überschüsse der erdölproduzierenden Länder, die sich zur OPEC formiert hatten, dazu bei, dass überschüssige Liquidität entstand, die nach Anlagen suchte. Dies äußerte sich in niedrigen Realzinssätzen, die wiederum Anreize schufen, sich in größerem Umfang zu verschulden. Hinzu kam, dass die Währungsordnung, die 1944 in Bretton Woods vereinbart worden war und die auf einem System fixer Wechselkurse mit dem US-Dollar als Leitwährung basierte, Anfang der siebziger Jahre an ihre Grenzen stieß und 1973 endgültig aufgegeben wurde (→ Kap. 7.2.1). Dies lässt sich allerdings weniger auf die Politik der OPEC als auf die Erosion der US-amerikanischen Hegemonie zurückführen, die sich ökonomisch im Wertverfall des Dollars ausdrückte. So konnte der in Bretton Woods vereinbarte Umtauschkurs von US$ in Gold (35 US$ = eine Feinunze Gold) nicht länger aufrechterhalten werden, was u. a. damit erklärt werden kann, dass die USA im Zusammenhang mit dem Vietnamkrieg dazu übergegangen waren, immer mehr Dollarnoten zu drucken, um ihre Militärausgaben zu finanzieren.

Warum äußerte sich der verstärkte Kapitalexport in die Entwicklungsländer in den siebziger Jahren nicht so sehr in einem Aufschwung der ausländischen Direktinvestitionen (wie in den neunziger Jahren), sondern stattdessen überwie-

7 – Altvater 1984: 199

gend in Krediten an die Regierungen der Dritten Welt? Dies hat wahrscheinlich mit dem sich in den siebziger Jahren zuspitzenden Nord-Süd-Konflikt zu tun. So setzten sich in vielen Entwicklungsländern nationale Bewegungen durch, die nach politischer und ökonomischer Unabhängigkeit von den kapitalistischen Großmächten strebten und die transnationale Konzerne keineswegs als erwünschte „Entwicklungshelfer" ansahen. Entsprechend waren ausländische *Direktinvestitionen* in vielen Entwicklungsländern gar nicht erlaubt oder waren an strikte Bedingungen geknüpft. Im Vergleich zu ADI hatten *Kredite* den Vorteil, dass die Regierungen der Entwicklungsländer über ihre Verwendung selbst bestimmen konnten. Dass dahinter auch Überredung und politische Strategie steckten, hat ein „Economic Hit Man"[8] enthüllt. Erst später wurde deutlich, dass die eigene Souveränität so untergraben und die Wirtschaftspolitik in fremde Hände gegeben wurde.

Insbesondere die USA waren vor dem Hintergrund der Blockkonfrontation daran interessiert, die strategisch wichtigen Staaten der Semiperipherie mit großzügigen Krediten zu stabilisieren und wirtschaftlich und militärisch an sich zu binden. Auf eine sinnvolle Verwendung der Kredite wurde dabei kaum geachtet: Ein großer Teil der Kredite wurde nicht für den Import von Produktionsgütern, sondern für Rüstungsimporte verwendet oder diente dazu, Konsumbedürfnisse zu befriedigen und damit die Herrschaft der Eliten zu sichern – was über kurz oder lang in eine Krise führen musste. Doch zunächst schien es, als könne man die Folgen der Überproduktionskrise abmildern, indem man Kredite und Waren in aufstrebende Schwellenländer exportiert – jedenfalls erwies sich die zunehmende Verschuldung der Dritten Welt lange Zeit als *vorteilhaft für alle Beteiligten*. Die Banken profitierten von der Bereitstellung der Kredite und den Zinsen; die Schuldnerländer konnten dank der Kredite ihr Importvolumen aufrechterhalten, was wiederum den Industrienationen zugute kam, die ihre Waren in die Dritte Welt absetzen konnten[9]. Erst die dramatischen Veränderungen der weltwirtschaftlichen Rahmenbedingungen zu Beginn der achtziger Jahre führten die verschuldeten Länder in einen Teufelskreis steigender Kosten und sinkender Zahlungsfähigkeit[10].

3.2.3 Neue Internationale Arbeitsteilung?

Die Differenz zwischen den Wachstumsraten in den USA und Europa und den weitaus höheren Wachstumsraten in vielen Schwellenländern führten in den siebziger Jahren zu Diskussionen über die Entstehung einer *Neuen Internationalen Arbeitsteilung*. Dieser Begriff wurde 1977 von Fröbel, Heinrichs und Kreye geprägt, die davon ausgingen, dass die traditionelle Aufspaltung der Welt in Industrieländer einerseits und rohstoffexportierende Entwicklungsländer andererseits tendenziell überwunden wird. Tatsächlich stieg der Anteil der Industrieprodukte an den Exporten der Schwellenländer von 20% (1960) auf 60% (1990)[11] an. Doch auch wenn rein komplementäre Handelsbeziehungen (Roh-

8 – Perkins 2003
9 – Kampffmeyer 1987, 18
10 – Frank 1989, 760
11 – Weltbank 1995, 5

stoffe gegen Industriegüter) zugunsten des *Austauschs von Industrieerzeugnissen* zurückgedrängt wurden, so muss dies noch nicht bedeuten, dass sich die relative Position der Entwicklungs- und Schwellenländer im System der internationalen Arbeitsteilung grundlegend verändert hat.

Zumindest bislang sind es überwiegend standardisierte, routinisierte und umweltbelastende Fertigungsschritte, die in die Entwicklungsländer verlagert werden, d.h. die hierarchische Arbeitsteilung zwischen Entwicklungs- und Industrieländern reproduziert sich auf einer höheren Ebene und in neuer Form. Was diese neue Form der *intra-industriellen Arbeitsteilung* betrifft, so liefert die *Produkt-Zyklus-Hypothese* von Vernon aufschlussreiche Erkenntnisse.[12] Demnach durchläuft jedes Produkt einen „Lebenszyklus“, der sich in die Entwicklungs- und Einführungsphase, die Wachstumsphase, Reifungs- und schließlich Schrumpfungsphase unterteilen lässt. Jede dieser Phasen stellt andere Anforderungen an die Unternehmen und ihr Umfeld und damit an die Standorte der Produktion. Im Lauf des Lebenszyklus eines Produktes verschiebt sich der optimale Produktionsstandort immer mehr von den Zentrums- zu den Peripherieregionen[13]. Produktinnovationen und die damit verbundenen Funktionen wie Forschung und Entwicklung, Marktforschung, Konstruktion und Design, Marketing und Vertrieb sowie die Planungs- und Entscheidungsfunktionen sind in den hoch entwickelten Verdichtungszentren angesiedelt. Je weiter nun der Lebenszyklus eines Produkts voranschreitet, d.h. je mehr sich der Schwerpunkt von der Produktinnovation zur Produktmodifizierung und Prozessinnovation verschiebt, desto mehr wird der Produktionsprozess vom ursprünglichen Standort unabhängig. So kann durch Standardisierung des Produktionsablaufs auf hoch qualifizierte Arbeitnehmer mehr und mehr verzichtet werden, und andere Standortfaktoren (niedrige Löhne, geringe Steuern und Auflagen, keine Umweltschutzgesetzgebung usw.) gewinnen an Bedeutung. Es erweist sich daher als sinnvoll, bei einer Einschätzung der Bedeutung der Standortfaktoren nach Industriezweigen, Teilfertigungen usw. zu differenzieren. Generell kann man sagen, dass die moderne humankapital- und technologieintensive Produktion nach wie vor von relativ immobilen Standortfaktoren abhängig ist. Qualifizierte Arbeitskräfte und Industriekulturen lassen sich nicht überall in kurzer Zeit entwickeln – auch in den europäischen Kernländern der Industrialisierung benötigte ihre zwangsweise Durchsetzung viele Jahrzehnte[14].

Außerdem spielen gerade bei den immer wichtiger werdenden Produktinnovationen *Fühlungsvorteile* am Standort (z.B. zu politischen Entscheidungszentren, Forschungsinstitutionen, Zulieferindustrien, Banken, also komplizierte Beziehungsgeflechte, in denen Synergieeffekte entstehen) eine große Rolle.

Ferner ist die wachsende *Differenzierung* innerhalb der Dritten Welt zu berücksichtigen. Während die *Mehrzahl der Entwicklungsländer* noch immer in erster Linie als *Rohstofflieferanten* fungieren, gelang es verschiedenen *Schwellenländern* sowie China, sich zu bedeutenden Produzenten und Expor-

12 – Vernon, Ray (1966): International Investment and International Trade in the Product Cycle. Quarterly Journal of Economics, 80, 190-207.

13 – Thierstein/Langenegger 1994, 500

14 – Polanyi 1977

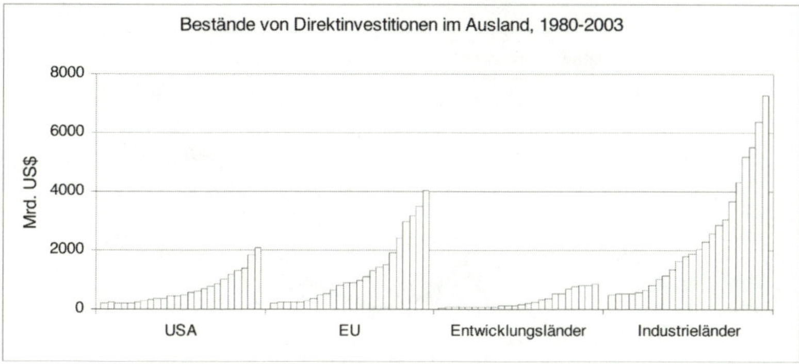

Abb. 3.1: Bestände von Direktinvestitionen im Ausland, 1980-2003
Quelle: UNCTAD, 2004: World Investment Report

teuren von Industrieprodukten zu entwickeln. Allerdings kann mit Hymer[15] argumentiert werden, dass die asymmetrische Arbeitsteilung zwischen Industrie- und Entwicklungsländern insofern unverändert geblieben ist, als es fast immer *transnationale Konzerne aus den Industrieländern* waren, die eine „abhängige Industrialisierung" in den Schwellenländern initiiert haben. Da die Zentralen dieser Konzerne *weiterhin in den Industrieländern* verbleiben, ist die hierarchische Arbeitsteilung zwischen den Regionen im Wesentlichen dieselbe geblieben.

Noch immer befindet sich unter den größten TNU fast kein Konzern, der nicht in den USA, Europa oder Japan seinen Hauptsitz hätte. Geordnet nach dem Auslandsvermögen der Konzerne befanden sich im Jahr 2002 unter den größten 100 TNU nur vier Konzerne mit Sitz in einem Entwicklungsland[16]. Entwicklungsländer treten als *Exporteure von Kapital* kaum in Erscheinung, wie die Abb. 3.1 verdeutlicht, in der die Bestände an Direktinvestitionen im Ausland miteinander verglichen werden. Während sich die ADI-Bestände der Industrieländer mittlerweile auf über sieben Billionen US-Dollar belaufen, haben die ADI-Bestände aller Entwicklungsländer zusammengenommen noch nicht einmal die Schwelle von einer Billion US$ erreicht. Im Jahr 2003 hatten alle Entwicklungsländer Direktinvestitionsbestände im Ausland im Wert von 859 Mrd. US$; die ADI-Bestände der USA waren mit mehr als 2.069 Mrd. US$ mehr als doppelt so hoch, die der EU mit 4.036 Mrd. US$ mehr als viermal so hoch.

Leider gibt es kaum verlässliche Statistiken darüber, wie hoch die Gewinne sind, die aus der ausgelagerten Produktion wieder in die Konzernzentralen zurückfließen. Schätzungen[17] gehen davon aus, dass die gesamten Auslandseinkünfte US-amerikanischer TNU sich im Jahr 2002 auf 134 Mrd. US$ belie-

15 – Hymer (Multinationale Konzerne und das Gesetz der ungleichen Entwicklung)

16 – Auf Platz 16 Hutchison Whampoa Limited (Hongkong/China), auf Platz 70 der Telekommunikationskonzern Singtel Ltd. aus Singapur; auf Platz 87 die Cemex S.A. mit Sitz in Mexiko und auf Platz 93 der Elektronik-Konzern Samsung aus Südkorea. (UNCTAD 2004: World Investment Report)

17 – McKinsey (2005): 53

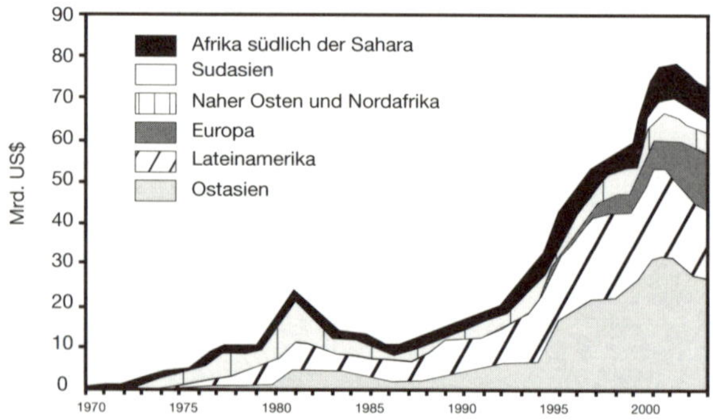

Abbildung 3.2: Rücktransfers von Gewinnen aus ausländischen Direktinvestitionen
Quelle: World Bank, 2004: Global Development Finance

fen – allerdings bleibt unerwähnt, in welchen Ländern diese Profite erzielt wurden. Nach einer Studie des IWF sind Investitionen in Entwicklungs- und Schwellenländern mit Mehrwertraten von fünfzehn bis zwanzig Prozent jedoch profitabler als bislang angenommen wurde[18].

Nach Daten der Weltbank sind die Rücktransfers von Gewinnen aus Entwicklungsländern von 0,66 Mrd. US$ (1970) auf 24,5 Mrd. US$ (1981) angestiegen, um dann im Zuge der internationalen Verschuldungskrise ab 1982 wieder zu fallen. In den neunziger Jahren stiegen die Profite aus ADI in Entwicklungsländern dann wieder enorm an und erreichten 2001 mit 79,1 Mrd. US$ ihren Höchstwert (siehe Abb. 3.2).

Nun kann man argumentieren, dass nicht alle Gewinne, die von Tochtergesellschaften der TNU erwirtschaftet werden, wieder in die Zentrale zurückfließen. Solange die Geschäfte gut laufen, dürfte ein Großteil der Gewinne reinvestiert werden. Trotzdem dürfte ein autozentrierter Entwicklungsweg, der sich auf den Aufbau eigener technologischer Kapazitäten, Konzerne und Industriezweige konzentriert, erfolgversprechender sein als eine Strategie, die allein darauf abzielt, transnationale Konzerne bzw. Kapital aus dem Ausland durch spezielle Anreize anzulocken – zumindest die chinesische, aber auch die südkoreanische Entwicklung liefern hierfür Indizien. Auf der anderen Seite hat die Erfahrung gezeigt, dass eine „abhängige Industrialisierung" mit großen Risiken verbunden ist. So gerieten viele der Staaten, die in den siebziger Jahren zu den dynamischen Schwellenländern gezählt wurden, wenige Jahre später in eine schwere Verschuldungskrise, der ein „verlorenes Jahrzehnt" folgen sollte[19].

3.2.4 Die Verschuldung der Entwicklungsländer – eine Krise ohne Ende?

Als die Weltwirtschaft Ende der siebziger Jahre erneut in eine Krise geriet, kam es in den wichtigsten Industrieländern zu einer wirtschaftspolitischen Kehrtwende, die bereits unter den sozialliberalen Regierungen Carter, Schmidt und

18 – Lehmann, Alexander (2002): Foreign Direct Investment in Emerging Markets: Income, Repatriations and Financial Vulnerabilities, in: IMF WP/02/47, S. 24

19 – Krüger 2005

Callaghan eingeleitet wurde und sich mit der neoliberalen Wende zu Reagan, Thatcher und Kohl allgemein durchsetzte. Angesichts der hohen Inflationsraten setzte man nunmehr verstärkt auf monetaristische Konzepte, welche die Stabilisierung der Volkswirtschaft durch Inflationsbekämpfung in den Vordergrund stellten. Ein Bestandteil dieser neoliberalen Wende war die im Oktober 1979 von den USA eingeleitete Hochzinspolitik, die – sowohl im nationalen Rahmen als auch auf internationaler Ebene – die Machtverhältnisse zugunsten der Gläubiger bzw. Kapitalbesitzer verschob. Gleichzeitig wurde versucht, die Arbeitskosten durch Senkung der Löhne, Entmachtung von Gewerkschaften und Abbau sozialer Leistungen zu senken – eine Politik, die ebenfalls den Investoren bzw. Kapitaleignern zugute kommen sollte.

Laut Boris hat die Hochzinspolitik der USA, die ein Versuch war, den Verfall des US-Dollars zu stoppen, die Entwicklungsländer in mehrfacher Weise unter Druck gesetzt und zur Verschuldungskrise beigetragen:

- Sie bewirkte nahezu eine Verdreifachung der jährlichen Zinszahlungen.
- Die privaten Geschäftsbanken waren fortan nicht mehr bereit, Kredite an die Entwicklungsländer in dem bisherigen Maße zu vergeben, da in den USA höhere Finanzprofite winkten.
- Infolge der Hochzinspolitik stieg der Dollarwert gegenüber allen anderen Währungen stark an, was für die Leistung des Zinsendienstes in Dollars eine noch größere Exportmenge bzw. noch höhere Handelsbilanzüberschüsse bei den Schuldnern voraussetzte.
- Die (direkte oder indirekte) Abwertung der Landeswährung trug in vielen Fällen zu einem rapiden Anstieg der Inflationsrate bei, was wiederum dazu führte, dass die nationale Währung unter starken Abwertungsdruck geriet und sich die Anreize zur Kapitalflucht erhöhten[20].

Schätzungen zufolge waren 40% des Anstiegs der Verschuldung in den Jahren 1979 bis 1982 auf höhere Zinssätze zurückzuführen[21]. Viele Staaten waren genötigt, neue Kredite aufzunehmen, um die Zinsen für die alten bezahlen zu können – damit war die *Schuldenspirale in Gang* gesetzt und die Zahlungsunfähigkeit der Schuldner absehbar. Doch die Hochzinspolitik der USA ließ nicht nur die Verschuldung (siehe Abb. 3.3) und den Schuldendienst der Entwicklungsländer stark ansteigen, sondern führte auch in den meisten Industrieländern zu massenhaften Insolvenzen bzw. zu einer Rezession. Da die Industrieländer als Reaktion auf die Wirtschaftskrise ihr Importvolumen drosselten und ihre heimische Industrie mittels protektionistischer Maßnahmen zu schützen versuchten, waren die Entwicklungsländer immer weniger in der Lage, ihre Exporte abzusetzen. Der Welthandel stagnierte, und in der Folge sanken die Rohstoffpreise allein zwischen 1980 und 1982 um durchschnittlich 25%[22]. Parallel zur Erhöhung der Schulden verschlechterte sich also die Handelsbilanz der Entwicklungsländer; eine Entwicklung, die durch die erneute drasti-

---

20 – Vgl. Boris, Dieter (1987): Die Verschuldungskrise in der Dritten Welt, S. 24f.
21 – Zgaga/Kulessa/Brand 1992, 3
22 – Körner/Maaß/Siebold/Tetzlaff 1984, 44

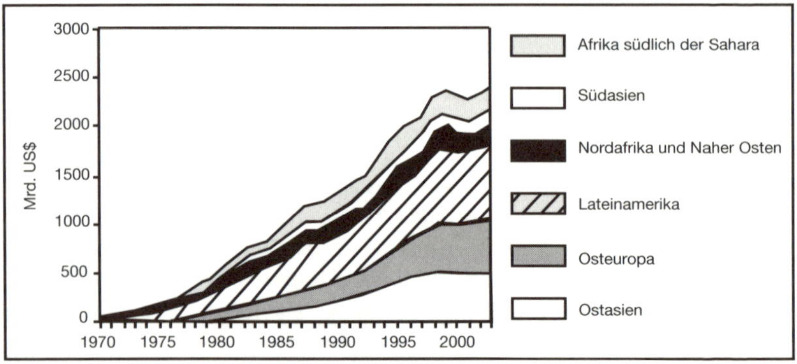

Abbildung 3.3: Die Auslandsverschuldung der Entwicklungsländer, 1970-2003
Quelle: World Bank, 2004: Global Development Finance

sche Erhöhung der Ölpreise 1978–80 für die nicht-erdölexportierenden Staaten noch verschärft wurde.

Im August 1982 *erklärte Mexiko* – eines der am höchsten verschuldeten Länder – seine *Zahlungsunfähigkeit.* Dies bewegte die Banken zu einem Rückzug aus dem Kreditgeschäft mit der Dritten Welt. Der Kreditstopp bewirkte, dass von Mitte 1982 bis Ende 1984 66 Länder der Dritten Welt ihre Zahlungsunfähigkeit erklärten und sich den Strukturanpassungsprogrammen des IWF unterwerfen mussten[23]. Angesichts des Mangels an neuen Krediten wurden die hoch verschuldeten Länder der Dritten Welt in den Status von Nettokapitalexporteuren gezwungen, während die USA dank des enormen Kapitalimports eine konjunkturelle Erholung erlebten.

Es ist bezeichnend, dass das Problem der Verschuldung der Dritten Welt erst 1982 *ins Bewusstsein der westlichen Öffentlichkeit* rückte, denn erst jetzt waren auch die Gläubiger mit den Folgen der enormen Kreditexpansion konfrontiert. So hatte Mexiko im Sommer 1982 Schulden in Höhe von 80 Mrd. Dollar, vor allem bei US-Banken: Die neun größten unter ihnen hatten jeweils 44% ihres Kapitals als Kredite in dieses Land gepumpt[24]. Hätte Mexiko die Zinszahlungen gänzlich eingestellt, wären diese Banken vom Bankrott bedroht gewesen, zudem wären die Aktienkurse ins Bodenlose gestürzt und Erschütterungen des internationalen Finanzsystems wären nicht zu vermeiden gewesen – was schwerwiegende Folgen auch für die Industrieländer gehabt hätte.

Der mit der so genannten „Mexiko-Krise" *drohende Kollaps des internationalen Finanzsystems* konnte durch ein rasch geschmiedetes Gläubigerkartell aus dem IWF, der BIZ, den Zentralbanken und den Regierungen der OECD-Länder *verhindert* werden. Da den privaten Gläubigern jegliche Sanktionsfähigkeit gegenüber den Schuldnern fehlte, stellten öffentliche Institutionen ihre politischen Druckmittel in den Dienst der (privaten) Großbanken[25]. Besonders der *Internationale Währungsfonds* gewann im Zusammenhang mit

23 – Chahoud 1988, 46
24 – George 1988, 60
25 – Altvater/Hübner 1988, 25

den Umschuldungsverhandlungen enorm an Bedeutung: Auf der einen Seite verhinderte er durch den Einsatz eigener Finanzmittel den totalen Rückzug der Banken aus dem Kreditgeschäft mit der Dritten Welt und sorgte dafür, dass die Entwicklungsländer weiterhin mit „fresh money“ versorgt wurden. Auf der anderen Seite bemühte er sich im Interesse der Großbanken, die *Zahlungsfähigkeit der Schuldner mittelfristig wiederherzustellen*, indem er die Gewährung neuer Kredite an harte wirtschaftspolitische Auflagen knüpfte. Die Schuldnerländer, die sich den Auflagen des IWF (→ Kap. 7.2.1) nicht beugen wollten, wurden automatisch vom internationalen Kreditmarkt ausgeschlossen. Erst wenn sich die Schuldner zur Durchführung von so genannten *Strukturanpassungsprogrammen* (SAP) verpflichtet hatten, bekamen sie Zugang zu neuen Krediten. Durch die SAP des IWF wird die nationale und politische *Souveränität der Schuldnerländer tiefgreifend beschnitten*. Da die Gewährung neuer Kredite von der Erreichung bestimmter makroökonomischer Zielgrößen abhängig gemacht wird, ist den Schuldnerländern die Wirtschaftspolitik mehr oder weniger vorgeschrieben: Sie sollen

- ihre Exporte forcieren,
- ihre Importe drosseln und
- ihre staatlichen Ausgaben vermindern.
- Der Außenwirtschaftsverkehr soll liberalisiert,
- der Zufluss von ausländischem Kapital erleichtert und
- es sollen die einheimischen Märkte und Rohstoffe für ausländische Investoren geöffnet werden.

3.2.5 Soziale und ökologische Folgen

Welche Wirkungen hatten derartige Maßnahmen auf die unterentwickelten Ökonomien der *Schuldnerländer?* Zum einen gelang es den Schuldnerländern bei aller Anstrengung nicht, durch Steigerung der Exportproduktion die für den Schuldendienst erforderlichen Erlöse zu erwirtschaften. Da viele Staaten gleichzeitig versuchten, ihre Exportproduktion zu steigern, kam es zu *Überschüssen und Preisverfall*; außerdem sicherten sich die Industrienationen durch protektionistische Maßnahmen gegen die Importflut aus den Schuldnerländern ab. Ein Ausgleich der Zahlungsbilanz war demzufolge nur über eine massive Reduzierung der Importe zu erreichen. In den Jahren 1981 bis 83 wurden die Importe lateinamerikanischer Länder um fast die Hälfte reduziert[26]; da die verbliebenen Importe nicht ausreichten, um den Produktionsumfang aufrechtzuerhalten, musste die Wirtschaftstätigkeit drastisch gedrosselt werden.

Die meisten Länder gerieten durch die SAP in eine *schwere Rezession*; Produktion und Investitionen gingen zurück; die Preise insbesondere für Grundbedarfsgüter stiegen enorm an bei gleichzeitig sinkenden bzw. stagnierenden Reallöhnen; die staatlichen Ausgabenkürzungen bewirkten Verschlechterungen im Gesundheits-, Sozial- und Bildungsbereich und die Arbeitslosigkeit stieg aufgrund des Personalabbaus im öffentlichen Sektor sprunghaft an (→ Kap. 7.2.1). Die Tabelle 3.1 beschreibt den Verlauf der Krise in fünfzehn hoch verschuldeten

26 – Schubert 1985, 147

	1979	1980	1981	1982	1983	1984	1985	1986
BSP pro Kopf (jährliche Veränderung in %)	3,6	2,6	-1,6	-2,7	-5,5	-0,1	0,9	1,4
Inflationsrate	40,8	47,4	53,2	57,7	90,8	116,4	126,9	76,2
Bruttokapitalbildung (in % des BSP)	24,9	24,7	24,5	22,3	18,2	17,4	16,5	16,8

Tab. 3.1: Der Verlauf der Krise in 15 hoch verschuldeten Staaten*
**Argentinien, Bolivien, Brasilien, Chile, Kolumbien, Elfenbeinküste, Ecuador, Mexiko, Marokko, Nigeria, Peru, Philippinen, Uruguay, Venezuela, Jugoslawien.*
Quelle: IWF: World Economic Outlook, April 1987; zit. nach Sachs, Jeffrey (1988): In-troduction, in: Sachs, Jeffrey: Developing Country Debt and Economic Performance. Vol. 1, Chicago, London, S. 2.

Staaten anhand von einigen ökonomischen Indikatoren. Demnach ging die Verschuldungskrise im Durchschnitt mit einer vier Jahre währenden Rezession einher; die Inflationsraten stiegen in den Jahren nach der Krise stark an, während die Bruttokapitalbildung trotz des schrumpfenden Wirtschaftswachstums von einem Viertel des BSP auf ein Sechstel des BSP zurückging.

Als unmittelbare Reaktion auf die Durchführung der SAP kam es in zahlreichen Ländern der Dritten Welt zu heftigen Aufständen der Bevölkerung (so genannte „IWF-Riots" u. a. in Peru 1977/78, Ägypten 1977, Tunesien 1978 und 1984, Brasilien 1983/84, Dominikanische Republik 1984/85, Venezuela 1989).

Polen ist ein lehrreiches Beispiel: Die westlichen Kredite, die anfangs der siebziger Jahre zu günstigen Konditionen aufgenommen worden waren, konnten nach dem Anstieg der Zinsen nur noch dadurch bedient werden, dass alles Erdenkliche, insbesondere auch landwirtschaftliche Produkte, exportiert wurde. Die kurze Blüte um 1970 wurde daher von einer *zunehmend sich verschärfenden Wirtschaftskrise* abgelöst, die mitverantwortlich war für die Aufstände 1976 und für das Entstehen der Oppositionsbewegung Solidarnosc. 1981 waren die Schulden auf 27 Mrd. US$ aufgelaufen, der Schuldendienst belief sich auf zehn Mrd. Dollar jährlich, die Versorgungskrise hatte ihren tiefsten Punkt erreicht. Am 13. Dezember sieht sich Präsident Jaruzelski gezwungen, das *Kriegsrecht* auszurufen. 1982 tritt Polen dem IWF bei, und es wird ein Strukturanpassungsprogramm ausgehandelt. Die Preise werden freigegeben und steigen um 300–400%; Subventionen werden gestrichen, der Zloty abgewertet, Löhne und Gehälter eingefroren, die Kaufkraftminderung beträgt 35%, die Armut nimmt rasch zu. Dies waren die *Voraussetzungen für die politische Wende*: In der Wahl zum Sejm 1989 erhielt Solidarnosc 80% der Sitze; bis 1990 waren die Schulden auf 50 Mrd. US$ angewachsen.

Obwohl zahlreiche Entwicklungsländer gleichzeitig in die Krise gerieten, es sich also um eine internationale Schuldenkrise handelte, lag den Umschuldungsverhandlungen zwischen Schuldnern und Gläubigern eine „Fall zu Fall"-Philosophie zugrunde, d.h. mit jedem zahlungsunfähigen Land wurde gesondert verhandelt. Ziel dieser Strategie des „teile und herrsche" ist es, globale Lösungsansätze, die auf grundlegende Korrekturen der internationalen Finanz- und Wirtschaftsbeziehungen zielen, gar nicht erst in den Horizont politischer Alternativen treten zu lassen[27]. Zwar war die Idee einer stärkeren politischen Abstimmung und Zusammenarbeit unter den Schuldnerländern vielerorts populär und wurde auch von einigen Regierungen (u. a. Kuba) offensiv vertreten. In der Regel ließen sich die Eliten der Entwicklungsländer durch die Sanktionsdrohungen der Gläubiger jedoch einschüchtern – schließlich mussten sie befürchten, dass ihr z. T. enormes Auslandsvermögen aus Kapitalfluchtgeldern im Falle einer Zahlungsverweigerung von den Gläubigern beschlagnahmt werden würde[28].

Ein Ergebnis dieser Abhängigkeit ist, dass die *Kapitalrückflüsse an die Geberländer gesichert* sind, wobei sie aus den Entwicklungsländern in der Regel mehr abziehen, als durch Entwicklungshilfe und Investitionen in sie hineinfließt: Nach Angaben der Weltbank flossen zwischen 1980 und 2003 rund 1,5 Billionen € allein an Zinsen von Süd nach Nord. Die zusammengenommene Entwicklungshilfe der Industrieländer belief sich im gleichen Zeitraum auf knapp eine Billion € – also auf nur 61 % der Zinsleistungen. Kein Wunder, dass es den Ländern nicht gelungen ist, ihren Schuldenberg abzutragen. Zwar wurde seit den ersten Erlassen im Jahr 1988 bis zum Jahr 2002 rund 50 Mrd. € an Schulden gestrichen – im gleichen Zeitraum zahlte dieselbe Ländergruppe jedoch 35 Mrd. € an Zinsen. Auch der auf dem G8-Gipfel in Gleneagles ausgehandelte Schuldenerlass in Höhe von 33 Mrd. €, der auch noch über die nächsten vierzig Jahre gestreckt wird, ist angesichts einer Gesamtschuldenlast der Entwicklungsländer von zwei Billionen € kaum mehr als ein Tropfen auf dem heißen Stein.

Da es den Großschuldnern der Dritten Welt bislang nicht gelungen ist, sich auf eine gemeinsame Position gegenüber den Gläubigern zu einigen – und diese freiwillig nie auf Zinseinnahmen verzichten würden – ist die internationale Verschuldungskrise bis heute nicht gelöst worden. Zwar sind zwischen 1982 und 1990 ca. eine Mrd. € in den Schuldendienst geflossen, aufgrund der hohen Zinsen hat sich die Auslandsverschuldung der Entwicklungsländer jedoch keineswegs verringert, sondern stieg von ca. 6,6 Mrd. € auf eine Billion Euro (1990) und auf über zwei Billionen Euro (2003) an. Vor diesem Hintergrund erscheint auch der von den Finanzministern der G7 im Sommer 2005 beschlossene Schuldenerlass in Höhe von bis zu 46 Mrd € lächerlich gering; zumal nur jene Staaten in den Genuss des Erlasses kommen werden, die bereit sind, ihre Außen- und Wirtschaftspolitik an den Interessen der mächtigen Länder auszurichten.

Der Propaganda der reichen Länder zum Trotz sind es die armen Länder, die den reichen Ländern „Entwicklungshilfe" gewähren: Allein die *Zinszahlungen* der Entwicklungsländer beliefen sich zwischen 1980 und 2003 auf 1,5 Billionen € und war damit weit höher als die in diesem Zeitraum von allen Industrieländern geleistete *Entwicklungshilfe* in Höhe von knapp einer Billion €.

Mittlerweile fließen jährlich etwa 285 Mrd. € an Schuldendienst aus dem Süden in den Norden (siehe Abb. 3.4), was die Entwicklung in den verschuldeten Ländern blockiert und erheblich zur Verschärfung der Armut beiträgt (→ Kap. 5.2.1.). Dabei wirkt die Überschuldung der Dritten Welt in Form einer

27 – Altvater/Hübner 1988, 25
28 – Kampffmeyer 1987, 20

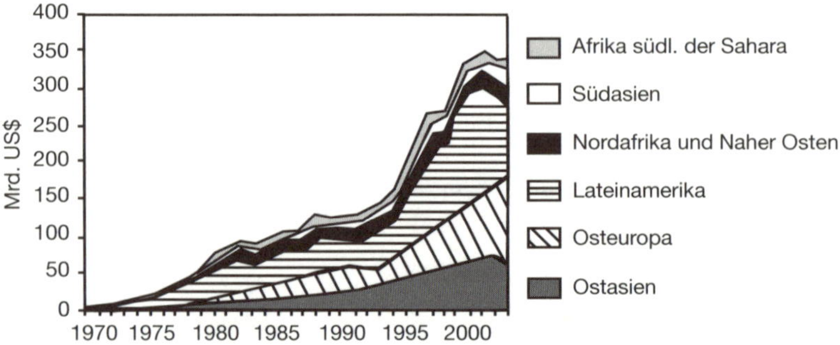

Abbildung 3.4: Schuldendienst der Entwicklungsländer, 1970-2003
Quelle: World Bank, 2004: Global Development Finance

zunehmenden Zerstörung des globalen Ökosystems auch auf uns (Menschen in den Industrieländern) zurück. So hat die hohe Verschuldung den Entwicklungsländern Handlungsspielräume genommen, eine ökologisch tragfähige Entwicklung einzuleiten. Um den Schuldendienst bedienen zu können, sind sie zur intensiven Nutzung ihrer Rohstoffe gezwungen. Dies impliziert den Anbau von Monokulturen, den Einsatz großer Mengen an Dünger und Pestiziden, die forcierte Abholzung tropischer Regenwälder u. v. m. Während immer größere Bodenflächen von der kapitalintensiven Exportlandwirtschaft vereinnahmt werden, nimmt die verfügbare Fläche für Subsistenzproduktion ab und die Kleinbauern müssen auf ungeeignete Böden ausweichen. In vielen Regionen der Dritten Welt machen sich die *Folgen der fortgesetzten Naturzerstörung* daher weit verheerender als früher bemerkbar: So hat sich sowohl die Zahl der registrierten Dürren als auch die Zahl der registrierten Überschwemmungen in den achtziger Jahren gegenüber dem Jahrzehnt zuvor verdoppelt[29] (→ Kap. 2.4). Schätzungen zufolge hat die Zahl der Flüchtlinge, die aufgrund von irreversiblen Umweltschäden und Naturkatastrophen ihre Heimat verlassen müssen, dramatisch zugenommen. All dies zeigt, wie eng ökologische und soziale Krisen miteinander verbunden sind und sich wechselseitig verschärfen.

Zerstörung des Ökosystems

3.2.6 Neue Ungleichheiten auch in Europa

Ungleichheiten bei der Beschäftigung, der Arbeitslosigkeit, den Prokopfeinkommen und der Armut sind schon seit langem ein Problem in der EU gewesen, das nicht ausreichend beachtet worden ist. Nach der jüngsten Erweiterung hat die *regionale Ungleichheit* stark zugenommen. Das Verhältnis der Prokopfeinkommen im reichsten zum Prokopfeinkommen im ärmsten Land betrug in der EU-15 noch 3:1 und ist mit der Erweiterung auf 5:1 gestiegen. Gleichzeitig hat sich das regionale Gewicht der Ungleichheit dramatisch nach Osten verschoben, ohne dass in den schwächeren Ländern des Westens und des Südens eine wirkliche Verbesserung stattgefunden hätte. Nach dem dritten Kohäsions-

29 – Fröbel/Heinrichs/Kreye 1988, 98

bericht vom Februar 2004 nahm die Zahl der rückständigen Regionen in der EU (das sind Regionen mit einem Prokopfeinkommen von weniger als 75% des EU-Durchschnitts) von fünfzig in der alten EU-15 vor der Erweiterung auf 69 in der EU-25 zu, und der Anteil der Bevölkerung, der in diesen Regionen lebt, stieg von 19 auf 27%. Diese Gesamtzahlen verdecken aber den dramatischen Charakter der Entwicklung. Da das *durchschnittliche* Prokopfeinkommen der rückständigen Regionen von 65 auf 56% des Prokopfeinkommens der gesamten EU abgenommen hat, ist die Zahl derartiger Regionen in der alten EU von fünfzig auf 33 zurück gegangen (mit einem Bevölkerungsanteil von zwölf Prozent der EU-25), ohne dass es in den 17 Regionen, die aus dem Kreis heraus gefallen sind, irgendwelche Verbesserungen im Lebensstandard oder bei der Beschäftigung gegeben hätte. Auf der anderen Seite liegt das Prokopfeinkommen von 33 Regionen in den neuen Mitgliedsländern unter der 75%-Schwelle, und in diesen Regionen wohnen 92% (!) der Bevölkerung dieser Länder, das sind 15% der Gesamtbevölkerung der EU-25[30].

Das Absinken des Lebensniveaus für die große Masse der Menschen in Osteuropa wurde von der UNICEF verglichen mit dem Ausmaß bei der Wirtschaftskrise von 1929. Von allen Ländern des früheren Rates für gegenseitige Wirtschaftshilfe (RGW) ist Polen das einzige Land, welches 1999 (10 Jahre nach dem Fall der Berliner Mauer) das BIP von 1989 wieder erreicht und überschritten hat – zuvor ging es sehr weit nach unten. Dabei hatte Polen als einziges Land den Vorteil eines beträchtlichen Schuldenerlasses zu Anfang der 1990er Jahre. Wenn auch die Länder von Mitteleuropa (Slowenien, Ungarn, Slowakei, Tschechien) heute ebenfalls das BIP von 1989 überschritten haben, so hat Polen seit drei Jahren eine sinkende Wachstumsrate – man spricht von einer andauernden Rezession. Der Rückgang des Wachstums wird begleitet von Privatisierungen, welche die Arbeitslosenquote in Bulgarien auf über dreißig Prozent treiben, Quoten die es in einigen Gegenden von Polen und Ungarn ebenfalls gibt (→ Kap. 5.2.2).

3.2.7 Aufschwung des Kapitalexports, Asienkrise, Aktiencrash

In der ersten Hälfte der neunziger Jahre kam es zu einem beispiellosen Wiederaufschwung des Kapitalexports in Entwicklungs- und Schwellenländer – eine Entwicklung, die zu intensiven Diskussionen über den Prozess der „Globalisierung" führte. Während der Welthandel in jener Zeit um jährlich etwa fünf Prozent zunahm, expandierten die privaten Kapitalströme mit jährlichen Wachstumsraten von dreißig Prozent[32]. Der starke Anstieg des Kapitalexports hielt – mit einer Unterbrechung im Jahr 1994 durch die Mexikokrise – bis zur Asienkrise an, die im Sommer 1997 einsetzte.

Was waren die Ursachen für diesen starken Anstieg, der – im Unterschied zur Kreditexpansion der siebziger Jahre – vor allem von ausländischen Direktinvesti-

---

30 – Euromemorandum 2004: "Beyond Lisbon – Economic and social policy orientations and constitutional cornerstones for the European Social Model" (14/12/2004) unterschrieben von 263 europäischen Wirtschafts- und Sozialwissenschaftlern

32 – Vgl. World Bank (1998): East Asia: The Road to Recovery, S. 4.

tionen und Portfolioinvestitionen getragen wurde? Mindestens drei Entwicklungen müssen in diesem Zusammenhang betrachtet werden.

Zum einen das *Ende des Kalten Krieges*, welches den Kapitaleignern neue Expansionsfelder eröffnete und gleichzeitig eine neue Ära der Nord-Süd-Beziehungen einleitete. So prägte Präsident George Bush senior anlässlich des ersten Golfkriegs gegen den Irak den Begriff der *Neuen Weltordnung* (New World Order) – was als Anspruch der USA verstanden werden kann, überall auf der Welt für eine Ordnung zu sorgen, die den Interessen der großen Konzerne entgegenkommt. Doch die TNU haben nicht nur an der Ausbeutung der Ölreserven im Nahen Osten Interesse. Auch die einst sozialistischen Staaten rücken als po-tentielle Standorte ins Visier der Konzerne – vor allem jene Länder, die wie Ungarn, Polen oder Tschechien über ein Reservoir an gut ausgebildeten Arbeitskräften verfügen und noch dazu Aussicht auf Aufnahme in die EU hatten.

Damit zusammenhängend war der *Übergang zu einer neoliberalen Politik der Deregulierung und Privatisierung* von großer Bedeutung. So wurde nicht nur in den ehemals sozialistischen Staaten Osteuropas, sondern auch in zahlreichen lateinamerikanischen Schwellenländern Ende der achtziger Jahre ein neoliberales Politikmodell durchgesetzt – wobei die hohe Auslandsverschuldung häufig als Druckmittel diente, um Reformen im Interesse der Gläubiger zu erzwingen. Ein Beispiel hierfür sind die 1989 vom US-amerikanischen Finanzminister Nicholas Brady propagierten Umschuldungsprogramme, die darauf abzielten, durch so genannte „debt for equity swaps“ Altschulden gegen Aktienkapital „einzutauschen“. Voraussetzung war die Privatisierung von Staatsunternehmen, die dann anschließend z. T. zu Spottpreisen an ausländische Konzerne veräußert wurden – im Gegenzug wurde die Auslandsverschuldung (geringfügig) reduziert.

Drittens spielte die *wirtschaftliche Stagnation* in wichtigen Industrieländern eine Rolle – bzw. die Differenz zwischen den z. T. sehr geringen Wachstumsraten in den USA, der EU und Japan und dem äußerst dynamischen Wirtschaftswachstum in einigen asiatischen und lateinamerikanischen Schwellenländern. So waren die durchschnittlichen Wachstumsraten des Bruttosozialprodukts in den Industrieländern von über vier Prozent 1988 auf unter zwei Prozent in den Jahren 1991–1993 zurückgegangen. Die Entwicklungsländer konnten dagegen zwischen 1991 und 1996 jährliche Wachstumsraten des BSP von über fünf Prozent erzielen[33]. Die wirtschaftliche Stagnation bzw. die sinkende Rentabilität der Investitionen in den großen Industrieländern drückte sich in einem niedrigen Zinsniveau aus. So sanken beispielsweise die kurzfristigen Zinssätze in den USA von 7,5% im Jahr 1990 auf unter vier Prozent in den Jahren 1992 und 1993, was dazu beitrug, dass lateinamerikanische Schwellenländer wie Mexiko mit kurzfristigen Portfolioinvestitionen geradezu überschwemmt wurden. Allerdings wurden die meisten Entwicklungsländer von dieser Entwicklung gar nicht berührt. So entfielen auf die ärmeren Entwicklungsländer – mit Ausnahme von Indien und China

33 – Vgl. die im Internet verfügbaren Statistiken des Internationalen Währungsfonds http://www.imf.org/external/pubs/ft/weo/2002/02/data/growth_a.csv sowie http://www.imf.org/external/pubs/ft/weo/2002/02/data/growth_d.csv (Stand: 10.02.03)

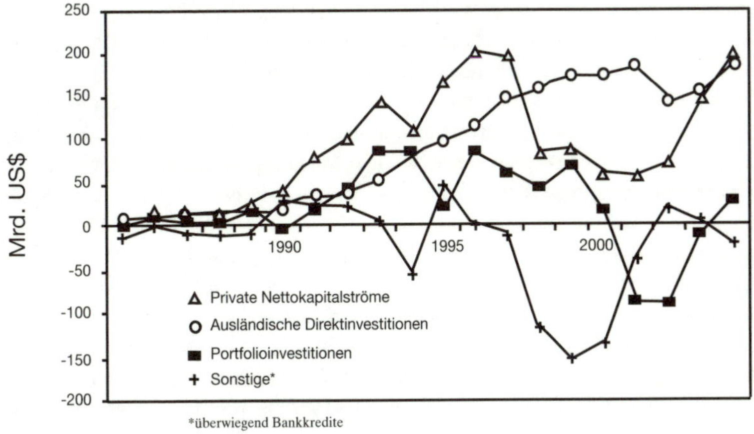

Abbildung 3.5: Private Nettokapitalströme in Entwicklungsländer, 1985-2004
Quelle: IMF, 2005: World Economic Outlook Database, April 2005

– gerade einmal drei Prozent der privaten Kapitalströme in Entwicklungsländer, während über die Hälfte des privaten Kapitals im Jahr 1996 in nur sechs Länder (und dort vor allem in die Sonderwirtschaftszonen) floss: nach China, Mexiko, Thailand, Malaysia, Brasilien und Indonesien[34] (siehe auch Abb. 3.5).

Im Sommer 1997 gerieten die Währungen verschiedener ostasiatischer Schwellenländer unter Druck. Es begann die so genannte Asienkrise, die von Thailand ausgehend auf Indonesien und die Philippinen übergriff und schließlich sogar ein vergleichsweise entwickeltes Schwellenland wie Südkorea in Mitleidenschaft zog. Indonesien wurde besonders schwer getroffen: Die Währung verlor innerhalb kurzer Zeit etwa achtzig Prozent ihres Wertes und es kam wegen rapide steigender Preise zu schweren Unruhen und Plünderungen. Innerhalb eines Jahres fielen vierzig Millionen Menschen unter die Armutsgrenze zurück; die Reallöhne sanken um durchschnittlich vierzig Prozent. 1998 wurde Russland von der Asienkrise angesteckt. Spätestens jetzt hatte sich die Asienkrise zu einer globalen Finanzkrise ausgeweitet: Weltweit fielen die Preise für zahlreiche Handelsgüter, was Diskussionen über die Risiken einer globalen Deflation auslöste. Fast alle Schwellenländer mussten ihre Zinsen drastisch erhöhen, um der verstärkten Kapitalflucht und dem Verfall ihrer Aktienmärkte entgegenzuwirken. Oft ohne Erfolg: Trotz eines präventiven IWF-Kredits von 41,5 Mrd. US$ brach im Januar 1999 auch die brasilianische Währung unter dem Ansturm der Spekulation zusammen und verlor in wenigen Wochen mehr als vierzig Prozent ihres Wertes. Mit einiger Verspätung (dafür umso heftiger) traf es dann Argentinien, wo sich die Situation Ende 2001 zu einer schweren Finanz- und Staatskrise zuspitzte.

Dass ausgerechnet die Musterschüler neoliberaler Strukturanpassung von schweren Krisen erfasst wurden, während Länder wie China, Indien, Malay-

34 – Vgl. Kahler, Miles (1998): Introduction: Capital Flows and Financial Crises in the 1990s, S. 11.

sia oder Vietnam von ihr weitgehend verschont blieben, hat das Vertrauen in neoliberale Globalisierung nachhaltig erschüttert. Im Gegensatz zur internationalen Verschuldungskrise der achtziger Jahre, die in vielen Ländern eine vom IWF forcierte Politik der Privatisierung und des Abbaus sozialer Rechte einleitete, haben die Finanzkrisen der neunziger Jahre zu einer tendenziellen Abkehr vom entwicklungspolitischen „Konsens von Washington" (→ Kap. 7.2.1) geführt, der auf die Kräfte des freien Marktes, d.h. auf Deregulierung und Marktöffnung setzte. Dies betrifft einerseits die Länder des Südens, in denen verstärkt Alternativen zur bestehenden Weltordnung gesucht und dabei Konflikte mit den USA bzw. mit den Gläubigerinteressen in Kauf genommen werden (man denke etwa an Brasilien, Venezuela, Bolivien oder Argentinien). Aber auch in den Industrieländern bröckelt die neoliberale Hegemonie: So sind die mit unreguliertem Kapitalverkehr verbundenen Gefahren zu einem zentralen Thema der globalisierungskritischen Bewegung geworden, die sich mit den Auseinandersetzungen um das Multilaterale Investitionsabkommen (1998), den Protesten gegen die 3. Ministerkonferenz der WTO in Seattle (1999) sowie den verschiedenen Weltsozialforen (2001 ff.) als politische Kraft etabliert hat. Dabei richtet sich der Protest in erster Linie gegen die Regierungen der G7, gegen IWF, Weltbank und WTO, die – so der Vorwurf – allein die Interessen der privaten Großbanken und Konzerne im Auge haben und damit sowohl zur Vertiefung der Kluft zwischen Nord und Süd, zur sozialen Polarisierung und zur Umweltzerstörung *innerhalb* der Länder des Nordens und Südens beitragen.

Zunächst schien es, als würden sich die Währungskrisen in den ostasiatischen Schwellenländern gar nicht oder sogar positiv auf die Industrieländer auswirken. Die USA und die EU profitierten beispielsweise von den billigeren Importen aus den Krisenländern; gleichzeitig konnten TNU den Währungsverfall und die allgemeine Krise in den Ländern nutzen, um dortige Unternehmen zu Spottpreisen aufzukaufen. Noch bedeutsamer waren die Rückwirkungen auf die Finanzmärkte: Der Rückfluss von Risikokapital aus den Schwellenländern führte zu überschüssiger Liquidität, was die Aktienkurse in die Höhe trieb – wobei die Anleger ihr Kapital mit Vorliebe in viel versprechende Unternehmen der IT-Branche investierten. Auf den Boom in den „emerging markets" folgte also ein Boom am „Neuen Markt", der bis zum Frühjahr des Jahres 2000 anhielt.[35]

Die Hoffnung, dass sich aus der Anwendung der neuen Technologien nahezu unerschöpfliche Wachstums- und Gewinnpotentiale erschließen würden, ging allerdings nicht auf. Im März 2000 setzte auf den führenden Technologiebörsen der Welt ein Abwärtstrend ein: Der NASDAQ-Index[36] verlor innerhalb eines Jahres (von März 2000 bis März 2001) rund 60% seines Wertes; der Neue Markt in Deutschland musste gar um über 80% nachgeben. Firmen aus dem Techno-

---

35 – Krüger, Lydia; Helfen, Markus (2001): Von der Krise der „emerging markets" zur Krise am Neuen Markt, in: Z. Zeitschrift Marxistische Erneuerung, 12. Jg., Nr. 48, Dezember 2001, S. 35-46.

36 – Allerdings handelt es sich bei der Nasdaq nicht ausschließlich um eine Technologiebörse, da auch Pharma- und Finanzwerte dort gelistet sind. Zwischen 1997 und 2000 gingen 1.649 Unternehmen mit einem Gesamtemissionswert von 316,5 Mrd. US-Dollar an die Nasdaq.

logie-Medien-Kommunikationssektor waren – im Vergleich etwa zu Firmen aus dem Bereich der Biotechnologie – von den Kursrückgängen am stärksten betroffen; selbst große und angesehene Unternehmen wie Microsoft, Intel oder Yahoo mussten hohe Verluste hinnehmen.

Durch den Aktiencrash wurden allein in den USA innerhalb eines Jahres etwa 2,5 Billionen € vernichtet; weltweit betrugen die Verluste an den Aktienmärkten etwa 5,8 Billionen €[37]. In Deutschland sind zwischen März 2000 und März 2003 an den Börsen „rund 700 Mrd. € buchstäblich vernichtet worden", so Bundeskanzler Schröder in seiner Regierungserklärung vom 14. März 2003. Doch wie in jeder Krise dürfte es wenige Gewinner geben, die ihre Papiere noch rechtzeitig verkauft haben – und eine Menge Verlierer, denen dies nicht gelungen ist und die auf nahezu wertlosen Aktienpaketen sitzen geblieben sind.

Mittlerweile sind die Folgen der Börsenkrise weitgehend überwunden. Einige Großkonzerne (man denke an Enron oder Worldcom) haben sie nicht überlebt; die anderen dürften ihre Verluste – dank großzügiger Unterstützung der Regierungen – abgeschrieben haben und fahren teilweise wieder Rekordgewinne ein. Allerdings stellt sich die Frage, wie lange eine Politik, die die Kosten einer Krise auf die Schwächsten der Gesellschaft abzuwälzen versucht, noch akzeptiert wird. Zwar ist es den USA gelungen, durch einen „militärischen Keynesianismus" (d.h. die kreditfinanzierte Aufrüstung und Führung von Eroberungskriegen) kurzfristig Nachfrage zu schaffen und damit die Weltwirtschaft (bzw. die Exportwirtschaft in anderen Ländern) wieder anzukurbeln. Aber wie lange werden Anleger aus der ganzen Welt noch bereit sein, die gigantischen Leistungsbilanz- und Haushaltsdefizite der USA zu finanzieren?

Krisenhafte Entwicklungen und Ungleichgewichte in der Weltwirtschaft bilden sich in den Strukturen des internationalen Handels ab. Seit fünfzehn Jahren importieren die USA mehr Waren und Dienstleistungen als sie exportieren. Dies führt zu steigenden Leistungsbilanzdefiziten und steigender Auslandsverschuldung: 2004 erreichte das US-amerikanische Leistungsbilanzdefizit mit über 600 Mrd. US$ (etwa 5,7% des BIP) ein Rekordniveau[38]. Hinzu kommen die Haushaltsdefizite, die unter Präsident George W. Bush geradezu explodiert sind. Während unter Präsident Clinton noch Haushaltsüberschüsse erzielt wurden, stieg das Budgetdefizit unter Bush auf 513 Mrd. US$ (2004) an – das entspricht etwa sieben Prozent des BIP und ist damit mehr als das Doppelte dessen, was nach den Maastricht-Kriterien der EU erlaubt wäre[39]. Laut Wolf stiegen zwischen 2002 und 2005 allein in Folge der Haushaltsdefizite die öffentlichen Schulden der USA um rund 1.500 Mrd. US$. Das Ergebnis der „Doppeldefizite" ist eine Auslandsverschuldung, die Ende 2004 die Schwelle von drei Billionen Dollar überschritten hat – was dem Dreifachen des Werts der von den USA jährlich exportierten Güter und Dienstleistungen entspricht. Dieses Ungleichgewicht wird auch durch den internationalen *Handel mit Dienstleistungen*, der 2003 ein Volumen von 1,8 Billionen US$ erreicht hat, nicht ausgeglichen – auch

---

37 – John Peet: The rise and the fall. In: Economist, May 3rd, 2001

38 – Karczmar, Mieczyslaw (2004), S. 10.

39 – Wolf, Winfried (2005): Kein Kredit mehr, In: junge welt vom 25.02.2005

wenn die USA und Großbritannien hier zu den größten Exporteuren zählen, wohingegen Deutschland und Japan hohe Defizite aufweisen.

3.2.8 Zunehmende Handels- und Währungskonflikte

Wie schon in den achtziger Jahren, als das steigende US-amerikanische Handelsdefizit mit Japan und den ostasiatischen Schwellenländern zu Handelskonflikten führte, so ist es nun das wachsende Handelsdefizit mit China, das sowohl die USA als auch die EU dazu veranlasst hat, China mit Sanktionen zu drohen. Dabei macht die US-Regierung vor allem den *chinesischen Wechselkurs*, der seit 1994 zum festen Kurs von einem Dollar zu 8,28 Yuan gehandelt wird, für das hohe Handelsbilanzdefizit der USA mit China verantwortlich, das zwischen 2000 und 2004 von 100 auf 197 Mrd. US$ gestiegen ist. Tatsächlich sind die chinesischen Exporte in den letzten Jahren doppelt so schnell gewachsen wie Exporte anderer Länder, so dass der chinesische Exportanteil bei Textilien, aber auch bei Büro- und Telekommunikationsgeräten mittlerweile zwischen 13 und 23% liegt.

Aufgrund der Tatsache, dass ausländische Investoren in großem Umfang US-amerikanische Währungsreserven halten, ist der US$ deutlich *überbewertet* und die USA hätten mit einem drastischen Einbruch ihres Wohlstandsniveaus zu rechnen, wenn sich diese Kapitalflüsse einmal umkehren sollten. Dies ist nach Ansicht verschiedener Experten tatsächlich die größte Gefahr, die der Weltwirtschaft droht: eine Umschichtung von Vermögenswerten von US$ in €, die sich zu einer Flucht aus dem US$ ausweitet und – wie in den späten siebziger Jahren – drastische Zinserhöhungen der amerikanischen Zentralbank erforderlich macht, was die Welt in eine Rezession führen und eine neue Welle von Schuldenkrisen auslösen könnte[40]. Die Hortung von Währungsreserven in einer Welt, in der 1,4 Billionen US$ *täglich* auf den Devisenmärkten umgesetzt werden, kann auch als Strategie zum Schutz vor destabilisierender Währungsspekulation und Finanzkrisen interpretiert werden.

Auch wenn die Konkurrenz zwischen den USA und China am konfliktreichsten erscheint, so bedeutet dies nicht, dass es nicht auch zwischen den USA und der EU große wirtschaftliche Interessenskonflikte gäbe. Ein Beispiel liefert der aktuelle Streit um die Subventionen für Boeing und Airbus, die mit Abstand größten Flugzeughersteller der Welt. Die Flugzeugindustrie wird sowohl in der EU als auch in den USA mit Milliardensummen subventioniert, was beide Seiten nun zu einer Klage bei der Welthandelsorganisation WTO veranlasst hat. Zunächst reichte die US-Regierung in Genf eine Klage ein, weil die EU den Airbus mit Starthilfekrediten in Höhe von 1,36 Mrd. Euro zu unterstützen sucht. In ihrer Gegenklage prangert die EU an, dass seit 1992 insgesamt 29 Mrd. US$ direkte und indirekte Subventionen vor allem in Form von Rüstungsaufträgen an Boeing geflossen seien. „Der in seiner Dimension beispiellose Streit um Airbus und Boeing droht, die EU und die USA als größte Handelsblöcke der Welt über Jahre hinweg zu spalten", schrieb *Die Zeit* am 31. Mai 2005.

40 – Frank 2004c

Eine weitere Auseinandersetzung, bei der die Konfliktlinie hauptsächlich zwischen Nord und Süd verläuft, dreht sich um staatliche Beihilfen für Landwirte und Exportsubventionen für Agrargüter. Das Scheitern der WTO-Ministerkonferenz in Cancún (Mexiko) im Jahr 2003 lässt sich in erster Linie auf die mangelnde Bereitschaft der Industrieländer zur Reduzierung ihrer Agrarsubventionen zurückführen. Die Industrieländer unterstützen ihre Bauern mit jährlich nahezu 300 Mrd. €. Dies ist fünfmal so viel, wie sie jährlich für Entwicklungshilfe ausgeben. Die Folge dieser Politik ist, dass die Märkte der Entwicklungsländer mit billigen Agrargütern überschwemmt werden und damit zahllosen Bauern die Lebensgrundlage entzogen wird. Doch die Proteste wachsen: Anlässlich der WTO-Ministerkonferenz in Cancún 2003 hatte sich unter Führung von Brasilien und China erstmals eine Allianz von 21 Staaten der Dritten Welt („G-21") formiert, die von den Industrieländern eine radikale Kürzung der Agrarsubventionen einforderte.

3.3 Zusammenfassung

Die bisherige Analyse hat gezeigt, dass die wirtschaftliche Entwicklung in den letzten hundert Jahren immer wieder mit Krisen einherging, die sehr unterschiedliche Erscheinungsformen annehmen können: vom Preisverfall bei Aktien oder Immobilien über Währungs- und Verschuldungskrisen bis hin zu Handelskonflikten, die in kriegerische Auseinandersetzungen ausarten können. Dass es sich jeweils um *Überproduktionskrisen* handelt, wird wohl am deutlichsten in der Krisenerscheinung der zunehmenden *Arbeitslosigkeit* sichtbar: So bleiben immer mehr Produktivkräfte und Produktionskapazitäten ungenutzt, weil eine weitere Ausdehnung der Produktion keine ausreichenden Gewinne brächte – was wiederum mit der stagnierenden oder gar sinkenden Massenkaufkraft zu tun hat.

Dabei geht die wachsende Arbeitslosigkeit und Unterbeschäftigung mit Überschüssen auf den Finanz- und Kapitalmärkten einher. Diese überschüssige Liquidität ist es, die zu verstärkten Schwankungen und „irrationalen Übertreibungen" führt: bei Aktienkursen und Immobilien, aber auch bei Wechselkursen und Zinsen. Dazu trägt auch die Privatisierung der Sozialversicherung (in Deutschland „Riester-Rente") bei, weil auch sie neue Sammelstellen für Kapital schafft, das Anlage suchend durch die Welt zieht.

4.
Bevölkerung

Andrea Hense und Bernd Hamm

4.1 Theorie, Konzepte, Indikatoren, Datenkritik

Das Thema „Bevölkerung" ist aus drei Gründen schwer zu diskutieren: (1) Es gibt ein *ideologisches Interpretationsmuster*, das dem Niveau der Stammtische sehr entgegenkommt und in Anklängen auch in wissenschaftlichen Publikationen zu finden ist. Danach sind Menschen in den weniger entwickelten Gesellschaften nicht in der Lage, ihre Triebe zu beherrschen, die Techniken der Empfängnisverhütung anzuwenden oder was immer ihnen an Motiven unterstellt wird, warum sie immer mehr Kinder in die Welt setzen. Jedenfalls wird dieser Zuwachs dafür verantwortlich gemacht, dass auch keimende Anfänge gesellschaftlicher Entwicklung und wirtschaftlichen Wachstums einfach „aufgegessen" werden und daher diese Gesellschaften arm bleiben[1]. Die Armen sind einfach unfähig, aus eigener Kraft reich zu werden, und die Reichen kämpfen mit Familienplanungsprogrammen wohlmeinend, aber vergeblich gegen solche Rückständigkeit an. Dieses Muster kommt den Interessen der Industrieländer sehr entgegen und rechtfertigt den paternalistischen Umgang mit den „armen Wilden". (2) Sehr häufig – z.B. in der Debatte um die Überalterung der Gesellschaft und ihre Folgen für Systeme der sozialen Sicherung – werden *Merkmale der Bevölkerungsentwicklung als unabhängige Variablen* verstanden, die sich weitgehend selbst erklären, während vieles andere von ihnen abhängt. Dagegen wollen wir argumentieren, dass die Bevölkerungsentwicklung im hohen Maße sozial beeinflusst ist und folglich im Interesse Nachhaltiger Entwicklung Einfluss genommen werden kann. (3) *Demographische Daten* werden in großer Zahl produziert und zur Verfügung gestellt. Da die Zusammenhänge nicht überaus kompliziert erscheinen, lassen sich leicht mathematische Simulationsmodelle konstruieren, mit deren Hilfe sich nach Herzenslust am Computer herumrechnen lässt, wobei die Methode oft mehr zu faszinieren scheint als das Ergebnis. Hinzu kommt, dass die Daten den meisten als zuverlässig gelten, obschon sie zum Teil auf Schätzungen beruhen. Eine unendliche Zahl von Prognosen *macht uns glauben, wir hätten die Wirklichkeit empirisch „im Griff"*, so dass sich engagiert über Stellen nach dem Komma streiten lässt[2]. Wenn man sich daran erinnert, wie kläglich viele Bevölkerungsprognosen selbst in den wohlhabenden Ländern mit etablierten statistischen Berichtssystemen gescheitert sind, bleibt genug Skepsis auch diesem Ansatz gegenüber. Wir verzichten zwar nicht

---

1 – vgl. z.B. den in vieler Hinsicht kritischen Beitrag von Münz/Ulrich 1995 und Bemerkungen, die sich auf den Seiten 47, 50, 54, 55, 64 eingeschlichen haben – ein Beispiel unter vielen

2 – wiederum ein Beispiel unter vielen: Birg, 1995

auf Bevölkerungsstatistiken und -vorausberechnungen, empfehlen jedoch einen kritischen Umgang mit den vorgetragenen Daten.

Mit dem Begriff „Bevölkerung" wird die *Gesamtheit der Personen* bezeichnet, *die in einem bestimmten Gebiet ihren ständigen Wohnsitz haben oder dort wohnberechtigt sind*[3]. Die Zugehörigkeit zu einer Bevölkerung ist nicht an die Staatsangehörigkeit gekoppelt, sondern nur an den festen Aufenthalt in einem politisch-administrativ umgrenzten Gebiet. Sozialstrukturelle Analysen interessieren sich für demographische Untergliederungen der Bevölkerung anhand von Merkmalen wie Alter, Geschlecht und ethnische Zugehörigkeit, weil diese verschiedene Aspekte der Sozialstruktur beeinflussen. Da diese Gliederungen nicht über die „typischen und relativ stabilen Beziehungs- oder Austauschmuster zwischen den Menschen" (→ Kap. Institutionen) informieren, stellen sie nur eine Grundlage der Sozialstrukturanalyse dar. Beispielsweise ist das Bildungs- oder Gesundheitssystem je nach Altersaufbau anders zu organisieren, und typische Aspekte der Lebensgestaltung ändern sich analog zum Umfang und zur Zusammensetzung der Bevölkerungsgruppen. Umgekehrt wirkt sich z.B. die Organisation von Betreuungseinrichtungen sowohl auf Geburten- und Sterbeentwicklungen als auch auf Migrationsprozesse aus. Auch ökologisch sind die Zahl der Menschen und ihre Zusammensetzung relevant – mehr noch freilich ihr Konsumstandard und damit ihr Naturverbrauch (→ Kap. 2.2). Bevölkerungswissenschaftliche Analysen für politische Planungsprozesse gehen z.B. ein in Entscheidungen bezüglich der Berechnung von Rentenbeiträgen, der Bestimmung von Einreise- und Einbürgerungskriterien, des Aus- oder Rückbaus von Schulen, der Integration von Einwanderern oder der Schaffung von Pflegeeinrichtungen für Alte. Allerdings bedeutet diese Verbindung mit der Politik auch, dass sich politische *Kontroversen* an der Interpretation und Anwendung von Forschungsergebnissen entzünden können. Die Brisanz wird z.B. deutlich im Zusammenhang mit Äußerungen zum „Migrantenproblem", zum „Altenproblem" und „zur Unfähigkeit kinderreicher Eltern, Geburtenkontrolle zu betreiben." Der Bevölkerungssoziologie kommt innerhalb der interdisziplinär betriebenen Bevölkerungswissenschaften (zu denen u. a. Bevölkerungsgeo-

3 – Allerdings verwenden Statistiken z.T. unterschiedliche Kriterien zur Definition von Einwohnern. So besteht die „Wohnbevölkerung" aus Personen, die ihre alleinige Wohnung am entsprechenden Ort haben bzw. sich bei mehreren Wohnsitzen dort überwiegend aufhalten, also z.B. hier zur Arbeit gehen oder eine Ausbildung absolvieren. Indes werden die Angehörigen der ausländischen Stationierungsstreitkräfte sowie der ausländischen diplomatischen und konsularischen Vertretungen einschließlich ihrer Familien in Deutschland nicht zur Wohnbevölkerung gezählt. Die „Bevölkerung am Ort der Hauptwohnung" orientiert sich an der Erfassung der Einwohnermeldeämter und schließt Personen mit Nebenwohnsitz aus, unabhängig davon, ob sie sich – wie viele Studierende – an diesem Ort überwiegend aufhalten. Die „wohnberechtigte Bevölkerung" berücksichtigt schließlich alle gemeldeten Einwohner, also Personen mit Neben- und Hauptwohnsitz. Eine völlige Übereinstimmung der Begriffsdefinitionen besteht international nicht. Die Beispiele verdeutlichen, dass Bevölkerungszahlen auf der Basis unterschiedlicher Berechnungen entstehen. Entsprechend noch ungenauer sind die Angaben in Regionen, in denen keine Meldepflicht besteht bzw. Einwohnerangaben aus anderen Gründen – wie z.B. einer nicht darauf eingestellten administrativen Infrastruktur – zu schätzen sind. Ferner sind Personen ohne festen Wohnsitz, welche sich dennoch längere Zeit in einer Region aufhalten können, mit den gängigen Definitionskriterien nur schwer zu erfassen.

graphie, -ökonomie, -ökologie und medizinische Demographie zählen) u.a. die Aufgabe zu, soziale Wirkungszusammenhänge kenntlich zu machen.

Die Bevölkerung ist das Ergebnis von einigen wenigen Vorgängen, die von der Bevölkerungswissenschaft (Demographie) in der *„demographischen Grundgleichung“* formuliert werden: Fruchtbarkeit oder Fertilität (F), Sterblichkeit oder Mortalität (S), Immigration oder Einwanderung (E) und Emigration oder Auswanderung (A):

$$P_{t_1} = P_{t_0} + (F - S) + (E - A)$$

In Worten: Die Bevölkerung (P) zu einem Zeitpunkt wird bestimmt durch die Bevölkerung zu einem Zeitpunkt plus des Saldos aus Geburten und Serbefällen, plus des Saldos aus Einwanderung und Auswanderung. Veränderungen von Fertilität und Mortalität bezeichnet man als *„natürliche Bevölkerungsbewegung“*. „Natürliche“ Wachstums- und Schrumpfungstendenzen können nur aus dem Zusammenwirken beider Größen festgestellt werden. Eine hohe Anzahl von lebend Geborenen führt in Verbindung mit einer größeren Anzahl von Sterbefällen trotz hoher Geburtenraten zum Bevölkerungsrückgang. Bereits der Altersaufbau einer Bevölkerung erlaubt Hypothesen über die Zukunft, denn schwache Jugendjahrgänge setzen sich in schwachen Elternjahrgängen fort. Veränderungen von Ein- und Auswanderung geben die *„räumliche Bevölkerungsbewegung“* an. Diese kann bei einem Überhang der Auswanderer einen Geborenenüberschuss reduzieren oder bei einem Plus der Einwanderer eine Überzahl von Sterbefällen ausgleichen.

4.1.1 „Natürliche“ Bevölkerungsbewegung

Die Bezeichnung „natürliche Bevölkerungsbewegung“ ist *nicht so zu verstehen, als seien rein biologische Faktoren für Veränderungen verantwortlich.* Das wäre der Fall, wenn die Menschen nur deswegen sterben würden, weil sie das höchste biologisch mögliche Alter erreicht hätten, oder alle Frauen über die gesamte Periode ihrer biologischen Fruchtbarkeit hinweg Kinder bekämen – was beides offensichtlich nicht der Realität entspricht. Die *Fertilität* gibt die tatsächliche Geburtenhäufigkeit an und informiert über das Fortpflanzungsverhalten, für das die Fähigkeit, Kinder zu gebären nur eine notwendige, aber keineswegs eine hinreichende Voraussetzung ist. Denn die Geburt eines Kindes hängt zudem vom individuellen Wollen und sozialen Dürfen ab, für die gesellschaftliche Normen und Werte, vorhandene und akzeptierte Verhütungsmethoden, Familien- und Arbeitsformen etc. bedeutend sind. Die *Mortalität* gibt Auskunft über das Niveau der Sterblichkeit, welches anhand diverser Kennziffern ausgewiesen wird. Obwohl der Tod biologisch unvermeidbar ist, sind Todesursachen und -zeitpunkte durch gesellschaftliche Bedingungen beeinflusst, beispielsweise durch den medizinischen Entwicklungsstand und Versorgungsgrad, die Hygiene, das Ernährungsverhalten, den Zugang zu sauberem Wasser und die Arbeitsbedingungen. Der Begriff „natürlich“ ist daher irreführend.

„Der farbige Bevölkerungsteil der USA hat eine deutlich höhere Sterblichkeit, vor allem Säuglings- und Erwachsenensterblichkeit. Ein Blick auf die Todesursachen zeigt, dass die farbige Bevölkerung in allen Altersabschnitten den ‚vermeidbaren Todesursachen' in höherem Grade ausgesetzt ist. Die doppelten Raten an Tuberkulose, Lungenentzündung, Grippe und auch Mord lassen sich ohne Schwierigkeit auf ungünstige Wirtschafts- und Umweltbedingungen der Gettos zurückführen. Ansteckende Krankheiten sind bei Farbigen um ein Mehrfaches häufiger Todesursache als bei Weißen. Die Statistik der Todesursachen bei Kindern in den zehn größten Städten der USA nennt an erster Stelle „Unfälle“[4]. Ähnliches gilt für Berufsgruppen: „Nach einer amerikanischen Untersuchung haben bestimmte Berufsgruppen eine äußerst günstige Mortalitätsrate: Universitätsprofessoren, Hauspersonal, Lehrer und Ingenieure zwischen 52 und 61. Sehr hohe Sterblichkeit konzentriert sich dagegen bei Transportarbeitern, Arbeitern in der Holzverarbeitenden Industrie, Chemiearbeitern und Bergarbeitern. Auch in Deutschland wurden große Unterschiede in der Lebenserwartung der einzelnen Berufsgruppen festgestellt. So haben die Gastwirte mit 58 Jahren die kürzeste Lebenserwartung. Richter, Anwälte, mittlere Angestellte und sogar Ärzte belegen mit 68 Jahren nur Durchschnittswerte, während leitende Beamte mit 76 und evangelische Geistliche mit 77 Jahren die größten Überlebenschancen haben”[5]. Die bei weitem wichtigste Ursache sowohl hoher Fruchtbarkeit als auch vorzeitiger Sterblichkeit ist die *Armut* mit ihren Auswirkungen auf fehlende Lebensperspektiven, Mangel- und Fehlernährung, Verweigerung von Bildung, Beschäftigung und sozialer Sicherheit, ungenügende Hygiene und gesundheitliche Versorgung, Belastungen durch Konflikte, Gefahren und Umweltschäden. Arme haben keine planbare Lebensperspektive (→ Kap. 1.1.2). Ihre Lebenserwartung ist deutlich geringer als die von Reichen. Das gilt bei uns in Europa ebenso wie weltweit. Ferner brauchen sie – zumindest in Gesellschaften, in denen Kinderarbeit üblich ist – Kinder, die mit zum Lebensunterhalt beitragen und die soziale Sicherung bei Krankheit und Alter übernehmen.

Die *„Theorie des demographischen Übergangs“* (theory of demographic transition) erklärt Veränderungen der „natürlichen” Bevölkerungsbewegung mit historisch-soziologischen Bedingungen im Übergang von der Agrar- zur industriellen Gesellschaft[6]. Sie ist am europäischen Modell entwickelt worden und teilt den historischen Prozess nach der Höhe der Geburten- und Sterbeziffern in verschiedene Phasen ein: In der ersten Phase zeigen sich nahezu stabile Bevölkerungszahlen, da in der Agrargesellschaft sowohl die Geburten- als auch die Sterbeziffern hoch sind. Die beginnende Industrialisierung bewirkt u. a. durch Verbesserungen der hygienischen und medizinischen Bedingungen einen Rückgang der Kindersterblichkeit und eine Erhöhung der Lebenserwartung, während die Fertilität weiterhin auf einem hohen Niveau verharrt, so dass es in der zweiten Phase aufgrund des Geburtenüberschusses zu einem deutlichen Bevölkerungszuwachs kommt. Dieser verringert sich in der dritten Phase: Die Wachstumsraten gehen aufgrund sinkender Geburtenziffern, welche z.B.

4 – Schmid, 1976, 151
5 – ebd., 155
6 – vgl. Landry, 1934; Notestein, 1953; Immerfall, 1994

durch steigenden Wohlstand und die Einführung von Alterssicherungssystemen erklärt werden können, merklich zurück. In der vierten Phase sind schließlich niedrige Geburten- und Sterbeziffern zu beobachten, wodurch sich erneut stabile Bevölkerungszahlen einstellen.

Die Übergangstheorie ist vielfach ausdifferenziert worden. Insbesondere wurde Kritik an einer Übertragung des Modells auf Entwicklungsländer geübt. Diese ergibt sich bereits aus seiner historischen Verortung, denn europäische Entwicklungen im Übergang vom 19. zum 20. Jahrhundert unterlagen ganz anderen weltweiten Prozessen und Einflüssen als sie für Länder des ausgehenden 20. Jahrhunderts charakteristisch sind. So konnte die Sterblichkeit z.B. aufgrund des Imports von medizinischen Mitteln in mehreren Staaten deutlich schneller gesenkt werden, während die Fertilität u. a. wegen prekärer wirtschaftlicher Lebensbedingungen, anderer gesellschaftlicher Wertvorstellungen, Traditionen oder Familienformen im Vergleich zum europäischen Modell langsamer zurückging. Ein drastischeres Bevölkerungswachstum war und ist die Folge. Hohe Wachstumsraten, eine Alterstruktur, die infolge starker Jugendjahrgänge auf weitere Wachstumspotentiale verweist, und globale Beziehungskonstellationen – wie die Einbindung in den Weltmarkt – führen zu Kurvenverläufen, die vom europäischen Modell abweichen und unterschiedliche politische, soziale und wirtschaftliche Probleme nach sich ziehen.

Auch in den westlichen Industriestaaten sind mittlerweile nicht nur quantitativ, sondern auch qualitativ andere Zustände zu beobachten. Das Ursprungsmodell wurde durch einen „Zweiten Demographischen Übergang"[7] ergänzt: Die Geburtenrate sinkt und wird durch die Sterberate übertroffen, so dass es zum Bevölkerungsrückgang kommt.

4.1.2 Räumliche Bevölkerungsbewegung: Migration

Neben der „natürlichen" Bevölkerungsbewegung beeinflusst die territoriale Mobilität die Anzahl und Zusammensetzung der Bewohner zusätzlich durch Ab- und Zuwanderungen, zusammen als Migration bezeichnet[8]. *Von Migration spricht man dann, wenn Menschen ihren festen Wohnsitz verlegen.* Je nach Herkunfts- und Zielregion werden Binnen- und Außenwanderungen unterschieden. Abwanderung wird dann wahrscheinlich, wenn Menschen bestimmte Erwartungen in einer Gesellschaft aktuell und in Zukunft nicht erfüllt sehen und einen neuen Wohnsitz als Chance begreifen, dieses zu ändern. Die Entscheidung dazu ist selten einfach und meistens mit hohen Kosten verbunden.

Die Motivation wird immer durch zumindest zwei Argumente bestimmt: *Push-*Faktoren umfassen alles, was am Herkunftsort unbefriedigend ist und *Pull-Faktoren* alles, was den Zielort anziehend und verlockend erscheinen lässt. Dabei kann es sich um ganz unterschiedliche Gegebenheiten handeln: *Unterschiede der Herkunfts- und Zielregionen* hinsichtlich sozio-ökonomischer (Arbeitslosenquote, Lohnniveau, Lebensstandard etc.), geographischer (Klima etc.), politischer (Religionsfreiheit, ethnische Diskriminierung, öffentliche und soziale

7 – vgl. van de Kaa, 1987
8 – vgl. Han, 2000; Kalter, 2000

Def. Migration 2. demographischer Übergang

Sicherheit etc.) und weiterer gesellschaftlicher wie kultureller Bedingungen (Bildungssystem, Umgangsformen, Werte etc.). Die *Bewertung der Bedingungen* in den Herkunfts- wie Zielregionen, die Gegenüberstellung der erwarteten Kosten (Verlust des Freundeskreises, Reisekosten etc.) und Erträge (zukünftige Aufstiegschancen, repressionsfreies Leben etc.) sowie das Abwägen unterschiedlicher persönlicher oder familiärer Ziele fließen in den Entscheidungsprozess ein. Bestehende Kontakte zu Freunden, Familienmitgliedern oder Mitglieder derselben (ethnischen) Gruppe in der Zielregion, rechtliche Bedingungen, infrastrukturelle Konditionen bei der Distanzüberwindung usw. kommen erleichternd oder erschwerend hinzu. Immer soll durch Migration die Lebenssituation verbessert werden. Obwohl eine Einteilung in freiwillige und erzwungene Migration umstritten ist und mehrdeutig bleibt, soll nicht unerwähnt bleiben, dass bei Bedrohung der physischen Existenz durch Krieg, staatliche und nicht-staatliche Verfolgung, Umweltzerstörung oder Hunger der individuelle Entscheidungsspielraum minimal ist.

Einige Voraussetzungen müssen, bei gegebenem Motiv, erfüllt sein, damit es zur Wanderung kommen kann:

- Die Situation am Herkunftsort muss ein *Wegziehen erlauben*, d.h. es dürfen keine unüberwindlichen Hindernisse vorliegen (Familie, Tradition, Kultur, Besitz, Staat usw.).
- Es müssen *Informationen über den Zielort* vorhanden sein, die ein positives Ergebnis der Wanderung erwarten lassen (Bekannte, Medien, touristische Reisen, Literatur, Anwerbebüros usw.).
- Es muss möglich sein, die monetären und nichtmonetären *Kosten aufzubringen*: Transport, Pass, Devisen, Visum, Wohnungsauflösung und -einrichtung, Loslösung von einer vertrauten Umgebung und vertrauten Menschen, Aufbau eines neuen Bekanntenkreises sowie Anpassung an neue Bedingungen.

Das sind bereits so viele Einschränkungen, dass wir etliche Annahmen über Richtung, Umfang und Selektivität treffen können:

- Die *Richtung* von Migrationsströmen zeigt im Allgemeinen von „schlechteren" (ärmeren, monotoneren, repressiveren) auf „bessere" (wohlhabendere, abwechslungsreichere, freiere usw.) Gebiete. Das gilt weltweit ebenso wie in der BRD. Es gibt gute Gründe, die Wanderungsströme als „Abstimmung mit den Füßen" zu interpretieren.
- Der *Umfang* von Wanderungsströmen hängt von verschiedenen Faktoren ab, darunter der Distanz zwischen Herkunfts- und Zielort, dem (vermuteten) Wohlstandsgefälle zwischen beiden Gebieten, den zu überwindenden Hindernissen, der konjunkturellen Situation (weil Kosten anfallen, die erst im Zielgebiet wieder hereinkommen). Unter sonst gleichen Bedingungen wird der Umfang eines Wanderungsstromes direkt von den wahrgenommenen sozioökonomischen Disparitäten zwischen Herkunfts- und Zielgebiet abhängen.
- *Selektivität* bedeutet, dass die Wanderungsströme abweichend von der Herkunftsgesellschaft zusammengesetzt sind. Die Wanderungsbereitschaft (Mobilität) ist besonders ausgeprägt unter jungen, unabhängigen Erwachsenen, die sich von ihrer Herkunftsfamilie gelöst und eine eigene Familie noch nicht

gegründet haben. Bezogen auf das Herkunftsgebiet verfügen sie meist über eine gute Ausbildung. Sie können am ehesten die Hindernisse überwinden und die Informationen beschaffen, sie haben wohl auch die stärkste Hoffnung, durch die Migration grundlegende Änderungen herbeiführen zu können. Der Anteil der Frauen an der Emigration ist sehr unterschiedlich[9].

Während die Bedingungen der Herkunftsregion, die zur Auswanderung motivieren, aus eigener unmittelbarer und oftmals leidvoller Erfahrung bekannt sind, stammen *Informationen über die Zielregion*, die der beabsichtigten Emigration erst ihre Richtung geben, in der Regel *aus zweiter Hand*: Erzählungen von Freunden, Bekannten, Anwerbebüros und Touristen, häufiger noch den *Massenmedien*, vorab Radio und Fernsehen (→ Kap. 9.1). Welche Bilder werden dort von möglichen Zielregionen vermittelt? Alles zusammen genommen konstruieren die Musik- und Unterhaltungssendungen, die Nachrichten und vor allem die Werbung ein *Bild der Industrieländer*, welches dominiert wird von den Perspektiven und Standards sorglos konsumierender westlicher und insbesondere nordamerikanischer Mittelschichten. Sie besitzen und bestimmen die Medien – als Journalisten und Redakteure, als Programmdirektoren oder Mitglieder der Rundfunkräte – und die Mittelschicht ist vorherrschender Gegenstand der Medienbotschaften. Ihre Einstellungen, Verhaltensmuster und Konsumstandards werden weltweit verbreitet und propagiert als das Normale, auf jeden Fall das, was bei uns in den Überflussgesellschaften das Alltägliche ist. Armut und Ausgrenzung scheint es demnach in den westlichen Ländern nicht zu geben. Selbst Berichte von emigrierten Freunden und Bekannten sind oftmals verzerrt. Anstatt detailliert über Vor- und Nachteile der Migration und möglicher Zielregionen Auskunft zu geben, versuchen sie, dem eben gezeichneten Bild zu entsprechen, bringen teure Geschenke mit und zeigen sich bei Besuchen sowie auf zugeschickten Fotos mit Prestigeobjekten. Dies wird begleitet von aggressiver Werbung westlicher Firmen, die neue Absatzmärkte suchen und dem demonstrativen Konsum westlicher Geschäftsleute und Touristen. Wo ein (westlicher) Lippenstift mehr kostet als ein halber Monatslohn, und wo der Arbeitslohn kaum ausreicht, die Miete zu bezahlen, da liegt der Gedanke an Emigration nahe.

Wir schaffen also „draußen" ein Bild unserer Gesellschaften, das die Menschen zur Migration veranlasst, und wir schaffen in ihren Herkunftsregionen Bedingungen, die sie zur Migration zwingen (→ Kapitel 9). Mit Johan Galtung[10] kann man dieses Verhältnis als *„strukturelle Gewalt"* bezeichnen. Gleichzeitig lassen wir die Einwanderung jedoch nicht ungehindert zu. Bewachte Grenzen und Kontrollen im Inland sollen illegale Migration unterbinden. Dabei wird so getan, als sei eine klare Unterscheidung zwischen politischen und „Wirtschaftsflüchtlingen" (den einen sei Asyl zu gewähren, den anderen die Einreise

---

9 – Entweder reisen sie mit ihren Familien aus, oder sind auf sich gestellt aus ökonomischer Not wie Männer. Frauen werden auch aus der Landwirtschaft vertrieben, nehmen häufig Jobs als Hausmädchen oder ungelernte Arbeiterinnen an und werden im Falle illegaler Einwanderung häufig gequält und zur Prostitution gezwungen.

10 – Galtung, 1975

zu verweigern) möglich und nach humanen Maßstäben sinnvoll. Die Skandalisierung des „Asylmissbrauchs" suggeriert, dass Fremde zu uns kommen wollen, um das vom Kleinen Mann hart erarbeitete System von Beschäftigung und sozialer Sicherung zu seinem Schaden zu missbrauchen. Damit werden eben dieser Kleine Mann und diese Kleine Frau zu Argwohn und Feindschaft denen gegenüber bewegt, die aufgrund eigener Notlagen handeln. Diese bleiben unthematisiert und damit auch die Ursachenkomplexe, die Verantwortlichen und Profiteure der Migration. Erst wer hier ankommt wird wahrnehmen, dass unsere Überflussgesellschaften selbst in einer tiefen Krise stecken. Dazu treffen sie auf feindliche, wenn auch nicht immer gewaltsame, Reaktionen der einheimischen Absteiger, die sich von Arbeitslosigkeit und Armut bedroht fühlen. Das Argument, es bestünde wegen unterschiedlicher Qualifikationen und Ansprüche keine Konkurrenz am Arbeitsmarkt, mag zwar gut versorgte Akademiker und Beamte, es wird aber kaum Arbeitslose überzeugen.

Die *gesellschaftlichen Folgen der Migration* ergeben sich für die Herkunfts- und Zielregionen durch die Veränderung der Größe und Zusammensetzung der Bevölkerung. Dem Herkunftsgebiet gehen meist gerade die aktiven, die gut gebildeten und damit die Menschen verloren, die für die weitere Entwicklung besonders wichtig wären. Am Zielort kommen Menschen an, die selten herzlich willkommen sind, andere Sprachen, Institutionen und Gebräuche kennen und wenig Geld haben, die erst ihren Weg finden und mancherlei Hindernisse überwinden müssen. Die meisten sind gezwungen, ganz unten anzufangen, Hilfe bekommen sie am ehesten aus der eigenen (ethnischen) Gemeinschaft. Der Prozess der Integration und des sozialen Aufstiegs ist lang und dauert oft mehrere Generationen.

4.1.3 Datenkritik

Die demographische Forschung gehört zu den am besten entwickelten Teilgebieten der Soziologie. Insbesondere in den angelsächsischen Ländern hat sie eine lange und reiche Tradition, in Deutschland hat es länger gedauert, bis ihr eigene Lehrstühle und Institute gewidmet wurden. In den VN gibt es eine eigene Abteilung, die Population Division, die sich mit Fragen der Bevölkerungsentwicklung beschäftigt und ein eigenes Standardwerk, das Demographic Yearbook, herausgibt. Meist werden demographische Daten für die „härtesten" gehalten, die es in den Sozialwissenschaften gibt. So kam es auch, dass am 16. Juni 1999 der sechsmilliardste Erdenbewohner mit einigem Medienrummel begrüßt wurde. Der Schein trügt allerdings.

In etwa einem Drittel aller Länder (überwiegend der Dritten Welt) gibt es keine verlässliche Geburten- und Sterbestatistik, keine Volkszählung, kein Einwohnermeldesystem und daher auch keine einigermaßen genauen Angaben über die Bevölkerungszahl des Landes, von weiteren Untergliederungen gar nicht zu reden. Bei den Daten, die in internationalen Statistiken veröffentlicht werden, handelt es sich in der Regel um Schätzungen der Population Division, die innerhalb des VN-Systems, also z.B. auch in den Weltentwicklungsberichten der Weltbank, weiter verwendet werden. Übrigens gilt das auch, wenngleich abgeschwächt, für Industrieländer. Die USA z.B. kennen kein Meldesystem. Dort wie auch in Großbritannien und Australien wird erst im Gefolge des „Krieges gegen den Terror“ über Personalausweise, nun solche mit biometrischen Angaben, nachgedacht. Dafür gibt es dort – entsprechend der Empfehlung der VN – alle zehn Jahre Volkszählungen, aus denen die meisten Daten stammen.

Der letzte ostdeutsche Zensus fand 1981 und der westdeutsche 1987 statt. Die Ergebnisse sind wegen häufiger Widerstände in der Bevölkerung, wegen Verweigerungen und bewusster Falschangaben, nur mit einiger Vorsicht zu verwenden und machen deutlich, dass auch Vollerhebungen wegen Akzeptanz- und organisatorischen Problemen keine exakten Informationen garantieren können. Dennoch werden die Zahlen für die Fortschreibung des Bevölkerungsbestandes, die Auswahlpläne bevölkerungsstatistischer Stichprobenerhebungen und die Anpassung und Hochrechnung von Stichprobenergebnissen verwendet. In politische Planungsprozesse gehen die Bevölkerungszahlen der amtlichen Statistik u. a. beim Länderfinanzausgleich sowie der Einteilung von Wahlkreisen zu Bundestagswahlen ein, so dass eine mangelnde Datenqualität weit reichende und vielfältige Auswirkungen hat. Volkszählungen[11] enthalten neben bevölkerungsstatistischen Basisinformationen Angaben zur Erwerbstätigkeit und Wohnsituation der Bevölkerung. Sie werden in kürzeren Zeitabständen zum einen durch Stichprobenerhebungen wie dem Mikrozensus[12] ergänzt, deren Ergebnisse als Schätzungen auf die Grundgesamtheit hochgerechnet werden und von stichprobenspezifischen Fehlern betroffen sind. Zum anderen werden Sekundärstatistiken, die im Verlaufe organisatorischer Vollzüge von Behörden entstehen und als Registerstatistiken bezeichnet werden, verwendet. Die Wanderungsstatistik stützt sich beispielsweise auf Statistiken der Einwohnermeldeämter sowie das Ausländerzentralregister des Bundesamtes für Migration und Flüchtlinge. Verwaltungsregister der Standesämter sind hingegen für die Statistik der „natürlichen“ Bevölkerungsbewegung relevant. Seit einigen Jahren wird in Deutschland die Umstellung der flächendeckenden Vollerhebung nach dem Muster der bisherigen Volkszählung auf einen registergestützten Zensus angestrebt, für den Daten der Bundesagentur für Arbeit, der Einwohnermeldeämter usw. zusammengeführt werden sollen, was datenschutzrechtlich umstritten ist. Damit wird die Datenqualität entscheidend von den Verfahren zur Integration der Datenquellen und der Arbeitsweise der jeweiligen Behörde abhängen. Wer in deutschen Einwohnermeldeämtern nachforscht, wird Überraschungen erleben: Vor allem Abmeldungen bei Wegzug oder Tod werden häufig vergessen. Migrationsdaten sind allein schon aufgrund von „illegaler“ Einwanderung (für Deutschland werden etwa eine Million nicht gemeldeter Immigranten geschätzt) verzerrt. *Man sollte also solche Zahlen als begründete Schätzungen ansehen* und ihnen nicht mehr Exaktheit abverlangen, als sie liefern können. Mit entsprechenden Mängeln sind dann auch alle Angaben über weitere Untergliederungen und Berechnungen behaftet, in welche die Zahlen eingehen. Ein Blick auf die demographische Grundgleichung zeigt, dass das Gesamtergebnis

11 – Krug et al., 1999, 300-331

12 – Amtliche Repräsentativstatistik über die Bevölkerung und den Arbeitsmarkt, an der 1 Prozent aller Haushalte in Deutschland beteiligt sind.

durch fehlerhafte Werte der Ausgangspopulation sowie jeder einzelnen Komponente der Gleichung beeinträchtigt wird, die in entsprechenden Fortschreibungen enthalten bleiben.

Von den zahlreichen Erhebungen der nichtamtlichen Statistik tragen insbesondere die Allgemeine Bevölkerungsumfrage der Sozialwissenschaften (ALLBUS) und das Sozio-ökonomische Panel (SOEP) zum bevölkerungsstatistischen Berichtssystem bei. Geringere Stichprobengrößen ermöglichen weniger detailliertere Untergliederungen als die Daten der amtlichen Statistik. Ferner kommt es aufgrund der fehlenden Auskunftspflicht häufiger zu Teilnahmeverweigerungen. Allerdings erfassen sie Themenbereiche (Einstellungen, Verhaltensdispositionen, subjektive Wahrnehmungen und Bewertungen), die in der amtlichen Statistik fehlen.

4.2 Bevölkerungswachstum als globale Herausforderung

Das *Bevölkerungsproblem* – der Grund also, aus dem wir uns überhaupt mit demographischen Vorgängen befassen und ihnen eine relativ hohe Bedeutung beimessen, ist einfach definiert: Es gibt bereits jetzt, oder es wird in der näheren oder ferneren Zukunft *„zu viele" Menschen auf der Erde geben.* Der Soziologe und Demograph Kingsley Davis hat das einmal, angeregt durch die Kurve des Bevölkerungswachstums, sehr drastisch beschrieben: Es sei wie mit einer langsam am Boden dahinglimmenden Zündschnur, die mit einem mal ein Pulverfass zur Explosion bringe[13]. „Wenn wir das gegenwärtige Bevölkerungswachstum auf den Takt des Uhrzeigers umrechnen", so schreibt Joseph Schmid ähnlich dramatisch, „dann sterben täglich 133.000 Menschen und 328.000 werden geboren. Die Bevölkerung wächst alle 24 Stunden um fast 200.000 Menschen. Laut Statistik werden durchschnittlich jede Stunde 8.125 und jede Minute 135 Menschen geboren"[14]. In einer Studie, die die Céllule de Prospective (die Denkfabrik des damaligen EU-Kommissionspräsidenten Jacques Delors) für die EG-Kommission im Juni 1990 angefertigt hat, heißt es: „Erstens wird die Bevölkerung der Erde, die heute auf fünf Milliarden geschätzt wird, vor Ende des Jahrhunderts sechs Milliarden und bis 2020 annähernd acht Milliarden erreichen, d.h. der Rhythmus der Zunahme beträgt absolut gesehen eine Milliarde pro Jahrzehnt. Vom Beginn des nächsten Jahrhunderts an wird diese Zunahme im Wesentlichen in den Ländern der Südhalbkugel stattfinden, was bereits einen Vorgeschmack darauf gibt, was man demographische Herausforderung nennen kann. ... Zwar geht die relative Zunahme der Weltbevölkerung seit den siebziger Jahren zurück, was ein Zeichen für das fortgeschrittene Stadium des demographischen Übergangs ist. Im Zeitraum von 1950 bis 1985 hat sich die Weltbevölkerung verdoppelt, von 1985 bis 2020 wird sie um „nur" 65% zunehmen. Doch ist diese Verlangsamung noch nicht bei der Erwerbsbevölkerung angelangt. ... Zweitens besagen die Bevölkerungsprognosen, dass Afrika eine Ausnahme bildet. In beiden Teilen Afrikas, in

13 – zit. nach Schmid 1976, 116

14 – Ebd.

Nordafrika und in den Ländern südlich der Sahara, scheint der demographische Übergang auszubleiben: Die Zahl der Kinder pro Frau liegt heute in Afrika bei über 6, das ist weit über der Zahl in Ostasien (2,1), Lateinamerika (3,5) und in Südasien (4,7), wohingegen die Lebenserwartung bei der Geburt von 35 Jahren (1950) auf 52 Jahre (1985) gestiegen ist. Unter diesen Bedingungen wird sich die Bevölkerung Afrikas, die heute auf annähernd 650 Mio. geschätzt wird, bis zum Jahre 2015 wahrscheinlich verdoppeln und damit die Bevölkerungszahl Chinas erreichen. ... Vom Jahr 2010 ab wird sich die Bevölkerung der Länder des Nordens um die 1,3 Milliarden herum einpendeln (gegenüber 1,2 Milliarden heute). Somit wird der Anteil der Weltbevölkerung, der in den Industrieländern lebt, von einem Drittel zu Beginn der 50er Jahre 60 Jahre später auf ein Sechstel gesunken sein".

Einmal abgesehen davon, dass es sich hier um eine einfache Extrapolation handelt, also um ein methodisch recht simples Instrument, um einen komplizierten Vorgang zu beschreiben, können solche Aussagen das oben schon angedeutete ideologische Muster bedienen, nach dem wir (die „Zivilisierten") von den ungebremsten Bevölkerungsüberschüssen der „Barbaren"[15] bedroht werden. So wird die weitergehende Konsequenz lauten, dass wir uns gegen deren Expansionsdrang wehren müssen, notfalls militärisch. Damit wird die wirkliche Bedrohung – nämlich dass die Konsummuster der reichen Gesellschaften die Naturschätze des Planeten plündern (→ Kap. 2) und damit seine Tragfähigkeit reduzieren – auf den Kopf gestellt.

Das beschleunigte *Wachstum der Weltbevölkerung ist historisch betrachtet eine relativ neue Entwicklung*[16]*, verursacht durch eine Kombination mehrerer komplexer Faktorenbündel*: Technologische Entwicklung und daraus folgend Industrialisierung, Landflucht und Verstädterung, soziale Umwälzungen und daraus folgend Entfeudalisierung und Aufhebung der Beschränkungen für Migration, Heirat, Berufswahl etc. In Europa setzte dieser Prozess im 18. Jahrhundert zuerst in England ein. Der „demographische Übergang" ist Teil dieses Syndroms. Während er in Europa rund zweihundert Jahre gedauert hat, erscheint die Übergangsphase im weltweiten Vergleich umso kürzer, je später die Entwicklung begann. Das lässt sich vor allem durch die immer dichteren weltwirtschaftlichen Verflechtungen erklären. Ergebnis ist dann ein umso schnelleres Bevölkerungswachstum, zuweilen als „Bevölkerungsexplosion" bezeichnet, mit all seinen dramatischen Folgen für Landflucht, Wohnungsnot, Infrastrukturbelastung und Armut. Entsprechend haben sich die Zuwachsraten der Weltbevölkerung im Vergleich zu früheren Jahrhunderten enorm vergrößert[17]. Während die erste Milliarde Menschen erst Anfang des 19. Jahrhunderts erreicht war, dauerte es noch 123 Jahre bis zur zweiten Milliarde, 33 bis zur dritten Milliarde um 1960 und weitere 14, 13 bzw. 12 Jahre bis zur vierten, fünften und sechsten Milliarde.

---

15 – Sardar, Nady, Davies 1993

16 – Allerdings gilt es zu bedenken, dass es so etwas wie eine Bevölkerungsstatistik frühestens seit dem 16. Jahrhundert gibt (Taufregister).

17 – Birg, 2004b, 5

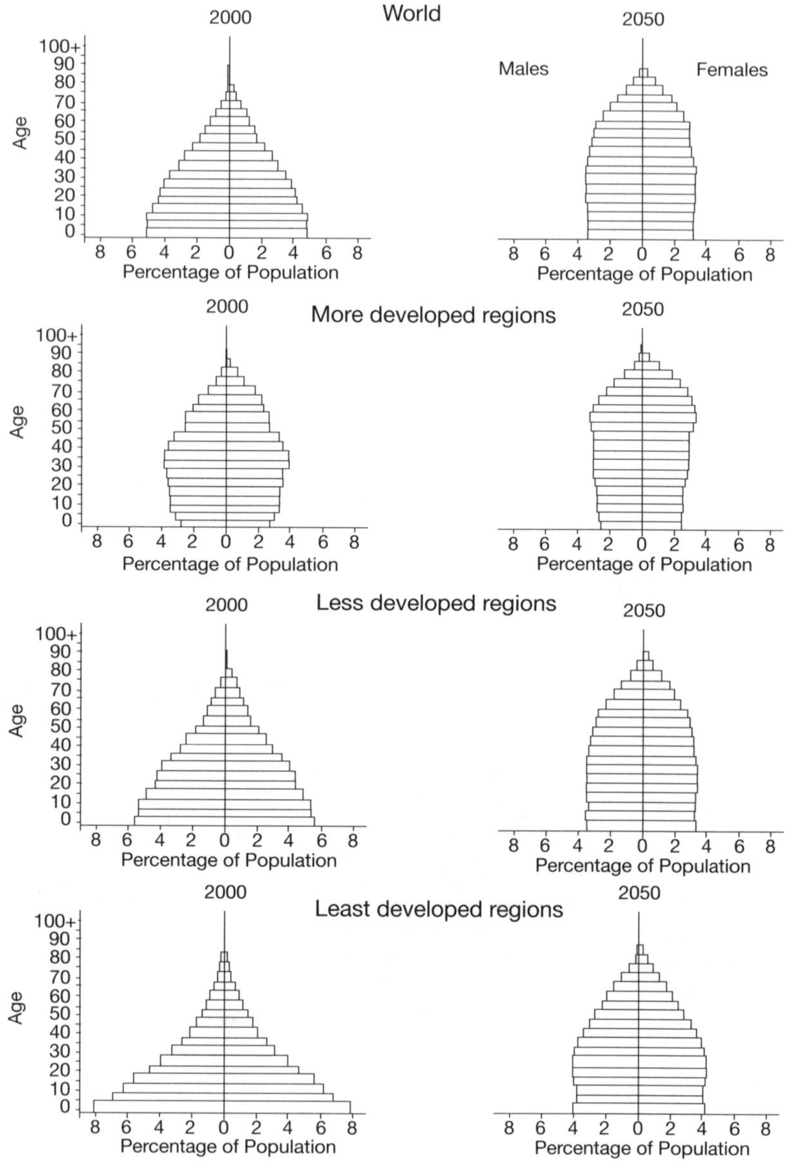

Abbildung 4.1: Bevölkerungspyramide, Alters- und Geschlechtsverteilung
Quelle: UN Division for Social Policy and Development 2003

Major area	1950-2005	1950-1975	1975-2005	2005-2050 Low	Medium	High	Constant
World...	1.71	1.92	1.54	0.38	0.75	1.11	1.31
More developed regions	0.73	1.01	0.49	-0.30	0.05	0.38	-0.03
Less developed regions	2.04	2.29	1.84	0.51	0.89	1.25	1.53
Least developed countries	2.42	2.29	2.53	1.51	1.84	2.14	2.85
Other less developed countries	1.99	2.29	1.73	0.29	0.68	1.05	1.20
Africa....................	2.54	2.47	2.60	1.35	1.69	2.00	2.73
Asia....................	1.87	2.16	1.63	0.26	0.64	1.01	1.13
Europe..................	0.52	0.84	0.25	-0.60	-0.24	0.11	-0.41
Latin America and the Caribbean.	2.20	2.62	1.85	0.34	0.74	1.12	1.18
Northern America...	1.19	1.40	1.02	0.28	0.62	0.96	0.71
Oceania...............	1.72	2.03	1.47	0.48	0.81	1.13	1.11

Tabelle 4.1: Durchschnittliche jährliche Wachstumsraten der Weltbevölkerung
Quelle: UN Population Division 2005,
World Population Prospects The 2004 Revision (Highlights), S. 41

Im Juli 2005 umfasste die Weltbevölkerung 6,5 Milliarden Menschen, wobei die *Entwicklung zunehmend flacher* verläuft, da die jährlichen Zuwachsraten seit 1970 stetig fallen[18]. Trotz eines weltweiten Rückgangs der Fertilität und eines für Industrieländer typischen Absinkens der Geburtenziffern unter das Bestandserhaltungsniveau wird das Wachstum der Weltbevölkerung dadurch nicht unverzüglich beeinflusst. Ein Blick auf die Altersstruktur liefert die Erklärung: Starke Jugendjahrgänge setzen sich in starken Elternjahrgängen fort, so dass eine Bevölkerung, deren Fruchtbarkeit das Bestandserhaltungsniveau erreicht oder unterschritten hat, noch mehrere Jahrzehnte anwachsen und den Bevölkerungsrückgang hinauszögern kann. Dieser Sachverhalt wird mit den Begriffen „demographisches Momentum" oder *„demographischer Schwung"* bezeichnet. Folglich ergeben sich auch aufgrund verschiedener Altersstrukturen (vgl. Abb. 4.1) der Gesellschaften voneinander abweichende Zuwachsraten, deren Veränderungen sich im Zeitverlauf unterschiedlich schnell vollziehen (vgl. Tabelle 4.1).

Diese tragen dazu bei, dass sich die *regionale Konzentration der Weltbevölkerung zunehmend verschiebt* (vgl. Tabelle 4.2). Denn 95% des Bevölkerungswachstums findet in den Entwicklungsländern statt. Europas Wachstum ist äußerst gering und besonders in vielen osteuropäischen Ländern bereits negativ.

Insgesamt wird der weitere Verlauf hauptsächlich durch die Fertilität bestimmt sein, so dass die Treffsicherheit der Projektionen[19] besonders von den empirisch feststellbaren Abweichungen von den zugrunde liegenden Annahmen abhängt[20].

Die Daten zeigen sowohl *Gemeinsamkeiten als auch Unterschiede der weltweiten Fertilitäts- und Mortalitätsprozesse.* Hohe Übereinstimmungen beste-

18 – Population Division, 2005, 1-3

19 – Jede Bevölkerungsvorausberechnung macht Annahmen zur Entwicklung der Fertilität, Mortalität und Migration. Bei Bevölkerungsprojektionen wird ein Prognoseintervall berechnet, bestehend aus einer unteren, mittleren und oberen Variante.

20 – vgl. Population Division, 2005, 21-23

Major area	1950	1975	2005	2050 Low	2050 Medium	2050 High	2050 Constant
More developed regions	32.3	25.7	18.7	13.8	13.6	13.5	10.3
Less developed regions	67.7	74.3	81.3	86.2	86.4	86.5	89.7
Least developed countries	8.0	8.7	11.7	19.5	19.1	18.7	23.5
Other less developed countries	59.8	65.6	69.5	66.7	67.3	67.7	66.2
Africa.........	8.9	10.2	14.0	21.7	21.3	20.9	26.6
Asia............	55.4	58.8	60.4	57.1	57.5	57.9	55.6
Europe.........	21.7	16.6	11.3	7.2	7.2	7.2	5.2
Latin America and the Caribbean	6.6	7.9	8.7	8.5	8.6	8.7	8.2
Northern America...	6.8	6.0	5.1	4.9	4.8	4.8	3.9
Oceania...............	0.5	0.5	0.5	0.5	0.5	0.5	0.5

Tabelle 4.2: Verteilung der Weltbevölkerung
Quelle: UN Population Division 2005,
World Population Prospects The 2004 Revision (Highlights), S.3

hen in den jeweiligen Entwicklungsrichtungen und einer Tendenz zur gegenseitigen Annäherung der Kurven. So ist die Lebenserwartung (vgl. Abb. 4.2) bisher weltweit deutlich gestiegen, und auch für die Zukunft wird eine Fortsetzung dieses Trends erwartet. Entgegen der dominanten Ausrichtung kam es allerdings in den letzten Jahren in Afrika zu einem Rückgang der Lebenserwartung, der sich womöglich fortsetzen wird. Dieser Einschnitt wird hauptsächlich auf die HIV/AIDS-Epidemie[21] zurückgeführt. Als weitere Einflussgrößen sind bewaffnete Konflikte, Hunger und Armut sowie das erneute Ansteigen von Infektionskrankheiten wie Tuberkulose und Malaria zu nennen[22].

Die Fertilität ist weltweit rückläufig (vgl. Tabelle 4.3). Offensichtliche Differenzen wie z.B. zwischen Europa und Afrika bleiben trotz einer gewissen Annäherung der Entwicklungen bestehen. Zum anderen sind unterschiedliche Steigungen ersichtlich, so dass der *Anstieg der Lebenserwartung bzw. der Rückgang der Fertilität je nach Gebiet und Zeitspanne variieren und regional voneinander abweichende Wachstumsraten bedingen.* Entsprechend differenzierter wird das Bild, wenn anstelle der aufgeführten Großregionen kleinere Einheiten wie z.B. Nationen betrachtet werden.

Die Bevölkerungsentwicklung der Dritten Welt müsste, nach der Hypothese des demographischen Übergangs, mit zunehmender „Modernisierung" auch zu einem transformativen Muster führen. Das ist bisher kaum (Afrika) oder nur verzögert (Lateinamerika, Asien) der Fall. Demgegenüber ist der Übergang in den meisten Transformationsländern vollzogen, wenngleich man darüber streiten mag, ob sie das entsprechende Modernisierungsniveau erreicht haben. Zwar sind die *Sterbeziffern gesunken* (außer in Afrika) – dazu haben wir, d.h. die „Erste Welt" durch die Bekämpfung der großen Seuchen, durch verbesserte

21 – Obwohl nicht nur afrikanische Länder von hohen Infektionsraten betroffen sind, liegen zwei Drittel der am stärksten betroffenen Länder in Afrika südlich der Sahara. Auch in einigen osteuropäischen Staaten wurde ein Rückgang der Lebenserwartung aufgrund von Aids und Transformation beobachtet.

22 – Population Division, 2005, 10-18

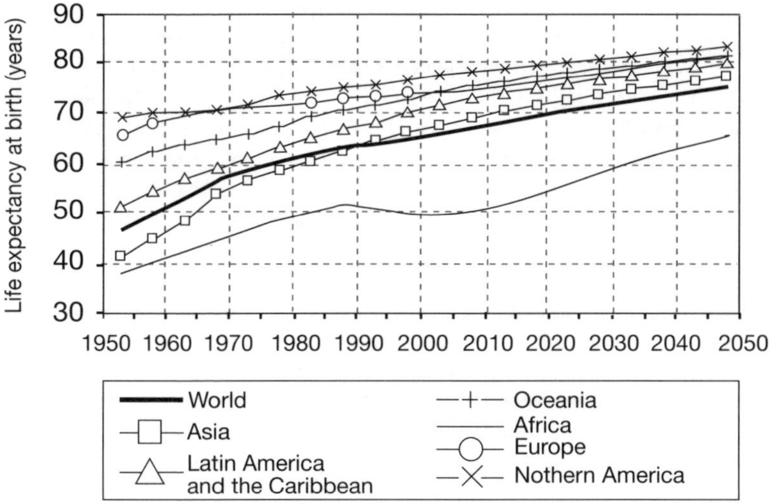

Abbildung 4.2: Lebenserwartung bei Geburt
Quelle: UN Population Division 2005, S. 12

Major area	*Total fertility (children per woman)*					
			2045-2050			
	1970-1975	*2000-2005*	*Low*	*Medium*	*High*	*Constant*
World...	4.49	2.65	1.56	2.05	2.53	3.50
More developed regions	2.12	1.56	1.34	1.84	2.34	1.67
Less developed regions	5.44	2.90	1.59	2.07	2.56	3.69
Least developed countries	6.61	5.02	2.08	2.57	3.05	5.56
Other less developed countries	5.28	2.58	1.42	1.92	2.41	3.06
Africa	6.72	4.97	2.03	2.52	3.00	5.50
Asia...	5.08	2.47	1.42	1.91	2.41	2.98
Europe.....	2.16	1.40	1.33	1.83	2.33	1.45
Latin America and the Caribbean	5.05	2.55	1.36	1.86	2.36	2.69
Northern America...	2.01	1.99	1.35	1.85	2.35	1.99
Oceania................	3.23	2.32	1.42	1.92	2.42	2.72

Tabelle 4.3: Fruchtbarkeit (Anzahl der Kinder pro Frau)
Quelle: UN Population Division 2005,
World Population Prospects The 2004 Revision (Highlights), S. 6

medizinische Versorgung und Hygiene auch beigetragen. Aber *die Fruchtbarkeit ist nicht oder nur wenig zurückgegangen* (am meisten noch in Asien, dort freilich vor allem durch die repressive Bevölkerungspolitik in China), und *daher hält das Bevölkerungswachstum an.* Ein Ansatz zur Erklärung könnte darin liegen, dass die Kolonialherren sich wenig um eine wirkliche und dauerhafte Modernisierung der Dritten Welt gekümmert haben: In der Kolonialzeit haben sie ihre Anstrengungen überwiegend auf die Ausbeutung der Rohstoffe ausgerichtet, ein Muster, das heute unter internationalen Wirtschaftsbeziehungen im Wesentlichen fortbesteht (→ Kap. 3.2.3). Auf der einen Seite entsteht ein kleiner urbaner, „moderner", formaler Sektor, in dem es durchaus auch materiellen Wohlstand gibt und auf der anderen ein großer ländlicher, traditionaler Sektor, in dem Armut und feudale Besitz- und Herrschaftsverhältnisse dominieren. Auch Kampagnen zur Familienplanung bewirken nichts, wenn sie nicht einhergehen mit besserer Ausbildung der Frauen, Berufs- und Einkommenschancen und sozialer Sicherung – das aber haben die Kolonialmächte nicht oder nur punktuell gefördert. Damit kommt es zu einer Situation, in der nicht nur traditionale Muster der Fruchtbarkeit fortdauern, sondern in der die wachsende Bevölkerung auch die wenigen Ansätze zur Kapitalbildung wieder zunichte macht, die die Strukturanpassungspolitik (→ Kap. 3.2.4) noch erlaubt: Es entsteht ein *Teufelskreis*, der ein Absinken der Fruchtbarkeit verhindert.

Im Ergebnis führt diese Bevölkerungsweise zu einer *charakteristischen Verteilung der Altersgruppen* mit einem breiten Sockel an Kindern (auch wenn die Säuglings- und Kindersterblichkeit noch hoch ist), starken Anteilen von Jugendlichen und jungen Erwachsenen und einer mit zunehmendem Alter sich verschlankenden Pyramide, die allerdings wegen der geringen durchschnittlichen Lebenserwartung früh endet. Wie in Abb. 4.1 zu sehen ist, unterscheidet sich dieser Altersaufbau in typischer Weise von dem der Industrieländer des „zweiten demographischen Übergangs". *Sozialstrukturell von größter Bedeutung ist der hohe Anteil an Jugendlichen und jungen Erwachsenen in den Entwicklungsländern* deshalb, weil ihm kein entsprechendes Angebot an Ausbildungs- und Beschäftigungsmöglichkeiten gegenübersteht (→ Kap. 3.2.5). Den Heranwachsenden werden keine Perspektiven geboten, für sich und ihre Familien ein auskömmliches und sicheres Leben führen zu können. Drei Folgen sind absehbar: (1) Die Lage führt zu häufigen Konflikten und begünstigt Gewaltbereitschaft und Kriminalität. (2) Wer kann, wird auf Auswanderung sinnen – und zwar in die Regionen, in denen man eine verlässliche Lebensperspektive erwartet. (3) Wer bleibt bzw. bleiben muss, der wird wahrscheinlich selbst viele Kinder bekommen, die früh zum Familienunterhalt und zur Alterssicherung beitragen.

Kurz: eine *gerechte Verteilung von Lebenschancen*, wie sie die Definition von Nachhaltiger Entwicklung fordert, ist die *entscheidende Voraussetzung* dafür, dass sich die Weltbevölkerung auf eine Größe einpendelt, welche die Tragfähigkeit der Erde nicht überfordert (→ Kap. 2.6). Die Ausbildung eines quantitativ ausreichenden und qualitativ genügend differenzierten Arbeitsplatzangebotes ist nur möglich, wenn wir aufhören, die Dritte Welt auf die Rolle des Rohstofflieferanten und der Absatzmärkte für unsere Überproduktion festzulegen. Allerdings werden diese Konsequenzen selten gezogen, weil dies verlangen würde, dass wir in den reichen Ländern auf einen Teil unseres Wohlstands verzichten. Es ist schwer vorstellbar, dass jemand mit einem solchen Programm in einen Wahlkampf zieht (→ Kap. 8.1).

4.3 Alterung der Industrieländer

Geht die Fertilität zurück und steigt zusätzlich die Lebenserwartung, so nimmt der Anteil älterer Menschen zu und es kommt zur Alterung einer Gesellschaft. Sollten die Prognosen zum zukünftigen Verlauf von Fruchtbarkeit und Sterblichkeit eintreffen, so haben wir weltweit damit zu rechnen. Aktuell ist der wachsende Anteil von älteren Menschen jedoch für Industrieländer charakteristisch. *Sozialstrukturell von Bedeutung ist dies u.a. aufgrund der altersbedingten Erwerbsunfähigkeit und der sich daraus ergebenden Abhängigkeit jüngerer und älterer Personen von den wirtschaftlich Tätigen*[23]. Der Anteil der Menschen über 75 Jahre machte im Durchschnitt aller EG-Staaten 1960 3,6% und 1990 6,3% aus, für 2025 wird er auf 9,5% geschätzt. Jeder dritte Deutsche wird dann über sechzig sein. Die Eurostat-Daten verzeichneten für die EU-25 im Jahr 2004 bereits 17,9% Personen im Alter von 50–64 Jahren, 12,5% im Alter von 65–79 Jahren und 4,0% im Alter von 80 und mehr Jahren[24]. Seit 1994 liegt die Gesamtfruchtbarkeitsrate für die EU-25 unter 1,5[25], die Haushalte sind kleiner geworden und die Zahl der Einpersonenhaushalte hat zugenommen. Betrug 1960 die Altersabhängigkeitsquote (Personen ab 65 Jahren/15–64-Jährigen) im EG-Mittel noch 16,3, so lag sie für die EU-15 im Jahr 2000 bei 24,1 und wird 2020 voraussichtlich 31,7 und 2050 dann 47,2 erreichen[26].

Zur Alterung der europäischen Gesellschaft schreibt die Céllule de Prospective: „Die erste Aufgabe besteht darin, sich mit dem Problem der Überalterung der europäischen Gesellschaften auseinanderzusetzen und sie nicht als simple Zunahme der alten Menschen, sondern als tief greifende Veränderung der gesamten Alterspyramide zu verstehen, die durch drei verschiedene Faktoren zustande kommt. Der erste Faktor ist der Überhang der geburtenstarken Jahrgänge, ein Block von etwa zwanzig Jahrgängen, die aus dem Baby-

23 – Je nachdem, ob das Verhältnis der jüngeren (bis 14 Jahre) oder der älteren Altersgruppe (ab 65 Jahre) zu den Personen im erwerbsfähigen Alter (15-64 Jahre) beschrieben wird, spricht man vom Jugend- bzw. Altersabhängigkeitsquotient. Allerdings beruht die Alterseinteilung auf groben Verallgemeinerungen, denn in vielen Entwicklungsländern sind bereits Kinder erwerbstätig, während sich die Ausbildungszeiten in Industrieländern eher verlängern. Sofern weder private noch staatliche Unterstützungen eine ausreichende Versorgung gewährleisten, können auch Senioren nicht auf eigenständiges Wirtschaften verzichten.

24 – Eurostat 2005a: http://epp.eurostat.cec.eu.int/portal/page?_pageid=1996,39140985&_dad=portal&_schema=PORTAL&screen=detailref&language=de&product=Yearlies_new_population&root=Yearlies_new_population/C/C1/C11/caa15632, Stand: 01.08.05

25 – Eurostat 2005b: http://epp.eurostat.cec.eu.int/portal/page?_pageid=1996,39140985&_dad=portal&_schema=PORTAL&screen=detailref&language=de&product=Yearlies_new_population&root=Yearlies_new_population/C/C1/C12/cab12048, Stand: 01.08.05

26 – Eurostat 2005c: http://epp.eurostat.cec.eu.int/portal/page?_pageid=1996,39140985&_dad=portal&_schema=PORTAL&screen=detailref&language=de&product=sdi_as&root=sdi_as/sdi_as/sdi_as1000, Stand: 01.08.05

Boom hervorgegangen und im Durchschnitt dreißig Prozent stärker sind als die vorangehenden und die folgenden Jahrgänge. … Ein weiterer Faktor ist die gestiegene Lebenserwartung, die sicherlich das dauerhafteste gesellschaftliche Phänomen darstellt. … Der dritte Faktor schließlich ist das rasche Absinken der konjunkturellen Fruchtbarkeit, das seit einem Vierteljahrhundert in den verschiedenen Ländern der Gemeinschaft beobachtet wird".

„Gesellschaften, in denen das konkurrenzorientierte Handlungsprinzip alle anderen Prinzipien in den Hintergrund drängt, (…) nehmen es nicht nur hin, sondern sie fördern es, dass die Gesetze der Arbeitswelt die übrigen Lebensbereiche dominieren", schreibt der Demograph Herwig Birg[27]. Die *Überordnung des Ziels der Gewinnmaximierung* über alle anderen bedeute, dass die maximale Produktivitätssteigerung Vorrang habe und zur andauernden Umstrukturierung der Volkswirtschaft führe (→ Kapitel 3.2). Die sich daraus ergebende Dynamik wirke sich in ständigen Arbeitsplatzumbesetzungen aus, pro Jahr werde jeder vierte Arbeitsplatz in Deutschland durch zwischenbetrieblichen Arbeitsplatzwechsel neu besetzt. *Biographische Anpassungsleistungen* würden von den Individuen gefordert und die sich daraus ergebenden Auswirkungen auf Familiengründungen hingenommen: „Die wirtschaftlichen Tugenden der Anpassungsfähigkeit, Flexibilität und Mobilität, auf denen unser wirtschaftlicher Wohlstand beruht, stehen den für die Gründung von Familien wichtigen Tugenden und den Zielen der biographischen Planungssicherheit und Voraussicht diametral entgegen, weil sie langfristige Bindungen an Menschen erschweren und die Übernahme einer meist lebenslangen Verantwortung für den Lebenspartner und für Kinder oft ganz ausschließen".

Hinzu kommt, dass Kinder in den europäischen Gesellschaften nicht zum Lebensunterhalt der Familie beitragen (müssen), sondern den Eltern erhebliche Kosten verursachen. Im Unterschied zu Entwicklungsgesellschaften wünschen sich die Armen nicht viele, sondern wenige Kinder – und wer viele Kinder hat, gehört oft zu den Armen. *Je größer also die Arbeitslosigkeit – die wichtigste Ursache der Armut – und je größer der Konkurrenzdruck am Arbeitsmarkt ist, desto geringer wird die Fruchtbarkeit sein.* Diese Hypothese wird durch die Bevölkerungsentwicklung der osteuropäischen Transformationsländer bestätigt: Diese Gesellschaften, in denen die Konkurrenz um Arbeitsplätze und die geforderte Mobilität und Flexibilität gering waren und die mit einem breit gefächerten Betreuungs- und Bildungsangebot insbesondere die Frauen entlasteten und ihnen die berufliche Tätigkeit erleichterten, hatten hohe Fruchtbarkeitsraten. Mit der Schocktherapie im Übergang zum Kapitalismus hat sich dies dramatisch verändert: Heute finden wir dort die niedrigsten Geburtenziffern weltweit. Auch die neuen Bundesländer haben den Wandel der Bevölkerungsweise ähnlich mitgemacht wie die Transformationsländer.

Gewiss wird die Alterung der europäischen Bevölkerung zu einer *Belastung der heutigen Sozialsysteme* führen – noch problematischer allerdings wird sein, dass im gleichen Zeitraum die *Beschäftigung noch weiter zurückgehen* wird und damit Beitragsleistungen für die Sozialversicherung ausfallen (→ Kap. 10). Bei-

27 – Birg, 2001, 57f.

des wird ohne grundlegende Reform nicht zu bewältigen sein. Die *Diskussion*, die in der Regel *unter dem Stichwort „Überalterung"* geführt wird und sich hauptsächlich für die Frage interessiert, wie die sozialen Sicherungssysteme durch *„zu viele" alte Menschen* strapaziert werden, hat freilich *problematische Züge*. Nicht nur ist es abwegig, von „zu vielen" Alten und von ihnen nur im Sinn einer Belastung zu sprechen. Es wird auch übersehen, dass diese Alten ein Leben lang gearbeitet und gelitten haben, dass sie Beiträge aus ihren Arbeitseinkommen geleistet, dass sie den Kapitalstock mit aufgebaut haben, der es heute den Unternehmen erlaubt, Gewinne zu machen und gleichzeitig Menschen zu entlassen, dass sie einen Anspruch auf ihren gerechten Anteil haben und aus dem Verteilungsprozess nicht einfach hinausdefiniert werden dürfen.

Allerdings sind die *Alten eine heterogene Gruppe*: Die heute Siebzigjährigen waren in der Hochkonjunktur der Nachkriegzeit gerade ins Berufsleben eingetreten. Viele – wenngleich keineswegs alle – hatten die Möglichkeit, etwas zu sparen, Häuser zu bauen oder zu kaufen bzw. andere Sachwerte anzuschaffen. Im Durchschnitt – der die vielen abweichenden Fälle nicht verdecken darf – geht es der heutigen Rentnergeneration zu früheren relativ gut. Nicht nur das: Sie vererbt nun einen Teil ihres Vermögens an die folgende Generation. Auch dadurch relativiert sich die Klage über die angeblich nicht mehr finanzierbaren Renten etwas (→ Kap. 10.2.2). Es ist leicht auszurechnen, wann sich das ändern wird: Die Generation, die mit dem Einbruch von Wirtschaftskrise und Arbeitslosigkeit um 1975 die Erwerbstätigkeit aufgenommen hat, wird in fünfzehn Jahren das Rentenalter erreichen, also um 2020. Ihnen folgen dann Jahrgänge mit einer zunehmenden Zahl an Armen, die wenig oder nichts sparen konnten und folglich auch nichts zu vererben haben und einer abnehmenden Zahl Reicher bei insgesamt zurückgehender Zahl der Mittelschichten. Heute sind viele Erwachsene aufgrund von Erwerbslosigkeit oder geringem Arbeitslohn finanziell nicht in der Lage, private Versicherungen abzuschließen oder die Beitragssätze so zu gestalten, dass eine zukünftige existenzsichernde Absicherung wahrscheinlich ist. Wenn dann die jungen Jahrgänge fehlen, die im Umlageverfahren die Renten erarbeiten könnten, dann haben wir in der Tat krisenhafte Zustände zu erwarten. Die entscheidende Frage ist demnach die nach der sozial gerechten Verteilung des gesellschaftlich produzierten Wohlstandes. Auch das hier erörterte *Bevölkerungsproblem ist primär kein Problem des Alters, sondern des gesellschaftlichen Umgangs* mit der altersbedingten Unfähigkeit wirtschaftlich tätig sein zu können sowie der gesellschaftlich akzeptierten Grenzen, die einen Leistungsbezug trotz prinzipieller Arbeitsfähigkeit im Jugend- oder Seniorenalter gestatten.

Dagegen ist die *bloße Abnahme der europäischen Bevölkerung in unseren Augen wenig problematisch*. Es wird zu räumlichen Umverteilungen kommen müssen, wenn Infrastrukturen erhalten und besser ausgenutzt werden sollen. Zwiespältig ist die Empfehlung, die fehlenden jüngeren Jahrgänge durch Zuwanderung aufzufüllen. Wenn nämlich ausreichend Arbeitsplätze fehlen, wird durch Zuwanderung nur die „industrielle Reservearmee" größer und die Löhne sinken noch weiter. Allerdings bestünde die Möglichkeit, durch möglichst großzügige Einwanderungsregeln zur Linderung der Not in anderen Weltregionen beizutragen. Migration ist ein Mechanismus zum Ausgleich von

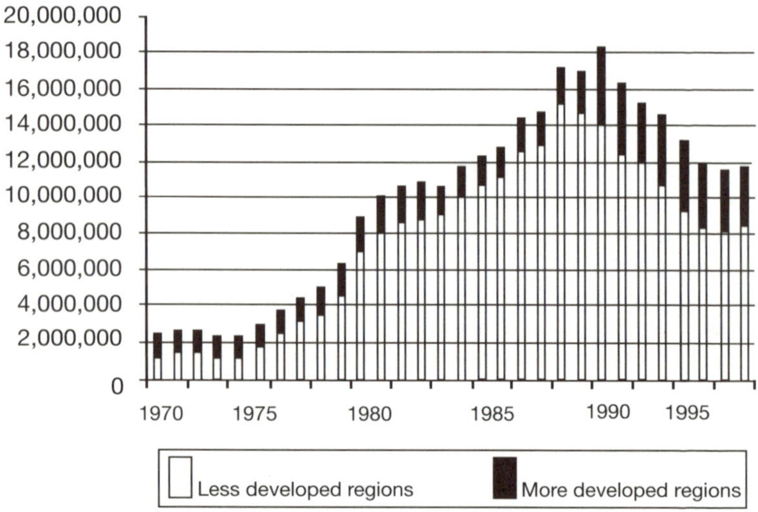

Abbildung 4.3: Geschätzte Anzahl von Flüchtlingen weltweit
Quelle: Population Division 2002, 28 (Zahlen aus: UNHCR 2000: The State of the World's Refugees 2000, Anhang 3)

Wohlstandsunterschieden. Jedoch sollte nicht vergessen werden, dass nur relativ wenige Personen aus Freude, Neugier und Lebenslust in andere Länder wandern. Daher wäre es sinnvoller, am jeweiligen Herkunftsort für Bedingungen zu sorgen, die den Menschen das Bleiben möglich machen, statt Fluchtursachen zu erzeugen.

4.4 Migration und Multikulturalität

4.4.1 Weltweite Ursachen von Migration und ethnischen Konflikten

Die *großen Fluchtbewegungen* – vor 1961 aus der DDR, aus Ungarn 1956, der CSSR 1968, nach der Teilung von Indien und Pakistan 1947, im Zusammenhang mit Palästina 1948, Korea 1951, Vietnam, den nationalen Befreiungskriegen in Afrika und der Apartheid in Südafrika, um nur einige Beispiele zu nennen – *umfassten zusammen viele Mio. Menschen* in unterschiedlichsten Regionen (siehe Abb. 4.3).

Ursachen sind weiterhin vor allem innere Konflikte, die vor 1989 häufig durch die Supermächte geschürt wurden[28], Armut und Umweltkatastrophen. Nationenbildung, Kolonialgrenzen und die durch sie angeheizten ethnischen Rivalitäten kamen in vielen Entwicklungsländern hinzu.

Die „Bevölkerungsüberschüsse" der Dritten Welt bilden das Reservoir für internationale Wanderungen. Das ließe sich nur durch ausreichende Investitionen dort verhindern: *In jedem Fall betrifft uns die Bevölkerungsentwicklung*

28 – Vgl. z.B. Blum, 1995

in den Mangelgesellschaften direkt. Die stärksten Bruchstellen sozio-ökonomischer Disparitäten bestehen in den gemäßigten Zonen, zwischen den USA und Mexiko/Karibik; zwischen West- und Osteuropa, zwischen Europa und der arabischen Welt. Aus Asien sind in zwanzig Jahren rund zwölf Millionen Menschen ausgewandert. Würde China seine Grenzen öffnen – auf viele Millionen wird die Zahl der Ausreisewilligen geschätzt. Die *Diaspora nimmt weltweit zu und damit die „migration chaines"*, d.h. die Anknüpfungspunkte für weitere Zuwanderer. Viele Immigrantengruppen sind seit Jahrzehnten fest etabliert, wie beispielsweise die Inder in Ostafrika. Chinesen halten in Malaysia, Indonesien oder auf den Philippinen oft wichtige Positionen in bedeutenden Wirtschaftssektoren. Nach der Wirtschaftsreform in der Volksrepublik China investieren sie dort große Summen. „Es scheint, dass diese ‚ethnischen Multinationalen' eine Antwort auf die Internationalisierung des Handels, des Kapitals, der Kommunikation und die Schaffung eines Weltsystems sind. Die Netze der Diaspora und ihre Fähigkeit zur Überbrückung internationaler und multipolarer Räume (...) trägt zweifellos dazu bei, die legalen und illegalen Migrationsströme zu unterstützen und oft sogar zu verstärken"[29]. Dennoch bleibt festzuhalten, dass bei weitem die meisten Migranten im näheren Umfeld ihres Herkunftslandes bleiben.

Bedenkt man nicht nur die Migration, sondern auch die autochthonen Minderheiten, so gilt, dass die *weitaus meisten Länder der Erde multikulturelle Gesellschaften sind.* Das trifft auch auf Deutschland zu: Würde man die erste, zweite und dritte Generation mit Immigrationshintergrund zusammenzählen, käme man wahrscheinlich auf ungefähr ein Drittel der Bevölkerung. Das wird oft ebenso vergessen wie die Tatsache, dass öffentliche Debatten zu Überfremdung schon im Kaiserreich an der Tagesordnung waren.

Die Aufgabe, ethnische Minderheiten zu integrieren, ist auch historisch immer wieder gelöst worden. Sie gelingt offenbar umso leichter, je geringer die Wohlfahrtsunterschiede zwischen den ethnischen Gruppen sind. Umgekehrt werden *Verteilungskonflikte häufig „ethnisiert"*, d.h. zu ethnischen umdefiniert. Als im April 1994 das Morden in Ruanda begann, wurden in den meisten Medien Stammeskonflikte zwischen Hutu und Tutsi dafür verantwortlich gemacht: Es handle sich um einen unkontrollierten Ausbruch „uralten Hasses", um „Stammeskrieg" und „Blutrausch". Dabei waren die beiden Gruppen zunächst weniger ethnische als vielmehr Statusgruppen: Wer Land und Vieh hatte, war Tutsi, wer Ackerbau betrieb Hutu, ein Wechsel war möglich und üblich. Erst die belgische Kolonialverwaltung ethnisierte diese Bezeichnungen mit einer Volkszählung am Ende des 19. Jahrhunderts. Westliche Medien haben meist verschwiegen, dass dem Bürgerkrieg eine tiefe wirtschaftliche Krise mit Hungersnöten vorausging, ausgelöst durch den Zusammenbruch des internationalen Kaffeemarktes (Ruanda verdiente mehr als achtzig Prozent seiner Exporterlöse durch Kaffee) und durch die Strukturanpassungsauflagen des Internationalen Währungsfonds.

„Die Wirtschaftskrise erreichte 1992 ihren Höhepunkt, als verzweifelte Bauern 300.000 Kaffeesträucher ausrissen. Trotz steigender Lebenshaltungskosten

29 – Gildas, 1991

hatte die Regierung den Kaffeepreis entsprechend den Abkommen mit Weltbank und IWF auf dem Stand von 1989 eingefroren“[30]. Als die Preise für die anderen Grundnahrungsmittel stiegen und entsprechend der Weltbankempfehlungen billige Nahrungsmittel eingeführt wurden, was die Preise weiter drückte, begann die Hetzkampagne gegen die Tutsi. Milizen rotteten sich zusammen, das Morden begann.

4.4.2 Europäische Wanderungsprozesse und -beschränkungen

Die Europäische Union liegt im Schnittpunkt der Wanderungsbewegungen, die von Osteuropa, Asien und Afrika ausgehen, wenngleich anzumerken bleibt, dass vielen Emigranten die Einwanderung aufgrund restriktiver Kontrollen an den Außengrenzen nicht gelingt. Gesetzlich geregelt und statistisch erfasst ist der Zuzug von Arbeitsmigranten, ethnischen Minderheiten, Flüchtlingen und Familienangehörigen. Darüber hinaus kommt es zu illegaler Einwanderung sowie illegalem Aufenthalt nach Überschreitung der gewährten Aufenthaltsfrist, für die keine annähernd gesicherten Daten vorliegen[31].

Nach dem Zweiten Weltkrieg, der Europa etwa 16 Mio. Heimatlose hinterlassen hat, und vor allem seit Beginn der sechziger Jahre sind in großem Umfang *Gastarbeiter aus Südeuropa* (Italien, Spanien, Portugal, dem ehemaligen Jugoslawien, Griechenland und der Türkei) zum Wiederaufbau angeworben worden. Sie kehrten jedoch nicht nach kurzer Zeit zurück, wie es das „Rotationsprinzip“ und ihre Bezeichnung als Gäste unterstellten, sondern blieben. In den siebziger Jahren verfügten die meisten nordeuropäischen Länder Anwerbestopps, aber durch den Familiennachzug entstand eine zweite und dritte Generation von Migranten, welche zum Teil eingebürgert wurden und nicht mehr in den Statistiken zur ausländischen Wohnbevölkerung geführt werden. In vielen Schwellenländern ist die Beschäftigung von Ausländern – insbesondere für saisonale Tätigkeiten – üblich.

Bei der aktuellen Diskussion zur Ost-West-Wanderung wird zumeist vergessen, dass die *osteuropäische Arbeitsmigration keine neue Erscheinung ist und historische Konflikte für aktuelle Krisen im osteuropäischen Raum mitverantwortlich* sind: Während der industriellen Revolution beschäftigten Industriezentren in Frankreich, Großbritannien und Deutschland Hunderttausende Osteuropäer. Ferner hat die Neugestaltung der politischen Grenzen nach den zwei Weltkriegen zur Schaffung von ethnischen Minderheiten und politischem Konfliktstoff geführt[32]. Nach dieser Zeit kamen die Einwanderer bis zu Beginn der neunziger Jahre vornehmlich als Aussiedler- und Asylsuchende, weniger jedoch als Arbeitsmigranten[33].

Dabei ist der *Zuzug von Aussiedlern für Deutschland spezifisch*, da diese nach dem Abstammungsrecht (ius sanguinis) juristisch als deutsche Staatsangehörige

---

30 – Hoering, 1997, 37

31 – Einige Hintergrundinformationen zu unkontrollierter Migration in Deutschland finden sich im Migrationsbericht der Beauftragten der Bundesregierung für Migration, Flüchtlinge und Integration 2003, 71-76.

32 – Fassmann/Münz, 2000, 12-21

33 – Dietz 2004, 41

gelten[34]. Ihre Einreise wird mit der Diskriminierung deutscher Minderheiten begründet und als ethnische Migration aufgefasst. Allerdings ist sie zudem Ausdruck einer politisch wie ökonomisch motivierten Wanderung[35]. Bis 1976 – mit Ausnahme der späten 1950er Jahre – lag die Zahl der Aussiedler weitgehend konstant bei 20–30 Tausend, in den folgenden zehn Jahren bei ca. 50 Tausend Personen pro Jahr. Insgesamt handelte es sich um ca. 1,4 Mio. Menschen, die nach Deutschland kamen. Dann stieg ihr Zuzug durch Lockerungen der Reisebestimmungen in den Staaten des ehemaligen Ostblocks sprunghaft an, und bis Ende 2000 immigrierten weitere 2,7 Mio. Deutschland reagierte mit der gesetzlichen Neuregelung der Einreise (1990 Aussiedleraufnahmegesetz, 1993 Kriegsfolgenbereinigungsgesetz), was in der Folge zu weniger Einwanderung führte[36]. Mit der Wende in Osteuropa stieg in Europa zudem die Zahl *osteuropäischer Asylsuchender*: vor 1989 gab es jährlich ca. 20.000–40.000, im Jahr 1992 waren es jedoch 440.000. Die meisten westeuropäischen Staaten entschlossen sich in den Jahren 1992 und 1993 zu einer *Verschärfung der Migrations- und Asylgesetze*. Die Anerkennung als politische Flüchtlinge wurde nun auch für Ostmittel- und Osteuropäer schwieriger, deren Einwanderung zu Zeiten des Kalten Krieges quasi automatisch akzeptiert wurde. Insgesamt kann für den Zeitraum von 1950 bis 1992 von ca. 15 Mio. europäischen Ost-West-Migranten ausgegangen werden[37].

Die *Osterweiterung der EU 2004* eröffnet zwar die Perspektive auf volle Freizügigkeit[38], aber wie bei der Süderweiterung um Spanien, Portugal und Griechenland wurde auch hier ein Moratorium von sieben Jahren vereinbart. Zur Kontrolle der Arbeitskräftemigration wurden zwischen west- und osteuropäischen Staaten ferner mehrere bilaterale Verträge zur Saison-, Werkvertrags-, Gast- und Grenzarbeit geschlossen[39]. Die Regelungen werden freilich häufig dadurch umgangen, dass Sub-Sub-Unternehmer vor allem am Bau Lohndrücker-Brigaden einsetzen, dass Arbeitnehmer mit einem Touristenvisum kommen und untertauchen oder sich als Selbständige anmelden, für die das Moratorium nicht gilt. Das Beispiel der osteuropäischen Migranten zeigt, dass zwischen Deutschland und den Herkunftsländern zwar ein hohes Wanderungs*volumen*, nicht jedoch ein hoher Wanderungs*saldo* besteht, was ein Anzeichen für Pendelmigration infolge temporärer Arbeitsaufnahme ist (vgl. Tabelle 4.4).

---

34 – Während dieses Prinzip für den Erwerb der deutschen Staatsangehörigkeit weiterhin große Relevanz hat, kam es durch das Inkrafttreten des überarbeiteten Staatsangehörigkeitsgesetzes im Jahre 2000 sowie Ergänzungen aufgrund des Zuwanderungsgesetzes von 2005 zu Erweiterungen um das Geburtsortsprinzip (jus soli). Der Gesetzestext ist abrufbar unter: http://www.einbuergerung.de/gesetz.pdf (Stand: 03.08.05). Einfachere Darstellungen der Gesetzesbestimmungen sind zu finden unter: http://www.einbuergerung.de/broschuere.pdf (Stand: 03.08.05).

35 – Münz/Ohliger, 1998, 30-33

36 – Zuwanderungskommission 2001, 178-180

37 – Fassmann/Münz, 2000, 21, 29

38 – Bürger der EU und des Europäischen Wirtschaftsraumes (EU einschließlich Island, Norwegen und Liechtenstein) können innerhalb der Länder der EU ungehindert einwandern und arbeiten.

39 – vgl. z.B. Dietz 2004, 42f.

		1993			2001	
	Zuzüge	Fortzüge	Wanderungssaldo	Zuzüge	Fortzüge	Wanderungssaldo
Polen	75.195	101.904	-26.709	79.033	64.262	14.771
Ungarn	24.164	24.849	-685	17.039	14.828	2.211
Slowak. Republik	6.740	6.277	463	11.374	9.703	1.671
Tschech. Republik	10.951	13.716	-2.765	10.986	8.526	2.460
Slowenien	2.563	1.756	807	2.589	2.368	221
Estland	1.333	605	728	k.A.	k.A.	k.A.
Lettland	2.329	971	1.358	k.A.	k.A.	k.A.
Litauen	2.293	1.070	1.223	k.A.	k.A.	k.A.

Tabelle 4.4: Wanderungen von osteuropäischen Migranten nach und aus Deutschland. *Quelle: Beauftragte der Bundesregierung für Migration, Flüchtlinge und Integration 2003, S. 91*

Das Migrationspotenzial, das sich bei Wegfall der Beschränkungen ergeben wird, ist nur schwer abzuschätzen[40]. Jede *Erweiterung der Union* wird zwangsläufig auch eine *Ausdehnung der Niederlassungsfreiheit* bedeuten und damit die Begrenzung der Zuwanderung erschweren. Solche Maßnahmen sind daher nur noch auf europäischer Ebene denkbar. Seit Inkrafttreten der Drittstaatenregelung im Asylrecht und der Verschärfung der Einwanderungsgesetze ist ein Warteraum für Flüchtlinge und Migranten entstanden, die nach Westeuropa wollen („Flüchtlingsstau"), vor allem in Ungarn, Polen, Tschechien und Südeuropa. Dadurch kommt es zu einer teilweisen *Verlagerung der Migration*, so dass ehemalige Auswanderungsländer zudem Einwanderungsländer werden. Etwa vierzig Prozent der in Portugal, Spanien, Italien und Griechenland lebenden Ausländer werden als illegale geschätzt. Indem sie z.B. in Haushalten arbeiten, dort kochen, putzen, Alte pflegen und Kinder hüten, leisten sie wesentliche gesellschaftliche Aufgaben. Nur die spanische Regierung hat jedoch bisher ein umfassendes Legalisierungsangebot gemacht.

4.4.3 Multikulturalität europäischer Gesellschaften

Insgesamt kennzeichnet *Europa eine zunehmend positive Wanderungsbilanz und eine abnehmende „natürliche" Bevölkerungsbilanz*[41]: Bis 1989 verzeichnete die

40 – Fassmann/Münz, 2000, 34-45

41 – Da in den meisten Ländern gar keine oder keine exakten Daten zur Zu- und Abwanderung vorliegen, wird der Wanderungssaldo von Eurostat auf der Grundlage der Differenz zwischen Bevölkerungswachstum und natürlichem Wachstum zu zwei verschiedenen Zeitpunkten geschätzt. Entsprechend ungenau sind die Zahlen. Als EU-12 werden die Staaten bezeichnet, die seit Dezember 1994 EU-Mitglieder sind: Belgien, Dänemark, Deutschland, Griechenland, Spanien, Frankreich, Irland, Italien, Luxemburg, die Niederlande, Portugal und das Vereinigte Königreich. Zur erweiterten EU-15 gehören seit Januar 1995 zudem Österreich, Finnland und Schweden. Im Mai 2005 kam es schließlich zur EU-25 mit der Tschechischen Republik, Estland, Zypern, Lettland, Litauen, Ungarn, Malta, Polen, Slowenien und der Slowakei. Die nachfolgend aufgeführten EU-Daten wurden den Datenbanken von Eurostat entnommen, zu denen folgender Zugang besteht (Stand: 03.08.2005): http://epp.eurostat.cec.eu.int/portal/page?_pageid=1996, 5323734 &_dad=portal&_schema=PORTAL&screen=welcomeref&open=/&product=EU_population_social_conditions&depth=1

jährliche Wanderungsbilanzrate der EU-15 maximal 1,8 Migranten pro 1.000 Einwohner, zumeist lag sie jedoch unter 1 und wurde in einigen Jahren sogar negativ. Seit 1999 ist eine deutlich gegenteilige Tendenz zu beobachten, so dass für 2003 ein Wert von 5,4 genannt wird, der in absoluten Zahlen 2.052.100 Immigranten bedeutet. Allerdings sind die Raten der EU-15 recht unterschiedlich, wie die Zahlen von 2003 für Spanien (17,6) sowie Italien (10,4) auf der einen und Deutschland (1,7) sowie den Niederlanden (0,4) auf der anderen Seite belegen. Demgegenüber fällt die jährliche „natürliche" Wachstumsrate der EU-15 seit Jahrzehnten kontinuierlich: Waren in den 60er Jahren Werte von 5,6 bis 8,6 pro 1.000 Einwohner üblich, so stand in den nachfolgenden Jahrzehnten schnell eine 2 und dann eine 1 vor dem Komma, und seit 1995 wird selbst dies unterschritten. Durch die „natürliche" Bewegung vermehrte sich die Bevölkerung 2003 um 290.400 Personen, wobei einige Mitgliedsländer der EU-15 seit langem negative Zahlen vorweisen. Insgesamt betrachtet wächst die Bevölkerung der EU-15. Dennoch unterschritt sie 2003 mit 6,1 pro 1.000 Einwohner immer noch den Wert von 1960 (7,7). *Die europäischen Gesellschaften werden ethnisch heterogener*, ein Prozess, der unumkehrbar scheint und sowohl auf der Ebene von Regionen als auch von städtischen Agglomerationen mit räumlicher Sortierung (Segregation) einhergehen wird, insbesondere als Folge der Einkommensverteilung und der ethnischen Identifikation.[42]

Deutlich komplizierter wird die ethnische Differenzierung dann, wenn wir in unsere Untersuchung zusätzlich zu den Einwanderern auch die *„autochthonen Minderheiten"* unter die ethnisch-kulturellen Minderheiten zählen. Die Problematik wird schnell einsichtig, wenn wir neben den Basken und Katalanen in Spanien (das sind lange in Spanien fest etablierte Minderheiten mit je eigener Kultur und Sprache, in denen es auch Autonomiebewegungen gibt, ähnlich wie bei Bretonen, Okzitaniern, Korsen und Elsässern in Frankreich sowie Süddänen und Sorben in Deutschland) auch die nordirischen Katholiken (die sich durch Konfession und sozio-ökonomischen Status von den Protestanten unterscheiden) oder die Flamen und Wallonen in Belgien nennen. Es ist nur durch historische Analyse zu klären, welche Gruppe in welcher Gesellschaft aus welchen Gründen als Minderheit definiert wird. Zudem sind die Verhältnisse im Zeitverlauf nicht immer gleich und *Definitionen fast immer schwierig*: Die vor 1974 klar als Minderheit mit Autonomiebewegung erkennbaren Südjurassier haben mit ihrer Abtrennung vom Kanton Bern und der Bildung eines eigenen Kantons Jura den Status verändert – aber was ist in der Schweiz überhaupt eine Minderheit und gegenüber welcher Mehrheit? Andererseits entsteht in den letzten Jahren mit der Lombardischen Liga in Oberitalien eine Bewegung, die vielleicht irgendwann den Mezzogiorno in den Status einer ethnisch-kulturellen Minderheit drückt, der heute vielleicht, ohne besonders auffällig zu sein, dem Friaul und sicherlich Südtirol zukommt. Die „founding races" der kanadischen Gesellschaft, Anglo- und Frankokanadier, sind in einigen Provinzen schon in der Minderheit. Es gab Versuche, Ukrainisch zur zweiten Amtssprache in Alberta zu erklären, und es dürfte bei fortdauernder Immigration nicht lange

42 – Hamm/Neumann, 1996, 205-219

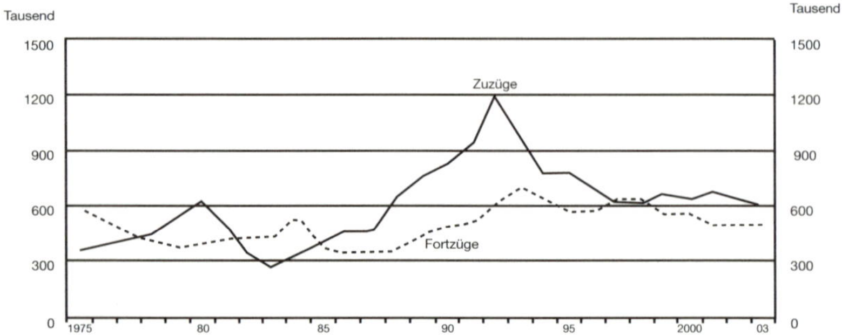

Abbildung 4.4: Wanderungen von Ausländern über die Grenzen Deutschlands
Quelle: Statistisches Bundesamt 2005, S. 19

dauern, bis Chinesisch zweite Amtssprache in British Columbia wird – durchaus produktive Anwendungen der Multikulturalismuspolitik der kanadischen Regierung und des Gesetzes über die Amtssprachen. Es gibt kaum ein Land auf der Welt, das nicht – wegen der historischen „Zufälligkeiten" von Kriegen, Grenzziehungen, Wanderungen – Minderheiten aufwiese. Das sind nicht Ausnahmen – das ist vielmehr die Regel. Es lassen sich leicht Länder nennen, die eine Vielzahl von Minderheiten kennen, womöglich mit unterschiedlichen Sprachen und Schriften, zum Teil mit militanten Autonomiebewegungen (Indien, Nigeria). Immerhin kann für viele dieser Gruppen festgehalten werden, dass sie sich, was immer ihre anderen Unterscheidungsmerkmale sein mögen, auch regional konzentrieren. Allerdings ist dies nicht für alle Minderheiten charakteristisch (vgl. Roma und Sinti oder Afro-Amerikaner in den USA) oder erst im Verlauf einer längeren Anwesenheitsgeschichte der Fall: die Italiener in Toronto, die Ukrainer in den kanadischen Prärieprovinzen, die Deutschen in Milwaukee, die Algerier in Frankreich, die Ambonesen in den Niederlanden und zunehmend die Aussiedler aus Osteuropa in Deutschland. Die Beispiele im ehemaligen Jugoslawien und der ehemaligen Sowjetunion zeigen auf erschütternde Weise, welcher Sprengstoff sich in der Minderheitenfrage ansammeln kann (siehe auch Abb. 4.4).

Zwischen 1960 und 2003 sind ca. 26,7 Mio. ausländische Staatsangehörige zu- und 19,8 Mio. weggezogen. Ihr Anteil an der Gesamtbevölkerung stieg durch Einwanderung und Geburt von einem Prozent im Jahre 1961 auf neun Prozent im Jahre 2003. Bezogen auf die *ausländische Bevölkerung* sind 27% aller in Deutschland lebenden Ausländer in Nordrhein-Westfalen, 18% in Baden-Württemberg, 16% in Bayern und 10% in Hessen ansässig[43].

Im Vergleich zur deutschen Bevölkerung ist die ausländische merklich jünger: 2003 waren 75% der Ausländer und 63% der Deutschen in einem erwerbsfähigen Alter zwischen 18 und 65 Jahren, für die Altersgruppe von 18 bis 40 Jahren ist der Unterschied noch größer (45% zu 28%). Zieht man frühere Erhebungs-

43 – ebd., 13-15

zeitpunkte hinzu, so ist jedoch auch bei der ausländischen Bevölkerung eine Tendenz zur demographischen Alterung zu erkennen[44]. Obwohl 2003 Menschen mit über 200 verschiedenen ausländischen Nationalitäten in Deutschland lebten, können typische Herkunftsländer ausgemacht werden, die auf räumliche Erreichbarkeit und (wie im Falle der Gastarbeiter) zumeist auf historische Beziehungen verweisen – ähnliches gilt für die Migration aus ehemaligen Kolonien nach Großbritannien und Frankreich. So stammten 79% aller Ausländer aus europäischen Ländern (allein 26% aus der Türkei), zwölf Prozent aus Asien, vier Prozent aus Afrika und drei Prozent aus Nord- und Südamerika. Im Jahre 2003 lebten sechzig Prozent aller Ausländer (eingebürgerte Migranten nicht mitgerechnet) seit mehr als zehn Jahren und 34% seit mehr als zwanzig Jahren in Deutschland[45].

4.4.4 Migration und Multikulturalität als gesellschaftliche Herausforderung

Ein Untersuchungsbericht des Europäischen Parlaments hat die Öffentlichkeit und die Politiker schon 1990 vor den deutlich ansteigenden *Gefahren des Rassismus und der Fremdenfeindlichkeit* gewarnt. Als Reaktion darauf haben der Ministerrat, das Europäische Parlament und die Kommission eine „Feierliche Erklärung gegen Rassismus und Fremdenhass" verabschiedet und darin die EG und die Mitgliedsstaaten verpflichtet, alle Äußerungen von Intoleranz und Feindseligkeiten sowie die Anwendung von Gewalt gegenüber Personen wegen rassistischer, religiöser, kultureller, nationaler und sozialer Unterschiede zu bekämpfen. 1994 lag ein zweiter Untersuchungsbericht vor, verfasst vom britischen Sozialisten Glyn Ford – Beweis dafür, dass sich die Situation nicht etwa verbessert, sondern im Gegenteil deutlich verschlechtert hat. Er kam zum Schluss, dass Rassismus, Antisemitismus und Fremdenhass fast überall in Europa – mit Ausnahme von Finnland, Schweden, Spanien und Portugal (aber auch da gab es in den letzten Jahren ausländerfeindliche Ausschreitungen) – wieder auf dem Vormarsch sind. Die kleinen Länder (Luxemburg, Belgien, Österreich und die Schweiz) bilden hier keine Ausnahme, auch in Osteuropa sind deutlich anwachsende Tendenzen zu Antisemitismus und Fremdenhass nicht zu übersehen. In vielen Ländern existieren rechtsextreme Parteien, für die Fremdenfeindlichkeit der wichtigste Programmpunkt ist, daneben gibt es zahlreiche neofaschistische Organisationen, die gewaltsam gegen Ausländer vorgehen. Allerdings sind dies nur die besonders deutlichen Anzeichen, denn auch in „bürgerlichen" Parteien und Teilen der Bevölkerung, die sich keiner rechtsextremen Organisation anschließen, werden mitunter rassistische Stereotype reproduziert. Ihre Wirkung können sie auch dort entfalten, wo keine oder wenige Migranten bzw. ethnische Minderheiten anwesend sind. Häufig handelt es sich nicht um ethnische, sondern um ethnisierte Konflikte, die Verteilungskonflikte zu ethnischen umdefinieren.

44 – ebd., 62
45 – ebd., 16

Fremdenfeindlichkeit, auch wenn sie von Demagogen benutzt und geschürt wird, erinnert daran, dass eine *völlig offene Einwanderung nicht möglich* und nicht wünschenswert ist. Regelungen sind erforderlich, um sowohl den Einwandernden realistische Integrationschancen, z.B. Beschäftigung, zu sichern als auch den Einheimischen die Zuwanderung politisch und sozial zumuten zu können. Die Akzeptanz der ansässigen Bevölkerung kann nur um den Preis weiterer Zunahme der Gewalt überfordert werden, zumal unter Bedingungen der Arbeitslosigkeit. In einer Situation der sozialen Polarisierung, wie wir sie seit nunmehr rund dreißig Jahren und verstärkt seit 1989 erfahren (→ Kapitel 3.5), sind die *Ausländer die ersten Opfer*. „Die objektive Unsicherheit aller Arbeiter wird durch die subjektive Bedrohung verstärkt, dass einheimische Arbeiter mit ausländischen Arbeitern um immer weniger Arbeitsplätze und knappere Sozialausgaben konkurrieren. Arbeitgeber, Politiker und Medien zeichnen das Bild der Migranten als Verursacher der Krise, nicht als deren Opfer"[46]. Ausländer sind von Gewalt und Terror durch perspektivenlose Jugendliche, rechtsextreme Bewegungen und andere kriminelle Banden betroffen. Sie werden unter menschenunwürdigen Bedingungen untergebracht und beschäftigt[47]. Viele können nur mehr illegal einreisen und werden über Schlepper eingeschleust. Dies zwingt zur Schwarzarbeit, „Illegale" sind besonders leicht erpressbar und für kriminelle Zwecke einsetzbar. Temporäre Arbeitsbrigaden unterlaufen Tarifverhandlungen und Arbeitsbedingungen.

Die Erfahrung von Einwanderungsgesellschaften wie z.B. Kanada zeigt, dass die Integration nur dann gute Chancen hat, wenn sie in ökonomischer Prosperität stattfindet und politisch und sozial gewollt ist. Klassische Einwanderungsländer wie Kanada, die Vereinigten Staaten und Australien haben zumeist vergleichsweise kurze Einbürgerungsfristen für legale Migranten, die damit zu gleichberechtigten Staatsbürgern werden, wenngleich dies nicht unbedingt vor Rassismus schützt. Also brauchen wir klare Regeln, mit Einwanderungsquoten und wahrscheinlich auch mit Auswahlkriterien, damit Einwanderer eine realistische Chance der friedlichen Integration haben. Das Schengener Abkommen schafft eine solche Rechtsgrundlage nicht; es ist abwehrend und negativ, statt positiv zu sagen, wie eine Einwanderungspolitik gestaltet werden soll, und es ist – wie die französische Regierung zeigte – jederzeit einseitig kündbar. Das seit Januar 2005 in Kraft getretene deutsche Zuwanderungsgesetz erkennt die Zuwanderung erstmals als Realität an und benennt ebenfalls erstmals Maßnahmen zur Integration der dauerhaft und legal in Deutschland lebenden Einwanderer. Nach dem überarbeiteten Staatsangehörigkeitsgesetz von 2000 ist es ein Zeichen dafür, dass Deutschland begonnen hat, sich mit der Bedeutung von

46 – Castles, 1987, 12 f.

47 – Wallraff 1985

48 – Kurzgefasst sind folgende Änderungen zu berichten: Das Aufenthaltsgesetz, welches Hauptbestandteil des Zuwanderungsgesetzes ist, löst das Ausländergesetz ab und ersetzt so dessen Aufenthaltsgenehmigungen (befristete und unbefristete Aufenthaltserlaubnis, Aufenthaltsberechtigung, -bewilligung, -befugnis) durch die unbefristete Niederlassungserlaubnis und die befristete Aufenthaltserlaubnis. Damit wird die Gesetzeslage übersichtlicher. Zudem wird der Schutz von Opfern nicht-staatlicher und geschlechtsspezifischer Verfolgung

Zuwanderung auseinanderzusetzen, wenngleich weiterhin Kritik an den bisherigen Regelungen besteht[48].

Eine multikulturelle Gesellschaft ist auch deswegen keine Idylle, weil die Einwandernden ihre Konflikte zumindest zum Teil mitbringen und etablierte ethnische Gruppen mitunter als Basis für den Aufbau von Strukturen der organisierten Kriminalität verwendet werden[49]. Eine demokratische Gesellschaft muss einerseits die Auseinandersetzung um politische Konflikte aushalten, solange sie mit demokratischen Mitteln geschieht; sie muss andererseits die Möglichkeit haben, sich gegen Straftaten zu wehren. Einwanderer müssen das hier geltende Recht und die allgemeinen Menschenrechte respektieren: Die Scharia, das moslemische Recht, kann nicht unter Teilen der Bevölkerung herrschen. Umgekehrt ist aber auch sicherzustellen, dass diese Menschenrechte ohne Ansehen der ethnischen Zugehörigkeit oder Herkunft gelten, auch die Grundrechte der Koalitionsfreiheit und der freien Meinungsäußerung und damit das Recht auf politische Betätigung[50]. Dass beides nicht immer garantiert ist, wird u.a. in den Berichten über die Lage der Ausländerinnen und Ausländer in Deutschland belegt, welche jährlich von der Beauftragten der Bundesregierung für Migration, Flüchtlinge und Integration erstellt werden.

4.5 Krise

Was ist daran Krise? Wir, die Regierungen der westlich-kapitalistischen Länder, schaffen durch Strukturanpassungspolitik, Einfuhrbarrieren usw. in den Entwicklungsländern Bedingungen, die die Armut zementieren, Fertilität und Mortalität auf hohem Niveau halten und unter denen *Emigration* für viele Menschen *die einzige Rettung bietet*. Mit durchschnittlich 12.000 € jährlich subventionieren die OECD-Staaten ihre landwirtschaftlichen Betriebe und halten damit die Entwicklungsländer von ihren Märkten fern. Rohstoffe, die sie selbst benötigen, importieren die Industrieländer zollfrei – für verarbeitete Produkte verlangen sie Importzölle. Das hindert die Entwicklungsländer am Aufbau eigener Weiterverarbeitungsindustrien und damit an der Schaffung von höher qualifizierten Arbeitsplätzen. Mit unseren subventionierten Agrarüberschüssen behindern und zerstören wir Agrarproduktion in Entwicklungsländern. Mit dem WTO-Textilabkommen sicherten die Industrieländer zu, bis 2005 alle Importquoten für Garne, Stoffe und Textilien zu streichen. Doch acht Jahre nach Vertragsschluss sind in den USA noch immer 851 Produktlinien quotiert, auch in der EU sind weiterhin über 200 der alten Quoten in Kraft. Durch Strukturan-

berücksichtigt. Ausländer können zukünftig bereits aufgrund einer tatsachengestützten Gefahrenprognose abgeschoben werden. Unter Integrationsmaßnahmen werden Integrationskurse verstanden. Die Situation von Flüchtlingen, welche offiziell nicht bleiben dürfen, jedoch – wie viele aus dem Kosovo – nicht zurückgeschickt werden können, bleibt weiterhin ungeklärt. Für weitere Hinweise siehe: http://www.zuwanderung.de sowie http://www.aufenthaltstitel.de.

49 – Roth/Frey, 1995

50 – Bade, 1994, 1995

passungsprogramme zwingen wir die Entwicklungsländer, ihre Staatsausgaben zu senken, d.h. Bildung, Gesundheit, Umweltschutz, soziale Sicherung, Kultur und Infrastruktur einzustellen und/oder zu privatisieren und ihre Märkte für ausländische Unternehmen zu öffnen. Mit den WTO-Verträgen verpflichten wir die Dritte Welt, die Patentgesetze der Wohlstandsnationen zu übernehmen und auf die Förderung von Industriesektoren mittels Schutzzöllen, Subventionen und Auflagen über die inländische Wertschöpfung zu verzichten. Heute ist jedes Land, das patentierte Technik nachbaut, von harten Sanktionen bedroht. Zwar enthält der WTO-Vertrag auch allgemein gehaltene Zusagen über den nötigen Technologie-Transfer zu Gunsten der ärmeren Staaten. Doch in der Praxis wurde daraus wenig. Dafür zahlen Entwicklungsländer rund sieben Milliarden Euro Lizenzgebühren jährlich. Nach dem Ablauf der Übergangszeiten wird die Summe deutlich ansteigen. Die verheerenden Wirkungen des TRIPS-Abkommens wurden erst offenbar, als sich vor drei Jahren herausstellte, dass es ausgerechnet den ärmsten Ländern den Zugang zu Medikamenten versagt, die unter Patentschutz stehen. Der Import billiger Generika ist ihnen verwehrt. Nicht minder unsinnig ist der TRIMS-Vertrag zum Schutz ausländischer Investoren. Gestützt auf diese Regeln gingen Japan, die USA und die EU massiv gegen Länder vor, die versuchen, eine eigenständige Automobilindustrie aufzubauen. Ein ähnliches Urteil erging gegen Indonesien, weitere Klagen richteten sich gegen die Philippinen und Brasilien. Dem bettelarmen Bangladesch untersagten die Verteidiger des freien Welthandels sogar die Förderung von Branchen wie der Herstellung von Kartons und Speisesalz. Schließlich sind alle Entwicklungsländer erpressbar, weil sie auf Kredite, Entwicklungshilfe und Handelskonzessionen von Seiten der Industriestaaten angewiesen sind (→ Kap. 7.2.1).

Auf der anderen Seite hat der Rückgang der Geburtenraten bei gleichzeitiger Erhöhung der Lebenserwartung in Europa eine *Überalterung* der Gesellschaften zur Folge. Zur selben Zeit haben wir Arbeitslosigkeit. Insofern wäre der Rückgang der Geburtenraten willkommen. Die sozialpolitische erwünschte, weil rentenfinanzierende *Einwanderung* wird benutzt werden, um die Löhne und damit auch die Sozialversicherungsbeiträge (Lohnnebenkosten) zu drücken. Der erhoffte Beitrag zur Rentenfinanzierung wird nur in geringem Maß kommen. Wir entziehen den Entwicklungsländern die eigentlich besonders wichtige Gruppe von aktiven Menschen, die dann bei uns als Subproletariat zu wenig Wohlstand kommen und auch die ihnen zugedachte Rolle der Rentenfinanzierer kaum spielen können.

4.6 Zusammenfassung

Wir haben zu Beginn dieses Kapitels wichtige Begriffe und Fragestellungen der Demographie dargestellt, wie sie sich in der demographischen Grundgleichung abbilden lassen. Im nächsten Abschnitt ging es um den ersten Bestimmungsfaktor dieser Gleichung, die „natürliche“ Bevölkerungsbewegung. Der Begriff „natürlich“ führt in die Irre, sind doch Geburten und Sterbefälle weniger durch biologische als durch soziale Faktoren bestimmt. Der wichtigste dieser Faktoren ist die Verteilung von Lebenschancen: Arme tendieren dazu, mehr Kinder zu haben und früher zu sterben. Dann haben wir den zweiten Bestimmungsfaktor der demographischen Grundgleichung diskutiert, die Migrationsbewegungen. Auch hier stellt sich die Verteilung von Lebenschancen als ein wichtiger Bestimmungsfaktor heraus: Armut ist der wichtigste Erklärungsfaktor für Migration. Die hat dann freilich Konsequenzen für Herkunfts- und Zielkontext: Für den ersteren bedeutet sie den Entzug der jungen, initiativen, expansiven Jahrgänge, die für Entwicklung besonders wichtig sind. Für den zweiten bedeutet sie die Entstehung von multikulturellen Gesellschaften mit räumlicher Segregation und sozialen Konflikten, zumal in Gesellschaften, in denen bereits Arbeitslosigkeit und sozio-ökonomische Polarisierung herrschen. Am Ende kommen wir zurück auf Argumente, die zeigen, dass es vor allem die Vorgaben der reichen Länder sind, die die Armut in den Entwicklungsgesellschaften zementieren. Folglich läge es in erster Linie an uns, für Bedingungen zu sorgen, unter denen die Menschen in ihren Herkunftsregionen über ihre eigene Zukunft entscheiden können.

5.
Soziale Ungleichheit
Andrea Hense und Bernd Hamm

5.1 Theorie, Konzepte, Indikatoren, Datenkritik

5.1.1 Theoretische Ansatzpunkte der Ungleichheitsforschung

Die Menschen sind nicht gleich, aber gleichwertig – so haben wir unser Menschenbild formuliert (→ Kapitel 1.3.5). Also haben alle grundsätzlich das gleiche Anrecht auf Leben, körperliche Unversehrtheit und die Geltung der Menschenrechte. Dies wurde nicht immer in der Geschichte so gesehen; es ist die wohl wichtigste Errungenschaft unserer zivilisatorischen Entwicklung, festgehalten in internationalen Vereinbarungen und nationalen Verfassungen, ständig wiederholt von den Regierungen vieler Länder. Im Konzept der Nachhaltigkeit wird das nicht etwa neu erfunden oder relativiert, sondern im Gegenteil bestätigt und mit der Forderung nach intergenerativer Gerechtigkeit auf die zukünftige Verteilung von Lebenschancen erweitert. In diesem Kapitel wollen wir untersuchen, ob das in der empirischen Wirklichkeit auch gilt. Wenn dem nicht so ist, müssen wir dafür Erklärungen finden. Wir müssten weiter prüfen, ob unsere gesellschaftlichen Institutionen geeignet sind, die Forderung einzulösen und Gleichwertigkeit durchzusetzen. Leisten sie das nicht, dann hätten wir eine Krise im Sinn unserer Definition vor uns.

Die empirische Erforschung sozialer Ungleichheit gehört seit den Anfängen der Soziologie zu den zentralen Anliegen der Disziplin. Dabei sind die *Theorien, Beschreibungen und Analysen zu keiner Zeit einheitlich und unumstritten* gewesen. Sie verändern sich nicht nur nach theoretischem Blickwinkel und erkenntnisleitender Fragestellung[1], sondern zudem aufgrund der geschichtlich bzw. regional variierenden gesellschaftlichen Bedingungen[2]. Dennoch gibt es einige *grundlegende* Aspekte, die für den soziologischen Gebrauch des Begriffes „soziale Ungleichheit" zentral sind. Zum einen verlangt er die *Bildung von wenigstens zwei Kategorien*, die sich aufgrund unterschiedlicher Ausprägungen mindestens eines Merkmals unterscheiden (z.B. Männer und Frauen oder Unterschicht, Mittelschicht und Oberschicht). Die Mitglieder einer Kategorie werden als unter-

---

1 – So können beispielsweise Ursachen, Funktionen oder Folgen sozialer Ungleichheit studiert werden, wobei unterschiedliche theoretische Blickwinkel verschiedene Untersuchungsdesigns bedingen und folglich jeweils spezifische - und das bedeutet - ausgewählte Aspekte sozialer Ungleichheit thematisiert werden.

2 – In einer Agrar-, Industrie- oder Dienstleistungsgesellschaft (vgl. Kneer et al. 2001) sind unterschiedliche gesellschaftliche Strukturen dominant. Je nach Gesellschaft können somit andere Formen sozialer Ungleichheit ausgemacht werden. Hradil (2001, 95-145) stellt die historische Entwicklung in Deutschland überblicksartig dar. Untersuchungen indischer Kasten verdeutlichen, dass regionale Unterschiede eine Ergänzung der in Europa üblichen Konzepte (z.B. Klasse und Schicht) verlangen.

einander gleich und von Mitgliedern einer anderen Kategorie als verschieden betrachtet. Zum anderen verweist der Terminus „soziale Ungleichheit" darauf, dass es sich nicht um natürliche, sondern um *soziale Merkmale* handelt. Askriptive (z.B. die Körpergröße) oder erworbene (z.B. der ausgeübte Beruf) Unterschiede zwischen Menschen fallen nur dann unter den Begriff, wenn ihnen eine ungleichheitsrelevante Bedeutung im sozialen Miteinander zukommt.

Während sich über die Differenz gleich/ungleich jedwede Form der Andersartigkeit zwischen Menschen thematisieren lässt, bezieht sich *„soziale Ungleichheit" nur auf die Konstellationen, von denen zu erwarten ist, dass sie in einer Gesellschaft relativ allgemeingültig und dauerhaft begünstigen oder benachteiligen.* Die Verschiedenheiten sind demnach gesellschaftlich *bewertet.* Dies kann sich materiell ausdrücken, dann ist damit die Zuteilung von wertvollen Dingen verknüpft, oder immateriell, dann geht es um Ansehen, Wertschätzung, Einfluss (Status). Wenn Unterschiede als gleichwertig angesehen werden und mit geringen Machtdivergenzen verbunden sind (z.B. verschiedene handwerkliche Berufe), dann sprechen wir eher von Differenzierung. Wenn sie aber auf einer besser/schlechter Kategorisierung beruhen und deutliche Machtunterschiede (→ Institutionen) zeigen, dann geht es um soziale Ungleichheit. Prozesse sozialen Wandels können zu Modifikationen der Ungleichheitsdefinitionen und -strukturen führen. Daher ist jede Form sozialer Ungleichheit nur von eingeschränkter Dauer und prinzipiell veränderbar.

Was mit diesen „wertvollen Dingen" gemeint ist, mag in jeder Gesellschaft anders sein: In einer Gesellschaft könnten eine Plastiktüte von Harrods oder eine Jeanshose als besonders wertvoll angesehen werden, die in einer anderen gar nichts gelten. In einer Gesellschaft mögen Ärzte über ein hohes Einkommen und einen hohen sozialen Status verfügen, in einer anderen könnte der Status hoch, das Einkommen aber gering sein. In einer Gesellschaft verleiht Alter hohes Ansehen, in einer anderen ist es bloß eine Last. In einer Gesellschaft wird Geld als außerordentlich begehrenswert erachtet, in einer anderen kann es relativ bedeutungslos sein. Ebenso ist (sauberes) Wasser in einigen Regionen ein knappes und begehrtes Gut, während dies für andere Regionen nicht zutrifft. Umgekehrt ist in Gesellschaften, in denen fast alle Mitglieder ein Telefon oder ein Bankkonto besitzen, ihr Fehlen höchst ungleichheitsrelevant. Auch die eigenständige Verfügung über Zeit und Raum wird in verschiedenen Kontexten unterschiedlich bewertet[3].

Soziale Ungleichheit ist ein mehrdimensionales Phänomen, das in jeder Gesellschaft anders zu bestimmen ist. Wenn Lebensbedingungen oder Ressourcen gewissen Mitgliedern einer Gesellschaft mehr Vor- bzw. Nachteile bei der Lebensgestaltung einräumen als anderen, dann bezieht sich das auf Werte und Normen, die durch *Vorstellungen vom guten/würdigen Leben* begründet sind. Die Diskussion um relative Armut und eine sozio-kulturell festgelegte Armutsgrenze[4] kann hier eingeordnet werden. Allerdings macht sie darauf aufmerksam, dass *jeder Relativismus* dort *seine Grenzen hat*, wo es um das physi-

3 – vgl. Hradil, 2001, 315-318

4 – vgl. Huster, 1996, 21-32

sche Überleben, also um absolute Armut geht. Hier sind Unterschiede zwischen Gesellschaften minimal. Jeder benötigt ausreichend Nahrung, Kleidung, Wohnung, Sicherheit und Gesundheit. Hinzu kommt, dass *Gesellschaften intern heterogen* sind und daher unterschiedliche Rangordnungssysteme bestehen und jeder Mensch verschiedenen Teilgesellschaften angehört. Wenn z.B. angenommen wird, in Deutschland seien Einkommen, Bildungsabschluss und Berufsstatus relevante Merkmale für die Einteilung in Schichten, dann muss dies noch lange nicht für türkische Gemeinschaften innerhalb der deutschen Gesellschaft gelten. Vor unbedachten Verallgemeinerungen wird also gewarnt!

Zwei Aspekte sozialer Ungleichheit sind für die Entstehung von Konflikten aufgrund ungleicher Lebensbedingungen von entscheidender Bedeutung: Die *objektive* Seite bezieht sich auf die tatsächlich verfügbaren Mittel und Privilegien. Ihr steht die *subjektive* Seite gegenüber, d.h. die Einschätzung des eigenen Wertes in der Gesellschaft sowie die generelle Wahrnehmung und Beurteilung der Ungleichheit. Diese lässt Aussagen über die gesellschaftliche Legitimation der Ungleichheit oder ihre subjektive Verarbeitung zu. Dabei sind nicht selten Diskrepanzen zwischen der objektiven und der subjektiven Ebene festzustellen. Hinzu kommt, dass *jeder Mensch in mehrere, teilweise ganz unterschiedliche Ungleichheitsverhältnisse einbezogen* ist: Wer in der Familie „der Boss" ist, mag am Arbeitsplatz eine ganz untergeordnete, im Verein wieder eine andere Rolle spielen. Der Lokalmatador ist in der Landeshauptstadt vielleicht nur eine ganz kleine Nummer und traut sich kaum, seine Meinung zu sagen. Im soziologischen Sinn bezieht sich soziale Ungleichheit sowohl auf den objektiven als auch auf den subjektiven Bereich und ihr wechselseitiges Verhältnis.

Wenn Ungleichheit viele Dimensionen hat, so lässt sich nur am jeweiligen Erkenntnisinteresse entscheiden, welche für die vorliegende Forschungsfrage wie wichtig ist. Wer die Kontrolle über gesellschaftlich hoch bewertete und begehrte Ressourcen (z.B. Geld oder Einfluss) hat, der hat auch die Möglichkeit, anderen ihre Position zuzuweisen, oder mit anderen Worten: der hat auch Macht über andere (→ Institutionen). Er kann die Gewährung von Privilegien abhängig machen von Leistungen, z.B. vom Gehorsam gegenüber seinen Anordnungen. *Macht ist daher ein zentraler Strukturbegriff*: Ohne den Aspekt der Macht würde eine Analyse von Ungleichheit lediglich unterschiedliche Verteilungen irgendwelcher Dinge feststellen, ohne damit deren strukturelle Bedeutung – das „relativ stabile Beziehungsgeflecht zwischen Einheiten" (→ Kap. 1.2.1) – verstehen zu können.

Den *dynamischen Gesichtspunkt von Ungleichheit* bezeichnet man als soziale (im Gegensatz zur räumlichen) Mobilität, wenn es sich um den *individuellen* Auf- oder Abstieg in der gesellschaftlichen Hierarchie handelt. Im individuellen Lebenslauf können sowohl der *Zeitpunkt* von Ereignissen (Eintritt in die Arbeitslosigkeit im Jugend- oder fortgeschrittenen Alter) als auch die *Dauer* von Zuständen (Dauerarbeitslosigkeit) für Benachteiligungen ausschlaggebend sein. Die Dynamik kann sich aber auch *strukturell* in einem Wandel der Art der Ungleichheit (Schicht, Klasse, Zentrum-Peripherie etc.), der Spannweite der Ungleichheit oder der Verschärfung bzw. Nivellierung von Gegensätzen ausdrücken. Wir werden von *Polarisierung* sprechen, wenn sich die Ungleichheiten in einer Gesellschaft verschärfen und von *Nivellierung*, wenn sie sich verringern. Es hängt dann von den zugrunde gelegten Bewertungskriterien ab, wann eine quantitative Veränderung in einen qualitativen Wechsel umschlägt und neue Ungleichheitsformen auszumachen sind.

5.1.2 Theorien, Konzepte und Indikatoren

Wenn wir soziale Ungleichheit untersuchen wollen, dann können wir „naiv" an unser Thema herangehen und einfach beschreiben, was sich an Unterschieden feststellen lässt: Alter, Geschlecht, Religion, Körpergröße, Haar- und Hautfarbe, Vermögen – d.h. wir könnten eine unendliche Liste von Merkmalen verwenden und wüssten doch nicht, welches aus welchen Gründen mehr oder weniger wichtig ist. Daher sind Erkenntnisinteressen und Theorien so zentral. In Wirklichkeit können wir derart „naiv" gar nicht beobachten, weil wir durch Sozialisation und Erfahrung Vorstellungen von diesem „oben" und „unten" haben, also Alltagstheorien, die uns als Wegweiser dafür dienen, was wir als wesentlich festhalten (z.B. Einkommen) und als unwesentlich vernachlässigen (z.B. die Schuhgröße). In der Soziologie gibt es eine reiche Literatur zu Theorien sozialer Ungleichheit. *Dabei haben sich drei theoretische Modelle durchgesetzt*, die jeweils für sich in Anspruch nehmen, soziale Ungleichheit zu erklären und einen unterschiedlichen Fokus auf die Gesellschaft richten: die Klassentheorie, die Theorie der sozialen Schichtung und die Theorie der individualisierten Lebenslagen. Wir können nicht von vornherein sagen, ob der eine oder der andere Ansatz richtig oder falsch ist oder ob gar alle drei zusammen verwendet werden müssen, um unsere Gesellschaft zu verstehen. Um den Wahrheitsgehalt prüfen zu können, müssen wir Hypothesen formulieren und sie empirisch testen. Eine Theorie ist umso besser, je genauer die Hypothesen, die sich aus ihr ableiten lassen, die empirische Wirklichkeit beschreiben.

Die *Klassentheorie* ist in der dialektisch-marxistischen Wissenschaftsauffassung zu Hause. Die *Klassengesellschaft ist das Ergebnis einer bestimmten Abfolge historischer Umwälzungen*. In Stammesgesellschaften gibt es nur eine niedrige Stufe der Arbeitsteilung, *Subsistenzwirtschaft* herrscht vor, das vorhandene Eigentum ist gemeinsamer Besitz der Gesellschaftsmitglieder und daher gibt es keine Klassen. Die *Ständestruktur* des Feudalismus vermittelt sich über persönliche Loyalitätsbindungen, die rechtlich abgesichert sind. In diesen Beziehungen verschmelzen ökonomische, politische und persönliche Faktoren miteinander. Darüber hinaus basiert dieses System hauptsächlich auf der begrenzten lokalen Gemeinde, und die Produktion ist vorrangig auf deren bekannte Bedürfnisse abgestimmt. Mit der technischen Entwicklung, der Ausweitung der Arbeitsteilung und dem Anwachsen des Privateigentums an Produktionsmitteln geht die Erzeugung eines Mehrprodukts einher. Dieses wird von einer Minderheit von Nicht-Produzenten (Kapitalisten) angeeignet, die der Mehrheit der Produzenten (lohnabhängig Beschäftigte) in einem Ausbeutungsverhältnis gegenüberstehen. Ein neues, auf der Manufaktur in den Städten basierendes *Klassensystem* ersetzt die agrarische Struktur feudaler Herrschaft. Diese Umwälzung basiert auf dem teilweisen Ersatz einer Art des Eigentums an Produktionsmitteln (Land) durch ein anderes (Kapital).

Klassen haben ihre Grundlage in wechselseitigen Verhältnissen von Abhängigkeit und Konflikt. Die gegenseitige Abhängigkeit ist asymmetrisch und der Klassenkonflikt bezieht sich auf den Interessengegensatz, der in der Ausbeutung angelegt ist: *Klassen sind Konfliktgruppen*. Der Konflikt ist *antagonistisch*: Innerhalb der Logik des kapitalistischen Gesellschaftsmodells ist er nicht aufhebbar, er kann nur durch die Änderung des Systems selbst überwunden werden. Die heutigen kapitalistischen Gesellschaften haben ihn durch korporatistische (z.B. Tarifverhandlungen) und wohlfahrtsstaatliche Arrangements entschärft, aber nicht aufgehoben.

Eine Klasse wird nur dann eine wichtige gesellschaftliche und politische Kraft, wenn sie einen unmittelbar politischen Charakter annimmt und Brennpunkt gemeinsamer Aktion wird. Das ist selbst dann nicht notwendig der Fall, wenn alle objektiven Merkmale der Klassenteilung gegeben sind, nach Marx also eine *„Klasse an sich"* besteht. Nur unter bestimmten Bedingungen entwickelt sich aus der Klassenzugehörigkeit auch ein gemeinsames handlungsleitendes Bewusstsein, d.h. sie wird auch subjektiv zum Antrieb für Handeln. Dies bezeichnet Marx dann als *„Klasse für sich"*. Ihre äußere Form ist die Organisation, z.B. in Gewerkschaften und politischen Parteien.

In jedem Augenblick, in dem sich die Machtverhältnisse zwischen den beiden Klassen ändern, kommt es erneut zum *Kampf um den jeweiligen Anteil am Mehrwert* – z.B. in Tarifauseinandersetzungen, Streiks und Verhandlungen um sozial-, arbeitsschutz- oder mietrechtliche Regelungen. Basis des Klassenantagonismus ist das *Privateigentum an Produktionsmitteln*: Obgleich alle gleichermaßen Produktionsmittel benötigen, um ihre Existenz zu sichern, sind diese durch die gesellschaftlichen Machtverhältnisse in Eigentum und Verfügungsgewalt von Wenigen, die daraus ihren Profit ziehen. In den Augen des Unternehmers ist die Arbeit – ja ist der Arbeiter selbst – zum bloßen Kostenfaktor, zur Ware geworden. An dieser interessiert – wie an anderen Waren auch – nur der Tauschwert, so dass sie unter Kostenminimierungsdruck gerät (→ Kap. 7.1). Nur so ist zu erklären, dass gerade auch Unternehmen mit hohen Gewinnen und Gewinnzuwächsen Beschäftigte entlassen. Die Situation ist paradox: Der Mehrwert, den die Lohnabhängigen erwirtschaften, dient nicht nur der Kapitalakkumulation, sondern auch der Aufrechterhaltung des Klassenverhältnisses und damit der Ausbeutung und schließlich Verelendung des Arbeiters und, da die Kapitalisten auch in Konkurrenz gegeneinander stehen, dem Rückgang der Profite. Der Staat ist in diesen Zusammenhang unlösbar eingewoben, ein „Ausschuss, der die gemeinschaftlichen Geschäfte der ganzen Bourgeoisklasse verwaltet"[5]. In den wohlhabenden Ländern ist der antagonistische Konflikt am deutlichsten sichtbar institutionalisiert in *Tarifauseinandersetzungen*. Dort steht die Seite der Produktionsmittelbesitzer (Arbeitgeberverbände) der Seite der Lohnabhängigen (Gewerkschaften) gegenüber. Das obere Management (die leitenden Angestellten) führt keine Tarifauseinandersetzungen. Das Machtverhältnis zwischen beiden Seiten hängt insbesondere von der *Beschäftigungssituation* ab, also vom strukturellen Wandel, der Konjunkturlage und Branchenbedingungen: In

5 – Marx, MEW 4, 464

einer Situation der Überbeschäftigung wie in den sechziger und frühen siebziger Jahren, wenn Arbeiter dringend gesucht werden, haben diese gute Chancen, im Einzelarbeitsvertrag übertarifliche Bedingungen auszuhandeln, so dass sie nicht auf die Gewerkschaft angewiesen sind. In Zeiten hoher Arbeitslosigkeit und Unterbeschäftigung gilt das nicht, allerdings sind dann auch die Gewerkschaften geschwächt, da ihre Machtbasis mit steigender Arbeitslosigkeit abnimmt. Sie müssen sich unter diesen Bedingungen oft mit Besitzstandswahrung oder sogar realen Verlusten abfinden. Die einzelnen Arbeiter riskieren gar, wegen der Zugehörigkeit zur Gewerkschaft, entlassen zu werden. In der Folge verlieren Gewerkschaften Mitglieder, was sich sofort auf ihre Streikfähigkeit und damit auf ihre Macht und Attraktivität auswirkt, wodurch weiterer Mitgliederschwund entsteht. So hat der DGB im Jahre 1995 rund 380.000 Mitglieder verloren und ist jetzt deutlich unter zehn Millionen Mitglieder abgesunken. Wenn es richtig ist, dass es keinen Weg zurück zur Vollbeschäftigung geben wird, ist freilich die Machtbasis der Gewerkschaften ohnehin am Schwinden.

Klassenverhältnisse sind notwendig ihrem Wesen nach labil. Die herrschende Klasse versucht, ihre Position zu stabilisieren, indem sie eine *Ideologie* hervorbringt, die ihre ökonomische und politische Herrschaft begründet und der untergeordneten Klasse erklärt, warum sie diese Unterordnung akzeptieren soll. Daher sagen Marx/Engels in der Deutschen Ideologie: „Die Gedanken der herrschenden Klasse sind in jeder Epoche die herrschenden Gedanken, d.h. die Klasse, welche die herrschende materielle Macht der Gesellschaft ist, ist zugleich ihre herrschende geistige Macht. Die Klasse, die die Mittel der materiellen Produktion zu ihrer Verfügung hat, disponiert damit zugleich über die Mittel zur geistigen Produktion, so dass ihr damit zugleich im Durchschnitt die Gedanken derer, denen die Mittel zur geistigen Produktion abgehen, unterworfen sind“[6].

Die *Zugehörigkeit zu einer Klasse* ist etwas anderes als ein statistisches Phänomen oder Artefakt: Sie *zeigt sich vielmehr in allen Bereichen des Lebens*: in Erziehung, Sprache, Kleidung, Sexualität, Ideologie, Verhalten, Zugehörigkeit zu Organisationen und Vereinen, Lebensstil, Essen, Vorlieben, Kontakten, Einfluss usw. Das sind eben nicht voneinander unabhängige Variablen. Die Fähigkeit oder Unfähigkeit zu „demonstrativem Konsum“ ist ein wichtiger Aspekt der Außendarstellung – auch an Statusmerkmalen wie Adresse, Auto, Urlaubsort etc. wird Teilhabe ausgedrückt, und dieses kostet Geld. Durch solche wie durch formale Merkmale – Eingangsprüfungen, Diplome, Mitgliedschaften, Einladungen – grenzt sich das, was sich selbst als „gute Gesellschaft" definiert, von anderen ab. An kleinsten Details kann der Eingeweihte erkennen, ob jemand „dazugehört" oder nicht[7]. Da Verfeinerungen und *Stilisierungen der Lebensweise* immer auch mit der Möglichkeit zusammenhängen, Geld auszugeben, ist das „oben" und „unten" einigermaßen klar definiert. Soziale Schließungsmechanismen gibt es auf beiden Seiten. Dadurch ist einerseits dafür

6 – Marx/Engels, MEW 3, 46
7 – Bourdieu, 1983; Girtler, 1989

gesorgt, dass das System nicht durch allzu große Durchlässigkeit selbst fragwürdig wird, andererseits wird daraus, neben allen direkten und indirekten geschäftlichen Verbindungen, die *weltweite Einigkeit der Kapitalistenklasse* verständlich, die einer bestenfalls national fraktionierten lohnabhängigen Klasse gegenübersteht. Die Spitzen des Kapitals haben weltweit untereinander mehr gemeinsam als mit den arbeitenden Klassen ihrer eigenen Gesellschaft (→ Kap. 8.2.1).

Will man die Theorie zur Untersuchung der empirischen Wirklichkeit heranziehen, so darf man *nicht erwarten, dass die beiden theoretischen Hauptklassen in ungetrübter Form aufzufinden sind.* Thronte im 19. Jahrhundert der Fabrikherr noch in seiner pompösen Villa auf einem Hügel außerhalb des Werksgeländes, während das Proletariat sich in Dreck und Gestank abrackerte, so sind die Grenzen heute deutlich unschärfer geworden. Der Eigentümer eines Unternehmens ist oft abwesend und – als Besitzer von Aktien oder Geschäftsanteilen – anonym, jemand, den man weder sieht noch kennt und der selber vielleicht nicht einmal weiß, was sein Unternehmen produziert (so z.B. wenn er Anteile an Investmentfonds besitzt). Das Management, das über die Produktionsmittel verfügt, ist angestellt, gehört also formal zu den Lohnarbeitern. Es verhandelt seinen Lohn jedoch nicht im Tarifvertrag, sondern individuell, und nicht selten gehören Geschäftsanteile oder günstige Erwerbsoptionen zur Entlohnung dazu. Auf diese Weise wird zwar eine weitgehende Interessenidentität zwischen den Eigentümern und dem Management hergestellt, aber letzteres bleibt immer noch dem Aufsichtsrat und der Hauptversammlung unterstellt. Kleiner Aktienbesitz kommt darüber hinaus in allen Einkommensgruppen vor, insbesondere dort, wo die Alterssicherung ganz oder teilweise privat organisiert ist. Das mussten tausende von Menschen schmerzlich erfahren, deren Pensionskassen durch die großen Firmenzusammenbrüche der letzten Jahre (Enron, WorldCom usw.) empfindlich geschädigt worden sind. Es ist bei uns zwar selten, kommt aber vor, dass ein Arbeiter Aktien besitzt. Zwischen den beiden Hauptklassen existiert ferner ein Kleinbürgertum, das Merkmale beider Klassen zugleich tragen und dessen Klassenloyalität je nach anstehendem Problem wechseln kann: Mal fühlt sich der Manager als Lohnabhängiger, mal der Arbeiter als Eigentümer. Dennoch bleibt die Theorie des antagonistischen Klassenkonflikts fruchtbar, d.h. sie erlaubt uns, Hypothesen zu generieren und empirisch zu prüfen, die für das Verständnis unserer Gesellschaft bedeutend sind.

Die *Theorie der sozialen Schichtung* ist das bürgerliche Gegenmodell zur Klassentheorie[8]. Sie sucht Ungleichheit zu beschreiben, leugnet aber den antagonistischen Konflikt sowie das Ausbeutungsverhältnis und misst folglich dem Eigentum an Produktionsmitteln keine Relevanz zu. Stattdessen verwendet sie einkommens-, bildungs- und berufsbezogene Merkmale. Damit stützt sie sich auf mehrere Dimensionen sozialer Ungleichheit, wenngleich dem Arbeitsmarkt – und insbesondere dem Beruf – eine zentrale Bedeutung eingeräumt wird. Die Einkommensvariable – zumeist das monatliche Netto-

Theorie der sozialen Schichtung

8 – Davis/Moore 1945

Äquivalenzeinkommen[9] – soll die Verfügung eines Haushaltes über ökonomische Mittel zur Existenzsicherung berücksichtigen. Bildung wird als Ressource verstanden, welche die Aufnahme und den Erhalt der Erwerbsarbeit ermöglichen[10] und Gestaltungsspielräume (z.B. politische Partizipation, Networking) in anderen Lebensbereichen eröffnen kann[11]. Sie wird in der Regel über den höchsten allgemeinbildenden Schulabschluss operationalisiert, manchmal auch über die im Schulsystem verbrachten Jahre bzw. eine Kombination aus Schul- und Ausbildungsabschlüssen. Der Beruf gilt der Schichttheorie als „eine elementare Form der gesellschaftlichen Differenzierung auf der Grundlage von Arbeitsteilung und Spezialisierung des Wissens und der Fähigkeiten“[12]. Er symbolisiert dieser Ansicht nach das auf dem Markt angebotene Arbeitsvermögen von Personen[13], auf welches das Wirtschaftssystem bei Bedarf zugreift, um es ökonomisch zu verwerten. Entsprechend sind mit dem Beruf bessere bzw. schlechtere Chancen am Arbeitsmarkt verbunden, denn beruflich definierte Kriterien können Zugangsbarrieren zu Arbeitsmarktpositionen und damit auch zu Erwerbsmöglichkeiten bedeuten. Die Operationalisierung ist vergleichsweise kompliziert und daher auch nicht unumstritten. Zumeist werden Berufsprestige- oder Berufsstatusskalen verwendet[14], welche entweder die Klassifikation der Berufe nach der Art der verrichteten Tätigkeit[15] oder der sozialrechtlichen Stellung (Arbeiter, Angestellte, Beamte etc.)[16] erfordern. Das Berufsprestige versucht, die soziale Wertschätzung der Berufe abzubilden[17]. Die Bedeutung solcher Indikatoren ist weder im Vergleich zwischen verschiedenen Gesellschaften identisch, noch ist das Maß für unsere eigene Gesellschaft sonderlich treffsicher. Konzeptuell liegt dem sozio-ökonomischen Status der Berufe die Annahme zugrunde, dass die Skalenwerte die beruflichen Eigenschaften messen, die Bildung in Einkommen umwandeln[18]. Der Beruf wird demnach als vermittelnde Variable verstanden. Da ihm in der Schichttheorie – gleich wie er operationalisiert wird – eine zentrale Stellung zukommt, verwenden manche Untersuchungen die Berufsskalen als einzige Schichtindikatoren[19], andere hingegen stützen

9 – Beim monatlichen Netto-Äquivalenzeinkommen handelt es sich um ein Pro-Kopf-Haushaltseinkommen. Das bedeutet erstens, dass alle monatlichen Nettoeinkommen eines Haushaltes (neben Erwerbseinkommen auch Mieteinnahmen, Transferleistungen wie Kindergeld und Arbeitslosengeld etc.) zusammengerechnet werden. Zweitens sollen so genannte Bedarfsgewichte, die in Äquivalenzskalen aufgelistet sind (vgl. Krause, 1992, 7 sowie Hanesch et al., 2000, 48), dem Umstand Rechnung tragen, dass Basiskosten der Haushalte nicht für jede Person erneut in gleicher Höhe anfallen und altersspezifische Bedarfsunterschiede bestehen. Entsprechend wird das Haushaltseinkommen bei der Umrechnung auf ein Pro-Kopf-Einkommen gewichtet, indem es durch die Summe der Personengewichte dividiert wird.

10 – Böhnke, 2000, 471-479

11 – Geißler, 1990, 90ff

12 – Berger et al., 2001, 211

13 – Kurtz, 2001, 10

14 – Wolf, 1995

15 – Statistisches Bundesamt 1992; International Labor Office 1990

16 – Statistisches Bundesamt 1999

17 – Treiman 1977, Treiman 1979, Ganzeboom et al. 2003

18 – Ganzeboom et al., 1992; Ganzeboom et al., 2003

19 – Mayer, 1979, 119

20 – Jöckel et al., 1998, 19; Rohwer et al., 2002, 87f.; Geißler, 1994, 26

sich auf alle drei Variablen. Während neuere Forschungen auf eine Zusammenfassung dieser drei Merkmale in einem Schichtindex verzichten und zum Teil von einem Statuskontinuum ausgehen[20], addieren andere die einzelnen Variablenwerte auf, aus denen sie eine nicht einheitlich definierte Anzahl von Schichten bilden[21].

Die Schichtungstheorie ist ein am Modell westlich-kapitalistischer Gesellschaften gebildeter Ansatz zur Beschreibung sozialer Ungleichheit. Sie ist weder universell anwendbar, noch sind ihre Indikatoren im interkulturellen Vergleich verlässlich. In marxistischer Terminologie richtet sie sich auf die äußere *Erscheinungsform* sozialer Ungleichheit, während die Klassentheorie im antagonistischen Konflikt das innere *Wesen* der Ungleichheit sieht. Eine Variante der Schichttheorie behandelt soziale Ungleichheit vermeintlich „wertfrei“ beschreibend als *Verteilungsproblem*. Soziale Ungleichheit besteht nach dieser Position in der ungleichen Verteilung von Vor- und Nachteilen auf die Menschen in einer Gesellschaft. Eine theoretisch angereicherte Variante versteht Ungleichheit als Antwort auf die *Knappheit der Leistung*, die Menschen für die Gesellschaft erbringen. Durch größere Bildung, Disziplin, Anstrengung etc. kann soziale Ungleichheit durch Auf- oder Abstieg für Individuen verändert werden. Diese Position kann darauf verweisen, dass die kapitalistischen Gesellschaften keineswegs durch das proletarische Elend in die sozialistische Revolution getrieben worden sind, sondern im Gegenteil (wenn auch nur vorübergehend) zu weit verbreitetem Wohlstand und allgemeiner sozialer Sicherheit geführt haben. Dies wird nicht bestritten – es geht jedoch am Kern des von der Klassentheorie aufgezeigten Problems vorbei. Besteht nämlich nach wie vor ein Klassenantagonismus, dann sind diese Fortschritte ständig in Gefahr und lediglich einer – vielleicht nur vorübergehenden – Verschiebung der Machtbalance zu verdanken. Sobald die relative Macht der arbeitenden Klasse abnimmt, sind ihre Errungenschaften sofort wieder in Frage gestellt.

Dem widerspricht ein Ansatz, der mit *individualisierten Lebenslagen* argumentiert. In Stefan Hradil's Buch von 1987, „aus Verwunderung und Verärgerung“ darüber geschrieben, dass die Sozialstrukturanalyse in Deutschland auf der Basis völlig unzulänglicher Klassen- und Schichtmodelle betrieben werde, heißt es: „Sozialstrukturmodelle, die den Gegebenheiten fortgeschrittener Gesellschaften Rechnung tragen, sollten m. E. von dem handlungstheoretischen Grundgedanken ausgehen, nach dem die soziale Welt dann erschließbar wird, wenn dem Handeln, d.h. dem subjektiv sinnhaften Tun der Menschen nachgegangen wird“[22]. Der Vorteil eines solchen handlungstheoretischen Bezugsrahmens werde deutlich, wenn es darum gehe, Dimensionen sozialer Ungleichheit zu bestimmen. „So lässt sich zeigen, dass in den letzten Jahrzehnten in fortgeschrittenen Gesellschaften neben den ökonomischen mehr und mehr solche Lebensziele akzeptiert worden sind, die politisch-administrativ oder ‚gesellschaftlich‘ zu erreichen sind. Demzufolge hat sich auch der Kreis der Lebensbe-

individualisierte Lebenslagen

21 – Der Nachteil dieser aggregierten Größen wurde schob früh erkannt und wird u. a. von Pappi (1979: 33-35) diskutiert.

22 – Hradil, 1987, 9

dingungen beträchtlich erweitert, die es den Gesellschaftsmitgliedern erlauben oder versagen, diese ‚allgemeinen' Lebensziele in ihrem Handeln zu erreichen: Neben den Ungleichheitsdimensionen des Geldes, der formalen Bildung, der Macht und des Berufsprestiges sind die Dimensionen der sozialen Sicherheit (Risiken und Absicherungen), der Arbeits-, Freizeit- und Wohnbedingungen, der Partizipationschancen, der integrierenden oder isolierenden sozialen Rollen sowie der Diskriminierung und Privilegien im täglichen Umgang mit Mitmenschen zu berücksichtigen"[23]. Den meisten Menschen würden Vor- und Nachteile zugleich zuteil. Dies könnten weder die beschreibenden Schichtmodelle noch die erklärenden Klassentheorien abbilden. Erforderlich sei vielmehr, die jeweiligen Kombinationen ungleicher Lebensbedingungen in ihrer Komplexität zu sehen und sie als Kontexte von Handlungsbedingungen zu interpretieren. Die „Freiräume und Barrieren der Austauschbarkeit von Handlungsbedingungen" seien gesellschaftlich vorgegeben, oder einfacher: Institutionen unterschiedlich zugänglich. „Demnach bietet es sich an, *typische soziale Lagen* ... zu identifizieren"[24]. Deren Vorteil in der empirischen Analyse bestünde darin, „wesentlich mehr Informationen zu erlangen als durch die starren Schichtkonzepte"[25].

Es geht Hradil also um eine differenziertere Beschreibung. Er vermeidet es jedoch – was Schichtmodelle immerhin noch getan haben – Unterschiede zwischen den Handlungsbedingungen z.B. nach ihrer Wichtigkeit zu machen. Er fragt weder – wie die Schichtungstheorie – ob es systematische Korrelationen zwischen den einzelnen Merkmalen der Lebensbedingungen gibt, noch – wie die Klassentheorie – woher diese kommen und wie sie sich auswirken. „Fortgeschrittene Gesellschaften zeichnen sich dadurch aus, dass ihre Mitglieder auf der einen Seite mehr subjektive Autonomie denn je zuvor haben, auf der anderen Seite in individuell kaum beeinflussbare strukturelle Zusammenhänge eingespannt sind"[26]. So wie bei den unterschiedlichen Dimensionen der Lebensbedingungen, so wird auch bei den subjektiven und objektiven intervenierenden Faktoren grundsätzlich Unabhängigkeit unterstellt. Kommt es dennoch, was in der Wirklichkeit nicht selten der Fall sei, zu „typischen Kombinationen" solcher Faktoren, dann spricht Hradil von sozialen Milieus, definiert als „Gruppen von Menschen, die solche äußeren Lebensbedingungen und/oder innere Haltungen aufweisen, dass sich gemeinsame Lebensstile herausbilden. *Soziale Milieus* sind unabhängig von sozialen Lagen definiert, weil sich Lebensstile in fortgeschrittenen Gesellschaften immer häufiger unabhängig von der äußeren Lage entfalten"[27].

Hradil löst damit den in der Klassentheorie behaupteten inneren Zusammenhang von Bewusstsein und Sein auf, er trennt beide und beschreibt sie durch Bündel von Variablen. Das sind Merkmale, die ohne inneren Zusammenhang zuweilen zufällig „typische Kombinationen" eingehen können, aus denen sich dann gemeinsame Lebensstile vermuten lassen. Damit ist der *innere Zusammen-*

23 – ebd., 10
24 – ebd., 11
25 – ebd.
26 – ebd.
27 – ebd., 12

hang von Gesellschaft zerrissen. Ideologisch wird impliziert, Klassenantagonismen bestünden nicht (mehr), jeder nutze seine Wahlfreiheiten, es sei jeder quasi selbst verantwortlich für die Lage, in der er sich gesellschaftlich befindet, Gesellschaft sei ein Aggregat, eine Summe unterschiedlicher und zueinander auch weitgehend beziehungsloser Individuen ohne Bindung an größere Kollektive. Die Pluralisierung oder Individualisierung von Lebensstilen ist eine diesem „Entstrukturierungs"-Ansatz inhärente Vorstellung. Hier wird gerade das aufgegeben, was sich an „Gesellschaft" zu verstehen lohnt. Auf ein kausales, inhaltlich erklärendes oder begründendes Argument wird ausdrücklich verzichtet[28]. Das ist die Strukturanalyse eines Marktforschers, der daran interessiert ist, mit möglichst geringem Werbeaufwand ein Produkt zu verkaufen. Diese Affinität verschweigt Hradil auch gar nicht: „... habe ich in Anlehnung an die o.a. kommerziellen ‚Lebensweltanalysen' acht Milieus unterschieden"[29].

Der Ansatz ist betont *handlungstheoretisch*, d.h. mikroanalytisch ausgerichtet und hängt eng zusammen mit Diskussionen über Prozesse des Wertewandels und der Individualisierung. Sein *Gegenstand* ist also ein anderer als der dieses Buches (→ Kapitel 1.3). Aber er bezieht auch ideologisch Position: Es ist leicht zu verstehen, dass die Klassentheorie in einer Gesellschaft heftig umstritten sein muss, die einerseits kapitalistisch verfasst ist, sich andererseits aber selbst als gerecht, gleich und sozial ausgibt. Schon der Begriff der „sozialen Marktwirtschaft" soll ja suggerieren, dass wir mit dem Kapitalismus alter Prägung – demjenigen, der das proletarische Elend der Frühindustrialisierung hervorgebracht hat – nichts mehr gemein haben und dass *von Klassengesellschaft bei uns keine Rede* sein kann. Angeblich ist der Kapitalismus human und sozial geworden, und daher gibt es keinen Klassenkampf mehr, sondern vernünftigen Interessenausgleich.

Wenn die herrschende Klasse ihre Position zu stabilisieren sucht, indem sie eine *legitimierende Ideologie* hervorbringt und stützt, dann müssen wir erwarten, dass zwischen objektiven Klassenverhältnissen und ideologischer Selbstinterpretation einer Gesellschaft ein Widerspruch besteht. Die herrschende Klasse wird alles versuchen, um die Existenz von Klassen und Klassenantagonismen zu leugnen, und sie wird sich dazu insbesondere der Wissenschaft und der Massenmedien bedienen, die sie (als Produktionsmittel) kontrolliert. Sie wird versuchen, den Klassenkampf als rationale, pluralistische und gleichgewichtige Auseinandersetzung zu interpretieren, in der die Ratio – Wachstum, Produktivität, Lohngefälle, Wettbewerbsfähigkeit – auf ihrer Seite steht und möglichst von niemandem in Zweifel gezogen wird.

5.1.3 Methodische Hinweise und Datenkritik

Wenn wir an die empirische Untersuchung von sozialen Ungleichheiten gehen wollen, müssen wir zunächst Indikatoren definieren, deren Bedeutung in einem theoretischen Kontext steht. Prinzipiell kann objektive soziale Ungleichheit durch Merkmale ausgedrückt werden, die in einer Gesellschaft (a) verschie-

Merkmale

---

28 – ebd., 139
29 – ebd., 127 ff.

dene Ausprägungen annehmen können, (b) sich auf bewertete Differenzen und somit auf Macht- bzw. Abhängigkeitsbeziehungen beziehen und (c) auf gesellschaftlich stabilisierte Unterschiede verweisen, die relativ allgemeingültig und dauerhaft begünstigend oder benachteiligend wirken. Unsere theoretische Auseinandersetzung hilft uns noch weiter: Klassentheoretisch zentral sind das Eigentum an und die Verfügung über Produktionsmittel auf der einen Seite, die Verteilungsrelation des Mehrwertes auf der anderen Seite. Hinzukommen muss die Definition von mindestens zwei Klassen und der Nachweis ihres Verhältnisses als antagonistischer Konflikt. Die Rolle des Staates untersuchen heißt, Argumente dafür zu finden, auf welcher Seite im Klassenkonflikt er steht.

Was in der logischen Ableitung schlüssig und einfach aussieht, stößt freilich schon bald auf erhebliche Schwierigkeiten. Es gibt kein statistisches Jahrbuch, in dem sich nachschlagen ließe, wem welche Produktionsmittel gehören oder wer über sie verfügt. Auch der Mehrwert und seine Verteilung werden nicht amtlich erhoben und berichtet. Für all dies lassen sich nur mehr oder weniger gut geeignete Annäherungen finden, die jeweils wieder mit besonderen Problemen einhergehen, von denen wir nachfolgend einige erörtern möchten.

Bei aller Raffinesse der Indikatorenbildung darf die meist schlechte Datenqualität nicht übersehen werden. Wer z.B. Armut – so wie die Weltbank[30] in ihren Weltentwicklungsberichten – mit dem Indikator „weniger als ein (oder zwei) Dollar am Tag" messen will, der vergisst, dass ein solcher Indikator nur dann etwas aussagt, wenn er in Relation zum Preisniveau gesetzt wird. In vielen Entwicklungs- und Transformationsländern – und dort vor allem in den Städten – unterscheiden sich die Preise kaum von denen in westlich-kapitalistischen Ländern (für die übrigens eine andere Armutsschwelle gilt, nämlich zwölf Dollar pro Tag)[31]. Dazu kommt der Umstand, dass das Geldeinkommen in unterschiedlichen Gesellschaften völlig Verschiedenes aussagt, weil sie ganz unterschiedlich weit durchkommerzialisiert sind. Auch die Industrieländer sind nicht homogen: Mit wachsender Armut gibt es überall – auch in den westlich-kapitalistischen Gesellschaften – Sektoren, die mit wenig Geld auskommen, weil sie Naturaltausch vorziehen (müssen) und sei es in der modernen Form von Tauschringen (→ Kapitel 11.4.1)[32]. Es versteht sich von selbst, dass sich Schwächen in der Angabe der Einkommen auf statistische Kennwerte wie den Gini-Koeffizienten[33] auswirken und damit Aussagen zur ungleichen Verteilung des Einkommens unpräzise werden lassen. Auf der anderen Seite sagt der oft verwendete Indikator Sozialprodukt pro Kopf weder etwas über die Qualität des

30 – Die Weltbank dominiert die internationale Armutsforschung – sie sagt von sich auch, dass ihr eigentliches Mandat die Bekämpfung der Armut sei. Das stimmt nur sehr bedingt mit den Fakten überein.

31 – Chossudovsky, 2004, 337 ff.

32 – Natürlich wissen das auch die Weltbankstatistiker (vgl. die technischen Anmerkungen in den Weltentwicklungsberichten). Zu kritisieren ist, dass sie die Zahlen dennoch veröffentlichen, obgleich sie nichts aussagen. Zu kritisieren sind aber auch die Konsumenten solcher Statistiken, die damit in der Regel gedankenlos umgehen, sich dabei womöglich gar auf die Autorität der Weltbank berufen.

33 – Atkinson et al. 2001, 771-799; Vigorito 2003

Wohlstands noch etwas über seine Verteilung – es ist ein reiner statistischer Durchschnitt[34].

Je nach Einkommensquelle lassen sich Erwerbseinkommen, Besitz- oder Vermögenseinkommen (Sparguthaben, Vermietung, Unternehmensbesitz etc.) sowie Transfer- oder Sozialeinkommen (Kindergeld, Arbeitslosengeld, staatliche Rente etc.) voneinander unterscheiden. Noch nicht berücksichtigt sind dabei Sachbezüge (Deputate, geldwerte Vorteile), die entweder Geldausgaben sparen oder in Geld verwandelt werden können. Einkommensvariablen sind in diversen amtlichen und nicht-amtlichen Statistiken enthalten. Allerdings lassen sich die Daten zumeist nicht verknüpfen, so dass Zusammenhänge schwer aufzudecken sind. Darüber hinaus ist fraglich, ob die Merkmale den Erfordernissen der Untersuchung entsprechen, denn die amtliche oder behördliche Datenerhebung verfolgt häufig andere Zielrichtungen, so dass Sekundärdaten häufig nur mit Abstrichen für eigene Analysen nutzbar sind. Zudem werden Längsschnittuntersuchungen, welche zur Erforschung von Polarisierungs- oder Nivellierungsprozessen notwendig sind, durch gesetzliche oder administrative Umgestaltungen erschwert, die sich auf die erhobenen Merkmale auswirken. So kam es durch die Hartz-Reform zu Änderungen beim Bezug von Sozialhilfe, was zur Folge hatte, dass alle Personen, die als arbeitsfähig eingestuft wurden, nicht mehr in der Sozialhilfestatistik geführt wurden. Darüber hinaus werden Arbeitslose, die – wie z.B. einige Migranten – keine Arbeitserlaubnis haben, in keiner Arbeitslosenstatistik auftauchen. Auch Wohnungslose und Personen, die in Pflegeheimen, Kasernen oder dem Gefängnis untergebracht sind, werden bei allgemeinen Bevölkerungsumfragen nicht erfasst.

Die Einkommens- und Verbrauchstichprobe berücksichtigt besonders hohe Einkommen aus statistischen Gründen (Verzerrung der Verteilung) nicht, verzichtet damit aber auch auf diesbezügliche Informationen. Hinzu kommt, dass die Auskunftsbereitschaft über das eigene Einkommen mit steigender Höhe sinkt und zu einer systematischen Unterschätzung führt. Die Einkommenssteuerstatistik gibt das *versteuerte Einkommen* wider, welches jedoch für das eigentlich interessierende tatsächliche Einkommen nur bedingt aussagekräftig ist. Von Steuerhinterziehung einmal abgesehen, machen die verschiedensten Abschreibungsmöglichkeiten gerade für den oberen Einkommensbereich – Rückschlüsse unmöglich. Zudem werden einige Geldwerte wie z.B. Spekulationsgewinne – ganz von der Steuer ausgenommen, folglich fehlen sie in der entsprechenden Statistik und den darauf aufbauenden Berechnungen. Allerdings verfügen wir nicht nur bei hohen Einkommen über wenig exakte Daten. Auch die *Überschuldung* kann nur ansatzweise bestimmt werden. Die wenigen Studien, die es dazu gibt, setzen zumeist bei Schuldnerberatungsstellen an. Um ein exaktes Bild zu erhalten, müssten jedoch auch die einbezogen werden, die keine offizielle Hilfe in Anspruch nehmen. Ihre Erreichbarkeit stellt jedoch ein methodisches Problem dar. Dasselbe gilt für die Untersuchung von Obdachlosen und Personen in

34 – Weitere Probleme insbesondere der internationalen Vergleichbarkeit werden diskutiert in www.wider.unu.edu/wiid/WIID2.pdf; selbstverständlich räumen alle Bemühungen um die sorgfältige Definition und die Konstruktion von Indikatoren die Unsauberkeiten der Datenerhebung nicht aus.

absoluter Armut, für die ebenfalls so gut wie keine Daten vorliegen. Wir befinden uns in einer Situation, in der – von prinzipiellen Problemen exakter Datenerhebung einmal abgesehen – insbesondere die Angaben fehlen, die uns am meisten interessieren: die oberen und die unteren Einkommenssegmente. Es kommt zur systematischen Unterschätzung dieser beiden Bereiche. Damit ist Polarisierung statistisch nur schwer nachzuweisen.

Obwohl die *Vermögens*verteilung aussagekräftiger als die Einkommensverteilung langfristig wirkende und sich verfestigende Ungleichheitsstrukturen darlegt, ist die Verfügbarkeit valider Daten aufgrund der Komplexität des Vermögensbegriffes und bestehender Erhebungsprobleme bis heute unzureichend. Vermögen besteht aus Geldvermögen (Bankeinlagen, Versicherungsguthaben, Wertpapiere etc.) und Sachvermögen wie z.B. Immobilienbesitz. Allerdings ist nicht jedes Vermögen als Eigentum an Produktionsmitteln zu interpretieren (z.B. selbst genutztes Wohnungseigentum, Spargroschen). Die Vermögenssteuerstatistik erfasst beispielsweise nur deklarierte und versteuerte Vermögen und steht seit der Abschaffung der Vermögenssteuer nicht mehr als aktuelle Datenquelle zur Verfügung. Auch andere Statistiken sind unvollständig, und ihre Daten müssen z. T. erst in reale Verkehrswerte umgerechnet werden. Ferner gibt es einige Vermögensarten wie z.B. das gewerbliche Vermögen, über die wenige Informationen vorliegen. Da Spekulationsgewinne nicht zu versteuern sind[35], werden Angaben über solche Vermögen nicht oder selten gemacht, zumal sie oft im Ausland deponiert sind. Eine andere und zunehmend beliebte Möglichkeit, sie der Steuer zu entziehen, ist die Errichtung einer Stiftung. Bekannt ist, dass gerade große Vermögen gerne in ausländische Steuerparadiese verschoben werden[36]. Die steuerliche Bewertung von Immobilienvermögen ist in Deutschland schon vor Jahren höchstrichterlich kritisiert worden, weil die Einheitswerte veraltet und viel zu tief angesetzt sind. Zahlreiche Abschreibungsmöglichkeiten erlauben es, Vermögen steuerlich klein zu rechnen oder Scheinverluste geltend zu machen. Wer mit solchen Zahlen operieren will, sollte zumindest ihre Mängel kennen und in die Argumentation einbeziehen und entsprechend vorsichtig interpretieren.

Ähnliches trifft auf die Arbeitslosigkeit zu: Als arbeitslos gilt in der deutschen Statistik, wer als Arbeit suchend beim Arbeitsamt gemeldet ist. Wer sich nicht (mehr) meldet, z.B. weil er nach langer Suche resigniert hat, wer in Qualifikationsmaßnahmen oder kurzfristig in prekären Jobs untergekommen ist, geht nicht in die Statistik ein. Vergleichbares gilt auch für den Bezug von anderen Transferzahlungen. Für Deutschland wird geschätzt, dass die wirkliche Arbeitslosigkeit wahrscheinlich um etwa fünfzig Prozent höher ist als die

35 – Das Bundesverfassungsgericht hat dies damit begründet, dass solche Gewinne nur ausnahmsweise verlässlich festgestellt werden können und damit die Einhaltung der Gleichbehandlung nicht garantiert werden kann.

36 – Gerade aus diesen Gründen dürfte es wenig Sinn machen, in diesem Kapitel etwas über die „Reichen und Schönen" zu sagen. Das überlassen wir lieber den Klatschspalten. Wer sich dafür interessiert, mag z.B. mit der berühmten alljährlichen Auflistung in Forbes beginnen, http://www.forbes.com/billionaires/2005/03/09/bill05land.html

von der Bundesagentur für Arbeit gemeldete[37]. Umgekehrt gilt, dass sich unter denjenigen, die statistisch als beschäftigt verbucht werden, sich auch solche in prekären Beschäftigungsverhältnissen oder mit geringem Einkommen befinden. Die Zahlen sagen also nicht eben viel aus, auch wenn sie im politischen Schlagabtausch beliebt sind. Es ist leicht vorstellbar, dass solche Statistiken in Gesellschaften mit einem größeren informellen Wirtschaftssektor noch viel weniger Informationsgehalt besitzen. Plausibel scheint, dass in solchen Ländern diese Statistiken gar nicht zu verwenden sind. Es sollte deutlich geworden sein, dass selbst Gesellschaften, die seit langer Zeit ein statistisches Berichtsystem etabliert haben, keine exakten Zahlen garantieren können.

Um bestimmen zu können, wie gleich bzw. ungleich eine Merkmalsverteilung ist, benötigt man Kriterien. Der Gini-Koeffizient drückt das Ausmaß der Ungleichheit in einer einzigen Zahl aus. Er kann Werte zwischen 0 (vollkommene Gleichverteilung) und 1 (vollkommene Ungleichheit) annehmen. Im Zeitverlauf steigende Werte verweisen somit auf wachsende Ungleichheit. Darüber hinaus geben die Einkommensanteile (Quintile, Dezile) der nach der Höhe ihres Einkommens geordneten Personen darüber Auskunft, über wie viel Prozent des Gesamteinkommens beispielsweise die unterste (ärmste) bzw. oberste (reichste) Kategorie verfügt und in welchem Verhältnis die jeweiligen Anteile zueinander stehen. Armuts- oder Reichtumsquoten geben schließlich über die entsprechenden Bevölkerungsanteile Auskunft, die unter die jeweiligen Definitionen fallen[38].

5.2 Ungleichheit empirisch

5.2.1 Weltgesellschaft

Wir wollen hier auf zwei Aspekte der *globalen Ungleichheit* aufmerksam machen: Die Armut als Hinweis auf die Zahl und die Verteilung der Opfer; die Entwicklung der Einkommens- und Vermögensverteilung als Hinweis darauf, wie der global erwirtschaftete Mehrwert verteilt worden ist.

„Das vergangene Jahrhundert hat für viele Menschen bedeutende Verbesserungen in der Gesundheitsversorgung und in der Bildung gebracht, wie man an zurück gehender Kindersterblichkeit, steigender Lebenserwartung und höheren Alphabetisierungsraten sehen kann. Dennoch leben noch immer schätzungsweise 1,2 Milliarden Menschen von weniger als einem Dollar und fast drei Milliarden von weniger als zwei Dollar am Tag. 110 Millionen Kinder im schulpflichtigen Alter gehen nicht zur Schule, davon sechzig Prozent Mädchen. 31 Millionen Menschen sind mit AIDS infiziert. Und viele mehr leben ohne aus-

37 – Kritik verdient, dass die „offiziellen“ Zahlen trotz solch bekannter Fehler dennoch unentwegt und meist unkommentiert verwendet werden, so z.B. auch im Datenreport.

38 – So wird das Äquivalenzeinkommen mit dem gesellschaftlichen Durchschnittseinkommen (Median oder arithmetisches Mittel) verglichen und z.B. als einkommensarm bezeichnet, wer nicht mehr als 60 Prozent des Median-Äquivalenzeinkommens verdient. Entsprechend andere Grenzwerte lassen sich für strenge Armut, prekären Wohlstand, Wohlhabenheit, Reichtum etc. definieren (vgl. Krause et al. 1997).

	BIP pro Kopf in PPP US$[1] (2002)	GDP-Index (2002)	Human development index (HDI) (2002)
Arabische Staaten	5,069	0,65	0,651
Ostasien und Pazifik	4,768	0,64	0,740
Lateinamerika und Karibik	7,223	0,72	0,777
Südasien	2,658	0,55	0,584
Schwarzafrika	1,790	0,48	0,465
Zentral- und Osteuropa	7,192	0,72	0,796
OECD	24,904	0,92	0,911
ertragsstarke OECD	29,000	0,95	0,935
Entwicklungsländer	4,054	0,62	0,663
am wenigsten entw. Länder	1,307	0,42	0,446
Welt	7,804	0,73	0,729

Tabelle 5.1: Bruttoinlandsprodukt pro Kopf, GDP- und HDI-Index für verschiedene Weltregionen (2002). *Quelle: Eigene Darstellung, Daten nach UNDP 2004*

1 – Steht für die purchasing power parity und meint Kaufkraftparität. Dies ist ein fiktiver Wechselkurs zwischen zwei Währungen, der sich aus der Kraft der beiden Währungen in ihren jeweiligen Ursprungsländer berechnet. Ein Wechselkurs beschreibt das Verhältnis zweier Währungen zueinander, hier wird als Referenzpunkt US$ gewählt.

reichende Nahrung, Wohnung, ohne sicheres Wasser und ohne sanitäre Einrichtungen“[39]. Zwei Drittel der Armen leben in Südasien, zwanzig Prozent in Schwarzafrika, fünf Prozent in Lateinamerika, vor allem in Mexiko und Zentralamerika. Nach Schätzungen der FAO sind 842 Millionen Menschen, davon 95% in Entwicklungsländern, unterernährt. Während der 1990er Jahre hat sich diese Situation in achtzig Ländern kaum verändert, in fünfzig Ländern gab es Verbesserungen, in 41 Ländern deutliche Rückschritte. Nach dem Weltgesundheitsbericht 2002 werden die Unterschiede zwischen Ländern und Regionen größer: So beträgt die Differenz zwischen der mittleren Lebenserwartung in Schwarzafrika (46 Jahre) und den Industrieländern (78) 32 Jahre, vor allem infolge von AIDS. Während sich die Sterblichkeit (→ Kap. 4.1.1) in den Industrieländern auf die Altersgruppen über siebzig Jahre konzentriert, liegt ihr Schwerpunkt in den Entwicklungsländern viel tiefer. Hohe Säuglings- und Kindersterblichkeit und die höhere Sterblichkeit in jüngeren Jahrgängen sind dafür verantwortlich. Vor allem in Schwarzafrika hat sich die Gesundheitssituation deutlich verschlechtert – am meisten in Malawi, Mosambik und Sambia, wo AIDS, Malaria und Tuberkulose die wichtigste Rolle spielen und zwanzig Prozent aller Kinder sterben, bevor sie fünf Jahre alt werden. Der Zusammenhang zwischen Morbidität und Wohlstand ist offensichtlich – das gilt nicht nur im Vergleich zwischen Ländern, sondern ebenso innerhalb von Ländern, auch in Europa. Verbesserungen gab es sei 1970 in Südostasien, im östlichen Mittelmeerraum und in Lateinamerika. Vor allem in Zentralasien nimmt die Tuberkulose deutlich zu. AIDS ist zur wichtigsten Todesursache für Menschen im Alter zwischen 15 und 59 Jahren geworden – achtzig Prozent davon in Schwarzafrika. Täglich sterben 1.600 Frauen an Komplikationen während der Schwangerschaft und Geburt, die Müttersterblichkeit in Entwicklungsländern ist 18mal so hoch wie in Industrieländern. Weltweit werden fünfzig Millionen Schwangerschaften pro Jahr vorzeitig beendet, davon zwanzig Millionen unter mangelhaften Bedingungen. Nach Daten von HABITAT leben 600 Millionen Menschen in Städten und eine Milliarde Menschen in ländlichen Regionen in überbelegten Wohnungen ohne Zugang zu sauberem Trinkwasser, ohne sanitäre Einrichtungen, ohne

39 – Global Poverty Report, erstellt für den G8-Gipfel in Okinawa 2000 von den regionalen Entwicklungsbanken, dem IWF und der Weltbank. Es kann sich angesichts der o.a. zweifelhaften Aussagekraft der Armutsindikatoren nur um untere Schätzungen handeln. http://www.worldbank.org/html/extdr/extme/G8_poverty2000.pdf

ausreichende Müllentsorgung: 180 Millionen in Afrika, 800 Millionen in Asien, 150 Millionen in Lateinamerika. Die öffentlichen Ausgaben für Gesundheit belaufen sich in Schwarzafrika auf durchschnittlich 23 € pro Kopf und Jahr, in Industrieländern dagegen auf 2.160 €; Ausgaben für Bildung liegen in Industrieländern 28mal höher als in Entwicklungsländern[40] (siehe auch Tab. 5.1).

Die wird auch durch den Human Development Index (HDI) bestätigt, welcher ein ungewichteter additiver Index aus dem GDP-Index[41], einem Lebenserwartungsindex[42] und einem Bildungsindex[43] ist. Dieser Indikator berücksichtigt, dass sich ein weltweiter Vergleich des Lebensstandards nicht allein auf ökonomische Faktoren stützen kann, da diese in verschiedenen Regionen von unterschiedlicher Relevanz sind. Die Werte ab 0,8 gelten als „high human development", diejenigen unter 0,5 als „low human development", was die prekäre Situation Afrikas und die Privilegierung der OECD-Länder besonders hervorhebt. Norwegen, Schweden, Australien, Kanada und die Niederlande belegten 2002 die ersten fünf Rangplätze, während die afrikanischen Länder Sierra Leone, Niger, Burkina Faso, Mali und Burundi die untersten einnahmen. Deutschland rangierte mit einem HDI-Wert von 0,925 auf Platz 19.

Armutsquoten sind weltweit aufgrund der existentiellen Form der Armut sowie der Relevanz nicht-ökonomischer Bereiche anders als in Armutsberichten für Deutschland zu definieren. Im Human Development Report des Entwicklungsprogramms der VN (UNDP) werden zwei Indizes vorgeschlagen, welche unterschiedliche Armutsbedingungen in Rechnung stellen. Der HPI-1 (Armutsindex für Entwicklungsländer) berücksichtigt dieselben Dimensionen wie der HPI-2 (Armutsindex für ausgewählte OECD-Länder), operationalisiert diese jedoch anders[44]. Beide Indizes können Werte zwischen 0 (geringe Armut)

40 – Social Watch Report 2005. Social Watch hat für diesen Bericht Daten zahlreicher VN-Organisationen wie FAO, WHO und HABITAT ausgewertet. http://www.socwatch.org.uy/en/informeImpreso/index.htm#

41 – Im HDI steht das Bruttoinlandsprodukt pro Kopf stellvertretend für alle Dimensionen, die nicht durch die anderen beiden Indikatoren abgedeckt werden. Allerdings geht es nicht direkt in den HDI ein. Dies wird damit begründet, dass Geld nicht unbegrenzt zur Verfügung stehen muss, um einen angemessenen Lebensstandard zu erreichen. Folglich wird das Bruttoinlandsprodukt logarithmiert und – wie die anderen beiden Indikatoren auch - auf einen Wertebereich von 0 bis 1 umskaliert. Erst dieser neu gebildete GDP-Index geht in den HDI ein.

42 – Die Lebenserwartung bei Geburt wird im Lebenserwartungsindex auf einen Wertebereich von 0 bis 1 umskaliert.

43 – Der Bildungsindex wird aus zwei Variablen gebildet: der Alphabetisierungsrate von Erwachsenen und dem Anteil der Immatrikulationen im primären, sekundären und tertiären Bildungssektor. Beide Indikatoren werden zunächst auf den Wertebereich von 0-1 umskaliert. Dann gehen sich gewichtet in den additiven Bildungsindex ein, der erste mit einem 2/3- und der zweite mit einem 1/3-Gewicht.

44 – Der HPI-1 bezieht sich auf folgende Indikatoren: Wahrscheinlichkeit bei Geburt, keine 40 Jahre alt zu werden (Dimension Lebenserwartung); Analphabetismus von Erwachsenen (Dimension Bildung); Bevölkerungsanteil, der keinen Zugang zu sauberem Wasser hat und Anteil der untergewichtigen Kinder (beides für die Dimension Lebensstandard). Der HPI-2 wird wie folgt operationalisiert: Wahrscheinlichkeit bei Geburt, keine 60 Jahre alt zu werden (Dimension Lebenserwartung); Analphabetismus von Erwachsenen (Dimension Bildung); Bevölkerungsanteil unter der Einkommensarmutsgrenze von 50% des verfügbaren Median Äquivalenzeinkommens (Dimension Lebenserwartung) und schließlich Anteil der Langzeitarbeitslosen (Dimension soziale Exklusion).

Für die Länder, zu denen Daten vorliegen, ergeben sich folgende Rangplätze und Indexwerte:

1. Schweden (6,5)	6. Deutschland (10,3)	11. Italien (11,6)	16. Irland (15,3)
2. Norwegen (7,1)	7. Luxemburg (10,5)	12. Kanada (12,2)	17. Vereinigte Staaten (15,8)
3. Niederlande (8,2)	8. Frankreich (10,8)	13. Belgien (12,4)	
4. Finnland (8,4)	9. Spanien (11,0)	14. Australien (12,9)	
5. Dänemark (9,1)	10. Japan (11,1)	15. Großbritannien (14,8)	

Tabelle 5.2: HPI-2 Rangplätze und Indexwerte für ausgewählte OECD Länder
Quelle: Eigene Darstellung, Daten nach: UNDP 2004

Die zwanzig Länder mit den höchsten Armutswerten liegen allesamt in Afrika:

75. Congo (42,9	80. Benin (45,7)	85. Lesotho (47,9)	90. Zambia (50,4)
76. Botswana (43,5)	81. Gambia (45,8)	86. Guinea-Bissau (48,0)	91. Zimbabwe (52,0)
77. Senegal (44,1)	82. Burundi (45,8)	87. Mauritania (48,3)	92. Ethiopia (55,5)
78. Rwanda (44,7)	83. Malawi (46,8)	88. Chad (49,6)	93. Mali (58,9)
79. Côte d'Ivoire (45,0)	84. Central Afr. Rep. (47,7)	89. Mozambique (49,8)	94. Niger (61,4)
			95. Burkina Faso (65,5)

Tabelle 5.3: HPI-1 Rangplätze und Indexwerte für Entwicklungsländer
Quelle: Eigene Darstellung, Daten nach: UNDP 2004

und 100 (hohe Armut) annehmen. Im Gegensatz zum HDI sind diese Indikatoren an der Messung von mangelhafter Entwicklung interessiert, was sich in einer vom HDI abweichenden Operationalisierung ausdrückt (vgl. Tab 5.2, 5.3).

Es gibt verhältnismäßig wenige Studien, welche die weltweite Ungleichheit anhand vergleichbarer *Verlaufsdaten* überprüfen. Milanovic, der einen Wert Gini schätzt, ermittelt, dass die Ungleichheit im Jahre 1988 weltweit mit einem Gini-Koeffizienten von 0,628 deutlich höher war als in jedem einzelnen Land[45]. Zudem ist dieser Wert in den darauf folgenden fünf Jahren enorm gestiegen (0,660), was weniger auf ein Anwachsen der Ungleichheit *innerhalb* der Länder als vielmehr auf die Entwicklung der Ungleichheit *zwischen* den Ländern zurückzuführen ist. Die Durchschnittseinkommen der obersten fünf Prozent der Welt und die Durchschnittseinkommen der untersten fünf Prozent haben sich ferner merklich auseinander entwickelt. Die Steigerung der Ungleichheit in den Jahren 1988 bis 1993 war in Osteuropa, Asien und Afrika besonders groß, wobei die Ungleichheit zwischen einzelnen asiatischen Ländern enorm war und sich im Zeitverlauf noch verstärkte[46]. Ein Vergleich der Dezile bestätigt, dass die obersten deutlich reicher und die untersten ärmer geworden sind. Die untersten fünfzig Prozent der Weltbevölkerung verfügten 1988 über 9,6% und 1993 über 8,5% des Gesamteinkommens, im Vergleich zu dem obersten Dezil, welches 1988 bereits 46,9% und fünf Jahre später 50,8% des Gesamteinkommens besaß[47]. Angesichts dieser Daten ist die von der Weltbank festgestellte weltweite Reduktion der Armut mit Vorsicht zu interpretieren.

Insoweit ist erst einmal nachgewiesen, dass die Verteilung der Mittel zur Bedürfnisbefriedigung auf der Erde höchst ungleich ist und über die letzten Jahrzehnte zur Polarisierung neigte. Dies steht dem Ziel der Nachhaltigen Ent-

45 – Milanovic, 2002, 88f.
46 – ebd., 66-71
47 – ebd., 73

wicklung entgegen. Wenn man das verstehen und erklären will, kommt man nicht umhin, das Verhältnis zwischen den reichen und den armen Ländern zu thematisieren. Die Reichen eignen sich die Rohstoffe der Armen gewaltsam an (→ Kap. 2.2) und halten diese Länder in ihrer Armut (→ Kap. 5.2.1).

5.2.2 Europa

Der *Vergleich der Bruttoinlandsprodukte (BIP) pro Kopf* in Kaufkraftstandards[48] erlaubt einen ersten Einblick in die unterschiedlichen wirtschaftlichen Tätigkeiten der einzelnen Volkswirtschaften (vgl. Tab. 5.4 im Anhang), sagt aber nichts über Wohlstand oder Einkommensverteilung. Der Index wird in Relation zum EU-25-Durchschnitt gesetzt, so dass Werte über 100 ein BIP über dem EU-Durchschnitt ausweisen. Extrem unterdurchschnittliche Werte wurden in 2005 für das Jahr 2006 für folgende Länder prognostiziert: Lettland (48), Polen (49), Litauen (52), Estland (54), Slowakei (57) und Ungarn (63). Insgesamt wird für keines der neuen Beitrittsländer von 2004 ein Indexwert über 100 vorausgesagt. Ferner sind sowohl ein West-Ost- als auch ein Nord-Süd-Gefälle von höheren zu niedrigeren Werten erkennbar. Überdurchschnittlich sind diese insbesondere in Luxemburg (219), Irland (137), im Vereinigten Königreich (120) und Dänemark (121). Deutschland wird mit 106 voraussichtlich ebenfalls über dem EU-Durchschnitt liegen. Das beschriebene Gefälle lässt bereits vermuten, dass asymmetrische Wanderungsbewegungen in den benannten Richtungen verzeichnet werden können (→ Kap. 4.4).

Für die EU-25[49] lag die *Arbeitslosenquote*[50] 2004 bei neun Prozent, das waren im jährlichen Durchschnitt 19,3 Millionen Personen. Luxemburg, Irland, Österreich sowie die Niederlande und Großbritannien hatten Arbeitslosenquoten unter dem EU-Durchschnitt[51]. Polen und die Slowakei erreichten Werte über

---

48 – Das Bruttoinlandsprodukt (BIP) ist definiert als Wert aller neu geschaffenen Waren und Dienstleistungen, abzüglich des Wertes aller dabei als Vorleistungen verbrauchten Güter und Dienstleistungen. Die zugrunde liegenden Zahlen sind in KKS ausgedrückt, einer einheitlichen Währung, die Preisniveauunterschiede zwischen Ländern ausgleicht und damit aussagekräftige BIP-Volumenvergleiche erlaubt.

49 – Zur Europäischen Union 25 zählen seit Mai 2004 folgende Länder: Belgien, Dänemark, Deutschland, Griechenland, Spanien, Frankreich, Irland, Italien, Luxemburg, die Niederlande, Portugal, das Vereinigte Königreich (die bisher genannten Staaten sind bereits seit Dezember 1994 EU-Mitglieder), Österreich, Finnland, Schweden (diese drei Länder traten der EU im Januar 1995 bei und werden zusammen mit den vorgenannten als EU-15 bezeichnet), die Tschechische Republik, Estland, Zypern, Lettland, Litauen, Ungarn, Malta, Polen, Slowenien und die Slowakei.

50 – Die Arbeitslosenquote ist der Anteil der Arbeitslosen an der Erwerbsbevölkerung. Zu den Arbeitslosen zählen alle Personen von 15 bis 74 Jahren, die während der Berichtswoche ohne Arbeit waren und gegenwärtig für eine Beschäftigung verfügbar waren, d. h. Personen, die innerhalb der zwei auf die Berichtswoche folgenden Wochen für eine abhängige Beschäftigung oder eine selbständige Tätigkeit verfügbar waren. Ferner mussten sie aktiv auf Arbeitssuche sein: Personen, die innerhalb der letzten vier Wochen (einschließlich der Berichtswoche) spezifische Schritte unternommen haben, um eine abhängige Beschäftigung oder eine selbständige Tätigkeit zu finden oder die einen Arbeitsplatz gefunden haben, die Beschäftigung aber erst später, d. h. innerhalb eines Zeitraums von höchstens drei Monaten aufnehmen.

51 – Luxemburg (4,2%), Irland, Österreich (4,5%), die Niederlande (4,6%) und das Vereinigte Königreich (4,7%)

dem Doppelten des EU-Durchschnitts, Spanien und Litauen befanden sich deutlich oberhalb von 9 Prozent, Deutschland lag ungefähr im Mittel[52]. Obwohl die osteuropäischen Länder tendenziell höhere Werte hatten, waren die Zahlen der bereits genannten Staaten nicht typisch für alle neuen Beitrittsländer Osteuropas: Ungarn, Slowenien und die Tschechische Republik lagen unterhalb des EU-Durchschnitts[53].

Ein Vergleich der *Einkommensungleichheit* ist anhand der Verteilungsquintile möglich. Die angegebenen Werte setzen das Gesamteinkommen der reichsten zwanzig Prozent der Bevölkerung in Beziehung zu demjenigen der ärmsten zwanzig Prozent. Im EU-25-Durchschnitt besaß das oberste Quintil fünfmal so viel wie das unterste. In Portugal (7), Estland, Griechenland und Spanien (6) waren die Einkommen entsprechend ungleicher verteilt. Diese Länder fallen auch bei der Analyse von Armutsindikatoren auf. Hingegen zeichneten sich Irland und Italien zwar durch vergleichsweise hohe Armutsquoten aus, ihre Einkommensungleichheit lag jedoch mit 4,5 (Irland) und 4,8 (Italien) im EU-Durchschnitt. Erneut nahm Deutschland mit einem unterdurchschnittlichen Wert von 4,0 eher eine mittlere Position ein. Weniger ungleiche Einkommensverteilungen existierten in Dänemark, Ungarn und Slowenien, der Tschechischen Republik und Schweden sowie Österreich.

Tabelle 5.5 zeigt die Entwicklung der Einkommensverteilung für die EU25 und zum Vergleich für die USA, zwischen 1980 und 2000. Insgesamt ging der Trend hin zu mehr Ungleichheit in der Einkommensverteilung. Die größten Veränderungen hin zu einer Polarisierung der Einkommen zeigten sich in Polen, Estland und Litauen. Ausgeprägte Ungleichverteilungen gab es in Großbritannien, Finnland, Schweden, Lettland, der Slowakei und Ungarn. Die größte Stabilität bestand in Spanien und Portugal. Ausgeglichener wurde hingegen die Einkommensverteilung in Griechenland, Frankreich, Irland und Dänemark. Übrigens: Die Verteilung in den USA ist insgesamt ungleicher als in Europa und nimmt im Beobachtungszeitraum zu, allerdings durchaus in einem mittleren Maß, etwa ähnlich wie in Ungarn. Dabei mag es durchaus sein, dass die verschärfte neoliberale Politik seit etwa 2000 in den statistischen Daten noch nicht sichtbar wird. Es erstaunt nicht, dass in allen Transformationsländern die Einkommensverteilung ungleicher geworden ist. In den westeuropäischen Ländern war dieser Trend besonders ausgeprägt in Großbritannien, gefolgt von Finnland und Schweden. In diesen Ländern hat der Neoliberalismus besonders hart zugeschlagen.

Für Europa lässt sich empirisch belegen, „...dass seit den siebziger Jahren die nationalen Arbeitslosigkeitsraten in den Ländern mit den eher ungleichen Einkommensverteilungen am höchsten sind. Für die europäischen Länder gilt, dass Arbeitslosigkeit vor allem dann verhindert werden kann, wenn es eine diversifizierte Beschäftigungsstruktur und eine Stützung von Beschäftigungssektoren mit niedriger Produktivität gibt. Letzteres wird durch das Hand-in-Hand-Gehen von einkommens- und beschäftigungspolitischer (sic!)

52 – Polen (18,8%), Slowakei (18,0%), Spanien (11%) und Litauen (10,8%)
53 – Ungarn (5,9%), Slowenien (6,0%) und die Tschechische Republik (8,3%)

	Gini-Index 1980	Gini-Index 2000	Differenz x 100
Belgien	0,282	0,322	40
Deutschland	0,280	0,290	10
Frankreich	0,314	0,282	- 32
Italien	0,375	0,362	- 13
Luxemburg	0,264	0,302	19
Niederlande	0,283	0,325	42
Großbritannien	0,252	0,346	94
Irland	0,367	0,341	- 26
Dänemark	0,413	0,390	- 23
Griechenland	0.398	0,322	- 76
Spanien	0,333	0,326	- 07
Portugal	0,341	0,347	06
Finnland	0,233	0,312	79
Österreich	0,243	0,292	49
Schweden	0,194	0,272	78
Estland	0,251	0,364	113
Lettland	0,248	0,327	79
Litauen	0,244	0,355	111
Malta			
Polen	0,231	0,345	114
Slowakei	0,194	0,264	70
Slowenien	0,235	0,246	11
Tschechien	0,197	0,231	34
Ungarn	0,207	0,259	52
Zypern			
Zum Vergleich: Vereinigte Staaten	0,347	0,401	54

Tabelle 5.5: Entwicklung der Einkommensverteilung, EU25, 1980-2000
Quelle: World Income Inequality Data Tables, 22.7.2005

Interventionen erreicht, ...“[54]. In der Konsequenz heißt dies, dass Regionen mit niedriger Produktivität und hoher Spezialisierung eher von Arbeitslosigkeit betroffen sind. Arbeitsmigration führt für diese Gebiete aufgrund des Wegzugs zu weiteren gesellschaftlichen Verschiebungen, die sich u.a. in einer Unterrepräsentation von jüngeren Erwachsenen und damit auch von Kindern ausdrückt.

Eine generelle Polarisierung aufgrund kontinuierlich wachsender Arbeitslosenquoten kann nicht festgestellt werden, denn die EU-Durchschnittswerte[55] sprechen für einen allgemeinen Rückgang der Arbeitslosigkeit zwischen 1996 und 2002 und einen erneuten Anstieg seit 2002, der 2004 noch nicht das Niveau von 1993 erreicht hat. Allerdings erfassen die angegebenen Statistiken nur einen Teil der Arbeitslosen. Die so genannte „Stille Reserve“, welche zu den registrierten Zahlen addiert werden müsste, besteht aus Personen, die sich nicht melden, weil sie z.B. weder vom Arbeitsmarkt noch von den zuständigen Behörden eine Besserung ihrer Situation erwarten. Über die Entwicklung dieses Bevölkerungsanteils ist nichts bekannt, so kann ein Rückgang bzw. Anstieg der Arbeitslosenzahlen auch durch ihre zunehmende (Unter-)Erfassung und somit ein Ansteigen oder Absinken der Stillen Reserve bedingt sein. Da sich sowohl die Arbeitsmarktsituation als auch die Unterstützung Arbeitsloser tendenziell verschlechtert haben, gehen wir eher von einer wachsenden Untererfassung aus. In Polen verdoppelte sich der Anteil der Arbeitslosen seit 1997 (ein durchgehender Trend in den osteuropäischen Transformationsländern). Wegen der großräumigen Segregations- und Migrationsprozesse kommt den regiona-

54 – Mau, 2004, 39f.
55 – Eurostat 2005

len Disparitäten eine besondere Bedeutung zu, da sie die Aufmerksamkeit auf mögliche Konfliktfelder lenken.

Grob verallgemeinert wird bei nationalen Untersuchungen in OECD-Ländern zumeist von einer gewissen Stabilität der Ungleichheit in den 1970er Jahren und einer wachsenden Ungleichheit seit den 1980er Jahren berichtet, welche in den angelsächsischen Ländern begann und sich im Laufe der 1990er Jahre in vielen weiteren europäischen Ländern fortsetzte. Förster und Pearson überprüfen diese Aussage für 21 OECD-Länder, soweit für diese vergleichbare Daten vorliegen[56]. Die langfristig nachvollziehbaren Entwicklungen seit Mitte der 1970er Jahre sind nicht einheitlich. So reduzierte sich die Einkommensungleichheit in Griechenland deutlich, während sie in England erheblich zunahm. Weitere Abweichungen nach oben und unten sowie konstante Bedingungen in anderen Staaten lassen keinen einheitlichen Trend erkennen. Die zunehmend ungleichere Entlohnung der Arbeit wirkt sich auf die Nettohaushaltseinkommen und damit auf die für den Konsum verfügbare Kaufkraft aus. Verstärkt wird dies durch die ungleichere Verteilung von Erwerbsarbeit in Haushalten. So nimmt sowohl die Zahl der Haushalte zu, in denen *alle* ein Erwerbseinkommen erzielen, als auch die Zahl der Haushalte, in denen *niemand* erwerbstätig ist. Der Zugang zu gut bezahlten, möglichst nicht prekären Beschäftigungen entscheidet folglich über entsprechende ökonomische Chancen und Risiken. „Was auch immer die Regierungen fiskalisch und sozialpolitisch unternommen haben, um die Volkswirtschaften und Gesellschaften nach ihren politischen Präferenzen in Richtung auf mehr Gleichheit zu beeinflussen, hat nichts daran geändert, dass die reicheren Gruppen relativ noch reicher geworden sind, während die ärmeren Gruppen relativ weniger Einkommen aus ihrer Arbeit und ihren Ersparnissen erhalten haben“[57]. Dass dieser allgemeine Trend nicht in allen Ländern zur Steigerung der Ungleichheit und der Armutsquoten geführt hat, basiert insbesondere auf den unterschiedlichen politischen Interventionen dieser Länder in Form von Transfereinkommen und Steuern.

5.2.3 Deutschland

Nach wie vor ist die eigene *Erwerbstätigkeit* für vierzig Prozent der deutschen Bevölkerung die wichtigste Unterhaltsquelle. Weitere dreißig Prozent werden hauptsächlich durch *Angehörige* unterstützt, und 23 Prozent beziehen ihr Einkommen vorwiegend aus *Renten und Pensionen*[58]. Unter allen drei Einnahmequellen ist die eigene aktuelle oder frühere Erwerbstätigkeit bzw. die Erwerbs-

56 – vgl. Förster/Pearson, 2002, 8

57 – ebd., 22

58 – Statistisches Bundesamt 2004, 98

59 – Zur Definition von Erwerbslosen orientiert sich das Statistische Bundesamt am Labour Force Konzept der ILO und bezeichnet alle Personen im Alter von 15-74 Jahren als erwerbslos, welche keiner bezahlten oder selbständigen Tätigkeit nachgehen, obwohl sie in den letzten vier Wochen vor der Erhebung aktiv nach einer solchen Tätigkeit gesucht haben und sie innerhalb der nächsten zwei Wochen aufnehmen könnten. Diese Definition misst Erwerbslosigkeit unabhängig davon, ob sich die betreffenden Personen bei einer Agentur für Arbeit oder einem kommunalen Träger als Arbeitslose gemeldet haben. Allerdings gelten Personen als erwerbstätig, die eine geringfügige Tätigkeit (Mini-Job) ausüben, als

tätigkeit eines Angehörigen am wichtigsten. Folglich kommt der Betrachtung der Erwerbslosen-[59] und der Arbeitslosenquote[60] eine große Bedeutung zu[61], da sie über die Chance informieren, sich und andere mit Hilfe von Erwerbstätigkeit selbst zu versorgen[62]. Im Jahr 2004 lag die *Erwerbslosenquote* im gesamten Bundesgebiet[63] bei elf Prozent; allerdings zeigten sich deutliche Unterschiede zwischen dem früheren Bundesgebiet (neun Prozent) und den neuen Ländern einschließlich Berlin-Ost (zwanzig Prozent). Dasselbe galt für die Arbeitslosenquote, welche in *Westdeutschland* im Jahresdurchschnitt neun Prozent und in *Ostdeutschland* 18 Prozent ausmachte. In absoluten Zahlen waren das bundesweit ca. 4,38 Millionen registrierte Arbeitslose. 1,68 Millionen waren mindestens ein Jahr arbeitslos und galten als Langzeitarbeitslose. Regional betrachtet fielen unter die letzte Kategorie 35% der westdeutschen und 44% der ostdeutschen Arbeitslosen. Im Januar 2005 stieg die Zahl der Arbeitslosen u.a. aufgrund der Zusammenlegung von Arbeitslosenhilfe und Sozialhilfe für Arbeitsfähige auf 5,04 Millionen[64]. Insgesamt zeigen sich darin besondere Nachteile der ostdeutschen Bevölkerung. Zahlreiche Studien haben den Zusammenhang zwischen der Dauer der Arbeitslosigkeit und Armut, psychischen Beschwerden, riskantem Gesundheitsverhalten, abweichendem Verhalten etc. nachgewiesen. Mit dem Ost-Westgefälle ist die prägnanteste regionale Disparität in Deutschland benannt; allerdings sind weitere regionale Unterschiede erkennbar. Abbildung 5.1 zeigt Arbeitslosenquoten in den ostdeutschen Ländern zwischen 17% und 21%, während sie sich in den westdeutschen Ländern zwischen sechs und 13% bewegte. Darüber hinaus waren die Quoten in den südlichen Bundesländern niedriger als in den nördlichen, was eine *zweite Teilung* aufdeckt. Eine tiefere regionale Untergliederung würde zeigen, dass die Anteile auf Stadt- und Landkreisebene höchst unterschiedlich sind. Im Jahre 2002 hatte der bayrische Landkreis Ebersberg vier Prozent und der Landkreis Demmin in Mecklenburg-

---

Aushilfe vorübergehend beschäftigt sind oder einer Arbeitsgelegenheit nach §16 Abs. 3 SGB II (sog. Ein-Euro-Job) nachgehen. Als Erwerbspersonen werden nicht nur Erwerbstätige bezeichnet, sondern die Gesamtheit von Erwerbstätigen und Erwerbslosen. Die Erwerbslosenquote ist der Anteil der Erwerbslosen an den Erwerbspersonen.

60 – Arbeitslose sind Arbeitssuchende bis einschließlich 64 Jahren, die sich persönlich bei der zuständigen Arbeitsagentur bzw. einem kommunalen Träger als arbeitslos gemeldet haben, den Vermittlungsbemühungen zur Verfügung stehen und eine versicherungspflichtige, mindestens 15 Wochenstunden umfassende Beschäftigung suchen. Im Gegensatz zu den Erwerbslosen können Arbeitslose jedoch einer geringfügigen Tätigkeit nachgehen. Sie dürfen jedoch nicht arbeitsunfähig erkrankt sein. Die Arbeitslosenquote ist der Anteil der Arbeitslosen an den abhängig zivilen Erwerbspersonen.

61 – Die aufgeführten Definitionen zeigen erstens, dass beide Zahlen nicht unmittelbar vergleichbar sind. Zweitens machen sie darauf aufmerksam, dass insbesondere internationale Studien die Übereinstimmung von Maßzahlen zu prüfen haben. Drittens ist offensichtlich, dass Änderungen von Definitionskriterien die Prozentwerte beeinflussen.

62 – An dieser Stelle bleibt zunächst noch unberücksichtigt, dass manche Erwerbstätigkeit nicht zur Deckung des Lebensunterhaltes ausreicht. Ferner bezieht sich die angesprochene Diskrepanz nicht allgemein auf Erwerbsarbeit, stattdessen ist sie an die – in den jeweiligen Definitionen genannten – Kriterien gebunden.

63 – http://www.destatis.de/basis/d/erwerb/erwerbtab1.php sowie http://www.destatis.de/basis/d/erwerb/erwerbtab4.php und http://www.destatis.de/basis/d/erwerb/erwerbtab3.php (Stand: 26.5.05)

64 – Bundesregierung 2005, 110

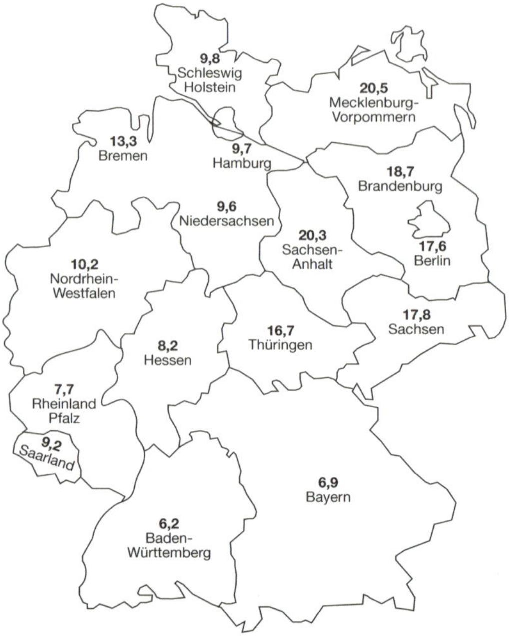

Abbildung 5.1: Arbeitslose in Prozent aller zivilen Erwerbspersonen in Deutschland (2004)
Quelle: Eigene Darstellung, Daten: Statistisches Bundesamt 2005

Vorpommern 28 Prozent Arbeitslose[65]. Die *Dauerarbeitslosigkeit* stieg von 1992 bis 1997 an, erhöhte sich seit 2003 nach einem kurzen Rückgang wieder und betraf 2004 bundesweit 38% aller Arbeitslosen und 44% aller ostdeutschen Arbeitslosen[66].

Bevor auf die Einkommenssituation der Haushalte eingegangen wird, ist es jedoch nötig, auf prekäre Formen von Erwerbstätigkeit aufmerksam zu machen. Prekär sind sie, weil sie z.T. nur geringe soziale Absicherungen (Krankenversicherung, Rente etc.) bzw. kein Einkommen gewähren, mit dem der Lebensunterhalt gesichert werden kann. Dazu kommen die Widerrufbarkeit des Arbeitsverhältnisses und die damit einhergehende Unsicherheit der Lebensverhältnisse, z.B. im Fall von Teilzeit- und Leiharbeit, Beschäftigung ohne Sozialversicherungsschutz oder mit befristeten Verträgen. Das Normalarbeitsverhältnis ist nicht mehr die Regel; zahlreiche Abstufungen existieren zwischen Erwerbslosigkeit auf der einen und unbefristeter Vollbeschäftigung auf der anderen Seite. Folglich können Ungleichheiten auch durch die Anzahl verschiedener Beschäftigungen und die mit ihnen einhergehenden sozialen Sicherheiten entstehen und sich z.B. über fehlende Rentenansprüche verfestigen. Im Juni 2004 waren 4,8 Millionen Menschen ausschließlich geringfügig beschäf-

65 – Statistisches Bundesamt, 2004, 113
66 – Bundesregierung, 2005, 110f.

tigt[67] (maximaler monatlicher Bruttoverdienst 400 €), weitere 1,66 Millionen fanden in so genannten Mini-Jobs eine Nebenbeschäftigung[68]. Ferner waren 22% der Erwerbstätigen des Jahres 2004 teilzeitbeschäftigt[69], von denen 16% diese Arbeit nur angenommen haben, weil sie keine Vollzeitbeschäftigung finden konnten. Bei 3,86 Millionen Arbeitnehmern war das Beschäftigungsverhältnis befristet. Darüber hinaus gehörten 17% der sozialversicherungspflichtigen Vollzeitbeschäftigten 2001 zu den Niedriglohnverdienern, deren Aufstiegschancen in besser bezahlte Positionen in den letzten Jahren gesunken und deren Beschäftigungsverhältnisse häufig instabil und von kurzer Dauer sind[70].

Das durchschnittliche Haushaltsbruttoeinkommen beruhte 2001 zu sechzig Prozent auf Einkommen aus unselbständiger Arbeit. Weitere 35% der ostdeutschen und 25% der westdeutschen Einkünfte stammten aus öffentlichen Transferzahlungen. Einnahmen aus Vermögen waren eine dritte Einnahmequelle und machten elf Prozent des westdeutschen und vier Prozent des ostdeutschen Haushaltsbruttoeinkommens aus. Das unterschiedliche Gewicht von Transfer- und Vermögenseinkommen lässt die stärkere Abhängigkeit ostdeutscher Haushalte von staatlichen Umverteilungsmaßnahmen für den Großteil der ostdeutschen Bevölkerung erkennen[71]. Der Vergleich von Einnahmen und Ausgaben ergibt, dass die armen Haushalte Schulden machen mussten, während die reichen Haushalte nur etwas mehr als die Hälfte ihres Einkommens ausgaben. Damit bestätigt sich auch hier die bekannte Regel, nach der ärmere Haushalte einen höheren Anteil ihres Einkommens für Konsumzwecke ausgeben als reichere. Es zeigt sich, dass die Einkommensverteilung in Westdeutschland ungleicher ist als in Ostdeutschland. Ferner haben sich die Einkommen nur im unteren Einkommensbereich angeglichen, während im oberen Einkommensbereich weiterhin deutliche Unterschiede zwischen Ost- und Westdeutschland bestehen[72]. Insgesamt galten 2002 über drei Millionen Privathaushalte als überschuldet – sieben Prozent aller westdeutschen und elf Prozent aller ostdeutschen Haushalte[73].

Obwohl Aussagen zur deutschen Vermögensverteilung problematisch (und für die europäischen und weltweiten Vergleiche aufgrund fehlender Daten nicht möglich) sind, wollen wir die verfügbaren Daten[74] hier mitteilen. Das Gesamtvermögen ostdeutscher Haushalte erreichte 2003 mit durchschnittlich 60.000 € pro Haushalt etwa 40% des westdeutschen Betrages von durchschnittlich 149.000 €. Die Tabelle 5.6 (siehe Anhang) veranschaulicht, dass die Vermögensverteilung allerdings deutlich ungleicher ist als die Einkommensverteilung. Während sich das unterste Dezil bei der Nettovermögensverteilungen verschuldete, besaß das oberste Dezil nahezu die Hälfte des gesamten Vermögens.

67 – Eurostat, 2005
68 – Bundesregierung, 2005, 108
69 – Eurostat, 2005
70 – Rhein et al., 2005
71 – Statistisches Bundesamt, 2004, 128
72 – Statistisches Bundesamt, 2004, 628
73 – Bundesregierung, 2005, 50
74 – vgl. Bundesregierung, 2005, 32-38

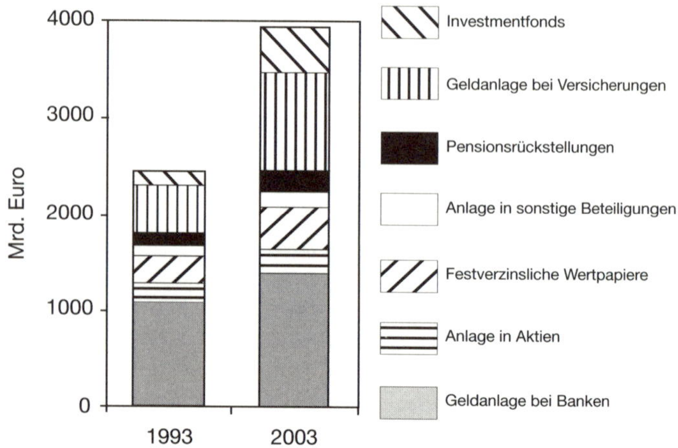

Abbildung 5.2: Das Geldvermögen der privaten Haushalte in Deutschland
Quelle: Die Bank (Zeitschrift für Bankpolitik und Praxis)

Das Immobilienvermögen[75] macht bundesweit drei Viertel des Gesamtvermögens privater Haushalte aus, wobei reichere Haushalte häufiger Immobilien und entsprechend höhere Immobilienwerte ihr Eigen nennen. Vermögendere Haushalte erzielen tendenziell mehr Renditen aus ihren Kapitalanlagen, so dass die Vermögensungleichheit im Zeitverlauf zunimmt. Nach den bisherigen Ergebnissen tragen staatliche Maßnahmen dazu bei, einen Teil der Bevölkerung vor akuter Armut zu bewahren. Sie greifen jedoch nicht in erkennbarem Ausmaß bezüglich der Vermögensbildung breiter Bevölkerungsteile.

Insgesamt sind die Vermögen in Deutschland deutlich gewachsen: Allein das *Geldvermögen* der Deutschen – besser gesagt der wohlhabenden Deutschen – hat 2003 das Rekordniveau von 3,9 Billionen € erreicht. Abb. 5.2 veranschaulicht, wie es sich zusammensetzt und gegenüber 1993 entwickelt hat.

Es ist nicht das Vermögenswachstum selbst, das zu krisenhaften Entwicklungen führt, sondern es ist die aus den Eigentumsverhältnissen resultierende *ungleiche Entwicklung der Einkommen und Vermögen*, die der überschüssigen Liquidität, dem Trend zum Kapitalexport – kurz: den periodisch auftretenden Überproduktionskrisen zugrunde liegt. Dies verdeutlicht auch die Abb. 5.3: Während die Haushalte mit einem Netto-Einkommen über 5.000 € über ein Fünftel ihres Einkommens *sparen*, d.h. ihr Vermögen mehren können, ist die Sparquote der Haushalte mit einem Nettoeinkommen unter 1.300 € (immerhin mehr als jeder 5. Haushalt) negativ, d.h. im Durchschnitt müssen sich diese Haushalte verschulden oder vorhandenes Vermögen aufzehren.

Erwerbsarbeit bedeutet mehr als die Sorge für den Lebensunterhalt. Sie vermittelt Selbstwert und soziale Anerkennung, erlaubt die Erfahrung von Verantwortung, Professionalität und Solidarität und die Aufrechterhaltung sozialer Kontakte. Wer kein Geld hat, ist in einer weitgehend durchkommer-

75 – Bundesregierung, 2005, 32-38

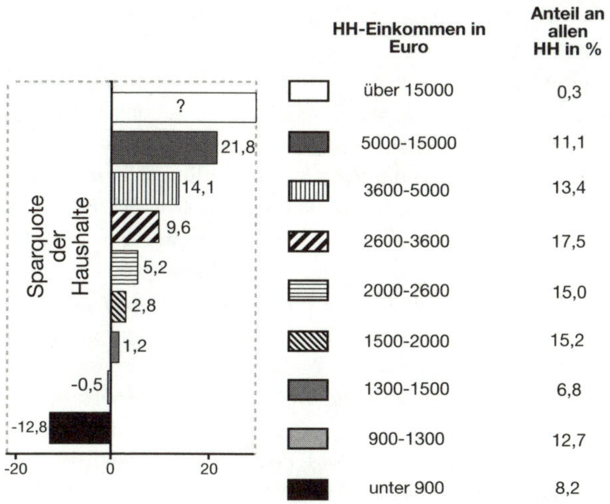

Abbildung 5.3: Sparquote der Haushalte nach Haushalts-Nettoeinkommen, 2003

zialisierten Gesellschaft von der Teilhabe an vielen Aktivitäten ausgeschlossen. Wer seine Arbeit verliert, dem wird viel *mehr genommen als der Lohn.* Seit Jahren wird auf die Gefahr einer Innen-Außen-Spaltung der Gesellschaft hingewiesen, vor der Exklusion sozialer Gruppen von gesellschaftlichen Teilhabemöglichkeiten gewarnt. Zusätzlich zur Erfahrung individueller Isolation kommt gesellschaftlich die abnehmende Integration, die zur Anomie führt (→ Kap. 6.1), wenn sie massenhaft auftritt. Während die Analyse von Polarisierungstendenzen Veränderungen quantitativer Art untersucht, wird durch die Innen-Außen-Spaltung der Gesellschaft auf Veränderungen qualitativer Art hingewiesen[76]. Prekäre Beschäftigungsverhältnisse gelten als Übergangszonen zwischen vergleichsweise stabilen Arbeitsbeziehungen und dem Ausschluss aus dem Arbeitsmarkt. Die steigende Anzahl dieser Erwerbsformen sowie die hohe strukturelle Arbeitslosigkeit führen dazu, dass die eigene Erwerbsbiographie als zunehmend instabil und unsicher erlebt wird. Der Tragfähigkeit sozialer Netzwerke und *staatlicher Sozialsysteme* kommt dann eine besondere Bedeutung zu (→ Kap. 10.1). Es scheint derzeit jedoch ungewiss, ob deren Stabilität und Zuverlässigkeit für die Zukunft ausreicht, um Negativkarrieren abzufedern und den Betroffenen zu einem geregelten Neuanfang zu verhelfen. Kronauer erwähnt das Risiko des „institutionalisierten Statusverlusts"[77], der dadurch in Gang gehalten wird, dass die soziale Absicherung im Falle der Arbeitslosigkeit zeitlich abgestuft ist. Anstelle von wachsender Sicherheit bei steigender sonstiger erwerbsbiographischer Unsicherheit kommt es zur Kürzung von Bezü-

76 – Kronauer, 2002, 156-175
77 – ebd., 185-187

gen und weiteren Maßnahmen, die den Druck erhöhen und folglich zusätzliche Unsicherheiten schaffen.

Die Entwicklung des Einkommens wird sowohl im ersten als auch im zweiten Armuts- und Reichtumsbericht der Bundesregierung[78] untersucht. Beide zeigen, dass die Einkommensverteilungen der neuen und alten Bundesländer ungleicher geworden sind. Bezieht man die Vermögensverteilung[79] in die Analyse mit ein, so zeigen ein wachsender Gini-Koeffizient und die Entwicklung der Dezile eine zunehmende Polarisierung in Westdeutschland. Vermögen wandert zunehmend zu Vermögen, was die schon 1993 hohe Ungleichheit (0,625) weiter vergrößert (2003: 0,657). In Ostdeutschland nimmt die Konzentration jedoch ab, die Gini-Koeffizienten sinken, da das fünfte bis achte Dezil einen größeren Anteil am Gesamtvermögen erreichen konnte. Auch hier wandert Vermögen zu Vermögen, allerdings kommt es gerade *unterhalb* des obersten Dezils zu Zuwächsen, so dass die Verteilung insgesamt etwas ausgeglichener wird. An der wachsenden Verschuldung des untersten Dezils ändert dieses jedoch nichts[80]. Insofern ist es gerechtfertigt, auch im Osten von einer Polarisierung zu sprechen. Dabei sollte nicht vergessen werden, dass das durchschnittliche Vermögen dort ferner weiterhin deutlich unter dem Westniveau bleibt. Das Ausmaß der Polarisierung wird wegen genereller Probleme mit Vermögensdaten und vor allem wegen ungenügender Informationen zum oberen Randbereich systematisch unterschätzt. In Westdeutschland ist der Anteil der Armutsbevölkerung seit 1991 kontinuierlich angestiegen[81]. In Ostdeutschland sank die Anzahl zu Beginn der 90er Jahre zunächst drastisch, pendelte sich dann Mitte der 90er Jahre ein und wächst seit Ende der 90er Jahre.

5.3 Zusammenfassung

Auf allen drei Ebenen – Welt, Europa und Deutschland – zeigt sich eine statistische Tendenz zur Polarisierung von Einkommen und Vermögen. Ungenauigkeiten in den Daten berechtigen zur Feststellung, dass dieser Trend deutlich ausgeprägter sein dürfte, als die offiziellen Statistiken erkennen lassen. Unsere Analyse stützt die klassentheoretische Interpretation. Die Reichen werden reicher, indem sie sich einen höheren Anteil des gesellschaftlich produzierten Mehrwerts aneignen – auf Kosten der Armen, die noch ärmer werden. Wir müssen also Ungleichheit als Prozess sehen, als Klassenkampf – in dem sich Mitte der 1970er Jahre die Machtverhältnisse umgekehrt haben. Das wird nicht dadurch ungültig, dass sich innerhalb der beiden Klassen zahlreiche Differenzierungen eingestellt haben.

---

78 – Bundesregierung, 2001, 46f., Bundesregierung 2005, 18

79 – Bundesregierung, 2005, 32-38

80 – Gini-Koeffizienten in 1993: 0,718; 2003: 0,671

81 – Statistisches Bundesamt, 2004, 630; Bundesregierung, 2005, 20

6.
Soziale Krise: Anomie

6.1 Theorie, Konzepte, Indikatoren, Datenkritik

6.1.1 Theorie

Vergebens sucht man das Stichwort „Anomie" in der Neuauflage von Bernhard Schäfers' Sozialstrukturanalyse[1], die „Soziologischen Gegenwartsdiagnosen II" vertrösten im Sachregister auf das Stichwort Sozialintegration[2]; im „Deutschland Trend-Buch" kommt das Thema nicht vor[3]; Fehlanzeige auch im „Handwörterbuch zur Gesellschaft Deutschlands"[4] und ebenso für Europa bei Hradil und Immerfall[5]. Interessant ist, dass die Sozialindikatorenbewegung in ihrem Flaggschiff, dem periodisch publizierten „Datenreport", den Begriff Anomie zwar einmal aufnimmt[6], die empirische Behandlung aber auf der Ebene der Meinungsumfrage belässt. Es geht dabei aber weder um Meinungen noch um abweichendes Verhalten insofern, als dies eine *individuelle* Reaktion auf die Unmöglichkeit darstellt, legitime Ziele auch mit legalen Mitteln erreichen zu können (Merton), sondern es geht um die gesellschaftlichen Bedingungen, *Strukturen, unter denen derart abweichendes Verhalten erst massenhaft auftritt.* Ein – freilich gewichtiges – Werk bildet die Ausnahme: Wilhelm Heitmeyer's „Was treibt die Gesellschaft auseinander?"[7]. Unserem Verständnis von Anomie kommt nahe, was Altvater und Mahnkopf[8] als „Informalisierung" beschreiben, also als das Aufweichen, die Auflösung von Regelbindungen. Das ist immerhin erstaunlich, hat doch schon René König in sein Fischer-Lexikon Soziologie (1958, mit zahlreichen späteren Auflagen) einen langen Artikel zur Anomie aufgenommen[9]. Dennoch sind das Ausnahmen geblieben.

Es gibt also kein Einverständnis darüber, wie das Thema zu behandeln wäre. Das betrifft einmal die *Systematik* der Darstellung. Während die beim Thema Bevölkerung seit langem allgemein akzeptiert wird, auch beim Thema Soziale Ungleichheit wenig Dissens darüber besteht, was zu behandeln sei, kommen wir mit „Anomie" auf ein wenig beackertes Feld. Weiter sind die *Grenzen* dieses Feldes unbestimmt: Ob und mit welchem Zentralitätswert Depressionen oder Alkoholmissbrauch zum Thema gehören ist ebenso unbestimmt wie bestimmte Erscheinungen des Kapitalismus, die manche für normal, andere für anomisch,

---

1 – Schäfers, 2004
2 – Volkmann/Schimank, 2002
3 – Korte (Hg.), 2001
4 – Schäfers (Hg.), 2001
5 – Hradil, 1997; Immerfall, 1994
6 – Datenreport, 2002, 439 f.
7 – Heitmeyer, 1997
8 – Altvater/Mahnkopf, 2002
9 – Fischer-Lexikon Soziologie (1958, mit zahlreichen späteren Auflagen)

dritte schließlich für kriminell halten mögen. Ist nicht, wie z.B. Hans See[10] argumentiert, der Kapitalismus selbst zumindest kriminogen? Gerade diese Unbestimmtheit der *Grenzen* ist ein entscheidendes Merkmal des Gegenstandes.

Unter dem Begriff „Anomie“ ist zu zeigen, dass die eskalierenden Krisenphänomene allesamt soziale Ursachen und Folgen haben, die als *Erosion zivilisierter Verkehrsformen* beschrieben werden können (als Anomie, zuweilen auch als soziale Entropie bezeichnet). Gerade das ist es ja zuerst, was die Notwendigkeit von Wandel so überaus deutlich macht: Das, was nach allgemeiner Überzeugung bzw. rechtlicher Fixierung als recht und richtig gilt, stimmt immer weniger mit dem überein, was sich in der gesellschaftlichen Praxis vorfindet[11]. „Anomie“ ist eine Situation, „in welcher herrschende Normen auf breiter Front ins Wanken geraten, bestehende Werte und Orientierungen an Verbindlichkeit verlieren, die Gruppenmoral eine starke Erschütterung erfährt und die soziale Kontrolle weitgehend unterminiert wird. Derartige Erscheinungen sind in Zeiten beschleunigten sozialen Wandels zu beobachten“[12]. Dabei ist Émile Durkheim vom Menschenbild eines „homo homini lupus“ ausgegangen, nach dem Menschen grundsätzlich unbegrenzte und aggressive Begierden haben, die durch gesellschaftliche Normen und Institutionen gezähmt werden müssen. Wir teilen dieses Menschenbild nicht (→ Kap. 1.3.5). Sein Eindruck allerdings, dass es der moderne Kapitalismus sei, der die Kontroll- und Regulierungsfähigkeit der Gesellschaft beeinträchtige und damit anomische Entwicklungen begünstige, ist überraschend aktuell. Robert Merton[13], von dem die wichtigsten Impulse für die neuere Anomiediskussion ausgegangen sind, hat Anomie erklärt durch die Spannung zwischen *gesellschaftlich akzeptierten Zielen* (der „kulturellen Struktur“) und *legalen Mitteln* („soziale Struktur“). Er hat damit abweichendes Verhalten in engen Zusammenhang mit sozialer Ungleichheit gebracht. Allerdings sind beide Seiten dieser Ungleichung problematisiert worden, so dass Heitmeyer et al. folgern, eine empirische Verifizierung dieser Theorie stehe noch aus[14]. Tatsächlich hat Merton insbesondere die kriminalsoziologische Forschung beeinflusst; die Zunahme von Kriminalität gilt als einer der wichtigsten Indikatoren für Anomie. Nicht das Auftreten von einzelnen Fällen abweichenden Verhaltens ist, wie Durkheim gezeigt hat, erklärungsbedürftig, weil die Existenz von Regeln immer zugleich ihre Verletzung in gewissen Graden impliziert. Dagegen ist das *plötzlich stark ansteigende* Auftreten von verschiedenen Formen abweichenden Verhaltens ein Reflex auf strukturelle Veränderungen mit anomischen Übergängen.

Johan Galtung[15] hat den Begriff expliziert: Anomie, so schreibt er, ist ein theoretisches Konzept, das nicht direkt beobachtet werden kann – aber es lässt sich anhand seiner Erscheinungen beschreiben. Das Phänomen kann auf drei Ebenen analysiert werden: der individuellen, der gesellschaftlichen und der

Def. Anomie

10 – Hans See (1990, vgl. auch www.wirtschaftsverbrechen.de)
11 – sehr eindringlich diskutiert in: Der Spiegel, 20.12.1999, 50 ff.
12 – Kandil, 1995,7
13 – Merton, 1968
14 – vgl.:Heitmeyer, 1997, 45
15 – Johan Galtung, 1999

Weltebene. Im Zustand der Anomie sind Werte und Normen nicht verschwunden, aber sie haben keine bindende Kraft mehr für die Individuen in Gesellschaften oder für die Staaten im Weltsystem. Das muss nicht unbedingt schlecht sein: Es könnte sich ja auch um die falschen Werte und Normen handeln, und dann wäre es richtig, wenn sie nicht mehr verpflichtend sind[16]. Wenn wir sagen, Werte und Normen seien verpflichtend, so Galtung weiter, dann meinen wir entweder, sie seien *internalisiert* in dem Sinn, dass ihr Befolgen normalerweise mit gutem, ihr Bruch mit schlechtem Gewissen einhergeht; oder sie seien *institutionalisiert*, wenn ihr Befolgen/ihr Bruch belohnt/bestraft wird. Anomie meint dann, dass weder Internalisierung noch Institutionalisierung vorliegen. In anomischen Situationen handeln die Akteure ausschließlich nach ihren egoistischen Interessen, nach ihrer eigenen Kosten-Nutzen-Rechnung (und bringen dadurch andere zu Schaden). Es existiert keine höhere Instanz mehr, die gemeinschaftliche Ziele, Werte und Normen durchsetzen kann.

Die großen Anomien treten immer im Zusammenhang mit den drei großen gesellschaftlichen Wandlungsprozessen auf: von primitiven zu traditionellen, von traditionellen zu modernen und von modernen zu post-modernen Gesellschaftsformationen. Unterhalb dieser Ebene gibt es eine Vielzahl „kleinerer" Anomien (etwa im Gefolge des Wandels von kapitalistischen zu sozialistischen Gesellschaften und zurück). In einer Gesellschaft kann das Überwiegen von egoistischem über solidarischem, altruistischem Verhalten viele Formen annehmen: Gewalt, aber auch die ökonomische Gewalt der Korruption, Gewalt gegen sich selbst bis hin zum Selbstmord, aber auch Drogenmissbrauch, Depression, Rückzug, Apathie. Sie kann in der rigiden Form krimineller Banden unten und oben in der Gesellschaft erscheinen, in politischem Extremismus, fundamentalistischen Sekten und in Nationalismus. Politisches Handeln aus rein egoistischen Motiven ist anomisch, aus altruistischen Motiven enthält es Hoffnung auf eine bessere Zukunft.

In traditionellen Gesellschaften wird den Individuen ihr Status zugeschrieben; in modernen Gesellschaften erwerben sie ihn. In post-modernen Gesellschaften hingegen erhalten sie ihren Status durch wechselnde Verträge. Diese Flexibilität, die die Menschen von ihren Arbeitsplätzen, von ihren Produkten und von ihren Mitmenschen entfremdet, sie atomisiert, ist das Markenzeichen der Postmoderne. Damit wird Anomie das wesentliche Charakteristikum dieser Gesellschaftsformation (so immer noch Galtung). Von der persönlichen Ebene ausgehend wird das Fehlen wirksamer Verhaltenssteuerung dann anomisch, wenn es viele betrifft. Auf der anderen Seite machen die Großmächte auf der Weltebene, was sie gerade wollen – sie intervenieren, sie marschieren ein, bomben, zerstören die Ökonomien anderer Länder. Warum also sollten sich Individuen anders verhalten? Die Zukunft einer Gesellschaft, die sowohl anomisch als auch atomisiert ist, lässt sich einigermaßen sicher vorhersagen: Sie wird nicht lange überleben.

16 – Altvater/Mahnkopf's Begriff der „Informalisierung" macht diesen Unterschied nicht, er ist daher weiter als der Anomiebegriff

Man müsste idealerweise, um Anomie diagnostizieren zu können, zunächst eine einigermaßen stabile Gesellschaft mit weitgehend unbestrittenen Normen und Werten beschreiben, die dann in eine Phase beschleunigten Wandels gerät. Sind dann Merkmale wie ansteigende Scheidungsraten oder zunehmende Kirchenaustritte Symptome für Anomie? Oder handelt es sich einfach um Indikatoren für zunehmende Rationalisierung in einer Gesellschaft? Daran ist leicht zu erkennen, dass (auch hier, wie so oft in der Soziologie) „Zusammenhänge, die auf der Theorieebene plausibel sind, empirisch oft nur schwer nachgewiesen werden können"[17]. Schon die stabile Referenzgesellschaft ist in der Wirklichkeit nicht auszumachen.

An welchen Merkmalen stellt man Anomie überhaupt fest? Émile Durkheim hat in seiner berühmten Untersuchung (1897) drei unterschiedliche Typen des Selbstmords unterschieden, den altruistischen, den egoistischen und den anomischen – gibt es denn z.B. auch unterschiedliche Typen von Rechtsextremismus, von Kriminalität, von Jugendgewalt, von Krieg, unter denen sich jeweils anomische ausmachen ließen, oder ist jeder Krieg per definitionem anomisch? Ist jede kriminelle Handlung anomisch? Ist eine Revolution, ist eine Sezessionsbewegung Indikator für Anomie oder Anzeichen einer neuen positiven gesellschaftlichen Entwicklung (man denke z.B. an den Schweizer Jura, den belgischen Sprachenstreit oder ans Baskenland)? Wenn der Beitritt der DDR zur BRD nicht an sich schon ein anomischer Vorgang war – hat er dann nicht anomische Vorgänge in vielfacher Hinsicht ausgelöst? Sind die osteuropäischen Transformationsländer nach der auferlegten Schocktherapie auf dem Weg zur Demokratie – oder zur Anomie? Oder ist Anomie eine (notwendige?) Phase des Übergangs in ein neues Regulationsregime? Wer beurteilt das Vorliegen von Anomie? Hat die Regierung der USA das Recht (und wodurch wird es begründet?), in anderen Gesellschaften Anomie (z.B. das Fehlen von Demokratie westlichen Musters) festzustellen und dagegen, womöglich gar mit Krieg, einzuschreiten? Oder ist nicht gerade diese Anmaßung selbst anomisch? Habe ich als Europäer das Recht, die derzeitige amerikanische Regierung kriminell, anomisch zu nennen? Ist das Kastenwesen im heutigen Indien anomisch zu nennen, weil die Verfassung von 1947 es abgeschafft hat?

Es dürfte schwer – wenn nicht unmöglich – sein, kulturübergreifend gültige Indikatoren für Anomie zu definieren, es sei denn, man verwende als allgemeinstes Referenzsystem so etwas wie das „Weltethos"[18]. Es gibt in allen Gesellschaften z.B. das Verbot, andere Menschen willkürlich zu töten. Aber das ergäbe einen allzu groben Maßstab. Auf der anderen Seite ist das, was wir Nepotismus nennen, in vielen anderen Gesellschaften lange und unangefochten geübte Praxis. Wir können das Problem hier nur andeuten, es nicht lösen – wir müssen aber feststellen, dass unsere Beobachtungen in diesem Kapitel unserer eigenen Kultur verhaftet bleiben[19].

---

17 – Heitmeyer, 1997, 17

18 – Küng 1990

19 – für Lateinamerika vgl. z.B.: Waldmann, 2002

Es gibt wenige empirisch vergleichende Untersuchungen, die den Begriff Anomie verwenden. Peter Atteslander hat hier wichtige Vorarbeiten geleistet[20]. Im Comparative Anomie Project der Schweizerischen Akademie für Entwicklung wurde dieser Versuch für China, Bulgarien, Australien und West- und Südafrika unternommen[21]. Die dort nach intensiven Vorstudien entwickelten Skalen sind in Befragungen eingesetzt worden. Aber die damit erfassten Einstellungen geben nur *eine* Ebene und *eine* Sichtweise auf Anomie wieder. Zu einzelnen Teilaspekten wie z.B. Kriminalität gibt es freilich eine reiche Literatur. Wir haben daher kein systematisches Material, um auf den Ebenen Weltgesellschaft, Europa und Deutschland empirische Daten zur Anomie vorzutragen.

6.1.2 Konzepte, Indikatoren, Datenkritik

Es geht also nicht um einzelne Akte individuell abweichenden Verhaltens, die es in allen Gesellschaften immer gab und gibt. Selbstmord aus individueller Verzweiflung, aus Überdruss, aus Perspektivlosigkeit oder Mord im Affekt sind an sich noch keine Indikatoren für Anomie. Der entscheidende Punkt ist der, an dem – dialektisch gesprochen – Quantität in Qualität umschlägt, wenn also die Häufigkeit abweichenden Verhaltens so sehr zunimmt, dass daraus eine allgemeine Wert- und Normunsicherheit in einer Gesellschaft entsteht, die einen sich beschleunigenden Zirkel in Gang setzt, in dem immer mehr Menschen das Vertrauen in die Geltung von Werten und Normen verlieren und folglich nicht mehr einsehen können, warum ausgerechnet sie abseits stehen sollen, wenn andere sich bedienen. Analytisch wesentlich sind also (a) deutliche *Zunahme* in der Häufigkeit des Auftretens abweichenden Verhaltens, (b) die Motivation dieses abweichenden Verhaltens als im Kern auf den *egoistischen* Vorteil bedacht, die uns von Anomie oder anomischen Tendenzen sprechen lassen. Dies würden wir als generelle Definitionskriterien annehmen, die für alle Gesellschaften gelten sollen – wobei sofort einzuräumen ist, dass sowohl der normative Referenzrahmen als auch die Grenzwerte, von denen an von Anomie gesprochen werden müsste, sich zwischen Gesellschaften erheblich unterscheiden dürften. Anomie lässt sich folglich nur im kulturellen Kontext jeder Gesellschaft diagnostizieren.

Es liegt an der unklaren Definition, es liegt aber auch in der Natur der Sache, dass die Datenlage zur Anomie so überaus unsicher ist. Die Schweizerische Akademie für Entwicklung hat Skalen entwickelt, die in Befragungen eingesetzt worden sind; Befragungsdaten teilt auch der Datenreport mit. Aber wir diskutieren Anomie hier ja nicht als ein Phänomen subjektiver Befindlichkeiten, sondern als Erscheinung des gesellschaftlichen Wandels, die wir gerne anhand „objektiver" Daten empirisch beschreiben würden. Nun wird aber, um das Problem an wenigen Beispielen zu illustrieren, Korruption in öffentlichen Verwaltungen oder Unternehmen zwar immer wieder in Medien aufgegriffen, aber solange daraus kein strafrechtlicher „Fall" wird, taucht sie in keiner Statistik auf. Wie viele Fälle stillschweigend geduldet, wie viele „unter der Hand" erledigt werden, wissen wir nicht. International vergleichend ist sie noch schwe-

20 – Atteslander (Hg.), 1993
21 – Atteslander, 1995; Gruber/Atteslander, 1999

rer fassbar, trotz der wichtigen Bemühungen von Transparency International (TI): In Deutschland würde z.B. die Belohnung von Menschen, die einer Partei oder einem Kandidaten für Wahlkämpfe gespendet haben, mit lukrativen Ämtern oder Aufträgen ohne Zögern als Korruption definiert – in den USA aber ist sie gängige Praxis nicht nur der gegenwärtigen Regierung, und dennoch rangieren die USA auf dem Korruptionswahrnehmungsindex von TI gleich hoch wie Deutschland.

In vielen Bereichen der Kriminalität sind die Dunkelziffern hoch und oft sehr unsicher (z.B. bei Sexualdelikten wie Kinderpornographie oder Vergewaltigung in der Ehe – die übrigens in Deutschland strafbar ist, in anderen Ländern aber nicht). Die organisierte Kriminalität lebt geradezu davon, dass der Grenzbereich zwischen legalem und illegalem Handeln fließend, d.h. aber auch: statistisch wenig fassbar ist. Oft ist auch nur die höhere Aufmerksamkeit, die intensivere Verfolgung verantwortlich dafür, dass höhere Zahlen gemeldet werden, ohne dass sich die Häufigkeit des Phänomens wesentlich verändert hätte (das könnte z.B. der Fall sein bei Gewalt in Schulen). Das lässt sich natürlich aus der Polizeilichen Kriminalstatistik nicht ablesen.

Physische Gewalt ist sehr viel mehr Bestandteil der amerikanischen als z.B. der schwedischen Kultur – obgleich sie auch dort vorkommt. Sie wird in den USA häufig verherrlicht und als normaler Problemlösungsmechanismus dargestellt, zumal die Todesstrafe und der Besitz von Waffen so weit verbreitet sind. In Schweden dagegen ist physische Gewalt bereits in Ausprägungen tabuisiert, die ein Amerikaner kaum als gewaltsam erkennen würde. Zunehmender Rassismus und Antisemitismus sind ein deutlicher Indikator für Anomie – aber wird nicht gerade in Deutschland vorschnell als Antisemitismus gebrandmarkt, was lediglich Kritik an der Politik der derzeitigen israelischen Regierung ist? In anderen Ländern, etwa in Frankreich, wird sehr viel offener über die Unterdrückung der Palästinenser berichtet als bei uns. Bei der Diagnose von Selbstmord ist beobachtet worden, dass Ärzte zögern, diese Todesursache auf einer Sterbeurkunde anzugeben, weil sie sich damit unbezahlten Ärger und zusätzliche Arbeit einhandeln könnten – in einer anderen Gesellschaft könnte eine Tendenz bestehen, Morde als Selbstmorde zu deklarieren. Die in Publikumszeitschriften so beliebten Vergleiche von Gesellschaften an ihren Selbstmordraten stehen allesamt auf empirisch höchst wackliger Grundlage. Regierungskriminalität ist schon deswegen wenig fassbar, weil die jeweilige Regierung nach Möglichkeit verhindern wird, dass ihr Handeln als kriminell definiert wird. So ist es bezeichnend, dass unter diesem Stichwort in Deutschland vor allem Untersuchungen über die DDR-Vergangenheit zu finden sind, aber kaum etwas über illegales Handeln westdeutscher Regierungsmitglieder. Die Wahlfälschungen bei den amerikanischen Präsidentschaftswahlen der Jahre 2000 und 2004 sind zwar in manchen US-Medien dokumentiert, werden aber statistisch nicht als Akte der Regierungskriminalität behandelt (und in deutschen Medien weitgehend verschwiegen). Wir halten die amerikanischen Überfälle auf Afghanistan und den Irak für regierungskriminelle Akte – und zweifeln daran, dass es irgendeine Statistik gibt, die sie so klassifizieren würde. Über Massenphänomene wie Versicherungsbetrug und Steuerhinterziehung, falsches Parken und

Geschwindigkeitsübertretungen wird zwar offen an den Stammtischen gesprochen, aber seriöse statistische Angaben gibt es darüber nicht. Die Liste ließe sich leicht verlängern.

Schlussfolgerung: Wir stehen hier noch mehr als in anderen Bereichen vor dem Problem, etwas theoretisch zu verstehen und für wichtig zu halten, aber empirisch nicht zuverlässig messen zu können. Wir wollen daraus mindestens eine Konsequenz ziehen: Wir werden auf diachrone Interpretationen statistischer Daten ebenso verzichten wie auf Vergleiche über den westlich-kapitalistischen Gesellschaftstyp hinaus.

6.2 Erosion zivilisierter Verkehrsformen

Wenn wir Anomie diagnostizieren und als Symptom von raschem und tief greifendem Wandel interpretieren wollen, dann müssen die beobachteten Merkmale vier Anforderungen erfüllen: Sie müssen (a) geltenden Regeln widersprechen, (b) massenhaft auftreten, (c) sich deutlich vermehren und (d) mehr von Egoismus als vom Altruismus der Handelnden geprägt sein. Wir werden also einige Beobachtungen seit der Mitte der 1990er Jahre festhalten. Anschließend wollen wir einige Überlegungen vortragen, aus denen sich Hypothesen über Trends entwickeln lassen. Wir wollen uns an Galtung's Explikation orientieren und eine Typologie anomischen Verhaltens vorschlagen (siehe Tabelle 6.1).

Akteur	**Akt**		
	Passiv-hedonistisch den eigenen Vorteil suchend	anderen die geschuldete Solidarität verweigernd	aggressiv und rücksichtslos den eigenen Vorteil durchsetzend
Person	Typ 1	Typ 2	Typ 3
	Drogen Schuleschwänzen Sekten Medikamentensucht Internetsucht	Steuerhinterziehung Wahlenthaltung Rassismus Versicherungsbetrug Schwarzarbeit	Korruption Vorstandsgehälter Shareholder value Sadistische Gewalt sexueller Missbrauch
Gesellschaft	Typ 4	Typ 5	Typ 6
	Problemmüll Kohlesubventionen	Asylverweigerung Handelsbarrieren	Regierungskriminalität TNC-Kriminalität
Welt	Typ 7	Typ 8	Typ 9
	$ als Reservewährung	IWF-Politik Verweigerung UN-Beiträge Boykott ICCJ Kyoto, Minen	Agrarsubventionen Weltraumwaffen Covert actions Krieg

Tabelle 6.1: Vorschlag einer Typologie anomischer Verhaltensweisen, gestützt auf Galtung's Explikation des Begriffs

6.2.1 Individuell anomisches Verhalten

Etwa eine halbe Million Kinder schwänzen in Deutschland regelmäßig den Schulunterricht. Vor allem an Hauptschulen ist *Schwänzen* zu einer Art Epidemie geworden. Fast zehn Prozent aller deutschen Schüler schaffen keinen Schulabschluss – damit verlieren sie auch jede reelle Chance auf einen Berufseinstieg. Dagegen steigt die Wahrscheinlichkeit einer kriminellen Karriere[22].

470 Mio. € gehen dem Staat jährlich durch *Schwarzarbeit* an Steuern verloren, 300 Mio. € den Sozialkassen. Jeder vierte Deutsche hat seine Versicherung schon einmal betrogen – mit einem Gesamtschaden in der Größenordnung von zweieinhalb Mrd. Euro. Steuerbetrug wird auf jährlich zwischen fünfzig und hundert Mrd. Euro geschätzt. Der Berliner Oberstaatsanwalt gibt in einem Interview die Dunkelziffer bei *Wirtschaftsstraftaten* mit „enorm hoch, 80, 90%" an. Bei durchschnittlich 13,5 Jahren liegt heute das Einstiegsalter für *Alkohol.* Alkopops sorgen dafür, dass schon Kinder sich an Alkohol gewöhnen. 250.000 Deutsche unter 25 Jahren gelten als alkoholgefährdet. Bundesweit sterben etwa 42.000 Menschen jährlich an Alkoholmissbrauch. 50% aller Vierzehnjährigen hatten schon mindestens einen Alkoholrausch. 27% der Fünfzehnjährigen *rauchen* täglich. Elf Prozent der gleichen Gruppe rauchen regelmäßig Cannabis, 23% haben mindestens einmal geraucht. Dabei liegt der Gehalt an dem berauschenden Wirkstoff THC heute durchschnittlich um das Fünffache höher als vor dreißig Jahren („Power-Marihuana"). Der Konsum nimmt zu, nahezu unabhängig von der Politik: In den freizügigen Niederlanden ebenso wie im repressiven Schweden. Der Drogenbericht der Bundesregierung rechnet mit 130.000 Menschen, die in Deutschland von illegalen Drogen abhängig sind. Die Abhängigkeit von Medikamenten ist damit noch nicht erfasst. In Deutschland werden 2002 statistisch 11.200 *Selbstmorde*, d.s. vierzehn pro 100.000 Einwohner, gemeldet. Davon sind mehr als Hälfte Frauen über sechzig Jahre.

Nach der Analyse von 56 Fällen *sadistischer Gewalttaten*, die im Umfeld der rechtsextremen Szenen begangen worden sind, kommt Andreas Marneros zum Schluss: „In der Regel ... sind es pathologische Persönlichkeiten. Über 70% haben eine traumatisierende Vorgeschichte. Wir haben zum Beispiel Täter mit einem IQ von 76 und solche, die von betrunkenen oder gewalttätigen Eltern unvorstellbar misshandelt worden sind. Mindestens die Hälfte hat krankheitswertige Persönlichkeitsstörungen, dissoziale Störungen, Versagensängste, Identitätsstörungen. Ich sehe in ihnen Verlierer und Verlorene. ... Junge Menschen, die solche enormen sozialpsychologischen Defizite haben, sind auf der verzweifelten Suche nach einem persönlichen Image. In der rechten Gewaltszene finden sie eine ideale Plattform. Sie zieht Menschen mit brutalen, sadistischen Persönlichkeitsmustern an. Auch deshalb glaube ich, dass rechtsradikale Gewalt keine politische Gewalt ist. Anders als zum Beispiel der RAF-Terrorismus ist sie reiner Selbstzweck. Sie trägt lediglich ein ideologisches Mäntelchen. ... Die Parolen der Neonazis richten sich zwar gegen Juden, Ausländer, Schwarze. Aber die meisten ihrer Opfer sind in Wirklichkeit Deutsche. ... Wir fragten in der Studie unter anderem nach politischen Kenntnissen. Das Ergebnis: Die allermeisten

22 – Wilmers et al., 2002

haben keinerlei Wissen, das eine politische Ideologie untermauern könnte"[23]. 9.000 gewaltbereite *Rechtsextreme*, davon die Hälfte in den neuen Bundesländern, schätzt der Verfassungsschutz. Aber er fragt nicht nach denen, die solche Neigungen demagogisch für ihre eigenen Zwecke ausnutzen.

Das ist die Anomie der „*kleinen Leute*": Schwarzarbeit, Schuleschwänzen, kiffen, rauchen, saufen, Gewalt auf dem Schulhof, Gewalt gegen Schwächere, vor allem im Rudel und unter Alkohol, Rassismus. Andere Formen sind ihnen kaum zugänglich: Wer kein Einkommen hat oder lohnsteuerpflichtig ist, kann keine Steuern hinterziehen; wer nichts Wertvolles besitzt, für den ist Versicherungsbetrug ausgeschlossen. Hoffnungslosigkeit, Perspektivlosigkeit, Zukunftsangst, vor allem im Osten gepaart mit Demütigung und Herabsetzung, ein kollektives Schicksal über Jahre hinweg; Hass auf die, die von oben besänftigen und schönreden, die immer nur versprechen und es sich dabei selbst wohl sein lassen Wie bitter erniedrigt ist jemand, der auf zweihundert Bewerbungen nur eine Handvoll (ablehnende) Antworten bekommt? Arbeitslosigkeit, Armut und Zukunftsangst bereiten den Boden für Kriminalität, Gewalt und Extremismus, Drogensucht und Hoffnungslosigkeit – auch wenn es in der Regel eben gerade nicht die Ärmsten sind, die sich auf diese Weise wehren, sondern die Abstiegsgefährdeten oder die, denen man keine Chance einräumt. Alkohol und Gruppendruck verstärken Gewaltbereitschaft. Die heile Welt der Werbung, die einem unentwegt einhämmert, dass man ein Versager ist, beschönigende Reden und schamlose Bereicherung der anderen verstärken den Extremismus, die eigene Hilflosigkeit verstärkt die Gewaltbereitschaft. Zweifellos fördern Arbeitslosigkeit, Armut und Demütigung den Rechtsextremismus wie schon vor 1933.

Ob die Kindesentführungen und -morde von Marc Dutroux und Michel Fourniret (und anderen in anderen Ländern) tatsächlich in direktem oder indirektem Zusammenhang mit pädophilen Neigungen „höherer Kreise" in Belgien standen, wurde nicht aufgeklärt. Aber dass in Deutschland jedes Jahr etwa 300.000 Kinder – und das heißt genauer: etwa 300.000 kleine Mädchen von Männern, die häufig mit ihnen verwandt sind – *sexuell missbraucht* und misshandelt werden, dass jede siebte Frau in ihrer Beziehung Gewalterfahrungen macht, dass jedes Jahr etwa 50.000 Frauen vor der Gewalt ihrer Männer in Frauenhäuser flüchten – das sind gewiss Symptome anomischer Zustände. In diesem Zusammenhang verdiente die Sexindustrie genaueres Hinsehen (das Bornemann 1994 trotz des viel versprechenden Titels leider nicht leistete[24]): Die Umsätze der Prostitution, von Pornofilmen, von Sex- und Peepshows, von Sexshops und Internetvermittlern, von sexuell motiviertem Frauen- und Kinderhandel, von sexbetonter Werbung müssen in die Größenordnung von Mrd. von Euro gehen. Was muss mit einem Menschen geschehen, wie viel Gewalt muss man einem antun, bis er Gefallen daran findet, ein Kind zu vergewaltigen?

---

23 – Interview mit Andreas Marneros; in: Der Spiegel 10/2002:222). Vgl. auch: Marneros, 2002
24 – Bornemann, 1992

6.2.2 Gesellschaftliches anomisches Verhalten

Um die Korruption auf der Erde geht es im Weltkorruptionsbericht von Transparency International (TI). „Bei der Vorlage sagte der Vorsitzende von TI Deutschland, Hansjörg Elshorst, dass weltweit das Vertrauen in die Rechtsstaatlichkeit des Wirtschaftsgeschehens zerstört sei. Schuld daran seien Bestechung durch Großkonzerne, Börsenmanipulationen, betrügerische Konzernpleiten und Kapitalvernichtung in Milliardendimensionen. ... Der Bericht listet viele bizarre Beispiele für Korruption auf allen Erdteilen auf. So kaufte das indische Verteidigungsministerium für tote Soldaten während der Kargil-Krise 1999 überteuerte Särge für 2.500 US$. Die Differenz zum tatsächlichen Preis von 172 US$ steckten sich indische Militärbürokraten offenbar in die eigenen Taschen. Verheerende Korruption auch in Russland. Dort zahlen Geschäftsleute jedes Jahr Schmiergelder von etwa 30 Mrd. US$ an die Staatsdiener. Das entspricht etwa den gesamten Steuereinnahmen Russlands im letzten Jahr. Weitere Beispiele weist der Bericht aus den USA, Kanada, China und vielen europäischen Ländern aus."[25].

Aus der großen Zahl der Fälle von Wirtschaftskriminalität der letzten Jahre wollen wir nur drei herausgreifen: Parmalat (Italien), Flowtex (Deutschland) und Enron (USA).

Parmalat entwickelte sich aus einem mittelständischen Wurst- und Schinkenfabrikanten in der Nähe von Parma, den Firmenchef Calisto Tanzi 1961 von seinem Vater übernahm, zu einem Weltkonzern mit Betrieben in dreißig Ländern, 36.000 Beschäftigten und 7,6 Mrd. € Umsatz – der viertgrößte Lebensmittelproduzent Europas. Das Wachstum wurde überwiegend durch Anleihen von Tochterunternehmen im Ausland finanziert. Viel Geld floss in dubiose Anlagen in Sportklubs und Ferienanlagen, in Spekulationen mit Währungen und Derivaten. Die Anleger wurden misstrauisch; Anfang 2003 war eine Anleihe von 300 Mio. € nicht mehr absetzbar, der Kurs rutschte ab. Im Dezember mussten die letzten Reserven herhalten, um eine frühere Anleihe zurückzuzahlen. Die Gläubiger, darunter mehrere Grossbanken (auch die Deutsche Bank war beteiligt), werden ihr Geld nicht wieder sehen. Kleinanleger, die für etwa 7 Mrd. € Anteile gekauft hatten, verloren Anfang Dezember 2003 fast ihr ganzes Vermögen. Viele tausend Bauern blieben auf unbezahlten Rechnungen sitzen. Es hatte sich herumgesprochen, dass der Konzern Schulden in Milliardenhöhe aufgetürmt hatte, während die Angaben über Einnahmen gefälscht waren. Systematisch waren Bilanzen frisiert und Aktiva erfunden worden, die in Wirklichkeit gar nicht existierten. Gegen Tanzi und seine Topmanager sind Verfahren wegen Betrugs, Bilanzfälschung und Geldwäsche eingeleitet worden – es besteht der Verdacht, dass sie hunderte von Mio. Euro für sich auf die Seite geschafft haben[26].

Die Firma FlowTex aus Ettlingen vermarktete und finanzierte Horizontalbohrmaschinen, mit denen Rohre und Leitungen in der Erde verlegt werden können, ohne dass Straßen aufgerissen werden müssen. Sie hat aber nur

25 – taz, 23.1.2003
26 – Der Spiegel 1/2004, 3/2004

wenige dieser 0,5 bis eine Million teuren Geräte wirklich besessen – die wurden gleich mehrfach an Tochterfirmen vermietet: Von angeblich 3.187 Bohrsystemen existierten in Wirklichkeit nur 280. Typenschilder, Verkaufs- und Versicherungsverträge, Transport- und Leasingdokumente wurden gefälscht. Dadurch gingen die Umsätze auf dem Papier nach oben und die Banken gaben bereitwillig Millionenkredite. Das Geld steckten sich die beiden Eigentümer, Manfred Schmider und Klaus Kleiser, vor allem in die eigenen Taschen, um damit einen prahlerisch-verschwenderischen Lebensstil, aufwändige Hobbies und Demonstrationsprojekte zu finanzieren. Eine geplante 300 Millionen-Euro-Anleihe wurde im November 1999 durch die Mannheimer Staatsanwaltschaft verhindert. Um über zwei Mrd. Euro sollen 120 Banken und Leasinggesellschaften betrogen worden sein. Trotz zahlreicher Hinweise seien Beamte des Landes Baden-Württemberg nicht tätig geworden – auch von Vorzugsbehandlung und Vertuschung war die Rede – und Wirtschaftsprüfer hätten versagt.

Am 2. Dezember 2002 erklärt der texanische Energieriese Enron seine Zahlungsunfähigkeit. Ein Konzern, innerhalb weniger Jahre vom kleinen Gastransporteur zu einem der wertvollsten Unternehmen der USA aufgestiegen, löste sich in Luft auf. Zum Star der New Economy war er durch sein Internet-Verkaufsportal EnronOnline geworden. Zwischen 1985 und 2000 stieg der Börsenwert von zwei auf siebzig Mrd. Dollar, alleine für 2000 meldete das Unternehmen über hundert Mrd. Dollar Umsatz. Tatsächlich aber verspekulierte sich Enron im Geschäft mit Derivaten und versteckte seine Verluste in eigens zu diesem Zweck gegründeten Unternehmen. Siebzig Milliarden Dollar Aktienvermögen wurden vernichtet – vor allem auf Kosten kleiner Anleger und von Pensionsfonds, denen Arbeiter und Angestellte ihre Rentenersparnisse anvertraut hatten. Nur Tage vor der Insolvenz erhielten 600 Spitzenmanager noch insgesamt 1,2 Mrd. US$ an Prämien und Erlösen aus Aktienverkäufen. Viele der 20.000 Angestellten konnten ihre Aktien wegen einer Sperrklausel nicht verkaufen und verloren durch den Kurssturz ihr Vermögen. Dabei hatte das Unternehmen regelmäßig blendende Gewinne mitgeteilt, die vom renommierten Wirtschaftsprüfer Artur Andersen bestätigt wurden. Der freilich hatte Enron nicht nur mit der Bilanzprüfung unterstützt, sondern darüber hinaus Aufträge im Umfang von 27 Mio. US$ erhalten. Als die Börsenaufsicht ihre Untersuchungen beginnen wollte, stellte sich heraus, dass die Bilanzprüfer tausende von Seiten Dokumentation vernichtet hatten. Der Vorgang war nicht nur wegen seiner Dimensionen Aufsehen erregend, sondern auch, weil der Vorstandsvorsitzende von Enron seit vielen Jahren mit dem heutigen Präsidenten George W. Bush eng befreundet war und die Republikanische Partei seit 1990 mit vier Mio., die Demokratische Partei mit zwei Mio. Dollar Parteispenden bedacht hatte. Frühere Enron-Mitarbeiter finden sich an zahlreichen führenden Positionen der Bush-Administration. Als Justizminister Ashcroft eine Untersuchung des Falles ankündigte, stellte sich kurze Zeit später heraus, dass auch er von dem Konzern Geld bekommen hatte[27].

ENRON

27 – Der Spiegel 2/2002

Korruption, Vorteilsnahme, Begünstigung finden sich heute überall in Politik, öffentlicher Verwaltung und Wirtschaft. Nicht, dass es sich um bislang unbekannte Phänomene handeln würde: Die großen Affären der Nachkriegsjahrzehnte in Deutschland sind wenigstens ansatzweise dokumentiert und ansonsten über die Zeitungsarchive rekonstruierbar[28]. Vielleicht war es die Flick-Affäre, aufgedeckt 1982, die für viele Menschen zum Anlass wurde, nicht mehr nach dem Einzelfall, sondern nach der politischen Kultur generell zu fragen, in der dieser Einzelfall florieren konnte. Die schonungslose Ausplünderung der gewerkschaftseigenen Unternehmen Neue Heimat und Coop durch Teile ihres Managements zerstörte die Illusion derer, die immer noch glaubten, auf der Linken sei so etwas nicht möglich. Abgeordnete, die sich von Unternehmen zusätzlich zu ihren Diäten ohne erkennbare Gegenleistung bezahlen lassen, finden sich quer durch alle Parteien und bis in die Spitzen. Die unter Bundeskanzler Kohl verschwundenen Akten aus dem Kanzleramt, in denen genauere Informationen über den Verkauf der Leuna-Raffinerie vermutet werden, die Schwarzgeldkonten der CDU im Bund ebenso wie z.B. in Hessen, für die u. a. der frühere Innenminister Manfred Kanther und der jetzige Ministerpräsident Roland Koch verantwortlich waren; Lothar Späth, der wegen besonderer Gefälligkeiten von Unternehmerfreunden als Ministerpräsident von Baden-Württemberg zurücktreten musste; Rudolf Scharping, einmal Ministerpräsident von Rheinland-Pfalz, Vorsitzender der SPD und Verteidigungsminister, der hier ganz besondere Geschmacklosigkeit bewiesen hat, oder Holger Pfahls, früher Staatssekretär im Verteidigungsministerium, der eingestand, Geld eines Waffenlobbyisten angenommen zu haben, stehen damit keineswegs alleine.

Ein paar Zeitungsmeldungen, unsystematisch: Eine Tagung der Generalstaatsanwälte in Dresden im Mai 1995 ist dem *Thema Korruption im öffentlichen Dienst* gewidmet. In Frankfurt werden seit 1987 rund 1.500 Fälle von Korruption aus dem öffentlichen Bereich anhängig gemacht. Führer- und Waffenscheine, Aufenthaltsgenehmigungen, Baugenehmigungen, Beschaffungsaufträge (u. a. bei der Polizei), Bauaufträge der öffentlichen Hand, Grundstücksgeschäfte – überall ist Bestechung im Spiel. In Hessen hat der Landesrechnungshof 2.000 Fälle von Korruption registriert, wobei der Baubereich sich als besonders anfällig erwies. Die Firmen setzen die Bestechungssummen legal als Werbungskosten oder nützliche Aufwendungen von der Steuer ab und beteiligen so die Steuerzahler an der Finanzierung. Nach Einschätzung des Bundeskriminalamtes nimmt die Korruption im öffentlichen Dienst bedrohliche Züge an. Allein 1994 wurden 7.000 Korruptionsdelikte registriert, das Dunkelfeld sei riesig. Die Zahl der Fälle ist, insbesondere auch im Umkreis der deutschen Einigung, nicht mehr zu überblicken.

Ähnlich zehn Jahre später und wieder eine willkürliche Auswahl aus der nicht mehr überschaubaren Anzahl gemeldeter Vorfälle: Besonders hervorgetan hat sich ein Frankfurter Lobbyist und Kontaktvermittler: „Moritz Hunzinger, 40, Politik-Vermarkter mit CDU-Parteibuch, bereitet der hessischen Landesregierung Kopfzerbrechen. Auf Vorschlag des Ministerpräsidenten

28 – Hafner/Jacoby, 1989; 1994

Roland Koch (CDU) hat Bundespräsident Johannes Rau (SPD) dem Frankfurter PR-Unternehmer am 31. Oktober vergangenen Jahres das Bundesverdienstkreuz am Bande verliehen („für hohes soziales und gesellschaftspolitisches Engagement“). In der von der Parteispenden-Affäre schwer geplagten Hessen-Regierung fand sich bislang aber kein Minister, der bereit wäre, dem umstrittenen Christdemokraten Hunzinger den Orden zu überreichen. Die Scheu vor einem gemeinsamen Auftritt ist verständlich: Hunzinger sieht sich Vorwürfen ausgesetzt, er habe im vergangenen Landtags-Wahlkampf den damals noch wenig bekannten CDU-Herausforderer Koch mit unlauteren Methoden populär gemacht. So spendierte der Hunzinger-Verlag Blazek und Bergmann für Kochs Politbuch „Vision 21“ („Projektbetreuung: Moritz Hunzinger“) für die Promotion rund 300.000 Mark, doch die Auflage von rund 5.000 Exemplaren zum Ladenpreis von 29,80 Mark ist bis heute nicht vergriffen. Die Funkwerbung für das Buch wurde Mitte Dezember 1998 von der Landesmedienanstalt untersagt, weil die Buchpromotion eine verdeckte Wahlwerbung sei“[29]. Zu den Kunden seiner PR-Firma (außerdem gehören ihm das Meinungsforschungsinstitut Infas und die Bildagentur Action Press) gehörten viele andere Politiker aus allen Parteien, und viele sind wegen anrüchiger Vorfälle ins Gerede gekommen.

Firmen wie RWE zahlten früheren Mitarbeitern, die in politische Ämter wechselten, jahrelang Gehälter fort. Die Beiräte des Energieversorgungsunternehmens sind schon früher wegen hoher „Entschädigungen“ für geringe Leistungen ins Gerede gekommen. Der VW-Konzern soll etwa hundert Abgeordnete weiter ohne erkennbare Gegenleistung auf seiner Gehaltsliste geführt haben. Einzig das Land Niedersachsen verlangt in seinem Abgeordnetengesetz, dass solche Beträge an das Land abgeführt werden müssten. Alle anderen kommen mit in der Regel mäßigen Bußgeldern davon. Die Aufregung in allen Parteien war medienwirksam heftig, aber kurz und folgenlos.

Die Listen der (anzeigepflichtigen) Nebentätigkeiten der Mitglieder des Bundestages sind heute auf der Internetseite des Parlaments[30] einsehbar. In Deutschland werde, so Transparency International, von einigen Abgeordneten das Fünf- bis Zehnfache der normalen Diäten hinzu „verdient“.

Hans Herbert von Arnim, der Speyerer Staatsrechtler, wird nicht müde, auf die Probleme der Parteien- und Abgeordnetenfinanzierung hinzuweisen[31]. Erwin und Ute Scheuch[32] haben Begünstigung, Korruption und Vorteilsnahme in der Kölner Kommunalverwaltung aufgedeckt und damit nur auf allgemein übliche Praktiken der Parteien aufmerksam gemacht. Der stellvertretende Vorsitzende des Bundes deutscher Kriminalbeamter Bruckert hält Teile der organisierten Kriminalität in Deutschland für unangreifbar, weil durch politische Versäumnisse Strukturen entstanden seien, die sich polizeilichem Zugriff entzögen. „Es gibt in allen größeren Städten Deutschlands Strukturen und Personen, die nicht mehr angreifbar sind, obwohl sie selbst namentlich und ihre kriminellen Karrieren der Polizei bekannt sind“. Die eigentliche Gefahr liege

29 – Der Spiegel, 6/2000, 228
30 – www.bundestag.de
31 – Arnim, 1991; 1993
32 – Scheuch/Scheuch, 1992

im Bereich der Wirtschaftsverbrechen[33]. Die deutsche Innenpolitik beschäftige die Polizei mit der Verfolgung von Kleinkriminellen und decke damit faktisch die organisierte Kriminalität.

Der Gesetzgeber selbst hat *den Strafverfolgern die Arbeit schwer* gemacht: Schon 1953 wurde der Straftatbestand der Abgeordnetenbestechung aufgehoben; 1968 wurde die „Verletzung von Dienstgeheimnissen im besonders schweren Fall" gestrichen; 1974 wurde „schwere passive Bestechung", in den fünfziger Jahren noch als Verbrechen mit bis zu fünf Jahren Zuchthaus bedroht, zu einem einfachen Vergehen mit geringem Strafmaß und kurzen Verjährungsfristen. Als die Opposition im Sommer 1994 die steuerliche Absetzbarkeit von Bestechungsgeldern abschaffen wollte, scheiterte sie an der Regierungskoalition: Ein nationaler Alleingang käme nicht in Frage, weil dies die deutsche Wirtschaft im Wettbewerb empfindlich benachteiligen und Arbeitsplätze gefährden würde. Das Antikorruptionsregister, von der rot-grünen Regierung noch 2002 angekündigt, ist „in der Ressortabstimmung versandet"[34]. Die organisierte Kriminalität hat die Politik in der Hand, die Politik die Polizeichefs auf Bundes- und Landesebene und die wiederum ihre Ermittler vor Ort – dies jedenfalls behauptet Jürgen Roth[35].

Für das Jahr 2000 werden für Deutschland 1.243 Korruptionsverfahren gemeldet. Besonders ist der kommunale Bereich und besonders sind Baubehörden betroffen. Aber Bestechung, Vorteilsnahme und Begünstigung beschränken *sich keineswegs auf den öffentlichen Sektor*. Aus zahlreichen Unternehmen liegen Meldungen über Korruptionsfälle vor, ebenso wie aus Krankenhäusern, aus Arzt- und Zahnarztpraxen, wo Falschabrechnungen so häufig sind, dass sie nicht mehr zu den Ausnahmen gezählt werden können. Selbst Bestechung von Klinikärzten im öffentlichen Dienst geschieht in großem Umfang (4.400 Fälle wurden im März 2002 gemeldet, 380 Mitarbeiter des Pharmakonzerns Smith Kline Beecham seien verwickelt). An dieser Stelle mag man sich fragen, ob auch die Erfindung von Krankheiten zum Nutzen der Pharmaindustrie[36] als Symptom von Anomie oder als „normale" Randerscheinung eines kapitalistischen Systems gesehen werden müssen, dem Wachstum und Profit buchstäblich über alles gehen. Die willkürliche Herabsetzung der Grenzwerte für Cholesterin hat dieser Industrie viele Mio. gebracht, am (vorher unbekannten) ADS = Aufmerksamkeits-Defizit-Syndrom leiden in Deutschland 170.000 bis 350.000, weltweit angeblich 10 Mio. Kinder – ein Geschenk für die Hersteller von Psychopharmaka. Üblich und von den Krankenkassen nicht einmal kritisiert ist die Praxis, nach der Chefärzte Leistungen abrechnen, die sie nicht erbracht haben. Selbst Friseure sind ins Gerede gekommen: Im April 2005 wurde bekannt, dass ein 1.300 Mal verkauftes Computerprogramm dabei hilft, den Umsatz und damit die Steuern der Friseure zu schmälern. Kaum eine Lotto- und Totogesellschaft, die nicht wegen überhöhter Bezüge und Spesen ihrer (in der Regel nach

33 – vgl. z.B. zum Baubereich auch Ludwig 1992
34 – Die Zeit, 4.4.2002
35 – Roth, 2004
36 – Blech, 2003

parteipolitischen Kriterien ausgewählten) Vorstände von den Rechnungshöfen gerügt worden wäre[37].

Steuerhinterziehung ist die vielleicht häufigste, alltäglichste und gleichzeitig die gesellschaftlich am weitesten akzeptierte Form eben nicht mehr „abweichenden“ Verhaltens. Kaum ein Abendessen im Restaurant mit Freundin oder Ehefrau, das nicht per Spesenbeleg zu Werbungskosten gemacht werden könnte. Häufig die Handwerker, die danach fragen, ob man denn eine Rechnung brauche, d.h. die Mehrwertsteuer zahlen wolle oder nicht – und auch Menschen, denen ansonsten ein sensibles Bewusstsein für Recht und Unrecht ohne weiteres zu attestieren wäre, sehen sich hier eher in einer Art sportlichen Wettbewerbs, in der das Austricksen der Finanzämter keineswegs als unmoralisches Verhalten, vielmehr als pure Notwendigkeit völlig öffentlich diskutiert wird. „Die Hälfte der 4.500 Hamburger Millionäre zahlt keine Einkommenssteuer“ – so zitiert *Der Spiegel*[38] den damaligen Hamburger Bürgermeister Voscherau. Der frühere Spitzensteuersatz von 53% auf dem Einkommen Verheirateter von mehr als 240.000 DM sei im Steuerbescheid „zur Rarität geworden“. „Die in der Wirklichkeit gemessene durchschnittliche Obergrenze liegt deutlich unter 40%“. Die den Finanzämtern nicht angegebenen Zinsen auf Geldvermögen belaufen sich Schätzungen zufolge auf etwa 133 Mrd. €.

Das Thema hat zwei einander in ihrer Logik ergänzende Seiten: Auf der einen Seite hat der *Gesetzgeber bewusst ausreichend Schlupflöcher gelassen*, um den „Besserverdienenden“ (zu denen auch die Parlamentarier des Bundes und der Länder gehören) eine legale Chance zu geben, ihre Steuerlast zu verringern. Ergebnis ist ein Steuertarif, der faktisch keineswegs progressiv (also die höheren Einkommen prozentual stärker als die niederen Einkommen besteuernd), sondern faktisch degressiv, also umgekehrt, gestaltet ist. Unter den sieben führenden Industriestaaten hat Deutschland, wie der Präsident des Bundesfinanzhofes errechnen ließ, die größte Differenz zwischen nomineller und effektiver Steuerbelastung. Nicht selten schafft der Gesetzgeber erst die Voraussetzungen im Steuerrecht, die dann zu Betrügereien großen Stils führen (etwa bei Abschreibungsgesellschaften, Verlustzuweisungen usw. – also Bereichen, die wiederum nur den Wohlhabenden zugänglich sind). All das geht zusammen mit den allgemein bekannten Tatsache, dass Großverdiener im Sport oder im Showgeschäft Wohnsitze in Monte Carlo oder in der Schweiz unterhalten zum alleinigen Zweck, Steuern zu sparen – was die Gunst des Publikums scheinbar nicht mindert.

Auf der anderen Seite hat der *Lohnsteuerzahler*, der bereits im Betrieb die Steuer vom Lohn abgezogen bekommt, *keine Chance, die eigene Steuerschuld zu verringern*. So werden selbst Einkommensmillionäre (von den Vermögensmillionären gar nicht zu reden, bei denen das beinahe selbstverständlich ist) deutlich weniger besteuert werden als Menschen mit geringem Einkommen. Dazu kommt, dass Bezieher kleiner Einkommen ihre Ersparnisse in der Regel in schlecht verzinsten Sparformen anlegen und damit die Gewinne der Banken

37 – Köpf, 1999
38 – Der Spiegel (12/1996, 22)

zum erheblichen Teil mitfinanzieren. Ein tiefer und zunehmender Widerspruch klafft zwischen den Normen der „sozialen Marktwirtschaft" und ihrer empirischen Realität.

Der Weg dahin führt über eine dauernde *Komplizierung des Steuerrechts* so weit, dass die Sparkassen jährlich einen Ratgeber zum Ausfüllen der Einkommenssteuererklärung publizieren, die inzwischen 1004 Seiten stark ist (und Handreichungen zum Sparen von Einkommenssteuer sind Bestseller auf dem Taschenbuchmarkt). Es kann kein Zweifel daran bestehen, dass die *Schlupflöcher für Besserverdienende politisch gewollt sind und politisch begünstigt* werden (so z.B. die Steueroasen). Wem es gelingt, (mit Hilfe eines Steuerberaters – in großen Unternehmen einer ganzen Steuerabteilung) das Dickicht des Steuerrechts zu verstehen, der zahlt weniger. Der Gesamtumfang der jährlichen Steuerhinterziehung wird auf mindestens fünfzig Mrd. Euro geschätzt, eine Summe, die geeignet wäre, den Bundeshaushalt zu sanieren. Dass sie nicht eingefordert wird, dass stattdessen die Sozialleistungen gekürzt werden, ist *politischer Wille*. Viel wichtiger ist noch die *steuerliche Behandlung von Unternehmen* (→ Kap. 8.2.3).

Dieser „race to the bottom" wurde durch die EU-Erweiterung vom 1. Mai 2004 drastisch dadurch verschärft, dass Länder wie z.B. Estland die Unternehmenssteuer auf Null abgesenkt haben mit dem Ziel, Ansiedlungen zu fördern, sich aber gleichzeitig ihre Infrastrukturen von der EU finanzieren lassen, in der Deutschland der größte Nettozahler ist. Wir alle finanzieren folglich mit unseren Steuergeldern die Bedingungen mit, die zur Vernichtung von Arbeitsplätzen bei uns führen. Die europäischen Länder sind in *einen Wettlauf um die günstigsten Unternehmenssteuern, Löhne, Umweltauflagen und Arbeitsschutzgesetze* eingetreten – den Gewinn haben vor allem die Anteilseigner, die Verluste tragen vor allem die Lohnsteuerzahler und die, die ihre Jobs verlieren und die Umwelt.

Organisierte Kriminalität in Deutschland ist überwiegend eingebunden in europäische und internationale Strukturen. Sieber[39] stellt fest, dass die „Arbeitsweise organisierter Straftätergruppen grundsätzlich der von legal arbeitenden Wirtschaftsunternehmen entspricht, allerdings durch einige Besonderheiten des illegalen Marktes gekennzeichnet" sei. Zu den wichtigsten Betätigungsfeldern gehören Kfz-Verschiebung, Ausbeutung von Prostitution, Menschenhandel, illegales Glücksspiel, Subventionsbetrug und Steuerhinterziehung zum Nachteil der EU und Geldwäsche. In allen europäischen Ländern lässt sie sich nachweisen; einfache Recherche in den Zeitungsarchiven oder im Internet[40] genügt. Der Europäische Rechnungshof hat angesichts zunehmender Betrügereien allen Mitgliedsländern und der Kommission unzureichende Kontrolle der Mittelverwaltung vorgeworfen. Vor allem im Agrarbereich werde ständig gegen die Grundsätze der Wirtschaftlichkeit und Sparsamkeit verstoßen. Schon 1992 haben Jürgen Roth und Marc Frey dazu einen Aufsehen erregenden, gut recherchierten Bericht veröffentlicht. Lettieri[41] beobachtet, „die Komplexität der betrügerischen Praktiken zum Nachteil der finanziellen Interessen der

Kriminalität

39 – Sieber (Hg.), 1997, 53
40 – z.B. www.wirtschaftsverbrechen.de
41 – Lettieri, 1997, 88

Europäischen Union (…) im Verein mit ihrer – trotz der Errichtung eines engmaschigen Kontrollsystems – alarmierenden Häufigkeit weise darauf hin, dass zur Begehung derselben zumeist eine voll ausgebildete kriminelle Organisation erforderlich ist". Es sei inzwischen übereinstimmende Meinung, dass die bisher unaufgedeckt gebliebenen Fälle von Euro-Betrug, die von der Organisierten Kriminalität begangen worden sind, weit mehr seien als die bereits aufgedeckten. Im „bei weitem beunruhigendsten und häufigsten Fall" übernehmen kriminelle Organisationen Unternehmen, die in eine Krise geraten sind, wodurch sie gleich drei Ziele auf einmal erreichen: Sie waschen schmutziges Geld, begehen auf vollkommen eigene Rechnung und mit größerem Profit Betrugshandlungen zum Nachteil der EU und setzen sich am Ende ungestört im Herzen der legalen Wirtschaftsaktivitäten des Territoriums fest, innerhalb dessen sie operieren. Das sei nur möglich durch die besorgniserregende Verflechtung zwischen Organisierter Kriminalität, Politik, Institutionen und Geschäftswelt[42]. Die Korruption habe in neuester Zeit fast unvorstellbar hohe Sphären erreicht und nunmehr die nationalen Kontrollapparate selbst verseucht. Der von Sieber herausgegebene Band[43] enthält dazu eine ganze Anzahl ebenso aufschlussreicher wie erschreckender Länderberichte.

Die besonders günstigen Bedingungen für die Entwicklung Organisierter Kriminalität in den *osteuropäischen Transformationsländern*, wo Anomie eine vorhersagbare Folge des Systemwandels ist, müssen hier ebenfalls erwähnt werden.

(Organisierte) Kriminalität wird immer schwerer definier- und abgrenzbar, so sehr verwischen sich die Grenzen zwischen legalem und illegalem Handeln. „Innerhalb der Europäischen Gemeinschaft wird eine Summe von nahezu 500 Mrd. Dollar durch das organisierte Verbrechen in die Volkswirtschaft eingespeist"[44]. Im organisierten Verbrechen gibt es Spitzenreiter: „Mittlerweile werden innerhalb der Gemeinschaft mehr Gelder über den Vorschub von Giftmüll erwirtschaftet als mit Drogen"[45]. „Jeder rechtsradikale Politiker lacht sich ins Fäustchen, weil er nur zuzusehen braucht, wie ihm die Wähler zu getrieben werden. … In einer Gesellschaft, in der politische Moral nur noch eine Worthülse ist, Politiker käuflich und Korruption etwas Alltägliches geworden sind, da findet das organisierte Verbrechen einen idealen Nährboden"[46]. Organisierte Kriminalität hat in der Regel wenige Mitwisser, viele Opfer und ein weites Dunkelfeld. Manchmal entwickelt sie sich auf der Basis ethnischer Strukturen: sizilianische Mafia, kalabresische Ndrangheta, neapolitanische Camorra, die neue Cosa Nostra in den USA, die russische Mafia, die chinesischen Triaden, die kolumbianischen Drogenkartelle, vietnamesische Zigarettenschmuggler, rumänische Einbrecher und polnische Autoschieber – all das sind nur Beispiele aus der Vielzahl auf ethnischer Grundlage operierender Verbrechersyndikate, die längst weltweit und nicht selten untereinander koordiniert, operieren. Dies festzustel-

---

42 – ebd., 92 f.

43 – Sieber (Hg.), 1997. Aktuell beschäftigen sich damit auch: Fijnaut/Paoli, 2005

44 – Roth/Frey, 1995, 10

45 – Europäisches Parlament, Sitzungsprotokoll vom 11.5.1992, zit. nach Roth/Frey, 1995, 10

46 – Roth/Frey, 1995, 13; vgl. auch: Der Spiegel, 20.12.1999, Titel

len heißt selbstverständlich nicht, ethnische Gruppen zu diskriminieren und als kriminell zu verleumden, die oft genug selbst von ihren jeweiligen Syndikaten drangsaliert und erpresst werden. Vermutlich ist die deutsche Wirtschaftskriminalität um ein Vielfaches folgen- und opferreicher, schwerer einzugrenzen und schwerer zu fassen. Die Computerkriminalität, die eigentliche Kriminalität der Zukunft, zeigt noch nicht einmal deutlich erkennbare Täterprofile und interne Strukturen.

Drogenhandel, Schutzgelderpressung, Menschenhandel, Falschgelddelikte, Prostitution, Waffenhandel, Autodiebstahl, Hehlerei, Kreditkartenbetrug, Geldwäsche, Wohnungseinbrüche – das ist die *Basis* des organisierten Verbrechens. Den *Mittelbau* stellen korrupte Politiker, Beamte, Steuerberater, käufliche Anwälte, Angehörige der Justiz. Die *Spitze* besteht aus „honorigen" Geschäftsleuten, die längst ihren Platz in der „guten Gesellschaft" gefunden haben, weitgehend unangreifbar sind und gewaschene Gelder aus kriminellen Quellen in großem Stil in legale Geschäfte investieren. Es fällt zunehmend schwer, den Unterschied zwischen organisierter Kriminalität auf der einen Seite und z.B. einem Bankensystem auf der anderen Seite zu ziehen, das die Spargroschen der „kleinen Leute" mit kaum mehr als dem Inflationsausgleich verzinst und riesige Gewinne aus der Zinsdifferenz zieht, aus denen dann nicht selten Parteispenden finanziert werden. Der Mannesmann-Vodafone-Deal mit den enormen Abfindungssummen für einige wenige ohnehin schon reiche Spitzenfunktionäre mag juristisch nicht angreifbar sein; unappetitlich und verheerend für die öffentliche Moral war er gewiss, und natürlich fragen sich viele, was für ein Rechtssystem das ist, das solches ungestraft zulässt und wer es geschaffen hat. Dass die Deutsche Bank ihrem Vorstandsvorsitzenden 11 Mio. € Gehalt zahlt, eine Umsatzrendite von 25% anstrebt und gleichzeitig ankündigt, 6.200 Stellen zu streichen, hat immerhin für öffentliches Aufsehen gesorgt. Während in einem neuen Tarifvertrag der Stahlindustrie nach harten Verhandlungen gerade mal 3,5% Lohnerhöhung vereinbart wurden, sind die Einkünfte der Spitzenmanager im letzten Jahr um über sechzig Prozent gestiegen – eine Folge des weltweiten Stahlbooms, für den weder die Manager noch die Aktionäre verantwortlich sind. Viele Medien nennen solche Vergleiche „Neiddiskussion" – Arbeitslose würden das wohl kaum so sehen können. Ist die Lohndrückerei der Industrieverbände etwas so qualitativ Verschiedenes von den Hungerlöhnen, die illegal Eingeschleusten oder Leiharbeitern gezahlt werden? Eine kriminell gesteuerte Gegenstruktur ist dabei, sich zu etablieren. Der Unterschied zur legalen Struktur des Wirtschaftssystems ist deshalb so schwer zu ziehen, weil dieses grundsätzlich nach der gleichen Logik der Bereicherung um jeden Preis funktioniert.

In den westlich-kapitalistischen Ländern und ganz gewiss auch in den Ländern des früheren Ostblocks, hat sich in den letzten Jahren ein Klima durchgesetzt, das durch ein hohes Maß an Regelverletzungen, aber auch an Regeländerungen, die bisheriger Gewohnheit und üblichem Gerechtigkeitsempfinden widersprechen, charakterisiert ist. Dabei fällt auf, dass diese Art kriminellen Verhaltens dem Normalbürger, Lohnsteuerzahler, Sparbuchinhaber gar nicht zugänglich ist – es handelt sich um die weit verbreitete *Kriminalität der mittleren und oberen Sozialschichten*, die letztlich auf Kosten der „kleinen Leute" geht. Diese

„Oberen" sind es auch, die ihre Interessen politisch am ehesten durchsetzen können. Dabei spielen Angehörige der politischen Klasse (→ Kap. 8.2.3) eine besonders wichtige Rolle. Wenn diese politische Klasse gleichzeitig nicht davor zurückschreckt, die Ärmsten der Gesellschaft weiter zu belasten („Hartz IV", → Kap. 10.2.3), die Steuern und Abgaben nach oben zu treiben bzw. die öffentlichen Leistungen zu senken und wenn sie für eine zunehmende Zahl von Menschen deutlich erkennbar in der politischen Auseinandersetzung einseitig Partei für gesellschaftliche Gruppen mit ohnehin großen Privilegien ergreift, dann ist nicht verwunderlich, dass damit das moralische *Klima generell schwer belastet* wird, dass wir also zunehmend einem Zustand der *Anomie* entgegengehen.

Wenn die Bundesregierung ein von der Europäischen Kommission beschlossenes Werbeverbot für Tabakwaren mit allen Mitteln zu verhindert sucht, wenn der Finanzminister fürchtet, ein zu starkes Anheben der Tabaksteuer würde Menschen vom Rauchen abhalten und damit die Einnahmen des Bundes schmälern, oder wenn die Regierung die Einführung von Katalysatoren erst auf Druck der EU-Kommission beschließt, Russfilter an Dieselfahrzeugen gar als schädlich für die deutsche Automobilindustrie betrachtet und sich weigert, ein Tempolimit auf Autobahnen auch nur in Betracht zu ziehen, dann schädigt sie menschliche Gesundheit – ist das aber auch schon Regierungskriminalität? Nicht, dass es die in Deutschland nicht gegeben hätte oder gäbe: Dem, der hier an erster Stelle zu nennen wäre, ist vor der Einführung des Euro gar eine 2-DM-Münze gewidmet gewesen und sein Name ziert noch heute einen Großflughafen[47]. Aber wenden wir uns eindeutigeren Fällen zu:

6.2.3 Anomie weltweit

Mit dem Einzug der Bush-Regierung ins Weiße Haus in Washington hat Regierungskriminalität eine neue Qualität bekommen. Beginnend mit der lange zuvor schon geplanten Fälschung der Präsidentschaftswahlen des Jahres 2000 über die immer noch nicht gültig widerlegte These von der Beteiligung der Regierung an den Anschlägen vom 11. September 2001 bis hin zu den willkürlich angezettelten Kriegen gegen Afghanistan und den Irak (→ Kap. 9) mit inzwischen weit über 125.000 Ermordeten und den unverhüllten Drohungen gegen eine ganze Reihe anderer Länder, mit der Rechtsbeugung zu eigenen Gunsten, der sozialen Spaltung und der Repression nach innen stellt diese Regierung alles in den Schatten, was wir nach 1945 in den Industrieländern beobachten konnten. So wird Gesellschaft systematisch zerstört[48].

Erhebliche Teile der amerikanischen Außenpolitik seit den Atombomben auf Hiroshima und Nagasaki im August 1945 können als ununterbrochene Reihe von Verstößen gegen internationales Recht charakterisiert werden[49]. Dass vor allem die westlichen Verbündeten der USA dagegen nicht aufgestanden sind und nicht aufstehen, macht sie zu Komplizen und deshalb mitschuldig.

---

47 – vgl.: Schwarzbuch: Franz Joseph Strauss, hg. Von Wolfgang Roth et al.,1972; Engelmann, 1980

48 – Hamm (Hg.), 2004

49 – Blum, 1995; 2000

Die systematische Folter von Gefangenen in Guantanamo, Abu Ghuraib und anderen US-Stützpunkten, das Ausfliegen von Gefangenen in Länder, in denen gefoltert wird, und die Zustände in den überwiegend privatisierten amerikanischen Gefängnissen selbst gehören ebenfalls in diese Kategorie (und ganz nebenbei: Wieso wird die widerrechtliche Besetzung von Guantanamo, gegen die die kubanische Regierung seit 1959 immer weder protestiert hat, nicht angeprangert?). Dass die europäischen Regierungen, dass auch die Bundesregierung dies (wenn man von dem Nein zum Krieg gegen den Irak absieht) hinnehmen, als handle es sich um normale Vorgänge, dass die Medien es kaum registrieren, ist persönlich empörend – soziologisch ist es vielleicht das klarste Symptom für Anomie auf der Ebene der Weltgesellschaft.

Verstärkt wird dieser Eindruck durch den jüngst bekannt gewordenen Fall, in dem ein Insider[50] berichtet hat, wie er im Auftrag einer Consultingfirma, die wiederum im Auftrag des amerikanischen Geheimdienstes NSA handelte, andere Regierungen in die Verschuldung und damit in jahrzehntelange Abhängigkeit von den USA sowie in Arbeitslosigkeit und Armut und unter das Diktat des Internationalen Währungsfonds trieb. Ähnlich ist auch dort argumentiert worden, wo der IWF Länder zwingt, ihre Naturschätze dem Zugriff internationaler Konzerne auszuliefern, oder wo er mit dem Verlangen nach Haushaltseinsparungen die Bildungs-, Gesundheits- und Sozialsysteme anderer Länder unterminiert (→ Kap. 3.2.4). Auch hier sollte man daran erinnern, dass die USA den IWF zwar maßgeblich, aber nicht alleine regieren. Die Europäer hätten und haben die Möglichkeit, eine andere Politik durchzusetzen. Dass sie sie nicht nutzen, macht sie mitverantwortlich für die sozialen und ökologischen Schäden, die daraus entstehen.

Weltweit anomisch wirkt auch der amerikanische Boykott internationaler Abkommen und Verhandlungen (Kyoto-Protokoll zum Klimaschutz, Konvention über das Verbot von Landminen, Verhandlungen über das Verbot von Kleinwaffen, Verhandlungen über ein Verbot der Militarisierung des Weltraums, Internationaler Strafgerichtshof usw.). Zahlreiche internationale Abkommen zur Rüstungskontrolle werden von USA systematisch verletzt wie der ABM-Vertrag (Anti-Ballistic Missile Treaty), das Atomtestverbot (Comprehensive Test Ban Treaty) and und der Nichtverbreitungsvertrag (Nuclear Non-Proliferation Treaty). Auch die Konvention über das Verbot biologischer und toxischer Waffen von 1972 ist praktisch wirkungslos geworden, weil die USA keine Kontrollen auf ihrem Territorium zulassen[51]. Nachdem es nicht gelungen war, das Abkommen über die Einrichtung des Internationalen Strafegerichtshofs überhaupt zu verhindern, hat die US-Regierung verlangt, dass amerikanischen Staatsbürgern grundsätzlich Immunität eingeräumt werde, weil die Rolle als Weltpolizist manchmal die Verletzung strafrechtlicher Normen erfordere. Als auch diese Position nicht durchzusetzen war, ist sie dazu übergegangen, in bilateralen Verträgen mit zahlreichen Ländern zu vereinbaren, dass US-Bürger

50 – Perkins 2004
51 – www.sunshine-project.org

vom jeweiligen Staat nicht vor dem ICCJ verklagt werde dürfen, und sie hat als Druckmittel jeweils Militär- und Entwicklungshilfe eingesetzt.

Dass hinter der derzeitigen Re-Militärisierung der Einfluss der Rüstungslobby steckt, die mit gewaltigen Mitteln Einfluss auf die Politik der US-Regierung nimmt, ist die *kurzfristige* Seite dieses Vorgangs. Noch 1991 konnte das Pentagon einen Etat von knapp 300 Mrd. US$ verplanen. Seit den fünfziger Jahren war das Budget des Pentagon stets größer als die Nettogewinne sämtlicher US-Firmen zusammengenommen. Präsident Clintons Sparpolitik wollte die Wehrausgaben bis zur Jahrtausendwende auf 213 Mrd. senken. Die Folgen: Einbrüche bei Umsatz und Gewinn, Fusionen (wie etwa Lockheed Martin, Northrop Grumman usw.) und viele Tausende Arbeitslose und, da an jedem Job in der Rüstungsindustrie etwa zweieinhalb zivile Arbeitsplätze hängen, regionale Wirtschaftskrisen. Aber viele derjenigen, die mit Präsident Reagan in hohe Regierungsämter und zu Einfluss gekommen waren, blieben während der Clinton-Jahre aktiv und schürten die Opposition (ob die Lewinsky-Affäre, über die Clinton beinahe gestolpert wäre, von dort aus inszeniert wurde, ist nie aufgeklärt worden). Sie bildeten 1997 jene Gruppierung (*Project for a New American Century*, PNAC), die das außenpolitische und strategische Programm der Bush-Regierung vorbereitete (*Rebuilding America's Defenses*, September 2000) und deren Mitglieder gleich nach der Wahl von Richard Cheney[52] in hohe Regierungsämter gebracht und nach der Wahl von 2004 weiter befördert wurden.

Rebuilding America's Defenses[53] ist deswegen so bemerkenswert, weil dort in seltener Klarheit die Weltherrschaft für die USA beansprucht wird und weil es keinerlei Überlegung enthält, diese Weltherrschaft anders als militärisch zu gewinnen und zu sichern. Das ist die *langfristige* Seite des von der US-Regierung neu in Gang gesetzten Rüstungswettlaufs. Verlangt wird die konsequente Aufrüstung in allen Bereichen, konventionell und nuklear, biologisch und chemisch, im Weltraum und im Cyberspace. Besonders bemerkenswert ist ein Satz dieses 90-seitigen Dokumentes (das vor der Wahl 2000 bekannt wurde!), in dem es heißt: "The process of transformation [hin zur Weltherrschaft, B.H.], even if it brings revolutionary change, is likely to be a long one, absent some catastrophic and catalyzing event – like a new Pearl Harbor" – viele haben darin einen Hinweis darauf gesehen, dass die Bush-Regierung oder zumindest regierungsnahe Kreise direkt an den Anschlägen vom 11. September 2001 beteiligt waren[54].

Neue Atomwaffen, nukleare Mini-Nukes, die Fortsetzung von Reagan's Star Wars-Programm, ethnische Kampfstoffe, neue todbringende und nichttödliche Gifte, Hafnium-Bomben (ein Gramm dieses chemischen Elements könne die Sprengkraft von 50 t TNT entwickeln), Laser-, Mirkowellen-, Weltraumwaffen – kaum eine Scheußlichkeit auf der langen Liste menschlichen Erfindergeistes, die derzeit nicht in den amerikanischen Labors fortentwickelt und von Wissenschaftlern zur „Perfektion“ gebracht wird. Dass damit ein neuer internationaler

52 – Verteidigungsminister unter Bush Sr.; dann Vorstandsvorsitzender des Konzerns Halliburton, der am Irakkrieg Mrd. Dollar „verdient“; schließlich Vizepräsident unter Bush Jr. und schon anfangs der neunziger Jahre unterstützt von der Waffenlobby und der Christian Coalition

53 – www.newamericancentury.org/RebuildingAmericasDefense.pdf

54 – Davis 2004

Rüstungswettlauf angeheizt wird, in dem Russland, China, Indien, Israel und andere Bewerber sich qualifizieren wollen, dass die USA der bei weitem größte Waffenexporteur (mit einem Umsatz von mehr als 13 Mrd. US$ 2002) sind[55], dass sie in etwa 140 anderen Ländern Militärbasen unterhalten, von denen offenbar weitere mit Atomwaffen bestückt werden sollen[56], dass sie gegen internationales Recht fortgesetzt mit Splitterbomben, abgereichertem Uran und Napalm operieren, wird selten im Zusammenhang dargestellt. Vom weltweiten Rüstungsbudget von insgesamt ca. 700 Mrd. € geht rund die Hälfte auf die USA (zum Vergleich: die weltweite staatliche Entwicklungshilfe liegt bei ca. 70 Mrd. €).

Selbstverständlich werden dadurch Menschenrechtsverletzungen und kriminelle Handlungen anderer Regierungen nicht weniger anklagenswert[57]. Wir haben uns hier auf die amerikanische Regierung konzentriert, weil sie wie keine andere skrupellos im Interesse ihrer Klientel handelt und Millionen Menschen in Not und Elend stürzt – und gleichzeitig wie keine andere die Rhetorik von Demokratie, Freiheit und Menschenrechten bemüht. Es kann nicht ausbleiben, dass dieses Verhalten anomische Konsequenzen nach sich zieht, z.B. in der Form des internationalen Terrorismus. Die schlimmste Form der Anomie ist der Krieg, der alle normalen Formen menschlichen Umgangs außer Kraft setzt und der diejenigen, die als Opfer und als Täter daran beteiligt sind, für ihr Leben zeichnet.

6.3 Zusammenfassung

Wir stehen derzeit in einer historischen Situation, in der die neoliberale Variante des Kapitalismus konsequent weltweit durchgesetzt und gleichzeitig erkennbar wird, dass dieses Wirtschaftssystem – verglichen mit dem Frühkapitalismus und der Proletarisierung des 18. und 19. Jahrhunderts – keineswegs menschlicher geworden ist. Wir leben also noch mit den moralischen Standards des halben sozialdemokratischen Jahrhunderts, die in der Wirklichkeit der neokonservativen Revolution zerbrochen werden. Die Machtverhältnisse haben sich verändert: Die Menschen, die früher als Produzenten und Konsumenten gebraucht wurden und daher über Parteien und Gewerkschaften entscheidenden Einfluss hatten, sind heute unnötig geworden: Wo mit Geld Geld „verdient" wird, braucht man (kurzfristig) weder menschliche Produzenten noch Konsumenten. Die Macht liegt nun bei den Shareholders, bei den institutionellen Anlegern, den Finanzjongleuren und Spekulanten. Sie bestimmen wesentlich die Entscheidungen sowohl der Unternehmen als auch der Politik. Die alte Theorie, nach der man die führenden Personen in Politik und Wirtschaft nur gut bezahlen müsse, um sie vor den Versuchungen der Korruption zu schützen, ist empirisch widerlegt worden. Unersättliche Gier ist zum Leitmotiv geworden, nach dem viele handeln. Da Wählerstimmen weitgehend manipulierbar geworden

---

55 – http://www.fas.org/asmp/profiles/655-2002/6552002.html

56 – http://207.44.245.159/article8041.htm

57 – Vgl. die Jahres- und Länderberichte von Amnesty International

und Gewerkschaften entmachtet sind, bleibt der nackte Profit, die bloße Gier. Der skrupellose Machtwille zeigt sich insbesondere in der Politik der amerikanischen Regierung, die hemmungslos internationales Recht bricht und Kriege anzettelt, wo es den Interessen der eigenen Wirtschaftsklientel dient.

Überall nehmen „Fundamentalismen" zu und häufig erscheinen sie in einem religiösen Gewand. Das gilt keineswegs nur für die islamische Welt (der weltweit immerhin 1,2 Mrd. Menschen zugerechnet werden), wie Huntington uns dies mit seinem beschworenen „Kampf der Kulturen" einzureden versucht; es gilt auch für die christlichen Konfessionen (und ganz besonders in den USA), es gilt für Hindus und für Juden. Es gilt auch nicht nur international, sondern auch innerhalb unserer jeweiligen Gesellschaften. Es ist plausibel, darin eine Reaktion auf den Marktfundamentalismus, auf die Herrschaft des reinen Profits zu vermuten. Fundamentalismen jeder Prägung sind definiert dadurch, dass sie die Welt in digitalen Kategorien sehen: schwarz und weiß, gut und böse, wir und die anderen. Da dieser kapitalistische Goliath derzeit die Welt in einen neuen Rüstungswettlauf zwingt, werden wir aller Wahrscheinlichkeit nach in eine neue Phase von Terrorismus, Krieg und Gewalt getrieben. Unabhängig davon, wie die Frage nach den Urhebern der Anschläge vom 11. September 2001 einmal beantwortet werden wird, stehen sie doch symbolisch, als Angriff auf ein Wahrzeichen des Kapitalismus, ganz genau für diesen Prozess. Menschen, insbesondere in der Dritten Welt, haben diese Botschaft verstanden als: Widerstand ist möglich. Wir würden gut daran tun, uns nicht in digitale Weltinterpretationen zwingen zu lassen, uns die Fähigkeit zur Empathie zu bewahren, uns selbst durch die Augen der anderen sehen zu lernen. Unsere kleiner gewordene Welt wird nur solidarisch überleben, oder gar nicht.

Institutionen

Die Kernfrage unserer Analyse sozialer Strukturen lautet, *ob und wie die vorhandenen Institutionen dazu beitragen, uns auf den Weg zu globaler Zukunftsfähigkeit zu bringen.*

Wir werden vier große Bereiche sozialer Institutionen behandeln: Wirtschaft, Politik, Medien, Soziale Sicherung. Damit soll viererlei erreicht werden: (1) soll deutlich werden, dass Institutionen Grundbausteine gesellschaftlicher Struktur sind, dass sie vermittelnd zwischen dem sozialen Handeln der Mikroperspektive und dem sozialen Wandel der Makroperspektive stehen; (2) muss unterschieden werden die *Selbstinterpretationen* der Institutionen von ihrem *wirklichen Funktionieren*, ein Unterschied, in dem das Konzept der Macht eine besondere Bedeutung hat; (3) ist zu zeigen, wie die *europäische und die deutsche Gesellschaft mit dem globalen Kontext verwoben* sind; (4) ist jeweils der *Zusammenhang mit Nachhaltigkeit* herzustellen.

Dass Verhalten durch Institutionen „kanalisiert“ wird, soll heißen, dass *Verhaltensspielräume definiert* werden. Auf der einen Seite werden damit Optionen ausgeschlossen, auf der anderen Seite andere nahe gelegt, zuweilen gar erzwungen. Institutionen geben dem Verhalten Vorhersagbarkeit, Verlässlichkeit, Berechenbarkeit. Verhalten ist durch Institutionen nicht determiniert, also nicht vollständig bestimmt, und Institutionen verändern sich auch im Handeln. Indem wir uns gemäß erlernten institutionellen Regeln verhalten, bestätigen wir Institutionen fortwährend neu. Wenn immer mehr Menschen solche Regeln *nicht* befolgen, dann führt dies irgendwann zur Änderung der Institution. Die Frage, wie groß jeweils die Handlungsspielräume sind, die jemand nutzen kann, entscheidet sich an den *Machtressourcen*, die er oder sie mobilisieren kann.

Institutionen sind nicht starr und unveränderbar, nur ist *institutioneller Wandel in der Regel ein langsamer Prozess*. Häufiger als durch Verhaltensänderungen wird dieser Wandel durch makrostrukturelle Veränderungen herbeigeführt. Die „Globalisierung“ wirkt nicht unmittelbar auf Verhalten, sondern vermittelt über Institutionen, wie in diesem Teil gezeigt werden soll. Damit sind Institutionen auch die wichtigsten Vermittler des Anliegens der Nachhaltigen Entwicklung.

„Macht“ wird im Allgemeinen nach Max Weber definiert als die Fähigkeit einer Person, *das Handeln anderer Personen auch gegen deren Willen im eigenen Interesse zu lenken*. Macht ist also keine Eigenschaft, die jemandem anhaftet, sondern ein Verhältnis zwischen mindestens zweien. Macht entsteht dadurch, dass einer etwas besitzt oder kontrolliert, dass ein anderer zu seiner Entwicklung oder zu seinem Wohlergehen braucht – so insbesondere bei den *Produktionsmitteln*. Das Eigentum an oder die Kontrolle über Produktionsmittel ist insofern eine Machtressource. Aber es gibt andere Machtressourcen: Wissen, Geld, Emotionen, Beziehungen, Gewalt, Anweisungs- und Sanktionsbefugnisse[1]. In der Regel haben beide Seiten solche Ressourcen, die sie unter bestimmten Umständen einsetzen können – womit nicht verschleiert werden soll, dass *Machtbeziehungen meistens asymmetrisch*, ungleichgewichtig, die Chancen, sich gegen Zumutungen zu wehren, oft nur gering sind. Meistens sind die Machtgewichte unterschiedlich verteilt; in vielen Beziehungen, wo es nicht um institutionell festgelegte Machtverteilungen geht, kann die Balance in kurzen zeitlichen Abständen wechseln (z.B. in Liebesbeziehungen). Häufig ist es gerade die Machtbalance, deren Klärung wichtigstes Thema einer Interaktion ist. Machtverhältnisse sind *kaum jemals völlig einseitig*: Ein Professor, der Studierende prüfen kann/soll/muss, ist zwar mächtiger als sie und kontrolliert zumindest kurzfristig ihr Verhalten. Wenn aber keine Studierenden mehr in seine Veranstaltungen gehen, wenn Studierende fortlaufend dem Dekan, dem Präsidenten oder dem Minister Beschwerdebriefe schreiben, dann können sie wirksame Machtressourcen gegen ihn einsetzen. Nur im Fall *totaler Institutionen* – Gefängnisse, psychiatrische Anstalten, Konzentrationslager, manche Sekten – ist eine Seite fast völlig ohnmächtig, die andere ganz und gar übermächtig.

Machtverhältnisse sind nicht statisch und unveränderbar, man kann auch Macht verlieren. Der Mächtigere wird deshalb dazu tendieren, seine Handlungen gerade dann, wenn sie ethisch fragwürdig und angreifbar sind, so darzustellen, als folgten sie allgemein anerkannten Regeln (→ Kap. 6.2.3). Um dies zu erreichen, muss er Kontrolle über die Informationen gewinnen. So tendiert die herrschende Klasse dazu, ihre Position dadurch zu stabilisieren, dass sie eine legitimierende Ideologie hervorbringt und verbreitet. Deshalb müssen wir erwarten, *dass zwischen objektivem Funktionieren einer Institution und ideologischer Selbstinterpretation eine Differenz besteht*. Unsere Aufgabe als Sozialwissenschaftler besteht darin, durch den ideologischen Vorhang hindurch das *wirkliche* Funktionieren von Gesellschaft verstehen zu lernen.

Ein Durchgang durch die soziologischen Lexika zeigt, dass der Begriff „Institution“ zu den schillerndsten, unklarsten und dennoch häufigsten in der Soziologie gehört. Institutionen definieren wir als *gewohnheitsmäßige und verfestigte Verhaltensregeln und Beziehungsmuster, die einen – gegenüber der subjektiven Motivation – relativ eigenständigen Charakter besitzen. Sie sind den Menschen als „soziale Tatsachen“ vorgegeben, werden im Sozialisationsprozess erlernt, sind häufig rechtlich definiert und durch Sanktionen abgesichert.*

Def. Institutionen

Eine große Gruppe von Institutionen sind *rechtlich fixierte Verhaltensvorschriften*, die nach einem bestimmten Verfahren erlassen und dann von Staates wegen überwacht, kontrolliert und im Fall von Verstößen sanktioniert werden. Auch das sind Vereinbarungen, Konventionen, wenngleich mit einem hohen Grad an Verbindlichkeit ausgestattet. Am Beispiel der *Verkehrsregeln* lässt sich das gut illustrieren: Wir gehen meistens davon aus, dass solche Regeln – Geschwindigkeitsbeschränkungen, Parkverbote usw. – für alle gleichermaßen gelten. Das jedenfalls ist die Theorie – in der empirischen Wirklichkeit gibt es davon zahlreiche Ausnahmen: Regelverletzungen, weil es jemandem nichts ausmacht, die im Fall des Erwischtwerdens fällige Strafe zu zahlen oder weil er

1. – Elias, 1970, 76 ff., 97 f.

dank „guter Beziehungen“ darauf zählen kann, dass die verhängte Strafe nicht durchgesetzt wird; Regelverletzungen, die nicht geahndet werden, weil das Ordnungsamt Anweisung hat, bestimmte Fahrzeuge nicht aufzuschreiben; oder die demonstrative Regelverletzung, nicht selten bei Regierungsfahrzeugen, die damit prahlerisch betonen, wie wenig sie sich an solche Vorschriften gebunden fühlen.

Institutionen sind komplexe Systeme von Verhaltensregeln. Sie legen *Hierarchien* fest, definieren soziale *Positionen* und die an sie geknüpften *Rollenerwartungen*. Die konkreten Personen, die solche Rollen spielen, können wechseln, ohne dass sich das System verändert. Auch *soziale Organisationen* sind Institutionen, auch dann, wenn sie sich – wie z.B. Betriebe, Verwaltungen, Schulen, Krankenhäuser, Gefängnisse, Kammern, Parteien, Gesangvereine – nicht an alle Mitglieder einer Gesellschaft in gleicher Weise richten. Die in solchen Organisationen geltenden Verhaltensvorschriften hängen in der Regel nachvollziehbar mit dem Zweck der Organisation zusammen. Oft ist damit auch gesagt, wie verbindlich sie für wen sind, wer ihre Einhaltung kontrolliert und wer in der Lage ist, Verfehlungen auf welche Weise zu sanktionieren.

Gerade ihrer Selbstverständlichkeit wegen ist uns der Charakter von Institutionen als von Menschen geschaffenen, historisch bedingten, Interessen dienenden, prinzipiell veränderbaren Vereinbarungen meist *nicht mehr bewusst* – wir behandeln sie praktisch viel mehr wie fest gefügte, nicht mehr zu hinterfragende „Gesetze”. Es ist auch der Grund dafür, dass Institutionen sich so schwer verändern lassen.

Institutionen haben ein *Doppelgesicht*: Auf der einen Seite sind es praktische *Verfahrensregeln*, die der Erfüllung bestimmter notwendiger Aufgaben dienen; auf der anderen Seite sind sie bestimmt von Interessen, Erklärungen und Begründungen, also *Ideologien*. Wir wollen deshalb zu jeder der vier Institutionen am Anfang zunächst klären, welche Aufgabe der jeweiligen Institution in Bezug auf Nachhaltige Entwicklung zukommt. Dann werden wir zwei konkurrierende Theorien darstellen: zunächst die „offizielle“ Selbstinterpretation der Institution, dann deren „kritische“ Antithese. Anschließend soll das empirische Funktionieren der Institution auf den Ebenen Welt, Europa und Deutschland untersucht werden – kleine Fallstudien dienen dazu, den Unterschied zwischen Selbstinterpretation und wirklichem Funktionieren zu illustrieren. Das soll uns ein Urteil darüber erlauben, welche Theorie wirklichkeitsnäher ist und ob die Institution im Sinn der Nachhaltigen Entwicklung wirkt.

Die *positivistische, empirisch-analytische Wissenschaftsauffassung* beschreibt Institutionen wie mechanische oder physikalische Systeme, stellt die Bedingungen ihres Funktionierens fest, macht dieses Wissen verfügbar und perfektioniert und stabilisiert damit „das System“. Implizit oder explizit *ist das Bestehende auch das Richtige*. Dies hat natürlich mit Wertfreiheit nichts zu tun.

Entschieden dagegen steht die *dialektische Position*. Sie erkennt in politischen Institutionen eine historisch-konkrete Form der Ausübung von Macht und Herrschaft, die nur aus ihrer geschichtlichen Entwicklung und in ihrem Zusammenhang mit den Produktionsverhältnissen verstanden werden kann. Eine „wertfreie“ Sicht auf das Bestehende ist nicht möglich, zumal der Analytiker seinem Gegenstand nicht, wie nach dem positivistischen Verständnis, von außen entgegentritt, sondern vielmehr selbst Teil dieses Gegenstandes, selbst betroffen ist. Das wird selten deutlicher als im Begriff der Demokratie: Während für Positivisten Demokratie primär ein empirisch feststellbarer, regelmäßig auftretender Ablauf von Entscheidungsprozessen ist, ist sie für Dialektiker gleichzeitig immer auch Aufgabe, Idealbild, Antithese zum Bestehenden, Utopie. Er kann also nicht anders, als das Gegebene an seinem Ideal zu messen, das Gegebene immer am Maßstab des Möglichen zu kritisieren.

Dieser Teil beginnt mit der Darstellung *wirtschaftlicher* Institutionen, weil ihnen der größte Einfluss auf die Entwicklung der Krise – und damit grundsätzlich der größte potenzielle Beitrag zu ihrer Lösung – zugeschrieben wird. Wir fragen, worin diese Triebkraft begründet liegt. Im folgenden Kapitel geht es um *politische* Institutionen oder, mit anderen Worten, um die Frage, ob und wie demokratisch legitimierte Vertretungen des ganzen Volkes in der Lage sind, das Gemeinwohl – also Nachhaltige Entwicklung – gegen die Partikularinteressen durchzusetzen. Es wird sich gleich zeigen, dass die beiden kaum voneinander zu trennen sind. Daran anschließend untersuchen wir die *Medien* – sie vor allem sind es, die unser Bewusstsein prägen und die deshalb kritische Aufklärung und Kontrolle der Macht leisten müssten. Im letzten Kapitel dieses Teils prüfen wir, ob der Reparaturbetrieb, der dann funktionieren müsste, wenn die anderen Institutionen auf die Krise keine am Gemeinwohl orientierte Antwort finden (die Systeme der *sozialen Sicherung* nämlich) diese Aufgabe auch wirklich erfüllt.

7. Wirtschaft

Bernd Hamm und Lydia Krüger

7.1 Zur Theorie wirtschaftlicher Institutionen[2]

Die Wirtschaft soll unseren Austausch mit der Natur so organisieren, dass alle Menschen ein „menschenwürdiges“ Leben fristen können, ohne dass dadurch die langfristige Leistungsfähigkeit der Natur beeinträchtigt wird (was nur eine andere Formulierung der Definition von Nachhaltiger Entwicklung ist, wie sie die Brundlandt-Kommission gegeben hat, → Kap. 1.3.2). Die Frage, die hier zu untersuchen ist, lautet, ob die vorhandenen wirtschaftlichen Institutionen geeignet und in der Lage sind, diese Aufgabe zu erfüllen.

Heute stehen sich zwei einander widersprechende Theorien des Wirtschaftens gegenüber: die Theorie der Marktwirtschaft auf der einen, die Theorie des Kapitalismus auf der anderen Seite.

Die *Theorie der Marktwirtschaft* beruht auf der These, dass die *Maximierung der individuellen Einzelnutzen „automatisch“ den Gesamtnutzen, den Nutzen für alle maximiere* (Adam Smith). Der Einzelne möge also, möglichst unbehelligt vom Staat, seinen egoistischen Interessen nachgehen, die „invisible hand“ wird schon dafür sorgen, dass daraus der größtmögliche Vorteil für alle wird. Deswegen braucht man *Rechte gegen den Staat*, vor allem die Handels- und Gewerbefreiheit, die Vertragsfreiheit, die Eigentumsfreiheit, die Niederlassungsfreiheit, die Berufsfreiheit, jene Rechte also, die das Bürgertum in der Französischen Revolution dem Absolutistischen abtrotzte. Der Staat ist nun vor allem dazu da, diese Freiheiten zu garantieren („Nachtwächterstaat“). Staatsversagen[3] liegt vor, wenn er dies nicht leistet.

Tatsächlich herrschte in Europa bis gegen Ende des 19. Jahrhunderts eine nahezu unbeeinträchtigte Ideologie des „laissez faire, laissez aller“. Steuern waren unbedeutend, individuelles und kollektives Arbeitsrecht unbekannt, Gewerkschaften gab es nicht, von Mindestlöhnen, von sozialer Sicherung war keine Rede. Die frühen Formen des Kapitalismus setzten sich keineswegs durch, weil sie „den Menschen gemäß“ gewesen oder allen Wohlstand gebracht hätten. Sie wurden vielmehr gewaltsam durchgesetzt und führten zu *grauenhaftem und massenhaftem Elend*[4]: Kinderarbeit von zwölf Stunden täglich, mittlere Lebenserwartungen von wenig über dreißig Jahren, acht Menschen in einem Raum, mehr einem finsteren Loch zusammengepfercht, Hunger, Dreck und

2 – Wirtschaftliche Institutionen geben der Wirtschaft Grenzen, Regeln und Vorhersehbarkeit. Es ist deshalb kaum möglich, sie von Politischen Institutionen sauber zu trennen. Deshalb empfiehlt es sich, dieses und das folgende Kapitel in besonders engem Zusammenhang zu sehen.

3 – Jänicke, 1986

4 – u.a. Polanyi 1977, Engels, 1845, für die USA z.B. Sinclair, 1931

Soziale Markt- / Wirtschaft

Seuchen. Sozialwissenschaftler haben sich freilich mehr für den wundersamen Fortschritt interessiert und dafür den „freien Unternehmer" gepriesen und hatten für die Opfer selten viel mehr als ein paar Zeilen[5]. Erst dann kam mit der *Einführung der Sozialversicherung* am Ende des 19. Jahrhunderts ein neues Element dazu, zweifellos in erster Linie deshalb, damit die Marx'sche Prognose der Verelendung des Proletariats nicht eintreffe und somit kein Anlass zu revolutionären Gelüsten bestehe. Damit waren nicht etwa der Klassencharakter der Gesellschaft und die Rolle des Staates darin verändert, sondern im Gegenteil gerade bestätigt.

Nach 1945 hat die Ideologie, den damals vorherrschenden sozialdemokratischen Konzepten folgend, eine wohlfahrtsstaatliche Version erlebt, in Deutschland als *„soziale Marktwirtschaft"* bekannt. Sie zog die Lehre aus der Weltwirtschaftskrise der dreißiger Jahre, die in den Nazismus geführt hatte und wies dem Staat eine aktive Rolle für die Gestaltung von Wirtschaft und Gesellschaft zu: *Vollbeschäftigung* sollte sein wichtigstes Ziel, antizyklisches Ausgabenverhalten sein wichtigstes Instrument sein („Keynesianismus"). Den Höhepunkt dieser Entwicklung haben wir in Deutschland mit der Regierung von Bundeskanzler Willy Brandt (1969–74) erlebt, die die sozialen Sicherungssysteme entschieden ausgebaut hat, im Kalten Krieg auf Entspannung setzte und politisch „mehr Demokratie wagen" wollte. Mit der ersten Ölpreiskrise zerplatzte dieser „kurze Traum immerwährender Prosperität"[6]. Sogleich begann der Versuch, diese Politik für die einsetzende Arbeitslosigkeit verantwortlich zu machen[7].

Die *neokonservative* Richtung (in der ökonomischen Theorie auch Neo-Liberalismus oder Neo-Klassik genannt) behauptet, dass wir mit dem Wohlfahrtsstaat zuviel staatliche Regulierung und Bevormundung eingeführt und dadurch „den Markt" bevormundet und in seiner Leistungsfähigkeit beschränkt hätten. Das könnten wir uns nun angesichts wachsender Konkurrenz und schwachen Wachstums nicht mehr leisten. Sie setzt dagegen auf Entstaatlichung, Deregulierung, Entbürokratisierung, Privatisierung, Flexibilisierung und Abbau von Standortnachteilen, vor allem von „Lohnnebenkosten" – das sind die Mittel, aus denen das soziale Sicherungssystem finanziert wird. Damit soll der Wettbewerb gefördert werden, den die einen für den entscheidenden Mechanismus für allgemeinen Wohlstand, Nachdenklichere inzwischen für eine „dangerous obsession" (Krugman 1994) halten.

Wichtigstes Erfolgskriterium ist dieser Wirtschaftstheorie die *Wachstumsrate des Sozialprodukts.* Was nicht wächst, erweist sich dadurch als nicht lebensfähig und geht unter. Wenn die Unternehmergewinne steigen, dann wird investiert und es werden Arbeitsplätze geschaffen, so dass am Ende für alle gesorgt ist. Diese wirtschaftspolitische Strategie, gegründet auf die neo-klassische Wirtschaftstheorie, herrscht vor in den internationalen Wirtschaftsinstitutionen, sie ist Grundlage der Empfehlungen westlicher Berater für den Transformations-

---

5 – z.B. Claessens, 1992, 140

6 – Lutz, 1984

7 – Dass es sich hier nicht um das zufällige Zusammentreffen unkoordinierter Ideen und Meinungen, sondern vielmehr um eine bewusst ausgelöste, gezielte und gut finanzierte Strategie handelte, belegt Bernd Hamm 2004a

prozess in Mittel- und Osteuropa, sie herrscht als dominierende Lehre an den westlichen Universitäten vor und hat ihre wichtigsten Vertreter in den USA und wird von dort aus auch uns Europäern eindringlich empfohlen.

Die *Theorie des Kapitalismus* widerspricht dem in entscheidenden Punkten. Sie vermutet in der Theorie der Marktwirtschaft eine *Ideologie*, die in erster Linie dazu dient, die hemmungslose Bereicherung einiger Weniger zugleich zu rechtfertigen und zu verschleiern.

Sie kritisiert zunächst, dass diese ökonomische Theorie alles, was ihr nicht in den Bezugsrahmen passt – Verteilungsgerechtigkeit, Erschöpfung natürlicher Rohstoffe, Marktversagen, Macht und vieles andere – als „außerökonomisch" hinausdefiniert, so, als stünde die Ökonomie isoliert im Weltraum, als ginge die Gesellschaft sie gar nichts an. Sie argumentiere rein „abstrakt"[8] aus Begriffen und Prämissen ableitend und am liebsten in der Sprache der Mathematik. Um die empirische Wirklichkeit kümmere sie sich kaum.

Umso dringender wird dann die Frage, weshalb ihre Denkmuster in Medien und Politik dennoch als „die Wissenschaft" verbreitet werden. Eine nahe liegende Erklärung wäre, dass sie im Interesse der Mächtigen liegt, jener, die auch die Medien kontrollieren (→ Kap. 9). Dann aber wäre sie nicht wissenschaftlich fundierte *Theorie*, sondern *Ideologie* im Interesse einiger Weniger. Das beginnt bereits bei der *Wortwahl*: Vertreter der kapitalistischen Regulationsweise nennen die Marktwirtschaft, die sie anstreben, „liberal" und beziehen sich dabei auf die klassischen Theoretiker eines durch den Staat möglichst unbeeinflussten Wirtschaftens. Es ist ein willkommener Nebeneffekt dieser Wortwahl, dass viele Menschen dabei eher an den politischen Liberalismus denken und mit „liberal" Werte wie Toleranz, Offenheit, Freiheit, Selbstbestimmung und dgl. assoziieren. Während der *politische* Liberalismus anstrebt, solche Werte für alle Menschen durchzusetzen, gilt dies nicht für den *wirtschaftlichen* Liberalismus: In dessen Sinn „liberal" ist das vom Staat unbeeinflusste Wirtschaftssystem nur für ganz wenige, nämlich für die Eigentümer von Produktionsmitteln, während es die überwiegende Mehrheit der Menschen von diesen Werten gerade ausschließt[9].

Wer von „liberal" spricht, will damit einen selbstverständlichen *Konsens* in Anspruch nehmen – denn niemand wird gegen Liberalität sprechen wollen. Auf diese Weise ist es gelungen, die vermeintlich selbstverständliche und unbestreitbare Übereinstimmung von Kapitalismus und Demokratie semantisch herzustellen, ohne dass man dafür noch einen Beweis antreten müsste. Das hat nichts mit wissenschaftlich ernst zu nehmender Argumentation zu tun, es entlarvt sich vielmehr als ideologische Überredung. Die ist inzwischen durch „epistemologische Säuberung" der Universitäten abgesichert worden[10]. Allerdings dämmert es immer mehr Menschen, dass ihre persönliche Freiheit durch die wirtschaftliche *„Liberalisierung"* (des Kapitalverkehrs, des Handels u. a.) kaum erweitert

Kapitalismus

---

8 – Bruns, 1995

9 – Andere Beispiele für diesen semantischen Trick sind etwa „Arbeitgeber" vs. „Arbeitnehmer" (wer nimmt, wer gibt in Wirklichkeit?) oder die gebräuchliche Wendung von der „freien Wirtschaft" (für wen ist die frei?)

10 – Hamm, 2004a, 28 ff.

wird – und es daher treffender wäre, von einer aufziehenden Herrschaft der Finanzmärkte und Großkonzerne zu sprechen.

Die neoklassische Argumentation hat ein überragendes Gewicht erhalten – selbst Sozialdemokraten, die für sich in Anspruch nehmen, etwas „von Wirtschaft zu verstehen", berufen sich neuerdings darauf. Dennoch sei sie, so die Kritiker, als Hilfe bei der Lösung der hier diskutierten Probleme untauglich. Das wird von der Theorie des Kapitalismus nachgewiesen an vier Einwänden:

- Die *Prämissen*, von denen die Theorie ausgeht, seien in der Wirklichkeit nicht erfüllt, sondern mehr oder weniger willkürliche Setzungen;
- In Wirklichkeit handle es sich nicht um eine Theorie im Sinn eines Bündels empirisch bewährter Aussagen, sondern um *tautologische Umformungen*;
- die „Theorie" diene einseitig dem *Gewinninteresse* Weniger und zerstöre die Grundlagen einer menschenwürdigen Zukunft;
- die „Theorie" stilisiere ihre Ableitungen zu *„Gesetzen"* und ignoriere dabei, dass die Regeln des Wirtschaftens nicht entdeckt, sondern politisch gesetzt werden.

Die Argumente hängen miteinander zusammen; beginnen wir bei den *Prämissen*:

Prämissen

Alles, wofür jemand bereit ist, Geld zu zahlen, ist ein *Bedürfnis* – so die Theorie der Marktwirtschaft. Bedürfnisse sind unbegrenzt, deswegen brauchen wir auch stabiles Wachstum, um die immer zunehmenden Bedürfnisse von immer mehr Menschen zu befriedigen. Die Menschen „wollen einfach immer mehr". Dagegen halten die Kritiker: (1) Bedürfnisse sind keineswegs unbegrenzt, wie wir alle aus unserer eigenen Erfahrung leicht beweisen können; die Rede von den grenzenlosen Bedürfnissen hat vielmehr die Funktion, unbegrenztes Wachstum zu rechtfertigen; (2) Viele Bedürfnisse werden künstlich, durch Werbung, erst hergestellt, damit sie anschließend befriedigt werden können. Die Bedürfnis-Herstellungs-Industrie ist selbst zu einem bedeutenden Wirtschaftszweig geworden. Viele „echte" Bedürfnisse – nach Liebe, Wärme, Solidarität – sind eben gerade nicht durch Geld zu befriedigen.

Alles, was ein Bedürfnis befriedigt, hat auch einen *Wert*, so lässt sich die Logik der Marktwirtschaftler fortsetzen. Das ist in der Sicht der Kritiker zumindest ungenau. Der *Gebrauchswert* einer Sache ist ihre Eignung zur Bedürfnisbefriedigung. Er ist umso höher, je mehr die Sache gerade auf ein ganz bestimmtes, individuelles Bedürfnis zugeschnitten ist. Damit kann man aber keine standardisierte Produktion absetzen. Das geschieht nicht um des Gebrauchswertes, sondern um des *Tauschwertes* willen – das ist die Menge Geldes, die man für eine Sache bekommen kann. Beide stehen in einem widersprüchlichen Verhältnis zueinander: Je geringer der Gebrauchswert eines Gutes, desto höher ist oft, in der Summe, sein Tauschwert – daher Verschleißproduktion, künstlich verkürzte Lebensdauer, daher immer neue Moden, daher eingebaute Fehler, daher überbordende Werbung. Nicht die Bedürfnisse im Sinn von Gebrauchswert, also aus der Perspektive derjenigen, die Bedürfnisse haben, so zeigt sich, sind unersättlich, sondern Bedürfnisse im Sinn von Tauschwert, also aus der Perspektive derjenigen, die Sachen produzieren und absetzen wollen. Bedürfnisse, hinter denen keine Kaufkraft steht oder die sich nur schwer in zahlungskräftige Nachfrage verwandeln lassen (z.B. gesunde Umwelt), werden systematisch vernachlässigt. Allein der Tauschwert erhöht die Wachstumsrate des Sozialprodukts. Schon aus diesem Grund ist ein solches Wachstum nicht gleichzusetzen mit zunehmendem Wohlstand.

Im Aufeinandertreffen von *Angebot und Nachfrage* auf einem Markt bilden sich, der marktwirtschaftlichen Theorie zufolge, *die Preise* der Güter und Dienstleistungen. Dabei unterstellt die Theorie, (1) dass auf beiden Seiten *atomistische* Bedingungen herrschen, also eine große Zahl von Einzelanbietern und Nachfragern zusammenkommen, die auch untereinander in Konkurrenz stehen und zwischen denen prinzipiell Machtgleichgewicht herrscht; (2) dass *Chancengleichheit* zwischen Angebot und Nachfrage bestehe; (3) dass es volle *Transparenz* über die jeweilige Angebots- und Nachfrageseite gebe; (4) dass die Möglichkeit sofortiger Reaktion auf Veränderungen der Marktbedingungen bestehe; (5) dass weder Angebot noch Nachfrage durch *außerökonomische* Faktoren beeinflußt seien. Nur unter diesen Bedingungen führt die Theorie zu Preisen, die tatsächlich Knappheitsindikatoren sind. Es ist leicht einzusehen, argumentieren die Kritiker, dass *keine dieser Bedingungen empirisch erfüllt* ist. Dabei geht es nicht um geringfügige Abweichungen von einem prinzipiell erfüllten Modell, sondern um qualitative und gewichtige Unterschiede: Die Angebotsseite ist durch Kartelle, Monopole und versteckte Absprachen bestimmt, Chancengleichheit, Transparenz und infinit schnelle Reaktionsfähigkeit sind nicht gegeben, außerökonomische Einflüsse, vor allem des Staates, sind überall wirksam.

Die *Preise* sind daher keineswegs „ideale" Knappheitsindikatoren, wie die Marktwirtschaftler vorgeben. Niemand hat bisher einen überzeugenden Nachweis für die Behauptung erbracht, dass Preissignale nicht nur auf lukrative Gewinnmöglichkeiten Einzelner hinweisen, sondern auch gesellschaftlich erwünschte Allokation von Mitteln nach sich ziehen. In Wirklichkeit sind *Preise Ergebnisse von Verhandlungen*, und sie spiegeln nicht so sehr Knappheiten von Gütern als *Machtunterschiede* wieder. Die sympathische, aber ebenso naive Formel, „die Preise müssten die ökologische Wahrheit sagen"[11], verkennt diesen Zusammenhang; sie tut so, als handle es sich um ein technisches Problem, das sich mit einem guten Vorschlag, z.B. einer ökologischen Steuerreform, lösen ließe.

Unser System, so die Theorie der Marktwirtschaft, braucht stabiles, beständiges *Wachstum* – nur daraus können wir Sozialsystem und Staat finanzieren, die Umwelt reparieren, Entwicklungshilfe zahlen und stetig wachsende Bedürfnisse befriedigen. Wachstum ist ein Indikator für Fortschritt und Wohlstand. Die Antwort der Kritiker: Dabei übersehen wir, dass es gerade dieses blinde Wachstum ist, das unsere Lebensgrundlagen am stärksten bedroht. Drei Fragen stellen sich: (1) Was soll wachsen? (2) Wie soll es wachsen? (3) Warum soll es wachsen?

Zur ersten Frage: Wachsen soll, der Neo-Klassik zufolge, das Sozialprodukt (SP), d.h. die Menge aller Güter und Dienstleistungen, die in einer Volkswirt-

11 – Weizsäcker, 1990, 143 ff.

schaft in einem Jahr hervorgebracht wird, ausgedrückt in Geld. Je mehr das SP wächst, desto besser für Wirtschaft und Gesellschaft. Das SP ist jedoch *kein Maß für gesellschaftlichen Fortschritt* oder für Wohlstand. Als rein quantitative Größe unterscheidet es nicht zwischen erwünschten und unerwünschten Leistungen. Verkehrstote, Umweltschäden, Betriebsunfälle gehen positiv darin ein, da sie Reparaturkosten verursachen. Es sagt auch nichts über die Verteilungsverhältnisse. Es gibt keine Auskunft über den Verbrauch sich erschöpfender Ressourcen. Es ist ihm gleichgültig, ob der Zuwachs an Waren durch Maschinen oder durch Menschen hervorgebracht wird. D.h. es ist eher ein Maß für die Hektik des Wirtschaftskreislaufes, berechnet in Begriffen des *Tauschwertes*, als für irgendeinen gesellschaftlichen Nutzen. Schon gar nicht gilt dies für algebraische Umformungen wie das *Sozialprodukt pro Kopf der Bevölkerung*. Hier wird suggeriert, es handle sich um einen Wohlstandsindikator, was schlicht falsch ist.

Zur zweiten Frage: Wie soll das SP wachsen? Das Wachstum des SP wird immer in Zuwachsraten ausgedrückt, also in prozentualen Abweichungen von der Vorperiode. Ein Wachstum von vier Prozent bedeutet die Verdoppelung der Produktion in nur 17,5 Jahren! Wozu kann, wozu soll das gut sein und für wen? Exponentielles Wachstum der Produktion bedeutet auch *exponentielles Wachstum des Abfalls, der Umweltschäden, Ausbeutung nicht erneuerbarer Rohstoffe* usw.

Und schließlich die dritte Frage: Hinter der Behauptung, der Sozialstaat, der Umweltschutz, die Entwicklungshilfe usw. seien nur durch Wachstum zu finanzieren, steht eine unausgesprochene Prämisse: Das ist nur dann richtig, wenn die bestehende ungerechte Verteilung von Einkommen und Vermögen nicht angetastet wird. Selbstverständlich wäre mehr Wohlstand für alle Menschen auch bei Null-Wachstum möglich – bei entsprechender *Umverteilung*. Das aber bedeutet Konflikt, offener Klassenkampf anstelle des verdeckten Kampfs.

Daraus ergibt sich, dass Wachstum ganz und gar *nicht ein interessenneutraler Maßstab* für den Erfolg eines Wirtschaftssystems ist, sondern solchen Erfolg nur im Interesse und aus der Optik derer anzeigt und misst, die viel besitzen und sich viel vom Zuwachs aneignen. Dabei ist die Frage, ob Gewinne tatsächlich beschäftigungswirksam investiert werden, nur empirisch zu entscheiden. Wenn sie genutzt werden, um die Einkommen der Manager, die Börsenkurse der Unternehmen und die Gewinne der Anteilseigner zu erhöhen, und wenn die solche Zusatzeinkünfte nicht konsumieren, sondern z.B. in Wertpapieren anlegen, wenn die Gewinne gar durch Kostensenkung, also Arbeitsplatzabbau und damit durch Senkung der Binnenkaufkraft erzielt werden, dann wäre die Theorie widerlegt. *Wirtschaftliches Wachstum gehörte zur Ideologie der Klassengesellschaft.*

Die Tabelle 7.1 (siehe Anhang) vermittelt einen (wenn auch groben und vorläufigen) Eindruck davon, in welchem Ausmaß das SP verzerrt erscheint, wenn es nicht um Verschmutzung und Naturkapital bereinigt wird.

Der Anteil der OECD-Länder am Weltprodukt (WP) von etwa 80% überschätzt in dieser Annäherung den wahrscheinlich „richtigen" Wert gewaltig, weil diese Länder weit überproportional zur globalen Verschmutzung beitragen und weil sie ihre Naturpotentiale weitgehend kommerzialisiert (Böden) bzw. reduziert (biologische Arten) haben[12]. Das Gegenteil gilt für Nicht-OECD-Länder, allerdings mit bezeichnenden Ausnahmen: Die Republik Korea z.B. hat zwar nominal einen für ein Entwicklungsland relativ hohen Anteil am WP, der aber durch hohe Umweltbelastung und schwere Schädigungen des Naturpotentials erkauft wird. Indien oder Brasilien haben nur einen geringen Anteil am WP, der aber deutlich ansteigt, wenn geringe Verschmutzung und hohe Naturpotentiale in die Rechnung einbezogen werden.

Eigentum: Existenzielle Voraussetzung der Marktwirtschaft ist das möglichst uneingeschränkte private Eigentum, insbesondere das *Eigentum an Produktionsmitteln*. Es ist von entscheidendem Einfluss nicht nur auf die Wirtschaftsweise einer Gesellschaft, sondern weit darüber hinaus Voraussetzung für Demokratie und Menschenwürde. In unseren (kapitalistischen) Gesellschaften wird das Privateigentum durch besonders ausdifferenzierte Vorschriften und Sanktionsmechanismen geschützt. Geschützt werden dadurch die Besitzenden, geschützt vor möglichen Forderungen der Gemeinschaft (Staat) ebenso wie vor solchen der Eigentumslosen.

Dabei ist Eigentum *keine Eigenschaft* einer Sache oder Person, sondern ein soziales *Verhältnis*: „Der Eigentümer einer Sache kann … mit der Sache nach Belieben verfahren und andere von jeder Einwirkung ausschließen“[13], vor allem aber auch, so ist beizufügen, andere ausschließen von der Nutzung der Sache. Gemäß dieser hohen Bedeutung erstaunt es nicht, dass selbst der kleinste „Angriff" auf das Privateigentum sofort die ordnungspolitische Grundsatzfrage insgesamt aufwirft. Die Kritiker sehen dadurch die viel wichtigere Frage verdeckt, wer denn tatsächlich die wichtigen wirtschaftlichen *Entscheidungen* über die Produktion von Gütern und ihre Verteilung trifft, nach welchen Kriterien, zu wessen Nutzen oder auf wessen Kosten und mit welchen gesellschaftlichen Folgen sie getroffen werden und auf welcher Legitimationsbasis dies geschieht. Noch ein zweites werde in dieser Diskussion meist übersehen: Dass *Eigentum nicht ein homogenes Konzept* ist, sondern sehr unterschiedliche Rechte meinen kann: Das Recht, nach Belieben mit einer Sache umzugehen; das Recht, eine Sache zu einem bestimmten Zweck zu verwalten; das Recht, eine Sache zu verkaufen, zu verpachten, zu vererben; das Recht, eine Sache zu zerstören; das Recht, sich den Nutzen aus einer Sache anzueignen oder andere an diesem Nutzen teilhaben zu lassen usw.[14]. So betrachtet könnte eine *Theorie der Eigentumsrechte* tatsächlich zu fortschrittlichen Lösungen im Sinn von Zukunftsfähigkeit beitragen, z.B. dann, wenn darüber nachgedacht wird, die verschiedenen Eigentumsrechte auch unterschiedlichen Eigentümern zuzuordnen.

Geld: Der marktwirtschaftlichen Theorie nach gilt *Geld* als Wertaufbewahrungsmittel, Recheneinheit und Tauschmittel. Aber damit wird in den Augen

12 – Das Ausmaß, in dem dies geschieht, ist statistisch schwer zu schätzen; man müsste dann nicht nur alle Schäden, die ein Produkt verursacht, einbeziehen, angefangen von der Extraktion der nötigen Rohstoffe bis hin zur Entsorgung der nicht mehr konsumierbaren Abfälle, sondern auch, was wir als produktbezogene Schäden im Ausland herstellen und auf die dortige Bevölkerung abladen und was wir schließlich als Produkt importieren, um seine Abstoffe irgendwie bei uns zu verkraften oder weiter zu externalisieren.

13 – § 903 BGB

14 – z.B. Marcuse, 1998

der Kritiker seine *soziale Funktion* eher verdeckt als geklärt. Natürlich ist Geld nicht schon ein Wert an sich: Es befriedigt kein Bedürfnis, sättigt nicht, macht nicht schön, wärmt nicht, befriedigt nicht sexuell, ja noch erstaunlicher: man kann es nicht einmal sehen, anfassen. Es wird zum Wert nur durch die gesellschaftliche Vereinbarung, dass es für eine Menge an Gütern steht, die sich damit erwerben läßt. Dies hat ungeheure, geradezu abenteuerliche Folgen für die Gesellschaft. Niemand käme auf den Gedanken, fünf Schnitzel oder Kühlschränke für fünfmal so wertvoll zu halten wie ein Schnitzel oder einen Kühlschrank. Anders bei Geld, das einen geradezu unersättlichen Hunger auslöst, das immer weiter zusammengerafft werden kann ohne Ende und Ziel. Wer Geld besitzt, kann nicht nur alle möglichen Güter erwerben. Er kann *andere für sich arbeiten lassen* und dadurch zu noch mehr Geld kommen. Er kann durch Spenden und andere „Geschenke" Politiker und ganze Parteien beeinflussen, er kann auch karitativ wirken und Universitäten, Schulen und Kunst „sponsern" – der Phantasie sind keine Grenzen gesetzt. Geld *verwandelt alle Dinge in Waren oder Kosten*, verwandelt die lebendige Arbeit eines lebendigen Menschen in Lohnkosten, und Lohnkosten muss man senken, will man in der Konkurrenz bestehen, auch wenn man, persönlich befragt, den lebendigen Menschen nicht schädigen oder verhungern lassen wollte. Für Geld scheinen Menschen alles zu tun: sie belügen, bestehlen, betrügen und erpressen sich, vergiften sich und bringen sich um. Und das nicht (nur) etwa in einem kriminellen Untergrund, aus Abartigkeit, Krankheit usw., sondern legal, normal, geachtet, allgemein akzeptiert. Menschen werden gebraucht, verbraucht, weggeworfen, vielen wird ein Einstieg in das so genannte normale Leben gar völlig verwehrt – arbeitslosen Jugendlichen etwa. Wenn sie sich wehren, gegen die *strukturelle Gewalt des Geldes* die reale Gewalt der Randale und des Vandalismus setzen, dann hängt das unmittelbar mit der Brutalität zusammen, mit der sie als Ware behandelt werden. Geld verwandelt auch die *Natur in Kosten*, macht auch sie zur Ware, bringt Profit durch ihre Zerstörung. Schließlich wird Geld, ein Steuerungsmedium, selbst zu Ware, wird zur Erzielung von Profit gehandelt, verschoben und umkämpft. Das Geldgeschäft, das Geschäft von Geld gegen Geld, läuft 24 Stunden täglich und 365 Tage im Jahr. Indem er von allem nur den Tauschwert übrig und gelten lässt, ist der Kapitalismus unersättlich, mitleidlos und amoralisch: Was immer einen Preis hat und sei es auch noch so verlogen, gemein oder schädigend, wird hergestellt und angeboten.

Kapital

Auch *Kapital*, in der Theorie der Marktwirtschaft als *Produktionsfaktor* behandelt, der gleich wie Arbeit und Boden seinen Preis, nämlich den Zins bzw. die Rendite hat, ist für die Kritiker nur unter einem bestimmten Blickwinkel, nämlich dem des Kapitalbesitzes, so zu sehen. Gesellschaftlich betrachtet *zeigt sich im Kapital das Klassenverhältnis*, also das Verhältnis zwischen dem Eigentümer der Produktionsmittel und den besitzlosen Arbeitern, ein Machtverhältnis. Kapital ist eine Relation, eine Beziehung. Kapital, also Maschinen, bauliche Anlagen, Lager an Rohstoffen und Halbfertigwaren, auch Geld, sofern es dafür zur Verfügung steht oder anderen gegen Zins dafür zur Verfügung gestellt wird, soll Ertrag bringen, d.h. sich vermehren. Nur dafür, am Ende nur für den *Tauschwert*, bringt der Unternehmer die Produktionsfaktoren zusammen, um eine bestimmte Produktpalette zu erzeugen. Dem gleicht der Kleinaktionär, der sein Vermögen in *Aktien* anlegt, weil er sich davon einen höheren Ertrag verspricht als vom Sparbuch oder vom Strickstrumpf: Das Interesse am Tauschwert, ganz gleich, aus welchen Produkten der komme, ist beiden gemein. Und daher übt er ja in der Regel die Miteigentümerrechte, die die Aktie ihm einräumt, nicht persönlich aus, sondern beauftragt seine Bank, sie als Depotstimmrecht für ihn wahrzunehmen. In *Investment- oder Geldmarktfonds* findet die Anonymisierung des Kapitals ihren Höhepunkt: Dort erwirbt man einen Anteil an einem oft nicht einmal bekannten Bündel von Aktien oder Währungen, und es interessieren in der Tat nun ausschließlich Kursentwicklung und Dividende, woher sie auch stammen mögen. Wenn ein solcher Fonds mit 25% Rendite im Jahr glänzen kann, verschenkt Geld, wer es auf dem Sparbuch lässt. Das ganze System ist so gestrickt, dass – ob man die Konsequenzen persönlich will oder nicht – zur Anonymisierung und Amoralisierung des Kapitals jeder direkt oder indirekt beiträgt, der daran denkt, irgendwelche Mittel Ertrag bringend anzulegen.

Wir haben hier den „Kritikern" pauschal eine Theorie des Kapitalismus unterstellt, und müssen an dieser Stelle einräumen, dass dies nicht sehr präzise ist. Die Theorie des Kapitalismus hat viele Facetten und Spielarten, die untereinander im Disput stehen. Wir argumentieren hier aber nicht *für* eine Theorie, die wir dann auszuarbeiten hätten, sondern *gegen* die neoliberale Theorie, die eine vom Staat möglichst unbeeinflusste Wirtschaft fordert und die in Wissenschaft, Medien und Politik Dominanz beansprucht – ein Umstand, den wir eher der Macht ihrer Unterstützer zuschreiben als der wissenschaftlichen Haltbarkeit der Theorie selbst.

Wenn die *Tendenz zu Kartellen und Monopolen* der Marktwirtschaft ebenso inhärent ist wie die *sukzessive Zerstörung der Kaufkraft* durch fortdauernden Druck auf die Löhne, ist der *staatliche Einfluss* auf Wirtschaftsprozesse nötig, um die Wirtschaft vor sich selbst zu schützen, aber auch, um sie durch Grenzen, Rahmenbedingungen und eigene staatliche Aktivität so zu beeinflussen, dass sie zum Gemeinwohl beiträgt. Deshalb wird in Europa der Raubtierkapitalismus amerikanischer Prägung zwar neugierig als exotisches Beispiel betrachtet, aber innerlich als unzivilisiert abgelehnt. Es gibt gute und bis heute keineswegs überholte Gründe für diesen Staatseinfluss (siehe auch Abb. 7.1 im Anhang). Die Frage, wer anstelle des Staates diese Aufgaben in Zukunft wahrnehmen solle oder wer in der Lage sei, die vulgär-darwinistische Natur des Kampfes aller gegen alle zu zähmen, gar in kultivierte Formen des zwischenmenschlichen Umgangs zu führen, wird von den Neo-Klassikern nicht beantwortet, wohl auch als irrelevant – weil außerökonomisch – angesehen.

Die wirkliche Aufgabe beginnt mit der Einsicht, dass *keineswegs a priori festliegt, welcher Steuerungsmechanismus in welchem Bereich für wen die besten Resultate hervorbringt und das allgemeine Wohl am meisten fördert.* Es gibt Bereiche, in denen tatsächlich so etwas wie ein Markt sich als Steuerungsmechanismus eignet – dann müsste dort Markt hergestellt werden. In anderen mag so etwas wie staatliche Planung sinnvoll sein – dann ist zu untersuchen, welche Ebene sich dafür eignet und welche Ressourcen und Entscheidungsverfahren sie dafür benötigt. Sehr viel häufiger werden wir neue Wege, z.B. Verhandlungssysteme zwischen Konsumenten und Produzenten, vertraglich vereinbarte Formen der Zusammenarbeit zwischen Anbietern und Nachfragern finden müssen. Nicht zu vergessen ist hier das weite Feld möglicher Betätigung für genossenschaftliche Organisationsformen. In der Wirklichkeit der europäischen Länder hat es bisher jede denkbare Spielart zwischen Markt- und Plansteuerung gegeben. Es gibt daher kein „Naturgesetz", das zweifelsfrei für alle Bereiche nur kapitalistische Regulation empfehlen würde – das ist keine Sach-, es ist eine politische Frage. Das Kriterium, an dem sie zu entscheiden wäre, ist der Beitrag zur Nachhaltigen Entwicklung.

7.2 Zusammenhang der drei Gesellschaften

7.2.1 Weltwirtschaftsordnung

Unter Weltwirtschaftsordnung wollen wir hier *die Gesamtheit der Regelungen und Institutionen verstehen, die für die wirtschaftlichen Beziehungen der Staaten untereinander bestehen* (oftmals auch als *Regime* bezeichnet). Dabei soll die Perspektive weltweit global sein, d.h. regionale Institutionen bleiben an dieser Stelle außer Betracht. Natürlich hat die Weltwirtschaftsordnung ihre historischen Wurzeln in Kolonialismus und Imperialismus – die dort bereits angelegten ungleichen Wirtschaftsbeziehungen wirken bis heute fort. Wir wollen jedoch die Betrachtung auf die *heutige Weltwirtschaftsordnung* und ihre unmittelbare Vorgeschichte einschränken.

Noch während des Zweiten Weltkriegs verhandelten die Alliierten unter Führung der USA und Großbritanniens über eine Neustrukturierung des Weltwirtschaftssystems, gedacht als eine marktwirtschaftliche Ordnung, die vertraglich abgesichert und durch neue internationale Institutionen zumindest ansatzweise gesteuert werden sollte. 1944 wurden in *Bretton Woods* Abkommen über das internationale Währungssystem und die langfristige Kapitalhilfe für Wiederaufbau und Entwicklung geschlossen und dabei der Internationale Währungsfonds (IWF) und die Weltbank[15] gegründet. Der IWF war das Ergebnis amerikanisch-britischer Verhandlungen. Die übrigen Teilnehmer wurden vor vollendete Tatsachen gestellt. Geschaffen wurde ein System, das die nationale Währung eines Landes, den amerikanischen Dollar, in der Funktion der *Reservewährung*, d.h. einer globalen „Parallelwährung", festschrieb und damit die Lasten des Ausgleichs von Zahlungsbilanzungleichgewichten einseitig den Defizit-Ländern aufbürdete und den USA eine Quelle zinsloser Kredite (in Form der von anderen Ländern gehaltenen Dollars) verschaffte. Gegenvorschläge von Keynes, die dem IWF mehr den Charakter einer an *globaler* Stabilität orientierten Weltwährungsbehörde gegeben und auch vom Leitwährungsland USA und von späteren Überschussländern wie Deutschland und Japan Anpassungsmaßnahmen verlangt hätten, wurden von der amerikanischen Seite nicht akzeptiert. Die Teilnehmerländer dieser Abkommen banden ihre Währungen an den *durch Gold gedeckten Dollar* und verpflichteten sich, bei Kursschwankungen zu inter-

15 – mit vollem Namen: Internationale Bank für Wiederaufbau und Entwicklung

venieren, d.h. Dollars zu kaufen oder zu verkaufen, um die Wechselkurse zu stabilisieren. Auf diese Weise trugen alle Beteiligten dazu bei, die USA zur Wirtschaftsmacht Nr. 1 zu machen. Durch den Status des Dollar als Leitwährung wurden nicht nur die amerikanischen Währungsrisiken reduziert, sondern die amerikanische Regierung auch in den Stand versetzt, eine sehr viel freiere Geldmengenpolitik zu betreiben.

Mit ihrem Aufstieg zur führenden Industrienation vollzogen die USA einen *Wandel vom Protektionismus zur Freihandelspolitik*. Bilateral vereinbarte Handelserleichterungen wurden im Rahmen des Allgemeinen Zoll- und Handelsabkommens (GATT 1948) festgeschrieben und ein Verfahren geschaffen, um künftig weitere Zollsenkungen und die Beseitigung von Handelshemmnissen für die Gesamtheit der GATT-Mitgliedsstaaten auszuhandeln („Meistbegünstigung").

Von *Universalismus* konnte allerdings *keine Rede* sein. Das GATT war ebenso wie der IWF so konzipiert, dass eine Mitgliedschaft für nicht-kapitalistische Länder ausgeschlossen oder erschwert war. Insbesondere die Sowjetunion wurde nicht Mitglied dieser Institutionen. Schließlich kam es auch nicht zur Gründung einer Sonderorganisation der Vereinten Nationen für Handel, der im GATT vorgesehenen International Trade Organisation (ITO), weil der amerikanische Senat ihr nicht zustimmte[16]. Zwar entstanden aufgrund des GATT-Vertrages gleichwohl die Organe einer Handelsorganisation, eine jährliche Generalversammlung der Mitgliedsstaaten und ein internationales Sekretariat. Aber es blieb bei dieser sonderbaren Form der globalen Institutionalisierung, weil sie *der Abschottung reiner Handelsinteressen* diente – und zwar nicht nur gegen die „politisierten" Vereinten Nationen, sondern auch gegen die Einflussnahme nationaler Parlamente. Die am Ziel des Wachstums des Welthandels orientierte Weltorganisation wurde von der Berücksichtigung anderer Ziele wie sozialer Gerechtigkeit, Förderung der Wettbewerbsfähigkeit wirtschaftlich rückständiger Gebiete, Umweltschutz usw. auf diese Weise schon von vornherein freigestellt.

1973 ist das in Bretton Woods vereinbarte Weltwährungssystem mit freier Konvertibilität und festen Wechselkursen zerbrochen, die USA haben die Golddeckung des Dollar aufgekündigt. Das hat die Wirtschaftsmacht der USA nicht beeinträchtigt. Die Rüstungspolitik der amerikanischen Regierung in den Jahren des Vietnamkrieges führte zu einem phantastischen Haushaltsdefizit mit einer höheren Staatsverschuldung als in irgendeinem anderen Land. Dadurch wurden die Zinsen in die Höhe getrieben, was ausländisches Spekulationsgeld anzog und in Europa ebenfalls zu Zinserhöhungen führte. Damit wurde die durch die Energiekrise einsetzende Rezession in Europa verstärkt. Verlierer waren insbesondere die Länder der Zweiten und der Dritten Welt, deren Schulden ins Unermessliche stiegen.

16 – Die Havanna-Charta, eine ausgehandelte Verfassung der geplanten Organisation, sah die in den VN übliche Abstimmungsregel des „one nation – one vote" vor. Die handelspolitischen Ziele wurden vom GATT übernommen.

Vor allem wurde und wird die Finanzierung des amerikanische Handelsbilanzdefizits durch die Rolle des Dollar als globale Reservewährung anderen Ländern aufgebürdet, oder mit anderen Worten: Ein erheblicher Teil des amerikanischen Konsums wird von anderen Ländern finanziert. Solange der Dollar diese Rolle spielt, solange viele *Rohstoffe*, vor allem Öl, in Dollar gehandelt werden, werden alle Regierungen und Finanzinstitutionen Dollar in unbegrenzter Höhe annehmen – die die US-Regierung folglich fast nach Belieben drucken und exportieren kann, ohne dadurch Inflation fürchten zu müssen. Der Import von Waren und Rohstoffen kostet für die USA gerade einmal so viel wie der Druck der Dollars. Emanuel Todd[17] ebenso wie Andre Gunder Frank[18] sehen daher im *Dollar* und im *Pentagon* die beiden Säulen amerikanischer Macht: Die Kriege gegen schwächere Staaten dienen vor allem dazu, die amerikanische Rolle als Weltpolizist und „einzige Weltmacht"[19] immer wieder zu behaupten, um damit auf diesem Weg das Vertrauen in den Dollar zu stärken, das wiederum nötig ist, um die amerikanische Militärmaschine, aber auch den nahezu kostenlosen Import der Wirtschaftsleistung anderer Länder, in Gang zu halten.

Aber die Front scheint zu bröckeln – zumal mit der Einführung des *Euro* nun eine Währung entstanden ist, die dem US-Dollar Konkurrenz machen kann. Die Regierung des Irak hatte im Dezember 2000 angekündigt, fortan ihr Öl in Euro abrechnen zu wollen (worin manche, z.B. Frank, einen Grund für den Krieg sehen); Venezuela (der größte Öllieferant der USA) verhandelt mit Indien und China über Lieferverträge; Russland, Südkorea und neuerdings China haben ihre Währungsreserven zugunsten des Euro teilweise umgeschichtet – und andere werden sich fragen, ob sie den Wertverlust, den der Dollar in den letzten Jahren gegenüber dem Euro erlebt hat, einfach in Kauf nehmen wollen. Wenn die Rolle als Weltreservewährung ernsthaft in Frage gestellt wird, dürfte dies die amerikanische Machtpolitik an ihrer empfindlichsten Stelle treffen (→ Kap.3.2.8).

Der *Abschluss der Entkolonisierung* in den späten sechziger Jahren hat etwa achtzig Ländern zwar formal die politische Selbständigkeit und Unabhängigkeit gebracht, sie aber gleichzeitig einer *ökonomischen, politischen und militärischen Abhängigkeit* von Weltmarkt und Weltpolitik unterworfen. *Ökonomisch* abhängig sind sie in dreierlei Hinsicht:

- Sie sind meist auf ganz wenige Agrarprodukte und/oder Rohstoffe spezialisiert (worden) und damit abhängig von der Entwicklung der Austauschverhältnisse („terms of trade") am Weltmarkt und an den internationalen Rohstoffbörsen.
- Sie sind finanziell abhängig von Krediten der Zentren oder der globalen Institutionen wie Weltbank und IWF und stehen damit, wenn sie ihre Kreditwürdigkeit nicht gefährden wollen, unter deren Diktat[20].
- Ihre wirtschaftlichen und politischen Eliten, meist in den westlich-kapitalistischen Ländern ausgebildet und deren Eliten verpflichtet, stehen häufig an der Spitze eines modernen, formalisierten, bürokratisierten Wirtschaftssektors mit

---

17 – Todd, 2003

18 – Andre Gunder Frank, 2004c

19 – Brzezinski, 1999

20 – „Strukturanpassung", vgl. Krüger 2005

Befehlshierarchien, Terminbindung, Steuern und strikter Trennung von Arbeiten und Wohnen, der kleiner, aber einflussreicher ist als der traditionale, nicht bürokratisierte, meist stark subsistenzwirtschaftlich orientierte Sektor.

1974 wurde auf der 6. Sonder-Generalversammlung der VN die *„Erklärung über die Errichtung einer neuen Weltwirtschaftsordnung“* verabschiedet, im gleichen Jahr noch folgte eine „Charta der wirtschaftlichen Rechte und Pflichten der Staaten“[21]. In der Erklärung heißt es einleitend:
„Wir, die Mitglieder der Vereinten Nationen, ... verkünden feierlich unsere gemeinsame Entschlossenheit, nachdrücklich auf die Errichtung einer neuen Weltwirtschaftsordnung hinzuwirken, die auf Gerechtigkeit, souveräner Gleichheit, gegenseitiger Abhängigkeit, gemeinsamem Interesse und der Zusammenarbeit aller Staaten ungeachtet ihres wirtschaftlichen und gesellschaftlichen Systems beruht, die Ungleichheit behebt und bestehende Ungerechtigkeiten beseitigt, die Aufhebung der sich vertiefenden Kluft zwischen den entwickelten Ländern und den Entwicklungsländern ermöglicht und eine sich ständig beschleunigende wirtschaftliche und soziale Entwicklung in Frieden und Gerechtigkeit für heutige und künftige Generationen sicherstellt“. Die westlichen Industrieländer, auch die BRD, haben der Erklärung und der Charta zugestimmt, aber in den weiteren Verhandlungen alles getan, um Fortschritte in der Realisierung einer NWWO zu verhindern, ja sie zu einem Non-Issue erklärt. Zu den 1974 verabschiedeten Forderungen gehören u. a.

- gerechte Preisrelationen im Handel zwischen Industrie- und Entwicklungsländern,
- Vereinbarung von Rohstoffabkommen, die den Entwicklungsländern einträgliche Preise garantieren,
- Stärkung der Zusammenarbeit mit den Entwicklungsländern,
- Beseitigung von Handelsschranken,
- Schaffung eines Verhaltenskodex für Technologietransfer,
- Schaffung eines Verhaltenskodex für multinationale Unternehmen,
- Demokratisierung der Weltbankgruppe und des IWF,
- Souveränität jedes Landes über die Rohstoffe auf seinem Gebiet.

Es gibt, diskutiert unter dem Begriff *Neue internationale Arbeitsteilung*, zwar eine Tendenz unter transnationalen Unternehmen, Teile der Produktion in Länder der Zweiten oder Dritten Welt auszulagern (→ Kap. 3.2.3). Damit sind aber, der hohen Kapitalintensität wegen, nur *geringe Beschäftigungseffekte* verbunden. Beste Chancen für solche Investitionen haben Länder mit disziplinierter und qualifizierter Arbeitskraft, geringen Löhnen, geringen arbeits- und sozialrechtlichen Sicherungen und möglichst ohne Gewerkschaften, entwickelter Infrastruktur, geringen Umweltauflagen, kooperationswilligen öffentlichen Behörden, staatlichen Garantien für Kapitalanlagen und freien Gewinntransfer, ohne Behinderung durch Steuern und Zölle und politischer Stabilität. Das sind im Kern die Bedingungen, die viele Entwicklungs- und Transformationsländer

21 – abgedruckt u.a. in: Opitz/Rittberger, 1986

in ihren *Sonderwirtschaftszonen* eingeführt haben. Somit ist es wenig wahrscheinlich, dass diese „verlängerten Werkbänke" der Aufnahmegesellschaft wirklichen Nutzen bringen. Sie verdrängen nationale Unternehmen, transferieren ihre Gewinne ins Ausland, statt sie zu investieren, produzieren nur für eine kapitalkräftige Minderheit oder für den Export, akzeptieren politische Repression und schädigen oft massiv die Umwelt im Gastland.

Die *Motoren dieser Entwicklung sind die Transnationalen Konzerne.* „Indem sie aus verschiedenen Ländern Ressourcen und Komponenten beziehen, Produktions- und Distributionsprozesse länderübergreifend organisieren, ihre Produkte und Dienstleistungen in verschiedenen Ländern gleichzeitig anbieten und ihre Gewinne und Investitionen zwischen verschiedenen Ländern hin- und herschieben, haben sich die multinationalen Unternehmen immer mehr von ihren nationalen Wurzeln gelöst, ihre Loyalitäten gegenüber Kommunen, Regionen und Ländern abgelegt und sich in nicht-territoriale Akteure verwandelt, die niemand anderem als ihren Aktionären („Shareholder") verantwortlich sind. Städte und Staaten sind gegenüber multinationalen Unternehmen immer mehr in die Rolle von Bewerbern und Wettbewerbern für Investitionen geraten und sehen sich zunehmend gezwungen, ihren oft übermächtigen Verhandlungspartnern als Gegenleistung für die Schaffung oder Erhaltung von Arbeitsplätzen weitgehende Konzessionen zu machen, z.B. in Form umfangreicher Subventionen. Ohne allzu große Übertreibung kann man multinationale Unternehmen als die wirklichen Souveräne der modernen Weltwirtschaft betrachten"[22]. Sie sorgen denn auch dafür, dass die nationalen Bedingungen (Deregulierung, Privatisierung, Steuer- und Umweltpolitik), aber auch die internationale Handels- und Finanzpolitik den Interessen dieser Unternehmen so weit wie möglich entgegenkommen. Die Entwicklungsländer und die Länder Mittel- und Osteuropas werden zwangsweise dem Zugriff dieser Unternehmen geöffnet (→ Kap. 3.2.4).

Besorgniserregend ist dabei, dass die ökonomische Macht der Großkonzerne mit den Konzentrations- und Zentralisationsprozessen der letzten Jahre zugenommen hat – und damit auch die Unterordnung der Staatsapparate unter die Interessen der Konzerne gewachsen sein dürfte. Wie die folgende Abbildung verdeutlicht, kam es in den Jahren 1997–2001 – also parallel zum Aktienboom – zu einer Welle von Großfusionen, durch die immer größere Konglomerate entstanden sind, die über enorme Kapitalien und damit enorme Macht verfügen (siehe Abb. 7.2).

Anscheinend können ausreichende Renditen nicht mehr durch den normalen Gang der Produktion, sondern nur noch durch Zusammenschluss von Konzernen und anschließende Rationalisierung erzielt werden. Wie die folgende Abbildung verdeutlicht, entfällt vor allem in den Industrieländern weit über die Hälfte der getätigten ausländischen Direktinvestitionen auf Fusionen und Übernahmen – in den Jahren 1998 und 2000 waren es sogar mehr als neunzig Prozent (siehe auch Abb. 7.3).

22 – Zündorf, 1994, 153 f.

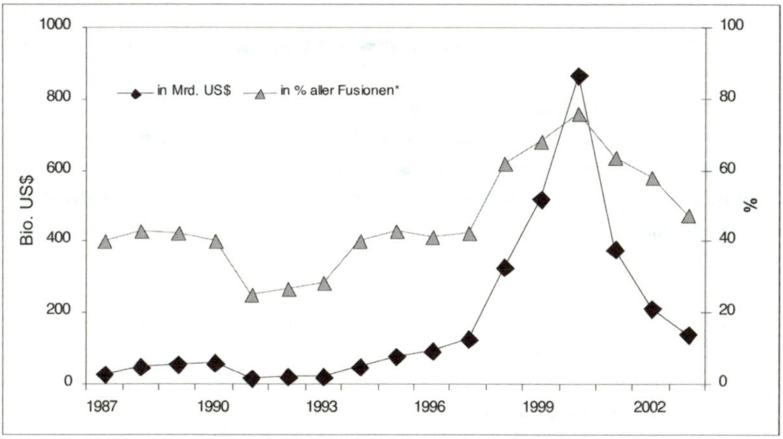

Abbildung 7.2: Großfusionen mit einem Transaktionsvolumen von über 1 Mrd. US$
Quelle: UNCTAD, 2004: World Investment Report

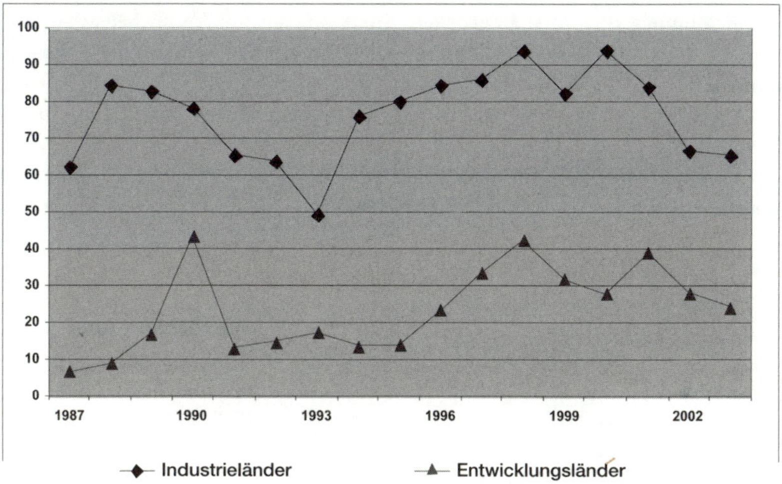

Abbildung 7.3: Anteil der Fusionen & Übernahmen an den gesamten Auslandsinvestitionen in %
Quelle: UNCTAD 2004: World Investment Report

„Manche Finanzinvestoren verschwenden keinen Gedanken an die Menschen, deren Arbeitsplätze sie vernichten. Sie bleiben anonym, haben kein Gesicht, fallen wie Heuschreckenschwärme über Unternehmen her, grasen sie ab und ziehen weiter“, so SPD-Chef Müntefering Mitte April 2005 in der *Bild am Sonntag*. Siemens-Nixdorf, Telenorma, MTU, Gerresheimer Glas, Dynamit Nobel, Rodenstock, Celanese, Minimax, Demag, ATU Autoteile Unger, Debitel, Tank & Rast, Duales System Deutschland: Diese und viele andere Unternehmen in Deutschland wurden in den letzten Jahren von solchen Finanzinvestoren aufgekauft und teilweise schon wieder verkauft. In der Regel unterwerfen die Investoren das Unternehmen einem kurzen „Verwertungszyklus“ von drei bis fünf Jahren

und versuchen in dieser Zeit, durch „Kostensenkung", d.h. Entlassungen, Lohnsenkung, Mehrarbeit bei gleichem Lohn, vermehrten Einsatz von Leiharbeitern möglichst hohe Renditen zu erzielen.

Dabei führt die steigende „Volatilität" von Vermögenspreisen zu einer weiteren „Aufblähung" der Finanzmärkte. Banken „lieben" Volatilität, weil dann Käufe und Verkäufe häufiger werden, von denen sie jeweils Provisionen bekommen. Das Vermögen muss nun verstärkt gegen das Risiko einer Wertänderung abgesichert werden. Dies ist der Markt für Termingeschäfte und Derivate, der mittlerweile ein Volumen von vielen Billionen Euro erreicht hat. Wer sein Risiko „verkaufen" will, ist auf Akteure angewiesen, die bereit sind, Risiken einzugehen, d.h. zu spekulieren. Zu diesen Akteuren zählen beispielsweise Hedge Fonds, die seit Januar 2004 auch auf dem deutschen Markt zugelassen sind und die sich dadurch auszeichnen, dass sie keinerlei Kontrolle von Aufsichtsbehörden unterliegen und daher auch besonders risikoreiche und potentiell profitable Geschäfte abwickeln dürfen. Laut Spiegel sind die Einlagen in der Hedge-Branche auf über eine Billion US$ angeschwollen – das sind 27 Prozent mehr als im Vorjahr. Vor zehn Jahren waren es „nur" rund 40 Mrd. Dollar.[23] Nach Meinung des Vorsitzenden der Bundesanstalt für Finanzdienstleistungsaufsicht sind *„Hedge Fonds ...die schwarzen Löcher des internationalen Finanzsystems.*" Ihm zufolge sind die Gefahren, die mit der Tätigkeit von Hedge Fonds verbunden sind, seit dem spektakulären Zusammenbruch des US-amerikanischen Hedge Fonds LTCM im Herbst 1998 noch viel größer geworden[24].

Letztlich liegt die Hauptursache für die Expansion der Finanzmärkte im rasanten *Vermögenswachstum* begründet. Nach einer Studie von McKinsey haben sich die weltweiten Finanzbestände (d.h. die Einlagen bei Banken sowie die Wertpapierbestände) seit 1980 nahezu verzehnfacht: von etwa 10 Billionen € auf knapp 100 Billionen €.

An den etwa 40 Mrd. €, die jährlich an offizieller *Entwicklungshilfe* in den Süden fließen, haben die G7-Länder einen Anteil von 75%, das sind etwa 0,2% ihres BSP (statt, wie an der Konferenz der Vereinten Nationen über Handel und Entwicklung UNCTAD 1968 zugesagt, 0,7% ihres BSP). Einzig Deutschland hat zugesichert, das 0,7-Prozent-Ziel zu erreichen – eine Zusage, die im Zusammenhang mit dem angestrebten Ständigen Sitz im Weltsicherheitsrat gesehen wird. Von der Entwicklungshilfe, die die USA jährlich insgesamt zahlen, gehen zwei Drittel alleine an *Israel* (überwiegend Militärkredite) und *Ägypten*. Der Zuwachs fließt seit zehn Jahren zum großen Teil in Kredite für Rüstungskäufe in den USA und in erhöhte Sicherheitsmassnahmen für die US-Botschaften. Viele Geberländer binden ihre Entwicklungshilfe an die Bedingung, damit Produkte des Geberlandes zu kaufen, die nicht selten teurer sind als solche aus anderen Ländern („tied aid"). Eritrea z.B. meldete, es wäre deutlich billiger, sein Eisenbahnsystem mit einheimischer Expertise und Arbeitskraft zu bauen, als durch die Entwicklungshilfe gezwungen zu werden, ausländische Berater, Experten, Architekten und Ingenieure zu beschäftigen und amerikanische Baumaschi-

23 – „Geld wie Konfetti"; in: http://www.spiegel.de/wirtschaft/0,1518,359211,00.html
24 – FAZ 20.05.05

nen zu kaufen. Washington besteht weiter darauf, dass aus Entwicklungsmitteln AIDS-Medikamente in den USA gekauft werden, obgleich es in anderen Ländern viel billigere Generica gibt. Wenn ein Land Mittel nach dem *African Growth and Opportunity Act* von 2000 erhält, muss es sich aller Handlungen enthalten, die mit amerikanischen „strategischen Interessen" in Konflikt geraten könnten (das betraf z.B. die afrikanischen Mitglieder des Sicherheitsrates während der Debatten um den Irakkrieg)[25]. Die Rückflüsse aus Entwicklungsländern in den Norden belaufen sich auf derzeit etwa 154 Mrd. € jährlich, fast das Vierfache der „Hilfe"[26], vor allem für den Schuldendienst. Noch schädlicher für die Entwicklungsländer sind die Subventionen und Handelsbeschränkungen der Industrieländer (→ Kap. 3.2.8).

7.2.1.1 Die Gruppe der Sieben

Schon 1975 haben die *sieben wichtigsten westlichen Industriestaaten* (G7 = USA, Japan, Deutschland, Frankreich, Großbritannien, Italien, Kanada; G8 = G7 plus Russland) auf die Kündigung des Bretton-Woods-Systems hin die *jährlichen* Weltwirtschaftsgipfel eingeführt, eine Art internationaler konzertierter Aktion. Die G7 ist ein Gebilde auf exekutiver Grundlage, zunächst aus informellen „Kamingesprächen" entstanden; heute werden die Gipfel durch Treffen der Fachminister vorbereitet. Beschlüsse sind nicht bindend, Parlamente haben darauf keinen Einfluss.

Beim G8-Gipfel im schottischen Gleneagles im Juli 2005 sollten die acht wichtigsten Industrienationen der Welt nach dem Willen der britischen Präsidentschaft einen Plan verabschieden, um Afrikas Armut zu beseitigen. Die Vorlage hat eine „Commission for Africa" erarbeitet[27]. Damit setzte sich Premierminister Blair an die Spitze der weltweit wachsenden Sorge darum, dass die immer stärkere Abkopplung Afrikas von den ökonomischen Fortschritten im Rest der Welt ein Sicherheitsrisiko und ein menschlicher Skandal ist. Schließlich hatte die Runde erst 2002 im kanadischen Kananaskis einen „Aktionsplan für Afrika" verabschiedet, der Unterstützung für den von afrikanischen Regierungen erarbeiteten Entwicklungsplan „Nepad" (Neue Partnerschaft für die Entwicklung Afrikas) zusagte.

Gemessen an den geweckten Erwartungen nehmen sich die Ergebnisse bescheiden aus: Im Kommuniqué von Gleneagles sagen die G8 eine Steigerung der öffentlichen Entwicklungshilfe um 50 Mrd. US$ bis 2010 zu, wovon 25 Mrd. US$ auf Afrika entfallen sollen. Bezugspunkt ist das Jahr 2004, in dem sie 79 Mrd. betrug. NGOs haben zu Recht darauf hingewiesen, dass es sich um keine neuen Zusagen handelt, tatsächlich seien neu *nur 10 Mrd. US$* zugesagt worden. Es handelt sich weder um eine Verdoppelung der Entwicklungshilfe, wie sie die Weltbank für erforderlich hält und schon gar nicht um eine Verdreifachung, wie das Millenniumsprojekt fordert. Zur *Entschuldung* haben die G8 lediglich die Vereinbarung der G7-Finanzminister vom 11. Juni bestätigt, der die Streichung

25 – www.globalissues.org, 10.5.2005

26 – Kofi Annan: „Development funds moving from poor countries to rich ones, Annan says." In: United Nations News Centre, October 30, 2003

27 – www.commissionforafrica.org

der Schulden für 18 hoch verschuldete Länder vorsieht, allerdings über viele Jahre gestreckt und wiederum an Auflagen gebunden. Quantitativ gesehen entspricht dies nur etwa zehn Prozent des tatsächlich bestehenden Entschuldungsbedarfs.

Einen klaren Fehlschlag brachte der G8-Gipfel in der *Handelspolitik*. Immer noch gibt es kein Datum, bis zu dem die Industrieländer die Exportsubventionen im Agrarbereich beenden werden; immer noch kein Abrücken der G8 von dem Versuch, dem Süden im Rahmen der WTO eine überhastete Liberalisierung bei Dienstleistungen und Industriegütern aufzuzwingen; auch keine ausreichende Sonderbehandlung der armen Länder, die ihnen den Schutz ihrer Agrarsektoren gestattet. Eindeutig negativ fällt auch das Urteil über die *klimapolitischen* Beschlüsse des Gipfels aus[28]. Es ist nach bisheriger Erfahrung nicht sicher, dass selbst die wenigen Zusagen auch wirklich eingehalten werden (→ Kap. 2.4).

7.2.1.2 Internationaler Währungsfonds und Weltbank

Weltbankgruppe und Internationaler Währungsfonds (IWF) sind zwar heute Sonderorganisationen der Vereinten Nationen, unterstehen aber nicht deren Weisungen und Kontrolle. Das ist vor allem deswegen wichtig, weil in den VN die Entscheidungsregel „One nation, one vote" gilt, die „Gruppe der 77" mit heute etwa 130 Staaten dort also die Mehrheit hat, während in IWF und in der Weltbankgruppe ein *nach Kapitalbeteiligung gewichtetes Stimmrecht* gilt. Auch wenn nach 1989 beide Institutionen für neue Mitglieder geöffnet worden sind, hat dies doch an den Stimmrechten nichts geändert. Nach wie vor halten die USA allein über 17% der Stimmen. Da wichtige Beschlüsse mit 85% Mehrheit gefällt werden müssen, haben die USA de facto ein Veto-Recht bei allen wichtigen Entscheidungen. Japan und Deutschland verfügen jeweils über ca. sechs Prozent, Frankreich und Großbritannien über fünf Prozent der Stimmen. Alle Entwicklungsländer zusammengenommen verfügen dagegen nur über 38% der Stimmen im IWF und 39% der Stimmen in der Weltbank – und dies obwohl beide Institutionen zu großen Teilen über die Zinszahlungen der Entwicklungsländer finanziert werden. Sie können also jederzeit überstimmt oder durch ein US-Veto blockiert werden.

Der IWF betreibt heute ausschließlich Schuldenmanagement. Er vergibt Kredite vor allem an solche Länder, die mit Zins- und Tilgungszahlungen für frühere Kredite in Verzug geraten sind und verlangt dafür „Strukturanpassungsmaßnahmen" (→ Kap. 3.2.4). Diese Politik ist kürzlich einer eingehenden Evaluation unterzogen worden[29]. Sie hat nachgewiesen, dass Strukturanpassungspolitik nicht nur dazu dient, die Schuldnerländer langfristig in Schulden und damit unter der Kontrolle des IWF zu halten, sondern auch zu umfang-

Weltbank / IWF

28 – Rainer Falk 2005b

29 – IWF: Structural Adjustment Participatory Review International Network (SAPRIN), The Policy Roots of Economic Crisis and Poverty. A Multi-Country Participatory Assessment of Structural Adjustment, based on Results of the Joint World Bank/Civil Society Structural Adjustment Participatory Review Initiative (SAPRI) and the Citizens' Assessment of Structural Adjustment (CASA), Washington D.C. 2002. Zusammenfassung im Informationsbrief Weltwirtschaft und Entwicklung, Sonderdienst 1-2 (Januar 2002).

reicher Arbeitslosigkeit und Verarmung, zu massiven Umweltschäden und zum erzwungenen Abbau staatlicher Leistung wie Bildung, Gesundheit oder sozialer Sicherheit geführt hat. Die Vorwürfe sind keineswegs neu, sondern werden seit Jahren auch innerhalb des VN-Systems selbst erhoben, ohne dass die G7-Länder darauf reagiert hätten. Etwa neunzig Länder stehen heute unter dem Diktat des IWF und haben ihm ihre Wirtschaftspolitiken ausgeliefert.

Der *Washington Consensus* fasst die Maßnahmen zusammen, die den Schuldnerländern als „Strukturanpassung“ als Gegenleistung für die Umschuldung abverlangt wurden (→ Kap. 3.2.6): „Der „Konsens“ wurde von einer Gruppe Wirtschaftswissenschaftler ausgearbeitet, die der US-Regierung, der Weltbank und dem Internationalen Währungsfond angehörten. Es handelte sich um einen sehr begrenzten Konsens. Er wurde nie in der Öffentlichkeit diskutiert, und es wurde nie über ihn abgestimmt. Er wurde noch nicht einmal von den Ländern unterzeichnet, denen er aufgezwungen wurde. Er war und ist immer noch eine autoritäre, aus der Gier geborene Zwangsmaßnahme, die keine Unterstützung bietet und die auf der Grundlage des angeblich über alle Zweifel erhabenen wirtschaftswissenschaftlichen Charakters seiner Richtlinien gerechtfertigt werden soll. … Lateinamerika, das am meisten unter dem „Konsens“ gelitten hat, ist ein leuchtendes Beispiel für die von ihm verursachten Katastrophen. 1980 gab es in dieser Region 120 Mio. arme Menschen, 1999 waren es 220 Mio., das sind 45% der Bevölkerung. … Nachdem Lateinamerika den Richtlinien des Washington Consensus ein Jahrzehnt lang blinden Gehorsam geleistet hatte, steht es jetzt am Abgrund. Die Schulden stiegen zwischen 1991 und 2001 von 492 Mrd. US$ auf 787 Mrd. US$. Eisenbahnen, Telekommunikation, Fluglinien, Trinkwasser- und Energieversorgung wurden den Staaten praktisch völlig entwunden und an die riesigen US-amerikanischen und europäischen Konzerne übergeben. Die Staatsausgaben für Bildung, Gesundheit, Wohnungen und Sozialleistungen wurden gesenkt, Preiskontrollen abgeschafft, Löhne eingefroren und Millionen Arbeiter von den neuen Herren der ehemals staatlichen und inzwischen privatisierten Unternehmen entlassen.“[30] (→ Kap. 3.2.6).

Auch der ehemalige Vizepräsident und Chefvolkswirt der Weltbank Joseph Stiglitz kritisierte, dass verschuldeten Ländern eine uniforme, neoliberale Wirtschaftspolitik aufgezwungen wurde. Er erkannte, dass Medizin in den meisten Ländern, die Strukturanpassungen durchführen mussten, vor allem in den Transformationsländern in Osteuropa und der ehemaligen Sowjetunion, weder die Armut und die Polarisierung von Einkommen/Reichtum noch die Schuldenlast verringerte und die Regionen außerdem weder wirtschaftlich noch ökologisch stabilisierte.[31] Michel Chossudovsky[32] geht noch einen Schritt weiter und beschuldigt den IWF und die Welthandelsorganisation (WTO), furchtbare Armut, Ausbeutung und Krieg verursacht zu haben.

Diese Entwicklungen lassen sich besonders deutlich im Prozess der *Kolonisierung Osteuropas* beobachten. Westliche Regierungen mit dem Zuckerbrot

---

30 – Tamayo, 2003
31 – Stiglitz, 2002
32 – Chossudovsky, 1997

von NATO- und EU-Mitgliedschaft und der Peitsche der Kreditverweigerung, westliche Unternehmen im Verein mit zumeist amerikanischen Wirtschaftsberatern und begleitendem Druck des IWF haben überall (außer in Ungarn, das 1982 dem IWF beitrat und 1989 schon erheblich auf dem kapitalistischen Weg fortgeschritten war) die „Schocktherapie" gegenüber gradualistischen Vorschlägen zur Reform durchgesetzt. Die zwangsweise Öffnung der Märkte erhöht den Exportdruck und erleichterte, dass auch die letzten Vermögenswerte der ehemals staatlichen Wirtschaften vom Westen aufgekauft werden konnten. Rasch steigende Preise bei nur langsam steigenden Löhnen hatten eine *dramatische sozio-ökonomische Polarisierung* zur Folge. Die Verelendung großer Teile der Bevölkerung in Polen, Bulgarien, Rumänien in der früheren Sowjetunion begünstigt Kriminalität, politische Radikalismen und Gewalt. Überall, am auffälligsten in Georgien und in der Ukraine, sind die Opposition und politischen Umstürze durch amerikanischen Stiftungen wie das National Endowment for Democracy (NED) massiv gefördert worden in der Hoffnung, dort USA-freundliche Regierungen installieren zu können.

7.2.1.3 Die Welthandelsorganisation

Die *Welthandelsorganisation* (World Trade Organization, WTO), gegründet am 1.1.1995 als ein Ergebnis der Uruguay-Runde des GATT hat heute 146 Mitgliedsländer. Sie überwacht die *Welthandelsabkommen*, das sind bis heute 16 Verträge mit zusammen ca. 40.000 Seiten, darunter das Textil- und das Agrarabkommen, das GATS (Allgemeines Abkommen über den Handel mit Dienstleistungen), das TRIPS (Abkommen über handelsbezogene geistige Urheberrechte, d.s. vor allem Patente), oder das TRIMS (Abkommen über handelsbezogene Investitionsmaßnahmen, das faktisch verlangt, auf die Förderung von Industrieinvestitionen zu verzichten) und *schlichtet Streitigkeiten*. Sie ist das Forum für Verhandlungen über den Welthandel und beobachtet die nationalen Handelspolitiken. Formal ist sie demokratisch organisiert; jedes Land hat eine Stimme, entschieden wird im Konsens, was jedem Mitglied zumindest theoretisch ein Vetorecht gibt. In Wirklichkeit bleibt die *Macht im Norden*: Durch größere und besser vorbereitete Delegationen, die arme Länder sich nicht leisten können; durch Verfahrenstricks, Überredung und Erpressung; durch Hinterzimmer-Diplomatie; alleine schon dadurch, dass die WTO-Verträge nach einem westlichen Rechtsverständnis konstruiert und selbst für Insider schwer verständlich sind; aber auch dadurch, dass fast alle transnationalen Unternehmen ihre Hauptquartiere in westlichen Ländern und damit leichten Einfluss auf ihre Regierungen haben[33].

Der *freie Welthandel*, den die Industrieländer zum eigentlichen Ziel der WTO ausgerufen haben, ist ohnehin inzwischen in vieler Hinsicht beeinträchtig; nicht nur durch Subventionen, Importschranken und Patentrechte der Industrieländer, auch die zunehmende Zahl bilateraler Abkommen und regionaler Sonderkonditionen, wie sie die EU z.B. den 77 AKP-Ländern (Afrika, Karibik, Pazifik) einräumt, benachteiligen systematisch die anderen Entwicklungsländer. Dort

33 – Die Zeit, 28.8.2003

musste denn auch der Eindruck entstehen, das Mantra des Marktfundamentalismus werde ihnen nur deshalb immer wieder vorgebetet, um sie zur Preisgabe ihrer Rohstoffe zu bewegen und am Aufbau eigener Industrie zu hindern.

Vermutlich hätte die WTO noch jahrelang weiter existieren können, ohne öffentliche Aufmerksamkeit auf sich zu ziehen, auch wenn dort Gegenstände verhandelt und Beschlüsse gefasst werden, die viele Menschen unmittelbar betreffen (wenn etwa die weltweite Privatisierung der Wasserversorgung oder des Bildungssystems vereinbart werden sollten). Es waren die Verhandlungen über ein *Multilaterales Investitionsabkommen* (MAI), die dem Dornröschenschlaf ein überraschendes Ende setzten. Dieses Vorhaben wurde zunächst geheim in der WTO, dann wegen „Politisierung" (d.h. weil die Entwicklungsländer sich einmischten) in der OECD geführt und sollten den transnationalen Unternehmen erhebliche Rechte gegenüber den Staaten einräumen. Entwürfe des geplanten Abkommens wurden *NGOs* zugespielt und von ihnen rasch verbreitet, so dass zunächst in Kanada, dann in Frankreich und in der Europäischen Union 1998 ein Moratorium verlangt und die Verhandlungen zumindest vordergründig abgebrochen wurden – zweifellos einer der größten Erfolge der NGOs. Die Ministerkonferenz in Seattle endete denn auch 1999 im Chaos. Die Konferenz in Doha 2001 konnte nur dadurch gerettet werden, dass ausdrücklich eine Verhandlungsrunde zu Gunsten der Entwicklungsländer zugesagt wurde. Als aber im mexikanischen Cancún 2003 wiederum ein Investitionsabkommen auf der Tagesordnung stand, stießen die westlichen Absichten auf die unerwartete Opposition von 71 Entwicklungsländern. Von vielen wird das Scheitern der Verhandlungen als Chance zu einem neuen, gerechteren Aufbruch gesehen[34]. Die Hoffnung wird dadurch gefördert, dass China und Indien zu umworbenen Wachstumsmärkten werden und damit auch in der WTO neues Gewicht erhalten, aber auch dadurch, dass es zu neuen Koalitionen zwischen Entwicklungsländern und damit zu größerer Verhandlungsmacht kommt. Zum ersten Mal sind die Verhandlungen des Allgemeines Rates („General Council") der WTO im Juli 2005 von massiven Protesten begleitet worden („General Council of the Peoples"). Sie sind vor allem gescheitert, weil die Industrieländer nicht bereit sind, auf die Subventionierung ihrer Landwirtschaft zu verzichten und ihre Märkte für landwirtschaftliche Produkte aus Entwicklungsländern zu öffnen[35]. Es ist unwahrscheinlich, dass die Doha-Runde tatsächlich im Dezember 2005 abgeschlossen werden kann[36]. Die vom Westen eindeutig dominierte WTO wird es wahrscheinlich – auch dank der Aktivitäten der NGOs – bald nicht mehr geben.

7.2.2 Europäische Union

Unser Erkenntnisinteresse, ob und wie die wirtschaftlichen Institutionen zu globaler Nachhaltigkeit beitragen, richtet sich sowohl auf die Entwicklung in Europa als auch auf den europäischen Einfluss auf die *globale* Entwicklung. Uns interessieren dabei in erster Linie die Gemeinschaftspolitiken, die den

EU

34 – Taz, 10.9.2003

35 – http://www.weed-online.org/themen/80620.html

36 – Falk, 2005

Handlungsspielraum der Mitgliedsstaaten mit bestimmen. Im Vordergrund stehen folgende Fragen:

- Betreibt die EU mit ihrer Fixierung auf internationalen Wettbewerb die Unternehmenskonzentration – möglicherweise zum Schaden von Beschäftigung und Umwelt?
- Da die EU für die Mitgliedsstaaten die Verhandlungen zur internationalen Wirtschaftspolitik, also auch in der WTO, führt, stellt sich die Frage: Welche Positionen vertritt sie dort und fördern diese Positionen eine Nachhaltige Entwicklung?
- Die Agrarpolitik ist die älteste der Gemeinschaftspolitiken: Steht sie – nach innen wie nach außen – im Dienst einer Nachhaltigen Entwicklung?
- Fördert die Geld- und Währungspolitik der EU eine Nachhaltige Entwicklung?
- Ist die Osterweiterung unter den Prinzipien der Nachhaltigen Entwicklung gestaltet worden?

Um zunächst den Rahmen abzustecken: Die EU selbst hat mit etwa 90 Mrd. €, (2000), d.h. ungefähr neun Prozent des Ausgabenvolumens der öffentlichen Hände in der Bundesrepublik, *relativ bescheidene Eigenmittel* (→ Kap. 8.2.2). Sie stammen zu zwei Dritteln aus einem Anteil von 1,4% des Mehrwertsteueraufkommens der Mitgliedsländer, dazu aus Zöllen (25%, rückläufig) und kleineren Einnahmen. Etwa die Hälfte aller Mittel werden für die *Gemeinsame Agrarpolitik* aufgewendet, 11% für die Regionalpolitik (Europäischer Fonds für regionale Entwicklung EFRE), 9% für die Europäischen Sozialfonds (ESF). Für allgemeine Verwaltung werden 5%, für Zusammenarbeit und Entwicklung drei Prozent, für Forschungs-, Energie- und Industriepolitik vier Prozent aufgewendet.

Der *Auftrag zur aktiven Wirtschaftspolitik* ist in den Verträgen enthalten[37]. Der Art. 2 EWGV nennt eine beständige und ausgewogene Wirtschaftsausweitung, größere Stabilität, beschleunigte Hebung der Lebenshaltung und Förderung enger Beziehungen zwischen den Gemeinschaftsländern als Ziele der Union. Die Einheitliche Europäische Akte (EEA) umfasst die Zusammenarbeit in der Wirtschafts- und Währungspolitik, die Konjunkturpolitik, Zahlungsbilanz- und Handelspolitik im Dienste der Ziele hoher Beschäftigungsstand, stabiles Preisniveau und Zahlungsbilanzgleichgewicht („magisches Dreieck" der Wirtschaftspolitik). Durch die EEA werden zudem die Mitgliedsländer zu einer Wirtschaftspolitik verpflichtet, die auf einen Ausgleich der regionalen Wohlfahrtsunterschiede hinwirken soll. Dazu dienen die Mittel der Strukturfonds der EU.

7.2.2.1 Die Gemeinschaftspolitiken

Die Mitgliedsstaaten haben die eigenen Kompetenzen der EU mit jeder Neufassung der Verträge schrittweise ausgeweitet. Die Gemeinschaftspoli-

37 – Art. 2 EWG-Vertrag, Art. 102a, 103, 104-16, 130a-e Einheitliche Europäische Akte (EEA)

tiken machen heute einen großen Teil der Aktivitäten der Kommission aus (→ Kap. 8.2.2). Allerdings stehen sie überwiegend weiterhin unter der Aufsicht und dem Genehmigungsvorbehalt des Europäischen Rates (siehe auch Abb. 7.4 im Anhang).

7.2.2.2 Die EU neoliberal?

Vielen überwiegend linken Beobachtern ist, das wurde gerade in der Debatte über die EU-Verfassung wieder deutlich, die Europäische Union eine *neoliberale* Organisation, die es deswegen politisch zu bekämpfen gelte. Wir halten dies bisher insgesamt für überzogen: Alleine die *Strukturfonds*, die dem Ausgleich regionaler Disparitäten dienen und die 37% der gesamten Mittel der Union ausmachen, sind alles andere als neoliberal. Wenn neoliberal heißt, den Staat aus wirtschaftlichen Vorgängen möglichst herauszuhalten und möglichst viele gesellschaftlichen Bereiche den Interessen und Handlungsprinzipien des privaten Gewinnstrebens zu überantworten, dann dürfte das bisher nur in wenigen Bereichen wirklich gelten. Häufig ist eher der *gegenteilige Vorwurf* gerechtfertigt: der der Überregulierung, des Hineinregierens in Angelegenheiten, für die ein europäischer Regelungsbedarf gar nicht besteht, der Vernachlässigung des Subsidiaritätsprinzips. Nicht selten – man denke unter den aktuellen Streitpunkten z.B. an die Feinstaubrichtlinie – versucht die EU gar, Dinge im wirklichen Interesse der Menschen zu regeln, die zu regeln sich nationale Regierungen aus allzu großer Wirtschaftsnähe weigern.

Die Politik der EU ist nicht aus einem Guss, nicht auf ein Ziel hin koordiniert und sie kann das angesichts der heterogenen Interessen und der unterschiedlichen Beteiligten auch gar nicht sein. Allerdings sind *starke Kräfte* am Werk, um die EU in die neoliberale Richtung zu bewegen. Im Vertrag für eine Europäische Verfassung haben sie überaus deutliche Spuren hinterlassen (→ Kap. 8.2.2). Das ist einer der wichtigsten Gründe für die Ablehnung in Frankreich und in den Niederlanden und für die zunehmende Aufmerksamkeit, die die Zivilgesellschaft diesem Prozess schenken sollte.

Der *Binnenmarkt* soll nach dem Willen der EU die europäische Wettbewerbsfähigkeit gegenüber der amerikanischen und der japanischen Wirtschaft stärken. Davon sollten Impulse zur Überwindung der „Eurosklerose“[38] – geringe Wachstumsraten, nach Meinung von Wirtschaftswissenschaftlern verursacht durch institutionelle Verkrustungen, welche die Unternehmen lähmten und sie hinderten, auf veränderte Marktlagen im In- und Ausland zu reagieren – ausgehen. Der höhere Wettbewerbsdruck im integrierten Binnenmarkt sollte helfen, solche Verkrustungen aufzubrechen. Dazu sollte das Ursprungslandprinzip beitragen, d.h. jede in einem Mitgliedsland nach den dort geltenden Normen und Rechtsvorschriften hergestellte Ware solle in allen anderen ungehindert verkauft werden können. Die Neuausrichtung des Binnenmarktes nach den Umwälzungen der 1990er Jahre wurde im Kontext der Verhandlungen zum Amsterdamer Vertrag deutlich. Daraus entstanden der „Aktionsplan für den Binnenmarkt“ und

Binnenmarkt

38 – Giersch, 1985

die „Strategie für den Binnenmarkt“[39]. Allerdings werden die Richtlinien, die sich darauf stützen, von den Mitgliedsstaaten nur zögerlich in nationales Recht umgesetzt, der Erfolg der Politik ist umstritten[40].

Das Argument, Europa könne international nur mit neuen Dimensionen in den Unternehmensgrößen wettbewerbsfähig sein, bezieht sich in erster Linie auf das Risiko freundlicher oder feindlicher Übernahmen. *Skalenerträge*, die durch den integrierten Binnenmarkt und weltweite Präsenz möglich werden, Förderung der *Aufwendungen für Forschung und Entwicklung, worldwide sourcing* und Gemeinschaftsunternehmen zwischen großen Konzernen sollen das verhindern. Damit entsteht andererseits die Furcht vor *Monopolen und Kartellen*, die ihre Marktmacht zum Schaden des Verbrauchers missbrauchen könnten. Mit dem 1989 eingeführten *europäischen Kartellrecht* und der dort vorgesehenen Fusionskontrolle ist es in dem dann gegebenen Rahmen möglich, auf europäischer Ebene wettbewerbsschädliche Konzentrationen zu verhindern. Allerdings werden nicht selten Unternehmenszusammenschlüsse gutgeheißen, die dann zu marktbeherrschenden Stellungen auf *nationaler* Ebene führen können. Hauptantriebskräfte für Deregulierung und Kommerzialisierung sind die zahlreichen industriellen Lobbygruppen (→ Kap. 8.2.2).

Mit den Grundpfeilern der *Wirtschafts- und Währungsunion* (WWU) wurden die Weichen in eine Richtung gestellt, die im Hinblick auf ein demokratisches und solidarisches Europa problematisch sind: Der europäische Stabilitätspakt schreibt die Verringerung der Haushaltsdefizite und der Staatsverschuldung verbindlich vor, ohne Rücksicht auf die wirtschaftliche und soziale Situation in den Mitgliedstaaten zu nehmen. So wird nicht nur eine konjunkturfördernde Wirtschaftspolitik in Zeiten der Krise verhindert. Die Verpflichtungen durch den Stabilitätspakt haben auch in zahlreichen Ländern zur Kürzung sozialer Leistungen geführt.

„Für den fundamentalen Fehler in der wirtschaftspolitischen Strategie der EU halten wir ihre sehr enge Konzeption von Stabilität, die fast ausschließlich als Preisstabilität definiert wird. Damit bleiben andere, gleichermaßen wichtige Aspekte wirtschaftlicher und sozialer Stabilität außer Acht, wie die Stabilität von Wachstum, Beschäftigung, Einkommen und sozialer Sicherheit oder die Stabilität der Umwelt. Die Besessenheit im Kampf gegen die Inflation hat zu den Konvergenzkriterien geführt, und sie bestimmt auch die Vorschriften für die Geldpolitik der Europäischen Zentralbank (EZB) in der Währungsunion, wie sie im VM [Vertrag von Maastricht, B.H.] vorgesehen ist. Sie hindert die Mitgliedsländer sogar daran, ihrerseits energische und koordinierte Maßnahmen gegen Arbeitslosigkeit durch eine angemessene Haushaltspolitik zu ergreifen.“ Dabei ist Inflation für die absehbare Zeit keine Gefahr. Dann aber führt die vorherrschende Politik des knappen Geldes und der restriktiven öffentlichen Haushalte, wie sie vom „Stabilitätspakt“ gefordert werden, zu einer deflationären

39 – Aktionsplan für den Binnenmarkt. Mitteilung der Kommission an den Europäischen Rat. CSE (97) 1 endg., 4. Juni 1997. Die Strategie für den Europäischen Binnenmarkt. Mitteilung der Kommission an das Europäische Parlament und den Rat. November 1999. www.europa.eu.int/com/internal_market/de/update/strategy/strategy2.htm, Januar 2004

40 – Dicke, 2004

Abwärtsspirale. Dies untergräbt die gesamtwirtschaftliche Grundlage, die erforderlich ist, um mehr Beschäftigung, Einkommen und soziale Sicherheit zu schaffen und die Ziele des sozialen Zusammenhaltes und des ökologischen Umbaus realistisch angehen zu können.[41]

7.2.2.3 Erweiterung

Die Eintrittskriterien, welche die EU für die Länder in Osteuropa festgelegt hat („acquis communautaire"), sind im Prinzip dieselben, welche der IWF den Entwicklungsländern als Strukturmaßnahmen auferlegt hat. Sie beziehen sich auf den *Washington Consensus* und verlangen allgemeine Privatisierungen (unter dem Druck der Außenverschuldung und wegen der Beitrittskriterien), die Verringerung der sozialen Absicherung und des Zugangs zu öffentlichen Diensten. Auch wenn die Bevölkerungen dort besser und freier leben wollten, so hat man sie überhaupt nicht gefragt, bevor man eine „Schocktherapie" durchführte.

Wie überall, wo diese Politik umgesetzt wird, wird die Privatisierung begleitet von Finanzaktionen und Korruption – und auch von systematischer Verschuldung. Die vor kurzem erfolgte Öffnung der strategischen Finanzdienste in Mittel- und Osteuropa für ausländisches Kapital (z.B. siebzig Prozent des Bankensektors in Polen) wird ohne Zweifel den Druck auf die Unternehmen dieser Länder erhöhen, wobei der Umbau zum Kapitalismus nicht nur Arbeitslosigkeit bedeutet, sondern auch Abbau der sozialen Vorteile (Kindertagesstätten, Krankenhäuser, Sozialwohnungen), die mit dem Arbeitsverhältnis verbunden waren. Drei Länder (Polen, Ungarn und Tschechien) haben alleine fast sechzig Prozent der „Osthilfe" erhalten, ein Drittel als Geschenk, der Rest besteht aus Krediten mit bestimmten Auflagen. Anders ausgedrückt: Die reichsten Länder sind die, welche am meisten von dieser „Hilfe" erhalten. Zunehmend haben diese Bedingungen eine Politik der erzwungenen Privatisierung erzeugt – und somit die Abhängigkeit von Finanzierungen und Lieferungen aus dem Ausland verstärkt. Diese erzwungenen Privatisierungen haben auf eine dogmatische Art alle Bereiche und Unternehmen getroffen, ob sie gut oder schlecht funktionierten.[42]

7.2.2.4 Nachhaltige Entwicklung?

Wiederum wollen wir fragen: Fehlen die Informationen, um eine Politik für Nachhaltige Entwicklung zu betreiben – oder stehen dem die Machtverhältnisse entgegen? Die bisherige Untersuchung hat vor allem Argumente und Informationen geliefert, aus denen zu schließen ist, dass Nachhaltige Entwicklung in der EU keine Rolle spielt – im Gegenteil scheinen die Gemeinschaftspolitiken eher Teil des Problems als seiner Lösung zu sein.

Und dennoch, wenn auch von vielen unbemerkt: Im Juni 2001 hat der Europäische Rat in Göteborg seine Strategie für Nachhaltige Entwicklung verabschie-

---

41 – Erklärung europäischer Wirtschaftswissenschaftler und Wirtschaftswissenschaftlerinnen, Mai 1997: Vollbeschäftigung, sozialer Zusammenhalt und Gerechtigkeit – Für eine alternative Wirtschaftspolitik in Europa. http://www.memo.uni-bremen.de/aktuellindex.html

42 – Wissenschaftlicher Beirat ATTAC Frankreich: Für eine andere Globalisierung, für ein anderes Europa. Beitrag zur Debatte innerhalb ATTAC. April 2002. www.attac-netzwerk.de

det[43] und sie im September 2002 dem Weltgipfel für Nachhaltige Entwicklung vorgelegt. Zum Thema *„Schonung natürlicher Ressourcen“* nennt das Papier sechs Handlungsfelder: Treibhausgase reduzieren und den Klimawandel bremsen; die Gesundheit schützen und die Lebensmittelsicherheit erhöhen; die Armut reduzieren; die Überalterung der Bevölkerung bewältigen; den Rückgang der biologischen Vielfalt bremsen, das Abfallvolumen reduzieren und den Verlust fruchtbarer Böden beschränken; die Verkehrsüberlastung vor allem in den Ballungsräumen reduzieren und regionale Ungleichgewichte abbauen.

Es wird ausdrücklich festgestellt, dass es der Union bisher nicht gelungen ist, das weite Spektrum verfolgter Politiken im Hinblick auf ökologische, ökonomische und soziale Nachhaltigkeit zu *koordinieren*: „Allzu häufig behindern Maßnahmen in einem Politikbereich die Fortschritte in einem anderen, wobei die Lösungen für bestimmte Probleme häufig in den Händen von politischen Entscheidungsträgern aus sachgebietsfremden Bereichen oder anderen Regierungsebenen liegen. Dies ist einer der Hauptgründe für zahlreiche nicht nachhaltige Trends. Darüber hinaus mangelt es an einer kohärenten langfristigen Perspektive“.

Zur Durchsetzung der Strategie dienen drei Wege:

1. Die Wirksamkeit der Politik ist zu verbessern. Es soll sichergestellt werden, dass die verschiedenen Politiken sich gegenseitig stärken, statt entgegengesetzte Ziele zu verfolgen.
2. Als vordringliche Politikbereiche werden genannt (neben der Bekämpfung der Armut und der sozialen Ausgrenzung sowie dem Umgang mit den Konsequenzen einer Überalterung der Gesellschaft): Begrenzung des Klimawandels und gesteigerte Nutzung sauberer Energien; Reduktion von Gefahren für die öffentliche Gesundheit; verantwortungsbewusster Umgang mit natürlichen Ressourcen; Verbesserung des Verkehrssystems und der Flächennutzung. Zu jedem dieser Politikbereiche werden Ziele und Maßnahmen mit Zeithorizonten vorgesehen, so dass es möglich ist, die Einhaltung dieser Vorhaben zu überprüfen.
3. Es sind Mechanismen einzuführen zur Überprüfung der Fortschritte: Die Kommission wird dem Rat jeweils an dessen Frühjahrstagung über die Umsetzung der Nachhaltigen Entwicklung berichten. Sie wird dazu einige wenige wichtige Leitindikatoren vorschlagen. Die Kommission will ihre Arbeitsmethoden überprüfen, um Inkonsistenzen zu vermeiden; sie wird einen Runden Tisch für Nachhaltige Entwicklung einrichten, der sie dabei unterstützen soll. Das Europäische Parlament könnte dafür auch einen Ausschuss einsetzen. Die EU-Strategie für Nachhaltige Entwicklung wird jeweils zu Beginn einer neuen Amtszeit der Kommission umfassend überarbeitet. Alle zwei Jahre will die Kommission ein Forum für alle Beteiligten organisieren, an dem in Kooperation mit dem Wirtschafts- und Sozialausschuss die Strategie bewertet werden soll.

43 – Europäischer Rat 2001

Das Strategiepapier ist knapp, präzise formuliert und enthält *richtige Schritte*. Eigentlich ist es ein erstaunliches Dokument, widerspricht es doch völlig der neoliberalen Logik. Allerdings kann auch ein gutes Programm durch eine ungenügende Verwirklichung unterlaufen werden. Die neue Kommission hat auch erklärt, dass nicht alles so durchgeführt werden konnte wie geplant und eine Überprüfung der Strategie angekündigt. Uns scheint, dass zwischen der bisherigen Politik und der verkündeten Strategie zur Nachhaltigen Entwicklung tiefe Gräben klaffen. Wahrscheinlich werden hier auch Zielkonflikte innerhalb der Kommission sichtbar.

7.2.3 Deutschland

Wir haben zu Beginn dieses Kapitels auf die neoliberale Logik des Wirtschaftens hingewiesen und gesehen, dass sie mit Nachhaltiger Entwicklung schon aus dem Grund nicht vereinbar ist, weil sie natürliche Ressourcen (ebenso wie Menschen) auf pure Kostenfaktoren reduziert, die im internationalen Konkurrenzkampf eingespart werden müssen. Auf der globalen ebenso wie auf der europäischen Ebene haben wir gefunden, dass starke Kräfte am Werk sind, unsere Gesellschaften und unsere Wirtschaft auf diese Logik einzuschwören (→ Kap. 8.2.2). Auf der anderen Seite war deutlich geworden, dass die Regierungen z.B. an den Weltkonferenzen durchaus erkennen lassen, dass ihnen die globale Krise nicht unbekannt ist, ja mehr noch: dass sie Deklarationen und Aktionspläne unterschreiben und sich damit zu Handlungen verpflichten, die den Weg zu einer Nachhaltigen Entwicklung fördern und stützen sollen. Natürlich würden wir hoffen, dass sie diesen Erklärungen entsprechende Taten folgen lassen und der Wirtschaft Grenzen setzen und Richtung geben. Dabei räumen wir ein, dass solches Umsteuern kein einfacher Prozess ist und auch nicht von heute auf morgen gelingen kann. Aber so viele Jahre nach Rio und nach etlichen Folgekonferenzen, an denen sie ihre guten Absichten bestätigt und bestärkt haben, sollten wir erwarten, zumindest ernste und deutliche Anzeichen für die zugesagte Richtungsänderung zu erkennen – und sei es auch, dass Anstrengungen unternommen wurden, die im politischen Prozess gegen starke Opposition nicht durchzusetzen waren. Dieser Frage wollen wir in diesem Abschnitt nachgehen.

7.2.3.1 Wirtschaftsstruktur

Basis der Wirtschaftsstruktur sind die Unternehmen eines Landes. Hier fällt ein deutlich verzerrter Blick auf: Wir starren – darin angeleitet und unterstützt von den Medien – auf die *börsennotierten Unternehmen* wie das Kaninchen auf die Schlange. Dabei handelt es sich nur um etwa 1.000 von insgesamt 2,9 Mio. Unternehmen in Deutschland. Allerdings sind es besonders einflussreiche, weil von ihnen Zulieferer nicht nur in Deutschland, sondern weltweit abhängen. Die dreißig im Deutschen Aktienindex Dax notierten Unternehmen haben 2004 ihre Gewinne um insgesamt 35,7 Mrd. € verdoppelt und dennoch im Inland 35.000 Stellen gestrichen. Wichtiger sind die kleinen und mittleren Unternehmen (KMUs), die zwar mehr Beschäftigung und Ausbildung schaffen, aber eben auch vom Hunger der Grossen bedroht sind. Nach der Umsatzsteuerstatistik

2002 haben von insgesamt 2,93 Mio. Unternehmen 90% einen Umsatz von weniger als einer Million Euro.

Über Eigentum an und *Verfügung über Produktionsmittel* gibt es in der BRD keine ausreichend aussagekräftige *Vermögensstatistik*. Aus den wenigen Untersuchungen ergibt sich Folgendes für das *Eigentum an Produktionsmitteln*: 1970 befanden sich 56% des gesamten Produktivvermögens im Eigentum privater Inländer, 27% im Eigentum der öffentlichen Hand und 17% im Eigentum von Ausländern. „Für die Verteilung des Produktivvermögens bei den inländischen Haushalten kamen Krelle/Schunck/Siebke für das Jahr 1960 zu dem Ergebnis, dass 1,7% aller Haushalte über 70% des Produktivvermögens verfügen. Für das Jahr 1966 errechnete Siebke, dass sich 74% des Produktivvermögens bei 1,7% der Haushalte konzentrierten (…). Für das Jahr 1973 schätzen Mierheim/Wicke zwar einen geringeren Konzentrationswert als Krelle und Siebke, sie stellten aber gleichzeitig fest, dass von allen Vermögensarten die Vermögensart Produktivvermögen am stärksten konzentriert ist“[44]. Eine Untersuchung der Arbeitsgruppe Alternative Wirtschaftspolitik kommt zum Ergebnis: Mehr als die Hälfte der von Kreditinstituten gehaltenen Aktien befinden sich im Besitz der drei Großbanken. Die Deutsche Bank ist auf dem Weg, sich als das zentrale privatwirtschaftliche Macht-, Koordinations- und Steuerungszentrum in der BRD zu etablieren[45].

Windolf/Beyer haben *die Kapital- und Personalverflechtungen der 623 größten Unternehmen in Deutschland* und der 520 größten Unternehmen in Großbritannien untersucht. Für Deutschland wurde ein *hoher Konzentrationsgrad des Eigentums* nachgewiesen, dazu ein hoher Deckungsgrad zwischen Kapital- und Personalverflechtung und insbesondere eine hohe horizontale Verflechtungsdichte, d.h. potentielle Konkurrenten sind miteinander verflochten. Der Finanzsektor (Banken, Versicherungen, Investmentfonds) hält zusammen 24,2% (1992) aller Anteile (1950: 2,7%; 1979: 13,2%), während 36,1% sich im Besitz anderer Nichtbanken-Unternehmen (22% bzw. 40,4%), 18,9% im Besitz von Einzelpersonen und Familien(stiftungen) (42% bzw. 19,2%) befinden. Der Anteil privater Eigentümer hat also stark ab-, *derjenige des Finanzsektors deutlich zugenommen* („institutioneller Kapitalismus“). Windolf/Beyer stellen fest, dass der hohe Verflechtungsgrad innerhalb der gleichen Wirtschaftszweige in Deutschland Tradition hat: In der Zwischenkriegszeit wurden fast alle Wirtschaftszweige durch Kartelle kontrolliert, deren „modernisierte“ Form nun in den Beteiligungsverflechtungen sichtbar wird (selbstverständlich bestehen auch weiterhin und zusätzlich Kartellabsprachen). „In Deutschland wird die Personalverflechtung zur Verstärkung und Durchsetzung der Eigentümermacht eingesetzt. Die Präsenz in den Entscheidungsgremien der Unternehmen, an denen man Eigentum hat, gewährt einen direkten Einfluss auf die strategischen Entscheidungen. Durch Personalverflechtung werden im Konzern alle verbundenen Unternehmen auf die gemeinsame Konzernpolitik verpflichtet“. Banken entsenden überdurchschnittlich häufig ihre Vertreter in die Aufsichtsräte anderer

44 – Granados/Gurgsdies, 1985, 322f
45 – Arbeitsgruppe Alternative Wirtschaftspolitik, 1988

Unternehmen. Ein *„Verflechtungszentrum“* umfasst die größten Unternehmen aus verschiedenen Wirtschaftszweigen; dazu gehören die Allianz, die Deutsche Bank, Volkswagen, Thyssen, Hochtief und MAN. Das Führungspersonal der formalen Interessenorganisationen (BDA und BDI) rekrutiert sich zum großen Teil aus dem Kreis der Personen, die im Netz der Personalverflechtung von Großunternehmen zwei oder mehr Positionen einnehmen. Sie bündeln die Einzelinteressen zum Gesamtinteresse der Großunternehmen und übernehmen in erster Linie die „Interessenartikulation gegenüber dem politischen System“[46]. Der hohe Verflechtungsgrad deutet darauf hin, dass es hier gleichzeitig um Machtballungen geht, die staatlicher Beeinflussung erheblichen Widerstand entgegensetzen können.

Von besonderer und zunehmender Bedeutung in diesem Zusammenhang sind die *Macht der Banken* und der *institutionellen Anleger*. Mit der Entwicklung ihres Beteiligungsbesitzes und ihrer personellen Verflechtung mit anderen Unternehmen waren bereits wichtige Themen angesprochen. Ebenso bedeutend ist das Depot-Stimmrecht, das Banken im Namen zahlreicher Kleinaktionäre ausüben und das ihnen eine zusätzliche Macht an den Hauptversammlungen verleiht. Das Problem ist nicht neu, wenngleich wenig untersucht[47]. Ein neuer Versuch, den Bankeneinfluss zu begrenzen, wie ihn schon die Monopolkommission in ihrem ersten Gutachten 1976 gefordert hatte, ist wieder gescheitert (Gesetzentwurf der SPD zur „Verbesserung von Transparenz und Beschränkung der Machtkonzentration in der deutschen Wirtschaft“ vom Januar 1995). Wenn eine Bank ein Unternehmen kontrolliert, dann wird sie zu allererst Stelle an der Maximierung des kurzfristigen Gewinns dieses Unternehmens interessiert sein und ihren Einfluss dafür nutzen. Lokale oder regionale Loyalitäten interessieren dabei ebenso wenig wie Auswirkungen von Unternehmensentscheiden auf Beschäftigung oder Umwelt. Diese an Bedeutung zunehmende Konstellation steht vielen Versuchen einer ökologisch und sozial verantwortlichen Unternehmensführung entgegen.

7.2.3.2 Der Staat und Interessenverbände

Die Staatsquote, d.h. der Anteil am Bruttosozialprodukt, der durch staatliche Hände geht, liegt in Deutschland bei knapp unter 50% (1960 waren es noch etwa 35%) und weist somit den Staat als wichtigsten Wirtschaftsakteur aus. Er ist als Arbeitgeber, Investor, Auftraggeber und Konsument weiterhin die bei weitem stärkste Wirtschaftsmacht in der Gesellschaft, selbst dann noch, wenn er eigene Beteiligungen an Unternehmen weitgehend abgestoßen und frühere Bundesunternehmen weitgehend privatisiert hat (→ Kap. 8.2.3). Selbstverständlich muss deshalb die private Wirtschaft ein ganz entschiedenes Interesse daran haben, staatliche Entscheidungen auf allen Ebenen und in nahezu jeder Hinsicht zum eignen Vorteil zu beeinflussen, wie wir das ja schon für die Europäische Union gezeigt haben.

---

46 – Windolf/Beyer, 1995
47 – Pfeiffer, 1993

Deshalb ein kurzer Blick auf die *Interessenverbände* auf deutscher Ebene:
Auf der Seite der Unternehmer sind hier zu nennen

- der *Deutsche Industrie- und Handelstag* (DIHT) als Dachorganisation von 69 Industrie- und Handelskammern (gegründet 1861), die Körperschaften des öffentlichen Rechts sind, teilweise hoheitliche Aufgaben erfüllen, eine Zwangsmitgliedschaft kennen und durch Beiträge der Mitgliedsunternehmen finanziert werden. Sie sollen die Gesamtinteressen der gewerblichen Wirtschaft formulieren und gegenüber Politik und Verwaltung vertreten. Der DIHT unterhält außerdem über vierzig Auslandsvertretungen zur Förderung des Exports.
- die *Bundesvereinigung der deutschen Arbeitgeberverbände* (BDA), der rund 800 fachlich oder regional organisierte Einzelverbände als Mitglieder angehören. Sie vertritt die Interessen aller privaten Arbeitgeber, ist privatrechtlich organisiert und wird aus Beiträgen der Mitglieder finanziert.
- der *Bundesverband der Deutschen Industrie* (BDI), ebenfalls ein privatrechtlicher Verein mit Verbänden als Mitglieder, vertritt die Interessen von rund 80.000 Industrieunternehmen.

Auf der Seite der Arbeitnehmer stehen diesen die Gewerkschaften gegenüber:

- der *Deutsche Gewerkschaftsbund* (DGB) als Dachverband von 17 Einzelgewerkschaften mit insgesamt 7,7 Mio. Mitgliedern (1995 waren es noch mehr als 10 Mio.).
- der *Christliche Gewerkschaftsbund* (CGB) mit 300.000 Mitglieder,
- der *Deutsche Beamtenbund* (DBB) mit über 1.250.000 Mitgliedern.

Die Machtbalance zwischen den großen Kontrahenten wird bestimmt durch die *Beschäftigungssituation*. Das ist vor allem problematisch für die *Gewerkschaften*. Sie werden sowohl in der Überbeschäftigung Mitglieder verlieren, weil hier individuelle Arbeitsverträge über Tarif abgeschlossen werden können, als auch bei Unterbeschäftigung, weil jetzt Beschäftigte wegen ihrer Mitgliedschaft entlassen werden können. Seit Beginn der Wirtschaftskrise 1974 hat die Arbeitslosigkeit stetig zugenommen. Die konservative Regierung (1982–1998) war wenig gewerkschaftsfreundlich, vor allem aber haben Vorsitzende der gewerkschaftseigenen Unternehmen (Neue Heimat, Coop usw.) durch Korruption und Bereicherung zum Machtverlust der Gewerkschaften beigetragen (→ Kap. 6.2.2). Für viele *Arbeitgeber* erweisen sich die Flächentarifverträge als Argument, ihren Verband zu verlassen und mit ihren Belegschaften betriebliche Vereinbarungen auszuhandeln. Ebenfalls bedeutend ist, dass die großen Verbände direkte oder indirekte Verbindungen zu den großen politischen Parteien haben und ihre Vertreter oft unmittelbar in den Exekutiven und Parlamenten unterbringen. Die Frage ist daher nicht mehr so sehr, *ob oder wie* die Interessenverbände staatliches Handeln beeinflussen, sondern vielleicht eher, *welche Interessen dabei unartikuliert und unvertreten bleiben*.

Die Einkommen aus *Unternehmertätigkeit und Vermögen* stiegen zwischen 1990 und 2002 abzüglich der Inflation um vierzig Prozent. Die Unternehmenssteuerreform im Jahr 2000 hat vor allem die großen Kapitalgesellschaften enorm begünstigt (→ Kap. 8.2.3). So verlor die öffentliche Hand Einnahmen in Höhe von rund zwanzig Mrd. Euro Die Gewinne von *Kapitalgesellschaften* (AG, GmbH) legten um 75% zu, *Löhne und Gehälter* dagegen lediglich um sieben Prozent – und das auch nur brutto. Nach Steuern und Abgaben sind die tatsächlich verfügbaren Einkommen der abhängig Beschäftigten heute um ein knappes Prozent geringer als vor vierzehn Jahren. Die Bezieher von Gewinn- und Vermögenseinkommen haben dagegen fast 50% mehr. Vom gesamten Wirtschaftswachstum der vergangenen anderthalb Jahrzehnte, preisbereinigt immerhin 270 Mrd. € jährlich, haben die Arbeitnehmer nichts gesehen. Und selbst das beschönigt die wachsende Ungleichverteilung. In der Lohnsumme enthalten sind auch die extrem angewachsenen Gehälter von Spitzenmanagern und anderen hoch qualifizierten Fachkräften. De facto muss sich also ein erheblicher Teil der Bevölkerung seit langem mit sinkenden Einkommen begnügen.

Kein Wunder, dass jede seriöse volkswirtschaftliche Analyse in der Feststellung mündet, das Kernproblem der deutschen Ökonomie sei die *mangelnde Binnennachfrage*. Dieser Umstand ist die zentrale Ursache für den anhaltenden Niedergang der Investitionen und die damit einhergehende Stagnation. Denn für zusätzliche Produkte oder Dienstleistungen gibt es einfach keinen Markt. „Autos kaufen keine Autos", die banale Erkenntnis, mit der vor einem Jahrhundert Henry Ford die Verdoppelung der Löhne seiner Arbeiter begründete, gilt immer noch.

Die *Verflechtung zwischen Staat und Privatwirtschaft* kommt offenbar nicht mit dem Ziel zustande, eine Kontrolle der Großunternehmen so durchzusetzen, dass ihre Geschäftspolitik der Nachhaltigen Entwicklung dient. Vielmehr entsteht der umgekehrte Eindruck, dass die *Großunternehmen den Staat benutzen*, um möglichst ungestört ihre egoistische Unternehmenspolitik durchzusetzen.

7.2.3.3 Nachhaltigkeit: einerseits…

Trägt die Wirtschaft in Deutschland zur Nachhaltigen Entwicklung bei? Gelingt es den staatlichen Institutionen, sie auf diesen Weg zu führen? Die Frage stellt sich einmal nach außen: Hier können wir es kurz machen. Ein erheblicher Teil der möglichen Wirkungen auf andere Länder ist an die *Europäische Union* delegiert worden und wir haben in unserer Untersuchung nicht den Eindruck gewonnen, als sei Nachhaltige Entwicklung zu einer bestimmenden Maxime der Außenhandelspolitik geworden. Allerdings ist Deutschland, von der EU unabhängig, in den Exekutivgremien des *IWF und der Weltbank* vertreten. Die Vertretung im Währungsfonds liegt in der Zuständigkeit des Finanzministeriums und es ist nicht erkennbar, dass die Bundesregierung dort eine andere Position vertritt als die USA. Die Strukturanpassungspolitik wird von uns mit getragen und ist von uns mit zu verantworten[48]. So bleibt die Frage nach der Wirkung nach

48 – Einige Einblicke erlaubt Wolfgang Filc: Gefahr für unseren Wohlstand, Frankfurt 2000. Filc war unter Oskar Lafontaine Abteilungsleiter im Finanzministerium und dort auch für den IWF zuständig.

innen, und dabei sollten wir den ökologischen, den ökonomischen und den sozialen Aspekt der Nachhaltigkeit im Auge behalten.

„Denn der Sozialstaat ist – wie die Reformfreunde gebetsmühlenartig wiederholen – der Quell allen Übels: Er ist wachstums- und leistungsfeindlich, er lähmt die Eigeninitiative; er ist viel zu teuer, es ist kein Geld mehr da! Und warum? Weil der Staat gezielt verarmt wurde durch die Gesetze dieser Regierung und der davor: Die Einkommensteuer wurde gekürzt, die Vermögensteuer abgeschafft, die Gewerbekapitalsteuer gestrichen, die Spitzensteuersätze gesenkt, die Körperschaftsteuer vermindert, Steuerfreiheit bei Unternehmensverkäufen gewährt – so verzichtet der Staat Jahr für Jahr auf Hunderte von Mrd. Euro. ... Vor 40 Jahren kamen noch 20% des Steueraufkommens aus Gewinn- und Vermögenseinkommen, heute sind's noch sechs Prozent. 1983 trugen Körperschafts- und Einkommensteuer noch 14% zum Steueraufkommen bei, heute 2,3%. Diese beiläufige Steuersenkung hat von 2001 bis 2003 zu Einnahmeausfällen von mehr als 50 Mrd. geführt. Es gab auch noch andere Geschenke an diejenigen, die so gern klagen über den Standort Deutschland und drohen, ihn zu verlassen: 349 Mio. € Steuererstattung bekam Siemens 2002 zurück. Knapp sieben Mrd. Euro erhielt die Deutsche Bank im Jahr 2000 zurück (und als das Bankhaus 2001/02 einen Rekordgewinn von 9,8 Mrd. € auswies, entließ es 14% der Belegschaft – 11.000 Arbeitslose mehr). Und Daimler-Chrysler? Warum wohl blieb der Firmensitz der Autobauer in Stuttgart? Aus Liebe zu Deutschland? Nein. Aus Liebe zum Geld. Über ein Jahrzehnt lang zahlte der Autokonzern keinen Cent an Gewerbesteuern in Stuttgart und Sindelfingen."[49]

Diese Kritik wird von vielen geteilt und fortgeführt: Die so auf eine einseitige Vermögenssteigerung von eh schon reichen Schichten und auf eine Verbesserung der unternehmerischen *Angebotsbedingungen*, insbesondere für Großunternehmen und international agierende Konzerne, setzende Wirtschaftspolitik blende seit Jahren die *Nachfrageseite* des Marktes völlig aus. Selbst ein nun über fast dreißig Jahre weitgehend umgesetztes aber fehlgeschlagenes neoliberales Experiment lasse die Verantwortlichen nicht umdenken. Stattdessen werde die Dosis der neoliberalen Medizin durch eine weitere Entfesselung der Marktkräfte erhöht[50].

Egbert Scheunemann, Mitglied der Arbeitsgruppe Alternative Wirtschaftspolitik („Memorandum-Gruppe"), beschreibt vielleicht am deutlichsten, wohin diese Logik führt: Ein hemmungslos entfesselter, marktwirtschaftlich organisierter Kapitalismus tendiert zwangsläufig zur Zerstörung aller humanen, soziale nund ökologischen Mindeststandards. Der gnadenlose Zwang des globalisierten kapitalistischen Wettbewerbs gebietet jedem Marktteilnehmer, der Konkurrenz im Wettlauf um die geringsten Kosten und also geringsten Löhne, Sozialleistungen und Umweltschutzauflagen zuvor zu kommen. Die letzte Grenze des von jeglicher sozialen und ökologischen *rechtlichen Grenzsetzung* befreiten *vollkommenen Marktes* (dem Ideal, nach dem laut Lehrbuchmeinung des neoklassisch-neoliberalen wirtschaftswissenschaftlichen Mainstreams die

49 – So Arno Luik im Stern vom 21. 10. 2004, S. 64
50 – Bontrup, 2005

reale Wirtschaftspolitik sich zu richten hat und sich furchtbarer Weise faktisch richtet) – diese letzte Grenze ist die physisch und biologisch maximale Ausbeutbarkeit von Mensch und Natur. Am neoliberalen Wettlauf um die schnellstmögliche Vernichtung aller ökosozialen, kulturellen und humanen Schranken ungehinderter privater Kapitalakkumulation beteiligen sich inzwischen – fast ohne jede Ausnahme – *sämtliche* Eliten in Politik, Wirtschaft, Medien und neoliberal gleichgeschalteter Wirtschaftswissenschaft, ja mehr und mehr sogar die Spitzen vieler Gewerkschaften. Wir müssen uns über die gesellschaftlichen Folgen der neoliberalen Entsolidarisierung und Entstaatlichung im Klaren sein: „Dem Abbau des demokratischen Wohlfahrtsstaates steht systemnotwendig der Aufbau eines autoritären Überwachungsstaates gegenüber. Die wachsenden innerstaatlichen wie weltweiten Horden der Verarmten und Deklassierten müssen in Schach gehalten werden. Die Wohnquartiere, Stadteile oder Einkaufszentren der Reichen müssen geschützt werden vorm anwachsenden Lumpenproletariat, vor lästigen Bettlern, Junkies und Kleinkriminellen – durch (noch) staatliche Polizei oder besser gleich private, wiederum profitorientiert arbeitende Sicherheitskräfte (schwarze Sheriffs). Via Schließung von öffentlichen Bücherhallen oder durch Studiengebühren von höherer Bildung fern gehaltene, durch immer längere leistungsintensivierte Arbeitstage ermüdete und durch privatkapitalistisch organisierte Medien indoktrinierte und marktkonform gleichgeschaltete Massen ergeben sich ihrem Schicksal – oder schmecken, im Falle des Aufmüpfigwerdens, das gesamte, rapide wuchernde Arsenal staatlicher Unterdrückung und Überwachung (Ausbau von Polizei, Sondereinsatzkommandos und Geheimdiensten, Verschärfung des Strafrechts, großer Lauschangriff, Rasterfandung, flächendeckende Video- und Satelliten-Überwachung, Anlegung von DNA-Karteien, Anwendung anderer biometrischer Überwachungs- und Identifikationssysteme etc. pp.).“[51]

Angeblich erfordert die Globalisierung dieses ganze Programm. Hätte Rot-Grün die Gewinnsteuern nicht gesenkt, würden noch mehr Unternehmen Jobs in Niedriglohnländer verlagern und würden noch mehr Reiche ihr Vermögen in die Schweiz verlegen. Nur lässt die Steuerflucht trotz niedriger Steuersätze keineswegs nach. Trotz des Globalisierungsdrucks werden in den meisten Industriestaaten mehr Steuern auf Gewinne und Kapitalerträge eingetrieben als in Deutschland. In Großbritannien etwa entsprechen die Gewinnsteuern über sechs Prozent der Wirtschaftsleistung. Bei uns ist es fast ein Drittel weniger.[52]

7.2.3.4 … und andererseits

Man könnte die Absenkung der Binnennachfrage so verstehen, als sei damit ein Beitrag zur globalen Ressourcenschonung beabsichtigt. Die Umstände sprechen freilich dagegen. Nicht nur betont die Regierung wie die konservative Vorgängerin die Bedeutung des Wachstums und versäumt es, in Politik und Öffentlichkeit ein anderes Verständnis dieses so problematischen Erfolgsindikators zu verbreiten. Ihre Politik sorgt für fortschreitende Polarisierung zwischen Arm und Reich.

---

51 – Scheunemann, 2005

52 – Ebda.

Grosse Ressourcenverbraucher werden nicht angegangen, sichtbar etwa in den Ausnahmeregelungen zur Ökosteuer. Umweltschädliche Subventionen z.B. für die Kohle werden nicht gestrichen. In ihren öffentlichen Stellungnahmen kommt Nachhaltige Entwicklung nicht vor. Nicht nur bei den Lohnabhängigen, auch bei den Unternehmen geht die Umverteilung hin zu den Großen, während die Kleinen, die nachhaltig wirtschaften könnten, benachteiligt werden.

Dabei soll nicht verschwiegen werden, dass die rot-grüne Bundesregierung eine Reihe ökologisch wichtiger Projekte verwirklicht hat: die Ökosteuer, den Atomausstieg, die Förderung erneuerbarer Energien und der ökologischen Landwirtschaft, das Dosenpfand und etliche andere wären zu nennen. Durchgehend handelt es sich um Projekte der Grünen, die vom größeren Koalitionspartner mit getragen worden sind. Übrigens sind alle diese Projekte gegen heftige Widerstände der Wirtschaft durchgesetzt worden und mussten deshalb auch schwierige Verhandlungen durchstehen und Kompromisse akzeptieren. Die Wirtschafts- und Sozialpolitik freilich ist von den Sozialdemokraten formuliert und von den Grünen, womöglich manchmal zähneknirschend, unterstützt worden. Die trägt nun allerdings eine deutlich neoliberale Handschrift.

Sehr zögerlich und erst im letzten Augenblick hat die rot-grüne Regierung einen Rat für Nachhaltige Entwicklung berufen, einen Staatssekretärsausschuss eingesetzt und die für den Johannesburg-Gipfel zugesagte Strategie für Nachhaltige Entwicklung vorgelegt. Die „Perspektiven für Deutschland" sind mit 266 Seiten überaus voluminös ausgefallen. Der Text wirkt in weiten Teilen redundant und additiv, aus den Beiträgen der beteiligten Ministerien zusammengesetzt. Der Begriff der Nachhaltigen Entwicklung wird entsprechend weit gedehnt. Es gibt – außer dem Tempolimit und der Vermögenssteuer – kaum ein Thema, das nicht irgendwo auch noch angesprochen würde. Auf weite Strecken (vor allem Teil B „Leitbild") feiert sich die Bundesregierung wortreich selbst mit all dem, was sie bisher für Nachhaltige Entwicklung getan habe. Die wenigen Absätze, in denen es tatsächlich um Ziele, Prioritäten und zukünftig geplante Aktivitäten geht (vor allem in Teil E „Schwerpunkte einer nachhaltigen Entwicklung"), bleiben mehrheitlich vage, voller Phrasen und Gemeinplätze, abwehrend und mit Vorbehalten versehen. Konflikte, gar solche der Interessen, Machtstrukturen und Entscheidungsprozesse gibt es nicht. Entscheidend ist unsere Innovationskraft. Damit werden Wachstum und Ressourcenschonung, Shareholder Value und soziale Verantwortung, globale Verantwortung und nationale Entscheidungsprozesse, Ressourcenschonung und Beschäftigung problemlos versöhnt. Arbeitslosigkeit kommt nicht vor. Drei (von acht angekündigten) „Pilotprojekten" werden wohl deshalb hervorgehoben, weil niemand dagegen sein kann:

- Im Pilotprojekt Energie sollen Offshore-Windanlagen und Brennstoffzellen-Technologie gefördert werden (aber nichts konkretes zur Energieeinsparung);
- Pilotprojekt „Bahnverkehr in der Region": In zwei Regionen soll die bessere Auslastung der Nebenstrecken „analysiert und bewertet sowie konkrete Lösungsmöglichkeiten erprobt werden" (aber: Wie kommen Güter auf die Bahn?);

- Pilotprojekt „Regionen aktiv“: In einem Wettbewerb sollen 10 bis 15 Regionen ausgewählt werden, in denen „multifunktionale Landwirtschaft“ gefördert wird.

Wer Hinweise darauf sucht, wie externe Kosten internalisiert werden sollen, wer nach konkreten Plänen zur Energieeinsparung oder zur Verkehrsvermeidung späht, der hofft vergebens. Zur Energieeinsparung an Gebäuden wird vor allem gesagt, dass sie relativ (bezogen auf das Klimaschutzziel) teuer sei – dass hier riesige Beschäftigungspotentiale liegen, dass Werte erhalten werden, dass regionale Wertschöpfung gestärkt werden könnte, bleibt unerwähnt.

Im „Managementkonzept“ (Teil F) verspricht die Bundesregierung, dass sie an Hand von 21 Indikatoren alle zwei Jahre über das Erreichte berichten und die Strategie weiter fortentwickeln will. Ressortintegration scheint dazu nicht nötig, wozu auch: Der Wirtschaftsminister nennt nachhaltig, was er tun will, ebenso wie die Verbraucherschutzministerin (die noch am ehesten überzeugt) und der Verkehrsminister.

Das, was hier als „Strategie“ gewertet werden könnte, hätte leicht auf 25 Seiten Platz gehabt. Von Nachhaltigkeit im Sinn globaler Verantwortung und der Gestaltung entsprechender globaler Rahmenbedingungen (z.B. im IWF, der Weltbank, der WTO, in der G7 und den Positionen der Bundesregierung; übrigens geht der deutsche Entwurf nur an einer Stelle beiläufig auf die von der EU beschlossene Strategie ein), auch von den bilateralen Beziehungen ist nur nebenbei die Rede – dafür viel von Wettbewerbsfähigkeit. Das ist nach innen gerichtete Wahlpropaganda, aber keine Strategie für Nachhaltige Entwicklung.

7.3 Zusammenfassung

Die wirtschaftlichen Institutionen sind auf allen drei Ebenen nach den Interessen der westlich-kapitalistischen Unternehmer ausgerichtet und faktisch kaum kontrolliert. Die marktwirtschaftliche Theorie, die sie vertreten, dient viel mehr der Verschleierung ihrer Partikularinteressen denn der Erklärung wirklicher Wirtschaftsabläufe. Faktisch ist reine Marktsteuerung die Ausnahme, und da wo sie existiert (internationale Finanzmärkte), führt sie zu gesellschaftlich unerwünschten Ergebnissen. Die zunehmende Anonymisierung des Kapitals, der zunehmende Einfluss der Banken und die zunehmende Trennung monetärer von realen Wirtschaftskreisläufen führt zu einer inhaltlich gleichgültigen Tauschwertorientierung, die erheblich dazu beiträgt, unsere Lebensgrundlagen zu zerstören. Unser Wirtschaftssystem ist blind und macht blind gegen das menschliche Elend und gegen die Schädigungen der natürlichen Umwelt und damit gegen die kollektive Bedrohung des Überlebens, die es verursacht. Von dort her ist kaum Unterstützung für Strategien für eine zukunftsfähige Entwicklung zu erwarten. Es scheint vielmehr, als ob es gerade die zunehmende Trennung monetärer von realen Wirtschaftskreisläufen und die zunehmende Durchsetzung kapitalistischer Wirtschaftsprinzipien seien, die in ganz besonderem Masse für die Schädigung der Lebensgrundlagen verantwortlich gemacht werden müssen. Denk- und Handlungsweisen, die Europa im Wettbewerb mit Nordamerika und dem pazifischen Raum sehen und die Zukunft an den relativen Positionen dieser drei Kontrahenten zu bestimmen suchen, sind unangemessen. Damit betrachten wir die Dritte Welt und die ehemals sozialistischen Länder, also die noch „unterentwickelten" im Sinn von „unterkommerzialisierten" Regionen der Erde, nur als Absatzmärkte für unsere Überproduktion mit dem Ziel, das westliche Konsummodell überall durchzusetzen. Diese Vorstellung führt zu einem ökologischen und sozialen Amoklauf. Viel wichtiger wäre das Nachdenken darüber, wie wir unsere Überflussökonomien auf ein global verträgliches und gerechtes Maß zurückbauen können und welche alternativen Modelle der Entwicklung es für die Befriedigung der Grundbedürfnisse aller Menschen gibt. Auf solche Fragen gibt weder die ökonomische Theorie noch die Praxis eine befriedigende Antwort.

8. Politik

8.1 Zur Theorie politischer Institutionen

8.1.1 Theorien und Begriffe

Wenn „die Wirtschaft“ aus Gründen ihres theoretischen Selbstverständnisses wie ihres praktischen Funktionierens nicht in der Lage ist, uns auf den Weg der global zukunftsfähigen Entwicklung im ökologischen, ökonomischen und sozialen Sinn zu bringen – dann *benötigen wir Institutionen, die dieser Wirtschaft solche Rahmenbedingungen schaffen, dass sie in die richtige Richtung wirkt.* Die Politik ist die einzige Institution, die nach demokratischen Prinzipien konstruiert und kontrollierbar ist und allen Menschen Beteiligungs*chancen* einräumt. Sie kann auf legitime Weise kollektive Entscheidungen herbei führen, die für alle verbindlich sind; sie kann die Güter und Dienstleistungen bereitstellen, die von anderen nicht oder nicht in der ausreichenden Menge und Qualität bereit gestellt werden; sie kann die Regeln formulieren und durchsetzen, die für das gemeinsame Leben für unerlässlich gehalten werden. Folglich *ist der Staat gefragt* und es ist zu untersuchen, wie die politischen Institutionen arbeiten und ob sie zu diesem Ziel beitragen. Das ist umso wichtiger, als Funktion und Aufgaben des Staates gerade unter dem Druck des neoliberalen Dogmas in Frage stehen.

Viele Kritiker einer konzerngesteuerten Globalisierung gehen davon aus, dass die *nationalen Regierungen* angesichts der Globalisierung der Finanzmärkte und der wachsenden Macht transnationaler Konzerne immer *machtloser* werden. Da die Nationalstaaten einen großen Teil ihrer Souveränität an den Markt bzw. private Wirtschaftsakteure abgegeben hätten, seien *nationale „Alleingänge“ kaum noch möglich.* Daher müsste der Nationalstaat herkömmlicher Prägung durch *supranationale politische Institutionen* ersetzt werden, die allein in der Lage seien, den Kapitalismus sozial- und umweltverträglich zu regulieren (global governance). Nun ist in den letzten Jahrzehnten tatsächlich eine Abnahme nationalstaatlicher Souveränität zugunsten supranationaler Institutionen zu verzeichnen gewesen – vor allem innerhalb der EU hat hier eine weit reichende Kompetenzverlagerung stattgefunden. Auf der anderen Seite zeigt sich aber immer deutlicher, dass eine wahrhaft globale Regulierung bzw. internationale Bewältigung globaler Probleme – so wünschenswert diese wäre – aufgrund der divergierenden Interessen der Nationalstaaten schwierig bis unmöglich ist.

Dies liegt daran, dass wir es weniger mit einer *Abnahme* der nationalstaatlichen Bedeutung, als mit einer *Veränderung* des staatlichen Interventionsinstrumentariums zu tun haben[1]. Während der Staat für das Kapital nach wie vor unverzichtbare Funktionen erfüllt, ist er auf der anderen Seite immer weniger in

1 – Deppe, 1991, 84

der Lage, für seine Bürger akzeptable Ergebnisse zu erreichen – er ist es ja, der die Forderung der Konzerne nach günstigen Standortbedingungen nach unten weitergibt. Gerade *infolge der härteren Konkurrenz* auf dem Weltmarkt ist es für die international operierenden Konzerne *immer wichtiger geworden, dass ihre Interessen durch die Politik des Nationalstaats unterstützt werden.* Dabei reichen die Formen dieser Unterstützung von der Senkung von Unternehmenssteuern, Lohn- und Sozialkosten über umfangreiche Privatisierungen, massive staatlichen Subventions- und Fördermaßnahmen vor allem in den strategisch entscheidenden Hochtechnologiebereichen bis hin zur Führung von Angriffskriegen zur Eroberung wichtiger Ressourcen.

Wir beginnen die Untersuchung mit der Feststellung der Staatsfunktionen. Jänicke (1986) nennt deren vier:

- die *regulative Ordnungsfunktion:* Da bei wachsender Spezialisierung die wechselseitigen Abhängigkeiten der Wirtschaftssubjekte voneinander und die Komplexität ihrer Beziehungen zunimmt, muss der Staat hier regelnd und Recht setzend, kontrollierend und sanktionierend tätig werden; das schließt Vorausschau und Zukunftssicherung mit ein;
- die *Legitimationsfunktion:* Der Staat muss legitime Willensbildungsprozesse in Bevölkerung, Parlament und Regierung organisieren;
- *die Infrastrukturfunktion:* Die Voraussetzungen, die für ein befriedigendes Funktionieren von Wirtschaft und Gesellschaft in Form von Sicherheit, Bildung, Straßen, Kommunikationsnetzen usw., also von Infrastruktur, erfüllt sein müssen, werden vom Staat produziert oder bereitgestellt;
- die *Entsorgungsfunktion,* also gewissermaßen der Reparaturbetrieb: Der Staat muss die externen Effekte einzelwirtschaftlicher Produktion, also etwa Umweltverschmutzung, Arbeitslosigkeit, Krankheit, Kriminalität usw., beseitigen oder zumindest ihre Auswirkungen mildern.

Auch hier wollen wir zwei einander widersprechende Theorien diskutieren, um dann sogleich auf die Staatsfunktionen zurück zu kommen: *Integrationstheoretiker* (oder *Theoretiker der pluralistischen Demokratie*) behaupten die Neutralität demokratischer Institutionen gegenüber gesellschaftlicher Macht. „Demokratie in einer komplexen Gesellschaft kann definiert werden als ein politisches System, das regelmäßige verfassungsrechtliche Möglichkeiten für den Wechsel der Regierenden vorsieht, und als ein sozialer Mechanismus, der dem größtmöglichen Teil der Bevölkerung gestattet, durch die Wahl zwischen mehreren Bewerbern für ein politisches Amt auf wichtige Entscheidungen Einfluss zu nehmen" (Aron 1966, 208). Kennzeichnend für ein solches System ist die Konkurrenz zwischen *verschiedenen Macht- und Interessengruppen* sowie zeitlich begrenzte Machtausübung. Macht wird als Regierungsauftrag für begrenzte Zeit verliehen und kann durch Wahl entzogen werden. Mit dem Regierungsauftrag erhält die Mehrheitspartei eine politisch neutrale sachkompetente Verwaltung, um ihr Programm vollziehen zu können. Dennoch bleibt Macht immer einer vielfach gestaffelten, durch Gewaltenteilung abgesicherten Kontrolle unterworfen: durch die Opposition im Parlament, die Verwaltungs- und Verwaltungsgerichtsverfahren, durch die Gerichte und die Medien. Dadurch soll garantiert werden,

	Pluralistische Demokratie	Machtelite
Ordnungsfunktion	Staat schafft den gesetzlichen Rahmen, um die möglichst freie und gleiche Entwicklung aller Bürger langfristig zu gewährleisten	Staat sorgt für möglichst optimale Bedingungen für kurzfristige private Kapitalverwertung, notfalls repressiv
Legitimationsfunktion	Staat stellt freie Information und Meinungsbildung sicher und garantiert wirksamen Einfluss auf die Entscheidungsfindung	Staat verbündet sich vor allem mit Medien, um sich möglichst unangreifbar zu machen
Infrastrukturfunktion	Staat schafft die infrastrukturellen Voraussetzungen für gleiche Lebenschancen für alle	Staat konzentriert Infrastrukturleistungen auf die Bedürfnisse der Unternehmen
Entsorgungsfunktion	Staat sorgt für ökologisch verträgliche Verarbeitung von Abstoffen und sichert kulturelles Existenzminimum	Staat entsorgt Abfälle der Produktion und versorgt diejenigen notdürftig, die aus dem Wirtschaftskreis- lauf herausfallen

Tabelle 8.1: Interpretation der Staatsfunktionen nach zwei konkurrierenden Theorien

dass Macht nicht missbraucht, d.h. vor allem nicht zum Vorteil einer einzigen Gruppe auf Kosten aller anderen eingesetzt wird.

Die *konflikttheoretische Gegenposition* (oder *Theorie der Machtelite*) wird u.a. von C. Wright Mills eingenommen, der – bezogen auf die amerikanische Situation – schreibt: „Unsere Konzeption der Machtelite und ihrer Einheit gründet sich darauf, dass sich die Interessen der wirtschaftlichen, politischen und militärischen Organisationen parallel entwickelt haben und dann konvergierten. Sie beruht außerdem noch auf der Gleichheit von Herkunft und Weltanschauung, dem gesellschaftlichen Umgang und den persönlichen Beziehungen in den Führungsgruppen der drei Hierarchien“[2]. In dieser Sicht gibt es eine *„politische Klasse“*, die sich weitgehend selbst rekrutiert. Die vermeintlich konkurrierenden Gruppen haben in Wirklichkeit gemeinsame Interessen und es gibt keine Chancengleichheit beim Zugang zu Machtpositionen. Im Gegenteil wird die Machtelite dazu tendieren, sich durch gegenseitige Absicherung gegen die Unwägbarkeiten der Wahl zu immunisieren. Wenn auch das Recht als unabhängige Kontrollinstanz etwa deshalb ausfiele, weil die Richter und Staatsanwälte nach Parteizugehörigkeit von der Politik eingesetzt werden, wenn politische Ämter nicht durch Wahl besetzt würden, sondern gekauft oder vererbt werden könnten, wenn Polizei und Militär nicht ihrem Verfassungsauftrag, sondern persönlichen Loyalitäten verpflichtet wären, wenn die Medien einer förmlichen oder faktischen Zensur unterlägen – dann bestünde keine Gewaltenteilung, keine Machtkontrolle, keine Demokratie.

Die beiden Theorien sind klar formuliert, ihre Aussagen beziehen sich auf Sachverhalte in der Wirklichkeit und sie haben eine jeweils unterschiedliche Erfüllung der Staatsfunktionen zur Folge (siehe Tab. 8.1).

Damit wären Hypothesen formuliert, die sich empirisch überprüfen ließen. Bevor wir uns dem im Rahmen der Möglichkeiten dieses Buches zuwenden, wollen wir auch hier einige Grundbegriffe der Theorie politischer Institutionen in beiden theoretischen Perspektiven etwas genauer untersuchen:

Zunächst wollen wir festhalten, dass alle Gesellschaften, die sich selbst als demokratisch verfasst verstehen, weite Sektoren umfassen, die von demokra-

2 – Mills, 1962, 327

tischen Anflügen weit entfernt sind: die Unternehmen, die Schulen und Universitäten, die Verwaltungen, viele Familien. Ein emanzipatorischer Anspruch argumentiert, das *Projekt Demokratie* sei mit der historischen Entwicklung zum Parlamentarismus, es sei mit der Wahl politischer Repräsentanten und mit der Mehrheitsentscheidung *nicht zu Ende.* Er geht aus von der Überzeugung, dass alle Menschen fähig sind und in der Lage sein sollen, über ihre Lebensumstände selbst zu entscheiden. Auf diesem Erbe der Aufklärung gilt es aufzubauen (falls es gelingen soll) Wege zur ökologischen, ökonomischen und sozialen Zukunftsfähigkeit zu gehen. Aber auf diesem Weg gibt es *neue Fragen,* die sich z.B. dem Begründer der Lehre von der Gewaltenteilung, Montesquieu, noch nicht gestellt haben:

- Wenn die Annahme von der bedrohten Überlebensfähigkeit der Menschheit auf dem Planeten Erde (→ Kap. 2.6) richtig ist – wie soll dann mit demokratischen Entscheidungen verfahren werden, die dem Postulat der Nachhaltigen Entwicklung widersprechen? Oder allgemeiner: Wenn ich weiß, was richtig ist – wie soll ich mich dann einer formal demokratisch getroffenen Entscheidung beugen, die dem widerspricht? Wenn es „keine Alternative" gibt – was soll dann Demokratie?
- Die politische Geschichte von der Antike bis zu manchen aktuellen Wahlen ist voll von Beispielen dafür, dass demagogische oder gar verbrecherische Eliten demokratisch gewählt worden sind – wer soll darüber urteilen? Wie soll in solchen Fällen verfahren werden? Die Machtergreifung der Nationalsozialisten 1933 in Deutschland liefert dazu ebenso Anschauungsmaterial wie die Fälschung der amerikanischen Präsidentschaftswahl vom 7. November 2000.
- In einer globalisierten Welt sind wir alle von Entscheidungen betroffen, die auf der Ebene der Weltgesellschaft getroffen werden – warum wählen nicht alle Menschen auf der Erde den Generalsekretär der Vereinten Nationen, oder den Präsidenten der USA?
- Wenn die Mehrheit der Menschen, vertreten durch ihre Regierungen in den Vereinten Nationen, eine Entscheidung für richtig hält – kann und soll dann eine Regierung, die anders entscheidet, gezwungen werden können, im Sinne der Mehrheit zu handeln? Konkrete Fälle wären z.B. das Kyoto-Prokoll zur Klimapolitik, der Vertrag über den Internationalen Strafgerichtshof oder die Konvention über die Verhinderung der Militarisierung des Weltraums.
- Wenn, wie in der EU oder in der G7, in der WTO oder im IWF, Entscheidungen auf exekutiver Grundlage getroffen werden – welche Mechanismen nach dem Prinzip der Gewaltenteilung müssten eingeführt werden, um solche Entscheidungen kontrollieren und anfechten zu können?

Demokratie wird nicht in einem einmaligen Akt hergestellt, sondern ist *dauernder Auftrag,* der nicht durch Argumente der Opportunität, der Umstände oder der Machbarkeit wegbedungen werden kann, sondern der auf neue Bedingungen reagieren und fortentwickelt werden muss. Insbesondere bedeutet Globalisierung eine ernste Bedrohung demokratischer Entscheidungsrechte und folglich müssen Wege gefunden werden, solche Rechte gegen diesen Trend nicht nur defensiv zu verteidigen, sondern offensiv fortzuentwickeln.

Pluralistisches Politikverständnis geht grundsätzlich davon aus, dass Macht missbraucht werden kann, weil es eine Identität zwischen Herrschenden und Beherrschten nicht gibt. Daher muss politisches Handeln transparent und kontrollierbar sein, es muss erkennbar sein, wer für welche Entscheidung verantwortlich ist, die politische Verantwortung wird nur auf Zeit erteilt, die Verwaltung muss transparent und verantwortlich sein und die Wahl muss es erlauben, die Regierenden auszuwechseln. In der *repräsentativen Demokratie* beschränkt sich die Herrschaft des Volkes darauf, seine Repräsentanten zu wählen, die dann in Parlament und Regierung die öffentlichen Angelegenheiten im Auftrag erledigen. Die Wahl ist daher der einzige Akt unmittelbarer Beteiligung, sie ist Auftrag, zeitlich begrenzt stellvertretend für das Volk zu handeln. In der *plebiszitären Demokratie* kann das Volk darüber hinaus über Sachfragen entscheiden, die ihm von der Regierung zur Entscheidung vorgelegt werden, in der *direkten Demokratie* kann es zudem von der Regierung bestimmte Handlungen verlangen. Der demokratische Anspruch richtet sich also auf das *Verfahren*, nach dem Entscheidungen von allgemeinem Interesse getroffen und durchgesetzt werden, nicht aber auf den Inhalt solcher Entscheidungen.

Bedingung dafür, dass politische Teilhabe demokratisch wirksam werden kann, sind die Rechte auf freie Information, auf uneingeschränkte Meinungsäußerung, die Versammlungs- und Koalitionsfreiheit, der Schutz der Privatsphäre. *Integrationstheoretiker* sehen diese Rechte als gegeben an, wenn sie in Verfassung und Gesetz garantiert sind. Konflikttheoretiker weisen auf die zahlreichen *faktischen* Einschränkungen hin: Informationsfreiheit ist nur dann wirklich gegeben, wenn grundsätzlich alle Informationen auch verfügbar und wenn sie ohne prohibitiven Aufwand auch zu finden sind – beides sei in der empirischen Realität nicht der Fall; die Freiheit der Meinungsäußerung setzt die Mittel voraus, nicht nur eine Meinung zu haben, sondern sie auch vervielfältigen und anderen zugänglich machen zu können, usw. (→ Kap. 9.1). Mit anderen Worten: Selbst wenn diese politischen Freiheitsrechte formal garantiert sind, nützt dies wenig, wenn ein solches Recht faktisch nicht ausgeübt und im Zweifel juristisch nicht durchgesetzt werden kann.

Freiheit ist das Recht, die *eigenen Lebensumstände selbst zu gestalten* und an der Entscheidung über gemeinsame Angelegenheiten mitzuwirken, soweit dadurch *nicht dieses gleiche Recht anderer* beeinträchtigt wird. Der Staat hat die Aufgabe, die Spielräume für die Ausübung solcher Freiheit zu schützen und ihren Missbrauch zu verhindern. Die Theorie der pluralistischen Demokratie hält solche Freiheit dann schon für gegeben, wenn alle Menschen prinzipiell die *Möglichkeit* haben, zur Wahl zu gehen. Eine konflikttheoretische Perspektive hätte dagegen zahlreiche Einwände, allen voran den der *unterschiedlich verteilten Mitwirkungschancen*. Sie würde darauf verweisen, dass sich unsere Gesellschaften zunehmend spalten in eine kleine Minderheit, die frei ist, unbeirrt und rücksichtslos ihren eigenen Vorteil zu verfolgen und eine übergroße Mehrheit, deren Freiheit durch die so verursachten Mängel, Existenzängste und -nöte empfindlich eingeschränkt ist. Ist nicht, so würde sie fragen, das kapitalistische Wirtschaftssystem selbst, das manche für einen unabdingbaren Bestandteil demokratischer Gesellschaftsorganisation halten, aufgebaut auf dem Prinzip des Missbrauchs der Freiheit Weniger auf Kosten der Vielen?

Gleichheit bedeutet, dass alle Menschen *gleichwertig* sind und daher das *gleiche Recht* auf persönliche Würde, auf individuelle Entfaltung ihrer Persönlichkeit, auf gleiche Behandlung vor dem Gesetz und auf politische Teilhabe haben. Der Staat soll diese Gleichheit schützen. Normative Basis aller Gleichheitsforderungen sind die *Grund- und Menschenrechte*, auf die sich Völker in ihren Verfassungen und in internationalen Vereinbarungen verbindlich verständigt haben. Integrationstheoretiker behaupten diese Gleichheit als gegeben – Konflikttheoretiker widersprechen dem entschieden und argumentieren, dass solche Gleichheit in der empirischen Realität in vielfältiger Hinsicht eingeschränkt ist, etwa zum Nachteil von Frauen, von Armen, von Minderheiten und zwar im Weltmaßstab ebenso wie bei uns.

Die wichtigste Aufgabe des Staates besteht darin, das *Gemeinwohl* zu fördern, oder anders ausgedrückt: das „größtmögliche Glück für die größtmögliche Zahl" (Bentham). Das Gemeinwohl ist einerseits untrennbar verknüpft mit Freiheit und Gleichheit; es fügt diesen formalen Kriterien aber noch etwas Inhaltliches hinzu, nämlich das „Wohl", soweit es die Bürger nicht im Rahmen ihrer Freiheitsrechte selbst besorgen können. Im Begriff Gemeinwohl steckt der Gedanke der „Fraternité", der Geschwisterlichkeit, der mitmenschlichen Solidarität, die keineswegs nur Aufgabe des Staates seien, für die der Staat aber förderliche Bedingungen schaffen soll. Jedenfalls theoretisch lässt sich das Gemeinwohl durch die *Grund- und Menschenrechte* definieren, die „ohne irgendeine Unterscheidung, wie etwa nach Rasse, Farbe, Geschlecht, Sprache, Religion, politischer oder sonstiger Überzeugung, nationaler oder sozialer Herkunft, nach Eigentum, Geburt oder sonstigen Umständen"[3] allen Menschen zuteil werden sollen. Inzwischen gibt es ein weit entwickeltes Instrumentarium der Menschenrechte, von dem wir auf der Ebene der VN nur noch die beiden Pakte über bürgerliche und politische Rechte und über wirtschaftliche und soziale Rechte (beide 1966) sowie die Diskriminierungsverbote und für Europa die Europäische Menschenrechtskonvention (1950) nennen wollen. In unserem Verständnis fügt sich die Definition von Nachhaltiger Entwicklung bruchlos in das Menschenrechtsverständnis ein, wenn man akzeptiert, dass das, was dort „Bedürfnis" heißt, inhaltlich durch die Menschenrechtskataloge bestimmt ist. Sie bringt zusätzlich ein wichtiges Element mit, indem sie diese Rechte auf zukünftige Generationen ausdehnt.

Der Staat kann sich nur unter *zwei Bedingungen* am Gemeinwohl orientieren: Erstens muss dieses *Gemeinwohl verbindlich festgestellt* werden können (das ist mit den Menschenrechten der Fall), und zweitens muss die *Regierung in der Lage und willens* sein, ihr Handeln auch an dem so festgestellten Gemeinwohl auszurichten. Es müsste also möglich sein, das Gemeinwohl – in unserem Verständnis globale Nachhaltige Entwicklung – gegen die Egoismen der Individuen

3 – Allgemeine Erklärung der Menschenrechte, 10.12.1948, Art. 2

und Gruppen durchzusetzen[4]. Der hierarchische Staat und die Mehrheitsdemokratie sind normativ überhaupt nur dann diskutabel, wenn man von der Unterstellung ausgeht, dass Regierende und demokratische Mehrheiten im Prinzip zu gemeinwohl-orientiertem Handeln fähig und bereit sind[5]. „Wenn [die Inhaber der Staatsgewalt, B.H.] den eigenen Vorteil statt des Gemeinwohls verfolgen, entartet die hierarchische Koordination zur räuberischen Herrschaft“[6].

Aber es geht nicht nur darum, dass der Staat zum Vorteil einiger Weniger missbraucht werden könnte. Vielmehr argumentiert die Theorie der Machtelite, dass der *Staat strukturell Klassencharakter trage*, d.h. die Interessen einer Klasse gegen eine andere vertrete. Claus Offe hat diese Frage behandelt[7]: „Das gemeinsame Interesse der herrschenden Klasse kommt am genauesten in legislatorischen und administrativen Strategien des Staatsapparates zum Ausdruck, die nicht von artikulierten Interessen, ‚von außen' also, in die Wege geleitet werden, sondern den eigenen Routinen und Formalstrukturen der staatlichen Organisation entspringen“[8]. Der Staat tritt also den „partikularen und bornierten Interessen einzelner Kapitalisten und ihrer politischen Organisationen als eine beaufsichtigende, bevormundende, jedenfalls hoheitlich-fremde Gewalt gegenüber, weil nur durch diese Verselbständigung des Staatsapparates die Mannigfaltigkeit partikularer und situationsgebundener Sonderinteressen zum Klasseninteresse zu integrieren ist. Wir können deshalb sagen, dass staatliche Herrschaft dann und nur dann Klassencharakter hat, wenn sie so konstruiert ist, dass es ihr gelingt, das Kapital sowohl vor seinem eigenen falschen wie vor einem antikapitalistischen Bewusstsein der Massen in Schutz zu nehmen“[9].

Ein Strukturproblem des kapitalistischen Staates besteht darin, dass er seinen Klassencharakter zugleich praktizieren *und* unsichtbar machen muss. Die koordinativen und repressiven Selektions- und Steuerungsleistungen, die den Inhalt seines Klassencharakters ausmachen, müssen durch eine dritte Kategorie von gegenläufigen, verschleiernden Selektionsleistungen dementiert werden. Nur der gewahrte *Anschein der Klassenneutralität* erlaubt die Ausübung politischer Herrschaft als Klassenherrschaft[10]. Der „Wohlstand für alle“ ist die Parole für eine Wirtschaftspolitik, die die Einkommens- und Vermögensverteilung immer ungleicher werden lässt. Immer noch wird behauptet, Wachstum schaffe Arbeitsplätze, obgleich längst nachgewiesen ist, dass dieser Zusammenhang in einer kapitalintensiven Produktion eher die Ausnahme als die Regel ist („jobless growth“). Die Krise des Staates und der Politik entstehe aus den unersättlich wachsenden Ansprüchen der Menschen – während in Wirklichkeit vor allem die Steuerprivilegien der Reichen und der Unternehmen, also abnehmende Mittel

---

4 – Das ist in weitem Umfang selbst in unseren westlich-kapitalistischen Gesellschaften nicht der Fall, wie man bei der Lektüre der betreffenden Rechtsquellen schnell feststellen wird – es bleibt also Aufgabe der Regierung.

5 – Scharpf, 1991, 625

6 – Levi, 1988

7 – Offe, 1972, 65 ff.

8 – ebda., 72

9 – ebda., 77

10 – ebda., 92 f.

dafür verantwortlich sind. Die Arbeitslosigkeit soll dadurch bekämpft werden, dass die Unternehmergewinne steigen und was dergleichen Figuren mehr sind. In George Orwells utopischem Roman „1984" heißt diese Technik der Verschleierung „Neusprache". Allerdings genügt es heute nicht mehr, den Klassencharakter des kapitalistischen Staates nachzuweisen; wichtig ist vielmehr, dass dieser Staat im Klasseninteresse so konstruiert ist, dass er unser aller Überleben in Frage stellt, also im Interesse Einzelner *gegen die globale ökologische, ökonomische und soziale Zukunftsfähigkeit aller handelt.*

Problematisch daran sei, dass nicht-öffentliche und nicht-legitimierte Gruppen privilegiert an der Macht teilhaben und ihre Vorteile genießen, dass Einflüsse auf Entscheidungen genommen werden, die dann überwiegend der Klientel der einzelnen Elitemitglieder, nicht aber der Allgemeinheit dienten[11]. Bowles hat unter diesem Gesichtspunkt die Geschichte der Familie Bush und ihre zahlreichen Verbindungen untersucht, Austin die neokonservative Machtelite der USA[12]. Welteliten treffen sich z.B. jährlich am Weltwirtschaftsforum in Davos – oder aber sehr diskret in der Bilderberg-Gruppe oder in der Trilateralen Kommission. Es wäre naiv anzunehmen, dass bei solchen Gelegenheiten nicht auch Interessen und Vorgehensweisen untereinander abgestimmt werden. William Engdahl behauptet gar, dass die „Ölpreiskrise" vom Herbst 1973, ja selbst der ihr vorausgehende Jom Kippur-Krieg an einem Bilderbergtreffen in Schweden verabredet worden sei: „Niemals in der bisherigen Geschichte hatte ein so kleiner Kreis von Männern einen so tiefen Einschnitt in die Geschicke der Weltwirtschaft und der davon betroffenen Menschheit gewagt"[13].

8.1.2 Ideologischer Paradigmenwandel

Anfang der 1970er Jahre wurde ein neoliberaler Paradigmenwechsel und die damit einhergehende Diskreditierung des Keynesianismus eingeleitet[14], der dem Kapital und rechtsliberalen Politikern wegen seiner Marktinterventionen und Sozialstaatlichkeit schon immer ein Dorn im Auge war. Der amerikanische Ökonom und Nobelpreisträger Milton Friedman hatte mit seinem 1969 veröffentlichten Buch „Kapitalismus und Freiheit" die intellektuelle Basis dafür geschaffen. Hier ist die neoliberale Botschaft, als monetaristische Heilslehre verpackt, mehr als deutlich beschrieben: Unternehmen sind immer dann sozial, wenn sie ihre Gewinne maximieren und der Sozialstaat auf einen Nachtwächterstaat zurechtgestutzt wird. Dieser Doktrin verfielen in den 1980er Jahren nicht nur Ronald Reagan und Margaret Thatcher, sondern, wie wir heute wissen,

---

11 – vgl. z.B. Felber, 1986; Wasner, 2004

12 – Bowles, 2004; Austin 2004

13 – Engdahl, 2000, 205 ff.

14 – Nace (2004, 189) sieht den Beginn dieser Kampagne in einem Memorandum mit dem Titel „Angriff auf das freie Unternehmertum in den USA", das der Wirtschaftsjurist und spätere Richter am Obersten Gerichtshof der USA, Lewis Powell verfasst und über die amerikanische Handelskammer an die Vorstandsvorsitzenden großer Unternehmen verteilt hatte. Daraufhin organisierte sich 1972 der Business Roundtable, an dem 200 Vorstandsvorsitzende der wichtigsten Unternehmen teilnahmen. Zusätzlich wurden Stiftungen, Denkfabriken und Lobbies geschaffen (u. a. Heritage Foundation, Olin Foundation) und wissenschaftliche Institute, Professuren und Publikationen finanziert, um die neoliberale Ideologie zu verbreiten.

weltweit ein großer Teil der politischen Klasse. Die „Freiheit der Märkte" wurde glorifiziert und der Wettbewerb ins Zentrum gerückt, als habe nicht schon der geistige Vater der kapitalistischen Ordnung, Adam Smith, auf ein dem Kapitalismus immanentes Marktversagen hingewiesen.

In klassentheoretischer Interpretation (→ Kap. 5.1.1) kann man sagen, dass mit diesem Paradigmenwechsel ein neues Klassenbewusstsein geschaffen wurde – allerdings eines der Kapitalistenklasse und nicht, wie Marx erwartet hatte, des Proletariats. Damit begann der Klassenkampf von oben, in dem die Regierungen der meisten westlich-kapitalistischen Länder sich auf die Seite des Kapitals geschlagen haben. So gesehen haben die Sozialwissenschaftler, die vorschnell das Ende der Klassengesellschaft verkündet haben, einfach in zu kurzen Zeiträumen gedacht.

Der „neoliberalen Offensive"[15] gelang es unter Einsatz erheblicher Mittel, die zuvor weitgehend unbestrittene keynesianisch-sozialdemokratische Politik in der öffentlichen Meinung für die Krise verantwortlich zu machen. Bereits die Regierung von Helmut Schmidt berief sich auf weltwirtschaftliche Zwänge, als es darum ging, die Kapitalmärkte zu liberalisieren und den „überbordenden" Sozialstaat langsam zu beschneiden. Das konnte weder die Krise mildern noch die Wahl einer konservativen Regierung (im Gefolge der Wahl von Margaret Thatcher in Großbritannien 1979 und Ronald Reagan 1980 in den USA) verhindern. Damals begann bereits, was die CDU-Regierung unter Helmut Kohl dann konsequent als „angebotsorientierte Wirtschaftspolitik" durchsetzen sollte. Das neoliberale Programm dauert bis heute fort, in dessen Zentrum die Behauptung steht, für mehr Beschäftigung sei die Verbesserung der Angebotsbedingungen der Unternehmen entscheidend.

Die Steuergeschenke an die Unternehmen und an die Reichen, der „Wettlauf nach unten", der Abbau der Sozialsysteme, die öffentliche Verschuldung und der dadurch fällige Schuldendienst haben zwei miteinander eng zusammenhängende Folgen:

- Die Anhäufung großer privater Reichtümer und damit die ständig steigende Macht institutioneller Anleger. Sie stärken den Geldkreislauf gegenüber dem Warenkreislauf und begünstigen so den „Kasinokapitalismus" (Susan Strange) (→ Kap. 3.2).
- Die Staatsverschuldung wird aber wegen der Steuergeschenke auf der einen, zunehmender Arbeitslosigkeit und Armut auf der anderen immer größer. Die Privatisierung öffentlicher Dienste und Unternehmen hat nicht nur in den Transformationsländern, sondern auch im Westen in großem Umfang stattgefunden. Damit geht nicht nur gewinnbringendes Eigentum, sondern es geht auch staatlicher Einfluss auf Investitionen und Beschäftigung zurück. Der Staat gerät in einen Teufelskreis, der letztlich nichts anderes bewirkt als eine gigantische Umverteilung von öffentlichen Mitteln, also von öffentlichem Vermögen und von Steueraufkommen, in die Taschen privater Anleger.

15 – Hamm, 2004

8.2 Zusammenhang der drei Gesellschaften

8.2.1 Weltgesellschaft: Das System der Vereinten Nationen

1945 gingen die *Vereinigten Staaten* mit weitem Abstand *wirtschaftlich und militärisch als Weltmacht Nummer eins* aus dem Zweiten Weltkrieg hervor. Sie hatten bei der Gründung des Völkerbundes außerordentliche Tatkraft gezeigt, waren dann aber der Organisation selbst nicht beigetreten, was ihnen gleichwohl einen wenig sichtbaren, aber nicht zu unterschätzenden Einfluss beließ. Erst als die USA ihren Aufstieg zur Hegemonialmacht vollendet hatten, übernahmen sie auch bei der Entwicklung der globalen Institutionen nach 1945 unwiderruflich die *Führung*. Die Vereinten Nationen wurden auf amerikanischem Boden gegründet und angesiedelt. Die Herausforderungen der Nachkriegszeit waren aus US-amerikanischer Sicht folgende:

- Die europäischen *Kolonialmächte* waren nachhaltig geschwächt. Die Abhängigkeit der unterentwickelten Gebiete war in den Formen alter Kolonialreiche nicht mehr aufrechtzuerhalten. Außerdem stellte die Verwaltungshoheit der europäischen Metropolen ein Hindernis für amerikanischen Einfluss in den Kolonialgebieten dar.
- Die Sowjetunion war wirtschaftlich ausgeblutet, aber militärisch zur zweiten Weltmacht aufgestiegen und hatte ihren Einfluss auf Europa bis zur Elbe ausgedehnt. Sie würde allerdings, davon gingen die Washingtoner Planungsstäbe aus, ihren ideologischen Führungsanspruch im globalen Klassenkampf den eigenen Großmachtinteressen stets unterordnen, sofern nur der Preis, den das Land für die Unterstützung sozialer oder antikolonialer Bewegungen im Westen in Form seiner militärischen Einkreisung und wirtschaftlichen Boykottierung zu zahlen hatte, vom Westen hoch genug angesetzt war.
- Drittens erlaubte die Herausforderung des kapitalistischen Weltsystems durch das seine Regeln in Frage stellende „sozialistische Lager" den Vereinigten Staaten, sowohl gegenüber den alten Kolonialmächten England und Frankreich sowie gegenüber den ehemaligen Feindstaaten Deutschland und Japan eine Führungsrolle zu übernehmen, die ihnen als Verbündeten keineswegs aufgezwungen werden musste. Die bipolare Weltordnung wurde somit das *geeignete Vehikel militärischer und wirtschaftlicher Dominanz* der USA.
- Schließlich musste aus westlicher Sicht unter allen Umständen verhindert werden, dass aus der sowjetischen Unterstützung des Dekolonisierungsprozesses ein *„natürliches Bündnis"* (Fidel Castro) der Dritten Welt mit den sozialistischen Ländern hervorging. Hierzu bedurfte es sowohl gegenüber dem Osten wie auch gegenüber dem Süden nicht nur der Machtprojektion, sondern auch des Angebots der Zusammenarbeit, der Peitsche sowohl wie des Zuckerbrots. Die von Präsident Roosevelt verkündete „One World", in deren Namen sich die anfängliche kreative Begeisterung der US-Amerikaner für die neuen Vereinten Nationen entfaltete, verhieß auch anderen die Erfüllung ihrer tiefsten Wünsche. Den „Verdammten dieser Erde" (Fanon 1961) versprach sie nationale Würde und staatliche Unabhängigkeit und den Sowjetmenschen die

Anerkennung ihres mit unendlichen Opfern errungenen Status einer zweiten Hegemonialmacht.

Die *egalitäre Verfassung der Staatengemeinschaft* war für die Errichtung der amerikanischen Hegemonialordnung durchaus geeignet – aber eben nur bedingt. Deshalb musste das *Prinzip des Egalitarismus gleichzeitig durchgesetzt und durchbrochen* werden. Das geschah durch die Absicherung der Großmacht-hegemonie in der Charta der Vereinten Nationen sowie durch Abkoppelung regionaler Prozesse der Staatenföderation, wie z.B. der europäischen Integration von der globalen Institutionalisierung. Das *Vetorecht der fünf Großen im VN-Sicherheitsrat* ist das Ergebnis eines auf der Konferenz von Jalta besiegelten amerikanisch-russischen Kompromisses. Vor allem aber wurden die *globalen Organisationen für Währung, Finanzen und Handel* nur zum Schein dem System der Vereinten Nationen eingegliedert, in Wirklichkeit aber gegen „Politisierung", d.h. gegen universalistische Tendenzen, welche den Wirtschaftsinteressen der führenden Schichten westlicher Industriestaaten entgegenstanden, institutionell abgeschottet (siehe Abb. 8.1 im Anhang).

Ein Indiz für die Abkehr der USA von den Vereinten Nationen sind die als *„Weltwirtschaftsgipfel"* bezeichneten, jährlich stattfindenden Treffen der politischen Führer der „Gruppe der Sieben (G 7)", zu der immer wieder auch Russland beigezogen wird (→ Kap. 7.2.1). Weiter gehörte hierher die Weigerung der US-Regierung, die nach der VN-Charta geschuldeten Beiträge zu zahlen; der Boykott zahlreicher internationaler Verhandlungen und Verträge (→ Kap. 6.2.3); Versuche, einzelne Sonderorganisationen unter US-Kontrolle zu bringen (ILO 1975, UNESCO 1984); und der Gebrauch des Vetos im Sicherheitsrat.

Die G7 bringen die Staats- und Regierungschefs der mächtigsten Industrieländer zusammen. Sie haben sich als informelles globales Machtzentrum in dem Maß etabliert, wie die USA die VN boykottiert haben. Die G7 kontrollieren nicht nur den Internationalen Währungsfonds und die Weltbank, sondern faktisch auch die WTO und (als G8, zumal wenn es gelingt, China vom Veto abzuhalten) den VN-Sicherheitsrat. Sie kontrollieren auch die NATO und tätigen fast neunzig Prozent aller Waffenexporte, produzieren fast fünfzig Prozent des weltweiten CO_2, besitzen achtzig Prozent der Patente auf Medikamente und erwirtschaften jährlich 65% des globalen Sozialprodukts. Sie hätten also alle Möglichkeiten, eine andere Entwicklungspolitik in Gang zu setzen. Dennoch scheinen sie im Wesentlichen daran interessiert, den Zugang der westlich-kapitalistischen Länder zu den globalen Rohstoffen sicher zu stellen. Über andere Themen gibt es selten eine Einigung.

An der Peripherie der kapitalistischen Weltwirtschaft haben in den letzten fünfzig Jahren *dramatische Differenzierungen* stattgefunden. Länder wie Südkorea, Taiwan, Singapur, Hongkong konnten konkurrenzfähige Positionen in den internationalen Warenketten aufbauen; China und Indien sind nicht nur wichtige Exporteure, sondern vor allem wichtige Märkte für die Produkte transnationaler Unternehmen geworden. In den ölreichen Golfstaaten stieg der Konsum auf westliches Spitzenniveau und in Iran, Irak, Indonesien, Venezuela schmierten Petrodollars nicht nur den Rüstungswahnsinn, sondern auch die gesamtwirtschaftliche Entwicklung. Doch in anderen Regionen, vor allem in Lateinamerika, fanden Prozesse der Entindustrialisierung und Entkapitalisierung statt, und Afrika blieb vom Weltmarkt fast ganz ausgespart. So fiel der Anteil von 75% der Weltbevölkerung, der Dritten Welt, am globalen Sozialprodukt von 1980 bis 2000 von 23 auf 19%. Während sich die Zahl der Staaten der Erde durch Entkolonialisierung von 51 auf 170 mehr als verdreifachte (Entwicklungsländer, d.i. die „Gruppe der 77") und auch seither durch den Zerfall weiterer Staaten (Sowjetunion und Jugoslawien) noch weiter gewachsen ist (heute 200), sind die Möglichkeiten zum Aufbau stabiler staatlicher Gebilde infolge weltwirtschaftlicher Marginalisierung für immer mehr Gebiete immer geringer geworden. Dies hat für die verfasste Staatengemeinschaft zur Folge, dass die automatischen Mehrheiten der Dritten Welt in den Vereinten Nationen kaum noch mit wirklicher Verhandlungsmacht verbunden sind.

Die *zweite Herausforderung*, das „sozialistische Weltsystem" unter sowjetischer Führung, hat sich von 1989 bis 1991 in derart kurzer Zeit verflüchtigt, dass man sich im Rückblick fragen muss, wie realistisch es ist, für die Zeit von 1945 bis 1990 überhaupt von einer bipolaren Weltordnung zu sprechen. War nicht vielmehr der reale Sozialismus ein *Gegenspieler, der die Pax Americana eher stabilisierte* als unterminierte? Wie dem auch sei, sollte es die Absicht der Vereinigten Staaten gewesen sein, den Kalten Krieg im Wechsel von Hochrüstung und Gesten friedlicher Koexistenz, nicht zu vergessen die vielfältigen verdeckten Operationen, nicht nur zu bestehen, sondern wirklich zu gewinnen, so kann dieses Ziel mit der Selbstaufgabe des Staatssozialismus als erreicht angesehen werden.

Was die *dritte Herausforderung*, das Verhältnis der USA zu den konkurrierenden Mächten des kapitalistischen Weltsystems, angeht, so kam es nach 1945 zu einer eigenartigen Rollenverteilung. Wirtschaftlich stellten japanische und europäische Unternehmen die amerikanische Marktführerschaft immer mehr in Frage. Doch trotz relativen wirtschaftlichen Abstiegs wuchs das *militärische Übergewicht der USA* weiter. Die übrige Welt kam für den von den USA zur Verfügung gestellten globalen „Schutz" dadurch auf, dass das wachsende amerikanische Defizit durch immer größere vom Ausland aufgenommene Dollarmengen finanziert wurde.

Die Unabhängigkeit sollte für die meisten Länder allerdings nur formell bleiben. Nicht nur wurden viele Länder unter dem Argument des Antikommunismus durch offene und verdeckte Operationen unter die Kontrolle befreundeter und zuverlässiger Machtcliquen gebracht[16]; in anderen – insbesondere Ländern des früheren Sowjetblocks vor und nach der Wende – werden Dissidenten und Oppositionsbewegungen systematisch aufgebaut und großzügig finanziert. George Soros' Open Society Fund ist hier ebenso zu erwähnen wie das National Endowment for Democracy (NED) und unzählige andere rechte Stiftungen, deren Nutznießer nicht selten heute in hohen politischen Ämtern zu finden sind. Dass es westlichen Medien überall gelungen ist, dahinter demokratische Volksbewegungen zu sehen, wo es doch vor allem darum geht, USA-freundli-

16 – Blum, 2004

che Regime zu installieren, ist Teil dieser inzwischen zur Perfektion ausgebauten Strategie[17].

Dass immer häufiger mit zynischer Missachtung internationalen Rechts operiert wird, illustriert der folgende Text. Der Kasten (siehe Abb. 8.2 im Anhang) enthält das geheime Protokoll eines Treffens des britischen Premierministers mit seinen engsten Beratern, das von der Times of London Anfang Mai 2005 veröffentlicht wurde[18]. Aus dem Protokoll geht hervor, dass es für Premierminister Blair bereits am 23. Juli 2002 klar war, dass die US-Regierung zum Krieg gegen den Irak entschlossen war und dass die britische Regierung sich daran beteiligen wird. Es war auch klar, dass es die Massenvernichtungswaffen und die Verbindungen zu Al Qaida nicht gab. Die nötigen Geheimdienstinformationen sollten so fabriziert werden, dass sie die Gründe für den Krieg liefern. Wie *The Nation* am 2.6.2005 meldet, hatten die amerikanische und die britische Luftwaffe bereits im September 2002 von Kuwait aus ihre Bombardierungen (die tatsächlich seit den späten 1990er Jahren regelmäßig stattfanden, wie u. a. der deutsche Diplomat Hans von Sponeck berichtet hat) im Irak drastisch verstärkt – einen Monat, bevor der Kongress den Präsidenten zur Invasion ermächtigte und mehr als sechs Monate vor dem offiziellen Beginn des Krieges (20.3.2003). Kurz vor der Invasion am 8. März 2003 erklärte Präsident Bush in einer Radioansprache: “We are doing everything we can to avoid war in Iraq. But if Saddam Hussein does not disarm peacefully, he will be disarmed by force.” Er sagte das, nachdem schon klar war, dass von Massenvernichtungswaffen im Irak keine Rede mehr sein konnte. Zur Erinnerung: Am 5. Februar 2003 trug US-Außenminister Colin Powell dem VN-Sicherheitsrat jene „Beweise“ vor, mit denen der Krieg gerechtfertigt werden sollte – sie wurden zur gleichen Zeit als Plagiate entlarvt, abgeschrieben aus einer zwölf Jahre alten Studentenarbeit[19].

Bereits in „Struktur moderner Gesellschaften“ hatten wir in einer Fallstudie dargelegt, wie Saddam Hussein im Juli 1990 in die Kuwait-Falle gelockt und wie die 28-Länder-Koalition, die mit einem VN-Mandat in den Krieg gegen den Irak zog, zusammengekauft worden war[20]. Zum diplomatischen Hintergrund des zweiten Krieges gegen den Irak sei an dieser Stelle lediglich hinzugefügt, dass die US-Regierung versucht, sowohl den Generalsekretär der VN, Kofi Annan, als auch den Direktor der Internationalen Atomenergiebehörde, Mohammed El-Baradei, zu demontieren, weil sie sich nicht gemäß den amerikanischen Wünschen und Interessen verhalten (bisher allerdings erfolglos, Stand 28.7.2005).

Das Ergebnis unserer Untersuchung lässt sich so zusammenfassen: Die VN sind eine Staatengemeinschaft und spiegeln daher die internationale Machtstruktur wieder. Das einzige demokratische Gremium, die Vollversammlung, wird von der Machtspitze ignoriert, das Sekretariat und einzelne Sonderorganisati-

---

17 – vgl. u.a. Mark Almond: The Price of People Power. The Ukraine street protests have followed a pattern of western orchestration set in the 80s. I know – I was a cold war bagman. The Guardian, Tuesday December 7, 2004

18 – Inzwischen sind eine ganze Reihe weiterer Dokumente veröffentlicht worden, in denen die Authentizität des Downing Street Memorandums bestätigt wurde.

19 – The Guardian, February 7, 2003

20 – Hamm, 1996, 339-345

onen werden unter Druck gesetzt, um sie amerikanischen Wünschen gefügig zu machen. Das eigentliche Instrument, das die USA nutzen, um ihre Interessen durchzusetzen, ist der Sicherheitsrat – der wird umgangen, wenn erkennbar ist, dass er sich den US-Wünschen nicht fügt. Das kann nicht so verstanden werden, als seien die VN belanglos – im Gegenteil sind die Resolutionen der Vollversammlung und anderer Organe (z.B. der Menschenrechtskommission oder des Internationalen Gerichtshofes) von großer moralischer Bedeutung. Aber man sollte nicht allzu optimistisch darüber sein, was die VN heute schon unabhängig als Weltgewissen und erster Ansatz einer Weltregierung leisten können und sich keine Illusionen darüber machen, wie die lange geforderte Reform der VN (→ Kap. 11.1) unter aktuellen Machtbedingungen ausfallen würde.

8.2.2 Europa

Der amerikanische Traum hat abgewirtschaftet, der europäische Traum ist die Zukunft[21]. Allerdings denkt Rifkin schon im Untertitel in Kategorien der „Supermacht“ und zeigt damit ein tiefes Missverständnis dessen, was die meisten Europäer anstreben. Im Moment, wo die europäischen Regierungen im Verfassungsvertrag wesentliche Elemente des amerikanischen Modells kopieren wollen (Militarisierung, keine Sozialbindung des Eigentums und keine nennenswerte Sozialpolitik, neoliberale Ausrichtung usw.), beginnen aufgeklärte Amerikaner zu verstehen, dass der „sanfte“ (Rifkin) europäische Weg der bessere ist.

Die europäische Integration im Sinn eines einzigen Vertragswerkes, das alle europäischen Länder wechselseitig zu bestimmten Leistungen und Verhaltensweisen verpflichte, gibt es nicht. Es handelt sich vielmehr um ein *kompliziertes System von Verträgen, Vereinbarungen und Organisationen,* die sich in Mitgliedschaft, Inhalt und Bedeutung unterscheiden und gewandelt haben. Am wichtigsten sind dabei heute die EU und die NATO. Wir werden deshalb andere Organisationen wie den Europarat, die Organization for European Cooperation and Development (OECD), die Economic Commission for Europe der VN (ECE) oder die Organisation für Sicherheit und Zusammenarbeit in Europa (OSZE) an dieser Stelle nur nennen, ohne weiter darauf eingehen zu können.

8.2.2.1 Die Europäische Union

Schon bald nach dem 2. Weltkrieg wurde auch den Visionären klar, dass Europa nicht in einem Akt, einem großen Wurf zu schaffen sein würde. Schon das Ziel war umstritten: Sollte es ein loser Staatenbund (Konföderation) mit koordinierenden Institutionen, aber im Wesentlichen unangetasteter nationaler Souveränität, oder sollte es ein Bundesstaat (Föderation) werden, in dem die Nationalstaaten sukzessive Souveränitätsrechte an eine gemeinsame Regierung übertragen? Die Gründung des Europarates stand für die erste Lösung, die Gründung der *Europäischen Gemeinschaft für Kohle und Stahl* (EGKS, Montanunion) markiert den Beginn der zweiten Variante. Damit wurde erstmals eine supranationale Institution mit der Aufgabe geschaffen, einen gemeinsamen Markt für Kohle, Stahl und Eisen zu schaffen. Der Pariser Vertrag wurde

21 – Rifkin, 2004

am 23.7.1952 von Belgien, der Bundesrepublik, Frankreich, Italien, Luxemburg und den Niederlanden unterzeichnet. Die EGKS-Staaten gründeten mit den Römer Verträgen vom 1.1.1958 dann die *Europäische Gemeinschaft für Atomenergie* (EURATOM) und die *Europäische Wirtschaftsgemeinschaft* (EWG). Damit sollten eine gleichgewichtige Wirtschaftsentwicklung, kontinuierliches Wachstum, die Erhöhung der Realeinkommen und die Förderung der wechselseitigen Beziehungen erreicht werden. 1973 treten nach langen Verhandlungen Dänemark, Irland und Großbritannien bei, 1981 Griechenland, 1986 Spanien und Portugal und schließlich zum 1. Januar 1995 Schweden, Finnland und Österreich – damit war die Union bei fünfzehn Mitgliedsstaaten angelangt. Am 1. Mai 2004 kam es zur bisher größten Erweiterung um zehn Staaten: Estland, Lettland, Litauen, Polen, Tschechische Republik, Slowakei, Ungarn, Slowenien, Malta und Zypern. Bulgarien und Rumänien wurde die Mitgliedschaft für 2007 in Aussicht gestellt. Ihnen allen wurde der „acquis communautaire" zur Bedingung der Mitgliedschaft gemacht, d.h. die vollständige Angleichung ihres Rechtssystems an die Normen der EU.

Schaltzentrale der EG ist die Kommission. Ihre Mitglieder werden von den Regierungen der Mitgliedstaaten ernannt. Sie kann weder vom Ministerrat noch von den Mitgliedsstaaten abgesetzt werden, nur ein Misstrauensvotum des Europäischen Parlaments kann sie zum Rücktritt zwingen. Sie ist die „Hüterin der Verträge". Nur die Kommission hat das Recht, dem Ministerrat Gesetzesinitiativen zur Verabschiedung vorzulegen. Sie ist an der Entscheidungsfindung in allen Gremien beteiligt und kann bei Verstößen gegen das Gemeinschaftsrecht beim Europäischen Gerichtshof klagen.

Faktisch setzen Rat und Kommission, also 51 Personen, gemeinsam europäisches Recht, das auch die nationalen Rechte, selbst solche im Verfassungsrang bindet, ohne dabei dem für diesen Zweck vorgesehenen Verfahren unterworfen zu sein. Die Teilnahme Deutschlands an der europäischen Integration war nach Art. 24 Abs. 1 GG allein durch Bundesgesetz herbeizuführen, selbst wenn es sich materiell um Verfassungsänderungen, nämlich Souveränitätsverzichte, handelte. Einer Zustimmung des Bundesrates und damit der Länder bedürfen solche Akte erst seit dem 21.12.1992, als der neue Art. 23 der Verfassung eingefügt wurde. Bisher jedenfalls ist die EU ein Gebilde auf *exekutiver Grundlage.*

Bereits heute sind *wesentliche Politikbereiche* in die Verantwortung der EU übergegangen, allen voran die Agrarpolitik. Mit der Schaffung eines einheitlichen Zollgebietes 1977 kam die Außenhandelspolitik dazu, mit der Europäischen Politischen Zusammenarbeit (EPZ) seit 1970 wesentliche Teile der Außenpolitik, mit der Schaffung des Europäischen Währungssystems (EWS) seit 1979 auch Teile der Währungspolitik. Der *Maastrichter Vertrag* hat den Katalog der Kompetenzen erheblich ausgeweitet: Mit der Wirtschafts- und Währungsunion gingen Teile der Wirtschafts- und Finanzpolitik auf die EU über, dazu die Gemeinsame Außen- und Sicherheitspolitik (GASP), die Zusammenarbeit in der Innen- und Rechtspolitik, mit der Gründung der Europäischen Zentralbank die Geldpolitik, und schließlich sind Kompetenzen bis hin in die Bereiche Forschungs- und Bildungspolitik geschaffen worden.

Schon die Debatte um den Vertrag von Maastricht war ein *Paradebeispiel taktischer Politik:* In einer Situation, in der die Nationalstaaten immer weniger in der Lage waren, drängende Probleme ihrer Gesellschaften – Arbeitslosigkeit, Umweltschutz, sozio-ökonomische Polarisierung in arm und reich, Einwanderung, um nur einige zu nennen – zu lösen, wurden Kompetenzen unter einer Orientierung an der produktiven Funktion freier Konkurrenz für das Wirtschaftswachstum auf die EG-Ebene verlagert. Dabei hatte vor dem *dänischen Referendum vom 2. Juni 1992* wohl kaum jemand mit ernsthafter Opposition gerechnet. Dass die Bundesregierung, wie nach diesem Referendum, dem knappen Abstimmungsergebnis in Frankreich und der Ankündigung der britischen Regierung, sie werde den Vertrag erst nach einem zweiten Referendum in Dänemark ratifizieren, die Ratifikation trotz negativer Mehrheiten in den Meinungsumfragen nur im Parlament vornahm, und wenn dann mit dem Argument gedroht wurde, falls der Vertrag nicht jetzt in Kraft gesetzt werde, sei der europäische Integrationsprozess auf viele Jahre, womöglich gar endgültig am Ende – dann wurde da *Politik mit den Mitteln des Marketing* betrieben. Die Diskussion um Maastricht war zum Glaubenskrieg geworden. Kaum jemand kannte die Texte des Vertrages und der Protokolle – es wurde darüber auch nicht informiert. Jenseits aller Argumente wurde als borniert und rückständig etikettiert, wer auch nur leise Vorbehalte anbringen wollte, während sich die Befürworter als die wahrhaft Fortschrittlichen feierten. Interessanterweise zeigten Meinungsumfragen, dass die Dänen sich innerhalb der Gemeinschaft am besten über Maastricht informiert fühlten – und ganz am Ende standen, wenn es um die Zustimmung zur Gemeinschaft ging. Das *norwegische Abstimmungsergebnis* vom Dezember 1994 gegen den Beitritt zur Union kann ähnlich verstanden werden.

Die Linie lässt sich weiter ziehen bis zum Abstimmungsprozess über den Vertrag über eine Europäische Verfassung. Der Europäische Konvent erarbeitete unter der Leitung des früheren französischen Staatspräsidenten Giscard d'Estaing[22] zwischen dem 28.2. 2002 und dem 20.7. 2003 den maßgeblichen Entwurf für den Verfassungsvertrag für die Europäische Union. Manche Juristen beschrieben diesen Konvent als ein „Expertengremium ohne jede Legitimation." Den größten Teil der Verfassung arbeitete jedoch das Präsidium aus, das Martin Hantke (wissenschaftlicher Mitarbeiter im Europäischen Parlament, RAV) die „dunkelste aller Dunkelkammern" nannte. Das wird durch ein Mitglied des Präsidiums des Konvents bestätigt[23]. Als besonderes demokratisches Mitspracherecht wurde eine Einladung an Repräsentanten der Zivilgesellschaft, selbst Vorschläge für die europäische Verfassung zu machen und sich mit einem

22 – Den Vorsitz dieses Konvents führt Valéry Giscard d'Estaing, er wird unterstützt von 2 Vizepräsidenten, Giuliano Amato und Jean-Luc Dehaene. Vertreten sind weiterhin die 15 Staatschefs, 30 Repräsentanten der nationalen Parlamente, 16 Mitglieder des Europa-Parlaments, 2 Repräsentanten der Europäischen Kommission und 39 Repräsentanten jener 13 Länder, welche die Mitgliedschaft in der EU beantragt haben. Die letzteren können nichts gegen eine einstimmige Entscheidung aller Repräsentanten der jetzigen EU unternehmen. Die „Zivilgesellschaft" wird vertreten von 5 Repräsentanten von Gewerkschaften und der europäischen Sozial- und Wirtschaftsbewegung. Sie haben aber nur Beobachterstatus.

23 – Stuart, 2003

Internet-Forum direkt an der Diskussion über neue Anträge zu beteiligen, angeboten. Eingereichte Anträge fanden jedoch keinen Niederschlag im Text (Abb. 8.3 im Anhang).

Darüber hinaus ist kritisiert worden, dass der Vertrag mit 448 Artikeln und (samt Protokollen) 352 Seiten entschieden zu lang und ohne juristischen Beistand nicht zu verstehen sei; dass er Grundregeln demokratisch verfasster Gesellschaften in vieler Hinsicht widerspreche; dass er dem Europäischen Parlament weiterhin essentielle parlamentarische Rechte vorenthalte; dass der Grundrechtekatalog völlig unzulänglich sei, hinter nationale Regelungen deutlich zurückfalle und keine gerichtliche Grundrechteprüfung kenne; dass er dem Subsidiaritätsprinzip widerspreche, nationale Verfassungen und Gesetze übergehe, ohne dass die entsprechenden Verfahren eingehalten würden, und dass die Form des völkerrechtlichen Vertrages nur dazu diene, die mit einer Verfassungsänderung befassten Organe auszuschalten[24].

Der Konvent sollte die europäischen Verträge „konsolidieren", also zusammenfassen und in einem Dokument vereinheitlichen, die institutionellen Fragen klären, die in Nizza offen geblieben waren und die vor allem im Blick auf die Osterweiterung beantwortet werden mussten, die Institutionen und die Entscheidungsverfahren vereinfachen, Europa transparenter und bürgernäher machen. Stattdessen hat der Konvent, haben aber auch der Europäische Rat und das Europäische Parlament ein *in weiten Teilen ganz neues Dokument* angenommen und zur Ratifizierung empfohlen, das der EU einen neuen, hauptsächlich neoliberalen Charakter gegeben hätte. Den Bürgern sollte weitgehend unbemerkt ein anderes Gesellschaftsmodell untergeschoben werden. Dagegen – und gegen den zumal in Deutschland manipulativen Prozess der Ratifikation – regt sich zivilgesellschaftlicher Widerstand (Abb. 8.4 im Anhang).

Im Moment des Schreibens ist unklar, was geschehen soll, nachdem Frankreich und die Niederlande den Verfassungsvertrag abgelehnt haben. Die EU hat das schon dadurch mit provoziert, dass die Ratifikation nicht in allen Mitgliedsstaaten zum gleichen Datum vollzogen wird (dann hätte bei Ablehnung neu verhandelt werden können), sondern die Termine nach politischer Opportunität festgelegt wurden. Der Rat bzw. die nationalen Regierungen haben uns in diese Situation manövriert: Die einen haben aus Angst vor möglicher Ablehnung nicht nur die Volksabstimmung abgewiesen, sondern sogar die Information der Bevölkerung betont unterlassen (wie die deutsche Bundesregierung mit ihrem grünen Außenminister und Vizekanzler), die anderen lassen zwar abstimmen, wollen aber das Ergebnis einer solchen Abstimmung, wenn es denn negativ ist (55% „nein" in Frankreich bei über siebzig Prozent Stimmbeteiligung, 63% „nein" in den Niederlanden bei sechzig Prozent Stimmbeteiligung, trotz einer extrem einseitigen Darstellung in den Medien beider Länder nach heftiger öffentlicher Debatte), nicht akzeptieren. Inzwischen haben die irische und die britische Regierung angekündigt, sie wollten auf das geplante Referendum verzichten, während die schwedische Regierung verlauten ließ, sie würde Nachverhandlungen auf keinen Fall zustimmen. Das zeigt das noch immer

24 – Mehr Demokratie e.V. 2005; Schachtschneider 2005

technokratische Demokratieverständnis der Regierungen (vielleicht sollten die Regierungen den Rat von Bertold Brecht befolgen und sich andere Völker wählen ...).

Eine detaillierte Darstellung der europäischen Institutionen ist hier nicht möglich[25]. Sie ist an dieser Stelle auch nicht sinnvoll. Wichtiger scheint es uns, auf einige Strukturbedingungen ihres Handelns einzugehen und damit Licht auf die Entscheidungsprozesse und die inhaltliche Orientierung ihrer Politik zu werfen.

Die Kommission hat rund 20.000 Vollzeitstellen in 25 mit nationalen Ministerien vergleichbaren *Generaldirektionen*, davon 2.000 alleine im Sprachendienst und nur etwa 5.000 in wirklichen Sachbearbeiterpositionen. Damit ist sie kleiner als die Verwaltung einer deutschen Großstadt. Sie kann daher gar nicht die Sachkompetenz einer Vollzugsverwaltung entwickeln. Auch in ihrer *Haushaltspolitik* wird sie knapp gehalten: Sie hat keine eigene Steuerkompetenz und kann keine Kredite aufnehmen, und ihr Budget ist auf 1,24% des EU-BSP begrenzt. Der weitaus größte Teil, rund 80%, ihrer Mittel geht als Transfers im Rahmen der Agrar- und Strukturpolitik an die Mitgliedstaaten zurück. Sie ist also primär ein Instrument zur *Umverteilung*, insbesondere zur Subventionierung der Landwirtschaft. Bei der Erarbeitung ihrer Vorschläge an den Rat wie auch bei der Kontrolle der Einhaltung des Gemeinschaftsrechts ist die Kommission *auf enge Zusammenarbeit mit nationalen Ministerien sowie mit Interessengruppen angewiesen.*

Personal- und Mittelknappheit bei der Kommission sind von den Regierungen der Mitgliedsländer zweifellos gewollt. Eine wichtige Konsequenz ist die *Abhängigkeit von externem Sachverstand.* Damit ist Brüssel zu einem Mekka der *Lobbyisten* geworden: „Zur Zeit sind 15.000 Interessenvertreter vor Ort. Allein im Europäischen Parlament ließen sich 6.401 (Stand 11.4.2005) Lobbyisten registrieren. Gegenwärtig sind nahezu alle nationalen Interessengruppen in Brüssel vertreten. Neben Verbänden sind auch über 200 multinationale Konzerne mit Verbindungsbüros vertreten. Seit Mitte der 80er Jahre gibt es zahlreiche Lobbyagenturen. Mittlerweise existieren etwa 250 Kanzleien und Beratungsbüros“[26]. Auf jeden Sachbearbeiter kommen im Mittel etwa drei vollamtliche Lobbyisten. Es gibt keine Richtlinie, die nicht von Interessenvertretern mitformuliert wäre. Dazu kommt das Vollzugssystem der *Komitologie*, das nationale Experten, darunter auch Wirtschaftsvertreter, in die Umsetzung von Beschlüssen einbezieht. Die Neigung zu besonders wirtschaftsfreundlichen Positionen, die der Kommission immer wieder vorgehalten wird, lässt sich so gut verstehen; allerdings sind es die *Mitgliedstaaten*, die dieses System geschaffen haben und aufrechterhalten. Auf diesem Weg können die Regierungen (letztes Beispiel: die Dienstleistungsrichtlinie mit dem Herkunftslandprinzip, die nationale Gesetze und Tarifverträge aushebeln sollte) in Brüssel wirtschaftsfreundliche Erlasse „bestellen“, für die sie dann in der Auseinandersetzung zu Hause die Kommis-

25 – vgl. z.B. Weidenfeld (Hg.), 2004
26 – Mehr Demokratie 2005, 16
27 – Reutter/Rütters 2001

sion verantwortlich machen. Dies lässt sich allerdings nur so lange durchhalten, wie die demokratischen Rechte des *Europäischen Parlaments* weit unter denen normaler nationaler Volksvertretungen gehalten werden. Hier zeigt sich vielleicht am deutlichsten, dass die Europäische Union weiterhin ein Gebilde auf *exekutiver Grundlage* bleiben soll – auch der Verfassungsvertrag hätte daran nichts geändert.

Die Kommission ist die Hauptanlaufstelle für Lobbyisten, Verbände und Nichtregierungsorganisationen[27]. In ihrem Weißbuch „Europäisches Regieren" (2001) begrüßt sie die „breite Mitwirkung der Zivilgesellschaft" ausdrücklich als Ausdruck von Bürgernähe und Dialog. Im Europäischen Parlament sind es vor allem die Vorsitzenden der ständigen Ausschüsse und die für die einzelnen Dossiers zuständigen Berichterstatter, an die sich die Lobbyisten wenden. Es gibt eigene Internetdienste für diese Akteure[28]. Wichtige Verbände der Wirtschaftslobbies sind die Society of European Affairs Practitioners und die European Public Affairs Consultancies Association. Kritisch beobachtet werden die Lobbies z.B. von LobbyControl oder vom Corporate Europe Observatory. Die Fachliteratur betont „die Bevorzugung wirtschaftlicher Interessen und die Beförderung klientelbezogener Verteilungskoalitionen in einem durch die diffuse hoheitliche Struktur der EU begünstigten, intransparenten und demokratisch-parlamentarisch nicht hinreichend kontrollierten Entscheidungssystem"[29].

Mit Eising[30] lassen sich „öffentliche" Interessengruppen von wirtschaftlichen unterscheiden. Die „öffentlichen" (meist als NROs, Nichtregierungsorganisationen, bezeichnet, ein Begriff, der freilich die wirtschaftlichen Interessengruppen mit umfasst; genauer wäre „zivilgesellschaftlich") verfolgen in der Regel eher ideelle Ziele, die wirtschaftlichen Interessengruppen eher die Einzelinteressen ihrer Mitglieder. Sowohl nationale als auch auf europäischer Ebene organisierte Wirtschaftsverbände sind in Brüssel vertreten. Die Euroverbände haben enge Kontakte mit den jeweils relevanten Generaldirektionen und den Ausschüssen des EP. Die nationalen Verbände verfolgen meist mehr territoriale Interessen und richten sich daher an ihre jeweiligen Landsleute in Kommission, EP und Ständigen Vertretungen. Die Wirtschaftsverbände sind im Allgemeinen gut mit personellen und finanziellen Ressourcen ausgestattet, ganz im Gegensatz zu den zivilgesellschaftlichen Organisationen.

Von besonderer Bedeutung ist der 1983 gegründete European Roundtable of Industrialists (ERT), dem 47 Vorstandsvorsitzende europäischer Grossunternehmen angehören. Er versteht sich als strategische Organisation, die vor allem die langfristige Agenda der EU zu beeinflussen sucht. Die Initiative war von Pehr Gyllenhammer, damals Vorstandsvorsitzender von Volvo, ausgegangen, der sich am US-Vorbild des Business Roundtable anlehnte. Der ERT spielte u. a. eine zentrale Rolle bei der Konzeption des Binnenmarktes, der Transeuropäischen Netze, dem Vertrag von Maastricht, der Wirtschafts- und Währungsunion, dem Weißbuch von 1993. Im Zentrum seines Interesses steht die Förderung der

wirt./öffentl. Interessengruppen

ERT

28 – z.B. www.EUlobby.net, www.euractiv.com, „Unser Schwerpunkt liegt auf den Debatten, die politischen Entscheidungen vorausgehen. Hiermit ermöglichen wir den EU-Akteuren in Brüssel und anderswo zur Gestaltung der EU-Politik beizutragen".

29 – Platzer, 2004, 188

Wettbewerbsfähigkeit der europäischen Konzerne in der globalen Wirtschaft, also Steuererleichterungen, Innovation (Förderung von Forschung und Entwicklung, Aufträge) und die Integration des erweiterten europäischen Marktes. Die Kontakte des ERT zur Kommission wie zu den nationalen Regierungen sind denkbar eng. Vor allem vertritt der ERT die Interessen der großen transnationalen Unternehmen[31].

Von Arbeitgebern und Produzenten wurden mehr als hundert Verbände auf europäischer Ebene gegründet, deren wichtigster der Dachverband UNICE (1958, Union of Industrial and Employer's Confederations of Europe) ist. In seinen sechzig Arbeitsgruppen sind mehr als 1.500 Experten aus nationalen Mitgliedsorganisationen oder Unternehmen tätig. Die öffentlichen Unternehmen haben sich im CEEP (European Center of Enterprises with Public Participation and of Enterprises of General Economic Interest) organisiert, die 1.300 Industrie- und Handelskammern in EUROCHAMBRES vertreten rund vierzehn Mio. meist kleine und mittlere Unternehmen. Die Landwirtschaft ist im COPA (Comité des Organisations Professionelles Agricoles) wirkungsvoll organisiert. Während die *Arbeitgeberseite* bemerkenswert gut vertreten ist, steht dem die ausgesprochene Heterogenität der nationalen *Gewerkschaftsbewegungen* entgegen, die sich nach politischer und ideologischer Orientierung, Einbettung in die nationalen Systeme der Arbeitsbeziehungen und der wohlfahrtsstaatlichen Institutionen unterscheiden. Im *Europäischen Gewerkschaftsbund* sind 67 nationale Mitgliedsorganisationen aus 29 Ländern und sechs Mitglieder mit Beobachterstatus vereint. Auf europäischer Ebene sind UNICE, CEEP und EGB die wichtigen Sozialpartner, die die Kommission konsultieren muss, wenn sie sozialpolitische Vorschläge vorlegen will („Sozialer Dialog").

Die *zivilgesellschaftlichen Interessengruppen* sind mit etwa zwanzig Prozent aller Verbände deutlich unterrepräsentiert. Sie sind weniger leicht organisations- und einigungsfähig und verfügen über weniger Ressourcen. Unter den Verbraucherverbänden sei BEUC (Bureau Européen des Unions de Consommateurs) genannt, der dreißig Mitgliedsverbände vertritt. Unter den Umweltverbänden sind die wichtigsten das Europäische Umweltbüro, der World Wide Fund for Nature, Greenpeace und Friends of the Earth. Die Arbeitsweise der Umweltorganisationen ist durch eine wachsende *Professionalisierung* gekennzeichnet. Die Mehrzahl der Organisationen konzentriert sich auf die Teilhabe im politischen Prozess und nicht auf die Mobilisierung von öffentlichem Protest oder der Medien. Diese Organisationen sind nicht ohnmächtig, aber deutlich weniger einflussreich als die Wirtschaftsverbände. Die Kommission und das Europäische Parlament bemühen sich, die Unterlegenheit etwas auszugleichen, indem sie eine Reihe von Verbänden mit Basis- und Projektmitteln finanziell unterstützt.

Umwelt

Bündnisse der Kommission mit der Industrie stärken die Rolle der Kommission gegenüber den nationalen Regierungen. Deshalb hat die Kommission ein eigenes Interesse an regen Industriekontakten. Die europäische *Handels-*

30 – Eising, 2001, 456 ff.

31 – Balanyá et al., 2001, 47 ff.

politik wird im sogenannten 133er Ausschuss koordiniert. Zugang zu den Sitzungen haben neben den Vertretern der Wirtschafts- und Handelsministerien auch Vertreter von Interessenverbänden, aber nicht die Mitglieder des Europäischen Parlaments. Durch ihre Präsenz im 133er Ausschuss hat die Industrie entscheidenden Einfluss auf die europäische Handelspolitik und auf die WTO-Verhandlungen; schließlich haben die Unternehmen ein großes Interesse an der Liberalisierung von Dienstleistungen in den profitablen Sektoren wie der Wasserversorgung, der Gesundheit, des Tourismus, des öffentlichen Verkehrs und der Medien, um nur einige zu nennen. Der Ministerrat, das formal höchste Entscheidungsgremium der EU, genehmigt die Vorlagen aus dem 133er Ausschuss in der Regel ohne weitere Diskussion.[32]

Die Einflussnahme auf Kommissionsentscheidungen geschieht teils *formell* in Ausschüssen und Anhörungen bis hin zu den mit Vollzugsaufgaben betrauten Komitologieausschüssen. Am wichtigsten ist hier der *Wirtschafts- und Sozialausschuss* (WSA), das formelle Forum der Interessengruppen. Seine Mitglieder werden auf Vorschlag der nationalen Regierungen benannt und sind zumindest theoretisch an keine Weisungen ihrer Herkunftsorganisationen gebunden. Aber natürlich vertreten sie nicht nur den Sachverstand, sondern auch die Interessen ihrer nationalen und europäischen Verbände. Der *Ausschuss der Regionen* vertritt die staatsrechtliche Ebene unterhalb der Mitgliedsstaaten, in Deutschland beispielsweise die Bundesländer.

Die Kanäle der *informellen* Einflussnahme sind vielfältig und nicht kontrollierbar. Wirtschaftslobbies und Bürgerinitiativen stehen sich dabei vielfach misstrauisch gegenüber und beobachten sich. Immer häufiger ist der Fall, dass der Wirtschaft verbundene Lobbyfirmen Kampagnen und Organisationen gründen, die wie Bürgerinitiativen aussehen sollen (in den USA ist dieses Vorgehen als „Astroturfing" bekannt). Gerade war z.B. eine dubiose „Kampagne für Kreativität", gegründet von einer Public Relations-Agentur, im Europäischen Parlament aktiv, um dort auf die Patentierbarkeit von Software hinzuwirken – ganz gegen die zivilgesellschaftlichen Organisationen, die dies verhindern wollten und schließlich damit Erfolg hatten. Es gibt Public Relations-Firmen, die auf solche Strategien spezialisiert sind und damit werben[33]. Inzwischen haben 130 zivilgesellschaftliche Gruppen einen Aufruf „Ending Corporate Priviliges and Secrecy about Lobbying in the European Union" verabschiedet[34].und eine Allianz für die Transparenz des Lobbying und für ethische Regulierung (ALTER-EU) gegründet. Die Kommission selbst hat eine „Europäische Initiative für Transparenz" gestartet – ein weiteres Zeichen dafür, dass der Handlungsbedarf als dringend eingeschätzt wird. Dagegen hat sich u. a. die Society

32 – ebd., 74

33 – z.B.: www.zn.de, 30.6.2005: "ZN is a cutting edge European communications consultancy that conceives and applies communication strategies to the new communication rules. ZN follows and implements the shift from traditional lobbying to NGO-style campaigning and mobilisation of public support. Expertise: integrated communications blurring the boundaries between Public Relations, Public Affairs, Corporate Communication and Advertising".

34 – "The enormous influence of corporate lobbyists undermines democracy and all too frequently results in postponing, weakening or blocking urgently needed progress in EU social, environmental and consumer protections" http://www.corporateeurope.org/alter-eu.html

for European Affairs Practitioners (SEAP) gewandt und verlangt, die Kommission möge zuerst vor der eigenen Tür kehren und dafür sorgen, dass Beamte nicht mehr bestochen werden könnten. Auch die großen international tätigen Public Relations-Firmen wie Hill & Knowlton[35] und Burson-Marsteller[36] bieten ihre Dienste an. „Es ist offensichtlich, dass die wirtschaftliche Einflussnahme vor einem bedeutenden Durchbruch in Brüssel steht. In den 1970er und 1980er Jahren befanden wir uns in der Phase des diplomatischen Lobbying. In den 1990ern steht das strategische Lobbying im Vordergrund. Jetzt aber beginnt eine andere, komplexere Phase. Das Entwickeln und Durchsetzen einer eigenen Lobbystrategie für jedes wichtigere europäische Thema wird ebenso anspruchsvoll wie die Übernahme eines Unternehmens", so Daniel Gueguen, ein Veteran der Brüsseler Lobbyszene[37].

8.2.2.2 Die NATO

Die *North Atlantic Treaty Organization* (NATO), gegründet am 4. April 1949 in Washington, umfasst heute 26 Staaten. Gründungsmitglieder sind Großbritannien, Frankreich, die drei BENELUX-Staaten, Norwegen, Dänemark, Island, Portugal, Italien, USA und Kanada. 1952 traten Griechenland und die Türkei, 1955 die BRD (die damit gleichzeitig formal ihre Souveränität wieder erhielt) und 1982 Spanien bei, 1999 Polen, die Tschechische Republik und Ungarn, 2004 weitere sieben europäische Länder. Dagegen stellte sich die Russische Föderation, die darin eine neue Bedrohung an ihrer Westgrenze sieht. Die NATO ist ein Produkt des Kalten Krieges. Sie beruht in ihrer existentiellen Ratio ganz auf der Prämisse der *sowjetischen Aggressivität* – gäbe es die nicht, bräuchten wir auch keine NATO. Daher begann mit dem Zerfall des Warschauer Paktes die Debatte um den weiteren Sinn, die weitere Aufgabe der NATO. 1998 gab sie sich deshalb ein neues Mandat, in dem nicht mehr die Verteidigung des gemeinsamen *Territoriums,* sondern nun die Verteidigung gemeinsamer *Interessen* (was auch z.B. das Interesse an der Versorgung mit billigen Rohstoffen einschließen kann) wichtigster Zweck des Bündnisses ist.

NATO

Oft wird übersehen, dass die NATO nicht nur ein militärisches Bündnis (geleitet vom Militärausschuss), sondern auch eine *politische Organisation* (geleitet vom Nordatlantikrat) ist und dass sie im Zusammenhang mit Marshallplan und OECD in der Absicht geschaffen wurde, die westlich-kapitalistische Demokratie amerikanischen Musters in Europa durchzusetzen und die amerikanische Vorherrschaft nicht nur militärisch, sondern auch politisch und ökonomisch zu sichern. So sieht der NATO-Vertrag neben der militärischen auch die *politische, soziale, ökonomische und kulturelle Zusammenarbeit* vor. Der politischen NATO gehören alle 26 Mitgliedsländer, der militärischen NATO aber Frankreich, Island und Spanien nicht an. Oberbefehlshaber der militärischen Orga-

35 – berüchtigt für seine Kampagne 1990 gegen Saddam Hussein im Dienst der kuwaitischen Herrscherfamilie

36 – "BKSH is the GOVERNMENT relations arm of the leading communications agency Burson-Marsteller. Headquartered for Europe in Brussels, BKSH has offices across the EU and in Washington." http://www.bksh.com/

37 – (www.euractiv.com/Article?tcmuri=tcm:31-139609-16&type=News&textlg=DE).

nisation ist der SACEUR (Supreme Allied Commander Europe), bisher immer ein amerikanischer General. Der Nordatlantikrat trifft sich zweimal jährlich auf der Ebene der Außen- und Verteidigungsminister, auch kann er auf der Ebene anderer Fachminister zusammentreten, was auf der Ebene der NATO-Botschafter wöchentlich geschieht, womit eine außerordentlich enge Abstimmung gewährleistet ist. Die BRD ist das einzige Land im Bündnis, das seine *gesamten Streitkräfte* der NATO unterstellt hat. Sie kann daher ihre Verteidigungspolitik nur in engem Verbund mit der NATO betreiben.

Die EU hat mehrmals Anläufe genommen, eine eigene Sicherheits- und Verteidigungsidentität zu entwickeln. Die USA sind nicht bereit, dies zu akzeptieren – ihnen liegt vor allem daran, die Europäer über die NATO in ihre weltpolitischen Absichten einzubinden. Sie denken daher auch nicht daran, das Oberkommando abzugeben. Allerdings dürfte die zunehmende Heterogenität der Mitgliedschaft und damit auch der Interessen einem allzu stromlinienförmigen Gehorsam auf Dauer nicht günstig sein.

8.2.3 Deutschland

Die mit der deutschen Einigung zeitweise *erwogene Schaffung einer neuen Verfassung* ist bereits in wesentlichen Punkten in der Gemeinsamen Verfassungskommission, der Rest im Streit zwischen den Fraktionen gescheitert – für viele deutlichstes Symbol dafür, dass es sich nicht um die Wiedervereinigung zweier gleichwertiger, selbstbewusster Partner handelte, sondern vielmehr um eine einseitige „Kolonisierung“ (der Ausdruck stammt von dem verstorbenen Ost-Berliner Soziologen Manfred Lötsch). Nach der Staatsform ist Deutschland ein *föderativer, demokratisch-parlamentarischer und sozialer Rechtsstaat* – föderativ, weil auch die Länder „Staaten“ mit eigenem Gebiet, eigenem Volk, eigener Verfassung sind; demokratisch-parlamentarisch, weil es seine Vertretungen in allgemeinen, unmittelbaren, freien, gleichen und geheimen Wahlen bestimmt; die Gesetzgebung im Bund und in den Ländern ist ausschließlich Sache dieser Volksvertretungen; sozial, weil der Staat verpflichtet ist, durch geeignete Maßnahmen die Grundlagen der sozialen Gleichheit und Gerechtigkeit fortzuentwickeln; und Rechtsstaat ist er, weil die Grundrechte die Bürger vor staatlicher Willkür schützen sollen, weil die Grundsätze der Gewaltenteilung und der Gesetzmäßigkeit der Verwaltung gelten und weil Regierung und Verwaltung durch unabhängige Gerichte auf allen Stufen kontrolliert werden können. Dies jedenfalls ist die Theorie, wie sie dem Grundgesetz entnommen werden kann.

Hier sollen deshalb zwei Fragen genauer untersucht werden, die für alle Politikfelder von struktureller Bedeutung sind: Die *Rekrutierung des politischen Führungspersonals* und Mängel der Problemlösungsfähigkeit, wie sie unter dem Thema *„Staatsversagen“* diskutiert werden. Das erste Problem ist bedeutsam im Zusammenhang mit der Kontroverse, ob es sich um ein pluralistisches System mit realistischen Chancen zum Machtwechsel oder ob es sich nicht viel mehr um eine politische Klasse handle, die sich weitgehend aus eigenen Reihen erneuere und sich somit den Staat angeeignet habe. Beim zweiten Problem steht im Vordergrund, ob solches Versagen, wenn es denn nachzuweisen wäre, dem Gemeinwohl, also einer zukunftsfähigen Entwicklung, nützt oder schadet.

8.2.3.1 Rekrutierung des politischen Führungspersonals und gesellschaftliche Elite

Das gesamte politische System wird beherrscht durch die *politischen Parteien* (die demzufolge auch gemeinsame Interessen, jenseits aller sonstigen Unterschiede, daran haben, dass dies so bleibt und Alternativen nicht diskutiert werden; und dass sie aus der Bundeskasse Zuschüsse erhalten). Das Grundgesetz formuliert zwar sehr zurückhaltend: „Die Parteien wirken bei der politischen Willensbildung des Volkes mit" (Art. 21 Abs. 1 GG), aber das grundlegende Verständnis der repräsentativen Demokratie legt die *tragende Rolle* der Parteien nahe. Sie sind das Nadelöhr, durch das jedes Anliegen gehen muss, bevor es eine Chance hat, zu einem politischen zu werden. Sie sind aber auch der Filter für potentielles politisches Führungspersonal: Über die Rekrutierung von Führungspersonal für Politik (und Verwaltung, aber auch für zahlreiche Beratungs- und Kontrollgremien, z.B. Rundfunkräten, Stadtwerken, Landesbanken, Wohnungsbaugesellschaften, Gerichten, Rechnungshöfen usw.) wird in den Parteispitzen entschieden und nicht selten in der Form von „Paketlösungen" in trauter Eintracht zwischen Mehrheitspartei und Opposition[38]. Dabei kommt es faktisch weniger auf aufgabenbezogene Qualifikation als auf Loyalität zur Spitze der Parteihierarchie an. Da politische Aspiranten meist schon während der Schulzeit, sicher aber während des Studiums einer Partei beitreten, bietet die „Ochsentour" durch alle Ebenen der politischen Laufbahn ausreichend Gelegenheit, Neulinge zu begutachten, für weitergehende Aufgaben auszuwählen und bei entsprechenden Verdiensten angemessen zu belohnen. Die *kommunale Ebene*, die bei wenig Lohn besonders hohen Einsatz verlangt, ist hier von hervorragender Bedeutung. Faktisch werden schon dort die zu besetzenden Ämter von den Parteispitzen als Pfründe behandelt, die an Leute mit „besonderen Verdiensten" vergeben werden können. Vor der Sachkompetenz kommt die Kompetenz im politischen Geschäft, im Beherrschen des Machthandwerks („Bei uns ist ein Berufspolitiker weder ein Fachmann noch ein Dilettant, sondern ein Generalist mit Spezialwissen, wie man politische Gegner bekämpft", so der frühere Bundespräsident Richard von Weizsäcker). In manchen Kommunalverwaltungen bestimmt der Parteienproporz die Besetzung von Stellen bis hinunter zum Sachbearbeiter, in Bundesministerien soll er bis auf die Ebene von Hilfsreferenten durchgedrungen sein. Immerhin geht es dabei um bedeutende und wohl dotierte Positionen, von der Mitgliedschaft im Europäischen Parlament angefangen über die Bundes- und Landes- bis auf die kommunale Ebene. Hier *gleichen sich die Parteien.*

Die „Feudalisierung des politischen Systems"[39] hat strukturelle Ursachen: Heute beherrschen auf allen Ebenen des politischen Systems Berufspolitiker die Szene – ob dies nun gesetzlich so geregelt ist wie bei Landtagen oder für den Bundestag oder nur faktisch so ist wie auf der Ebene der Kommune. Für deren Erfolg ist dreierlei wichtig: die Unterstützung durch eine *Hausmacht,* um die Wiedernominierung als Kandidat zu erreichen; das über die Medien vermit-

38 – Scheuch/Scheuch, 1992

39 – ebd., 116 ff.

telte *Ansehen;* und drittens ein Kapital von *Gefälligkeiten,* vor allem erwiesen den politischen Gegnern und einflussreichen Bürgern. „Auf Bundesebene und in einer Anzahl von Kommunen, auch größerer Städte, haben sich die Seilschaften zu Feudalsystemen fortentwickelt. Zentral für ein jedes Feudalsystem ist der Tausch von Privilegien gegen Treue. Treue ist im Feudalsystem immer personenbezogen, wenngleich sie rechtlich dem Amt gilt“[40]. „Für die Entwicklung zu einem Feudalsystem spricht die solide Finanzierung des Systems. Auf der Bundesebene bedeutet eine Existenz als Berufspolitiker, neben guten Einkünften von jährlich ca. 130.000 Mark und Ausstattung mit Apparaten, noch sehr gute Privilegien zu genießen (Freifahrt mit der Bundesbahn und der Lufthansa, selbstverständlich erster Klasse; bis zu drei Mercedes zum Stückpreis von über 100.000 Mark, freie Weltreisen in der Form eines Besuches einer selbst gewählten Botschaft oder eines Konsulates; weitgehende Sicherheit vor Strafverfolgung). In einer Reihe von Gebietskörperschaften können Bezüge als Minister oder Staatssekretär kumuliert werden. Die Altersversorgung ist nach acht, spätestens zwölf Jahren exzellent“[41] (Stand 1990, B.H.). Ganz besonders eingehend – und kritisch, bis hin zum Vorwurf der Ausbeutung des Staates durch die Abgeordneten – hat sich der Staatsrechtler Hans Herbert von Arnim mit der *Abgeordnetenentschädigung* beschäftigt[42].

Die meisten der 601 Abgeordneten des Bundestages haben Erfahrungen in Kommunalpolitik und/oder Bürgerinitiativen. Die mittlere Zugehörigkeitsdauer nimmt zu. Überwiegend stammen sie aus der *Mittelschicht,* ca. 20% sind Verbandsfunktionäre, 80% sind Akademiker, 50% stammen aus dem öffentlichen Dienst. Beklagt wird ein gravierender Bedeutungsverlust der Abgeordneten gegenüber der Exekutive sowie gegenüber den *Parteifunktionären* in den Zentralen: Der einzelne Abgeordnete soll zwar nach Artikel 38 GG „Vertreter des ganzen Volkes, an Aufträge und Weisungen nicht gebunden und nur seinem Gewissen unterworfen“ sein. Aber das ist eine idealtypische Fiktion. Er stimmt in der Regel so ab, wie es seine Fraktion von ihm erwartet, also mit der Regierung oder gegen sie. Spätestens bei der *Kandidatenaufstellung* lernt er auch, dass er der Partei „unterworfen“ ist und nicht seinem Gewissen, der Partei, die ihn aufstellt oder durchfallen lässt. Die Parteiapparate haben die politische Willensbildung, an der sie eigentlich nur „mit“wirken sollten, an sich gerissen. Das hat schon früh die Frage nach der innerparteilichen Demokratie aufgeworfen: Seit der klassischen Untersuchung der SPD von Robert Michels[43] gilt die These, dass sie sich gegen formaldemokratische oligarchische Strukturen durchsetzen (Herrschaft der Gewählten über die Wähler).

„Im Machtzentrum steht die Bundesregierung (inklusive Ministerialbürokratie), was sich darin zeigt, dass im 8. Bundestag 66,4% aller eingebrachten und 81,4% aller verabschiedeten Gesetze von ihr stammten. … Zum Machtzentrum gehören aber auch die gesellschaftlichen Spitzenverbände, die über Stellungnahmen zu Gesetzesentwürfen, die Teilnahme an ministeriellen Hearings, die

---

40 – ebd., 117
41 – ebd., 118
42 – Arnim, 1991
43 - Michels, 1911

Mitgliedschaft in vielerlei ministeriellen Gremien und eine öffentlichkeitsorientierte Druckpolitik auf die Gesetzgebung der Bundesregierung Einfluss nehmen. Da die Spitzenverbände, die verschiedene Interessen besitzen und meist miteinander um die Einflussnahme auf Gesetze konkurrieren, Klientelbeziehungen zu ‚ihren' Ministerien unterhalten, bilden sich im Machtzentrum i. d. R. verschiedene Koalitionen aus Verbands- und Regierungsvertretern heraus, die oft in informellen Gesprächsrunden außerhalb des Kabinetts und ohne Einbeziehung des Bundestages und seiner Fraktionen die wesentlichen Kompromissformeln der Gesetzesentscheidungen untereinander aushandeln und sowohl die Entscheidungen des Kabinetts als auch die des Bundestages präjudizieren"[44].

Dabei haben die Volksvertreter *immer weniger zu sagen.* Seit Jahren wandern Kompetenzen für Gesetze und Verordnungen nach Brüssel. Beschlossen werden die Kompetenzabtretungen von den Regierungschefs auf EU-Gipfeln – das Parlament darf anschließend nur noch zustimmen. Gleichzeitig hat die Regierung schleichend die Rolle des Gesetzgebers übernommen. Es gibt kaum noch Initiativen, die wirklich aus der Mitte des Parlaments kommen. Nicht das Parlament schreibt die Gesetzentwürfe, sondern in fast neunzig Prozent aller Fälle die Regierung. Formal hat das Parlament zwar das letzte Wort. Politisch aber ist die Mehrheit festgelegt auf den Regierungskurs. Wenn der Staat mit privaten Akteuren Absprachen oder gar Gesetzesinhalte – etwa die Bedingungen für einen Ausstieg aus der Atomenergie oder die Eckpunkte der Zuwanderungspolitik – vereinbart, werden die von der Verfassung vorgesehenen Entscheidungsorgane und –verfahren entwertet. Das Parlament kann keine Veränderungen vornehmen, weil sonst das gesamte Verhandlungsergebnis obsolet würde.

Die Ratifikation der Vertrages über die Europäische Verfassung am 12. Mai 2005 gibt ein gutes Beispiel. Wäre es in Deutschland zu einer Volksabstimmung über die EU-Verfassung gekommen, so hätten 59% mit Ja gestimmt, wie eine Umfrage ergab, die im Auftrag der ARD-Sendung „Bericht aus Berlin" erhoben wurde. 15% hätten demnach mit Nein gestimmt, 26% waren unentschieden.[45]

Stattdessen wurde der Vertrag über die EU-Verfassung in Deutschland am 12.5.05 nach dreistündiger Debatte im Bundestag, die immer wieder auf die historische Bedeutung hinwies, durchgewunken, als handle es sich um eine nebensächliche Angelegenheit. 569 Abgeordnete stimmten zu, zwei der SPD enthielten sich, 23 waren dagegen, darunter 20 aus den Reihen der Union. Damit haben fast 95% aller Abgeordneten des 15. Deutschen Bundestages für die neue EU-Verfassung votiert. Dabei ist hier an vielen entscheidenden Stellen neues Verfassungsrecht zur Abstimmung gestanden! Die Dramaturgie war von der Absicht der Bundesregierung bestimmt, die Volksabstimmung in Frankreich vom 29. Mai mit einem positiven Signal zu beeinflussen. Die Medien haben dem Thema nur sehr geringe Aufmerksamkeit gewidmet, eine öffentliche Diskussion hat nicht stattgefunden.

„Weil Deutschland die EU-Verfassung dem Volk nicht zur Abstimmung vorlegen muss, haben die Verantwortlichen erst gar nicht versucht, die Wähler dafür

44 – Felber, 1986, 93 f.

45 – Spiegel online 8.5.2005

Parteimitglieder in Tsd.	1990	2004	1990=100
insgesamt	2.413	1.537	64
SPD (max. 1976: 1,022 Mio.)	945	606	64
CDU	778	584	75
CSU	186	174	94
CDU/CSU zusammen	*964*	*758*	*79*
FDP	179	64	36
Bündnis 90/Die Grünen	41	47	115
PDS	284	62	22
NPD	-	6	-

Tabelle 8.2: Mitglieder der Bundesparteien 1990-2004

zu gewinnen. Während die Bürger derzeit mit millionenteuren Briefen und Plakaten für die lächerliche Sozialwahl erwärmt werden sollen, wird ihnen nicht einmal eine verständliche Kurzfassung der EU-Verfassung ins Haus geschickt. Von Anzeigen und TV-Spots keine Spur, für jede Kfz-Beleuchtungswoche wird mehr geworben als für die europäische Verfassung. So schafft man es, dass die EU den Herzen der Menschen fern bleibt“[46]. Darin zeigt sich nicht nur die Verachtung, mit der die Bundesregierung die Bevölkerung behandelt; erschreckende Gleichgültigkeit zeigt sich auch bei der überwiegenden Mehrheit der Abgeordneten (siehe Abb. 8.5 im Anhang).

Parteien in Deutschland verfügen über eine im internationalen Vergleich *hohe staatliche Finanzierung* (Wahlkampfkostenerstattung und Chancenausgleich) und können sich damit relativ große *hauptamtliche Apparate* und kostenaufwändige Wahlkämpfe leisten. Das macht potenzielle Kandidaten zusätzlich abhängig. CDU und SPD haben sich dem Modell der klassen- und konfessionsübergreifenden Volkspartei angenähert; auch die Sozialstruktur der Wählerschaft ist nicht mehr deutlich unterscheidbar und programmatische Gemeinsamkeiten haben zugenommen. Schärfer profiliert sind die FDP und Bündnis 90/Die Grünen – und neuerdings natürlich die Linkspartei aus PDS und Wahlalternative Arbeit und soziale Gerechtigkeit (WASG), deren gute Aussichten schon jetzt die etablierten Parteien nervös machen. Die SPD hat ihren Kurs zur „Neuen Mitte“, genauer: zum Neoliberalismus verstärkt – freilich seither in zahlreichen Landtagswahlen Mehrheiten und damit die Mehrheit im Bundesrat verloren. Alle Parteien außer B90/Die Grünen haben Mitglieder verloren (Tab. 8.2).

Trotz der programmatischen Nähe wurde der Bundesrat zur Blockade der Reformpolitik der rot-grünen Regierung genutzt, bis mit der Wahlniederlage in Nordrhein-Westfalen im Mai 2005 der Bundeskanzler Neuwahlen für den Herbst angekündigt hat. Das *politische Taktieren* ist jetzt, während wir dieses Buch schreiben (Mai 2005) besonders gut zu beobachten. Die Landtagswahl in Nordrhein-Westfalen stand bevor (22. Mai), die Bundestagswahl (nach Schröders angekündigtem Misstrauensvotum vom 1.7. im Bundestag) im Herbst 2005

46 – So ein Kommentar im Main-Echo, Aschaffenburg, 12.5.2005

wirft ihre Schatten voraus: Also blockiert die Opposition alles, was die Regierung möglicherweise als Erfolg für sich verbuchen könnte. Das Spiel läuft mit verteilten Rollen: Die Föderalismusreform wird vom niedersächsischen, das Hochschul-Förderkonzept vom hessischen Ministerpräsidenten blockiert, während in der SPD der Parteivorsitzende plötzlich und überraschend mit Kapitalismuskritik alte Wählerschichten zurückholen will, und gleichzeitig der Bundeskanzler, der mit Hartz IV gerade noch die weitere Verarmung der Armen betrieben hat, sich mit Steuersenkungen bei der Wirtschaft anbiedert. Die Popularität des Außenministers hat durch den Visa-Untersuchungsausschuss empfindlich gelitten – Vertreter der Regierungsparteien nutzen die bevorstehende Wahl, um ein Ende der Beweisaufnahme zu verlangen.

Die jährlichen Rechenschaftsberichte geben Auskunft über die *Parteienfinanzierung* (dass noch immer illegale Spenden und „schwarze Kassen" vorkommen, ist dadurch nicht verhindert worden). Das Bundesverfassungsgericht hat in seinem Urteil von 1992 die Mischfinanzierung aus öffentlichen und privaten Beiträgen und Spenden zugelassen. Insgesamt entfielen auf Beiträge 160 Mio. €, auf Spenden 65 Mio. €, auf staatliche Zuschüsse 130 Mio. €. Wer 0,5% der gültigen Stimmen erreicht, hat Anspruch auf Zuschüsse (derzeit sind das 18 Parteien). Zu den staatlichen Zuschüssen müssen die Zuweisungen an die Fraktionen und an die politischen Stiftungen hinzugerechnet werden. Die staatlichen Zuschüsse machen insgesamt ca. 600 Mio. € jährlich aus. Die Parteizentralen sind bereits seit 1982 überwiegend staatlich finanziert. Die Staatsquote der Parteienfinanzierung liegt bei ca. 75% – obgleich weniger als fünf Prozent der wahlberechtigten Bürger in Parteien organisiert sind.

Bundestagsabgeordnete müssen nach der Geschäftsordnung alle Tätigkeiten neben ihrem Mandat dem Bundestagspräsidenten anmelden. Anzeigepflichtig sind Einkünfte über 3.000 €/Monat aus Aufsichtsratsmandaten, Gutachten u. ä. (sie werden im Internet veröffentlicht), nicht aber Einkünfte aus beruflicher Tätigkeit, z.B. als Anwalt.

Die Frage nach der Rekrutierung des Führungspersonals führt hin zur allgemeineren Problematik der *politischen Klasse* oder der Elite. Die lässt sich nicht auf die im formalen Sinn politischen Ämter einschränken, worauf schon hinweist, dass etwa zwanzig Prozent der Abgeordneten des Bundestages Verbandsfunktionäre sind, die für die Wahrnehmung des politischen Mandats freigestellt werden. „Ideologisch gesehen, ist die bundesdeutsche Elite partiell homogen (monistisch) und partiell heterogen (pluralistisch). … Homogen ist sie in Bezug auf zentrale Werte, die alle Elitemitglieder teilen. Zu diesem Grundkonsens gehört z.B. die Bejahung von technischem Fortschritt, kapitalistischer Marktwirtschaft, repräsentativer Demokratie, sozialem Pluralismus, Europäischer Gemeinschaft und Atlantischem Bündnis. Ungeteilte Zustimmung finden auch die wesentlichen Werte der freiheitlich-demokratischen Grundordnung. … Darüber hinaus sind den Elitemitgliedern bestimmte 'codes of conduct' … gemeinsam, wie z.B. die Einigung auf eine Politik der Verhandlungen und Diskurse, der Kompromisse und Reformen, der Fairness gegenüber dem politischen Gegner, der Anerkennung des Mehrheitsprinzips bei Entscheidungen und des Minderheitenschutzes sowie der Ablehnung von Gewalt gegen politische Gegner oder des Extremismus, von Alles-oder-nichts-Lösungen und Revolutionen. … Weiter haben die Eliteangehörigen ein Interesse daran, ihre Eliteposition zu bewahren und damit ein Interesse daran, die bestehenden Institutionen und Organisationen, auf denen ihre Macht beruht, zu erhalten; diesem Interesse werden notfalls alle anderen Interessen geopfert, falls diese jenem zuwiderlaufen. … Heterogen ist die bundesdeutsche Elite im Vergleich zu zentralen Werten peripheren issues"[47]. „In Bezug (sic!) auf die soziale Herkunft ist sie relativ integriert: die Elitemitglieder stammen i. d. R. aus der Mittel- und Oberschicht, gehören fast gänzlich dem männlichen Geschlecht und weitgehend derselben Generation an, kommen meist aus urbanisierten Gebieten, sind überdurchschnittlich protestantisch und haben eine lange formale Ausbildungszeit sowie immer noch zu 50% ein Jurastudium hinter sich (…). Die Verweildauer in diesen Spitzenpositionen beträgt im Mittel 4–8 Jahre; sie ist bei militärischen, wissenschaftlichen, administrativen und parteipolitischen Positionen kurz, bei massenmedialen, gewerkschaftlichen, wirtschaftlichen, kirchlichen und kulturellen Positionen lang. Die Rotationsquote ist in der bundesdeutschen Elite mit 8% äußerst niedrig"[48]. „Auch für die Elite der Bundesrepublik wurde eine Netzwerkanalyse durchgeführt. Die Ergebnisse dieser Analyse bestätigen die Resultate der bisherigen Untersuchungen über Elitenetzwerke. Der zentrale Zirkel der bundesdeutschen Elite setzt sich zu 47% aus Angehörigen von Politik und Verwaltung und zu 35% aus Mitgliedern der wirtschaftlichen Elite (Unternehmen, Unternehmensverbände, Gewerkschaften) zusammen, während die Massenmedien nur 10% und die Wissenschaft nur 5% der Mitglieder des zentralen Zirkels stellen"[49].

Wie Felber anmerkt, folgen die wenigen empirischen Untersuchungen – so wie auch die in Deutschland wichtigste: die Mannheimer Elitestudie[50], aus der ein Großteil der Daten bei Felber stammt – im allgemeinen der Positionsmethode[51], die formale Machtpositionen und eingipflige Elitestrukturen bevorzugt[52]. Leider sind auch die Daten hoffnungslos veraltet: Die Mannheimer Studie von 1968 realisierte 808 Interviews (vom Bundeskanzleramt finanziert), die von 1972 schon 1.825 Interviews (Konrad-Adenauer-Stiftung), die von 1981 gar 3.580 Interviews (Deutsche Forschungsgemeinschaft). Sie identifizierte 559 *Personen als Mitglieder des zentralen Elitezirkels der Bundesrepublik,* von denen vierzig Prozent Politiker und weitere vierzehn Prozent Vertreter der Ministerialbürokratie sind; Vertreter von Wirtschaftsunternehmen und Wirtschaftsverbänden machen rund zwanzig Prozent aus, solche der Gewerkschaften, der Massenmedien und der Wissenschaft je acht Prozent. Wandlungen der deutschen Elite etwa für die Zeit nach der konservativen Wende 1982 sind daraus nicht auszumachen.

8.2.3.2 Staatsversagen

Martin Jänicke definierte den Begriff wie folgt: „Staatsversagen im ökonomischen Sinne ist die Versorgung eines Landes mit öffentlichen Gütern, deren

47 – Felber, 1986, 88
48 – ebd., 89 f.
49 – ebd., 91 ff
50 – Hoffmann-Lange, 1992

Preis zu hoch und deren Qualität zu niedrig ist – beides aus strukturellen Gründen. Mit Staatsversagen im politischen Sinne bezeichnet man die gleichfalls nicht zufällige Unfähigkeit, Entscheidungen zu fällen, deren Notwendigkeit weithin unbestritten ist"[53].

Die öffentliche Verschuldung mag als erstes Indiz für Staatsversagen gelten. Ihre Ursachen sind bekannt: Rückgang der Einnahmen und/oder Anstieg der Ausgaben. Untersuchen wir sie nacheinander:

Banken und Versicherungen, Autoproduzenten und Mineralölkonzerne drücken ihre Verpflichtungen gegenüber dem Fiskus jährlich näher an Null. *Heerscharen von Steueradvokaten* verhindern, dass der Staat bei den Großen so zulangt wie bei den Kleinen. International operierende Konzerne klagen über hohe Steuern am Standort Deutschland, entrichten tatsächlich aber nur minimale Beträge. Oder sie verlegen einzelne Abteilungen oder die ganze Produktion in Länder mit noch geringeren Abgaben. „Der Elektrokonzern Siemens zahlte im Geschäftsjahr 1993/94 zwar noch knapp 500 Mio. Mark Steuern. Aber nicht einmal 100 Mio. Mark davon gingen in deutsche Kassen. Im gleichen Jahr strich der Siemens-Konzern in Deutschland 190 Mio. Mark an staatlichen Forschungszuschüssen ein. BMW war beim Steuersparen besonders erfolgreich: Zwischen 1989 und 1993 habe der Autoproduzent mit Hilfe seiner Auslandstöchter insgesamt eine Milliarde Mark an Abgaben vermieden. Bei der Volkswagen AG fiel die Besteuerung der Geschäftserträge von 37% im Jahr 1991 auf 25% im Jahr 1994. Nur noch 0,1% der VW-Umsätze fließen an das Finanzamt. „Von der Aachener und Münchener Versicherung bis zur Volksfürsorge sind die führenden Assekuranzfirmen vertreten sowie die Autobauer BMW, Porsche und VW. Commerzbank, Dresdner und Deutsche Bank zog es an das Liffey-Ufer, Vereins- und Landesbanken ebenso wie die Airbus Industries. Die irischen Repräsentanzen der Firmen sind klein, die Zahl der dort Beschäftigten ist meist einstellig. Ihre Umsätze sind jedoch umso größer. In den Dublin-Filialen wird wenig produziert, aber viel verdient – und das ist nicht zufällig so. Der Grund für den Boom an den alten Docks von Dublin: Gewinne aus Finanzgeschäften, die dort anfallen, werden nur mit zehn Prozent besteuert. Unter bestimmten Umständen können sie anschließend nach Deutschland transferiert werden, ohne dass sie dort vom Fiskus abgegriffen werden. Von jeder Zinsmark, die in Dublin verdient wird, bleiben so 90 Pfennig übrig – weit mehr als daheim in Deutschland"[54].

Die *Steuerreform 2000*, deren viele kleine und großen Folgen offenbar keiner in Berlin so recht im Auge hatte, versetzt die deutschen Finanzämter und die dafür politisch Verantwortlichen in Panikstimmung: So ist die *Körperschaftsteuer* als staatliche Einnahmequelle binnen weniger Monate praktisch versiegt. Noch im Jahr 2000 kassierten die Finanzminister aus Bund und Ländern aus diesem Topf über 23 Mrd. €. Die Telekom bekam 1,4 Mrd. zurück, RWE 400

51 – Hunter, 1953

52 – im Gegensatz etwa zur Methode der Entscheidungsprozeßanalyse, vgl. Dahl 1961; die klassische Kontroverse wird u.a. aufgearbeitet bei Siewert, 1979

53 – Jänicke 1986, 11

54 – Spiegel 12/96

Mio. €, die Dresdner Bank 129 Mio. €, Vodafone 250 Mio. € und Bayer 250 Mio. €. Die Steuerreform war durch die „Brühler Kommission" vorbereitet worden, eine 20-köpfige Truppe aus Finanz- und Abgabenexperten. Dem Kreis, noch von Oskar Lafontaine einberufen, gehörten renommierte Ökonomen und Steuerberater an, aber auch Vertreter der großen Wirtschaftsverbände. Unter Hinweis auf die geistigen Urväter der Reform konnte der SPD-Finanzminister nicht nur linke Kritik aus den eigenen Reihen abbürsten, sondern auch die Einwände der Opposition: Sein Konzept sei doch von der Wirtschaft längst akzeptiert worden. Mit Heribert Zitzelsberger, bis dahin Steuerabteilungsleiter beim Chemieriesen Bayer, holte sich Eichel sogar ein Kommissionsmitglied als Staatssekretär ins Ministerium. Gegen so viel unternehmernahes Expertenwissen vermochte auch der Oppositionsführer nichts auszurichten.

Auch die *Gewerbesteuer*, die zweite wichtige Firmensteuer, ist dramatisch eingebrochen. In Städten wie Frankfurt am Main, Münster oder Halle ging das Aufkommen um 25, 40, teils sogar um 50% zurück – ein doppeltes Desaster, das vor allem die Länder und Kommunen trifft. Die Gewerbesteuer ist heftig umstritten, auch hier gibt es eine sehr selektive Belastung: In Trier zahlen von etwa 6.000 Unternehmen gerade mal 2.421 Gewerbesteuer. Die kleinen Betriebe arbeiten „schwarz", die großen verschieben Gewinne zwischen Ländern nach Belieben hin und her.

Dass die rot-grüne *Steuerreform* derart aus dem Ruder laufen würde, war absehbar. Immer wieder hatten Experten wie der Wiesbadener Finanzwissenschaftler Lorenz Jarass davor gewarnt, dass in dem voluminösen Gesetzeswerk ungeahnte und ungeplante Vergünstigungen für Unternehmen versteckt seien – ein gewaltiges Risiko für die öffentlichen Haushalte. Doch davon wollte die Bundesregierung lange nichts wissen. Kritische Berichte ließ der Finanzminister stets dementieren. Die Regierung, so lautete die Philosophie, die auch der Kanzler in jeder Rede verkündete, wolle „die Unternehmen entlasten, nicht die Unternehmer". Doch der Systemwechsel verlief nach Regeln, deren Dynamik von der Regierung unterschätzt wurde. Unwahrscheinlich, dass die Experten aus den großen Konzernen nicht wussten, was sie taten. Wahrscheinlicher, dass das in der Absicht der Regierung lag. Damit nicht genug: Für 2001 – 2004 schätzt der Bundesrechnungshof die *hinterzogene Umsatzsteuer* auf 48 Mrd. €, eine konservative Schätzung nur auf der Basis dessen, was Steuerfahnder gefunden haben – es gibt keine Initiative der rot-grünen Regierung, das zu ändern. Die Beispiele von öffentlicher *Verschwendung und Misswirtschaft*, die jedes Jahr von den Rechnungshöfen oder vom Bund der Steuerzahler gerügt werden, sind ohne Zahl; sie summieren sich jedes Jahr zu zweistelligen Milliardenbeträgen.

Die *Einkommensteuer* nützt den Reichen. Zahlreiche Abzugstatbestände, z.B. durch Verluste an Immobilien Ost, Flugzeugen, Schiffen usw. können nur Bezieher hoher Einkommen nutzen. Das Einkommensteuerrecht – etwa 17.000 Seiten – ist durch die Kompliziertheit und die ständigen Änderungen nur von professionellen Steuerberatern voll zu nutzen, also nur von denen, die sich solche Beratung leisten können. Die Statistik führt die Reichen als Arme, weil sie ihre wahren Bezüge legal gegen Null gerechnet haben. Das Argument gegen verschärfte Verfolgung heißt immer wieder, wir dürften die Reichen nicht verprellen, sie seien es, die investieren, sonst gingen sie ins Ausland. Weitere sechs Mrd. Euro jährlich kostet die *Senkung des Spitzensteuersatzes* von 48,5 auf 42%, die wiederum die ohnehin Privilegierten begünstigt. Stattdessen agiert der Staat selbst als Krisentreiber. Jugendzentren, Bibliotheken, Schwimmbäder müssen schließen. Die präventive Jugend- und Sozialarbeit wird abgeschafft. Und die Kommunen kürzten ihre Investitionen um über dreißig Prozent, was bei Handwerksbetrieben und anderen regional tätigen Unternehmen zigtausende Jobs kostete.[55] Auf der Strecke bleibt die *Steuergerechtigkeit:* In 2003 zahlten 3,85 Mio. Selbständige nur noch 4,568 Mrd. € als „Veranlagte Einkommensteuer"; das waren 39,4% weniger als 2002. D.h. im Schnitt zahlte jeder Selbständige in 2004 ganze 1.186 €. In 2003 zahlten 31,34 Mio. Arbeiter und Angestellte 133 Mrd. € Lohnsteuer; das waren 0,7% mehr als 2002. D.h. im Schnitt zahlte 2004 jeder Arbeiter/Angestellte 4.243 €.

Ergebnis: Das Steueraufkommen sinkt beständig, die Infrastrukturbelastungen bleiben, die Kosten für soziale Sicherung nehmen zu, die Kreditaufnahme ist versperrt: also *Handlungsunfähigkeit.* Die jetzt im Wahlkampf von der SPD angekündigte Reichtumssteuer erscheint populistisch, hat doch eben diese Regierung nicht nur den Spitzensteuersatz gesenkt, sondern auch zahlreiche Abzugsmöglichkeiten geschaffen, die nur Wohlhabenden zugänglich sind. Besser wäre ein stark vereinfachtes Steuersystem, das auch wirklich durchgesetzt wird.

Die Belastung durch den *Schuldendienst* wird immer höher. Damit kann der Staat immer weniger investieren, muss Personal entlassen, verstärkt also die Arbeitslosigkeit und damit die Kosten der Sozialhaushalte. Der Staat – Bund, Länder und Gemeinden – hatte 2003 etwa 1.318,4 Mrd. € Schulden – 16.000 Euro pro Kopf der Bevölkerung; die Staatsschuld hat sich seit 1990 verdoppelt, seit 1980 verfünffacht. 66 Mrd. € macht die Zinslast aus, fast ein Fünftel der gesamten Steuereinnahmen. Die Regierung sieht nur drei Wege: Kostensenkung, vor allem im Sozialbereich (→ Kap. 10.2.3), weitere Kreditaufnahme und Privatisierung.

Ökonomisch wird geltend gemacht, dass durch die Staatsverschuldung spätere Generationen mit der Finanzierung heutiger Aufgaben belastet werden. Politisch schränkt eine hohe Verschuldung die Fähigkeit des Staates zur antizyklischen Globalsteuerung mittels eigener Investitionen ein. Während der Staat in der Rezession notfalls auch auf Kredit investieren soll, hat sich die Rückführung von Schulden in der Boomphase wegen zu großer Widerstände regelmäßig als kaum realisierbar erwiesen. Staatsverschuldung für zukunftsfähige Investitionen/Infrastrukturen mag dann weniger problematisch sein, weil sie künftigen Generationen Werte hinterlässt – deshalb setzt die Verfassung die Höchstgrenze der Staatsverschuldung auch so fest. Dafür wird dann gegenwärtig Beschäftigung geschaffen und private Nachfrage angeregt. Dennoch bleibt bedenklich, dass die Bedienung der Schulden große Summen in die Taschen der Gläubiger spült, die damit wieder den Spekulationskreislauf anheizen.

55 – Schumann, 2004

Also wird *privatisiert:* Die öffentlichen Hände geben unter den Sparzwängen immer mehr *Aufgaben an Private* ab. Private Sicherheitsdienste ersetzen die Polizei. Einzelne Dienste der Bundeswehr sind privatisiert. Private Reinigungs- und Reparaturdienste ersetzen Stammpersonal. Kultur- und Sportförderung wird heute zum großen Teil (Steuer sparend) durch Industriestiftungen geleistet. Das klingt im ersten Hinsehen gut, und auch die Grünen haben dem applaudiert und das Stiftungsgesetz unterstützt. Aber kann es wirklich richtig sein, dass Kulturförderung nach den Werbeinteressen der Industrie geschieht statt durch die öffentlichen Hände mit wenigstens einigermaßen demokratisch kontrollierten Entscheidungsprozessen? Was wird sich durchsetzen – was dabei untergehen? Ist es richtig, dass (Steuer sparend) durch die Industrie geförderte Denkfabriken (z.B. Bertelsmann-Stiftung, Initiative Neue Soziale Marktwirtschaft u. a.) erheblich auf die politische Meinungsbildung einwirken? Liegt es im Interesse der Kunden, wenn Post und Telekom, aber inzwischen auch viele private Unternehmen den Spitzensport zu Werbezwecken finanzieren, statt ihre Leistungen im Kernbereich zuverlässig, qualitativ hochwertig und kostengünstig an ihre Kunden abzugeben? Und es wird weitergehen: Die WTO und die EU werden im Interesse der großen Unternehmen verlangen, die Privatisierung öffentlicher Dienstleistungen und Daseinsvorsorge fortzusetzen. Auf geradezu unredliche Weise wird dabei allerdings verschwiegen, was der Privatisierungswahn dort eingebracht hat, wo er ungebremst realisiert worden ist. Beispiel Großbritannien: entgleisende Züge, verteuertes und schlechtes Wasser, geringere Produktivität, marode Gefängnisse. Und Verelendung für viele Bürger. In Bolivien kam es zu Volksaufständen wegen der schlechteren Wasserversorgung. Dazu kommt die *Privatisierung öffentlichen Vermögens.* Auch die nimmt dem Staat Gestaltungsspielraum, und sie ist nur einmal möglich – während die Haushaltsprobleme jedes Jahr wiederkommen (siehe Abb. 8.6 im Anhang).

„Verteidigen also die CDU/SPD/CSU/FDP/Grünen-Politiker ihre Reformphilosophie deshalb so vehement, weil sie wissen, dass sie einen Putsch von ganz oben machen? Einen Putsch? Ja, die Agenda 2010 und Hartz IV sind Chiffren für den konzertierten Angriff von ganz oben auf den Sozialstaat. Sie nennen es ‚Umbau' – doch die Wortwahl kaschiert nur den qualitativen Sprung in ein anderes Gemeinwesen. Die Berliner Republik steht für den Abschied von der Solidargemeinschaft. Und nichts wird von den grundgesetzlich festgeschriebenen Idealen bleiben – außer auf dem Papier und gelegentlich noch in schönen Reden"[56]. Tatsächlich hat sich die Bundesregierung genau so verhalten, wie die neoliberalen Ratgeber und die großen Unternehmen es von ihr erwartet haben – und sie ist dabei von der Opposition (abgesehen von wahltaktischen Manövern) unterstützt worden. Ihr einziges Argument – zunehmender Reichtum schaffe Investitionen und damit neue Arbeitslätze – ist widerlegt.

Konflikte sind also absehbar. Die Menschen, die so lange still gehalten haben, weil sie der Sozialdemokratie vertrauten, werden durch die Fakten eines Besseren belehrt. Sie werden anfangen sich zu wehren. Es wird Widerstand geben. Die Regierung hat den Extremisten in die Hände gespielt. Da sie das bereits

---

56 – Arno Luik, Stern vom 21. 10. 2004, S. 64

ahnte, hat sie vorgesorgt: Unter dem Vorwand „Krieg gegen den Terror" hat die Bundesregierung die Überwachungs- und Repressionsinstrumente („Otto-Kataloge") kräftig ausgebaut. Es ist nicht zu erwarten, dass eine neue Regierung zurücknehmen wird, was in ihrem Interesse und mit ihrer Hilfe bereits durchgesetzt wurde.

8.3 Zusammenfassung

Bezogen auf das Problem einer *zukunftsfähigen Entwicklung* wird nun deutlich, dass die Erwartung falsch ist, die Information und Einsicht in die Krise und in die zukunftsfähigen Handlungsoptionen von den Inhabern von Machtpositionen einfordert. Die Erklärung liegt darin, dass die *Kanäle der Eliterekrutierung* und die Filter, die Menschen durchlaufen müssen, um in Machtpositionen zu gelangen, mit hoher Wahrscheinlichkeit gerade diejenigen ausfiltern, die dafür nötig wären und *nur die Machthandwerker* durchlassen. Es nützte daher wenig, die „Mächtigen" aufklären und überzeugen zu wollen, solange die Kanäle der Eliterekrutierung so funktionieren, wie wir das beobachtet haben.

Schlussfolgerung 1: Die Entwicklung tendiert hin zur „politischen Klasse", in der die Spitzen von Politik und Wirtschaft Entscheidungen monopolisieren und unkontrollierbar zu machen versuchen und sie gegen demokratische Anflüge immunisieren. Hier gibt es keinen Unterschied zwischen den Parteien. Das System ist bereits so stark und gefestigt, dass jede Partei es akzeptieren wird.

Schlussfolgerung 2: Der Staat hat sich durch seine Steuerpolitik bewusst und willentlich in die Handlungsunfähigkeit hineinmanövriert. Er hat den großen Unternehmen und den Wohlhabenden Steuergeschenke gemacht mit dem Argument, nur auf diesem Weg ließen sich Investitionen und damit Arbeitsplätze schaffen. Das Argument ist empirisch widerlegt – die notwendige Konsequenz wird nicht gezogen.

Schlussfolgerung 3: Nachhaltige Entwicklung als Leitbild für politisches Handeln hat in den Regierungen seit der Rio-Konferenz keinen hohen Stellenwert. Zwar sind einige wichtige Projekte auf den Weg gebracht, aber es ist unklar, ob sie einen Regierungswechsel überstehen werden. Was erreicht wurde, dient vor allem der Verbesserung der Umweltsituation bei uns.

9. Medien

9.1 Theorie

Es lassen sich *zwei Arten von Erfahrung* unterscheiden: (1) die *unmittelbare sinnliche Wahrnehmung* mittels unserer physiologischen Ausstattung – riechen, tasten, hören, sehen, schmecken. Unsere Sinnesorgane informieren uns über die alltägliche Nahwelt. (2) die *Information aus zweiter Hand* – durch Gespräche, Erzählungen, Briefe, vor allem aber durch die Massenmedien (Printmedien, elektronische Medien, Filme). Sie nimmt an Bedeutung stetig zu und deckt alles ab, was der *unmittelbaren Wahrnehmung nicht mehr zugänglich* ist. Je mehr wir auf Kenntnisse angewiesen sind, die über den Nahbereich hinausgehen, desto mehr hängen wir von solchen Informationen ab. „99% unserer Welt bestehen aus Papier" – wenn man das so auffasst, dass 99% aller unserer Informationen aus zweiter Hand stammen, ist die Aussage zweifellos richtig. Was wir wissen, was wir denken, wie wir uns in der Welt orientieren, was wir glauben, was wir wollen, unsere Einstellungen, Überzeugungen, Werte – alles das sind *Produkte aus zweiter Hand.*

Es ist deswegen ungeheuer wichtig, welche Art von Information uns erreicht, was wir davon wahrnehmen und was wir schließlich davon speichern und aufheben und für unsere Meinungsbildung und die Orientierung unseres Handelns verwenden. Für das Gelingen von Demokratie ist es *lebenswichtig,* dass wir vollständig, umfassend und unparteiisch informiert werden. Deshalb gehören Meinungs-, Meinungsäußerungs- und Informationsfreiheit zu den grundlegenden Menschenrechten[1]. Immerhin konsumieren alle Bundesbürger über 14 Jahre im Verlauf ihres Lebens durchschnittlich eine halbe Stunde täglich Zeitungen, über 2 Stunden täglich Radio und noch einmal so viel Fernsehen – von Filmen, Büchern, Magazinen oder gar dem „Surfen" im Internet nicht zu reden. „Das Fernsehen ist bei den Jugendlichen und jüngeren Erwachsenen nicht nur mit Abstand das wichtigste, sondern auch deutlich das glaubwürdigste Medium. Und es scheint in der Tat immer wichtiger zu werden: Immer mehr Freizeit, so jüngste empirische Forschungen, verbringen gerade junge Menschen zu Hause, wobei Fernsehen zur Hauptbeschäftigung geworden ist. ... Eine Umwelterfahrung von zwanzig bis dreißig Stunden Dauer pro Woche, schon durch die Gitter des Laufstalls hindurch, *muss* Konsequenzen für die geistige Entfaltung der Menschen haben, selbst wenn sich diese nicht millimetergenau mit dem Zollstock bemessen lassen"[2].

Was nicht in den Medien erscheint, geschieht nicht. Und was in den Medien ständig auftaucht und oft genug wiederholt wird, sedimentiert zu Bewusstsein.

1 – Art. 19 der Allgemeinen Erklärung der Menschenrechte, Art. 5 Abs. 1 GG
2 – Schuster, 1995, 60

„Eine ‚äußerst starke positive Beziehung' haben amerikanische Forscher zwischen der Höhe des Fernsehkonsums und der Unterstützung der Menschen für den Golfkrieg festgestellt. Selbst erhöhte Steuern waren eine Mehrzahl der Befragten bereit für den Krieg in Kauf zu nehmen. Und ... bei den starken Fernsehkonsumenten unter zweiunddreißig Jahren fand sich kein einziger, der gegen den Krieg gewesen wäre oder zumindest seine Zweifel daran gehabt hätte"[3]

Dies bleibt auch dann richtig, wenn man berücksichtigt, dass wir durchaus nicht alles ungeprüft ins eigene Wissen übernehmen, was an Informationen auf uns einstürmt. Zuerst einmal sind wir gezwungen, aus dem übergroßen Angebot *auszuwählen*. Wir können nicht alle Zeitungen lesen, sondern höchstens eine oder zwei. Wir können nicht alle Fernsehsender sehen, sondern nur einen zur gleichen Zeit. Es mag von Freunden und Nachbarn abhängen, wofür wir uns entscheiden, von Arbeitskollegen, von der Gruppe, an der wir unser Verhalten orientieren, von Moden, von Zufällen. Das ist die *erste Wahlhandlung*. Dann nehmen wir aus den Medien, für die wir uns entschieden haben, bei weitem nicht alles wahr. Oft liest man in der Zeitung nur die Schlagzeilen, um so an einem Artikel hängen zu bleiben, der einen gerade interessiert. Wie oft laufen Radio oder Fernseher nahezu unbeachtet, während wir gerade etwas anderes machen. Das ist die *zweite Wahl*, die wir treffen. Aber auch von dem, was durch diese Filter hindurchgegangen ist, bleibt bei weitem nicht alles hängen. Oft entscheidet ein aktuelles Interesse darüber, ob wir eine Nachricht im Gedächtnis speichern oder nicht. Häufig ist es auch das Gefühl, etwas wissen zu sollen, damit man „mitreden kann", informiert ist, etwas beizutragen hat im Gespräch mit Kollegen oder Freunden. Und manchmal werden wir auf etwas angesprochen, über das wir uns *anschließend* genauer informieren. Das ist die *dritte Wahlhandlung*. Wir sind also am Informationsprozess aktiv beteiligt und ihm keineswegs passiv ausgeliefert. Das ist die *eine Seite*.

Die *andere Seite* aber ist, dass diese aktive Beteiligung in Wahlakten besteht, die sich *nur auf das beziehen können, was insgesamt an Information geliefert wird*. Manche glauben, durch möglichst geschickte Wahlhandlungen „der Wahrheit" näher kommen zu können. Aber dies setzt voraus, dass die Gesamtmenge an Informationen etwas mit „der Wahrheit" zu tun hat. Wenn eine Regierung in der Lage wäre, alle Medien so zu zensieren, dass sie nicht über Verbrechen berichten (was übrigens in der DDR der Fall war), dann nützt auch die geschickteste Wahl nichts: Man wird die eigene Gesellschaft für nicht kriminell und nicht gewalttätig halten. Die amerikanischen Medien berichten überaus zurückhaltend über getötete Amerikaner im Irakkrieg, sie stellen also außerhalb des engeren Familienkreises die Frage nicht, ob deren Sterben sinnvoll war – damit soll die Loyalität mit der eigenen Regierung nicht in Frage gestellt werden.

Kommunikation ist Gesellschaft, Gesellschaft ist Kommunikation. Kommunikation ist soziale Institution ganz im wörtlichen Sinn der Definition: *Gewohnheitsmäßige und verfestigte Verhaltensregeln und Beziehungsmuster, die einen – gegenüber der subjektiven Motivation – relativ eigenständigen Charakter besitzen,* bestimmen weitgehend unser Informationsverhalten. Wir wechseln nicht

---

3 – Morgan/Lewis/Jhally, 1992; zit. nach: Schuster 1995, 63

täglich die Zeitung, verlassen uns auf die Nachrichten eines bestimmten Senders, richten uns nach der Meinung bestimmter Personen. Deshalb muss hier davon die Rede sein, freilich in einem sogleich eingeschränkten Sinn: nämlich von *Massen*kommunikation. Aber Vorsicht: Massen*kommunikation* gibt es nicht, weil Kommunikation *per definitionem* immer zweiseitig ist. Präziser reden wir also von Massenmedien und ihrer Nutzung. Was uns hier in diesem Zusammenhang interessiert, das ist vor allem die Angebotseite: Wir wollen untersuchen, durch welche strukturellen Faktoren die Medien bestimmt werden und wie sich dies auf das Informations*angebot* auswirkt, das sie für unsere Meinungsbildung zur Verfügung stellen und aus dem wir dann auswählen.

Wer Informationen kontrolliert, der übt Macht aus, der hat *Zugang zu unseren Gehirnen,* der kann uns versichern, Ghaddafi sei ein internationaler Terrorist, den man bestrafen, Saddam Hussein ein Hitler, dessen Machtgier man in die Schranken weisen müsse, Pinochet sei ein Vorkämpfer der Freiheit, auf Grenada werde die Weltrevolution vorbereitet, in Nicaragua ginge es um die Verteidigung der Demokratie, George W. Bush sei rechtmäßig gewählter Präsident der Vereinigten Staaten und Umweltschutz schade der Wirtschaft – also die eigenen Ideologien in unsere Köpfe pflanzen, unsere Meinungen im Sinn seiner Interessen steuern.

Darum geht es im Kern: Ob die Medien, die einen so erheblichen Teil der uns zugänglichen Wirklichkeit kontrollieren, uns im Sinne der Interessen anderer *manipulieren* oder ob sie uns durch ihre Vielfalt und sachliche Berichterstattung bei der *eigenen Meinungsbildung helfen* und uns die dafür geeigneten Materialien an die Hand geben; ob sie uns selbständig oder ob sie uns abhängig machen; ob sie uns die für unsere eigenen Zukunftsentscheidungen wichtigen Informationen geben oder ob sie uns in die Irre leiten.

Darüber lässt sich Genaueres nur herausfinden, wenn wir die *Strukturbedingungen* untersuchen, unter denen diese Medien arbeiten, also ihre Produkte herstellen und verbreiten. Das Problem ist weiterhin (so wie vor Jahren die Berichterstattung über den Vietnamkrieg[4] und seither viele andere[5]) ungeheuer aktuell und wichtig, auch wenn es – wieder einmal – wenig diskutiert wird. Dies selbst ist natürlich ein Symptom für den Zustand unserer Gesellschaft.

Wir wollen unserer Untersuchung wiederum zwei einander widersprechende Theorien voranstellen: Die *Theorie der pluralistischen Meinungsbildung* auf der einen, die *Theorie der Bewusstseinsindustrie* auf der anderen Seite.

In unserer Gesellschaft, genauer, in den kapitalistischen Gesellschaften westlich-demokratischer Prägung herrscht die Überzeugung vor, dass wir Manipulation nicht zu fürchten haben: Eine vielfältige, von staatlicher Zensur freie Medienlandschaft garantiere von sich aus schon einen *Meinungspluralismus,* in dem eher die Konsumenten die Medien als umgekehrt die Medien die Konsumenten beeinflussen. So sagt z.B. Art. 5 des deutschen Grundgesetzes:

(1) „Jeder hat das Recht, seine Meinung in Wort, Schrift und Bild frei zu äußern und zu verbreiten und sich aus allgemein zugänglichen Quellen unge-

---

4 – z.B. Jaeggi/Steiner/Wyniger, 1966
5 – z.B. Beham, 1996

hindert zu unterrichten. Die Pressefreiheit und die Freiheit der Berichterstattung durch Rundfunk und Film werden gewährleistet. Eine Zensur findet nicht statt.

(2) Diese Rechte finden ihre Schranken in den Vorschriften der allgemeinen Gesetze, den gesetzlichen Bestimmungen zum Schutze der Jugend und in dem Recht der persönlichen Ehre".

Dadurch ist es dem Staat u. a. untersagt, die Verbreitung ausländischer Zeitungen zu unterbinden, das Hören und Sehen bestimmter Sender zu untersagen, gezielt und selektiv Zeitungspapier oder Rundfunkfrequenzen zuzuteilen, eine Vorzensur für Druckerzeugnisse, elektronische Medien oder Theateraufführungen auszuüben usw. Trotzdem war es in Westdeutschland nicht möglich, sich vor 1989 aus dem „Neuen Deutschland" über die DDR zu informieren – die Zeitung wurde nicht angeboten und konnte nicht abonniert werden.

Das Zensurverbot richtet sich ausdrücklich nur *gegen den Staat.* Wenn ein Verleger Zensur nach *innen* gegen die Redakteure seiner Zeitung oder seines Senders ausübt, ist das durch Art. 5 nicht untersagt. Das Grundrecht auf freie Meinungsäußerung wird vor allem von den großen Medienkonzernen für ihre eigenen Zwecke reklamiert. Bisher wird es nur höchst selten in Anspruch genommen, weder um die Konzentrationsprozesse auf diesem Markt zu kontrollieren, noch um die Menschen vor deren Einfluss zu schützen. Faktisch ist eine solche Kontrolle, auch wenn Regierungen in vielen Staaten der Erde sie versuchen, gar nicht mehr möglich: Die technischen Möglichkeiten erlauben dem, der über sie verfügt (z.B. Satellitenfernsehen, Internet) einen ungehinderten Zugang über alle nationalen Grenzen hinweg.

Nach dieser Theorie können die Medien gar nicht anders als kritische Inhalte und Meldungen vermitteln – nur dadurch können sie genug Aufmerksamkeit erregen, nur dadurch können sie sich von ihren jeweiligen Konkurrenten absetzen und unterscheiden, um ihre Auflage oder Einschaltquote zu steigern, was wiederum die Voraussetzung dafür ist, dass sie von der Werbewirtschaft mit Aufträgen bedacht werden. Der Marktmechanismus sei also die Garantie dafür, dass die Medien zumindest in der Summe nicht manipulieren können. Es liegt am Konsumenten, durch geschickte Wahl der Medien der Wahrheit möglichst nahe zu kommen, die für ihn wichtig ist.

Dass aber, wer sich unter den Bedingungen des westlich-kapitalistischen Medienangebotes ernsthaft informieren will, dies alleine schon zu einer Ganztagsbeschäftigung machen müsste, stellt die *Theorie der Bewusstseinsindustrie*[6] dagegen. Das Grundgesetz bindet nur den Staat. Es gibt niemandem die erforderlichen Mittel, das stipulierte Recht auch selbst wahrzunehmen oder gar einzuklagen. Insofern ist gerade der bedeutende Anfang des Art. 5 Abs. 1 GG eine *wirklichkeitsfremde Fiktion,* genauer: eine Bestimmung, die einer kleinen Minderheit nützt, die für die große Mehrheit aber bedeutungslos ist.

Die Medien in den *kapitalistischen* Ländern seien – so diese Theorie – zuerst einmal ums eigene ökonomische Überleben (Tauschwert: Auflagenhöhe, Einschaltquote) besorgt und ordnen dem die politische Inhalte (Gebrauchswert)

---

6 – Enzensberger, 1962

nicht nur unter, sondern sie sind am Ende nur Werkzeug zu diesem Zweck. Information sei zur bloßen Ware geworden. Medienunternehmen müssen, wie andere auch, zunächst einmal für ihre Eigentümer Rendite erwirtschaften. Im Fall von Einzeleigentümern kann allerdings durchaus das missionarisch verfolgte Anliegen des Besitzers zur Richtschnur für das Handeln der Redaktionen werden (Springer, Berlusconi, Murdoch), dem selbst der monetäre Gewinn untergeordnet wird.

Die Manipulation der Medien entsteht nicht so sehr durch das, was sie berichten. In aller Regel stimmen die Fakten, die mitgeteilt werden. Aber diese einzelnen Fakten ergeben zusammengenommen noch keine Information. Die Medien manipulieren *durch das, was sie weglassen:* Hintergrundberichte, Zusammenhänge, Strukturen, die alleine den gemeldeten Ereignissen Sinn geben könnten, sind die Ausnahme. Und das gilt zunehmend unter dem Diktat des Infotainment, der Gewichtsverlagerung auf den Unterhaltungswert unter dem Druck, Auflagen und Einschaltquoten und mit ihnen Werbeeinnahmen zu steigern.

Dabei dürfen wir selbst *unseren Sinnen nicht mehr trauen:* Fotos, Filme, Bildmaterial werden heute bereits zu einem hohen Prozentsatz manipuliert – selbstverständlich und durchgehend in der Werbung, zunehmend im Film und vermutlich bald einmal regelmäßig in den Nachrichten. Mehr und mehr entstehen Bilder im Computer. Die Medienwelt wird zum Cyberspace. „Gewonnen hat (den Golfkrieg) neben der Rüstungsindustrie nicht zuletzt die Profession der Fernsehgrafiker: Wohl nie zuvor gab es mehr Sendezeit mit weniger handfester Information und nichtssagenderen Bildern zu füllen. An der Paintbox, dem Arbeitsinstrument der Videodesigner, musste der Golfkrieg darum animiert werden, um zu verhindern, dass der Bildschirm [infolge der Zensur, B.H.] schwarz blieb“[7]. Wir werden noch darauf zurückkommen, in welchem Ausmaß und mit welchen Mitteln tatsächlich eine ganze Industrie arbeitet, um das Bewusstsein der Menschen im Interesse ihrer Auftraggeber zu beeinflussen und zu formen.

Ganz unkontrollierbar sind Wichtigkeit, Richtigkeit und Absender von Nachrichten auf den Datenautobahnen. Die Menge der im *Internet* verfügbaren Informationen ist ungeheuer groß – aber: Durch welche Brillen sind sie gefiltert? Wer kann was mit ihnen anfangen? Wem nützen sie? Nur wer bereits über viel Information verfügt, kann sinnvoll mit diesem Werkzeug umgehen. Daher werden diejenigen, die sich Gewinn aus dem Zugang zu solchen Informationen versprechen, d.h. vor allem transnationale Unternehmen, eigene Spezialisten dafür anstellen. Den Laien aber bleibt wenig davon, außer vertaner Zeit. Die Mehrheit der Bevölkerung auch in den westlichen Ländern bleibt vom Zugang zu solchen Medien faktisch ausgeschlossen. Die Informationsungleichgewichte nehmen auch in den westlichen Ländern zu. Die massive Unterstützung der Informationsinfrastrukturen durch die Regierungen wirkt sich faktisch wie eine *zwangsweise Markteinführung von Hard- und in der Folge auch Software* und für Teile der Bevölkerung als *Zwangscomputerisierung* aus, zumal, wenn eBanking, eShopping, eLearning und Computer-Demokratie sich in grö-

7 – Schuster 1995, 13

ßerem Umfang durchsetzen sollten[8]. Die Benachteiligung derer, die sich an diesem Prozess nicht beteiligen können oder wollen, wird zunehmen. Der weitaus größte Teil der Internet-Nutzer lebt in Nordamerika. Für das Jahr 2000 wurden weltweit etwa 300 Mio. Nutzer geschätzt, eine Zahl, die sich ungefähr alle 16 Monate verdoppelt. „Das so viel gerühmte Internet steht exemplarisch und herausragend dafür, wie eine grenzenlose Öffnung informationstechnischer Kanäle, neben einer unbestritten wachsenden Zahl anspruchsvoller Informationen, zu einer Flut von inhaltslosem Wortlärm führt, den Zugang zu einer Halde öffnet, auf der jeder, auch anonym, seinen Mist abladen kann. Im Fluss der Informationen geht für den Normalverbraucher die Wahrnehmungstiefe verloren, und Überschriften-Wissen tritt an die Stelle profunder Ausleuchtung. ... Im Bit-Bombardement bleibt der Gesamtsinn auf der Strecke"[9]. Fast alle Printmedien, aber auch Hörfunk- und Fernsehsender bieten ihre redaktionellen Teile auch im Internet an, viele verbunden mit weiteren Recherchemöglichkeiten. Kritische Mediendienste wie www.informationclearinghouse.com oder www.truthout.com bieten Hilfe an bei der Auswahl weltpolitischer Nachrichten.

Wir alle werden von einer ungeheuren Flut von Informationen bedrängt, der nicht zu entkommen ist. Drei Probleme im Umgang mit dieser Flut sind nicht gelöst:

- Wie lassen sich Informationen, die für mich *wichtig* sind, von unwichtigen trennen? Wir scheinen zu glauben, dass eine Vergrößerung der Menge an Informationen auch einen qualitativen Fortschritt bedeute – und sind ganz stolz, wenn es uns gelungen ist, eine neue Datenbank anzuzapfen, 500 Fernsehkanäle empfangen zu können oder irgendwann den deutschen Zeitungsmarkt seit 1945 auf DVD zu Hause verfügbar zu haben. Da die Zukunft offen ist, gibt es kein vernünftiges Kriterium, die Datenmenge zu begrenzen. Die Miniaturisierung der Speicherkapazitäten ist in vollem Gange, deshalb ist das auch gar nicht nötig. Nur: Wozu ist das gut? Offenbar steht zwischen der *Menge der verfügbaren Informationen* und unserer *Fähigkeit, Probleme zu lösen*, eine kaum zu bewältigende Aufgabe, nämlich die *wichtigen von den unwichtigen Informationen zu trennen*.
- Wie können wir entscheiden, welche Informationen *richtig* sind und welche nicht? Was ist das überhaupt: eine richtige Information? Lässt sich nicht zu jedem Satz ein zweiter formulieren, der das Gegenteil behauptet? Lässt sich nicht für jede Position ein Experte finden? Wo ist der Fixpunkt, von dem aus sich über die Richtigkeit von Informationen urteilen ließe? Das war für frühere Generationen einfacher, die an Gott, die Nation, die Überlegenheit der Rasse, das freie Unternehmertum glauben konnten. Das alles haben wir als Ideologie entlarvt, und zu Recht. Jetzt haben wir keinen Boden mehr unter den Füßen. Das öffnet unsere Hirne für eine große Zahl fremder Einflüsse, die nur plausibel, einfach, verführerisch genug daherkommen müssen, um unsere Sehnsucht nach „Objektivität" befriedigen zu können. Aber offensichtlich gelingt es uns nicht,

8 – vgl. auch Wetzstein et al., 1995

9 – Eurich, 1998, hier zit. nach Meyn, 2001, 24

mit Hilfe von Information unser Leben sinnvoller und humaner und uns selbstbewusster und kritischer für die Teilnahme am politischen Prozess zu machen[10].

- *Wer* sendet und *wer* empfängt welche Information, und in welchem Verhältnis steht dies zu unserer Vorstellung von einer guten, demokratischen, zukunftsfähigen Gesellschaft? Immerhin formieren sich Informationsmärkte zu riesigen Kartellen, die keiner demokratischen Kontrolle unterliegen. Sie führen sogar, wie der Fall Berlusconi zeigt, direkt zur politischen Macht. Welche *Interessen* verfolgen die Sender, und wie wirkt das auf die Inhalte ein, die sie vermitteln? „Über dem Marktplatz der Medien flattern die Fahnen des Bankrotts einer demokratischen Idee, die auf der Möglichkeit des Zugriffs zur Wahrheit bestand und die Medien in diesem Auftrag bestätigte. So aber degeneriert das Prinzip der Medienfreiheit zur Freiheit der Produktion und des Marktes, die sich jeglicher Form einer moralischen Kontrolle entzieht, aber weiterhin ihre rechtliche Existenz mit einem Anspruch auf das öffentliche Interesse begründet“[11].

Wenn die *Kommunikationsforschung* jetzt den „mündigen Konsumenten“, den „aktiven Mediennutzer“ in den Vordergrund stellt, dann handelt es sich nicht selten um das „Produkt eines faktisch unbegründeten Wunschdenkens: Das Endresultat vieler derartiger Analysen ist die völlige Überbetonung der Autonomie der Konsumenten gegenüber der Macht der Medien, womit sie den Grundkonsens der Wirkungsforschung der positivistischen Soziologie widerhallen und gegen die von der kritischen Theorie inspirierten Studien der Kulturindustrie gerichtet zu sein scheinen. Es ist wohl mehr als nur ein historischer Zufall, dass diese Theorien gerade in einer Periode der neo-konservativen Hegemonie zu wissenschaftlicher Prominenz gelangten. ... Über die industrielle Produktion der kommunikativen Inhalte und die Strukturierung der Konsumbedingungen durch die Kulturindustrie haben sie so gut wie nichts zu sagen“[12]. Es kann kaum erstaunen, dass gute Vorbildung, intellektuelle Übung, umfangreiches Vorwissen und eine ausgeprägte eigene Meinung die besten Voraussetzungen für einen aktiven Umgang mit Medieninformationen sind – was gleichbedeutend damit ist, dass dort, wo diese Voraussetzungen nicht erfüllt sind, Medien eher passiv hingenommen werden.

Die *Mediaforschung*[13] steht ganz im Dienst der Werbung. Zunehmend werden auch die vermeintlich „redaktionellen“ Teile darin einbezogen. Nicht selten werden die Seifenopern des Vorabendprogramms exakt so konzipiert, dass sie dem anschließenden Werbeblock genau das gewünschte Publikum „anliefern“. Medien sind zuerst und vor allem *kommerziell ausgerichtete Unternehmen*, und selbst, wo sie das nicht sind bzw. nicht sein sollten (die öffentlich-rechtlichen Rundfunkanstalten – und gerade die sind im Juli 2005 wegen Schleichwerbung ins Gerede gekommen!), richten sie sich der Finanzierung aus Werbeeinnahmen

10 – Postman, 1985; 1990

11 – Hardt, 1995

12 – Schuster, 1995, 64

13 – In Deutschland am wichtigsten ist die Gesellschaft für Konsumforschung GfK in Nürnberg, http://www.gfk.de

wegen nach ähnlichen Kriterien. Wer von Einnahmen einer Industrie abhängig ist, dessen Zweck es ist, dem Publikum zu suggerieren, dass materieller Konsum die Bedingung für Glück und Wohlstand sei – der kann nicht für Konsumverzicht eintreten.

So gesehen ist das Profil eines Mediums, sein intellektueller Stil, nichts anderes als ein Filter, an dem sich die Werbewirtschaft orientiert, um mit möglichst wenig Streuverlust ihr Zielpublikum zu erreichen. Der redaktionelle Teil, den wir meist für das Wichtigste an einem Medium halten, ist lediglich der Lockvogel, um die Werbebotschaft an die Leute zu bringen. „Wichtig ist, dass eine Zeitung viele Menschen erreicht. Je mehr Leute das sind, umso teurer kann man die Werbefläche verkaufen. Um die Leserschaftszahlen zu erhöhen, gibt man Information fast gratis ab. Die Information wird vereinfacht, damit möglichst viele Menschen sie verstehen. Zudem wird der Sensationsgehalt hervorgehoben“[14].

„Dabei ist die Kluft zwischen den Stargagen der journalistischen TV-Prominenz und dem Fußvolk, das von mickrigen Zeilenhonoraren leben muss, astronomisch groß. Insbesondere ist für freie Journalisten der Druck gestiegen, sich zusätzliche Einkommensquellen zu erschließen – und damit auch die Versuchung, den Journalistenausweis, Beziehungen und andere berufsbedingte Privilegien zu missbrauchen, um sich geldwerte Vorteile zu verschaffen und sich gegebenenfalls auch auf ‚kreative' Weise Recherchen zu finanzieren. ... Ökonomisch betrachtet, werden Journalisten, die kein gesichertes Einkommen haben, leichter korrumpierbar, vor allem dann, wenn für sie kaum Gefahr besteht, dass rechtliche oder ethische Verstöße entdeckt und geahndet werden. ... Vor allem im tagesaktuellen Journalismus herrscht aufgrund des Zeit- und Konkurrenzdrucks Mangel an wirksamen innerredaktionellen Kontrollen. Sie wären mit zusätzlichen Kosten, das heißt Zeit- und Arbeitsaufwand für die ohnehin meist unterbesetzten Redaktionen verbunden. Plumpe Fälschungen sind allerdings nur die Spitze des Eisbergs. Die Hauptprobleme sind vielmehr der Gefälligkeitsjournalismus und die verdeckte PR-Arbeit auf Seiten der Journalisten sowie umgekehrt deren – von den Journalisten selbst oftmals unbemerkte oder verdrängte – Instrumentalisierung durch PR-Leute. ... Zum Aufbau einer Vertrauensbeziehung setzen Firmen und PR-Leute gerne Aufmerksamkeiten und kleine Geschenke ein, mitunter auch großzügige Reiseeinladungen und Rabatte (siehe www.journalistenrabatte.de)“[15]. Am 12. März 2005 hat ein Ausschuss des US-Senats eine Anhörung über die Wahrheit im Journalismus abgehalten. Im Vordergrund standen vorfabrizierte Sendeeinheiten für Radio und Fernsehen, die von Regierungsstellen, Unternehmen und Lobbygruppen regelmäßig an die Sender geschickt werden. Kostendruck und abnehmende redaktionelle Ressourcen haben dazu geführt, dass die Redakteure sich immer mehr auf solches Material gestützt haben, oftmals ohne dabei die Quelle korrekt anzugeben, obgleich der US-Rechnungshof dies als verdeckte Propaganda bezeichnet hatte.

14 – Ramonet, 2005
15 – Neue Zürcher Zeitung, 24.3.2005

„Wenn man Medienkritik betreibt … werden die jeweiligen Leute oft sehr wütend. Sie sagen dann ganz richtig: ‚Niemand sagt mir jemals, was ich zu schreiben habe. Ich schreibe alles, was ich will. Dieses ganze Geschwätz über Druck und Einschränkungen ist Unfug, weil keiner je irgendwelchen Druck auf mich ausübt.' Und das ist völlig richtig, nur dass es hier um etwas ganz anderes geht, nämlich um die Tatsache, dass sie ihre Position gar nicht inne hätten, wenn sie nicht vorher schon unter Beweis gestellt hätten, dass niemand ihnen sagen muss, was sie schreiben sollen. … Nehmen wir zum Beispiel die New York Times. Die New York Times ist ein Großunternehmen, das ein Produkt verkauft. Das Produkt sind die Leser. Das Unternehmen verdient sein Geld nicht mit dem Verkauf seiner Zeitung. Die Zeitung selbst wird sogar kostenlos ins Internet gesetzt. Tatsächlich verliert das Unternehmen beim Verkauf der Zeitung sogar Geld. Wie auch immer, die Leser sind das Produkt, und sie gehören genau wie die Leute, die die Zeitung machen, zu den höheren, privilegierten Schichten, denen, die in unserer Gesellschaft die Entscheidungen treffen. Für ein Produkt braucht man einen Markt, und dieser Markt sind natürlich die Werbekunden der Zeitung, mit anderen Worten, andere Wirtschaftsunternehmen. Das Produkt der Medien, ganz gleich, ob wir vom Fernsehen, den Zeitungen oder anderen Medien sprechen, ist immer das jeweilige Publikum. Unternehmen verkaufen ihr jeweiliges Publikum an andere Unternehmen. Und im Fall der Elitemedien handelt es sich dabei um Großunternehmen. … Die nächstliegende Vermutung wäre dann, dass das Medienprodukt, das heißt, die Auswahl dessen, was in den Medien vorkommt und wie es vorkommt, die Interessen der Käufer und der Verkäufer des Produkts sowie der Institutionen und Machtzentren, unter deren Einfluss sie stehen, widerspiegelt. Es würde an ein Wunder grenzen, wenn das nicht der Fall wäre" [16]

Manipulation macht auch nicht im scheinbar freisten Medium der Welt halt, dem Internet. Besonders hier ist Manipulation einfach. Ein Projekt namens „Insert Coin" an der Merz-Akademie in Stuttgart machte dieses sichtbar: Zwei Studierende programmierten im Rahmen einer Diplom-Arbeit einen Proxy-Server, über welchen 250 Studenten das Internet nutzen konnten. Dieser Dienst manipulierte gezielt Inhalte aus ausgewählten Webseiten, z.B. durch den Austausch von Namen wie Schröder und Kohl. Die Änderungen an den Seiten waren in manchen Bereichen äußerst offensichtlich, jedoch bemerkte es nach Angaben der Studierenden niemand.

„Der beste Weg, um Menschen passiv und gehorsam zu halten, besteht darin, den Bereich zulässiger Meinung strikt zu begrenzen – innerhalb dieses Bereiches aber lebhafte Diskussionen zuzulassen, ja sogar kritische und abweichende Ansichten zu ermutigen. Das gibt den Leuten das Gefühl, es gäbe so etwas wie freie Meinungsäußerung, während in Wirklichkeit die Voraussetzungen des Systems durch die Grenzen, die man der Debatte setzt, nur verstärkt werden"[17].

Die industrielle „Herstellung von Konsens" (Lippman) begann mit der Einrichtung eines Informationsministeriums in der britischen Regierung während

16 – Chomsky, 2000a
17 – Chomsky, 1998

des Ersten Weltkrieges. Sein wichtigster Zweck war, die Vereinigten Staaten in den Krieg hineinzuziehen. In den USA wurde ungefähr zur gleichen Zeit unter Präsident Wilson das „Komitee zur Information der Öffentlichkeit", die Creel Commission aufgebaut, der es gelang, innerhalb weniger Monate die pazifistische amerikanische Öffentlichkeit auf hemmungslose Kriegshysterie umzustimmen, so dass dem Kriegseintritt kein Hindernis mehr im Weg stand. Daran beteiligt war Edward Bernays, der 1925 den Klassiker dieses Geschäfts unter dem Titel *Propaganda* veröffentlichen sollte. Man könne, so schrieb er dort, „das Denken der Öffentlichkeit ganz genauso dirigieren, wie eine Armee die Körper ihrer Männer dirigiert". Auf dieser Grundlage sollte eine ganze Industrie entstehen, die Bewusstseinsindustrie, besser bekannt unter den harmlosen Namen Strategic Communication, PR, Public Relations, oder noch harmloser: Öffentlichkeitsarbeit.

9.2 Zusammenhang der drei Gesellschaften

9.2.1 Weltgesellschaft

Auch wenn sich das Bild differenziert und diversifiziert: *Noch immer wird ein erheblicher Teil des Weltnachrichtenmarktes durch wenige Nachrichtenagenturen kontrolliert: Associated Press (AP,* USA), *Reuters* (Großbritannien) und *Agence France Presse (AFP,* Frankreich). *ITAR-TASS* (Russland), früher ein regionaler Monopolist, ist privatisiert worden und hat an Bedeutung verloren, die amerikanische Agentur *UPI* ist nach allerlei Turbulenzen und schwerer Verschuldung im Juni 1992 an die Herrscherfamilie Saudi-Arabiens verkauft worden und wird heute von einer saudiarabischen Fernsehgesellschaft mit Sitz in London betrieben. *Reuters* hat den Schwerpunkt der Tätigkeit auf Wirtschafts- und Börseninformation verlagert. Mit *Cable News Network (CNN,* USA) hat der erste weltweit zu empfangende Sender, der ausschließlich Nachrichten bringt, die Arbeit aufgenommen. Hinzugekommen ist *Inter Press Service (IPS),* die Nachrichtenagentur der Dritten Welt. Aber wenn sich auch Größenordnungen verändert haben mögen, bleibt doch das Kernproblem, die *Herrschaft Weniger über die Nachrichtenmärkte,* bestehen.

Konzentration und Kommerzialisierung in den Medien nehmen weltweit zu. Das ist u. a. deshalb von Bedeutung, weil nahezu alle politischen Meldungen von den wenigen Agenturen aufbereitet und gefiltert werden. Die „großen Vier" des Westens produzieren täglich zusammen mehr als dreißig Millionen Wörter, die Hälfte davon alleine *AP.* Deutlich kleiner sind *AFP, Reuters* und *dpa,* die Deutsche Presseagentur. Unter diesen großen Vier werden also *fünfzig Prozent von einer einzigen amerikanischen Agentur kontrolliert.* Im Vergleich dazu produzieren die nationalen Agenturen Italiens, Spaniens, Jugoslawiens sowie Inter Press Service in Rom *zusammengenommen* nur rund 1 Mio. Wörter täglich. Agenturen aus Entwicklungsländern liegen weit darunter, die *Pan-Afrikanische Nachrichtenagentur (PANA)* verbreitet gerade mal 20.000 Wörter pro Tag. *Associated Press,* der unbestrittene Marktführer, hat in 120 Ländern 242 eigene Büros und Korrespondenten und rund 3.700 journalistische und technische Mitarbeiter. Der bei weitem überwiegende Teil der Kunden dieser Agenturen stammt aus den westlich-kapitalistischen Ländern – 82% aller Fernsehgeräte der Welt und 75% der Radiogeräte stehen in den USA oder Europa, fast 70% der Tageszeitungen erscheinen hier. Der Nachrichtenverkauf an Entwicklungsländer ist nur ein kleines Nebengeschäft. Daher herrscht westlicher Ethnozentrismus vor, kulturelle Perzeptionen und Wertmuster anderer Weltregionen spielen keine Rolle, die Berichterstattung aus der Dritten Welt behandelt vor allem Katastrophen, Kriegen und korrupten Potentaten. Überall, so lässt sich etwas überspitzt sagen, nehmen wir die Welt durch amerikanische Augen wahr.

Nun rühmen sich die USA, die *freiesten Medien der Welt* zu haben – und in der Tat erinnert man sich anerkennend der wichtigen Rolle, die z.B. die Washington Post bei der Aufdeckung des Watergate-Skandals gespielt hat. Aber zurzeit ist man eher erstaunt, weshalb angesichts der zahlreichen und schwerwiegenden Verfehlungen der Bush-Regierung nicht eine größere kritische Öffentlichkeit protestiert und für ein Amtsenthebungsverfahren zu gewinnen ist. Die Wahlfälschung vom November 2000 wurde monatelang in den wichtigen Medien verschwiegen, den zahlreichen unbeantworteten Fragen rund um die Anschläge des 11. September 2001[18] wird nicht nachgegangen; das *Downing Street Memorandum,* von der *Londoner Times* Anfang Mai 2005 veröffentlicht (→ Kap. 8.2.1), wird heruntergespielt. Übrigens scheinen sich auch *deutsche Medien,* allen voran *Der Spiegel* und die *Süddeutsche Zeitung,* auffallend wenig um die o. a. Vorfälle in den USA zu interessieren und sich für eine Bush-freundliche Haltung entschieden zu haben.

Die Erklärung für dieses erstaunliche Phänomen mag in den Ergebnissen einer Untersuchung zu finden sein, die an der Sonoma State University von der Forschergruppe „Project Censured"[19] gerade abgeschlossen worden ist. In einer Netzwerkanalyse haben die Wissenschaftler untersucht, wer in den Aufsichtsräten der zehn wichtigsten Medienunternehmen der USA sitzt. Von diesen 118 Personen wurde weiter erhoben, ob sie Aufsichtsratsmandate in anderen Unternehmen wahrnehmen – das war in der Tat bei 288 Unternehmen der Fall. Die Liste ist aufschlussreich. Auf diese Weise miteinander verbunden sind z.B.:

New York Times:

Caryle Group, Eli Lilly, Ford, Johnson and Johnson, Hallmark, Lehman Brothers, Staples, Pepsi

Washington Post:

Lockheed Martin, Coca-Cola, Dun & Bradstreet, Gillette, GE. Investments, J.P. Morgan, Moody's

Knight-Ridder:

Adobe Systems, Echelon, H&R Block, Kimberly-Clark, Starwood Hotels

The Tribune (Chicago & LA Times):

3M, Allstate, Caterpillar, Conoco Phillips, Kraft, McDonalds, Pepsi, Quaker Oats, Shering Plough, Wells Fargo

18 – z.B. www.unansweredquestions.org; vgl. auch: Davis, 2004

19 – www.projectcensured.org

News Corp (Fox):
British Airways, Rothschild Investments
General Electric (NBC):
Anheuser-Busch, Avon, Bechtel, Chevron/Texaco, Coca-Cola, Dell, GM, Depot, Kellogg, J.P. Morgan, Microsoft, Motorola, Procter & Gamble
Disney (ABC):
Boeing, Northwest Airlines, Clorox, Estee Lauder, FedEx, Gillette, Halliburton, Kmart, McKesson, Staples, Yahoo
Viacom (CBS):
American Express, Consolidated Edison, Oracle, Lafarge
North America Gannett:
AP, Lockheed-Martin, Continental Airlines, Goldman Sachs, Prudential, Target, Pepsi
AOL-Time Warner (CNN):
Citigroup, Estee Lauder, Colgate-Palmolive, Hilton

Kann man sich, so fragen die Forscher, darauf verlassen, dass die Medien mit Nachdruck recherchieren und objektiv und unbeeinflusst berichten – insbesondere bei Themen, bei denen die Interessen solcher Unternehmen berührt werden? Corporate America besitzt auch die Medien, Corporate America hat Bush's Wahlkämpfe finanziert, und Corporate America wird ganz besonders aufmerksam von der Regierung bedient, wenn es um Steuerreform, um Aufträge oder um Beratungsdienste geht.

In seiner Untersuchung "Corporate Media and the Threat to Democracy"[20] hat Robert McChesney dargelegt, wie das Telekommunikationsgesetz von 1996 überwiegend von den Interessenvertretern der Medienunternehmen geschrieben und ohne öffentliche Debatte in Kraft gesetzt worden ist. Sein wesentlicher Zweck war, die kommerziellen Interessen der Medienunternehmen zu bedienen. Beide Parteien haben starke Bindungen zu diesen Unternehmen, deren Lobbies zu den am meisten gefürchteten auf Capitol Hill gehören. Die Vorherrschaft gehört weniger als zwei Dutzend großen Konzernen, die ihr Geld mit der Werbung für andere große Konzerne machen. Die Folge sei eine durchgehende Entpolitisierung der Bevölkerung, ein markanter Rückgang des Wissens um politische Themen und abnehmende Wahlbeteiligung. Die amerikanischen und globalen Medienmärkte zeigten Merkmale eines Kartells. Je mehr die Medien abhängig geworden sind von Werbeeinnahmen, desto mehr sind sie anti-demokratische Kräfte geworden[21].

Inzwischen droht die völlige Einstellung der öffentlichen Finanzierung der Corporation of Public Broadcasting, des einzigen bundesweiten öffentlichen Senders der USA, nachdem ein neokonservativer Beobachter die „übermäßige Politisierung" einer Talkshow festgestellt hatte – eine hochrangige Mitarbeiterin des Außenministeriums und Mitglied der Republikanischen Partei soll den Chefsessel übernehmen.

20 – McChesney, 1998
21 – Goodman, 2004

„In diesem Zusammenhang ist die These Kenichi Ohmaes über die *Homogenisierung der materiellen Zivilisation* in den Ländern der ‚Triade' relevant. Ohmae beurteilt die jüngeren Generationen in Europa, Nordamerika und Japan in Hinblick auf Ausbildung, Einkommen, Lebensstil, Freizeitverhalten, Ziele und Wünsche als so ähnlich, dass sie gemeinsam als „Triader" oder „OECD-Bürger" bezeichnet werden könnten (1985, 9, 35 ff.). Allen tief verwurzelten kulturellen Unterschieden der drei Triade-Regionen zum Trotz seien die Unterschiede im Lebensgefühl und in der Lebensweise der jüngeren Generationen zwischen diesen Ländern geringer als zwischen den jüngeren und älteren Generationen innerhalb eines jeden dieser Länder. ... Damit würden die 600 Mio. Triade-Einwohner mit ihrem fast identischen Nachfrageverhalten praktisch zu einer homogenen Zielgruppe für die internationale Konsumgüterindustrie und ... auch für den angeschlossenen, überwiegend amerikanisch geprägten internationalen Werbe- und Medienkomplex, der über ca. 500 Satelliten uniforme Bilder mit identischen Botschaften in die Triade-Regionen und darüber hinaus weltweit auf eine Milliarde Fernsehschirme übermittelt und damit zu einer höchst problematischen globalen Vergesellschaftung bzw. Vergemeinschaftung (sic!) beiträgt"[22]. Was hier als weit reichendes Ziel der Werbeindustrie geschildert wird, ist längst auch Ziel der Bewusstseinsindustrie geworden: Die Herstellung politischer Einstellungen so, dass sie den Interessen der globale Machtelite folgen. Es gehört zum Wesen dieser Industrie, dass sie möglichst unsichtbar zu bleiben versucht. Gewiss ist die Rezeption selektiv und wird vom Rezipienten ausgewählt, aber: Das Universum, aus dem er selektieren kann, ist bereits gleichgeschaltet, mögliche Abweichungen sind gering und vorhersehbar (siehe auch Abb. 9.1 im Anhang).

Welche Art von Nachrichten wird so verbreitet? Die Nachrichtenagenturen lehnen sich eng an *Regierungsverlautbarungen* an, ihre Berichterstattung richtet sich nach den *Bedürfnissen der politischen und wirtschaftlichen Eliten*. Sie konzentrieren sich auf die Meldung von Einzelereignissen, während strukturelle Nachrichten selten sind. Die Süd-Süd-Kooperation, also die Zusammenarbeit zwischen Entwicklungsländern, ist selten. Die Abhängigkeit von den westlichen Agenturen – auch technisch, ökonomisch und in der Ausbildung – ist überwältigend. Und natürlich ist der Zugang zu den Medien in den Entwicklungsländern (wie auch im Westen) hochgradig sozial selektiv mit dem Ergebnis, dass unterschiedliche Gruppen von Menschen mit höchst unterschiedlichen Informationen bedient werden. Die einseitige Verteilung der Nachrichtenagenturen wird durch eine einseitige Verbreitung der Medien noch verschärft. Unter dem Druck der Werbeeinnahmen wird agenda-setting zur Sensationssucht, zur immer rascheren Abfolge unreflektierter Probleme – heute Saurer Regen, morgen Jugendarbeitslosigkeit, übermorgen Staatsverschuldung und dann wieder Asyl, Ex-Jugoslawien oder Tanker-Unglücke und dazwischen die Ehekrise im britischen Königshaus – eigentlich ist das ja auch egal, Hauptsache, die Auflagenhöhen und Einschaltquoten stimmen, und mit ihnen die Werbeeinnahmen.

---

22 – Zündorf, 1994, 154 f.

Damit wird kontinuierliche Information und in der Folge auch fundierte eigene Meinungsbildung, geradezu verhindert.

Selbst vermeintlich unpolitische *Unterhaltungssendungen* spielen hier eine wichtige Rolle, prägen sie doch in vielen Bereichen die Wirklichkeitsinterpretationen, Konsumstandards und Einstellungen derer, die sie empfangen. Insofern wird die amerikanische Dominanz auf dem Weltnachrichtenmarkt noch einmal verstärkt durch die amerikanische Dominanz beim Verkauf von Serien und Unterhaltungssendungen, vor allem von Spielfilmen. Auch das spielt eine Rolle bei der Trivialisierung und Brutalisierung der Weltbilder, die z.B. das Fernsehen zunehmend vermittelt. Hier zeigt sich ebenfalls die überwältigende Abhängigkeit der Dritten Welt, während die Europäer immerhin eine bedeutende Eigenproduktion haben. Die weitaus überwiegende Mehrheit der in deutschen Fernsehsendern verbreiteten Spielfilme stammt aus amerikanischer Produktion. Im Gegensatz dazu werden nur ein Prozent der französischen Filme in den USA gezeigt[23].

Die Zahl der Mitarbeiter der Redaktionen amerikanischer Zeitungen wurde in den vergangenen 15 Jahren um 2.200 Vollzeitstellen reduziert; die *Network-News (CBS, ABC, NBC)* beschäftigen rund ein Drittel weniger Korrespondenten und unterhalten fünfzig Prozent weniger Auslandbüros als noch vor zwanzig Jahren. Im Radiobereich ist die Zahl der vollzeitbeschäftigten Nachrichtenredakteure zwischen 1994 und 2001 um 44% zurückgegangen. Gleichzeitig müssen von den Redaktionen als Folge der technologischen Entwicklung aber immer mehr Produktionsaufgaben übernommen werden – auch die Kollegen des Online-Ablegers wollen noch mit raschen Aktualisierungen versorgt sein. Eine höhere Arbeitsbelastung ist die Folge. Nicht zuletzt deshalb sowie aufgrund der Tatsache, dass eine immer größere Zahl von Anbietern auf „exklusive" Informationen angewiesen ist, wächst die Anfälligkeit der Medien auf Versuche der Manipulation durch Interessengruppen und „Spin-Doctors" (Nachrichtenverdreher)[24].

Um im *Kampf um Einschaltquoten* Aufmerksamkeit zu erregen, ist nichts zu brutal, zu pervers, zu primitiv – nur sensationell muss es sein. Auch hier sind die amerikanischen Medien Spitze: 4.000 Tote und rund 600 Gewaltverbrechen haben Medienforscher in einer normalen Fernsehwoche gezählt. Auch wenn es keinen Beweis für einen kausalen Zusammenhang gibt: Die *Brutalisierung des Fernsehens und die Brutalisierung der Wirklichkeit scheinen parallel zu laufen.* So wird Gewalt als soziale Selbstverständlichkeit, aggressive Problemlösung als angemessen propagiert. Wir können darin keinen Zuwachs an Freiheit, an Aufklärung, an Menschlichkeit entdecken – wohl aber einen Verlust an Mitgefühl, an Solidarität, an Kultur. Das trifft nicht alle gleichermaßen. Die Vielseher, das sind vorab die Armen und Abgespannten, die Einsamen, die Alten, die sich selbst überlassenen Kinder und Jugendlichen. Sprachstörungen bei Vorschulkindern haben dramatisch zugenommen, was die Mainzer Universitätsklinik für Kommunikationsstörungen zum wesentlichen Teil auf Fernsehkonsum

23 – Hans-Bredow-Institut 1994, 11
24 – www.StateOfTheNewsMedia.com, 3.6.2005

zurückführt. Ihr Wirklichkeitsbild entwickelt sich am Fernsehen und so auch ihre Ängste und Abwehrreaktionen.

Zunehmend wird die öffentliche Meinung von PR-Agenturen gemacht, in deren Strategien die Massenmedien häufig eingebaut sind (→ Kap. 8.2.2). Burson-Marsteller (B-M) ist der globale Marktführer in Sachen Public Relations und käuflicher öffentlicher Meinung. Die führende Beratungsfirma auf dem Gebiet der strategischen Kommunikation beschäftigt weltweit mehr als 2.200 Werbefachleute in 35 Ländern und erzielte 1999 einen Honorarumsatz von 275 Mio. US$. Die Firmenleitung versteht „Kommunikation als Instrument, durch Überzeugung Verhaltensweisen herbeizuführen, die zum wirtschaftlichen Erfolg der Kunden führen". Burson-Marsteller berät alle, die es nötig haben und die über das erforderliche Kleingeld verfügen: Seriöse und weniger seriöse Großkonzerne, Diktaturen, Militärmachthaber, Firmen, die Umweltkatastrophen klein reden wollen. Nach der Chemiekatastrophe in Bhopal im Jahr 1984, bei der schätzungsweise 2.000 Menschen starben und 200.000 verletzt wurden, setzten sich B-M-Mitarbeiter und die Verursacherfirma Union Carbide zum Krisenmanagement zusammen und erarbeiteten Konzepte für die PR-Strategie. B-M hat die Global Climate Coalition gegründet, die einflussreichste Industrielobby gegen globale Klimapolitik. Ihr ist es wesentlich zu verdanken, dass das Kyoto-Protokoll so zahnlos ausgefallen ist.

Ein inzwischen gut dokumentierter Fall belegt bereits für 1990 die Arbeitsweise solcher Agenturen, die sich zweifellos seither verfeinert hat (siehe Abb. 9.2 im Anhang).

Neuerdings regt sich Widerstand gegen die westlich-amerikanische Dominanz, zuerst mit der Gründung des Senders *Al-Jazeera,* der unabhängig aus dem Mittleren Osten berichtet und der seine Arbeit trotz massiver amerikanischer Versuche, ihn zum Schweigen zu bringen, fortsetzt. Wie Inter Press Service berichtet, haben sich die Regierungen von Venezuela, Uruguay, Argentinien und Kuba entschlossen, einen neuen Sender *Telesur* zu gründen, der unabhängig über Lateinamerika berichten soll. Ein republikanisches Mitglied des Repräsentantenhauses nannte das Unternehmen „eine Bedrohung Amerikas, die das Machtgleichgewicht in der westlichen Hemisphäre untergrabe". Ein ähnlicher Versuch, das amerikanische Monopol aufzubrechen, wird mit *TV Brasil Internacional* unternommen.

9.2.2 Europa

Der Kampf um die ökonomische *Dominanz im europäischen Medienmarkt* wird vor allem durch die großen Medienkonzerne wie Bertelsmann und Springer, Bauer, Berlusconi, Maxwell, Murdoch oder Hersant ausgetragen. Interessanterweise herrscht in der Literatur das Interesse an *Telekommunikation* vor, von den Imperien im Bereich der Printmedien ist deutlich seltener die Rede. Immerhin sind unterschiedliche Größenordnungen und Strukturen auffällig: Gegen die großen Märkte in Großbritannien, Deutschland und Frankreich fallen die anderen Länder Europas deutlich ab; der Dominanz *nationaler* Qualitätszeitungen in Großbritannien stehen deutlich *regional* definierte Märkte in Frankreich gegenüber, während in Deutschland beide Segmente zu finden

Land/Verlag	Titel	Auflage	Land/Verlag	Titel	Auflage
POLEN			SLOWAKEI		
Heinrich Bauer	22	9,2 Mio.	Ringier	6	0,8 Mio.
Verlagsgruppe Passau	11	3,3 Mio.	Gruner + Jahr	6	0,6 Mio.
Axel Springer	16	2,7 Mio.	Verlagsgruppe Passau	26	0,6 Mio.
Gruner + Jahr	7	2,0 Mio.			
Hubert Burda Media	16	1,6 Mio.	RUMÄNIEN		
			Ringier	7	0,8 Mio.
TSCHECHIEN			Hubert Burda Media	10	0,5 Mio.
Verlagsgruppe Passau	24	2,2 Mio.	Axel Springer	4	0,2 Mio.
Gruner + Jahr	8	1,8 Mio.	WAZ Mediengruppe	2	0,2 Mio.
Ringier	10	1,8 Mio.	Heinrich Bauer	1	0,1 Mio.
Heinrich Bauer	10	1,5 Mio.	Gruner + Jahr	1	0,1 Mio.
Hubert Burda Media	8	1,0 Mio.			
Axel Springer	9	0,2 Mio.	BULGARIEN		
			WAZ Mediengruppe	15	1,1 Mio.
UNGARN					
Axel Springer	28	2,1 Mio.	KROATIEN		
WAZ Mediengruppe	7	0,9 Mio.	WAZ Mediengruppe	15	0,5 Mio.
Ringier	6	0,7 Mio.	Axel Springer	1	43.000
Heinrich Bauer	4	0,3 Mio.			
Gruner + Jahr	1	0,2 Mio.	JUGOSLAWIEN		
Hubert Burda Media	3	0,1 Mio.	WAZ Mediengruppe	17	0,6 Mio.
			Gruner + Jahr	1	0,1 Mio.

Tabelle 9.1: Aktivitäten deutscher und Schweizer Großverlage in osteuropäischen Ländern. *Quelle: Der Spiegel 49/2002, S. 81*

sind. Bei insgesamt stagnierenden Auflagen und in der Tendenz abnehmenden Werbeeinnahmen finden weiterhin starke *Konzentrationsprozesse* statt, geprägt durch die Vorherrschaft der genannten Großverleger[25].

Dabei haben es europäische Medien schwer angesichts eines überaus heterogenen Marktes: Die vielen Sprachen, die Traditionen und Kulturen erlauben es kaum, so etwas wie ein „europäisches Publikum" zu schaffen, und daher kommen Printmedien wie z.B. *European Voice* über kleine Auflagen auch nicht hinaus.

Dramatische Veränderungen gab es nach 1990 in Osteuropa. Westliche Konzerne haben in großem Stil bestehende Medien aufgekauft oder neue gegründet (siehe Tab. 9.1). 85% des Medienmarktes in Osteuropa sind in westlicher Hand, darunter drei Viertel in deutscher. Deutsche Verlage kontrollieren über die Hälfte des gesamten Pressemarktes, ganz vorne dabei der *WAZ Konzern* und die *Verlagsgruppe Passau,* hier bekannt mit ihrer Regionalzeitung Passauer Neue Presse. Besonders verlockend sind dabei die für die Zukunft erwarteten *Werbeeinnahmen* von geschätzten neun Mrd. Euro jährlich – angenehmer und gewollter Nebeneffekt ist der *Einfluss auf die öffentliche Meinung.*

In *Prag* gehört lediglich eine Zeitung einem tschechischen Verlag (*Rude Pravo,* das ehemalige Organ der Kommunistischen Partei, eine jetzt nur noch *Pravo* genannte Tageszeitung). Alle übrigen Zeitungen und Magazine befinden sich im Besitz ausländischer Verlage. Fünf Unternehmen, zwei deutsche, ein Schweizer und ein finnisches kontrollieren 80% der tschechischen Zeitungen und Zeitschriften. Der größte Verleger, gemessen an der Auflage, ist die *Vltava-Labe-Press (VLP),* die mehrheitlich der *Passauer Neuen Presse* gehört. Es gibt

25 – Gellner, 1992, 283 f.

Hinweise darauf, dass die neuen Eigentümer sich mit Weisungen inhaltlich in die Redaktionsarbeit eingemischt haben, u. a. mit der Unterstützung sudetendeutscher Forderungen.

In *Polen* bringt der Bauer-Verlag 21 Titel heraus; bei einem Ertrag von 140 Mio. € hält er 22% Marktanteil. 11% Marktanteil hält die Springer-Presse mit einem Ertrag von 70 Mio. €. Der Axel-Springer-Verlag publiziert neben der Wochenzeitschrift *Newsweek* sechs Frauenzeitschriften, zwei Jugendzeitschriften und drei Autozeitschriften, dazu acht Computer-Zeitschriften und eine Wirtschaftszeitung. Seit dem 22. Oktober 2003 erscheint eine gesamtpolnische Zeitung des Axel-Springer-Verlages, die *Fakt* heißt. Das deutsche Kapital überwiegt gleichzeitig bei den großen Werbeagenturen, was wiederum die Bekämpfung der Konkurrenz erleichtert.

Auch in *Ungarn* besitzen deutsche Verlage 75% des gesamten Pressemarktes. So besitzt die WAZ-Gruppe, die sich in den 1990er Jahren in Österreich in die Kronen- und Kuriergesellschaft eingekauft hatte, in West- und Südungarn, dem Gebiet mit der größten Kaufkraft, seit 1993 fünf regionale Tageszeitungen mit einer Gesamtauflage von zur Zeit 227.000 Exemplaren. 87% davon gehen an Abonnenten, was gemessen am Landesdurchschnitt ein Spitzenwert ist.

In der *Slowakei* gehören den Deutschen über dreißig Zeitschriften. Auch in den *baltischen Staaten* sind die deutschen Verlage aktiv. Vor kurzem kaufte der Konzern WAZ die wichtigste Tageszeitung *Politika* in *Serbien und Montenegro.* Ein Ende der Einkaufstour ist nicht abzusehen.

Im *Rundfunk- und Fernsehbereich* gibt es inzwischen ein weitgehend konformes Bild, das auch in den zehn neuen Mitgliedsländern gilt: In aller Regel gibt es einen öffentlich-rechtlichen Sender und mehrere werbefinanzierte Privatanbieter, die allesamt von ausländischen Eigentümern kontrolliert werden. *Regulierungsmaßnahmen* zum Schutz der nationalen Kultur und der nationalen Medienmärkte mussten unter dem Druck der EU wieder zurückgenommen werden. Wie überall bringen die Privatsender alles, was der Werbung gut tut, und da nationale Eigenproduktionen teuer sind, herrschen amerikanische Filme vor, die billig eingekauft werden können. Unter den europäischen Angeboten herrschen solche aus Deutschland, Frankreich oder Italien vor.

Sicherlich hat die glückliche Mittelschichtfamilie mit Haus, Hund, Auto und Urlaub, die uns die Werbespots als den Normalfall unserer Gesellschaft vorgaukeln, die Hoffnungen der Ostdeutschen und der Osteuropäer auf ein anderes Leben genährt und die Revolutionen von 1989 befördert. Umso größer sind Ernüchterung und Frustration jetzt. Nach Merton's Theorie abweichenden Verhaltens sind Rückzug, übergroße Anpassung, Rebellion, Aggressivität plausible Reaktionen auf diese Diskrepanz zwischen gesellschaftlich akzeptierten Zielen und den fehlenden legitimen Mitteln, sie zu erreichen. Dies alles kann man in erschreckendem Ausmaß jenseits der Elbe besichtigen (→ Kap. 6.2).

„Wie im Bericht des Europäischen Journalistenverbandes (EFJ) des Jahres 2003 steht, versuchen die deutschen Unternehmen, Magazine zu schaffen, die sie in ganz Mitteleuropa verkaufen können. Das spart Aufwand und somit Kosten, führt aber auch zu mangelnder Qualität. In der Tschechischen Republik gleichen sich bereits viele Regionalzeitungen, weil sie zentral produziert werden. Die Vielfalt leidet. Auch nimmt die Presse in deutschem Besitz die Kontrollfunktion nicht wahr, weil sie keine Kontroversen durch investigative Recherchen auslösen will. Auch in Polen ist die journalistische Qualität der Kostenschere anheim gefallen. Statt Profis werden günstigere Amateure angestellt, was mit mehr Sensationsjournalismus einhergeht. Der EFJ beobachtet eine „große Bedrohung des unabhängigen Journalismus". Dazu kommt das Gewerkschaftsproblem. Schwache Gewerkschaften haben westlichem Management oftmals nicht viel entgegenzusetzen. Ausländische Verlage setzen in Polen niedrige Löhne fest und vermeiden Gruppentarifverträge. Der Vorsitzende des Estländischen Journalistenverbandes sagt, es gäbe nicht einmal ein Forum, um mit den Investoren über Lohntarife zu verhandeln. In Ungarn haben Journalisten keine Jobsicherheit und keine Sozialabsicherung, weil es die Verlage günstiger kommt[26].

Die *Medienpolitik der Kommission der EU* beruht auf der Idee, wettbewerbsbeschränkende Regelungen der Mitgliedsstaaten zu untersagen und jedem in einem Mitgliedsstaat zugelassenen Veranstalter zu erlauben, sein Programm in jedem anderen Mitgliedsstaat senden zu lassen. Die Alternative, gemeinsame Fernsehprogramme zu produzieren, wurde nicht weiter verfolgt. Eine Richtlinie „Fernsehen ohne Grenzen", 1989 nach zähen Verhandlungen vom Ministerrat verabschiedet, wird vor allem von den kleineren Ländern kritisiert. Ein Ansatz, der die Herstellung eines möglichst ungehinderten Wettbewerbs zum Ziel hat, konterkariert ihrer Auffassung nach die kulturpolitischen Bemühungen um die Bewahrung kultureller Identitäten. Konsequenterweise hat die Kommission in ihrer ökonomistischen Ausrichtung (die Medien als Dienstleistungen betrachtet) bisher keine Anstalten gemacht, die Unternehmenskonzentration im Medienbereich zu kontrollieren. Im Gegensatz dazu betont eine ebenfalls 1989 verabschiedete *Konvention des Europarates* die kulturelle Funktion der Medien. In der Uruguay-Runde des GATT spielte die Medienpolitik eine wichtige Rolle. Die amerikanische Regierung verlangte die Öffnung des europäischen Marktes (was auf Opposition insbesondere Frankreichs stieß) und wollte US-Filmfirmen selbst Zugang zu den Filmförderungsprogrammen europäischer Länder verschaffen.

9.2.3 Deutschland

„Eine repräsentative Studie der Forschungsgruppe Journalistik an der Universität Münster fand einmal heraus, dass zwei Drittel aller befragten Journalisten die Anregungen für ihre Arbeit aus dem Magazin *Der Spiegel* nehmen. *Der Spiegel* dürfte von allen meinungsbildenden Blättern vermutlich das einflussreichste, sein Chefredakteur Stefan Aust also einer der wichtigsten Meinungsmacher dieses Landes sein. Doch wer ist dieser Mann, dem einige nachsagen, eigentlich gar keine Meinung, sondern nur ein Händchen fürs journalistische Geschäft zu haben? Und wie ist aus dem ehemals Augstein'schen ‚Sturmgeschütz der Demokratie' die beliebige Allerweltsschleuder geworden, die die Mauern des Sozialstaates unter Dauerbeschuss nimmt? Der Medienjournalist

26 – Lietz, 2004

Oliver Gehrs, selbst 1999 bis 2001 für das Hamburger Magazin tätig, hat das Leben Stefan Austs penibel recherchiert. Herausgekommen ist das Porträt eines fleißigen und begabten, zugleich machtbewussten und prinzipienlosen Journalisten, der sein Fähnchen geradewegs so in den Wind des Zeitgeistes hing, dass er entweder provozieren oder gefallen konnte – jeweils im Dienst der Auflage und der Karriere. ... Der Berliner Büroleiter Gabor Steingart, der als wichtigster Mann hinter Aust gilt, regiert große Teile der Redaktion nach dem Prinzip ‚Teile und Herrsche'. Wer sich je wunderte, warum unter großen Spiegel-Artikeln bis zu acht Autoren stehen, weiß jetzt, dass Steingart damit sicherstellen kann, dass zum Schluss immer seine eigene Meinung steht und die ist dezidiert neoliberal. Dabei sind Parteienpräferenzen eigentlich egal. Ob Stoiber oder Schröder im Wahljahr 2002 präferiert wurden, hing jeweils damit zusammen, wer gerade in den Umfragen vorne lag. ‚Immer öfter ist Goliath der Gute', so fasst ein Redakteur die Tendenz zusammen, die Topmanagern mehr Raum im Blatt einräumt als Vertretern von Randgruppen. ... Ein negativer Artikel über die *Bild-Zeitung* im *Spiegel* ist heute kaum vorstellbar. Das Kuscheln mit Springer hat auch konkrete Hintergründe: schließlich wird dem Konzern großes Interesse im Fernsehbereich nachgesagt. Aust mit seinem Steckenpferd *Spiegel TV* wäre da ein guter Partner. Und auch ein Dritter sitzt mit im großen Medienboot: Frank Schirrmacher, der *FAZ*-Herausgeber, kooperiert in vielerlei Hinsicht mit Aust, so bei gemeinsamen Interviews für *FAZ* und *Spiegel TV* oder dem Vorabdruck des *Methusalem-Komplotts* im *Spiegel*. ... Die Redaktion des Spiegels mag nicht immer geschlossen hinter ihrem Chefredakteur stehen, aber gegen ihn wird sie sich nicht stellen – zumindest nicht, solange er wirtschaftlich so erfolgreich ist. Dazu verdienen *Spiegel*-Journalisten einfach zu gut. Die wenigen, die es gar nicht aushalten, ziehen die Konsequenz, und gehen"[27].

Dies könnte mithelfen, das entschiedene und lautstarke Engagement des Spiegels gegen Windkraft zu erklären[28]. Den größten Eklat gab es im Frühjahr 2004. *Spiegel*-Chefredakteur Aust strich persönlich einen bereits geschriebenen Artikel seiner Umweltredakteure Harald Schumann und Gerd Rosenkranz. Begründung: Grundsätzlich sei es Aufgabe der Chefredaktion, unsinnige und nicht der Realitätsprüfung standhaltende Geschichten nicht zu drucken[29]. Die Geschichte endete spektakulär: Schumann und Rosenkranz – zwei seit Jahrzehnten beim Spiegel tätige Journalisten – verließen das Blatt. *Der Spiegel* ließ das Thema nicht fallen. Er fand zwei andere Journalisten, die eine Titelge-

---

27 – vgl.: Gehrs, 2005; http://www.droemer-knaur.de/sixcms/detail.php?template=buchdetail&six_isbn=3-426-27343-8

28 – u.a. Spiegel Nr. 4/2005: „Milliardengrab Windenergie"; Spiegel-TV vom 29.3.2004: „Windmühlen-Wahn: Von umweltfreundlicher Energie zur subventionierten Landschaftszerstörung", Spiegel Nr. 14/2004: „Warum der weitere Ausbau der Windkraft der Umwelt mehr schadet als nützt", Spiegel Nr. 20/2003: „Windkraft: Sturmlauf gegen den Ökostrom", Spiegel Nr. 34/1998: „Energie. Für viele Anleger ist die Windkraft ein Flop", Spiegel Nr. 47/1997: „Rauer Wind"

29 – Pötter/Kuzmany: „Eine Frage der Perspektive", in: Tageszeitung, 6.4.2004, S. 13. Die Netzeitung hat den Spiegel-Eklat ausführlich dokumentiert, ebenso wie später eine Recherche der Journalisten-Fachzeitschrift „Message". Darin werden vielfache lokale Verbindungen zwischen Aust und einer lokalen Bürgerinitiative von Windkraft-Gegnern aufgezeigt.

schichte nach dem Geschmack des Chefs schrieben. Darin fand sich das haarsträubende Zitat, Windräder seien „die schlimmsten Verheerungen seit dem 30jährigen Krieg“[30].

Im Massenkommunikations-System der BRD spielen *die privatwirtschaftlich organisierten Zeitungs-, Zeitschriften- und Buchverlage* sowie die *öffentlich-rechtlichen Rundfunk- und Fernsehanstalten* wirtschaftlich und politisch die wichtigste Rolle. Wichtigste Informationsquelle für alle Massenmedien in Deutschland ist, neben den internationalen Agenturen, die *Deutsche Presse-Agentur (dpa)*. Ihre Eigentümer sind Verleger und Rundfunkanstalten; obgleich kein Gesellschafter mehr als 1,5% des Stammkapitals besitzen darf, beherrschen die großen Verlagsgruppen die Agentur – das beweist die Zusammensetzung des Aufsichtsrates[31].

Die Treuhandanstalt hat 1990/91 entschieden, welcher westdeutsche Verlag welchen ostdeutschen bekam: Den Berliner Verlag durften Gruner+Jahr/ Bertelsmann und der britische Großverleger Maxwell erwerben; zehn weitere Ex-SED-Blätter gingen an westdeutsche Verlage. „Sie nehmen auf dem ostdeutschen Zeitungsmarkt inzwischen eine überragende Position ein. Über 90% der Gesamtauflage der lokalen und regionalen Abonnementszeitungen entfällt auf sie, so dass die Presse dort ‚noch stärker als in der früheren DDR hochgradig konzentriert ist‘[32]. Zum Zuge kamen in Ostdeutschland ausschließlich westdeutsche Großverlage oder mit ihnen kapitalmäßig verflochtene mittelständische Unternehmen“[33].

Printmedien: Im internationalen Vergleich erscheint das Zeitungsangebot der Bundesrepublik auf den ersten Blick als vielfältig. Aber der *Schein trügt:* Nur wenige der vielen Zeitungsausgaben sind im politischen Teil journalistisch selbständige Publizistische Einheiten (= Vollredaktionen): Ende 1954 sind es nur 225 von insgesamt 1.500 Titeln, 1999 bloß noch 135 von 1.576 redaktionellen Ausgaben (Gesamtauflage 30,4 Mio. Exemplare). In der überregionalen Berichterstattung ist keine Zeitung ohne Konkurrenz – über das lokale Geschehen kann man sich hingegen häufig nur durch eine *Monopolzeitung* unterrichten. In dieser Lage waren in Westdeutschland 1954 genau 8,5% der Bevölkerung, 2000 aber bereits 34%. 1995 schrieb ein Lokalredakteur einer baden-württembergischen Zeitung: „Die Magistraten unserer Stadt wünschen sich ein harmonisches Gesamtbild. … Tagtäglich zeigen wir dieses Gesamtbild, schreiben über unserer tüchtige, mit Weitsicht geführte Kommune. Dass der Haushalt seit Jahr und Tag ohne jedes politische Leitbild eher schlecht verwaltet wird: So etwas gilt als Ansichtssache. Dass immer dieselben Bauunternehmer bei der Vergabe kommunaler Ausschreibungen berücksichtigt werden, fällt unserer Zeitung nicht auf. Dass die städtischen Verkehrsbetriebe ihre Leistungen ab- statt ausbauen, wird bei uns nicht analysiert. Auch die offenkundigen Organisationsmängel bei der Entsorgung sind tabu, ebenso das eigenmächtige Handeln unseres Stadtentwicklungsbüros. … Wir wollen gefällig sein und die Harmonie nicht stören.

30 – vgl. auch: Peter/Kursawa-Stucke, 1995
31 – Meyn, 1992, 171
32 – Schneider, 1992
33 – Meyn, 2001, 103

Die drei führenden Bauträger am Ort haben im vergangenen Jahr zusammengerechnet für rund 700.000 Mark Anzeigen geschaltet, das reicht. Der Chef des Stadtentwicklungsbüros und ein Bauunternehmer treffen sich jeden Mittwoch mit meinem Ressortchef, denn alle drei gehören zum Rotarierklub. Und einmal im Monat sehen sich mein Chefredakteur und unser Oberbürgermeister beim Altherren-Stammtisch“[34]. Lokalzeitungen drucken unbesehen Verlautbarungen von Behörden, Unternehmen, Vereinen und Parteien ab; machen nicht rechtzeitig aufmerksam auf anstehende Entscheidungen; zeigen bei strittigen Fragen nur selten mehrere Standpunkte; ermuntern kaum je zu eigenem Handeln.

Dazu kommen rund 20.000 Publikums-, Kunden-, Werks-, Fach- und konfessionelle Zeitschriften mit einer Gesamtauflage von über 200 Mio. Exemplaren. Der Umsatz von Zeitungen und Zeitschriften (ohne Fachzeitschriften) von rund zwölf Mrd. DM wird zu etwa *drei Vierteln* durch *Anzeigenwerbung* erzielt. Die größte Zeitschrift ist mit über elf Mio. Exemplaren je Ausgabe die Mitgliederzeitschrift des ADAC – ein verkehrspolitisch interessanter Tatbestand. Auf die vier größten Verlagskonzerne (Bauer, Burda, Springer, Gruner+Jahr/Bertelsmann) fallen fast zwei Drittel der gesamten Auflage.

Unter den *überregionalen Tageszeitungen* ragt mit einer Auflage von 4,2 Mio. Exemplaren die *Bild-Zeitung* (Springer) hervor. Rund ein Drittel ihrer elf Mio. Leser informiert sich ausschließlich daraus. Die *Süddeutsche Zeitung* (Auflage 434.000) tendiert nach ihrem Redaktionsstatut zu einer linksliberalen Position – das gilt auch für die *Frankfurter Rundschau* (195.000). Deutlich auf CDU-CSU-FDP-Kurs und im Interesse der Unternehmer argumentiert die *Frankfurter Allgemeine Zeitung* (408.000), während *Die Welt* (Springer, 250.000) für ihre guten Kontakte zur CDU-Parteizentrale bekannt ist. Wegen ihrer eher „grünen" und linken Haltung, aber auch wegen ihrer besonderen Eigentümerstruktur (Mitarbeiter und Leser) sei hier noch die *„tageszeitung taz“* (60.000) erwähnt – mit der Jungen Welt die einzigen, die ohne Werbung auskommen und Eigentum einer Genossenschaft sind.

Bei den Wochenzeitungen gilt *Die Zeit* (450.000, seit 1996 im Holtzbrink-Konzern) als Blatt der eher liberalen Intelligenz, *Der Spiegel* (1,1 Mio.) galt unter Gründer und Herausgeber Rudolf Augstein als Speerspitze der Demokratie und eher regierungskritisch, hat sich aber unter Stefan Aust deutlich auf einem USA-freundlichen und kommerziellen Kurs eingerichtet. Das Konkurrenzmagazin *Focus* (800.000, Burda) pflegt mehr das Infotainment und neigt eher zur CDU, *Das Parlament* (100.000), herausgegeben von der Bundeszentrale für politische Bildung, dokumentiert vor allem das Geschehen auf der politischen Bühne in Berlin. Konfessionell orientiert und subventioniert sind *Das Deutsche Allgemeine Sonntagsblatt* (evangelisch, 35.000) und der *Rheinische Merkur* (katholisch, 110.000).

„Stille Riesen“ wie die Stuttgarter *Holtzbrinck-Gruppe* haben beachtlichen Einfluss – ihr gehören Handelsblatt und Tagesspiegel, Saarbrücker Zeitung und Trierischer Volksfreund, Lausitzer Rundschau, Main-Post und Südkurier, Börsen-Zeitung und VDI-Nachrichten. Weniger bekannt dürfte sein, dass die

---

34 – zit. nach: Meyn 2001, 90 f.

wichtigsten Taschenbuchverlage – Fischer, Rowohlt, Kindler, Droemer Knaur, Schroedel – dazu einige Zeitschriften und 15 Radiostationen, praktisch flächendeckend in Ostdeutschland, ebenfalls dieser Gruppe gehören. Sie hat 1996 auch Die Zeit übernommen. Mit Hilfe von CDU und Kirchen[35] ist da ein nahezu völlig unbekanntes Medienreich entstanden, das im Jahr immerhin mehr als 2,3 Mrd. DM umsetzt. Die *Konzentration* ist in den letzten Jahren, gefördert durch technische, steuerliche und Marketing-Bedingungen, rasch fortgeschritten. Größter Zeitungsverleger des europäischen Kontinents ist der Axel-Springer-Verlag (Jahresumsatz 3,5 Mrd. DM), größter Medienkonzern Europas die Bertelsmann AG (14,5 Mrd. DM).

Elektronische Medien: In der BRD gibt es mit dem Staatsvertrag der sechzehn Bundesländer von 1991 nun elf Landesrundfunkanstalten. Sie werden jeweils von einem Intendanten geleitet und von Rundfunk-/Fernsehräten, Verwaltungsräten und z. T. von Programmbeiräten kontrolliert und beraten. Die elf sind in der „Arbeitsgemeinschaft der öffentlich-rechtlichen Rundfunkanstalten Deutschlands" (ARD) zusammengeschlossen. Daneben besteht seit 1961 das durch Staatsvertrag der Länder gegründete ZDF. Zur ARD gehören auch die Deutsche Welle und der Deutschlandfunk. Dazu muss man die etwa 200 privaten Hörfunkanbieter erwähnen. Die öffentlich-rechtlichen elektronischen Medien finanzieren sich zum größeren Teil aus Gebühren, zum kleineren Teil aus Werbeeinnahmen. Seit 1984 hat sich daneben der Privatfunk, unter kräftiger Beteiligung von Verlegern und Medienkonzernen, entwickelt, der sich ausschließlich durch Werbeeinnahmen finanziert (sog. „duale Rundfunkordnung"). Dazu sagt das Bundesverfassungsgericht, die *Grundversorgung* sei Sache der öffentlich-rechtlichen Anstalten, weil deren Programme fast die ganze Bevölkerung erreichen könnten und weil sie durch Gebühren teilfinanziert und daher nicht so sehr auf Einschaltquoten fixiert seien.

Die *Rundfunkanstalten* sind selbständige Anstalten des öffentlichen Rechts, föderalistisch die ARD, zentralistisch das ZDF. „Auf zwei Wegen haben die Parteien von den Landesfunkhäusern Besitz ergriffen: Sie haben die ursprünglich liberalen Landesrundfunkgesetze so lange novelliert, bis ihr Zugriff Gesetz wurde. Und sie haben aus den Vertretern der Allgemeinheit in den Rundfunkräten Zug um Zug Parteienvertreter gemacht, auch wenn die nicht immer ein Parteibuch in der Tasche oder Handtasche haben. Gesetzlich darf in keinem Rundfunkrat mehr als ein Drittel der Mitglieder von Parteien entsandt werden, aber in Wahrheit sind es meist zwei Drittel oder sogar fast alle"[36]. Wir stoßen hier auf dieselbe Erscheinung, die Erwin und Ute Scheuch aus der Kölner Kommunalpolitik berichtet haben – ein Sitz im Rundfunkrat wird von den Parteien als Pfründe behandelt (→ Kap. 8.2.3), und daher spielen die Parteien in der Personalpolitik eine entscheidende Rolle. Tatsächlich geht der Parteien-Proporz bis weit in die Funkhäuser hinein, bei klaren Mehrheiten auch die Alleinherrschaft einer Partei. Generell wird ein zunehmender Druck von Parteien und Verbänden vor allem auf die elektronischen Medien beklagt, zusammen mit einem

35 – Der Spiegel 21/1994, 53
36 – Der Spiegel 45/1989, 93

immer enger werdenden Meinungsspektrum. Das betrifft insbesondere die politischen Magazine.

Über die Reichweiten der Sender und die Beteiligungsverhältnisse informiert die *Kommission zur Ermittlung der Konzentration im Medienbereich* (KEK), die „für die abschließende Beurteilung von Fragestellungen der Sicherung von Meinungsvielfalt im Zusammenhang mit der bundesweiten Veranstaltung von Fernsehprogrammen“ zuständig ist.

Die Medienbranche hat im Vergleich zu anderen Dienstleistungssektoren – trotz starker zyklischer Pendelausschläge – über längere Zeiträume hinweg hohe Renditen erwirtschaftet. Trotzdem wurden auch in den guten Zeiten Redaktionsetats zusammengestrichen, während dagegen *PR-Stäbe* atemberaubend schnell gewachsen sind. Die *Werbung* finanziert weitgehend das Mediengeschäft – zu mindestens fünfzig Prozent (bei Zeitschriften), zu etwa zwei Dritteln (bei Zeitungen) und sogar zu hundert Prozent (beim privaten Hörfunk und Fernsehen und künftig wohl auch im Internet). Obendrein liefern PR-Agenturen und Presseabteilungen den Großteil aller Nachrichten frei Haus.

Von 2000 bis 2003 brach der *Anzeigenumfang* der Zeitungen um 27% ein. Bald wurde klar, dass eine Erholung nicht zu erwarten war. Stellenanzeigen (Einbruch um siebzig Prozent) wanderten auf Dauer ins Internet ab, genau wie viele (junge) Leser. Die Zeitungsverlage stecken in einer Strukturkrise. Zur Kompensation der Einnahmeverluste werden auch in Deutschland Redaktionen geschlossen oder verkleinert, Redakteure übernehmen die Arbeit ihrer entlassenen Sekretärin, freie Mitarbeiter erhalten keine Aufträge mehr oder lediglich Hungerlöhne, Volontäre und kostenlose Praktikanten sorgen für Inhalt. Die Vermehrung der Kommunikationskanäle (Hardware) führe zu einer Verknappung der Software (Content). Für die vielen Programmplätze mangele es einerseits zusehends an attraktiven Programmangeboten (kreativen Ressourcen). Andererseits treibe die Konkurrenz auf bestimmten Ereignismärkten, z.B. dem Sport, die Programmkosten extrem nach oben. Wir beobachten also Entwicklungen, die dem oben beschriebenen Trend hin zur weiteren *Kommerzialisierung* und *Trivialisierung* durchaus ähnlich sind. Auf alle Fälle ist die Versuchung groß, vorfabrizierte Inhalte von Regierungsstellen oder PR-Agenturen zu übernehmen und eigene sorgfältige Recherche zu reduzieren[37].

Wir stehen am Ende eines Zeitalters – und wollen es nur noch nicht wahrhaben. Für die Printmedien wird der derzeitige Technologie-Schub existenzbedrohend. „Wenn der faltbare Bildschirm, der sich wie ein Handy in jede Jackentasche stecken lässt, erst einmal ‚hip' geworden ist, kommt das Aus herkömmlicher Printmedien so sicher wie das Ende des Postkutschen-Zeitalters. … Die Tageszeitungen sind in Bedrängnis geraten – nicht nur durch das Fernsehen, das allmählich den Löwenanteil des Werbekuchens auffrisst und den dramatischen Rückgang bei den Stellenanzeigen, sondern auch durch die rasante Ausbreitung und Akzeptanz-Zunahme des Internets als Hauptinformationsmedium der nachwachsenden Generation. … Ich sehe damit bis auf weiteres die Medienbranche, vor allem die Tagespresse, unter ökonomischem Druck, der publi-

37 – Der Spiegel, 17.3.2003, 196 f.

zistischer Qualität nicht gerade zuträglich ist. Wir werden uns also weiter mit unerfreulichen Trends im Journalismus zu beschäftigen haben:

- Seriöser Informationsjournalismus wird im Wettbewerb um Auflage und Quote weiterhin „infotainisiert" und infantilisiert werden oder sogar gänzlich der Unterhaltung weichen.
- Es wird weiterhin gnadenlos sensationalisiert werden, und – was schlimmer ist – durch Angstmache (BSE, MKS, Anthrax, SARS) werden die Medien weiterhin gute Geschäfte auf Kosten Dritter machen. Auch die seriösen Blätter machen dabei mit.
- Viele Medien werden weiterhin ungehemmt das Leid anderer Menschen ausnutzen, deren Privatsphäre verletzen und ein Tabu nach dem anderen brechen – bis auf das eine, dass Medienmacht selbst als Medienthema weitgehend "off the record" bleibt.
- Die meisten Medien werden sich – auch aus kommerziellen Erwägungen – trotz Globalisierung weiterhin im Regionalen und Lokalen einigeln.
- Die Abhängigkeit von PR-Zulieferungen wird weiterhin zunehmen – und damit auch die Fernsteuerung der Medien durch Öffentlichkeitsarbeit und Spin Doctors. Mit dieser ‚Subventionierung' der Redaktionsarbeit von außen geht die Verlagerung von Recherche in den PR-Sektor einher – und sie animiert zu weiterem Stellenabbau und/oder zu Outsourcing in den Redaktionen.
- Die meisten Medien in Deutschland werden sich – obwohl das ökonomisch unklug ist – nach wie vor schwer damit tun, ihre Fehler zu korrigieren.

Die Medien werden aus all diesen Gründen weiterhin *Glaubwürdigkeit* verlieren, ebenso wie die Journalisten als Berufsgruppe weiter an Ansehen einbüßen werden. Ökonomisch betrachtet sind redaktionelle Angebote 'Trigger', um Anzeigenraum zu verkaufen."[38]. Im Kräfte-Parallelogramm zwischen Journalismus und PR wird es weiterhin Machtverschiebungen geben – tendenziell zugunsten der Öffentlichkeitsarbeit[39]. Das geschieht in dem Moment, in dem weltumspannende Medienkonzerne die Führung übernehmen – und professionelle Kommunikationsmanager immer häufiger eingespannt werden, um die Welt im Licht der Interessen ihrer Auftraggeber darzustellen. *Die Bewusstseinsindustrie ist nicht mehr Hypothese, sie ist Wirklichkeit.*

9.3 Zusammenfassung

Die Massenmedien produzieren das, was in unseren Köpfen als Wirklichkeit aus zweiter Hand Realität wird. Deshalb ist es so wichtig, sich mit den Strukturbedingungen ihres Operierens zu beschäftigen. Dazu gehört vor allem, sie in profitorientierten Strukturen kapitalistischer Gesellschaften, also in technischen, ökonomischen, politischen und sozialen Bedingungen zu verstehen. Die Massenmedien werden – grob gesagt – für globale Zukunftsfähigkeit nur dann

38 – Ruß-Mohl, 2003
39 – Ruß-Mohl, 2004

etwas tun, wenn es ihnen Profit bringt und sich das Thema profitabel vermarkten lässt. Sie sind in ihren politischen Inhalten weitgehend beeinflusst nicht nur durch die USA, sondern auch durch das Gesellschaftsbild westlicher Mittelschichten und durch den Zwang, wegen der Werbeeinnahmen ständig neue Sensationen produzieren zu müssen. Sie pervertieren das Bild von Gesellschaft, weil sie um des vermeintlichen Aufmerksamkeitswertes willen immer neue Sensationen melden müssen. Damit tragen sie erheblich zur Trivialisierung von Politik und zur Brutalisierung unserer Wirklichkeitsbilder bei. Selbst die Öffentlich-Rechtlichen spielen den Kampf um Werbeeinnahmen mit. Alle Medien werden beherrscht durch die Menschen- und Gesellschaftsbilder der Mittelschicht; das bedeutet gleichzeitig, dass die Wirklichkeitserfahrungen der Mehrheit der Bevölkerung in den Massenmedien einfach nicht vorkommen. Gleichzeitig werden sie zunehmend gleichgeschaltet durch die PR-Agenturen, die regierungs- und industriefreundliche Inhalte da durchsetzen, wo selbständige Redaktionsarbeit der Kostensenkung zum Opfer fällt.

10. Soziale Sicherung

10.1 Theorie

Institutionen der sozialen Sicherung sind defensiv definiert; sie sollen die Aufrechterhaltung der materiellen Existenz in dem Fall garantieren, dass ein ausreichendes Einkommen aus Erwerbstätigkeit oder Vermögen nicht gegeben ist. Das ist etwas anderes als die „Sicherung des sozialen Status" oder des materiellen Lebensstandards, die manche in die Obhut des Staates gelegt sehen wollen. Im Unterschied zwischen beiden Definitionen spiegeln sich zwei grundsätzlich verschiedene Orientierungen: das Prinzip der Grundversorgung auf der einen, das Prinzip der Risikosicherung auf der anderen Seite:

Grundversorgung bedeutet idealtypisch, dass ein Grundeinkommen, das mindestens zur Existenzsicherung ausreicht, garantiert wird, unabhängig davon, was und wie viel und ob überhaupt jemand Erwerbseinkommen erzielt. Der Staat wird damit aufgefordert, strukturelle Veränderungen, die einige weit mehr belasten als andere, auszugleichen. Nach dieser Logik soll es nicht sein, dass z.B. die Folgen technologischer Innovationen, die letztlich viele Verursacher haben, positiv als höhere Renditen nur den Kapitaleignern nützen, negativ als Arbeitslosigkeit nur den Beschäftigten angelastet werden. Da die kausale Verursachung im konkreten Einzelfall kaum nachzuweisen ist, soll sichergestellt werden, dass niemandem ein würdevolles Leben verwehrt wird. Hier wird akzeptiert, dass die Zeit der Vollbeschäftigung zu einem familiensichernden Arbeitseinkommen vorüber ist. Den Menschen wird selbst die Entscheidung darüber überlassen, ob, wo, wie lange und unter welchen Bedingungen sie eine entgeltliche Beschäftigung annehmen wollen (→ Kap. 1.4.3). Grundversorgung ist danach aus allgemeinen Steuermitteln zu finanzieren.

Risikosicherung meint idealtypisch, dass kaum vorhersehbare Wechselfälle des Lebens wie Invalidität, Krankheit, Arbeitslosigkeit in einem *besitzstandswahrenden* Rahmen abgesichert werden. In dieser Logik soll der Versicherer dafür sorgen, dass jemand, der von solchen Schicksalsschlägen getroffen wird, im Wesentlichen seinen bisherigen Lebensstandard beibehalten kann. Zur Finanzierung solcher Leistungen werden in erster Linie Versicherungsbeiträge herangezogen. Der Staat übernimmt nach diesem Modell eine organisatorische Rolle, die aber grundsätzlich auch von anderen übernommen werden könnte, und allenfalls eine Defizitgarantie. Als Normalfall wird weiterhin die Vollbeschäftigung gegen Arbeitslohn angenommen.

Reale Systeme stehen *zwischen* diesen beiden Idealtypen. Deutschland etwa handelt nach den Prinzipien der Risikosicherung, kennt aber auch Elemente der Grundversorgung. Theoretisch ist das mit der Sozialhilfe der Fall – nur zeigt die empirische Wirklichkeit, dass hier Theorie und Praxis besonders weit auseinanderklaffen. Die *Solidarleistung*, nach der Wohlhabende relativ mehr zum

Sicherungssystem beitragen sollen als Arme, in der also bewusst ein gewisses Maß an Umverteilung beabsichtigt ist, tritt genau genommen nur im Modell der Grundversorgung ein: Wenn dagegen Wohlhabende für höhere Versicherungsbeiträge auch höhere Leistungen (und die in der Regel auch noch über längere Zeit wegen höherer Lebenserwartung) beziehen, dann spielt der Gesichtspunkt der Umverteilung keine Rolle.

Die *Rolle des Staates* ist nicht von vornherein festgelegt, vielmehr muss ihm diese Aufgabe nach Art und Umfang ausdrücklich zugewiesen werden. Historisch ist dieses Verfahren relativ neu – im deutschen Mittelalter waren Aufgaben der sozialen Sicherung insbesondere den Zünften und Nachbarschaften übertragen – und auch im interkulturellen Vergleich ist es keineswegs die Regel. *Für* die soziale Sicherung als Staatsaufgabe spricht die Erfahrung der Frühindustrialisierung und die Einsicht, dass das kapitalistische Wirtschaftssystem nicht von sich aus proletarische Verelendung verhindert und menschenwürdige Lebensbedingungen für alle herstellt. *Dafür* spricht auch, dass Verelendung den sozialen Frieden, die Rechts- und Gesellschaftsordnung gefährdet. Und *dafür* spricht schließlich auch der Gesichtspunkt des gerechten Ausgleichs, da die Ungleichverteilung der Einkommen nicht nur (wenn überhaupt) durch den ungleichen Beitrag zum gemeinsamen Produkt zu begründen ist. Der Staat soll daher in dem bei uns vorherrschenden Verständnis als Reparaturbetrieb die sozialen Schäden mildern, die das kapitalistische System anrichtet. Diese „sozialdemokratische" Auffassung stellt sich den *Staat als neutralen Mittler* zwischen den Interessen vor, der willens und in der Lage ist, den angestrebten Ausgleich herzustellen. Und sie unterstellt, dass in einem tatsächlich für Zwecke der Umverteilung gestalteten Steuer- und Beitragssystem die notwendigen Mittel für diesen Zweck bereitgestellt werden.

Gegen diese Staatsaufgabe spricht vor allem, dass durch staatliche Absicherung die eigenverantwortliche Vorsorge und Initiative behindert und dem Staat der Ausbau von Herrschaftsfunktionen und Bürokratie ermöglicht wird. Diese „neo-liberale" Auffassung unterstellt, dass alle Menschen grundsätzlich in gleicher Weise in der Lage seien, solche Vorsorge eigenverantwortlich zu treffen. Diese Vorstellung ist ebenso fiktiv und geht ebenso an der Wirklichkeit vorbei wie die von der Neutralität des Staates.

Die einfache Lösung, nach der staatliche Leistungen die Grundversorgung sichern, die besitzstandswahrende Risikovorsorge aber der Versicherung durch die privaten Haushalte überlassen bleiben sollte, ist derzeit besonders umstritten. Aber damit sind die möglichen Alternativen noch nicht zu Ende gedacht.[1]

Die Definition von Zukunftsfähigkeit schließt ausdrücklich *die soziale neben der ökonomischen und ökologischen Dimension* ein. Es ist auch leicht einzusehen, dass soziale Notlagen wie Armut oder lang andauernde Arbeitslosigkeit die Möglichkeiten der Bedürfnisbefriedigung gegenwärtiger und künftiger Generationen beeinträchtigen. Wenn ein Kind in Armut aufwächst, dann wird es mit hoher Wahrscheinlichkeit schlecht ernährt, gesundheitlich anfällig, ungenügend ausgebildet und mit weniger Erfahrung eigenbestimmter Lebensgestaltung aus-

1 – vgl. auch die Diskussion bei Hamm/Neumann, 1996, 341 ff.

gestattet – denkbar ungünstige Bedingungen für ein selbst bestimmtes Leben in eigener Verantwortung. Ein Jugendlicher, der weder Ausbildung noch ausreichende Lebensperspektive hat, wird eher zur Gewalt oder zum Drogenkonsum neigen als einer, der einigermaßen behütet mit dem Aufbau einer beruflichen und familiären Karriere beschäftigt ist.

Obwohl nach wie vor ein theoretisch fundierter Ansatz zur sozialen Nachhaltigkeit fehlt und die *Konkretisierung der sozialen Dimension* deutlich hinter den anderen Dimensionen zurückbleibt, besteht über einige wesentliche Merkmale Konsens. Im Mittelpunkt steht die Befriedigung der Grundbedürfnisse wie Ernährung, Wohnung, Sicherheit, Gesundheit, Bildung und gesellschaftliche Teilhabe. Daneben gilt soziale Gerechtigkeit als Leitprinzip, d.h. die gerechte Verteilung der Einkommen und des Zugangs zu den grundlegenden gesellschaftlichen Ressourcen. Diese Kriterien sozialer Nachhaltigkeit gelten für alle Gesellschaften, ob Industrie- oder Entwicklungsland, ihre konkrete Ausgestaltung ist jedoch abhängig von den vorherrschenden kulturellen, politischen und normativen Kontexten.

„Die Herstellung sozialer Gerechtigkeit und sozialer Gleichheit gelten als wesentliche Legitimationsgrundlagen des Sozialstaats. Ergänzt durch das Prinzip der sozialen Sicherheit handelt es sich um jenes Dreigestirn, in dem alle historischen Wurzeln (des bonum commune, des Wohlfahrtsstaats), alle sozialethischen Imperative und alle staats- und verfassungsrechtlichen Grundlagen (und Probleme) des Sozialstaats beschlossen liegen“[2]. „Sozialstaatlichkeit verstößt *aus Prinzip* gegen die Marktgesetze. Dies ist nicht etwa ein zu korrigierendes Defizit, sondern explizite Grundlage und Inhalt von Sozialstaatlichkeit. Insofern beruht die Forderung nach Einführung marktwirtschaftlicher Prinzipien in die Sozialpolitik auf einem grundsätzlichen Missverständnis ihrer Existenzbedingung. Das gleiche gilt von der Klage über das ‚Anspruchsdenken', das im Sozialstaat zum Ausdruck komme: In der Tat erhebt das Sozialstaatsprinzip den Anspruch, dass die Früchte der Arbeit in hohem Maße den von Arbeit Abhängigen zugute kommen – und dass sie nicht allein nach konkurrenzbedingter Leistung, sondern auch nach individueller Bedürftigkeit verteilt werden“[3].

Das Konzept der *Grundversorgung* nimmt an, der Staat sei grundsätzlich für alle da. Die Mittel, die ihm von den Bürgern zur Verfügung gestellt werden, sollen auch zur Abdeckung struktureller Risiken verwendet werden, um damit soziale Gerechtigkeit und sozialen Frieden zu sichern. Es handelt sich nicht etwa um Wohltaten, die der Staat jemandem nach Gutdünken erweisen oder verwehren kann, sondern um eine Aufgabe, die ihm von allen übertragen worden ist. Die Leistungen sind kein Almosen, sondern beruhen auf einem Rechtsanspruch. Die logische Voraussetzung dafür ist die Annahme, dass wir Opfer von Entwicklungen werden können, für die wir nicht verantwortlich sind. Der Staat besorgt dann gemäß dem politischen Willen aller den sozialen Ausgleich. Das Moment der Solidarität tritt hinzu mit einem progressiven Steuersystem.

---

2 – Schäfers, 1990, 215

3 – Arbeitsgruppe Alternative Wirtschaftspolitik, 1995, 631

Ganz anders die Logik der *Risikosicherung:* Hier sind wir grundsätzlich selbst verantwortlich, für unvorhersehbare Fälle vorzusorgen. Ebenso wie beim Abschluss einer Haftpflicht- oder Unfallversicherung versichern wir uns aus individuellem Entschluss gegen Arbeitslosigkeit, Krankheit oder altersbedingte Erwerbsunfähigkeit, vereinbaren eine lebensstandardsichernde Versicherungssumme und zahlen dafür eine Prämie, einen Beitrag. Das geht den Staat zunächst einmal gar nichts an. Er mag bestimmte Bedingungen definieren, unter denen eine solche Versicherung vorgeschrieben ist („Beitragsbemessungsgrenze"), aber selbst das ist eher systemfremd. Die logische Voraussetzung hier ist, dass wir selbst für unser Schicksal verantwortlich sind, auf alle Fälle aber für unerwartete Missgeschicke selber vorsorgen können.

Selbstverständlich handelt es sich dabei nicht um Alternativen, von denen die eine „naturgesetzlich" besser ist als die andere. Es ist einzig eine Frage der politischen Entscheidung, welches Modell eine Gesellschaft vorzieht. Und tatsächlich gibt und gab es in der empirischen Wirklichkeit jede denkbare Variante zwischen beiden, ohne dass sich sagen ließe, welche die erfolgreichere sei.

Die *Risiken* freilich, das kann man an dieser Stelle festhalten, sind zu einem erheblichen Teil systemisch bedingt und *durch die Individuen wenig beeinflussbar.* Die Wahrscheinlichkeit des Auftretens von Arbeitslosigkeit ist nur in geringem Maß durch individuelles Wollen oder individuelle Anstrengung beeinflussbar, sie trifft die Kinder von Armen und von Reichen, von weniger und besser Qualifizierten, wenngleich mit gewissen statistischen Unterschieden. Für die Ursachen und Risiken (z.B. „Globalisierung") sind wir nicht individuell verantwortlich. Die Unterschiede liegen also ausschließlich bei der Frage, wie wir auf solche Risiken reagieren. Zudem ist die Fähigkeit, die eigene Vorsorge zu sichern, abhängig von zahlreichen Merkmalen, die jenseits der individuellen Verantwortung liegen: Geschlecht, soziale und örtliche Herkunft, Bildung und andere mehr. Historisch gesehen tendiert der „europäische Weg" eher hin zum Modell der Grundversorgung, der „amerikanische Weg" eher hin zum Modell der individuellen Risikosicherung.

10.2 Zusammenhang der drei Gesellschaften

10.2.1 Weltgesellschaft

Seit Beginn der neunziger Jahre hat sich der Druck auf die Sozialpolitik verstärkt, und zwar in mehrfacher Weise: Einerseits wächst die Vermutung, dass die veränderten gesellschaftlichen Verhältnisse auch veränderte sozialpolitische Antworten fordern: technologische Innovationen, demographische Verschiebungen, Veränderungen von Familienstrukturen, Staatsverschuldung, Erosion des Normalarbeitsverhältnisses usw. Diese Probleme treten in allen Industriestaaten in ähnlicher Weise auf, sie verlangen aber doch zunächst nach Lösungsvorschlägen, die auf die jeweiligen nationalen Systeme und Handlungsbedingungen reagieren. Trotz des kräftigen Wirtschaftswachstums um rund fünf Prozent hat sich 2004 die Lage auf dem Arbeitsmarkt weltweit nur minimal verbessert. Dem

Bericht *Global Employment Trends 2005*[4] zufolge sank die durchschnittliche Arbeitslosenquote im globalen Durchschnitt von 6,3 auf 6,1%. Damit sind 380 Mio. Menschen auf der Welt ohne Arbeit. Aber das sagt wenig in einer Welt, in der wahrscheinlich mehr als die Hälfte aller Menschen gar keinen Zugang zu formellen Arbeitsverhältnissen haben, sondern vielmehr unter informellen oder subsistenzwirtschaftlichen Bedingungen arbeiten. Insofern führt die Perspektive der Industrieländer zu einem verzerrten Bild.

Eine Sozialpolitik im expliziten Sinn, eine auf sozialen Ausgleich und soziale Sicherung bedachte Politik globaler Institutionen, gibt es auf der Ebene der Weltgesellschaft kaum. Lediglich die ILO, die Internationale Arbeitsorganisation (gegründet 1919, seit 1946 eine Sonderorganisation der VN), hat ihrer Verfassung nach einen sozialpolitischen Auftrag: Sie bemüht sich, Arbeits- und Lebensbedingungen durch den Abschluss *internationaler Konventionen* und Empfehlungen zu verbessern, in denen Minimalstandards für Löhne, Arbeitszeiten, Arbeitsbedingungen und soziale Sicherheit formuliert werden. Solche Konventionen werden von der Internationalen Arbeitskonferenz beschlossen und bedürfen der Ratifizierung durch die Parlamente der Mitgliedsstaaten. Bis Ende 2004 hat die ILO 185 solcher Konventionen beschlossen. Für die ratifizierenden Staaten stellen sie bindendes Recht dar. Die Kontrolle darüber, ob die damit eingegangenen Verpflichtungen auch eingehalten werden, erfolgt über nationale Berichtspflichten. Eine Verletzung kann förmlich festgestellt werden – weitergehende *Sanktionsmöglichkeiten hat die ILO nicht.* Von allen ILO-Konventionen hat, um wenige Beispiele zu nennen, Spanien 124, Frankreich 115, Italien 102, Norwegen 99, Uruguay 97, Niederlande 94, Kuba und Finnland 86, Schweden 84, Deutschland 75 – die USA aber nur 11 ratifiziert[5].

Immerhin hat der *Weltsozialgipfel (Weltgipfel der Vereinten Nationen für soziale Entwicklung,* 6. bis 13. März 1995 in Kopenhagen[6]) gezeigt, dass mehr denn je die Existenzsicherung von Menschen, auch in den Industrieländern, von Entwicklungen auf der globalen Ebene abhängt. Der Gipfel hat den inzwischen üblichen „Doppelpack" von Abschlusserklärung und Aktionsprogramm verabschiedet. Im Mittelpunkt der Erklärung standen die *Zehn Verpflichtungen von Kopenhagen,* die in ihrer Zielsetzung nicht umstritten, jedoch an Allgemeinheit der Formulierung kaum zu überbieten waren und faktisch zu nichts verpflichten (siehe Abb. 10.1 im Anhang).

Das *Aktionsprogramm,* mit dessen Hilfe diese allgemeinen Verpflichtungen praktisch umgesetzt werden sollen, bleibt ebenfalls überwiegend unpräzise und enthält keine Zeitangaben, Verantwortlichen, Überwachungsmechanismen oder Sanktionsmöglichkeiten. Gänzlich unbeeinflusst von der Weltkonferenz für Umwelt und Entwicklung und der dort verabschiedeten Agenda 21 wird undifferenziert ein *anhaltendes Wirtschaftswachstum* („sustained economic growth") als Voraussetzung für die Reduzierung von Armut und die Schaffung von Arbeitsplätzen gefordert. Sozialklauseln in Vereinbarungen über den

4 – Global Employment Trends 2005; http://www.ilo.org/public/english/employment/strat/stratprod.htm

5 – ILO, 1995

6 – www.un.org/Depts/german/wirtsozentw/socsum/socsum2.htm

internationalen Handel, die soziale Verantwortung transnationaler Unternehmen, die Reform des Internationalen Währungsfonds und der Weltbank – diese Themen sind im Verlauf der Verhandlungen an den Interessengegensätzen *gescheitert* oder wurden als *Tabuthemen* gar nicht behandelt. Andere Gegenstände wurden bis zur *Unkenntlichkeit verwässert:* die Friedensdividende, die Tobin-Steuer auf spekulative Währungstransaktionen, das Ziel, 0,7% des BSP für öffentliche Entwicklungshilfe aufzuwenden, die „20/20-Initiative", angeregt vom Entwicklungsprogramm der VN (UNDP) (die Entwicklungsländer sollten mindestens 20% ihrer nationalen Haushalte und die Geberländer 20% ihrer Entwicklungshilfeetats für die Belange menschlicher Entwicklung einsetzen). Dagegen wurden im Aktionsprogramm u. a. verabschiedet: Die Konsum- und Produktionsweisen der Industrieländer seien zu ändern, weil sie eine Hauptursache für globale Umweltzerstörung darstellen; es seien nationale Pläne zur Armutsbekämpfung aufzustellen und es sei darüber zu berichten; Strukturanpassungsprogramme sollten künftig soziale Entwicklungsziele enthalten und die grundlegenden Sozialausgaben sollten von Kürzungen verschont werden; es seien zusätzliche und innovative Maßnahmen zur Entschuldung zu entwickeln.

„Für viele Beobachter stand schon vor Kopenhagen fest, dass das Parallelforum der sozialen Bewegungen und Nichtregierungsorganisationen (NGOs) gegenüber dem offiziellen Gipfel das wichtigere Ereignis sein würde. Über 5.000 Vertreter solcher Gruppen versammelten sich in der dänischen Hauptstadt. Mehr als 600 Organisationen – von kleinen Basisgruppen bis zu mitgliederstarken globalen Netzwerken – unterzeichneten die *Alternative Deklaration von Kopenhagen.* In scharfer Abgrenzung zu den offiziellen Konferenzdokumenten formuliert diese Erklärung eine gemeinsame Vision sozialer Entwicklung von unten. Sie markiert zugleich einen Konsens, der sich der alltäglichen Gipfel- und Konferenzdiplomatie mit ihren Vereinnahmungsmechanismen und ihrer Fixierung auf das unmittelbar ‚Machbare' verweigert und auf die eigene Kraft zur gesellschaftlichen Mobilisierung setzt"[7].

Fünf Jahre nach Kopenhagen kamen Politiker und NGOs erneut auf einer *Sondertagung der VN-Generalversammlung* über die Umsetzung der Ergebnisse des Weltgipfels für soziale Entwicklung in Genf zusammen. Das Ergebnis war ernüchternd: Die bisherigen Bemühungen um eine Umsetzung der Kopenhagener Erklärung und des Aktionsprogramms haben die Situation von Millionen von Menschen auf der Welt weder umgekehrt noch wesentlich verbessert. Trotz der weltweiten großen Zunahme des Reichtums hat sich die Realität für viele dramatisch verschlechtert. In den letzten fünf Jahren haben die Wenigen weiterhin übermäßigen Reichtum angehäuft, während viele ihre Grundbedürfnisse immer noch nicht befriedigen können und ständig um ein Überleben in Würde und Hoffnung kämpfen müssen.

Von „Kopenhagen plus fünf" sind keine nennenswerten neuen Impulse zur Armutsbekämpfung ausgegangen. Allein das bereits vorher von der OECD formulierte Ziel, die Anzahl derer, die in absoluter Armut leben, von 1,3 Mrd.

7 – Informationsbrief Weltwirtschaft und Entwicklung SD, 4/95; dort ist auch diese Alternative Deklaration abgedruckt

Menschen auf rund 650 Mio. zu halbieren, ist als neues Ziel in das dreiteilige Abschlusspapier eingegangen. *Wie* dieses Ziel erreicht werden soll, bleibt im Dokument weitgehend offen. Weder sind verbindliche Zwischenziele formuliert, noch haben sich die Vereinten Nationen auf einen weiteren Folgegipfel geeinigt: Kopenhagen plus 10 wird es nicht geben.

Für die sozialen Schäden, die weiterhin durch die *Weltökonomie* angerichtet werden, sind nach wie vor *nationale Reparaturbetriebe* zuständig. Aber auch die sind gefährdet: Die sozialen Sicherungssysteme befinden sich weltweit in einer Krise. Die neoliberale Globalisierung führt zu einer zunehmenden Verletzung sozio-ökonomischer Grundrechte.

Bis zum Ende der achtziger Jahre gehörten z.B. die Renten und Pensionen in *Argentinien* zu den besten der Welt: ein staatliches Rentensystem, in dem fast drei Viertel der Arbeiter versichert waren und das durch Beiträge der Arbeitgeber, der Arbeitnehmer und durch das Finanzministerium finanziert wurde. Es war typisch für die meisten Rentensysteme in Lateinamerika und für viele andere Länder des Südens bis zum Ende der achtziger Jahre. 1989 wurde von der Regierung unter dem *Druck von Weltbank, IWF und internationalen Gläubigern* ein strenges *Strukturanpassungsprogramm* durchgesetzt und Anfang 1992 die Zahlungen für die Mehrheit der drei Mio. Rentner auf 150 Dollar im Monat gekürzt – das ist weniger als die Hälfte des für Nahrung und Wohnung benötigten Mindestbetrages. Etwa zwei Millionen der 3,2 Millionen Rentner in Argentinien bekamen diesen Mindestsatz. Die meisten anderen erhielten nur wenig mehr. Die Alten aus der Mittelschicht – ehemalige Lehrer, Regierungsangestellte, Beschäftigte bei Großunternehmen – befanden sich plötzlich als „Neue Arme“ am Rande des Existenzminimums. Nominal 80% der Gehälter lagen die Renten in Argentinien in den frühen achtziger Jahren bei 60% der Löhne – ein noch ausreichendes Niveau. 1989 wurden sie auf 40% der Reallöhne abgesenkt und 1992 war die Quote auf weniger als 10% gefallen[8].

Die VN-Wirtschaftskommission für Lateinamerika und die Karibik gab eine vergleichende Studie über die Sozialversicherungssysteme in den lateinamerikanischen Ländern in Auftrag. Darauf ließ die *Weltbank* eigene Studien anfertigen, um die Möglichkeit von Kürzungen zu untersuchen. Die Sozialversicherungseinrichtungen wurden gezwungen, vertrauliche Daten herauszugeben und die Weltbank drohte, dringend benötigte Kredite nicht zu bewilligen, wenn die Renten nicht drastisch gekürzt würden. Zuerst geschah dies im *Chile* des Augusto Pinochet[9]. Am Beispiel Chile unterziehen Paul und Paul die Argumentation der Weltbank einer eingehenden Kritik und weisen nach, dass ihre Argumentation im Kern falsch und irreführend ist. „Die Weltbank weiß sehr wohl um die Probleme, die durch die Reformen entstanden sind, vor allem die Härten für die derzeitigen Rentenbezieher. Behauptungen, dass die ‚Armutsbekämpfung‘ höchste Priorität habe, erscheinen in diesem Licht geradezu grotesk. Trotz zahlreicher Nachweise in ihren eigenen Veröffentlichungen, dass die neuen Systeme für die Ärmsten und Schwächsten ein Schlag ins Genick sind, hat die Weltbank

8 – Nash, 1992; Golbert/Fanfani, 1993
9 – McGreevy, 1991

sie durchgepeitscht. Private Aneignung finanzieller Mittel statt mehr soziale Gerechtigkeit und das Allgemeinwohl scheint das einzige Leitmotiv dieser Politik gewesen zu sein. Die Umstrukturierung der Rentensysteme insgesamt muss als groß angelegte Enteignung zugunsten ausländischer Gläubiger gesehen werden. Unseres Wissens hat niemand die Summen, um die es dabei geht, ausgerechnet, aber vorsichtig geschätzt müsste es sich mit Verzinsung um mindestens 56 Mrd. US$ handeln“[10].

Dramatisch sind die Ausfälle der sozialen Sicherungssysteme in den Ländern des früheren RGW. Wo vor der „Samtrevolution“ Sozialsysteme nach dem Grundsicherungsmodell nicht nur intakt, sondern wesentliches Organisationsprinzip für sozialistische Gesellschaften waren, da zerbrachen sie mit der Transformation zum Kapitalismus, nicht selten unter massivem Druck von IWF und Weltbank und unter dem Einfluss amerikanischer Berater und der von ihnen propagierten *Schocktherapie.* Die Folge sind bedrückende Arbeitslosigkeit, rapide und massenhafte *Verarmungs- und Verelendungsprozesse.* Innerhalb weniger Jahre wurden im wesentlichen egalitäre Gesellschaften – mit Arbeitsplatzsicherheit, subventioniertem Grundbedarf, billigen und faktisch nicht kündbaren Wohnungen, Sozial- und Kultureinrichtungen in den Betrieben usw. – zwangsweise umgebaut und in *extreme Einkommensunterschiede* getrieben. Die Nachteile solcher Transformation vermischen sich mit den noch bestehenden Erblasten aus sozialistischer Zeit und nun überwiegend extern, meist aus dem westlichen Ausland kontrollierten Betrieben. Wissenschaftler werden zu “businessmen”, Ingenieure stehen am Grill bei McDonalds, Kulturschaffende werden zu Straßenverkäufern. Die Gesundheitssysteme brechen zusammen, die Importflut aus dem Westen verhindert die wirtschaftliche Reform und die Entwicklung eines lebensfähigen privatwirtschaftlichen Sektors. Die Ausplünderung durch den Westen wird begleitet vom Eindringen der *organisierten Kriminalität* in den Staatsapparat, die Kommunalverwaltungen, die Parlamente, die Unternehmen[11] (→ Kap. 6.2.2).

Die *Weltbank* fördert derzeit etwa einhundert Vorhaben, die sie dem Arbeitsfeld Soziale Sicherung zuordnet, davon dreißig in Afrika, neun in Südost- und Ostasien, 25 in osteuropäischen und zentralasiatischen Ländern sowie 17 in Lateinamerika und der Karibik. Privatwirtschaftliche *Pensionskassen und Investitionsfonds* spielen dabei eine prominente Rolle. Soziale Sicherungsnetze aus Krediten zu finanzieren – auch solchen der Weltbanktochter International Development Agency (IDA) – trägt allerdings zur weiter zunehmenden Außenverschuldung der Empfängerländer bei[12] (→ Kap. 3.2.4).

Eine Staatenorganisation wie die VN kann freilich alleine gar nichts erreichen, was die Regierungen der Mitgliedstaaten nicht wollen. Sie kann aber die Aufgabe des Weltgewissens wahrnehmen – das machen die VN durchaus mit einigem Erfolg. An der Sondergeneralversammlung im September 2000 haben

10 – Paul/Paul, 1994
11 – für Russland z.B. Fischer-Ruge, 1995
12 – vgl.: www.globalaging.org

sie das mit der Verabschiedung der *Milleniums-Entwicklungsziele* wieder einmal bewiesen (siehe Abb. 10.2 im Anhang).

Die Fortschritte sollen im September 2005, fünf Jahre nach der Verabschiedung, evaluiert werden.

10.2.2 Europa

Die Sozialpolitik war im vereinten Europa lange Zeit *kein Thema.* Anders als in der Wirtschafts- und Währungsunion kommt die Angleichung der Sozialsysteme zwischen den Mitgliedsländern erst langsam in Gang. Das liegt einmal daran, dass Sozialpolitik von den Mitgliedstaaten als nationale Angelegenheit[13] betrachtet wird, zum anderen aber auch an den *unterschiedlichen Traditionen* der europäischen Länder: Einem eher liberalen angelsächsischen Modell steht das eher sozialistische Modell der skandinavischen Länder gegenüber, mehr korporatistisch bestimmt ist das kontinentaleuropäische, wobei vor allem im Süden eine traditionsgebunden-familienorientierte Variante beobachtet wird. Noch ist unklar, was die neuen Mitgliedsländer als neues Element einbringen werden. Allen gemeinsam ist die Absicht, bestimmte Aufgaben der kapitalistischen Regulierung zu entziehen. Das geschieht durch die Sozialversicherung, die staatliche Sozialpolitik und die Steuerpolitik. Dieser normative Konsens ist auch in die Verträge der EU eingegangen[14], wenn auch nur in allgemeiner Form (→ Kap. 8.2.2). Witte kommt zu der Schlussfolgerung, dass „die wirtschaftspolitischen Rahmenbedingungen auf der EU-Ebene gesetzt werden, während die in engerem Sinn sozialen Aspekte der nationalen Ebene vorbehalten bleiben".[15]

Nachdem das sozialpolitische Aktionsprogramm von 1974 ebenso wie die Sozialpolitik der „kleinen Schritte" bis 1993 weit hinter den geweckten Erwartungen zurückgeblieben waren[16], sind auch die mageren Kompetenzerweiterungen des Amsterdamer Vertrages nicht über die Koordinierung nationaler Politiken hinausgegangen – eine Kompetenz, die bisher kaum in Anspruch genommen wurde. Es bleibt dabei, dass „mindestens 95% aller Fragen des Arbeits- und Sozialrechtes weiter auf rein nationaler Grundlage entschieden" werden[17]. Hier ist freilich zu bedenken, dass die Geld- und Währungspolitik inzwischen auf die Europäische Zentralbank übergegangen ist und die Maastricht-Kriterien und der Stabilitäts- und Wachstumspakt den Bewegungsspielraum nationaler Politiken deutlich einschränken. Daran hat bisher der dem *Sozialen Dialog* eingeräumte vereinfachte Rechtsweg wenig geändert.

Die *soziale Dimension des Binnenmarktes* ist damit noch immer mehr Schlagwort, vielleicht ein Projekt auf lange Frist, als Wirklichkeit. Da die Unternehmen die „vier Freiheiten" auch dazu nutzen, hohen Sozialstandards auszuweichen, besteht die Gefahr, dass eine Harmonisierung schließlich auf unterem Niveau zustande kommt. Das soll wohl mit der Verzögerung auch angestrebt werden.

---

13 – Einen Überblick über die Systeme Deutschlands, Dänemarks, Frankreichs, Großbritanniens, der Niederlande, Schweden und Spaniens gibt Schmid, 2002.

14 – z.B. Amsterdamer Vertrag, Art. 2 bzw. Art. 3.3 des Verfassungsvertrages

15 – Witte, 2004, 5

16 – Däubler, 2004, 275

17 – ebd., 280

Die Bremser sitzen vor allem im Ministerrat, während bislang die Kommission und noch mehr das Parlament den Prozess weiter vorantreiben wollten.

Der *europäische Sozialfonds* (1960) geht zurück auf den EWG-Vertrag (Art. 123 bis 127) und die Ergänzung durch die Einheitliche Europäische Akte (Art 130b, d und e). Zunächst war die Mittelzuteilung für den ersten Fonds mit nicht ganz 400 Mio. € *gänzlich unzureichend* und zudem die Zuweisung so geregelt, dass die BRD bis 1972 mit rund 44% die Hauptnutznießerin war. Gefördert wurden vor allem Maßnahmen zur Umsiedlung und Umschulung von Arbeitnehmern. Das *Europäische Parlament* hat denn auch seit 1963 die unzulängliche Arbeitsweise des Fonds kritisiert. Erst 1971 hat der Rat den Tätigkeitsbereich des Sozialfonds erweitert und die Arbeitsweise reformiert. Die Mittelvergabe orientierte sich dann an *nationalen Quoten*. Hauptnutznießer wurde Italien, der Katalog der zu unterstützenden Maßnahmen wurde erweitert um die berufliche Bildung von Frauen, die Eingliederung von Behinderten usw. Der neue Fonds wird seither aus Eigenmitteln der Gemeinschaft und nicht mehr aus speziellen Beiträgen der Mitgliedsländer finanziert. 1992 waren es mit rund fünf Mrd. € knapp über acht Prozent des Gesamthaushalts der EG. Mit der letzten Revision 1993 ist die *regionalpolitische Orientierung* des Sozialfonds noch deutlicher geworden. Er ist jetzt, zusammen mit dem Regionalfonds und dem „Ausrichtungs- und Garantiefonds für die Landwirtschaft", Teil der Strukturpolitik der Gemeinschaft, für die Mittel nach regionalen Kriterien vergeben werden. Die Mittel aller Strukturfonds zusammen sollen auf 25% des EG-Haushaltes angehoben werden.

10.2.3 Deutschland

10.2.3.1 Grundlagen und Entwicklungstendenzen

Nach deutschem Sozialstaatsverständnis[18] soll *jedem Menschen ein sozio-kulturelles Existenzminimum sicher* sein. Das Versicherungssystem wird über Beiträge finanziert, aber vom Staat reguliert und überwacht und durch die Sozialhilfe einem System der Grundversorgung angenähert. Mit dem Arbeitsvertrag erfolgt die Pflichtmitgliedschaft in den Sozialversicherungssystemen. Die Beiträge werden anteilig von Arbeitnehmern und Arbeitgebern getragen, die auch die Selbstverwaltungsorgane paritätisch besetzen. Die Versicherungen sind als öffentlich-rechtliche Körperschaften organisiert und erfüllen ihre Aufgaben eigenverantwortlich. Die Leistungen richten sich nach der Höhe der Beiträge, die wiederum von der Höhe des Einkommens abhängen und sollen den Lebensstandard sichern („Äquivalenzprinzip").

Die Basis des Systems ist die lebenslange, vollzeitbeschäftigte, vertraglich garantierte und den Unterhalt einer Familie sichernde *Lohnarbeit*. Damit bleiben eigene weibliche Lebenssituationen, auf denen die männliche Erwerbsarbeit in der Regel beruht, weitgehend ausgeschlossen.[19]. Die „Normalarbeitsbiographie" und die „Normalfamilie" sind theoretische Voraussetzung des Systems.

---

18 – die überaus magere verfassungsrechtliche Grundlage findet sich in Art. 20 Abs. 1 GG: „Die Bundesrepublik Deutschland ist ein demokratischer und sozialer Bundesstaat" und einer Erwähnung des „sozialen Rechtsstaates" in Art. 28 Abs. 1 GG

19 – Ziegelmayer, 2001, 72

Grundsätzlich werden Arbeitseinkommen und Lohnersatzeinkommen als sich wechselseitig ausschließend angesehen. Das System unterstellt, dass in einem für Zwecke der Umverteilung gestalteten Steuer- und Beitragssystem die *notwendigen Mittel* bereitgestellt werden. Das *Sozialstaatsprinzip* und die soziale Marktwirtschaft waren eingeführt worden, um sozialistischen Anwandlungen der Nachkriegsparteien Wind aus den Segeln zu nehmen und die neue Gesellschaftsordnung gleichzeitig für die Siegermächte akzeptabel zu machen. Es war auch bis zu Beginn der Wirtschaftskrise unbestritten. Erst die konservative Regierung unter Helmut Kohl hat sich entschlossen an seinen Umbau gemacht. Paradoxerweise setzt die rot-grüne Bundesregierung ihn mit noch größerer Entschiedenheit fort – ein Prozess, gegen den sie sich in der Opposition ohne Zweifel mit aller Kraft gewehrt hätte.

Die Grundzüge der deutschen Sozialversicherung stammen aus der Bismarckschen Gesetzgebung zur Kranken-, Unfall- und Altersversicherung (1883, 1884 bzw. 1889). Die Reichsversicherungsordnung von 1911 fasste den damaligen Stand zusammen. 1924 wurde die Sozialfürsorge eingeführt und 1927 trat das Gesetz über Arbeitsvermittlung und Arbeitslosenversicherung hinzu. Im Deutschen Sozialgesetzbuch wird seit 1975 schrittweise das gesamte Sozialrecht zusammengefasst und dabei revidiert. Merkel[20] beobachtet einen Bruch der Entwicklung der Sozialpolitik in der Ära der sozial-liberalen Regierung (1969–1982): War die Zeit vor 1974 in Deutschland wie in Europa noch durch sozialstaatliche Expansion gekennzeichnet, brachen die optimistischen Zukunftserwartungen mit der beginnenden *Wirtschaftskrise* rasch in sich zusammen. Dort, wo am wenigstens mit politischem Widerstand zu rechnen war, setzten die Kürzungen ein: bei Sozial- und Arbeitslosenhilfe, Kindergeld, Wohngeld und BAföG. Eine eindeutig *neoliberale Ausrichtung* erhielten sie allerdings erst nach 1982. Mit der „konservativen Transformation"[21] wurden soziale Verpflichtungen des Staates zunehmend auf Markt und Familie verlagert[22]. Hinzu kommt, dass ein erheblicher Teil der Kosten der deutschen Einheit nicht aus Steuern, sondern aus den Haushalten der Sozialversicherung finanziert oder in Sonderhaushalten versteckt wurde. Die *rot-grüne Koalition* nahm zwar einige dieser Maßnahmen wieder zurück; aber unter dem Druck der Haushaltskonsolidierung begannen drastische Ausgabenkürzungen. Gleichzeitig allerdings wurde die Steuerreform in Angriff genommen: Der Spitzensteuersatz der Einkommenssteuer wurde um sieben, der Eingangssatz um 10% gesenkt, der Grundfreibetrag erhöht und vor allem die Körperschaftssteuer gesenkt (→ Kap. 8.2.3). Die Steuerausfälle sind also teilweise durch Kürzungen im Sozialbereich finanziert worden. Dazu sind die Arbeitnehmereinkommen gesunken.[23]

Wenn bei den Sozialversicherungen bis in die beginnenden siebziger Jahre hinein von einer weitgehend ungebrochenen *Inklusions*tendenz gesprochen wird, ist damit die Ausweitung des Leistungsspektrums auf weitere Personengruppen und soziale Risiken gemeint. Die Wirtschafts- und insbesondere

20 – Merkel, 2001, 292
21 – Borchert, 1995
22 – Dem widerspricht Merkel, a.a.O. S. 295
23 – Schuhler, 2003

Arbeitsmarktkrise in der Mitte der siebziger Jahre hat jedoch die sozialpolitische Weichenstellung verändert. Aus der Inklusion von Gruppen und Risiken in die Sozialversicherungen wurde vielfach eine Strategie der *Exklusion*. Zwar versuchte die sozialliberale Bundesregierung zunächst noch, die Krise mittels keynesianischer Instrumente zu halten, „doch schwenkte sie in der Sozialpolitik schon bald auf einen Kurs finanzieller Konsolidierung ein – was im Kern zunächst nichts anderes als eine mehr oder weniger konsequente ‚Sparpolitik' bedeutete. Denn die aufgrund der anhaltenden Arbeitslosigkeit schnell auseinanderklaffende Schere von *sinkenden Beitragseinnahmen* einerseits und *steigenden Ausgaben* für die Arbeitslosen andererseits ließ bald den Eindruck unkontrollierbarer Finanzierungsrisiken aufkommen, derer sich auch die sozialliberale Bundesregierung nicht verschließen konnte oder wollte" [24].

Sozialpolitisch problematisch sind nicht nur die abnehmende Beschäftigung und die Senkung der Löhne, sondern zudem die Verschiebung von Lohneinkommen hin zu *Kapitaleinkünften und Transfers* (von denen ja keine Beiträge gezahlt werden). Die *Polarisierung der Lohneinkommen* hat ähnlich problematische Effekte: Die oberen Einkommen fallen wegen der Bemessungsgrenze aus der Finanzierung heraus, die unteren Einkommen sind so niedrig, dass sie zu Beiträgen kaum herangezogen werden können. Aus den Beiträgen der unteren Einkommensgruppen können auch keine Lebensstandard sichernden Leistungen mehr begründet werden. Die Lösung, dafür private Vorsorge zu treffen, ist den unteren Einkommensgruppen und denen mit Transfereinkommen kaum zugänglich.

10.2.3.2 Das heutige System der Sozialversicherung

Die *Rentenversicherung* finanziert sich seit der Rentenreform von 1957 nach dem so genannten *Umlageverfahren*. Das bedeutet, dass die Arbeitnehmer von heute im Rahmen des „Generationenvertrages" die Renten der Rentner von heute, d.h. die der Elterngeneration zahlen. Es gibt kein Vermögen, aus dem die Renten finanziert werden. Die Beiträge von Arbeitnehmern und Arbeitgebern (über 19% des Bruttolohnes) machen rund drei Viertel aller Einnahmen aus, der Bund zahlt etwa 20%. Der Beitrag wird als Prozentsatz vom Bruttolohneinkommen bis zur Beitragsbemessungsgrenze erhoben. Die liegt im Jahr 2003 bei 5.100 € monatlich in den alten und 4.250 € in den neuen Bundesländern. Bei dieser Grenze endet die Versicherungspflicht.

Daraus wird deutlich, dass dieses Finanzierungssystem nur dann befriedigend funktionieren kann, wenn *das Verhältnis zwischen Beitragszahlern und Beitragsempfängern* ungefähr konstant bleibt. Dieses Verhältnis hängt u. a. von der demographischen Entwicklung ab (→ Kap. 4.3). Das Problem liegt freilich nur zum kleineren Teil dort: Die zunehmende Kapitalintensität der Produktion und die abnehmende Bedeutung menschlicher Arbeit, also die *steigende Arbeitslosigkeit* bei gleichzeitig *wachsendem Sozialprodukt* zeigen, dass die Logik des Systems den sich vollziehenden Wandel nicht ohne Änderungen überstehen

24 – Bleses/Vobruba, o. J., 11 ff.

kann. Die Prämisse „Vollbeschäftigung“, auf der das System aufgebaut wurde, gilt nicht länger.

Deshalb hat die Bundesregierung im Frühjahr 2001 eine *Strukturreform* beschlossen, nach der Arbeitnehmer einen privaten Vorsorgebeitrag zu einer kapitalgedeckten Rente („Riester-Rente“) leisten sollen. Damit wurde ein erster Einstieg in ein Pensionskassensystem angelsächsischer Prägung erreicht („Kapitaldeckungssystem“ statt „Umlagesystem“). Für die Arbeitgeber ist dies der Beginn des Ausstiegs aus der paritätischen Finanzierung; belastet werden *einseitig die Arbeitnehmer*.

In der gesetzlichen *Krankenversicherung* sind rund neunzig Prozent der Bevölkerung erfasst. Sie folgt dem Prinzip der Bedarfsgerechtigkeit. Die mehr als 250 Kassen sind regional, berufsständisch oder branchenspezifisch ausgerichtet und verwalten sich selbst unter staatlicher Aufsicht. Auch hier sind die Beiträge einkommensabhängig; sie liegen gegenwärtig bei 13,5%. Pflichtversichert sind abhängig Beschäftigte (außer Beamte) mit einem Monatseinkommen unter 3.900 €. Die Kostenexplosion im Gesundheitswesen hat zu ständigen Reformversuchen geführt[25], die unterm Strich für die Versicherten deutliche Leistungskürzungen zur Folge hatten.

Die *Arbeitslosenversicherung* soll strukturelle und konjunkturelle Beschäftigungsrisiken abfangen. Ihre Aufgaben werden von der Bundesagentur für Arbeit – einer drittelparitätisch von Arbeitnehmern, Arbeitsgebern und dem Staat verwalteten Agentur – wahrgenommen. Das Arbeitslosengeld (maximal 67% des vorherigen Nettogehalts für höchstens zwölf Monate) ist abhängig von der Länge der Beitragszahlung. Vorausgesetzt wird die Bereitschaft, sich in eine zumutbare Beschäftigung vermitteln zu lassen. Im Anschluss daran konnte je nach Bedürftigkeit Arbeitslosenhilfe bis zu höchstens 57% des Nettogehalts zeitlich unbegrenzt gezahlt werden (neu: Arbeitslosengeld II, siehe unten). Der Beitragssatz liegt bei 6,5%.

Die *Sozialhilfe* tritt dann ein, wenn alle anderen Versicherungsleistungen aus irgendeinem Grund ganz oder teilweise nicht greifen. Sie wird aus Steuern finanziert und an den Nachweis der Bedürftigkeit gebunden. Träger der Sozialhilfe sind die Kommunen. Die unzureichende Absicherung von Arbeitslosen, Alleinerziehenden, Kinderreichen und Älteren trägt deshalb erheblich mit zur Finanzkrise der Städte und Gemeinden bei.

Die Sozialausgaben sind in den vergangenen Jahren und Jahrzehnten stark angestiegen. Während 1960 noch 32,6 Mrd. € für soziale Belange ausgegeben wurden, beliefen sich die Sozialausgaben 1980 bereits auf 230 Mrd. €. Nach der Wiedervereinigung erreichten die Sozialausgaben 1991 gut 427 Mrd. €, bis 2002 stieg diese Summe auf rund 685 Mrd. € an[26]. Aber nicht nur absolut, sondern auch pro Kopf sind die Sozialleistungen in der Vergangenheit stark angestiegen. Preisbereinigt wurden 2002 mit 8.306 € je Einwohner 26% mehr Sozialleistungen verteilt als noch 1991 – das entspricht einer realen Steigerung von 2,1%

25 – Gesundheitsreformgesetz 1989, Gesundheitsstrukturgesetz 1992, nach 1997 dritte Stufe der Gesundheitsreform in mehreren Schritten

26 – Sozialbudget 2002, BMGS

pro Jahr. Sie werden finanziert zu etwa 27% durch Unternehmen (Arbeitgeberbeiträge, Lohnfortzahlung bei Krankheit), zu rund 46% durch die öffentlichen Haushalte (Bund, Länder und Gemeinden) und zu weiteren etwa 27% durch die privaten Haushalte (Beitragszahlungen)[27]. Der Ausbau des Systems stammt im Wesentlichen aus den Jahren *der Großen, später der sozialliberalen Koalition,* erfolgte also überwiegend noch in Zeiten voller Kassen.

Vor allem die Lobbies der Arbeitgeber und Unternehmer verlangen eine Senkung der Lohnnebenkosten. Faktisch handelt es sich dabei vor allem um die Beiträge zur Sozialversicherung – verlangt wird also, die soziale Sicherung gerade derer abzubauen, die sich eine private Vorsorge nicht leisten können. Genau genommen (und wie in der amtlichen Statistik als „Arbeitnehmerentgelt" definiert) handelt es sich um Einkommen – verlangt wird also, die Arbeitnehmereinkommen zu senken. Das gilt übrigens ähnlich bei den Beamten, deren „Vorrechte" – Beihilfe im Krankheitsfall, Pension, Arbeitsplatzsicherheit, Weihnachtsgeld etc. – nichts anderes sind als anders deklarierte Lohnbestandteile. Auch sie sind seit Jahren kontinuierlich gekürzt worden. Die Leistungen gehen aus Tabelle 10.1 (siehe Anhang) hervor.

Die Sozialversicherungen haben zwischen 1991 und 1995 mit rund 113 Mrd. DM zu den *Transfers in die neuen Bundesländer* beigetragen, zusätzlich zu den steigenden Lasten der Beschäftigungskrise im Westen. Die Gesamtsumme der „versicherungsfremden Leistungen", die den Sozialsystemen aufgebürdet worden sind, wird auf etwa 58 Mrd. DM jährlich geschätzt. Argumente wie: Die Zeit der Transformation und der Ausnahmezustände sei vorbei, Ostdeutschland müsse sich nun an die Normalität der Marktwirtschaft gewöhnen, die dann die verbleibenden Probleme schon lösen werde, „sind falsch, ihre Verbreitung ist reine politische Propaganda"[28]. „In Ostdeutschland beträgt die Zahl der fehlenden Arbeitsplätze 2,5 Mio. Das entspricht einem knappen Drittel der Erwerbspersonen. Von der dramatischen Arbeitsplatzvernichtung seit 1990 sind in ganz besonderer Weise Frauen betroffen. ... Von einer sich selbst tragenden, wenn auch bescheidenen, wirtschaftlichen Entwicklung kann in Ostdeutschland nicht die Rede sein." Auch künftig wird im Osten Deutschlands die Produktion weit hinter den Einkommen und dem Verbrauch zurück bleiben. Geschlossen wird diese „Produktionslücke" von gegenwärtig etwa 100 Mrd. € mittels Transfers in Gestalt von Gütern und Leistungen vornehmlich westdeutscher Herkunft und den entsprechenden Finanzmitteln, um diese zu kaufen. Knapp die Hälfte der Finanztransfers aus öffentlichen Kassen sind Sozialausgaben, etwa ein Drittel Aufwendungen für Einrichtungen des Bundes, der Länder und Kommunen. Für die Infrastruktur wurden im vergangenen Jahr 13% und für die Wirtschaftsförderung neun Prozent der Transfers ausgegeben. Insgesamt decken die Transferzahlungen rund ein Viertel der ostdeutschen Nachfrage, ihr Anteil am westdeutschen Bruttoinlandsprodukt liegt bei vier Prozent[29].

---

27 – www.sozialservice.de

28 – Arbeitsgruppe Alternative Wirtschaftspolitik, 1995, 628

29 – http://www.freitag.de/2004/17/04170301.php

In den 1960er und 1970er Jahren waren alte Menschen – insbesondere die älteren Frauen – besonders hohen Armutsrisiken ausgesetzt. Die Altersarmut wurde jedoch durch die Verbesserung der Alterssicherung, vor allem durch die Dynamisierung der Renten, eingedämmt. Heute sind insbesondere Kinder und Jugendliche von Armut bedroht. 16% der jungen Menschen unter zwanzig Jahren leben in relativer Armut. Unter den Sozialhilfeempfängern sind sie fast doppelt so häufig vertreten wie unter der Gesamtbevölkerung. Als Folge der Massenarbeitslosigkeit hat sich auch die Risikogruppe der Arbeitslosen seit den 1980er Jahren enorm ausgedehnt. Immer häufiger reicht die Arbeitslosenunterstützung nicht aus, um das soziokulturelle Existenzminimum sicherzustellen. 1980 gab es erst 80.000 arbeitslose Sozialhilfeempfänger, 2000 waren es 493.000 in den alten und 151.000 in den neuen Ländern und 2003 in Gesamtdeutschland bereits 836.000. Arbeitslose rutschen auch besonders häufig unter die relative Armutsgrenze; 2000 mussten sich 27% von ihnen mit weniger als fünfzig Prozent des Durchschnittseinkommens begnügen. Auch unter Ausländern ist Armut weit verbreitet. 2000 lebte ein gutes Fünftel der Familien von Migranten aus den ehemaligen Anwerbeländern unter der 50-Prozent-Grenze. Zu erwähnen sind auch die 266.000 Asylbewerber, deren Überleben 2003 durch Unterstützung nach dem Asylbewerberleistungsgesetz gesichert wurde; diese liegt deutlich unter dem Sozialhilfeniveau[30] (→ Kap. 5.2.3).

Wichtiger noch ist jedoch die große Zahl der Menschen, die in materieller Not leben und gleichwohl ihren Rechtsanspruch auf Sozialhilfe nicht geltend machen. Etwa die *Hälfte* derer, die Anspruch auf Sozialhilfe hätten, darunter die Mehrheit Frauen, also noch einmal zwischen rund drei und vier Mio., *erhalten diese nicht.* Das hängt u. a. damit zusammen, dass der Gang zur Behörde bereits beschämend und diskriminierend ist. Sozialhilfe muss monatlich beantragt werden, dazu gehört ein Nachweis der Bedürftigkeit, es wird „wirtschaftliches Verhalten“ verlangt und überprüft und der Bedürftige muss sog. „zumutbare Arbeit“ leisten, z.B. Straßen und Parks reinigen für einen nur symbolischen Stundenlohn (heute „Ein Euro-Jobs“). Dazu kommt, dass die Kommunen, die für die Sozialhilfeleistungen aufkommen müssen, weder dazu in der Lage sind noch eigene Anstrengungen unternehmen werden, um Sozialhilfeberechtigte über ihre Rechte aufzuklären und sie bei der Wahrnehmung dieser Rechte aktiv zu unterstützen.

Arme Menschen vermeiden die Praxisgebühren, sind schlecht versorgt und sterben früher als die Wohlhabenden. Viele Rentner verdienen sich ein Zubrot zum Altersruhegeld, viele sind sogar darauf angewiesen. Allein 1,2 Mio. Mini-Jobber ab 60 Jahren sind offiziell gemeldet. Die Zahl der Deutschen ohne Krankenversicherung steigt (300.000) – durch sinkende Einkommen, aber auch durch Hartz IV. Betroffen sind ehemals privat Versicherte und Selbstständige. Bei fast jedem fünften Heimbewohner war die Versorgung „unzureichend“. In Deutschland steigt die Kinderarmut stärker als anderswo. Die Unterschiede in der Lebenserwartung des unteren Einkommensviertels und des oberen betragen für Männer zehn Jahre, für Frauen sieben Jahre (→ Kap. 5.2.3).

---

30 – http://www.bpb.de/popup/popup_druckversion.html?guid=5EKME5

10.2.3.3 Einschnitte

Das System sozialer Sicherung steht unter dem ethischen und dem politischen Postulat, jedem Menschen ein sozio-kulturelles Existenzminimum zu garantieren. Aber seine Konstruktion beruht auf Grundlagen, die heute und auf absehbare Zukunft hinaus nicht mehr erfüllt sind. Das eröffnet sofort den Verteilungskampf, in dem die mächtigere Seite der Arbeitgeber/Unternehmer nicht zögert, selbst das Existenzminimum zur Disposition zu stellen, während die Einkommen der Großverdiener und vor allem die Einkünfte aus Kapital und Vermögen nicht angesprochen werden. Das ist gleichermaßen der Fall auf globaler, europäischer und deutscher Ebene. Der Verteilungskampf bricht sofort los, noch bevor das mögliche Einverständnis über die Grundfrage, dass nämlich das gesamte System der sozialen Sicherung reformbedürftig ist, hergestellt ist und die möglichen Optionen für eine solche Reform auf dem Tisch liegen.

Nach dem Regierungswechsel 1982 sind in allen Sozialgesetzen z. T. drastische Einschnitte vorgenommen worden: im Arbeits- und Rentenrecht, in Krankenversicherung und Sozialhilfe. Die rot-grüne Bundesregierung hat diesen Kurs nach 1998 verstärkt fortgeführt. Kernpunkte ihres Programms waren die Agenda 2010 und die vier Gesetze für moderne Dienstleistungen am Arbeitsmarkt („Hartz-Gesetze“, so genannt nach dem früheren VW-Personalvorstand Peter Hartz, der im Auftrag von Bundeskanzler Schröder eine Kommission leitete und die zu Grunde liegenden Vorschläge erarbeitete[31]). Dazu kommen Gesundheits- und Sozialhilfereform. Schuhler sieht darin einen „groß angelegten Versuch, die wachsende Zahl derer, die für die Verwertungsmaschine des Kapitalismus ‚überflüssig‘ sind, aus dem sozialen und wirtschaftlichen Betrieb auszusondern und gleichzeitig ihre marginalisierte Position zu institutionalisieren und zu legitimieren“[32] (siehe auch Abb. 10.3 im Anhang).

Und so viel Geld gibt es ab 2005, wenn die zwölfmonatige Bezugsdauer von Arbeitslosengeld (Neu: Arbeitslosengeld I) abgelaufen ist: Mit der Zusammenlegung von Arbeitslosen- und Sozialhilfe erhalten alle arbeitsfähigen Bedürftigen zwischen 15 und 65 Jahren das neue Arbeitslosengeld II. Wer nicht arbeitsfähig ist, bekommt Sozialgeld. Höhe: 345 (Ost: 331) €/Monat. Das sind zwar 15% mehr als die alte Sozialhilfe; mit der Pauschale sind aber alle Leistungen zum Lebensunterhalt abgegolten. Nur in Ausnahmefällen (Schwangerschaft, mehrtägige Schulausflüge) gibt es noch Einmalzahlungen.

Rund 500.000 der knapp 2,2 Mio. Anspruchsberechtigten von ALG II werden ab 2005 überhaupt keine Unterstützung erhalten, weil Vermögen oder Einkommen von Ehegatten oder anderen Haushaltsangehörigen angerechnet wird. Bei 23% der Betroffenen im Westen und bei 31% im Osten liegt das Haushaltseinkommen wegen des Einkommens weiterer Angehöriger über der ALG II Grenze. Damit werden 1,2 Mio. Menschen Kürzungen in unterschiedlicher Höhe hinnehmen müssen. Zusätzlich kommen auf die ALG II-Bezieher eine Vielzahl von Sanktionen zu. Wird so eine „zumutbare“ Arbeit abgelehnt, kann

31 – Die komplette Fassung des Abschlussberichtes der Hartz-Kommission (334 Seiten) finden sich unter: http://www.f-r.de/_img/_cnt/_online/hartz_gesamtbericht.pdf

32 – Schuhler, 2003, 9

das ALG II in einer ersten Stufe um 30% gekürzt werden. Weitere Kürzungen sind vorgesehen. So schreibt Hartz IV beispielsweise vor, dass den ALG II- Beziehern nur noch ein „angemessener" Wohnraum zur Verfügung steht – wobei das „angemessen" vorerst, d.h. bis sich dazu eine Verwaltungs- und Gerichtspraxis ausgebildet hat, von der Willkür der verantwortlichen Behörden abhängt. So hat der brandenburgische Landkreis Uckermarck, einer der ärmsten in Deutschland, jeden dritten ALG II Bezieher aufgefordert, sich eine neue Wohnung zu suchen. Arbeitslose werden verpflichtet, Arbeit anzunehmen, die mit ein bis zwei Euro pro Stunde zusätzlich zu ihrem Arbeitslosengeld vergütet wird. Die Jobs sollen in gemeinnützigen Bereichen eingesetzt werden, doch es mehren sich die Stimmen, die diese Jobs auch in den Bereich der privaten Wirtschaft ausdehnen wollen.

Hartz IV betrifft zunehmend auch Minderjährige. Die Zahl der Kinder, die von Sozialhilfe leben, hat sich nach Angaben des Kinderschutzbundes seither von einer auf zwei Mio. verdoppelt. 1,6 Mio. dieser Kinder seien jünger als fünfzehn Jahre, sagte der Präsident des Kinderschutzbundes dem „Hamburger Abendblatt". Die Zahl liege weit über der Annahme der Regierung, die von 1,2 Mio. Kindern ausgegangen sei. „Dazu brauchen wir mehr Kinderhäuser, in denen sie essen bekommen, betreut und unterrichtet werden"[33].

Nach Angaben des Deutschen Mieterbundes waren Mitte 1996 rund zwölf Mio. Haushalte berechtigt, Antrag auf Zuteilung einer *Sozialwohnung* zu stellen. Insgesamt gab es aber in Deutschland nur 2,4 Mio. Sozialwohnungen, von denen 40% fehl belegt waren, d.h. von Haushalten bewohnt werden, deren Einkommen höher liegt als das, welches zu einer Sozialwohnung berechtigt. Zwar gibt es eine Fehlbelegungsabgabe – aber nur etwa 60% der Pflichtigen zahlen sie, vor allem wegen lascher Kontrollen. Faktisch handelt es sich wiederum um eine Subvention an Besserverdienende. Etwa 100.000 Wohnungen verlieren Jahr für Jahr ihren Status als Sozialwohnung. Bei vielen Sozialwohnungen laufen die Preis- und Belegungsbindungen aus. Sie verschwinden damit als preiswerte Alternative vom Markt. Der Rückgang des Bestandes wird durch den Neubau nicht ausgeglichen. Dazu kommt, dass es den klassischen Sozialwohnungsbau mit langen Belegungs- und Mietpreisbindungen nicht mehr gibt.

Wir sollten über Systeme sozialer Sicherung nicht sprechen, ohne neben den staatlichen Leistungen auch die Rolle der *freien Wohlfahrtsverbände* und der *Kirchen* wenigstens zu erwähnen. Diese handeln insofern in öffentlichem Auftrag, als die kreisfreien Städte und Landkreise, die im Rahmen ihrer Selbstverwaltungsaufgaben das BSHG nicht nur vollziehen, sondern auch finanzieren, ihnen Aufgaben übertragen und ihre Einrichtungen in Anspruch nehmen können – selbstverständlich gegen Kostenerstattung. Es gibt in Deutschland sechs Spitzenverbände der freien Wohlfahrtspflege, drei konfessionelle und drei nichtkonfessionelle:

1. den Deutschen Caritasverband, in dem sich die katholischen Einrichtungen und Vereine zusammengeschlossen haben,
2. das Diakonische Werk auf der Evangelischen Seite,

33 – www.spiegel.de/21.April 2005

3. die Zentralwohlfahrtsstelle der Juden in Deutschland,
4. den Hauptausschuss für Arbeiterwohlfahrt,
5. das Deutsche Rote Kreuz und
6. den Deutschen Paritätischen Wohlfahrtsverband, in dem sich die Vereine und Einrichtungen zusammengeschlossen haben, die weder einer Partei noch einer Kirche nahe stehen.

Mit über 90.000 Einrichtungen und Diensten in den Arbeitsgebieten Krankenhäuser, Jugendhilfe, Familienhilfe, Altenhilfe, Behindertenhilfe und den Aus-, Fort- und Weiterbildungsstätten für soziale und pflegerische Berufe stellen die Spitzenverbände der freien Wohlfahrtspflege in vielen Bereichen den größten Anbieter an sozialen Dienstleistungen dar. Darüber hinaus koordinieren und unterstützen sie Selbsthilfe- und Helfergruppen. Sie erschließen freiwillige private Hilfeleistungen, Spenden und ehrenamtliche Tätigkeit. Die Wohlfahrtsverbände arbeiten in der Bundesarbeitsgemeinschaft der Freien Wohlfahrtspflege zusammen. Sie erhalten aus öffentlichen Kassen Mittel für bestimmte Wohlfahrtsausgaben zur Verteilung an ihre fast 70.000 Mitgliedseinrichtungen. Sie sind an die Regeln der Gemeinnützigkeit gebunden, werden steuerbegünstigt und vom Bundesrechnungshof geprüft.

Allerdings gibt es ein breites *Dunkelfeld* von vermeintlich wohltätigen, tatsächlich sehr lukrativen Unternehmen, die alles zu Geld machen, was das Herz rührt. Die private Spendenfreudigkeit, die wohl auch mit der Möglichkeit des Steuerabzugs zu tun hat, ist bereits so in den Strudel der Profitschinderei (Kinderpatenschaften, Behinderte, Kleidersammlungen, Projekte in der Dritten Welt und vieles andere) verquickt, dass man einfach nicht wissen kann, wem man guten Gewissens spenden darf. Also besser, man spendet nichts? Besonders eklatant war der Fall der privaten Spenden für die Opfer des Tsunami im Dezember 2004: Nicht nur wurden die von den Regierungen der betroffenen Länder als nötig berechneten Hilfen um das Dreifache überzeichnet; es ist auch berichtet worden, dass von den rund 3.000 Nichtregierungsorganisationen, die in der Katastrophenregion tätig seien, mindestens ein Drittel nur ein einziges Ziel verfolge, nämlich möglichst viel von den Spenden für eigene Zwecke abzugreifen.

10.2.3.4 Perspektiven

Die hohe Fluktuation am Arbeitsmarkt deutet darauf hin, dass das ursprünglich auf lebenslange, kontinuierliche Vollzeiterwerbsarbeit ausgerichtete Normalarbeitsverhältnis die Arbeitsmarktrealität längst nicht mehr abbilden kann. Im Vormarsch sind die ‚atypischen' oder ‚flexiblen' Beschäftigungsverhältnisse, die nicht nur eine oft niedrige, vor allem aber ungewisse kurz- und mittelfristige Einkommensversorgung mit sich bringen, sondern auch die zukünftige Lebenssicherung der betroffenen Gruppen stark beeinträchtigen können.

Abweichende Beschäftigungsverhältnisse können zeitlich befristet, geringfügige Beschäftigung, Teilzeitarbeit, Leiharbeit, abhängige Selbständigkeit sowie Tele-Heimarbeit sein. Betrug der Anteil der in Normarbeitsverhältnissen Tätigen in Westdeutschland 1970 noch knapp 84%, so sank er bis 1995 beinahe kontinuierlich auf ca. 68% ab. Zugenommen haben vor allem die geringfügigen Beschäftigungsverhältnisse, die 1995 immerhin ca. 13% ausmachten, sowie die sozialversicherungspflichtigen Teilzeitbeschäftigungen, die im gleichen Jahr auf einen Anteil von ca. zehn Prozent kamen. In beiden Teilen Deutschlands zeigt der Anteil der *Normarbeitsverhältnisse* gegenwärtig jedenfalls abnehmende Tendenz[34]. Betrug das Verhältnis von Normarbeitsverhältnissen zu Nicht-Normarbeitsverhältnissen Anfang der siebziger Jahre noch 5:1, sank es Anfang der achtziger Jahre auf 4:1, Mitte der achtziger Jahre auf 3:1 und Mitte der neunziger Jahre auf 2:1. Verläuft der Trend weiter in diese Richtung, wird das Verhältnis von Normarbeitsverhältnissen zu Nicht-Normarbeitsverhältnissen in ca. fünfzehn Jahren bei 1:1 angekommen sein. Wesentlich *mehr Frauen als Männer* sind in atypischen Beschäftigungen zu finden. Das gilt im Besonderen für die geringfügigen Beschäftigungen; das trifft aber auch für Teilzeitbeschäftigungen, befristete Beschäftigungen und Scheinselbständigkeit zu. Nur bei der Leiharbeit liegt die männliche Quote (weit) über jener der Frauen. Es kann deshalb – und weil Frauen nach wie vor den größten Anteil der Alleinerziehenden stellen – kaum verwundern, dass die Sozialhilfezahlen nicht nur einen hohen Anteil von Kindern und Jugendlichen ausweisen, sondern dass gerade auch die Sozialhilfebedürftigkeit von Frauen höher ist als jene von Männern. Damit ist die über den Arbeitsmarkt und daran gekoppelte soziale Sicherungen vermittelte Einkommensversorgung zumindest nach dem herkömmlichen Modell immer weniger funktionstüchtig.

Bleses und Vobruba beobachten einen Wandel der gesellschaftlichen Einkommensversorgung, der mit dem Begriff der „mixed incomes“ belegt wird. Dabei handelt es sich um eine zeitgleiche Mischung verschiedener Geldeinkommen. Sie erwarten keine (gar sozial-romantisch motivierte) Rückkehr zur – noch bis in die Vorkriegszeit verbreiteten – Mixtur von Naturaleinkommen aus Subsistenzwirtschaft und *Geld*einkommen aus Erwerbsarbeit (wir sehen das etwas anders, → Kap. 11.4.3). Der Begriff beschreibt vielmehr eine neue Phase in der gesellschaftlichen Einkommensversorgung, in der beispielsweise Mischungen aus Erwerbseinkommen, staatlichen Transfers, Kapital- und Gewinneinkommen, Einkommen aus privatem Unterhalt an Bedeutung gewinnen.

Die income mixes weisen wenigstens in dreierlei Hinsicht interessante Aspekte auf: *Erstens* scheinen sie ein größeres Maß an Eigenverantwortlichkeit, aber auch mehr Unsicherheit bei der Gestaltung und längerfristigen Planung der individuellen Einkommenssicherung zu erfordern. *Zweitens* werden sie wahrscheinlich zu einem sehr uneinheitlichen Bild gesellschaftlicher Einkommensversorgung führen. *Drittens* scheint der Wohlfahrtsstaat in seiner Rolle als Sozialleistungsstaat weiterhin eine zentrale Funktion zu besitzen. Man könnte daran sogar die These anschließen, dass die *Bedeutung von staatlichen Sozialleistungen zunehmen* wird, welche die sonstigen Einkommen angesichts wachsender Pluralität und damit wahrscheinlich auch wachsender Ungleichheiten, zumindest aber Verschiedenartigkeiten nach unten hin absichern[35].

34 – Kommission für Zukunftsfragen der Freistaaten Bayern und Sachsen, 1996, 64, 70
35 – Bleses/Vobruba, 39 f.

Income mixes können, wenn sie auf einer staatlichen Basisabsicherung gründen, den Staatsanteil vielleicht tatsächlich absenken helfen; sie sind aber kein funktionales Äquivalent zum Wohlfahrtsstaat, sondern nur zu seiner spezifischen Form des Sozialversicherungsstaates. Denn die Rolle des Wohlfahrtsstaates verschwindet nicht, sondern wandelt sich „nur": Sie geht weg von der Aufgabe der lohnarbeitszentrierten Lebensstandardsicherung durch eine Leistung allein und hin zu jener der Basisabsicherung, auf der weitere Einkommenselemente aufbauen können, also weg vom Versicherungsprinzip und *hin zum Prinzip der Grundsicherung.* Allerdings scheint diese Entwicklung noch am Anfang zu stehen. Sie könnte aber zum Beispiel in Form der wohlfahrtsstaatlichen Garantie einer hinlänglichen, allgemein zugänglichen Einkommensuntergrenze zukunftsfähig sein[36].

10.3 Zusammenfassung

Die Überzeugung ist weit verbreitet, dass *das gesamte System der sozialen Sicherung in der Krise ist* und grundlegend reformiert werden muss. Strittig ist weniger die Diagnose als die Therapie, die Art der notwendigen Reformen, vor allem: die Richtung, in der das System reformiert werden muss. Es sind verschiedene Elemente, die die Tauglichkeit des Systems beeinträchtigen:

(1) Der *demographische Wandel* führt nach heutigem Recht dazu, dass die Rente für immer mehr Alte von immer weniger Beschäftigten finanziert werden muss. Das ist im Grundsatz, wenn auch nicht immer in den verwendeten Zahlen, richtig. Der Trend ist langfristig stabil, also nützen Symptomkorrekturen nur momentan.

(2) Die *Arbeitslosigkeit* verringert die Zahl der Beitragszahler, erhöht aber die Zahl der Leistungsempfänger. Rationalisierung und Automatisierung der Produktion von Gütern und Dienstleistungen werden zusammen mit dem Kostendruck aus dem internationalen Wettbewerb die Zahl der Arbeitslosen und insbesondere die der Langzeitarbeitslosen, weiter erhöhen. Die Gewinne aus Rationalisierung und Automatisierung werden bisher für die soziale Sicherung nicht herangezogen.

(3) Die Verwaltungsverfahren im gesamten Sozialbereich sind zu kompliziert, teilweise diskriminierend für die Leistungsempfänger und zu personal- und kostenintensiv für das gesamte System. Dazu gehört auch, dass dem System der sozialen Sicherung versicherungsfremde Leistungen abverlangt werden. Das Kindergeld z.B. wird durch die Arbeitgeber bzw. die Bundesagentur für Arbeit ausbezahlt, statt einfach mit der Lohn- und Einkommenssteuer verrechnet zu werden. Einsparungen ließen sich durch organisatorische Reformen und Rationalisierungen in allen Bereichen des Sozialsystems erzielen.

(4) Schließlich sind zwar die Einkommen aus unselbständiger Arbeit real gesunken, aber gleichzeitig die *Einkünfte aus Kapital und Vermögen kräftig ange-*

36 – ebd., 40 f.

stiegen. Die aber werden für die Finanzierung der sozialen Sicherung nicht herangezogen.

(5) Die Prämissen, auf denen das System aufbaut, nämlich Normalarbeitsbiographie mit familiensicherndem Einkommen und Normalfamilie sind immer weniger erfüllt.

Das alles macht deutlich, dass die theoretischen Grundlagen, auf denen unser System der sozialen Sicherung aufgebaut worden ist, nicht mehr erfüllt sind und es so nicht in die Zukunft erhalten werden kann.

Zukünfte

Über die Zukunft wissen – im Sinn von Faktenkenntnis – kann man gar nichts. Aber es gibt zahlreiche Möglichkeiten, plausible Hypothesen über Zukünfte zu entwickeln, und das tun wir ja auch unentwegt: Wenn ich morgens zum Bus gehe, richte ich mich nach der Hypothese, dass er auch tatsächlich fahrplanmäßig komme. Wenn ich meinen Urlaub für nächstes Jahr plane, muss ich dafür eine große Zahl von Hypothesen in Betracht ziehen – mein eigenes Handeln, im Reisebüro eine Reise zu buchen, reduziert dann die Zahl wahrscheinlicher Zukünfte etwas. Und natürlich handelt es sich auch um Hypothesen, wenn ich meine Kinder auf eine bestimmte Schule schicke. Der normale Alltag hat einen hohen Grad an Vorhersagbarkeit und indem wir uns darauf verlassen und uns danach richten, schaffen wir auch Vorhersagbarkeit für andere. Aber alle Hypothesen haben nur mehr oder weniger genau bestimmbare statistische Wahrscheinlichkeiten für sich, alle sind mit einem gewissen Grad von Unsicherheit behaftet, alle können durch die Wirklichkeit widerlegt werden. Wer in London am 7. Juli 2005 morgens in King's Cross die U-Bahn nehmen wollte, dessen Hypothese wurde grausam widerlegt.

Nun gibt es sehr einfache Hypothesen, wenn das vorherzusehende Ereignis nur von ganz wenigen Faktoren abhängt (wenn ich einen Stein fallen lasse, wird er an einer bestimmten Stelle auf der Erde aufschlagen), oder sehr komplizierte Hypothesen, bei denen eine Unzahl von Variablen das Ereignis beeinflusst. Oft, aber nicht immer, wird eine Hypothese umso unsicherer sein, je weiter weg (räumlich und/oder zeitlich) das erwartete Ereignis von uns liegt. Entsprechend gibt es viele Methoden, Hypothesen über mögliche Zukünfte zu entwickeln: von der einfachen Extrapolation einer vorhandenen Zeitreihe über mehr oder weniger komplizierte mathematische Simulationsmodelle, von Szenarien zur Delphi-Methode oder zum Morphologischen Kasten, von der literarischen und künstlerischen Kreativität bis zu Intuition, Meditation und Traum. Treffsichere Vorhersageverfahren gibt es nicht. Immer sind diskontinuierliche Entwicklungen möglich, solche, an die man nicht gedacht hat, die man nicht erwarten konnte, die eine Entwicklung in eine unvorhergesehene Richtung beeinflussen. Noch im März 1989 hätte niemand ernsthaft vorherzusehen gewagt, dass wenige Monate später der Zusammenbruch der sozialistischen Regime eingeleitet würde – auch wenn man *ex post* zahlreiche Faktoren benennen könnte, die dazu beigetragen haben, deren Zusammenwirken man aber damals *ex ante* nicht verstehen konnte.

Zukünfte entstehen aus komplexen Entscheidungs- und Handlungsketten. Jede unserer Handlungen trägt, zusammen mit den unzähligen Handlungen anderer, dazu bei, sie zu formen. Solange wir handeln können, sind wir zukünftigen Entwicklungen nicht hilflos ausgeliefert. Das gilt für unseren Alltag genau so wie bei den großen Weltproblemen. Wenn wir wollen, dass die Vereinten

Nationen sich zu einer ökologisch bewussten, gewaltfreien und sozial gerechten Weltregierung entwickeln, dann müssen wir uns so verhalten, als wäre unser Verhalten dafür relevant und darauf hoffen, dass vielleicht Millionen anderer Menschen dies ähnlich tun. Deshalb sind Utopien so wichtig und so praktisch zugleich: Sie geben unserem Handeln Orientierung in einer unsicheren Welt.

Nachhaltige Entwicklung ist eine solche Utopie. Wir können, wir sollen sie uns ausmalen, um eine Ahnung davon zu bekommen, auf welche Weise viele Faktoren zusammen wirken müssen, um dieser Idee näher zu kommen. Auf dem Weg dorthin werden wir erleben, dass viele Elemente anders wirken, als wir uns das vorgestellt haben; wir müssen den Kurs fortlaufend korrigieren. Und wir werden erleben, dass mit jedem Fort-Schritt auf diesem Weg auch das Ziel sich verändert. Zudem wissen wir, dass viele andere Menschen auf der Welt dies tun, und mit manchen stehen wir in Kontakt, um darüber zu diskutieren. Karl Popper lag falsch, als er vor Utopien warnte, weil die Gefahr bestünde, dass jemand sie gewaltsam durchsetzen wolle. Er lag auch falsch mit dem Rezept, das er stattdessen anbot: der Stückwerkstechnik, dem Durchwursteln[1]. Auch für kleine Schritte braucht man ein Ziel.

11.1 Szenario

Wir haben in der Analyse einen weiten Weg zurückgelegt und müssen jetzt darüber nachdenken, was als Resultat dabei herausgekommen ist, welche Erfahrung wir gemacht haben und was sie für unser zukünftiges Handeln bedeuten kann. Darum geht es in diesem letzten Kapitel. Da Zukünfte unsicher sind, gibt es nicht den einen, den ausschließlich richtigen Weg. Wir müssen um diesen Weg in einem „herrschaftsfreien Dialog" (Habermas) ringen. Wir müssen gehen und wir müssen bereit sein, uns zu korrigieren, wenn wir falsch gegangen sind. Aber wir können Grundsätze nennen, die wir auf dem Weg einhalten wollen: Schonung der natürlichen Lebensgrundlagen, Solidarität mit anderen, vor allem mit Schwächeren, Gewaltfreiheit und Bescheidenheit könnten solche Prinzipien sein.

Unsere Analyse hat ergeben:

1. Zukunft ist ungewiss; niemand weiß, ob die Kriegstreiber in Washington nicht mit dem Gedanken an Nuklearkriege spielen – oder in der Tat Terroristen sich solcher Mittel bemächtigen, sie womöglich benutzen – dann sähe die Welt mit einem Schlag anders aus.
2. Die hier analysierten Trends und Machtverhältnisse deuten auf eine Fortsetzung der sozialen und ökologischen Zerstörung hin. Das wird zwangsläufig zu größeren Spannungen und Konflikten führen. Andererseits sind die Überwachungs- und Repressionsinstrumente vorbereitet, und sie werden ständig perfektioniert. Der „Krieg gegen den Terror" hat die Rechtfertigung dafür

1 – Popper, 1969

geliefert. Dabei wird er sein Ziel nicht erreichen, weil er nicht nach den Ursachen fragt und nicht dort ansetzen will.

3. Natürlich gibt es Ideen, wie man aus der Falle rauskommt. Natürlich könnte man die Regierungen davon überzeugen, dass der Sicherheitsrat anders konstruiert sein muss, dass wir einen Umweltsicherheitsrat brauchen, dass die VN mehr exekutive Macht braucht, Kriegstreiber im Zaum zu halten und Abrüstung durchzusetzen; dass der IWF und die WTO unter das Rechtssystem und die Entscheidungsregeln der VN gestellt werden müssen; dass unsere Regierungen mehr für internationale Gerechtigkeit, sozialen Ausgleich, mehr für die Binnenkaufkraft und weniger für die Einschränkung der Bürgerrechte, weniger für Militarisierung usw. tun sollten; dass internationale Abkommen, denen 80% der Länder und 80% der Weltbevölkerung zustimmen, für alle verbindlich erklärt werden; dass alle Steuern innerhalb der EU bei geringen Abweichungen harmonisiert, dass Steueroasen geschlossen werden sollen; u. v. a. m. (Reform von oben nach unten). Es liegt nicht am Mangel von guten, vernünftigen, überzeugenden Ideen, es fehlt an der Möglichkeit, sie zu realisieren, und dem stehen die Machtverhältnisse entgegen. Die Einsicht war gerade, dass unsere politischen und wirtschaftlichen Institutionen für die bevorstehenden Aufgaben nicht taugen. Diejenigen, die von ihnen profitieren, werden das nicht von selber einsehen und sie verändern.
4. Die Alternative: Reform von unten nach oben. Wir müssen in einer Unzahl einzelner Handlungen und kleiner Projekte das System unterminieren, die Strukturen aufweichen, es mit Geduld, Beharrlichkeit und Phantasie zu Fall bringen, einfach nicht mehr folgen, uns nicht mehr interessieren, unsere Sache selber in die Hand nehmen. Dabei wird es gerade die Staatskrise sein, die uns den Rahmen dafür schafft. Ansätze, Ideen gib es zuhauf. Was wir brauchen ist Mut, Solidarität, Initiative, globale Verantwortung.

11.2 Szenario: Status quo-Extrapolation

In dem anschließenden Szenario wird deutlich, was uns erwartet, wenn man die bestehenden Tendenzen in die Zukunft verlängert. Wenn es nicht gelingt, diese Trends zu brechen, ist die Wahrscheinlichkeit groß für eine zunehmend konfliktreiche und in der Folge repressive Entwicklung, in der die Verlierer des Verteilungskampfes mit gewaltsamen Mitteln diszipliniert werden.

Im Weltmaßstab dürften zwei Entwicklungen besonders wichtig sein: (1) Es ist unwahrscheinlich, dass die Vereinten Nationen insgesamt gestärkt werden und dass mit der Reform des Sicherheitsrates eine ausgeglichenere Interessenverteilung möglich wird. Vielmehr dürfte der Einfluss der G 8 und der von ihr kontrollierten Institutionen noch stärker werden. Allerdings scheinen die Widerstände gegen die Dominanz dieser Gruppe zu wachsen, nicht nur in der Zivilgesellschaft, sondern auch unter den Ausgeschlossenen. Die VN werden weiter geschwächt und zunehmend in eine bloß symbolische Rolle gedrängt. (2) Die derzeitige amerikanische Regierung, selbst ernannter Welthegemon und Weltpolizist, ist nur in einer Hinsicht berechenbar: Sie wird alles tun, um den westlichen Grossunternehmen den Zugang zu den Rohstoffen der Erde zu sichern. Sie ist gewillt, dafür sofort militärische Mittel einzusetzen. Die anderen westlich-kapitalistischen Länder profitieren von dieser Strategie und dürften ihr keine ernst zu nehmenden Hindernisse in den Weg legen. Widerstand regt sich vor allem in Lateinamerika und in Asien. Es ist nicht vorher zu sehen, bis zu welchem Grad die USA die hier entstehenden Konflikte eskalieren werden, zumal sie bisher nur in kleineren Ländern interveniert haben. Das gigantische Militärbudget, der Boykott internationaler Abkommen zur Rüstungsbegrenzung, die intensive Weiterentwicklung von ABC-Waffen und die angestrebte Militarisierung des Weltraums müssen als wichtige Symptome gewertet werden. Es wird zu neuen Terroranschlägen in den USA und ihren Verbündeten kommen. Dies ist nicht auszuschließen, erscheint aber angesichts der Kontrolle über die Medien unwahrscheinlich, dass die zivilgesellschaftliche Opposition in den USA stärker wird, die Regierung absetzt und eine neue, eher isolationistische Phase einleitet.

Bereits im Irakkrieg werden in großem Umfang bezahlte Söldner eingesetzt. Diese Branche gehört zu denen mit den höchsten Profiten und dem schnellsten Wachstum. Staatliche Militärapparate dürften schon aus Kostengründen reduziert werden. Söldnerarmeen können aber von jedem gemietet werden, der das Geld dafür hat. Wo die ‚neuen Söldner' auftauchen – ob in Lateinamerika oder im Nahen Osten, in Südostasien oder in Afrika – wachsen Instabilität und Chaos, blüht der illegale Waffen- und Drogenhandel, bilden sich informelle Netzwerke zwischen Militär und Kriminalität, vermehrt sich der Terror gegen die Zivilbevölkerung.

Aus Gründen des verschärften globalen Wettbewerbs, aber auch der wachsenden Dominanz des Finanzkapitals, wird der *Druck auf kurzfristige Gewinnmaximierung zunehmen*. Das wird die weitere Unternehmenskonzentration fördern und die Bildung immenser Konzerne und zusätzlicher zumindest regionaler Monopole begünstigen. Weiterhin wird ein erheblicher Teil der Kartell- oder Monopolgewinne für Firmenaufkäufe, finanzielle Transaktionen und Spekulationsgeschäfte verwendet. Wenn es zu Investitionen in den Produktions- und Dienstleistungsbetrieben kommt, dann werden sie trotz weiter sinkender Realeinkommen der abhängig Beschäftigten der Rationalisierung und Automatisierung dienen. Selbst bei schon weit gesunkenen Löhnen wird dies begründet werden mit dem Verweis auf die noch tieferen Löhne in Osteuropa und in der Dritten Welt. In Europa werden viele kleinere Unternehmen dem Konkurrenzdruck nicht standhalten können und entweder aufgeben oder von einem Konzern als Filiale übernommen werden (wobei die feste Bindung an nur einen Auftraggeber selbst bei rechtlicher Selbständigkeit einen ähnlichen Charakter hat – vgl. etwa die Zulieferer der Autoindustrie). Allerdings werden diese „verlängerten Werkbänke" nun nicht mehr primär in den peripheren Regionen angesiedelt werden, weil deren Infrastruktur nicht mehr ausreichen wird, sondern in den urbanen Wachstumsgürteln, vor allem der „Blauen Banane", zu finden sein. Sie sind nicht weniger anfällig für und abhängig von kurzfristigen Entscheidungen ihrer Zentralen.

Die *Arbeitslosigkeit in Europa wird weiter zunehmen.* Unter dieser Bedingung kommt es zu weiterer Polarisierung zwischen arm und reich und damit zu fortschreitender Verelendung großer Teile der Bevölkerung, während die Eigentümer von Kapitalvermögen weiterhin kräftig verdienen werden. Die öffentlichen Sozialsysteme werden nicht mehr in der Lage sein, die Not aufzufangen. Es wird zu umfangreichen und infolge der räumlichen Segregation auch *großräumigen Proletarisierungen* kommen. Die Folge werden Gewalt, Kriminalität, Konflikte, Rassismus, Korruption, Drogen, Prostitution, Krankheit, Alkoholismus sein. Der (reduzierte und zunehmend mittellose) Staat wird solche Spannungen als Aufgabe des Konfliktmanagements begreifen und dafür *Polizei und Militär stärken und spezielle Eingreiftruppen* aufbauen, die vor allem das Übergreifen solcher Spannungen auf die *Wohlstandsinseln* verhindern sollen. Diese Wohlstandsinseln (dazu könnten wie schon heute so in Zukunft noch verstärkt z.B. die Schweiz, Luxemburg, Monaco, aber auch Singapur, die Bahamas, Long Island und andere gehören) werden Räume anderen Rechts (vor allem anderen Steuerrechts) und besonderen militärischen Schutzes sein. Kultur und Sport, zunehmend auch Bildung und Wissenschaft, werden vollständig unter die Kontrolle der *privaten Sponsoren* fallen, die selbstverständlich auch die Medien kontrollieren. Sie werden also zunehmend auch das *Bewusstsein der Menschen konfektionieren* – was bedeuten könnte, dass die Ursachen der bedrückenden Lebenswirklichkeit nicht mehr so sehr als Folgen der *gesellschaftlichen* Struktur identifizierbar sein, sondern als *individuelles* Ungenügen, als Minderwertigkeit gedeutet werden. Die Wohlstandsinseln werden mit den Entscheidungszentralen sowie untereinander eng vernetzt und mit den peripheren Regionen vor allem über engmaschige Überwachungs- und Frühwarnsysteme verbunden sein. Mehr noch als heute werden Bildung und Kultur wenigen vorbehalten sein. Privatisierung wird auch hier den faktischen Ausschluss der großen Mehrheit und den exklusiven Genuss durch kleine Minderheiten fördern.

Auch wenn noch immer geburtenschwächere Jahrgänge nachrücken: Die steigende Immigration aus Entwicklungsländern und Osteuropa, die Rationalisierungs- und Automatisierungsmaßnahmen im Produktions- und Bürobereich, die Auslagerung von Produktionsbetrieben in Billiglohnländer, die weitgehende Sättigung des Marktes mit langlebigen Gebrauchsgütern werden die *Arbeitslosenziffern unausweichlich in die Höhe* treiben. Wenn man eine drastische Verkürzung der Arbeitszeit bei vollem Lohnausgleich annähme, würde dies den Trend immerhin abschwächen.

Es wird also zu weiterer *regionaler Polarisierung* kommen – in Europa werden sich im urbanen Gürtel der „Blauen Banane“ und in den Großräumen Paris und Berlin die Wachstumsbranchen konzentrieren, und zwar auf Kosten der anderen, zunehmend peripheren Regionen. Solange das noch finanzierbar ist, werden diese Regionen mit Subventionen des Typs der Europäischen Strukturfonds bedient, dann werden sie zunehmend sich selbst überlassen. Verfall der Infrastrukturen, Desinvestitionen und Abwanderung sind schon heute deutliche Indikatoren. Im Wachstumsgürtel wird keineswegs allgemeiner Wohlstand herrschen. Einige wenige Zentren – in Deutschland vielleicht Düsseldorf, Frankfurt, Stuttgart, München – denen es gelungen ist, wichtige Headquarters samt den entsprechenden Dienstleistungen anzusiedeln, werden relativ prosperieren. Aber auch dort wird es *wachsende Arbeitslosigkeit, Einkommensrückgänge, Armut und folglich Polarisierung* geben. Die Verarmung der öffentlichen Haushalte wird staatliche Korrekturen unmöglich machen. Die übrigen Gebiete des Wachstumsgürtels werden starken Konjunktur- und Nachfrageschwankungen ausgesetzt sein, so dass auch dort die sozialen Probleme sich häufen und wegen ihrer Konzentration zu ständigen Eruptionen führen werden.

Die Wirtschaftsverbände werden im Verein mit den transnationalen Unternehmen und den ihnen nahe stehenden Parteien und Einflussgruppen alles versuchen, um *den Staat zu schwächen* (Deregulierung, Entbürokratisierung, Entstaatlichung, Privatisierung). Dabei geht es vorrangig darum, die *Umverteilungsfunktion des Staates zu reduzieren,* Arbeits- und Umweltschutz, Gewerbeaufsicht, Lebensmittelkontrolle einzuschränken und weitere gewinn- oder imageträchtige Teile der heutigen Staatsaufgaben im Infrastrukturbereich (z.B. Straßen, öffentlich-rechtliche Medien, Wasserversorgung, Kultur) zu privatisieren. Der Staat wird reduziert auf drei Funktionen: die nicht Gewinn versprechenden Infrastrukturleistungen dort zu erbringen, wo die Unternehmen das wünschen; das Eigentum zu sichern und die dafür nötigen Justiz-, Polizei- und Militärkräfte zu unterhalten; und günstige Rahmenbedingungen für die Gewinnerzielung einheimischer Konzerne („Standortsicherung Deutschland"), soweit sie von politischen Entscheidungen abhängen, zu schaffen. Darüber hinaus reduziert sich Politik, gleich von welcher Mehrheitspartei getragen, zunehmend auf *symbolische Veranstaltungen in den Medien.*

Umwelt wird nicht geschont, sondern im Interesse weiteren Wachstums stärker belastet. Nachsorgender Umweltschutz herrscht vor, selbst er jedoch wird unter dem Druck der Lobbies zurückgenommen. Lediglich die Wohlstandsinseln werden sorgfältig vor Umweltschäden und möglicherweise gesundheitsschädlichen Importen abgeschirmt und bewahrt, soweit das technisch machbar ist. Die Dritte Welt und Osteuropa bleiben in erster Linie Lieferanten für Rohstoffe und Massenprodukte. Armut, Kriminalität, Krankheit und Konflikte werden dort aber nicht behoben werden. Der Auswanderungsdruck wird also nicht gemildert, sondern eher verstärkt. Schwellenländer werden nur dann im Club der Reichen akzeptiert, wo sie denen unmittelbar nützen. Wenige große Naturreservate dienen dem Schutz und der Pflege der biologischen Artenvielfalt, deren genetische Codes bereits weitgehend patentiert sind und vermarktet werden. Kurzlebige Massenprodukte, automatisiert herstellbar, werden die Märkte der Peripherie beherrschen. Die Peripherie bleibt der Ort der umweltbelastenden Industrien, der genetischen Freilandexperimente, der Atomkraftwerke, der bestrahlten und gentechnisch manipulierten Lebensmittel, der industrialisierten und hoch chemisierten Landwirtschaft, der Manöverübungsplätze, der Lebensraum jener „unfreiwilligen Versuchsmehrheit" (Beck), an der die Grenzwerte für allerlei Gifte getestet werden.

Rund fünfzehn Prozent der bundesdeutschen Bevölkerung leben heute schon *unterhalb der Armutsschwelle,* beziehen also ein Einkommen, das weniger als die Hälfte des Durchschnittseinkommens beträgt. Die generelle Tendenz: Der Anteil der Armen nimmt zu. Aufgrund des Altersaufbaus der Gesamtbevölkerung nimmt der relative Anteil der Personen im Rentenalter (über 65 Jahre alt – allerdings nehmen auch die Frührentner zu, so dass die wirklichen Verhältnisse unterschätzt werden) zu. Bei abnehmender Geburtenhäufigkeit und zunehmender Lebenserwartung wird der relative Anteil der über 65jährigen in den kommenden Jahren weiter deutlich ansteigen. Nun sind natürlich nicht alle Rentner arm, aber der Anteil der Armen wird zunehmen, vor allem, weil Sozialleistungen und Renten real laufend gekürzt werden.

Damit geht ein tief greifender *Wandel der Sozialstruktur* einher, der – da der überwiegende Teil der Wohnbevölkerung des Landes in Städten lebt – zuerst und vor allem die Städte betreffen wird. Er wird aller Wahrscheinlichkeit nach zu einer erheblichen *Verschärfung der Klassengegensätze* führen. Zunehmende Konflikte sind absehbar: zwischen Erwerbstätigen und Arbeitslosen, zwischen Armen und Reichen, zwischen Einheimischen und Ausländern, zwischen „rechten" und „linken" politischen Bewegungen. Konnte in der Vergangenheit ein großer Teil dieser Konflikte durch staatliche Umverteilungs- und Sozialpolitik befriedet werden, so sind doch die Grenzen dieser Ausgleichspolitik deutlich geworden: Der Handlungsspielraum des Staates wird damit immer mehr auf reaktive Auffangpolitik eingeschränkt, und das schlägt auf alle staatlichen Ebenen durch. Zunehmende soziale *Ungleichheit* wird sich räumlich in zunehmender sozialer *Segregation* niederschlagen: auf der Ebene des Bundes (Süd-Nord-Gefälle, West-Ost-Gefälle), auf der Ebene der Länder (regionales Entwicklungsgefälle) wie auf der Ebene der Städte.

Weltweit nimmt die Zahl ausländischer Immigranten in raschem Tempo zu, und Europa gehört zu den bevorzugten Einwanderungsregionen. Dabei spielen mehrere Faktoren zusammen: die zunehmende internationale Ungleichheit, die zunehmende Information durch Massenmedien, die zunehmende Mobilität, nationale und internationale Krisen und Umweltschäden. Allein die europäische Integrationspolitik lässt erwarten, dass die *Zuwanderung anhalten*, sich wahrscheinlich verstärken wird, insbesondere wegen der Osterweiterung. Die Ausländer *unterschichten* die einheimische Bevölkerung. Sie gehören zu denen, die am wenigsten in der Lage sind, den Konsum- und Lebensstandard zu erreichen, den Massenmedien und Werbung als „normal" und erstrebenswert darstellen.

Angesichts solcher Entwicklungstrends setzen die herrschenden Kreise in Politik und Wirtschaft auf die Mechanismen der Marktsteuerung und empfehlen, Staat abzubauen. *Wenn es aber gerade die Markt- und Wachstumslogik selbst sind, die uns in die Krise getrieben haben – dann sitzen wir in der Falle.*

11.3 Alternativen

Vielleicht sollten wir weniger Energie darauf verwenden zu fordern oder zu warten, dass oder bis der Staat endlich das Richtige tue – und mehr auf die praktische Verwirklichung von Alternativen verwenden. Vielleicht brauchen wir den Staat dazu gar nicht, weder seine Gesetze und Vorschriften noch seine Subventionen. Auch dafür gibt es Ansätze, Beispiele, Vorbilder, aus denen sich lernen lässt. Die folgende Materialsammlung soll um drei Grundsätze herum entwickelt werden: *Abkoppeln, Ressourcen schonen, Selbstorganisation stärken.*

Wir denken dabei zuerst und vor allem an die *kommunale und regionale Ebene*, auf der viele Dinge heute schon möglich sind, ohne dass man auf die anderen Ebenen warten muss – also an eine *Reformstrategie von unten.* Wir denken, dass „Abkoppeln", das bedeutet Eigenständigkeit und Selbständigmachen, dass „Ressourcen schonen" und dass „Selbstorganisation" insbesondere auf der lokalen Ebene nötig und möglich sind. Wir dürfen nicht warten, bis der Einstieg in die nötigen Reformen von den Institutionen gefunden wird; wir müssen die Angelegenheit in viele eigene Hände nehmen. Parallel zum Funktionsverlust der offiziellen Ebene wird die Zivilgesellschaft sich aufbauen und nach Selbständigkeit drängen. Sie muss sich Handlungsspielräume und Rahmenbedingungen schaffen, die ihrer Entwicklung hin zu einer friedfertigen, sozial gerechten und ökologisch tragfähigen Gesellschaft Chance, Inhalt und Richtung geben.

11.3.1 Abkopplung

Abkoppeln soll bedeuten, dass wir Wege suchen sollten, die uns weniger abhängig machen vom weltwirtschaftlichen Prozess, von seiner realen ebenso wie von seiner monetären Seite. Stattdessen muss die sichere Basis wirtschaftlicher Entwicklung in der Befriedigung der Bedürfnisse der regionalen Bevölkerung liegen. Das heißt nicht Autarkie, die unter heutigen Bedingungen ohnehin nicht möglich wäre. Es gibt viele Rohstoffe, die wir schlicht importieren müssen, unabhängig von der wirtschaftspolitischen Philosophie. Wir sollten da reduzieren, wo es geht und Substitute entwickeln, aber eine gewisse Abhängigkeit wird bleiben. Auf das Niveau dieses unerlässlichen Minimums sollten wir auch die Exporte reduzieren. Nach innen kann nur eine sorgfältige Ausbalancierung von Angebot und Nachfrage Bedingungen allgemeinen Friedens, freilich auf langsam sinkendem materiellem Niveau (wegen der Ressourcenschonung), schaffen.

Eine alternative Strategie würde ihre Orientierung nicht an teuren und unsicheren Neuansiedlungen neuer, womöglich extern kontrollierter Gewerbebetriebe suchen, sondern vielmehr am *lokalen Bevölkerungs- und Kaufkraftpotential,* seinen Bedürfnissen und den regional vorhandenen oder erschließbaren Möglichkeiten, sie zu befriedigen. Nicht die interkommunale Konkurrenz ausschließlich zum Nutzen der Konzerne, die vielleicht, entsprechende Vorleistungen vorausgesetzt und solange die übrigen Bedingungen ihnen günstig erscheinen, einen Filialbetrieb ansiedeln wollen und damit die heimischen Betriebe unter Konkurrenzdruck setzen, sondern *regionale Zusammenarbeit,* um dem einheimischen Gewerbe vernünftige und zukunftssichere Chancen einzuräumen. Das bedeutet, dass Gemeinden bewusst auf mögliche Gewerbeansiedlungen verzichten, sofern sie nicht Elemente einbringen, die bis anhin einer eigenständigen Regionalentwicklung in möglichst geschlossenen Kreisläufen fehlten. In regionaler Zusammenarbeit könnten Gemeinden gemeinsam über die Ausweisung von Gewerbeflächen entscheiden, festlegen, wie sie genutzt und von wem sie vorrangig in Anspruch genommen werden sollen – müssten dann aber auch einen Modus vereinbaren, nach dem der Nutzen angemessen in der Region verteilt wird. Und selbstverständlich bedarf es verbesserter Zusammenarbeit zwischen *Kernstadt und Umland*, auch, um die technische und soziale Infrastruktur rationell erstellen und bürgerfreundlich anbieten zu können. Schließlich verlangen der Schutz der Umwelt und die sparsame Nutzung natürlicher Ressourcen nach besserer regionaler Zusammenarbeit.

Dies alles spricht für die Schaffung *regionaler Institutionen*, an die die Gemeinden Kompetenzen in der Planung, im Umweltschutz, in der Wirtschaftsförderung abgeben sollten. Dafür sind verschiedene Modelle vorgeschlagen, die von bloßer Unterrichtung und Koordination („Konferenztyp“) über Zweckverbände bis hin zur Eingemeindung reichen[2]. Die Rechtsgrundlagen dafür sind vorhanden und sie werden sektoral auch genutzt.

Die Möglichkeiten einer regionalen Wirtschaft, sich von den globalen Kreisläufen abzukoppeln, sind vielfältig. Im Folgenden wird der Ansatz einer *eigenständigen Regionalentwicklung* dargestellt, der Anknüpfungspunkte zu den Self-Reliance-Ansätzen der Entwicklungsländer aufweist. Projekte finden sich vor allem in Österreich und der Schweiz, aber auch in Großbritannien, USA und Deutschland. Mit den Projekten soll ein ökologischer, sozialer und demokratischer Wirtschaftsumbau in Richtung auf eine regionale Eigenständigkeit angestrebt werden. Die vordringliche Aufgabe besteht in der Schaffung einer gemeinsamen Zusammenarbeit aller regionalen Kräfte, die der Erzeugung von Wohlfahrt – im Sinne von Zufriedenheit und Nutzen dienen[3]. Es sollen die *endogenen Potentiale der Region* genutzt werden, allerdings im Gegensatz zum wirtschaftspolitischen Ansatz einer „Endogenen Entwicklung“ nicht deshalb, um fremdbestimmt für den Weltmarkt zu produzieren, sondern um eine selbst bestimmte Entwicklung von unten zu erreichen. Diese Region wird als Lebensmittelpunkt angesehen, den es zu erhalten und zu gestalten gilt. Die in der Region vorhandenen Kräfte (Menschen mit ihren spezifischen Kenntnissen und Fähigkeiten) sollen mobilisiert und entwickelt werden. Hierfür werden intermediäre Organisationen benötigt, die einen derartigen Prozess in der Region initiieren.

Das „Regionale Zentrum für Wissenschaft, Technik und Kultur“ (RWZ) hat in der Region Rhön eine derartige Aufgabe übernommen. Das RWZ will eine eigenständige Regionalentwicklung in den Bereichen Regional-, Stadt- und Dorfentwicklung, Umwelt und Technik, Wirtschaften in der Region sowie soziale und kulturelle Arbeit in dem Gebiet fördern.

PLENUM – das Projekt des Landes zur Erhaltung und Entwicklung von Natur und Umwelt – ist ein neuartiges Naturschutzkonzept für Baden-Württemberg mit ganzheitlichem Ansatz. PLENUM strebt eine natur- und umweltverträgliche, nachhaltige Entwicklung und Stärkung der Regionen an. Es bezieht Landnutzer und andere Bevölkerungsgruppen vor Ort umfassend in die Entwicklung von Maßnahmen zum Wohl der Natur ein und unterstützt sie bei ihrer Umsetzung[4].

---

2 – u.a. Wagener, 1984

3 – Grabski-Kieron/Knieling, 1994, 162

4 – http://www.plenum-bw.de/

Eine Trendwende in der Regionalpolitik wurde schon vor zehn Jahren in Hessen verkündet. So hatte das Bundesland ein Förderprogramm zur ländlichen Regionalentwicklung aufgelegt, das vornehmlich die Projekte gezielt aktiviert, die über die traditionellen Formen der regionalen Förderpolitik bisher kaum oder gar nicht erfasst wurden[5]. Dabei werden Dienstleistungen und Sachausgaben für gemeinschaftlich orientierte, kleinräumige Projektvorhaben mit innovativem und umwelt- und sozialverträglichem Charakter gefördert, d.h. die politische Arbeit in Bürgerinitiativen sowie die Arbeit im kulturellen und sozialen Bereich. Darüber hinaus sollen Impulse für die Erarbeitung von Leitbildern und für regionale Entwicklungsgesellschaften (einschließlich intermediärer Organisationen) gegeben werden.

Besonders interessant und in rascher Entwicklung begriffen sind so genannte LET-Systeme („Local Exchange Trading System"). „Unter einem LET-System bzw. Kooperationsring versteht man ein organisiertes Verrechnungssystem, das dem bargeldlosen Austausch von Leistungen und Produkten zwischen Privatpersonen, Organisationen und Kleinunternehmen auf lokaler Ebene dient. Da überwiegend Dienstleistungen und Produkte zwischen privaten Haushalten ausgetauscht werden, beschränkt sich das Tätigkeitsfeld eines LET-Systems im Regelfall auf einen Stadtteil, eine Stadt oder eine Region"[6]. Für derartige Systeme gibt es keine einheitliche Bezeichnung. Wir benutzen im Folgenden den Begriff *lokale Tausch- und Zweitwährungssysteme*. Die ersten Vorläufer von lokalen Tausch- und Zweitwährungssystemen entwickelten sich in Frankreich und Großbritannien in den dreißiger und vierziger Jahren des 19. Jahrhunderts. Hundert Jahre später wurden – in Anlehnung an die Freigeldlehre von Silvio Gesell – in Österreich und Deutschland erste „Freigeld"- bzw. Notgeld-Experimente durchgeführt. 1983 wurde auf Vancouver Island (British Columbia) in Kanada zum ersten Mal ein LET-System im heute verstandenen Sinne eingeführt.

Die lokalen Tausch- und Zweitwährungssysteme haben sich einerseits aus Not, andererseits aus der Kritik an einer geldbestimmten Ökonomie entwickelt. Mit Gutscheinen mit Phantasienamen lassen sich bargeldlos Waren erwerben, sofern man einem der lokalen Tausch- und Zweitwährungssystemen beigetreten ist. „Ob eine Mutter nun Kuchen für einen Kindergeburtstag braucht oder der Sohn therapeutische Beratungen, ob eine Hausfrau ungespritzte Äpfel einkellern möchte oder einen Fensterputzer benötigt ... mit ‚beaks' [oder wie immer die lokale Tauschwährung benannt wird, B.H.] kann es erworben werden. Die Tauschringe ermöglichen es auch Kleinverdienern und Arbeits- oder Erwerbslosen, am Handel teilzunehmen. Nicht nur das. Man kann auch seine eigenen Fähigkeiten anbieten, sich mit der bargeldlosen Währung bezahlen lassen und dafür wieder einkaufen"[7]. Jeder, der mit einem geringen Jahresbeitrag mitmacht, erhält ein Konto, ein Scheckbuch und eine Liste, auf der alle Angebote und Gesuche verzeichnet sind. Am Ende des Monats erhält jeder Teilneh-

5 – Hessisches Ministerium für Landesentwicklung, Wohnen, Landwirtschaft, Forsten und Naturschutz, 1993

6 – Schneider/Füller/Godschalk 1995, 6

7 – so Bultmann 1994; aktuell: http://www.fs.tum.de/bsoe/hui/hui2000/hui_s_42000.pdf

mer eine erneuerte Angebots- und Gesuchsliste sowie die Kontostände aller Mitglieder – ein Bankgeheimnis gibt es nicht. Durch die enge soziale Kontrolle ist die Gefahr von Trittbrettfahrern sehr gering. Wer sein Konto überzieht, kann seine Schulden abarbeiten – Soll-Zinsen muss er nicht bezahlen. Alle können ihre Talente und ihr Wissen einbringen und gegen Tauschwährung anbieten. Der Wert einer Einheit Tauschwährung wird in der Regel über die Arbeitszeit festgelegt – große Unterschiede zwischen Kopf- und Handarbeit, zwischen gelernter und ungelernter Arbeit gibt es in diesem System nicht. Die Zahl der Mitglieder soll überschaubar bleiben; anonyme Verhältnisse, Funktionäre und Machtstrukturen sollen vermieden werden[8]. Während in Giessen und im Ruhrgebiet also der Justus rollt, in Bremen der Bremer Roland, im Chiemgau der (bald auch elektronisch mit EC-Karte nutzbare) Chiemgauer und in Genthin der Zweitgroschen, können vielleicht unsere Parlamentsabgeordneten in Berlin bald mit dem Berliner zahlen und damit an einem Projekt teilnehmen, welches nicht von oben verordnet, sondern von unten gewachsen ist.

In Deutschland gibt es derzeit ca. 220 Tauschringe mit zusammen ca. 20.000 Teilnehmern, wobei die erste „döMak“ erst 1993 in Halle/Saale eingerichtet wurde. Die meisten Tauschringe nennen ihre bargeldlose Währung „Talente“, in Frankfurt wird sie bezeichnenderweise „Peanuts“ genannt. In zwei Gemeinden in der Nähe von Bremen, Ottersberg und Sottrum wird mit „Torfdollar“ gehandelt. Zu bekommen sind Metallmöbel, Schweißarbeiten, Töpferartikel, die Zeitung Torfkurier samt Kleinanzeigen, antiquarische Bücher, Schreinerleistungen, Haareschneiden und Holzhacken.

Um Sparen möglich zu machen, arbeitet man im Chiemgau zusammen mit der *Gemeinschaftsbank für Leihen und Schenken* an einem Konzept für Bank-Funktionalitäten. Dass Regiogelder auch *für regionale Bankinstitute und Sparkassen* interessant sein könnten, zeigt die Sparkasse Delitzsch (bei Leipzig). Diese ließ sich soeben ein Gutachten über die Regiowährungen erstellen, bei dem für die juristische Seite der ehemalige sächsische Innenminister Klaus Hardrath und für die wirtschaftliche der Unternehmensberater Hugo Godschalk verantwortlich waren. Dass das Ergebnis positiv ausfiel, führte im Münchner Stadtrat zu einem Antrag, entsprechende Möglichkeiten auch für München auszuloten.

Lokale Tausch- und Zweitwährungssysteme tragen dazu bei, die lokale Ökonomie zumindest in Teilen zu *entmonetarisieren* und damit aus dem Strudel einer rein an monetärem Profit orientierten Wirtschaft herauszuhalten. Sie könnten Teil einer informellen Ökonomie sein, in der auch diejenigen, die nicht über eigenes Geldeinkommen verfügen (z.B. Arbeitslose) weder materiell verelenden noch in ihrem Selbstwertgefühl geschädigt werden. Damit würden sie im realen Sinn zur Sicherung eines Grundeinkommens beitragen. Lokale/regionale Ökonomien ließen sich schrittweise so umbauen, dass sie zumindest tendenziell in die Lage kommen, dem Wachstumsdruck zu widerstehen und ihre wirtschaftliche Sicherheit in der *Versorgung der ansässigen Bevölkerung* zu gewährleisten.

Abkoppeln bedeutet auch, dass sich Gemeinden/Regionen politisch unabhängiger machen von den Vorgaben und Verlockungen der politisch höheren Ebe-

8 – Rost, 2004

nen. Der rechtliche Rahmen sieht Spielräume dafür ausschließlich im Bereich der *Selbstverwaltungsaufgaben* vor, für die den Kommunen ohnehin die Mittel fehlen. Sie müssen also vor allem für mehr freie Mittel sorgen. Das kann einerseits durch Einsparungen geschehen – wenn z.B. bei der Erschließung neuer Baugelände oder bei Anreizen zur Gewerbeansiedlung eine gemeinsame Politik in größeren, d.h. regionalen Einheiten, verfolgt und damit Fehlinvestitionen vermieden werden. Gewiss spricht auch nichts gegen eine *Rationalisierung der Verwaltung*, sofern dieses sich primär auf die Befriedigung regionsinterner Bedürfnisse richtet. Dazu müssten Kompetenzen neu verteilt werden. Einerseits sollen funktional sinnvolle, d.h. lebensfähige Regionen mit der dafür erforderlichen Verwaltung und demokratischen Entscheidungsmechanismen entstehen, andererseits dürfen die Vorteile der lokalen Transparenz und des lokalen Engagements nicht aufgegeben werden. Das kann durch die Erhöhung von Einnahmen geschehen, so wie z.B. die Stadt Kassel das gemacht hat mit der Einführung einer *kommunalen Verpackungssteuer*, oder durch die Kommunalisierung der Energieversorgung. Dafür könnte nach dem BVG-Urteil auch die *Grundsteuer* herangezogen werden, deren Einheitswerte und Hebesätze kommunal festgelegt werden. Die Mittel, die aus solchen Steuern und Abgaben fließen, sollten gezielt zur Ökologisierung und zur Förderung von Ansätzen der Selbstorganisation zur Verfügung gestellt werden.

Eine wichtige infrastrukturelle Hilfe dafür könnte in der Einrichtung von *Nachbarschaftszentren* bestehen. Sie könnten einerseits die Funktion von Ökozentren übernehmen, wie sie Eckart Hahn[9] vorgeschlagen hat, d.h. Materialien, persönliche Beratung und Fortbildung für alle Bereiche der alltäglichen Ressourcenschonung bereithalten. Darüber hinaus sollten sie „Haus der Eigenarbeit" sein und Werkzeug und handwerkliche Anleitung zur Verfügung stellen für die tägliche Selbst- und Nachbarschaftshilfe. Schließlich sollten dort Räume zur Verfügung stehen, z.B. für die Organisationszentralen lokaler LETs, für Bürgerinitiativen, für Veranstaltungen, für politische Gruppen. Ganz besonders soll damit die Bildung und das Funktionieren von Selbsthilfe-Netzen unterstützt werden. Hier liegen enorme Arbeitspotentiale, die zu einem großen Teil durch Eigenarbeit und Nachbarschaftshilfe bewältigt werden können, sofern es entsprechende Anleitung gibt: die Wärmeisolierung von Gebäuden, aber auch der Bau und die Installation von Solarkollektoren für die Warmwasserbereitung wären solche Aufgaben. Die Berater in diesen Zentren sollten auch eigene Initiativen entwickeln und mit den Menschen in der Nachbarschaft sprechen, um sie zur Ressourcenschonung anzuregen. In kleineren Gemeinden könnte dies in den Gemeindehäusern geschehen; in Städten wären Einrichtungen auf Quartierebene richtig.

Regionale Eigenständigkeit fördern heißt auch, die innerregionalen Informationen über Angebot und Nachfrage nach Gütern und Dienstleistungen verbessern und den innerregionalen Austausch fördern. Mit der Information und der Stärkung regionaler Marken sollte regionale Identität gestärkt werden, so, dass wo immer möglich und sinnvoll Wertschöpfung und Kaufkraft auch in der

9 – Hahn, 1991

Region verbleiben. Ziel sollte die regionale Stabilisierung sein, so dass Gewerbe und junge Menschen eine realistische Chance haben, am Ort den Lebensunterhalt für sich und ihre Familien zu sichern.

11.3.2. Ressourcen schonen

Ressourcen schonen heißt zunächst einmal, den für nötig gehaltenen materiellen Wohlstand durch einen minimalen Einsatz natürlicher Ressourcen zu realisieren („Effizienzrevolution“). Das ist möglich, und dafür gibt es zahlreiche Ansätze und Vorschläge. Aber das reicht noch nicht aus. Wir brauchen auch eine „Suffizienzrevolution“, d.h. eine Überprüfung unseres Wohlstandsmodells daraufhin, ob denn alles das, was wir uns unter Einsatz natürlicher Ressourcen leisten, wirklich nötig ist, oder ob nicht etliches davon verzichtbar wäre. Hier spielen Überlegungen zu einem „Neuen Wohlstandsmodell“ eine große Rolle[10], die richtigerweise davon ausgehen, dass wirklicher Wohlstand nicht im Erwerb von Gütern, sondern letztlich in mehr Freiheit und Selbstbestimmung, in politischer Teilhabe, Bildung, Kultur und sinnlichen Genüssen liegt.

Ein Ansatz zur Reduktion des Ressourcenverbrauchs ist durch *Effizienzsteigerungen* zu erreichen. Hier sind sowohl auf der Seite der Unternehmen, der privaten Haushalte als auch auf kommunaler Ebene erhebliche Einsparpotentiale zu erkennen. So weist die Enquête-Kommission auf technische Einsparpotentiale im Energiebereich von insgesamt 35 – 45% hin, für den Gebäudebestand bzw. für den Neubau sogar von siebzig bis neunzig Prozent[11]. Die wichtigste aller Aufgaben unter ökologischen, ökonomischen und sozialen Gesichtspunkten wäre die ökologische Sanierung des Baubestandes. Sie würde auf Energieeinsparung setzen, regenerative Energien verwenden, regionale Baustoffe, Regen- und Brauchwassernutzung, Flächenentsiegelung und Begrünung fördern und damit nicht nur zur Werterhaltung der Gebäude beitragen, sondern zur lokalen Beschäftigung auch in weniger qualifizierten Bereichen und zur Entwicklung neuer regionaler Produktionsketten, wenn z.B. konsequent die Potenziale nachwachsender Rohstoffe genutzt würden. Selbstverständlich gibt es zahlreiche Ansätze in dieser Richtung – aber es ist gar nicht zu verstehen, wieso daraus noch nicht ein groß angelegtes, flächendeckendes Programm geworden ist.

Diesem Ziel würde auch eine *ökologische Unternehmensführung* dienen[12]. Viel spricht dafür, dass eine ökologische Orientierung in kleineren und mittleren Unternehmen, insbesondere im Handwerk, sich eher durchsetzen kann als in größeren Unternehmen. Vor allem dann, wenn Unternehmen als Kapitalgesellschaften verfasst sind, dürfte es schwieriger werden, die Eigentümer von einem Kurs zu überzeugen, der nicht der Maximierung des kurzfristigen Gewinns, sondern der dem langfristigen Überleben und der langfristigen Akzeptanz in der regionalen Bevölkerung dient. Handwerksbetriebe sind stärker regi-

---

10 – u.a. Weizsäcker, 1994

11 – Enquête-Kommission „Schutz der Erdatmosphäre“, 1992, 70

12 – Dyllick, 1995; Schmidheiny, 1992; Jungk, 1990; Kreibich, 1994

onal verwurzelt. Sie sind häufig Familienbetriebe, oft besteht der Wunsch, sie in der nächsten Generation durch Nachkommen weiterführen zu lassen, der Bezug zum Kunden ist persönlicher, der Gebrauchswert steht vor dem Tauschwert[13]. Gerade in peripheren Regionen spielen sie eine enorm wichtige Rolle und sie sind unverzichtbarer Bestandteil jeder Überlegung zu eigenständiger Regionalentwicklung.

Durch die Zusammenarbeit von Hochschulen, der städtischen Verwaltung und der kommunalen Unternehmen können Einsparpotentiale bzw. kommunalpolitische Barrieren systematisch gefunden werden, die sowohl unter ökologischen als auch unter ökonomischen Kriterien profitabel sein können. Das „Ökoprofit"-Konzept der Stadt Graz ist ein Beispiel für eine derartige Zusammenarbeit, die zeigt, dass sich in zwei Drittel der technischen Verbesserungsvorschläge eine weniger als zweijährige Amortisationsdauer ergibt. Technische Effizienzsteigerungen sind eine notwendige Bedingung für eine nachhaltige (Stadt-) Entwicklung. Sie sind jedoch keinesfalls hinreichend, weil sie sich bisher an marktwirtschaftlichen Notwendigkeiten und nicht an ökologischen Grenzen orientieren. Unter dem Aspekt einer ökologischen Effizienz liegen die eigentlichen Probleme in der Fertigungswirtschaft, in der ein Unternehmen große Produktmengen fertigen und absetzen muss und deshalb kein Interesse haben kann, reparaturfreundliche und langlebige Produkte herzustellen. Ähnliches gilt für die Betriebsstoffe und für die Verschleißteile, da die Wartung und der Service ebenfalls profitabel sein sollten[14].

Neben den technischen Innovationen tritt deshalb ein ökologisches Design der Produkte bzw. Dienstleistungen in den Vordergrund. Eine stoffliche Kreislauforientierung führt zu „intelligenten" und langlebigen Produkten. Dabei muss es die Aufgabe der Hersteller sein, die Materialkreisläufe mit den Verantwortungskreisläufen zu überlagern, um so bei den Unternehmen eine Produkt- und Materialverantwortung zu erreichen[15]. Für verschiedene Produkte kann dies nur von der nationalen Politik durch Rückgabeverpflichtungen erreicht werden. Sie führt zu einem neuen Design der Produkte. Zusammen mit einer Kennzeichnung der Materialien können so die Einzelteile wieder in die neuen Produkte eingebaut werden. Ein mittelfristiges Ziel eines ökologischen Designs ist die regionale stoffliche Kreislauforientierung. Die kommunalen und regionalen Entscheidungsträger können diesen Prozess durch Gründung von Netzwerken zwischen den regional wirtschaftenden Unternehmen entscheidend unterstützen. So beispielsweise durch die Veranstaltung von regionalen Wirtschafttagen zur eigenständigen Regionalentwicklung, an denen ausschließlich regional wirtschaftende Unternehmen teilnehmen dürfen (wie z.B. die Regionalmesse in der Region Rhön) oder der Gründung eines „Ökozentrums", in der neue innovative Ideen für biologisches und ökologisches Planen und Bauen entwickelt und in der Gesellschaft weiterverbreitet werden sollen (wie z.B. das Ökozentrum NRW in Hamm oder das Umweltzentrum der Handwerkskammer Trier).

---

13 – Rumpf, 2003

14 – http://www.arqum.de/l_profit.html

Eine *ökologische Stadtpolitik* muss versuchen, so wie beim „Öko-Profit"-Konzept der Stadt Graz, ihre bestehenden Stadtstrukturen (Gesetze, Pläne u. a.) daraufhin zu untersuchen, welchen Beitrag sie zu einer ökologischen Stadtentwicklung beitragen. Sie sollte Prinzipien entwickeln, die sich an einer sozialen und ökologischen Verantwortung und am Leitbild einer Nachhaltigen Entwicklung orientieren und als Grundlage in eine kommunale Wirtschaftsförderung einfließen. Der Entwicklung kleiner und mittlerer Unternehmen der Stadt bzw. der Region müsste Vorrang eingeräumt werden vor einer Export-Basis-Orientierung. Dabei können Lokale Agenda 21-Initiativen hilfreiche Partner sein. Eine Voraussetzung hierfür ist die Umsetzung einer freiwilligen kommunalen Umweltverträglichkeitsprüfung (wie z.B. in Hamm und in Herne). Darüber hinaus ist es die Aufgabe der kommunalen Entscheidungsträger, eine gesellschaftliche Diskussion über die Art und Weise der Wirtschaftsentwicklung zu entfachen.

Außerdem kann die Wiederverwendung von Gütern und ein regionales Materialrecycling durch die Kommune gefördert werden, beispielsweise in Form eines Recyclinghofes (wie z.B. in Schwabach). Kommunale Entwicklungsgesellschaften könnten Qualifizierungsmaßnahmen zum „Recyclingwerker" anbieten, in der Langzeitarbeitslose, schwervermittelbare Arbeitslose, Sozialhilfeempfänger, arbeitslose Schwerbehinderte oder von Wohnungsnot betroffene Menschen – neben den theoretischen Kenntnissen – praktische Zerlegetechniken einzuüben (wie z.B. der Bürgerservice gGmbh in Trier). Die Zerlegung bezieht sich auf die Produktgruppen „weiße Ware" (Waschmaschinen, Geschirrspüler, Gas- und Elektroherde, Trockner u. a.) und „braune Ware (Stereoanlagen, Fernseher, elektronische Bürogeräte u. a.). So können nicht nur die gebrauchten Waren, sondern auch die gebrauchten Einzelteile wieder verwendet werden.

Außerdem wird die Umwandlung von einer Güter- und Energieversorgungsgesellschaft hin zu einer *stoff- und energiesparenden Dienstleistungsgesellschaft* zu einem der wichtigen Ansatzpunkte einer ökologischen Stadtentwicklung. Schon bei der Herstellung kann danach gefragt werden, ob der eigentliche Zweck nicht auf ökologisch vernünftigerem Weg erreicht werden kann. Der eigentliche Zweck einer Straße zum Beispiel besteht darin, Menschen mit den Gütern und Diensten zusammenzubringen, die sie bei der Arbeit und in ihrer Freizeit benötigen. Eine innovative Stadtplanung, die die Distanz zwischen Wohn-, Lebens- und Arbeitsbereichen verringert und Fußgänger, Radfahrer und den öffentlichen Nahverkehr fördert, vermag oft dasselbe zu leisten. Besser durchdachte Häuser bieten mehr Menschen Platz zum Leben und verbrauchen weniger Baustoffe und Energie, Pfandflaschen verursachen weniger Umweltkosten als Einwegbehältnisse, Bibliotheken und Computerdatenbanken bieten Tausenden von Menschen Zugang zu Büchern oder Zeitungen, ohne das für jeden Leser ein Exemplar gedruckt werden muss[16].

Zusammen mit einem ökologischen Design eines Produktes können Öko-Leasing-Konzepte von kommunalen Unternehmen unterstützt werden. Unter

15 – Stahel 1993, 61
16 – z.B. im Energiebereich http://www.energie.ch/themen/infrastruktur/effizenerg/

Öko-Leasing versteht man den Verkauf von Nutzen anstelle von Produkten. Beispielsweise verkauft ein Unternehmen, das Fotokopierer herstellt, nicht das Produkt, sondern die Fähigkeit „Fotokopieren". Dadurch übernimmt das Unternehmen die Verantwortung für die Wartung des Kopierers und der Entsorgung bzw. für die Wiedereingliederung in den regionalen Stoffkreislauf. Eine dematerialisierende Dienstleistung stellt auch Service-Konzepte (wie beispielsweise den Windelservice oder Car-sharing) dar, die sich selbstorganisierend entwickeln, jedoch ebenfalls von der Kommune unterstützt werden können.

Im Vordergrund einer ökologischen Stadtpolitik muss eine konsequente Energieeinsparung stehen, und hier liegen enorme Potentiale. Eine dezentrale Energieversorgung würde sehr viel effizienter sein können: Kraft-Wärme-Kopplung bietet heute die effizienteste Umwandlungsform und lässt sich in kleinen Blockheizkraftwerken mit Nahwärmenetzen schon für kleinere Hausgruppen einsetzen. Im Unterschied zu Energie*versorgungs*unternehmen verkaufen Energie*dienstleistungs*unternehmen z.B. die Dienstleistung „Zimmertemperatur 20° C" anstelle einer Menge Heizöl. Saarbrücken und Rottweil können hier als vorbildliche Kommunen genannt werden. Vor allem die Gemeinden sollten die Heizanlagen ihrer öffentlichen Gebäude umstellen auf Wärmelieferung. Der Wärmelieferant wird Eigentümer der Heizanlage und verantwortlich für die Leistung, und er hat daher alles Interesse daran, diese Leistung mit möglichst geringem Aufwand zu produzieren. Hier sollte die Gemeindeverwaltung Eisbrecherfunktionen übernehmen; Wärmelieferung als Dienstleistung lässt sich auch in den Bereichen Wohnen und Gewerbe einsetzen. Die *Stadtwerke* könnten dazu zu Energiedienstleistungsunternehmen (EDU) umgebaut werden. Solarkollektoren für die Warmwasserversorgung können auch unter unseren klimatischen Bedingungen die Heizung während der Sommermonate überflüssig machen (Selbstbau ist möglich). Photovoltaik zur direkten Nutzung der Sonneneinstrahlung als Elektrizität ist technisch so ausgereift, dass sie sich auf vielen Dachlandschaften vor allem in Städten einsetzen lässt. Windenergie und Biomasse kommen dagegen als Energiequellen eher für ländliche Gegenden in Frage. Die Erfahrung der letzten Jahre hat gezeigt, dass sich für regenerative Energien auch private Investitionen großen Umfangs mobilisieren lassen.

Mit dieser Kombination könnten Gemeinden sich weitgehend unabhängig machen von den Großversorgern und gleichzeitig die Emission von Treibhausgasen an der Quelle deutlich reduzieren. Damit sind aber die kommunalen/regionalen Möglichkeiten der Einsparung natürlicher Ressourcen keineswegs erschöpft. Wir nennen einige weitere Möglichkeiten, ohne damit in irgendeiner Weise „vollständig" sein zu wollen oder zu können:

- Privatverkehr ließe sich reduzieren und auf öffentlichen Verkehr umleiten, wenn ein „beitragsfinanzierter Nulltarif" eingeführt würde[17]. Dabei wird von jedem Haushalt im Einzugsbereich der Verkehrsbetriebe eine Nahverkehrsabgabe erhoben, für die dann alle Mitglieder dieser Haushalte Jahresnetzkarten erhalten und so die einzelnen Fahrten nicht mehr bezahlen brauchen. Da auch die Haushalte mit Auto diese Abgabe bezahlen, haben sie einen deutlichen

17 – Seydewitz/Tyrell, 1995

Anreiz, auf den ÖPNV umzusteigen. Gleichzeitig lassen sich die Bedingungen für den Privatverkehr vor allem in den Stadtzentren weiter einschränken. Im Ergebnis würden nicht nur Emissionen reduziert, es ließen sich auch Einsparungen durch Rationalisierung erzielen und die Verkehrsbetriebe von ihren hohen Defiziten befreien.

- Mehr als bisher – und entgegen den überholten Prinzipien eines „funktionalistischen Städtebaus" – sollten Gemengelagen gefördert werden mit dem Ziel, Pendleraufkommen zu reduzieren und einseitige Nutzungen zu vermeiden. Das könnte insbesondere so geschehen, dass auch in Wohnlagen die Erdgeschossflächen für gewerbliche Nutzungen vorgesehen werden – das können Einzelhandelsgeschäfte und Büros, das können aber auch vermehrt „urban type industries" sein, von denen keine Emissionen oder Gefahren ausgehen.
- Trotz deutlich abnehmendem Müllaufkommen ist der Deponieraum knapp und werden von der Industrie Müllverbrennungsanlagen propagiert – gegen die sich überall Bürgerinitiativen wehren. Seit gegen Ende der achtziger Jahre die Bürgeraktion „Das bessere Müllkonzept" ins Leben gerufen wurde, haben sich überall Gruppen mit den Themen Abfallvermeidung und Restmüllbehandlung beschäftigt. Die Volksabstimmung in Bayern vom 17. Februar 1991 über die Volksinitiative für ein Abfallwirtschaftsgesetz hat bundesweit für Aufsehen gesorgt. Priorität haben sollte die Müllvermeidung vor der Wiederverwertung, diese wiederum vor der Endlagerung. Die Kommunen sollten hier ihren Einfluss geltend machen, um das Müllaufkommen zu reduzieren.
- Die Gemeinden sollten durch die Bauleitplanung, durch Förderungsmaßnahmen und durch eigenes Beispiel die Begrünung fördern. Jede Grünpflanze absorbiert CO_2, verbessert das Klima, filtert Stäube aus und dient dem Wasserhauhalt. Es wäre daher sinnvoll, nicht nur öffentliche Räume mit geeigneten Pflanzen zu begrünen, sondern auch Fassaden- und Dachbegrünungen zu fördern. Unsinnigerweise sind hunderte Kilometer Alleen abgeholzt worden, um die Fahrgeschwindigkeit auf Landstraßen zu erhöhen. Hier sollte zurückbuchstabiert werden. Wo immer möglich sollten öffentliche Anlagen und Alleen mit Obstbäumen bepflanzt werden zur freien Bedienung (eine Maßnahme, die bereits Fürst Franz im sachsen-anhaltinischen Wörlitz zur Unterstützung der Versorgung der Bevölkerung durchführen ließ!). Wo immer möglich, sollten in Wohnlagen Gärten und in Randlagen Flächen für Schrebergärten vorgesehen werden. Vor allem Arbeitslose sind angewiesen auf Möglichkeiten der Selbstversorgung. Als „Internationale Gärten" (Göttingen) schaffen sie Kontaktmöglichkeiten für Einheimische und Ausländer.
- Eine stadtökologisch verträgliche Verdichtung von Wohn- und Gewerbegebieten, eine stärkere Innenentwicklung der bestehenden Stadtteile (durch Bestandserhaltung, Baulückenschließung und Flächenrecycling) und eine Nutzungsmischung von Funktionen in Stadtteilen sollte Vorrang eingeräumt werden vor neuen Flächenausweisungen. So führte die Stadt Viernheim 1994 einen Bürgerentscheid über die Frage durch, ob ein neues Wohngebiet ausgewiesen werden soll oder ob sie ihre räumliche Ausdehnung zugunsten ökologischer Kriterien selbst begrenzt und versucht, durch die städtische Politik der flächenhaften Ausdehnung entgegenzuwirken.

Nach den Ansichten der Enquête-Kommission „Schutz des Menschen und der Umwelt“ muss ein Ziel eines neuen Umweltschutzansatzes sein, ein geändertes Werteverständnis zu erreichen. Fragen bezüglich unserer Lebens- und Wirtschaftsweise (Industrialismus, Konsumismus) müssen neu gestellt und beantwortet werden[18]. Die Prinzipien einer normativen ökologischen Wirtschaftsentwicklung kristallisieren sich um die Möglichkeiten, regionale Wirtschaftsstrukturen zu stärken, umweltverträgliche Wirtschaftsbranchen zu entwickeln und einer intraregionalen Innenorientierung auf Kosten einer internationalen Außenorientierung den Vorzug zu geben.

11.3.3 Selbstorganisation

Immerhin spricht für die These, dass der Staat immer mehr Bereiche des gesellschaftlichen Lebens an sich gerissen und mit Hilfe der ihm zur Verfügung gestellten Machtmittel unter seine Kontrolle gestellt hat, mindestens ebenso viel wie für die üblicherweise herausgestellte, nach der es die Bürger seien, die gar nicht genug von staatlicher Gängelung bekommen könnten. Die Zivilgesellschaft, die da neben und gegen dem Staat besteht und blüht und gedeiht, hat sich in den Nischen eingerichtet, die Staat und Wirtschaft ihr gelassen haben. Da beide, Staat und Wirtschaft, in der Krise sind, dürften diese Nischen größer werden und die Chancen für Selbstorganisation wachsen. Wenn es Möglichkeiten zur Änderung gibt, dann liegen sie womöglich gerade nicht darin, Staat und Wirtschaft in ihrem traditionellen Verständnis erhalten und verbessern zu wollen, sondern darin, dass sie am Ende ihrer Weisheit sind und die Nischen deshalb größer werden müssen.

Die Gegenkultur der Zivilgesellschaft nährt sich aus unterschiedlichen Traditionen und Quellen, entwickelt sich aus unterschiedlichen Motiven, ist vielfältig und reich sowohl an Erfolgserlebnissen wie an Erfahrungen des Misslingens. Schon dies sollte davor bewahren, sie pauschal zu romantisieren: Schließlich sind auch Neo-Nazis und gewalttätige Skinheads als Teil dieser selbst organisierten Gegenkultur Bürgerinitiativen. Dennoch birgt die Zivilgesellschaft ein Potential, das für die Zukunft unendlich wichtig sein wird, weil viele der traditionellen Institutionen versagen. Historisch hat so der Anarchismus argumentiert, eine politische Philosophie, die heute beinahe gänzlich vergessen scheint[19]. Kaum einer hat das in jüngerer Zeit so früh und klar gesehen wie Robert Jungk[20], der mit seinen „Zukunftswerkstätten“[21] so viele praktische Emanzipationsexperimente auf den Weg gebracht hat.

Selbstorganisation fördern bedeutet eigentlich einen Weg zurück in eine „Marktwirtschaft von unten“ (Hernando de Soto[22]), eine, die nicht durch eine unendliche Zahl von Vorschriften und Abgaben geknebelt, die nicht durch

18 – Enquête-Kommission „Schutz des Menschen und der Umwelt“, 1994, 8
19 – zu den wenigen Ausnahmen gehört Blankertz, Goodman, 1980
20 – Jungk, 1993
21 – Jungk, Müllert, 1992
22 – Hernando de Soto, 1992

Monopole und Finanzjongleure pervertiert ist. Das kreative Potential der Menschen ist enorm, wenn sie nicht ständig gegängelt und eingegrenzt werden, es braucht wenig, um es fördern und um es sich entwickeln zu lassen, da muss entstaatlicht und dereguliert werden. Heute nennen wir das einen informellen Wirtschaftssektor, im Anschluss an die „Dualwirtschaften" der Dritten Welt, und meinen damit vor allem, dass dieser Bereich keine Steuern und Sozialabgaben zahlt und nicht selten auch weniger Lohn- als Naturaleinkommen bezieht, und wir diskriminieren und kriminalisieren diese im Umfang zunehmende Wertschöpfung. Die Frage wird sein, wie sich mit dieser, der eigentlichen Marktwirtschaft, vernünftige Bedingungen schaffen und erhalten lassen. Es gibt ausreichend gute Vorschläge für Regelungen, die nicht auf Konkurrenz aufbauen und die nicht zu Ausbeutungsverhältnissen führen, und die verdienen mehr Aufmerksamkeit und Förderung.

Die wichtigste Ursache für Bürgerproteste und für das Entstehen von *Bürgerinitiativen*[23] liegt in der Kritik an den üblichen politisch-administrativen Entscheidungsprozessen. Sie werden von vielen Betroffenen nicht als demokratisch, offen und fair, aber auch nicht als sozial gerecht und ökologisch vernünftig erfahren, weder auf der individuellen noch auf der gesellschaftlichen Ebene. Daher wird vielfach von Konfliktverarbeitungsdefiziten herkömmlicher Verfahren gesprochen.

Eines der zentralen Probleme aller Partizipationsformen besteht darin, wie jene Bürger ihre Anliegen und Interessen wirksam vertreten können, die zu den *Unterprivilegierten*, Benachteiligten, Sprachlosen gehören: die Angehörigen der Unterschicht, die Frauen, Kinder, Ausländer, die Bewohner von Notunterkünften, Arme, Behinderte, kurz: alle, die nicht über eine organisierte Lobby ihre Interessen auf die politische Bühne bringen können. Die Folgerung lässt sich nicht ignorieren: Politische Partizipation, Artikulations- und Organisationsfähigkeit sind entscheidend abhängig von der *Klassenlage* der Menschen[24]. In diesen Bereichen bildet sich noch einmal gesellschaftliche Ungleichheit ab, und sie wird durch das Ergebnis der Entscheidungen fortgesetzt und verstärkt. Das Problem, soziale Benachteiligung auf diesem Weg zu mildern, ist durch Bürgerinitiativen offensichtlich nicht gelöst, sondern nur noch deutlicher sichtbar gemacht worden.

„Soziale Bewegung ist ein mobilisierender kollektiver Akteur, der mit einer gewissen Kontinuität auf der Grundlage hoher symbolischer Integration und geringer Rollenspezifikation mittels variabler Organisations- und Aktionsformen das Ziel verfolgt, grundlegenderen sozialen Wandel herbeizuführen, zu verhindern oder rückgängig zu machen", so definiert Raschke in seinem Standardwerk[25]. Als *neue soziale Bewegungen* werden diejenigen bezeichnet, die in der Folge der Studentenbewegung in der zweiten Hälfte der 1960er Jahre entstanden sind, also vor allem die Frauen-, die Friedens-, die Anti-AKW- und die Ökologiebewegung. Sie bringen unzählige Menschen zusammen, die in kei-

---

23 – u.a. Grossmann, 1971; Mayer-Tasch, 1976
24 – Baum, 1978
25 – Raschke, 1985, 77

ner Organisation Mitglied sind noch sein wollen, dennoch ökologisch bewusst, sensibel und informiert im Alltag handeln. Keine soziale Bewegung hat in nur zwanzig Jahren so viele Menschen mobilisiert.

Rund 400 europäische Städte sind Mitglied im „Klimabündnis", viele im "International Council for Sustainable Environmental Initiatives" (ICLEI), 60 Kommunen im „WHO-Gesunde-Städte-Netzwerk", hinzu kommen zahlreiche kleinere Netzwerke. Die Zahl der Publikationen und Konferenzen über ökologische Stadtentwicklung ist nicht mehr auszumachen, überall werden vollmundige Erklärungen abgegeben und unterzeichnet. Und tatsächlich gibt es ja Erfolge, Schönau oder Rottweil, Saarbrücken, Heidelberg, Erlangen, Freiburg und einige andere lassen sich vorzeigen. Die Einsicht, dass die Ökologisierung der Stadtentwicklung (nicht nur bei uns) eine Aufgabe von größter Bedeutung, eine Aufgabe auch mit erheblichen Beschäftigungseffekten ist, scheint zumindest praktisch noch nicht durchgedrungen zu sein. Noch immer gibt es kein Rathaus, das nach dem Stand der Technik ökologisch befriedigend umgebaut worden wäre.

An kaum einem Thema lassen sich die Höhen und Tiefen der Selbstorganisation so deutlich illustrieren wie an *Genossenschaftsbewegung* und *Gemeinwirtschaft*. Als eigenwillige und selbständige Organisationen der Schwachen, der Arbeiter, sollten die Genossenschaften als „dritte Säule" neben Partei und Gewerkschaften dazu beitragen, die Arbeiter von kapitalistischer Ausbeutung zu befreien. Sie waren Teil einer sozialreformerischen Bewegung, niemals nur wirtschaftlich zu verstehen. Ihren Höhepunkt erreichte die Genossenschaftsbewegung in der Weimarer Republik. „Besonders stark waren dabei die Konsumvereine, aber auch die Wohnungs- und Baugenossenschaften sowie die Kreditgenossenschaften. In dieser Phase bildeten sich ausgehend von den Baugenossenschaften die Grundzüge staatlich geförderter Gemeinnützigkeit einerseits, gewerkschaftlicher Gemeinwirtschaft andererseits heraus"[26]. Die nationalsozialistische Gleichschaltung unterbrach diesen Entwicklungsweg, der auch nach 1945 nur zögerlich wieder aufgenommen wurde. Vor allem die gewerkschaftlichen gemeinwirtschaftlichen Unternehmen wuchsen, in denen aber die Prinzipien genossenschaftlichen Zusammenschlusses – Freiwilligkeit, offene Mitgliedschaft, demokratisches Prinzip, Solidarität und wechselseitige Förderung der Mitglieder – immer stärker in den Hintergrund traten[27].

Der *Genossenschaftssektor* in Deutschland ist überwiegend mittelständisch geprägt. 2002 gab es in der BRD 8.633 genossenschaftliche Unternehmen mit fast 22 Mio. Mitgliedern. Die sektoralen Unterschiede sind groß: 1.507 Genossenschaftsbanken (inkl. Raiffeisenbanken) mit 15 Mio. Mitgliedern, 1.278 gewerbliche Unternehmen mit 256.000 Mitgliedern, in der Landwirtschaft 3.802 Genossenschaften mit 2,5 Mio. Mitgliedern. Insgesamt hat die Zahl der Genossenschaften abgenommen (außer im Wohnungsbau) – die Zahl der Mitglieder nimmt indessen weiter zu. Für viele Menschen scheint hier eine Option jen-

26 – Bierbaum/Riege, 1989, 20
27 – Novy et al., 1985

Jahr	Zahl der Genossenschaften Insgesamt	Genossenschafts-Banken	Ländliche Genossenschaften	Gewerbliche Genossenschaften	Konsum-Genossenschaften	Wohnungs-Genossenschaften
1938	31.175	12.820	14.289	1.700	640	1.726
1950	28.256	12.109	12.454	1.651	295	1.747
1955	27.467	11.842	12.059	1.507	303	1.756
1960	27.159	11.781	11.952	1.498	271	1.657
1965	24.153	10.439	10.654	1.323	210	1.527
1970	18.650	7.234	8.754	1.113	136	1.413
1975	13.979	5.240	6.420	926	116	1.277
1980	11.608	4.266	5.227	804	94	1.217
1985	10.003	3.693	4.307	782	38	1.183
1990	10.222	3.055	5.199	707	89	1.172
1995	11.506	2.607	5.364	1.536	63	1.936
2000	9.522	1.813	4.249	1.422	47	1.991
2002	8.633	1.507	3.802	1.278	55	1.991
	Zahl der Mitglieder, in Tsd.					
1938	6.007	2.497	1.580	230	1.200	500
1950	6.610	2.717	1.703	231	1.324	635
1955	8.363	3.119	1.890	245	2.244	865
1960	9.910	3.950	2.016	275	2.585	1.084
1965	11.095	4.995	2.042	286	2.462	1.310
1970	12.072	6.373	1.859	275	2.105	1.460
1975	12.765	7.848	1.678	252	1.417	1.570
1980	13.145	9.105	1.555	207	665	1.613
1985	14.275	10.364	1.360	238	650	1.663
1990	15.207	11.421	1.205	257	600	1.724
1995	18.680	13.439	1.153	308	620	3.160
2000	22.027	15.039	2.875	255	825	3.033
2002	21.789	15.185	2.535	256	822	2.991

Tabelle 11.1: Zahl der Genossenschaften. *Quelle: Forschungsinstitut für Genossenschaftswesen an der Universität Erlangen-Nürnberg 2003*

seits der durchgehenden Kommerzialisierung zu liegen, die auch weiter gefördert werden sollte (siehe Tab. 11.1).

Unter dem Stichwort *Assoziatives Wirtschaften* wird, aus der anthroposophischen Tradition kommend[28], ein Modell des Wirtschaftens diskutiert, das ebenfalls von der Kritik der herrschenden ökonomischen Theorie und Praxis ausgeht, aber noch einen Schritt weiter geht. Preise, so wird argumentiert, regeln die wirtschaftlichen Beziehungen der Menschen untereinander. Preise sind aber keine Naturprodukte, wie die herrschende ökonomische Lehre unterstellt, sondern Ergebnis von Machtverhältnissen und Verhandlungsprozessen. Basis des „richtigen“ Preises sind die Produktionskosten. Um die Menge und Qualität der benötigten Produkte festzustellen, sind Diskussions- und Beratungsprozesse erforderlich. Dort können Produzenten die Möglichkeiten und Bedingungen ihrer Tätigkeit den Konsumenten darlegen und Konsumenten erläutern, was sie zu welchem Preis abzunehmen bereit sind. Auf der Basis kooperativen Han-

28 – http://www.sozialimpulse.de/pdf-Dateien/Landwirtschaft_Globalisierung.pdf

dels werden vertraglich abgesicherte Vereinbarungen getroffen, die beiderseits als faire Lösungen akzeptiert werden. So könnten z.B. Landwirte der mengenorientierten, auf die Agroindustrie fixierten Politik der Europäischen Union entgehen, während Verbraucher sich dem Angebot zunehmend chemisch vergifteter Nahrungsmittel entziehen können. Ein Landwirt, der bisher ausschließlich Milch und Getreide produzierte und an weiterverarbeitende Betriebe lieferte, könnte – bei entsprechender Nachfrage der Kunden und Risikoabsicherung – zu einer Veränderung der Produktionspalette bereit sein und Getreide weiter zu Mehl und Backwaren, Milch weiter zu Butter, Joghurt und Käse verarbeiten. Dafür sind Arrangements in Produzenten-Konsumenten-Kooperativen denkbar und auch schon praktisch erprobt worden. Es wäre unter solchen Vereinbarungen auch denkbar, dass – wichtig etwa im Fall von Arbeitslosen – Nahrungsmittel in gewissem Umfang als Entlohnung für Mitarbeit „gezahlt" werden (in den USA ist das Modell bekannt als Community Supported Agriculture mit etwa 1.000 landwirtschaftlichen Betrieben).

Seit den frühen siebziger Jahren haben sich auch *„alternative Betriebe"* zunehmend etabliert. Standen zunächst dafür Motive im Vordergrund wie die Unterstützung politischer Gruppen und das Angebot an bezahlbaren Dienstleistungen „für die Szene", so haben sie sich mit veränderten Ansprüchen an die Erwerbsarbeit, der Ökologie- und Frauenbewegung, der Arbeitslosigkeit deutlich verändert. Die Entwicklung selbst verwalteter, autonomer Betriebe wird als der Versuch verstanden, „den Wunsch nach Selbstverwirklichung der einzelnen Mitarbeiter möglichst weitgehend zur Richtlinie der betrieblichen Entwicklung zu erheben und dennoch (…) der Effizienz herkömmlicher Betriebe in nichts nachstehen zu müssen"[29]. Als Prinzipien der Selbstverwaltung im Betrieb gelten: die Abkopplung der Entscheidungsbefugnisse vom Eigentum an Kapital; die Problematisierung, Vermeidung und der Abbau hierarchischer Strukturen; das Prinzip des dezentralen Betriebsaufbaus unter weitgehender Wahrung der Autonomie einzelner Bereiche innerhalb des Betriebes; die Prinzipien der Selbstverantwortlichkeit, des gleichen Lohns für alle und der Neutralisation des Kapitals[30]. Diese Grundsätze unterliegen natürlich fortdauernder Diskussion und Überprüfung.

Alternativbetriebe sind in der Mehrzahl Kleinstbetriebe und stehen somit zunächst im unmittelbaren Konkurrenzkampf mit traditionellen Kleinbetrieben, wobei ihnen die typischen Kennzeichen kleiner Betriebe anhaften: Krisenanfälligkeit, Kapitalmangel, Qualifikationsmangel, Ineffizienz, gruppendynamische Probleme, administrative Hemmnisse, Ausschluss von üblichen Fördermaßnahmen, Probleme bei der Kapitalbeschaffung. Neben diesen organisatorischen und strukturellen Schwächen lassen sich jedoch auch gewisse Vorteile der Selbstorganisation von Betrieben ausmachen: So wird durch Selbstorganisation der Gebrauchswert von Waren wieder ins Zentrum der Produktion gerückt, d. h. die Qualität der Waren wird an der Art der Bedürfnisse gemessen, zu deren Befriedigung sie dienen sollen. Weiter sind sie in der Lage, Entfremdung (Pro-

29 – Bergmann/Schröter; zit. nach: Köhler, 1986, 96

30 – Köhler, 1986, 96 f.; vgl. z.B. auch die Literatur in http://www.thur.de/philo/alternativen2.htm

duzent zu Produzent; Produzent zu Produkt; Produzent zu Konsument; Konsument zu Produkt) zu verringern. Demokratie am Arbeitsplatz gehört zu den Produktionsbedingungen, was einen „wesentlichen Beitrag zur Entwicklung einer demokratischen Kultur, durch die allein das formale Demokratiepostulat moderner Gesellschaften mit Inhalt aufgefüllt werden kann"[31], bedeutet. Es gibt einen Bundesverband und eine „Monatszeitung für Selbstverwaltung" („Contraste"). Kooperationen und Vernetzungen dienen der „Bündelung und Verstärkung von Aktivitäten einzelner Betriebe, um wirtschaftliche Zusammenarbeit und gemeinsame Nutzung von Ressourcen, um Erfahrungsaustausch, gemeinsame Betriebsberatung und Weiterbildung, Lobbyarbeit für Betriebe und auch um die Erschließung von Geldquellen"[32]. Ein Beispiel dafür ist der Arbeitskreis „Ökologie und Handwerk" mit Mitgliedsbetrieben im Raum Mannheim-Heidelberg-Neustadt/Weinstraße. Eine Tendenz hin zu Komplettangeboten wird erkennbar, die über einen Handwerksbetrieb als Generalunternehmer koordiniert werden.

Der Permakulturansatz wurde in den siebziger Jahren von den Australiern Bill Mollison und David Holmgreen entwickelt[33]. Der Begriff setzt sich aus den beiden Wörtern *Perma*nent Agri*culture* zusammen, entstammt also der „Agrar-/Naturwissenschaft". Der Ansatz bezieht sich jedoch bewusst auf die gesamte Lebensweise der Menschen. Die Permakultur ist ein strukturell-ökologischer Ansatz, in der die Menschen Verantwortung für das eigene Leben und den dadurch entstehenden ökologischen Schäden übernehmen. Es geht darum, auf lokaler Ebene Wohlstand entstehen zu lassen, ohne dabei der Umwelt zu schaden (Bell 1994, 14). Die ganzheitliche Harmonie mit der Natur steht im Vordergrund der Modelle. „Der Mensch ist nicht mehr „Schöpfer", sondern selbst ein Teil des Systems"[34]. In Deutschland gibt es zahlreiche Projekte in Form von Permakultur-Zentren, so beispielsweise in Mark Brandenburg (Zentrum für experimentelle Gesellschaftsgestaltung in Belzig), in Glonn bei München (Projekt der Familie Birkett und FreundInnen/Hermannsdorfer Landwerkstätten) oder in Prinzhöfte bei Bremen (Zentrum Prinzhöfte, Das Zentrum für ökologische Fragen und ganzheitliches Lernen). Zeitgleich entstand in Nordamerika *die Bioregionalismus-Bewegung*, die als ein Zusammenschluss der Friedens-, Umwelt- und Frauenbewegung verstanden werden kann[35] und versucht, innerhalb einer Bioregion zu wirtschaften und zu leben. Die Bioregion grenzt sich meist entlang von Wasserscheiden ab[36]. Derzeit gibt es ungefähr 250 bioregionalistische Gruppen, verschiedene Zeitschriften und jährliche Treffen.

Schließlich sollten wir unter dem Interesse an Selbstorganisation die große Zahl und Vielfalt der *Selbsthilfegruppen* auf lokaler bzw. kommunaler Ebene nicht vergessen, deren Ziel es ist, Informationen, Erfahrungen und Leistungen auszutauschen. Sie sind Werkstätten der Identitätsfindung, die den Menschen

---

31 – Köhler, 1986, 147
32 – Schröder/Streiff, 1995, 41
33 – Mollison/Holmgreen, 1978; Mollison, 1989; 1994
34 – Permakultur Institut e.V., o.J., 5
35 – Sale 1991; einen Überblick geben Hamm, Rasche 2001
36 – Gugenberger, 1995, 68

dabei helfen, tragfähige Kontakte zu anderen bzw. ein stärkeres Selbstvertrauen und mehr Selbstverantwortung aufzubauen, wodurch sie zu einer wesentlichen Voraussetzung für das Funktionieren sozialer Netzwerke und für Bürgerbeteiligung werden[37]. Dabei lassen sich die Kontakt- und Informationsstellen für Selbsthilfegruppen zunehmend als Brücken zwischen den etablierten und professionellen Versorgungsunternehmen und den sozialen Netzwerken charakterisieren. Notrufe, Frauenberatungsstellen, autonome Frauenhäuser und andere autonome Frauenprojekte entstehen in den achtziger Jahren als Teil der Frauenbewegung. Alf Trojan und seine Arbeitsgruppe[38] haben im Raum Hamburg 120 Selbsthilfegruppen untersucht, die sich zur gemeinsamen Bearbeitung krankheits- und lebensproblembedingter Schwierigkeiten (ältestes Beispiel: Anonyme Alkoholiker) gebildet hatten. Es handelt sich nahezu durchgehend um Gruppen von „Betroffenen", die weitgehend auf die Unterstützung und Mitwirkung von professionellen Experten verzichten. Gerade im Gesundheitsbereich gibt es eine Vielzahl und Vielfalt von Selbsthilfeinitiativen, über die auch besonders ausgiebig unterrichtet worden ist[39]. Ebenso bestehen freilich Selbsthilfegruppen von Drogenabhängigen und Gruppen von Eltern drogenabhängiger Kinder; von Sozialhilfeempfängern, von Verbrauchern und Arbeitslosen. Einige geben sich eine formale Satzung und Struktur, z.B. um steuerabzugsfähige Spenden einzuwerben und damit ein Frauenhaus, ein Friedenszentrum oder ein multikulturelles Zentrum betreiben zu können.

Die Politik wird nicht umhin können, Selbsthilfeinitiativen wenigstens dadurch zu unterstützen, dass sie die politischen, rechtlichen, fiskalischen und administrativen Bedingungen ihres Operierens verbessert. Selbsthilfe wird nötig sein, um einen Großteil jener Leistungen zu erbringen, die für gesellschaftlich nötig erachtet werden, aber aus Steuern, Abgaben oder Beiträgen nicht mehr zu finanzieren sind[40].

„Der ‚Verein' ist die prägende Organisationsform unseres gesellschaftlichen und politischen Systems geworden und war zugleich eine der Ausgangsformen wesentlicher politischer und wirtschaftlicher Organisationen"[41]. So hat sich der moderne *Verein* zu einem wesentlichen Träger öffentlicher Interessen[42] gestaltet. Es spricht viel für die Vermutung, dass im traditionellen Vereinswesen – den Sport-, Naturschutz-, Kultur-, Traditions-, Wohltätigkeits- und Freizeitvereinen – sich andere Menschen organisieren als in Bürgerinitiativen. Auf jeden Fall aber haben Bürgerinitiativen in der stadt- und siedlungssoziologischen Literatur weit mehr Aufmerksamkeit auf sich gezogen als Vereine, was vermutlich mehr Reflex der Affinitäten der schreibenden Soziologen als der Wirklichkeit ist. Für die Bundesrepublik gilt als Faustregel, dass etwa ein Drittel der Erwachsenen in lokalen Vereinen organisiert seien[43]. Männer waren häufiger Mitglied als Frauen,

37 – http://www.selbsthilfe-forum.de/

38 – Trojan, 1986

39 – u.a. Angermeyer, Klusmann, 1989; Badura, Ferber, 1981; Bubert, 1987; Enkerts, Schweigert, 1988

40 – Thiel, 1993, 289

41 – Hüskens, 1990, 1

42 – http://www.vereine.de/

43 – Bühler et al., 1978, 85

Angestellte häufiger als Arbeiter, und es zeigt sich eine negative Korrelation der Vereinsmitgliedschaft mit der Ortsgröße. Zweifellos haben viele Vereine, vorab die Sportvereine, einen erheblichen Einfluss auf die Kommunalpolitik – auf alle Fälle als Zuschussempfänger, aber auch als Stimmenreservoir und im Bereich informeller Beziehungen, sind doch viele Lokalpolitiker Mitglieder in kommunalen Vereinen. Vereine weisen einen hohen Grad lokaler Identifikation auf, die Mitgliedschaft wird daher oft als ein Indikator für soziale Integration interpretiert. Es dürfte richtig sein, in ihnen mögliche Verbündete für Strategien der Regionalisierung zu sehen.

Die Kommune als Wohnkollektiv entstand Mitte der 1960er Jahre. „In der Faszination der Kommune vereinigten sich die existentielle Verweigerung gegenüber frustrierten Studien- und Berufsbedingungen mit dem Ekel an der kapitalistischen Konsumwelt, das Gefühl unsäglicher Isolierung, vor dem die bürgerliche Familie keinen Schutz mehr bot, mit der Hoffnung auf psychische Befreiung, die Erkenntnis von der Brutalität des imperialistischen Systems, das zur Aufrechterhaltung seiner Herrschaft über die Völker der Dritten Welt den technisierten Massenmord verfügte, mit der Notwendigkeit einer Kampf-Organisation“[44]. Die Kommune-Idee wurde in den frühen achtziger Jahren von der Umwelt- und Friedensbewegung neu aufgegriffen. Man will auf allen Ebenen der Politik, der Ökonomie und der Freizeit bzw. des Privatlebens konkrete und erlebbare Umsetzungen einer libertären Gesellschaft erreichen. So entstanden in den letzten zehn Jahren vielfältige, zum Teil auch anarchistische Wohnprojekte. Heute schätzt man 150 alternative Gemeinschaften mit insgesamt 3.200 Mitgliedern[45].

11.4 Zusammenfassung

Im diesem Kapitel haben wir Elemente eines alternativen Entwurfs genannt, der sich durch die Begriffe Selbstorganisation, Abkoppeln und Ressourcen schonen charakterisieren lässt. Die zahlreichen Modelle zeigen die Lebendigkeit und Vielfältigkeit einer neuen sozialen Bewegung, die sich unabhängig von staatlicher Politik und oft auch der formellen Ökonomie seit den siebziger Jahren entwickelt. Ob lokale Ökonomien, Modelle einer eigenständigen Regionalentwicklung, libertären Wohn- und Lebensmodelle oder der Einführung von lokalen Tausch- und Zeitwährungssystemen: Fast immer steht die Idee, eigenverantwortlich und eigenständig ökologische und soziale Themen in das eigene Leben zu integrieren.

Immer sind es kleine, d.h. geographisch begrenzte und an der Zahl der beteiligten Personen nicht zu große Netze der Zusammenarbeit, die hier erfolgreich sind, und sehr oft scheinen Frauen eine wichtige Rolle darin zu spielen. Die Krise von Staat und Wirtschaft schafft nicht nur zunehmend Räume für Selbstorganisation, sie zwingt geradezu dazu, vorab staatliche Aufgaben in

44 – Kommune II, 1971, 13

45 – http://www.usf.uni-kassel.de/glww/texte/ergebnisse/5perspektiven1_gemeinschaften.pdf

eigene Hände zu nehmen und sich gleichzeitig damit von Bevormundung, Gängelung und Kontrolle zu befreien. So wenig freilich Bürgerbeteiligung an sich schon zu „guten" Entscheidungen führt, so wenig ist Selbstorganisation an sich schon gefeit gegen Missbrauch durch Einzelne. Es wird also wichtig sein, darüber nachzudenken, welche Bedingungen solchen Missbrauch weniger wahrscheinlich machen. Selbstorganisation richtet sich immer gegen Fremdbestimmung, gegen äußere Macht, aber sie ist nicht sicher gegen die Ausbildung innerer Ungleichheit.

Anstatt derartige Modelle zu blockieren oder sogar unter Strafe zu stellen, sollte eine staatliche Politik auf allen Ebenen die Rahmenbedingungen schaffen, die selbst organisierte und eigenständige Projekte fördern. In einer Zeit, in der die Arbeitslosigkeit zur Regel wird, muss die Subsistenzfähigkeit der Menschen unterstützt werden.

Anhang

Aus Kapitel 2

	Waldfläche 1990 in 1.000 ha	Waldfläche 2000 in 1.000 ha	Änderung 1990-2000
Tropisches Afrika	687.284	634.338	- 8 %
Tropisches Asien	307.787	283.635	- 9 %
Tropisches Ozeanien	36.350	35.131	- 3 %
Tropisches Zentralamerika	88.319	78.742	- 12 %
Tropisches Südamerika	856.449	822.718	- 4 %
Alle Tropenländer	**1.976.189**	**1.854.564**	**- 6 %**

Tabelle 2.1: Rückgang der Waldflächen in den Tropen 1990 bis 2000.
Quelle: Bundesministerium für Verbraucherschutz, Ernährung und Landwirtschaft, Gesamtwaldbericht der Bundesregierung 2001, S. 63

Aus Kapitel 5

	Arbeitslosen-quote insgesamt	Langzeit-arbeitslosen-quote	Armutsge-fährdungsquote nach sozialen Transfers insgesamt	Ungleichheit der Einkommens-verteilung (Verteilungs-quintil)	Relative Armutsge-fährdungs-lücke	Quote der dauerhaften Armutsge-fährdung insgesamt	BIP pro Kopf in KKS
	%	%	%		%	%	
	(2004)	(2003)	(2003)	(2001)	(2001)	(2001)	(2006)
EU (25 Länder)	9,0	4,0	-	4,5	22	-	100
EU 15	8,0	3,3	-	4,6	22	-	108
Belgien	7,8	3,7	16	4,0	15	7	118
Deutschland	9,5	4,7	15	4,0	24	9	106
Frankreich	9,7	3,5	-	3,9	17	-	111
Italien	8,0	4,9	-	4,8	28	13	103
Luxemburg	4,2	0,9	10	3,8	17	9	221
Niederlande	4,6	1,0	-	4,1	18	6	117
Vereinigtes Königreich	4,7	1,1	18	5,4	20	-	121
Irland	4,5	1,5	21	4,5	24	13	138
Dänemark	5,4	1,1	12	3,0	13	6	122
Griechenland	10,5	5,1	21	5,7	28	14	83
Spanien	11,0	3,9	19	5,5	24	10	101
Portugal	6,7	2,2	19	6,5	22	15	71
Finnland	8,8	2,3	11	3,7	12	6	116
Österreich	4,5	1,2	13	3,5	19	7	120

	Arbeitslosen-quote insgesamt	Langzeit-arbeitslosen-quote	Armutsge-fährdungsquote nach sozialen Transfers insgesamt	Ungleichheit der Einkommens-verteilung (Verteilungs-quintil)	Relative Armutsge-fährdungs-lücke	Quote der dauerhaften Armutsge-fährdung insgesamt	BIP pro Kopf in KKS
	%	%	%		%	%	
	(2004)	**(2003)**	**(2003)**	**(2001)**	**(2001)**	**(2001)**	**(2006)**
Schweden	6,3	1,0	-	3,4	17	-	117
Estland	9,2	4,6	18	6,1	24	-	55
Lettland	9,8	4,3	-	–	-	-	48
Litauen	10,8	6,1	-	4,9	22	-	52
Malta	7,3	3,5	-	-	-	-	71
Polen	18,8	10,7	-	4,7	23	-	50
Slowakei	18,0	11,1	21	-	-	-	57
Slowenien	6,0	3,4	-	3,1	19	-	81
Tschechische Republik	8,3	3,8	8	3,4	16	-	74
Ungarn	5,9	2,4	-	3,1	18	-	63
Zypern	5,0	1,1	15	-	-	-	82

Tabelle 5.4: Ausgewählte Sozialindikatoren für die EU-25 (2001-2006)
Quelle: Eigene Darstellung, Daten nach Eurostat 2005

	Zehntel	Früheres Bundesgebiet	Neue Länder
Mittelwerte in 1.000 € (2003)	1	-7,8	-0,8
	2	0,9	0,7
	3	7,0	4,0
	4	19,5	9,1
	5	44,5	16,8
	6	89,9	28,8
	7	149,7	49,8
	8	216,6	84,9
	9	301,6	132,4
	10	665,9	278,4
Anteile (2003)	1	-0,5 %	-1,3 %
	2	0,1 %	0,1 %
	3	0,5 %	0,7 %
	4	1,3 %	1,5 %
	5	3,0 %	2,8 %
	6	6,0 %	4,8 %
	7	10,1 %	8,4 %
	8	14,6 %	14,2 %
	9	20,3 %	22,4 %
	10	44,8 %	46,4 %
Gini-Koeffizient (2003)		0,657	0,671

Tabelle 5.6: Mittelwerte und Anteile von Dezilen der Nettovermögensverteilung inklusive Gini-Koeffizienten. *Quelle: Bundesregierung 2005, 36f*

Aus Kapitel 7

Land	BSP	BSPxVWI	NKI	Anteil am WP %	WP-Anteil berichtigt um VWI u. NKI
OECD-Länder				*80.15*	*45.61*
Japan	3.336.960	834.240	565.066	15.62	8.44
USA	5.620.400	632.690	2.611.764	26.31	13.44
Frankreich	1.162.840	389.779	220.005	5.44	3.28
Deutschland	1.895.051	343.514	11.131	8.87	4.07
Italien	1.069.670	337.791	61.915	5.01	2.81
Großbritannien	952.914	209.432	62.854	4.46	2.22
Spanien	485.990	189.347	112.715	2.27	1.48
Türkei	101.967	89.971	75.659	0.48	0.52
Schweiz	228.219	81.507	1.778	1.07	0.62
Kanada	558.014	80.677	338.481	2.61	1.47
Schweden	216.801	76.518	18.266	1.01	0.60
Niederlande	282.941	67.367	5.528	1.32	0.66
Nicht-OECD-Länder				*19.85*	*54.39*
Indien	282.681	770.948	792.906	1.32	3.71
Brasilien	444.781	684.278	4.030.380	2.08	6.96
China	424.036	424.036	1.745.790	1.98	3.78
Bangladesh	23.814	357.207	13.182	0.11	1.19
Indonesien	111.057	266.537	3.456.310	0.52	4.53
Pakistan	46.207	184.826	71.608	0.22	0.74
Uganda	2.949	176.928	25.883	0.01	0.60
Zaire	8.123	162.460	476.087	0.04	1.01
Kamerun	10.146	152.192	79.024	0.05	0.58
Sudan	10.107	151.605	151.233	0.05	0.65
Philippinen	46.138	145.698	623.446	0.22	1.17
Mali	2.412	144.708	53.037	0.01	0.52
Kenia	8.505	102.066	47.366	0.04	0.39
Rep. Korea	274.056	99.657	4.308	1.28	0.75
Peru	35.007	87.518	720.630	0.16	1.06
Nigeria	31.884	86.957	43.107	0.15	0.37
Russ. Föd.	479.546	85.633	1.761.910	2.24	2.81

Tabelle 7.1: Das Sozialprodukt ausgewählter Länder, um Verschmutzung bereinigt
BSP = Bruttosozialprodukt 1991 in Mio. Dollar; VWI = Verschmutzungsbereinigtes BSP; NKI = Natur-Kapital-Indikator; Nationaler Anteil am Weltprodukt; WP-Anteil bereinigt um VWI und NKI.
Quelle: Rodenburg u.a. 1996

Staatsfunktionen im Wirtschaftssystem

Ordnungsfunktion: Durch seine „Ordnungspolitik" sorgt der Staat dafür, dass die Marktwirtschaft funktionieren kann. Dazu gehören die Bestimmungen des Vertragsrechts einschließlich der Unternehmensverfassung, die Be-stimmungen, die ein funktionsfähiges Geldsystem gewährleisten sollen, und nicht zuletzt die Wettbewerbspolitik. Auch die mannigfachen Aufsichtsfunktionen, die der Staat gegenüber der Wirtschaft übernommen hat, gehören hierher, etwa die Aufsicht über Banken und Versicherungen.

Schutzfunktion: Durch Gebote und Verbote sucht der Staat zu verhindern, dass bestimmte hochrangige Güter und Interessen durch die wirtschaftliche Tätigkeit der Unternehmen verletzt werden. Das Spektrum reicht von Bau- und Sicherheitsvorschriften bis zu Gesundheits-, Arbeits- und Umweltschutz.

Wachstumssteuerungsfunktion: Durch seine Strukturpolitik sucht der Staat die Entwicklung einzelner Sektoren der Wirtschaft oder bestimmter Regionen zu beeinflussen. So fördert er Forschung und Entwicklung in Produkti-onszweigen, in denen die Unternehmen aus eigener Kraft die Innovationskosten nicht tragen können. Andere Sektoren schirmt er durch „Erhaltungssubventionen" vom internationalen Wettbewerb ganz oder teilweise ab und verhindert oder verlangsamt Schrumpfungsprozesse. Auch bemüht er sich, das regionale Wohlstandsgefälle durch Infrastrukturpolitik und Subventionierung von Investitionen in strukturschwachen Gebieten in Grenzen zu halten.

Globalsteuerungsfunktion: Da die realen Wirtschaftssysteme zu „makroökonomischen Instabilitäten" neigen und oft durch Inflation, manchmal durch Arbeitslosigkeit mit Inflation geplagt sind, bemüht sich der Staat durch seine Geld- und Fiskalpolitik, auf Stabilität und Vollbeschäftigung hinzuwirken. Auch die Währungs- und Au-ßenwirtschaftspolitik muss in einem Land von hoher Außenhandelsabhängigkeit dem Stabilitäts- und Vollbeschäftigungsziel entsprechen.

Umverteilungsfunktion: Soweit die Einkommensverteilung, wie sie sich am Markt ergibt, als sozial nicht vertret-bar angesehen wird, betätigt sich der Staat als Umverteiler. Dazu benutzt er das Steuer- und Sozialleistungssystem sowie Subventionen.

Produktionsfunktion: Der Staat produziert durch seine Behörden und durch öffentliche Unternehmen Güter und Dienste selber. Teilweise handelt es sich dabei um Monopole oder Beinahe-Monopole, die sich der Staat selber vorbehält. Teilweise handelt es sich um staatliche Unternehmen, die mit privaten Unternehmen am Markt konkur-rieren und nach den gleichen Prinzipien geführt werden wie private Unternehmen auch.

Nachfragefunktion: Der Staat kauft von Unternehmen Güter und Dienste. Allein dadurch übt er einen gewichti-gen Einfluss auf die gesamtwirtschaftliche Aktivität aus, den er in den Dienst der „Globalsteuerung" stellen könnte. Noch stärker wirkt sich die Nachfrage des Staates auf die Unternehmen aus, die ganz oder zu einem be-trächtlichen Teil von Staatsaufträgen abhängig sind: Rüstungsunternehmen, Tiefbauunternehmen, private Trans-portunternehmen, die im Dienste der Bahn oder der Kommunen fahren, gehören dazu.

Abbildung 7.1
Quelle: Andersen/Bahro/Grosser/Lange 1985, 4 f.

Gemeinschaftskompetenzen der Europäischen Union

Verwirklichung des Binnenmarktes: Wichtigste Aufgabe der EU ist die Verwirklichung des Binnenmarktes, in den Verträgen verstanden als Raum ohne Binnengrenzen, in dem der freie Verkehr von Waren, Personen, Dienst-leistungen und Kapital gewährleistet ist. Damit begründet sind Gestaltungsbefugnisse, um die Marktintegration insgesamt zu fördern (Vermeidung von Wettbewerbsverfälschungen, Arbeitnehmerfreizügigkeit, Niederlassungs-freiheit, Anerkennung von Diplomen und Prüfungszeugnissen, Liberalisierung des Dienstleistungsverkehrs, Visa-, Asyl- und Einwanderungspolitik).

Wettbewerbspolitik: Die EU hat Aufsichts- und Rechtsetzungskompetenzen zur Bekämpfung von Wettbewerbs-verfälschendem Verhalten von Unternehmen (Kartellverordnung, Fusionskontrolle) und der Mitgliedsstaaten (Privilegierung bestimmter Unternehmen, Subventionen).

Agrarpolitik: Im Bereich der Landwirtschaft und im Handel mit landwirtschaftlichen Produkten kommt der EU eine umfassende Rechtsetzungskompetenz zu (die jährlich mit einer vierstelligen Zahl von Rechtsakten genutzt wird).

Verkehrspolitik: Kompetenzen im Verkehrswesen beziehen sich auf die Beförderung im Eisenbahn-, Strassen und Binnenschifffahrtsverkehr und können auf die Seeschifffahrt und den Luftverkehr ausgedehnt werden.

Außenhandelspolitik: Die Kompetenz umfasst die alleinige Zuständigkeit, Sätze des gemeinsamen Zolltarifs ge-genüber Drittstaaten festzulegen; die gemeinsame Handelspolitik gegenüber Drittstaaten und internationalen Organisationen, den Abschluss von Handelsabkommen; die Vereinheitlichung von Liberalisierungsmaßnahmen; die Ausfuhrpolitik; und handelspolitische Schutzmassnahmen. Die Kommission führt Verhandlungen mit Drittstaaten und internationalen Organisationen.

Währungs- und Wirtschaftspolitik: Die Währungspolitik der Europäischen Zentralbank soll vor allem Preissta-bilität gewährleisten. Lediglich soweit dies ohne Beeinträchtigung dieses Ziels möglich ist, hat sie auch die all-gemeine Wirtschaftspolitik der Gemeinschaft zu unterstützen. Zudem obliegt der Kommission die Überwachung der Entwicklung der Haushaltslage und der Höhe des öffentlichen Schuldenstandes in den Mitgliedstaaten.

Steuer-, Sozial-, Kohäsionspolitik: Binnenmarktflankierende Kompetenzen hat die EU zur Harmonisierung der indirekten Steuern, zur Sicherung von Mindeststandards in der Sozialpolitik und zur Stärkung des wirtschaftli-chen und sozialen Zusammenhalts (Kohäsionspolitik). Dazu gehören die Regionalpolitik, die Förderung transeu-ropäischer Netze, die Umweltpolitik sowie Befugnisse in der allgemeinen und beruflichen Bildung, der Kultur, des Gesundheitswesens, des Verbraucherschutzes, der Industrie, der Forschung und technologischen Entwick-lung und der Entwicklungspolitik.

Abbildung 7.4 Zusammengestellt nach: Peter-Christian Müller-Graff: Die Kompetenzen in der Europäischen Union, in: Die Europäische Union, hg. Von Werner Weidenfeld. Bonn: Bundeszentrale für politische Bildung 2004

Aus Kapitel 8

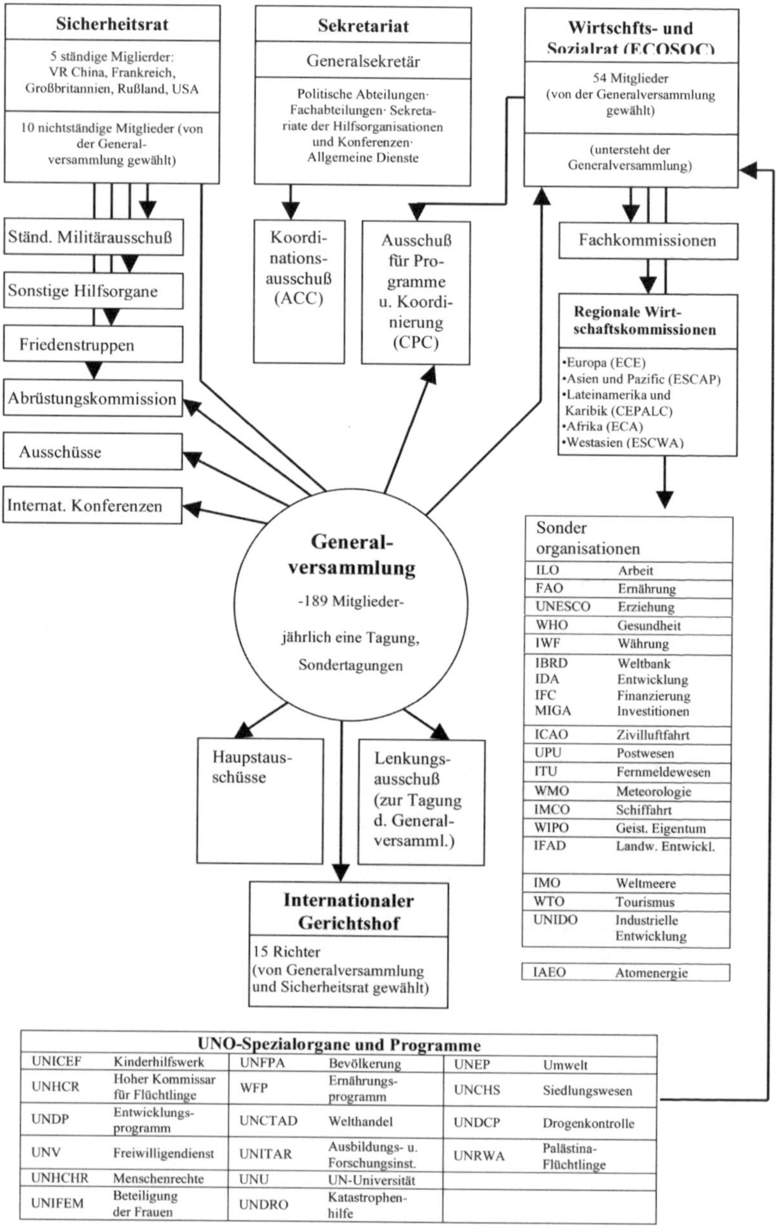

Abbildung 8.1: System der Vereinten Nationen.
Quelle: Fischer Weltalmanach 2002, S. 1015

SECRET AND STRICTLY PERSONAL – UK EYES ONLY
DAVID MANNING
From: Matthew Rycroft
Date: 23 July 2002
S 195 /02
cc: Defence Secretary, Foreign Secretary, Attorney-General, Sir Richard Wilson, John Scarlett, Francis Richards, CDS, C, Jonathan Powell, Sally Morgan, Alastair Campbell
IRAQ: PRIME MINISTER'S MEETING, 23 JULY
Copy addressees and you met the Prime Minister on 23 July to discuss Iraq.
This record is extremely sensitive. No further copies should be made. It should be shown only to those with a genuine need to know its contents.
John Scarlett summarised the intelligence and latest JIC assessment. Saddam's regime was tough and based on extreme fear. The only way to overthrow it was likely to be by massive military action. Saddam was worried and expected an attack, probably by air and land, but he was not convinced that it would be immediate or overwhelming. His regime expected their neighbours to line up with the US. Saddam knew that regular army morale was poor. Real support for Saddam among the public was probably narrowly based.
C reported on his recent talks in Washington. There was a perceptible shift in attitude. Military action was now seen as inevitable. Bush wanted to remove Saddam, through military action, justified by the conjunction of terrorism and WMD. But the intelligence and facts were being fixed around the policy. The NSC had no patience with the UN route, and no enthusiasm for publishing material on the Iraqi regime's record. There was little discussion in Washington of the aftermath after military action.
CDS said that military planners would brief CENTCOM on 1-2 August, Rumsfeld on 3 August and Bush on 4 August.
The two broad US options were:
(a) Generated Start. A slow build-up of 250,000 US troops, a short (72 hour) air campaign, then a move up to Baghdad from the south. Lead time of 90 days (30 days preparation plus 60 days deployment to Kuwait).
(b) Running Start. Use forces already in theatre (3 x 6,000), continuous air campaign, initiated by an Iraqi casus belli. Total lead time of 60 days with the air campaign beginning even earlier. A hazardous option.
The US saw the UK (and Kuwait) as essential, with basing in Diego Garcia and Cyprus critical for either option. Turkey and other Gulf states were also important, but less vital. The three main options for UK involvement were:
(i) Basing in Diego Garcia and Cyprus, plus three SF squadrons.
(ii) As above, with maritime and air assets in addition.
(iii) As above, plus a land contribution of up to 40,000, perhaps with a discrete role in Northern Iraq entering from Turkey, tying down two Iraqi divisions.
The Defence Secretary said that the US had already begun „spikes of activity" to put pressure on the regime. No decisions had been taken, but he thought the most likely timing in US minds for military action to begin was January, with the timeline beginning 30 days before the US Congressional elections.
The Foreign Secretary said he would discuss this with Colin Powell this week. It seemed clear that Bush had made up his mind to take military action, even if the timing was not yet decided. But the case was thin. Saddam was not threatening his neighbours, and his WMD capability was less than that of Libya, North Korea or Iran. We should work up a plan for an ultimatum to Saddam to allow back in the UN weapons inspectors. This would also help with the legal justification for the use of force.
The Attorney-General said that the desire for regime change was not a legal base for military action. There were three possible legal bases: self-defence, humanitarian intervention,

➢

or UNSC authorisation. The first and second could not be the base in this case. Relying on UNSCR 1205 of three years ago would be difficult. The situation might of course change.
The Prime Minister said that it would make a big difference politically and legally if Saddam refused to allow in the UN inspectors. Regime change and WMD were linked in the sense that it was the regime that was producing the WMD. There were different strategies for dealing with Libya and Iran. If the political context were right, people would support regime change. The two key issues were whether the military plan worked and whether we had the political strategy to give the military plan the space to work.
On the first, CDS said that we did not know yet if the US battleplan was workable. The military were continuing to ask lots of questions.
For instance, what were the consequences, if Saddam used WMD on day one, or if Baghdad did not collapse and urban warfighting began? You said that Saddam could also use his WMD on Kuwait. Or on Israel, added the Defence Secretary.
The Foreign Secretary thought the US would not go ahead with a military plan unless convinced that it was a winning strategy. On this, US and UK interests converged. But on the political strategy, there could be US/UK differences. Despite US resistance, we should explore discreetly the ultimatum. Saddam would continue to play hardball with the UN.
John Scarlett assessed that Saddam would allow the inspectors back in only when he thought the threat of military action was real.
The Defence Secretary said that if the Prime Minister wanted UK military involvement, he would need to decide this early. He cautioned that many in the US did not think it worth going down the ultimatum route. It would be important for the Prime Minister to set out the political context to Bush.
Conclusions:
(a) We should work on the assumption that the UK would take part in any military action. But we needed a fuller picture of US planning before we could take any firm decisions. CDS should tell the US military that we were considering a range of options.
(b) The Prime Minister would revert on the question of whether funds could be spent in preparation for this operation.
(c) CDS would send the Prime Minister full details of the proposed military campaign and possible UK contributions by the end of the week.
(d) The Foreign Secretary would send the Prime Minister the background on the UN inspectors, and discreetly work up the ultimatum to Saddam.
He would also send the Prime Minister advice on the positions of countries in the region especially Turkey, and of the key EU member states.
(e) John Scarlett would send the Prime Minister a full intelligence update.
(f) We must not ignore the legal issues: the Attorney-General would consider legal advice with FCO/MOD legal advisers.
(I have written separately to commission this follow-up work.)
MATTHEW RYCROFT

Abbildung 8.2 *Quelle: Wie zuerst veröffentlicht in The Times of London, May 1, 2005*

Der Gott der EU-Verfassung
Ulrich Duchrow

Er beginnt zunächst mit hehren Grundsätzen und Zielen. Unter den genannten „Werten“ finden sich Freiheit, Gleichheit, Gerechtigkeit und Solidarität (I.2). Unter den Zielen fällt bereits auf, dass nach den allgemeinen Zielen, Frieden, Werte und Wohlergehen zu fördern (I.3.1), als oberstes konkretes Ziel „Freiheit ... ohne Binnengrenzen“ und ein Binnenmarkt „mit freiem unverfälschten Wettbewerb“ angegeben wird (I.3.2). Als Grundlage für die Entwicklung Europas wird dann zwar noch von der „sozialen Marktwirtschaft“ gesprochen, aber qualifiziert als „wettbewerbsfähige soziale Marktwirtschaft“ (I.3.3).
Die dann folgende Zielbestimmung im internationalen Bereich beginnt lapidar mit dem Satz: „In ihren Beziehungen zur übrigen Welt schützt und fördert die Union ihre Werte und Interessen“ (I.4.4). Auch will sie beitragen zu „Frieden, Sicherheit, nachhaltiger Entwicklung etc.“, aber gekoppelt mit „freiem und gerechtem Handel“. ... Immerhin ist es nach harten Kämpfen im Konvent gelungen, als Teil II der Verfassung die Charta der Grundrechte der Union zu integrieren. Zu ihnen gehören die Würde des Menschen, Freiheiten, Gleichheit, Solidarität, bürgerliche und justizielle Rechte. Ohne in alle Einzelheiten gehen zu können, sind doch einige Beobachtungen angebracht. Als neues Grundrecht wird die unternehmerische Freiheit eingeführt (Art.II.16). Die Brisanz dieser Neuerung wird aber erst deutlich, wenn man sie zusammen sieht mit dem Artikel zum Eigentumsrecht (II,17).
...

Unternehmerische Freiheit

Im EU-Verfassungsentwurf dagegen steht ohne wenn und aber: „Jeder Mensch hat das Recht, sein rechtmäßig erworbenes Eigentum zu besitzen, zu nutzen, darüber zu verfügen und es zu vererben.“ Im Grundgesetz folgt dann Art. 14.2: „Eigentum verpflichtet. Sein Gebrauch soll zugleich dem Wohle der Allgemeinheit dienen“. Daraus wird in der EU-Verfassung (II.17.1): „Die Nutzung des Eigentums kann gesetzlich geregelt werden, soweit dies für das Wohl der Allgemeinheit erforderlich ist.“
Für die internationalen Beziehungen wird dann noch eins draufgesetzt, indem ausdrücklich hinzugefügt wird: „Geistiges Eigentum wird geschützt“ (II.17.2). Damit bekommen die TRIPS-Abkommen der WTO mit ihren verheerenden Folgen für die Grundversorgung der Völker, z.B. mit Saatgut und Medikamenten, in Europa Verfassungsrang! ... Die internen Politikbereiche (Titel III) führt an – was anderes wäre zu erwarten? – der Binnenmarkt. Dabei werden entfaltet: 1. Freizügigkeit und freier Dienstleistungsverkehr, 2. freier Warenverkehr, 3. freier Kapital- und Zahlungsverkehr, 4. die Wettbewerbsregeln, 5. die steuerlichen und 6. die Rechtsvorschriften.

Freizügigkeit und Dienstleistungsverkehr

Zu 1: Ausländische Arbeitnehmer von außerhalb der Union sind von der Freizügigkeit ausgenommen (III.25). Damit bleibt das Problem ausgeklammert, dass Kapital global mobil sein darf, nicht aber die Menschen, die Opfer jener Mobilität sind. Was mögliche Beschränkungen des freien Dienstleistungsverkehrs von Anbietern innerhalb der Union betrifft, so sind sie „verboten“ (III.29). ... Die Liberalisierung der mit dem Kapitalverkehr verbundenen Dienstleistungen der Banken und Versicherungen soll „im Einklang mit der Liberalisierung des Kapitalverkehrs durchgeführt“ werden (III.31). ...

➢

Waren- und Zahlungsverkehr – Wettbewerb

Im Abschnitt über freien Warenverkehr stecken mindestens zwei Probleme. Einmal kann der Warenverkehr aus Drittländern beschränkt werden (III.36.2) – ein bekannter gravierender Nachteil für die Agrarprodukte der Entwicklungsländer. Zum anderen lässt sich ein Druck auf öffentliche Einrichtungen in Richtung Privatisierung feststellen (III.44). Im Kapital- und Zahlungsverkehr sind Beschränkungen nicht nur zwischen den Mitgliedsstaaten, sondern auch zwischen ihnen und dritten Ländern verboten. Damit wären nun endgültig politische Instrumente, z.B. gegen spekulative Angriffe auf die Währung, ausgeschlossen. Der Abschnitt über Wettbewerbsregeln verbietet in Artikel III.55 ausdrücklich, dass Staaten im allgemeinen Interesse öffentliche Unternehmen besonders fördern können. Nach III.56 „sind Beihilfen der Mitgliedstaaten oder aus staatlichen Mitteln gewährte Beihilfen gleich welcher Art, die durch die Begünstigung bestimmter Unternehmen oder Produktionszweige den Wettbewerb verfälschen oder zu verfälschen drohen, mit dem Binnenmarkt unvereinbar". Nur die indirekten Steuern sollen harmonisiert werden (III.62), nicht jedoch die direkten Steuern wie z.B. die Unternehmenssteuern. Gerade aber hier müsste auf EU-Ebene das Steuerdumping der Konzerne gestoppt werden, einer der Hauptgründe für die Überschuldung der öffentlichen Haushalte. ...

Privatwirtschaftliches Interesse an erster Stelle

Dieser Trend wird noch einmal verschärft in dem zweithöchsten Politikbereich, der Wirtschafts- und Währungspolitik. Art. III.69.1 stellt fest, dass sie nur einem einzigen Grundsatz verpflichtet ist, dem „Grundsatz einer offenen Marktwirtschaft mit freiem Wettbewerb". ... III.69.2 setzt noch eins drauf durch die „Geld- und Wechselkurspolitik, die beide vorrangig das Ziel der Preisstabilität verfolgen und unbeschadet dieses Zieles die allgemeine Wirtschaftspolitik in der Union unter Beachtung des Grundsatzes einer offenen Marktwirtschaft mit freiem Wettbewerb unterstützen sollen". ... Dazu gehört u. a. erneut das Verbot, öffentliche Einrichtungen besonders zu fördern (I-II.74). ...

Beschäftigung und Sozialpolitik neoliberalen Vorstellungen unterworfen

Gleich im Einleitungsartikel III.97 werden wir belehrt, wozu in der EU eine Beschäftigungspolitik dient: „Die Union und die Mitgliedstaaten arbeiten ... insbesondere auf die Förderung der Qualifizierung, Ausbildung und Anpassungsfähigkeit der Arbeitnehmer sowie der Fähigkeit der Arbeitsmärkte hin, auf die Erfordernisse des wirtschaftlichen Wandels zu reagieren." Dabei wird „das Ziel eines hohen Beschäftigungsniveaus ... berücksichtigt" (III.99.2). ... Denn die Union und Mitgliedsstaaten – so wird in Art. III.103 festgestellt – tragen bei der Verfolgung der Sozialpolitik „der Notwendigkeit, die Wettbewerbsfähigkeit der Wirtschaft der Union zu erhalten, Rechnung".

... Für den „Europäischen Sozialfonds" wird darüber hinaus die Flexibilisierung der Menschen im Interesse der Wirtschaft als Ziel angegeben, nämlich „die berufliche Verwendbarkeit und die örtliche und berufliche Mobilität der Arbeitnehmer zu fördern sowie die Anpassung an die industriellen Wandlungsprozesse und an Veränderungen der Produktionssysteme insbesondere durch berufliche Bildung und Umschulung zu erleichtern" (Art. III.113). Beim Abschnitt über die Landwirtschaft (III.121ff.) sucht man vergeblich nach Hinweisen auf Verträglichkeitsmaßnahmen hinsichtlich Ökologie und „Dritte Welt". Als oberstes Ziel wird nach wie vor angegeben: „die Produktivität ... durch Förderung des technischen Fortschritts, Rationalisierung der landwirtschaftlichen Erzeugung und den bestmöglichen Einsatz der Produktionsfaktoren, insbesondere der Arbeitskräfte, zu steigern" (III.123). Aus den übrigen „anderen" Politikbereichen noch eine Bemerkung zu 5., Umwelt

(Art. III.129ff.), und 10., Energie (Art. III.157). Franz Alt hat darauf aufmerksam gemacht, dass über ein Zusatzprotokoll zum Euratom-Vertrag nun auch die Atomenergie als privilegierte Energiequelle Verfassungsgut werden soll.3 Obwohl nur noch vier EU-Staaten langfristig auf Atomstrom setzen, wurde im Verfassungsentwurf die Chance nicht genutzt, für die Zukunft die erneuerbaren Energien zu privilegieren. ...

Umwandlung der EU in eine Militärmacht

Gleich Abschnitt 1, Gemeinsame Sicherheits- und Verteidigungspolitik gibt einen ersten Hinweis. Schon in Teil I hieß es unter Zuständigkeiten der Union: „Die Mitgliedsstaaten verpflichten sich, ihre militärischen Fähigkeiten schrittweise zu verbessern. Es wird ein Europäisches Amt für Rüstung, Forschung und militärische Fähigkeiten eingerichtet, dessen Aufgabe es ist, den operativen Bedarf zu ermitteln und Maßnahmen zur Bedarfsdeckung zu fördern, zur Ermittlung von Maßnahmen zur Stärkung der industriellen und technologischen Grundlage des Verteidigungssektors beizutragen" (Art. I.40). ... Dazu heißt es in Art. III.210.1: „Die in Art. I.40.1 vorgesehenen Missionen, bei deren Durchführung die Union auf zivile und militärische Mittel zurückgreifen kann, umfassen gemeinsame Abrüstungsmaßnahmen, humanitäre Aufgaben und Rettungseinsätze, Aufgaben der militärischen Beratung und Unterstützung, Aufgaben der Konfliktverhütung und der Erhaltung des Friedens sowie Kampfeinsätze im Rahmen der Krisenbewältigung einschließlich Frieden schaffender Maßnahmen und Operationen zur Stabilisierung der Lage nach Konflikten. Mit allen diesen Missionen kann zur Bekämpfung des Terrorismus beigetragen werden, unter anderem auch durch die Unterstützung für Drittstaaten bei der Bekämpfung des Terrorismus". ... Damit wird das deutsche Grundgesetz endgültig ausgehebelt. Es erlaubt nur Verteidigungskriege und enthält das Friedensgebot. Freilich hat es sich die deutsche Öffentlichkeit seit den neuen Richtlinien des Verteidigungsministeriums im Jahr 1992 gefallen lassen, auch die weltweite Sicherung der eigenen wirtschaftlichen Interessen und die „Aufrechterhaltung des freien Welthandels" als Legitimation für militärisches Eingreifen zuzulassen. Aber mit der EU-Verfassung erhielte das Brechen des Grundgesetzes nachträglich und für alle voraussehbare Zukunft seine volle Rechtfertigung.

Entwicklungspolitik, die Armut schafft

„Durch die Schaffung einer Zollunion zwischen den Mitgliedsstaaten beabsichtigt die Union, im gemeinsamen Interesse zur harmonischen Entwicklung des Welthandels, zur Schrittweisen Beseitigung der Beschränkungen im internationalen Handelsverkehr und bei den ausländischen Direktinvestitionen sowie zum Abbau der Zoll und anderer Schranken beizutragen" (III.216). Im Artikel III.217 werden dann ausdrücklich Dienstleistungen, inklusive der kulturellen und audiovisuellen, eingeschlossen. ... Zwar wird hier als Hauptziel „die Bekämpfung und auf längere Sicht die Beseitigung der Armut" festgestellt (III.218). Die Erreichung dieses Hauptziels kann aber nur scheitern, wenn man die zwei fundamentalen Widersprüche ins Auge fasst, die ihm im Rahmen dieser Verfassung entgegenstehen. Der erste besteht in der überragenden, die ganze Verfassung durchziehenden Priorität der Liberalisierung. Denn die Entwicklung von schwächeren Ländern im Rahmen der Weltwirtschaft kann nur mit Hilfe von Schutzmaßnahmen der eigenen Wirtschaft gelingen. ... Der zweite Widerspruch besteht darin, dass die Entwicklungszusammenarbeit im gleichen Artikel III.218 ausdrücklich an die Politik der zuständigen internationalen Organisationen gebunden wird, d.h. u. a. an IWF, Weltbank und WTO. Auch hier ist empirisch feststellbar, dass deren Politik Armut schafft, statt sie zu beseitigen.

➢

Rückfall hinter das deutsche Grundgesetz

Wirft man zum Schluss noch einen Blick auf die Artikel zur Arbeitsweise der Union (III.232ff.), so stellt man zwar eine vorsichtige Aufwertung des Europäischen Parlaments fest, aber von einer eindeutig demokratisch-parlamentarischen Ordnung kann im Verfassungsentwurf keine Rede sein. ...

Zusammenfassend kann man feststellen, dass der Verfassungsentwurf auf keine Weise dem Standard des deutschen Grundgesetzes entspricht. Weder ist die Sozialpflichtigkeit des Eigentums ausdrücklich erwähnt, noch das Sozialstaatsgebot, noch die Beschränkung des Militärs auf Verteidigung, noch das Friedensgebot, um nur einige entscheidende Punkte zu nennen. Auf seiner Basis hätte man eine europäische Verfassung entwickeln können, die – angesichts der immer völkerrechtswidriger und unverantwortlicher handelnden US-Regierungen und angesichts der Übermacht der Finanzmärkte über demokratisch gewählte Regierungen ... – die Vision eines Europa der sozialen und internationalen Gerechtigkeit, des Friedens und der Nachhaltigkeit in Rechtsformen fasst. Konkrete Vorschläge in dieser Richtung lagen dem Konvent vor.4

Welcher Gott wird stattdessen in dem Entwurf der EU-Verfassung angebetet, welcher Gott soll uns in Zukunft regieren? Es ist der Gott der Neoliberalen. Es ist der Gott der Konzerne, der Gott der militärischen Stärke zur Durchsetzung der eigenen Interessen. Es ist der Gott der Starken im absoluten Wettbewerb. Es ist nicht der Gott, für den das Leben aller Menschen und darum das Leben der Armen zuerst wichtig ist. Es ist nicht der Gott des Friedens auf der Basis der Gerechtigkeit. Es ist nicht der Gott, der die Schöpfung liebt und sie darum in all ihrer Vielfalt und Schönheit erhalten will.

Abbildung 8.3
Quelle: Zeitschrift Entwicklungspolitik 5/6/2004 (gekürzt)

Für eine demokratische Neugründung Europas
Konvent der ATTACs Europas und ein dreistufiger Plan für die EU
Brüssel 16.Juni 2005

Das französische und das niederländische „Nein" zum Europäischen Verfassungsvertrag und die positive Resonanz in der europäischen öffentlichen Meinung bedeuten eine strickte Ablehnung der seit Jahrzehnten auf der Ebene von Europa durchgeführten neoliberalen Politik. Damit ergibt sich eine historische Gelegenheit, eine breite demokratische Debatte über die Grundzüge des von uns angestrebten europäischen Projektes zu führen.

Wir, die Vertreter der ATTACs Europas, die uns in Brüssel am 16. Juni 2005 anlässlich der Tagung des Europäischer Rats versammelt haben, wollen der riesigen Hoffnung, die durch die Niederlage des Neoliberalismus am 29.Mai und am 1. Juni geweckt wurde, einen konkreten Inhalt geben. Darum kündigen wir die Gründung eines Konvents der ATTACs Europas an. Dieser Konvent schlägt kurzfristige und mittelfristige Pläne A-B-C vor. Sein Arbeitsprogramm fängt schon heute an.
Er wird sich der Agenda der EU-Institutionen anpassen, aber auch seine eigene entwickeln.

Plan A: Aktionen und Mobilisierungen gegen die europäische neoliberale Politik
Eine demokratische Neugründung Europas erfordert unmittelbar eine Reihe von dringenden Maßnahmen, die mit der neoliberalen Politik brechen

1. Auftrag des Rates an die Kommission, alle derzeit vorbereiteten europäischen **Direktiven** zur Liberalisierung (insbesondere die **Bolkestein-Direktive, jene über die Arbeitszeit, über den Schienenverkehr** usw.) und den Aktionsplan für öffentliche Zuwendungen zurückzuziehen.
2. Eine dringliche Zusammenkunft der Euro-Gruppe, um von der europäischen Zentralbank eine wesentliche Veränderung der **Geldpolitik** u. a. durch Zinssenkungen zu verlangen.
3. Verpflichtung, eine echte Beschäftigungspolitik zu entwickeln, dafür ist u. a. eine Neufassung des **Stabilitätspakts** erforderlich.
4. Substantieller Zuwachs des europäischen Budgets zugunsten einer sozialen Politik und der Erhöhung des **Strukturfonds** für die neuen Mitgliedsländer, um ihre Entwicklung zu fördern statt Sozialdumping, Steuersenkungswettlauf und Betriebsverlagerungen zu dulden.
5. Maßnahmen zur Neubelebung der europäischen Wirtschaft, auch durch Anleihen: Grundlage dieser Neubelebung sollten Investitionen in die öffentliche **Infrastruktur** zur Verbesserung der Umwelt, des Eisenbahnverkehrs, der Bildung, der Gesundheit. u. a. m. und zur Schaffung neuer Arbeitsplätzen bilden.
6. Moratorium bei den WTO-Verhandlungen zum Allgemeinen Abkommen über Handel und Dienstleistungen **(GATS).**
7. Vorkehrungen zur Abschaffung von Steuerparadiesen, Vorbereitung der Einführung **globaler Steuern** und zur Angleichung der Steuererhebungen in Europa treffen.
8. Vollständige Neufassung der **Lissabon-Agenda** (Europäischer Rat vom 23. und 24. März 2000) und der **Sozial-Agenda** 2005-2010, mit dem Ziel, diese in den Dienst des sozialen und umweltpolitischen Fortschritts zu stellen.
9. Erhöhung des öffentlichen Beitrags zur **Entwicklungshilfe** auf 0,7% des BIP der Mitgliedsländer der Union, stärkeres Engagement für die Millenniums –Ziele und Annullierung der **Schulden** der armen Länder.
10. Beendigung der Unterstützung der Besatzung des Iraks und sofortiger Rückzug der Truppen aller Mitgliedsländer der Union aus dem **Irak.**

➢

Diese Plan A wird eine Reihe von Aktionen auf nationaler und europäischer Ebene beinhalten, deren Höhepunkt eine große Mobilisierung in Brüssel im Dezember 2005 anlässlich der letzten Sitzung des Europa-Rats unter dem Vorsitz Großbritanniens sein wird.

Plan B: Für echte demokratische europäische Institutionen.
Die ATTACs Europas streben die Schaffung von echten demokratischen europäischen Institutionen an – diese waren im Entwurf zum Verfassungsvertrag nicht vorgesehen. Das heißt u.a.:

- Den nationalen Parlamenten muss eine bedeutende Rolle zuerkannt werden, wobei die des europäischen Parlaments gleichzeitig ausgeweitet werden muss.
- Der Kommission muss das Monopol auf das gesetzgeberische Initiativrecht und die ungeheuerliche Macht in Sachen Konkurrenz entzogen werden:
- Den Bürgern muss ein echtes Initiativrecht gegeben werden
- Die verstärkten Kooperationen müssen gefördert werden.

Alle ATTACs Europas werden untereinander und innerhalb ihres jeweiligen Verbands über den Inhalt eines neuen Vertrags debattieren, der einzig und allein die europäischen Institutionen zum Gegenstand haben sollte. Das erste Treffen des Konvents der ATTAC Europas im Dezember 2005 wird eine Bilanz über diese Vorschläge ziehen.

Plan C: Für ein anderes mögliches Europa
So wichtig sie auch sind, die Maßnahmen zur Demokratisierung der europäischen Institutionen des Plans B sind eine sehr begrenzte Antwort auf die Erwartungen der breiten Massen, die dem Aufbau Europas auch einen demokratischen, politischen, pazifistischen, sozialen, kulturellen, ökologischen und feministischen Inhalt geben wollen. **Die Politik der EU muss in ihrer Gesamtheit neu definiert werden.**
Das Ziel des Plans C ist es, die Entstehung einer breiten demokratischen Baustelle für eine Alternative zum neoliberalen Europa zu ermöglichen. Es handelt sich darum, ein europäisches Projekt der **Solidarität** auszuarbeiten – Solidarität **innerhalb** der EU; Solidarität zwischen der EU und dem **Rest der Welt;** Solidarität mit den **künftigen Generationen.** Die im Plan A geforderten Maßnahmen sind dafür eine notwendige erste Etappe.
Alle Gliederungen von jedem ATTAC Europas werden an dieser Erarbeitung des Plans C beteiligt, nationale, regionale und lokale Strukturen. Schon im Herbst wird diese Dynamik aus der Basis in die Vorbereitung des Konvents der ATTACs Europas im Dezember münden. Diese Arbeit wird sich danach während einer längeren Zeitspanne fortsetzen.

Der Konvent der ATTACs Europas wird sich ebenfalls mit der Form der Beteiligung an den Initiativen befassen, welche die verschiedenen sozialen Bewegungen und europäischen Netzwerke ergreifen könnten, insbesondere im Rahmen des europäischen Sozialforums im April 2006.
Ein anderes Europa ist möglich. Wir werden es gemeinsam aufbauen!

Abbildung 8.4: http://www.attac.fr/a5190
Quelle: Sand im Getriebe 45, S. 28

Abstimmung der Ahnungslosen – Die EU-Verfassung im Bundestag
Anmoderation Anja Reschke:

Wie gut, dass wir keine Franzosen oder Niederländer sind. Sonst müssten wir uns jetzt in fünfhundert Seiten, 448 Artikel und 36 Zusatzprotokolle einarbeiten. Aber hier in Deutschland stimmt nicht das Volk, sondern das Parlament über die neue EU-Verfassung ab. Praktisch, sparen wir uns auch gleich teure Aufklärungskampagnen. Unsere Aufgabe als Bürger ist simpel, wir sollen Europa einfach gut finden und uns sonst möglichst nicht einmischen. Da uns ja der Blick auf das Große und Ganze fehlt, wie Politiker immer wieder beteuern, sollen wir uns nur auf unsere gewählten Volksvertreter verlassen. Und dass die 601 deutschen Abgeordneten heute morgen nach bestem Gewissen und vor allem aber Wissen abgestimmt haben, versteht sich ja von selbst – oder? Ein kleiner Test im Bundestag von Tamara Anthony, Gesine Enwald und Eilika Meinert lässt allerdings Zweifel aufkommen.
Berlin heute morgen. Die wackren Volksvertreter eilen ihrer ureigensten Aufgabe entgegen. Vom höchsten Rang ist die Mission, schließlich gilt es die Hand zu heben für die Verfassung der EU. Ein Vertragswerk, das im Prinzip über dem Grundgesetz steht.
Entsprechend ist der Bundespolitiker im Bilde, hat sich in den letzten Tagen in Fraktionen und Ausschüssen noch mal auf die Höhe der Information gepuscht.
Er wird dieses Werk kennen. Zum Beispiel sollte er wissen: Was schreibt die Verfassung fest in punkto demokratische Rechte des ganz normalen Menschen.

Erste Frage – ganz leicht. Zunächst FDP-Außenexperte Gerhard.
Frage: „Gibt es auf EU-Ebene die Möglichkeit für ein Bürgerbegehren?"
Richtige Antwort heißt: Ja, mit einer Million Unterschriften.
Antworten:
O-Ton Wolfgang Gerhardt: (FDP-Außenexperte) „Soweit ich weiß, nein."
O-Ton Friedbert Pflüger: (CDU-Außenexperte) „Auf EU-Ebene glaube ich nicht."
O-Ton Horst Schild: (SPD, MdB) „Nein"
O-Ton Ernst-Reinhard Beck: (CDU, MdB) „Nein, das ist nicht der Fall."
O-Ton Marga Elser: (SPD, MdB) „Das ist nicht vorgesehen."
O-Ton Joachim Hörster: (CDU-Außenexperte) „Die Verfassung regelt nicht das Bürgerbegehren, weil das alleine nationalstaatliches Recht ist."

Noch mal zur Erinnerung: Die richtige Antwort heißt: JA.
Bürgerbegehren sind möglich, verbrieft in der Verfassung und sogar nachzulesen in kleinen Broschüren fürs Volk. Die Politiker kurz vor der Abstimmung, nach besten Wissen und Gewissen greifen sie nach den Stimmkarten. Ihr Gewissen mag rein sein, ihr Wissen ist nicht unbedingt das Beste.

Nächste Frage: „Auf welchen Politikfeldern zum Beispiel hat laut Verfassung dieser illustre Bundestag nichts mehr zu melden, wo ist allein die EU zuständig?"
Antworten:
O-Ton Marga Elser: (SPD, MdB) „Ja, das ist die europäische Verteidigungspolitik."
Verteidigungspolitik? Völlig falsch. Richtig ist: Zoll-Union und Wettbewerb im Binnenmarkt und Eurowährungspolitik.
O-Ton Marga Elser: (SPD, MdB) „Allein die EU" Auch noch gemeinsame Handelspolitik oder Erhalt der Meeres-Resourcen – fünf Bereiche.
O-Ton PANORAMA: "Schwierig, ne?"
O-Ton Hans-Christian Ströbele: (Grüne, MdB) „Das kann ich Ihnen auch auswendig nicht sagen. Das sind sehr viele."

➢

O-Ton Ortwin Runde: (SPD, MdB) „Mir, ehrlich gesagt, keine richtig bekannt als ausschließliche Kompetenz."
O-Ton PANORAMA: „Fallen Ihnen da zwei ein?"
O-Ton Petra Pau: (PDS, MdB) „Kann ich Ihnen jetzt so ganz konkret nicht beantworten."
O-Ton Silke Stokar: (Grüne, MdB) „Allein die EU, hm.....Außen....ich passe."

Wissenslücken in dem sonst so wichtigen Kompetenzgerangel zwischen EU und Nationalstaat. Spätestens jetzt wissen wir, Abgeordnete brillieren vielleicht im Sport oder Verkehrsausschuss, aber in Sachen Verfassung folgen sie weitgehend blind der Fraktionslinie.
Und da war doch noch der Knackpunkt der Verfassung, um den mehr als ein Jahr gestritten wurde. Es ging um die sogenannte qualifizierte Mehrheit und deren Stimmgewichtung.
Welche Mehrheiten braucht es in der Regel, um im fernen Brüssel ein Gesetz zu verabschieden?
Es steht heute in den Zeitungen: 55% der Mitgliedsstaaten mit mindestens 65% der EU-Bevölkerung sind nötig, um im Ministerrat ein Gesetz zu verabschieden.
O-Ton Marga Elser: (SPD, MdB) „Oh (lacht), in Zahlen und Prozenten habe ich mir das noch gar nicht überlegt."
O-Ton Silke Stokar: (Grüne, MdB) „Kann ich Ihnen nicht sagen."
O-Ton Cornelia Pieper: (FDP, MdB) „Ach, jetzt werden Sie aber sehr detailliert zum frühen Morgen (lacht)."
O-Ton Friedbert Pflüger: (CDU-Außenexperte) „Das weiß ich nicht, das muss ich im Einzelnen nachschauen."
O-Ton Petra Pau: „Oh, da passe ich jetzt."

Endlich ist es so weit. Begierig stürzt sich das Stimmvieh auf die Urnen. Namentliche Abstimmung, blaue Karte: ein klares Ja für die Verfassung.
Es ist vollbracht, die Arbeit ist getan, bleibt Zeit für eine Frage, nachzulesen im Artikel 8 der Verfassung: „Wie viel Sterne sind denn auf der EU-Flagge?"

O-Ton Wolfgang Thierse: (SPD, MdB) „Gott, hab' ich noch nie gezählt, ich hoffe, es sind dann 25, so viel wie Mitgliedsstaaten."
O-Ton Wolfgang Gerhardt: (FDP-Außenexperte) „Oh, das kann ich Ihnen nicht sagen."
O-Ton Wolfgang Clement: (Wirtschaftsminister) „Da zählen Sie selbst mal nach."
O-Ton Ortwin Runde: (SPD, MdB) „(Lacht) – hoffentlich bald 25 und mehr."
O-Ton Hans-Christian Ströbele: (Grüne, MdB) „Das kann ich Ihnen nicht sagen, wahrscheinlich sind's 25, aber ich bin nicht ganz sicher."
O-Ton Rüdiger Veit: (SPD, MdB) „Da muss ich einen Augenblick nachdenken. Sie bleiben auch unverändert – (überlegt): vierzehn."
O-Ton Petra Pau: (PDS, MdB) „Sie ist nicht erweitert worden, d.h. sie hat so viel Sterne wie Mitgliedsstaaten vor der Erweiterung im vergangenen Jahr."
O-Ton PANORAMA: „Das sind?"
O-Ton Petra Pau: (PDS, MdB) "Blamieren Sie mich jetzt nicht (lacht)."
O-Ton Martin Dörmann: (SPD, MdB) „Es müssten 16, nee, 15 sein. Hm, ja, nicht? Habe ich daneben getippt? (Lacht)"
O-Ton Klaas Hübner: (SPD, MdB) „Das sind ja unglaubliche Fragen hier (lacht). Hm, 25? 26? Sagen Sie mal."
O-Ton Renate Künast: (Grüne, MdB) „12 oder 15. Auf alle Fälle nicht die Zahl, die wir jetzt an Mitgliedsstaaten sind und sein werden."

Wenigstens eine, die es fast gewusst hat. Es sind 12, das war schon immer so und dabei wird es bleiben. Es dauert wahrscheinlich noch ein bisschen, bis wir alle Europäer sind.
Bericht: Tamara Anthony, Gesine Enwaldt, Eilika Meinert
Schnitt: Michael Schlatow

Abmoderation Anja Reschke:
Was sie da heute beschlossen haben, ist also nicht allen Abgeordneten klar. Umso klarer war allerdings das Ergebnis: 569 stimmten für die Verfassung, die sie wohl kaum gelesen haben. Das sind satte 95 %. In Vielfalt geeint? So das Motto der EU. Heute muss es eher heißen: in Unwissenheit geeint.

Abbildung 8.5 ARD, Panorama, 12. Mai 2005 (am Abend der Abstimmung über die EU-Verfassung im Bundestag)

Privtisierung von Bundesvermögen 1961-2001 (nur Westdeutschland)

1961
Volkswagen AG Nach dem „Vertrag über die Regelung der Rechtsverhältnisse bei der Volkswagen GmbH und über die Errichtung einer Stiftung Volkswagenwerk" vom 11./12. November 1959 erhielt der Bund und das Land Niedersachsen je 20 v.H. des Grundkapitals der Volkswagen AG; die restlichen 60 v.H. des Grundkapitals wurden in Form von Kleinaktien veräußert; verbleibender Bundesanteil: 20,0 v.H.

1965
VEBA AG (Bundesanteil: 100 v.H.) Erst-Börsengang (60,7 v.H.); verbleibender Bundesanteil: 39,3 v.H.

1984
VEBA AG Zweit-Börsengang (13,8 v.H.); verbleibender Bundesanteil: 25,5 v.H.
VIAG AG (Bundesanteil: 87,4 v.H.) Erst-Börsengang (40,0 v.H.); verbleibender Bundesanteil: 47,4 v.H.
Volkswagen AG Kapitalerhöhung ohne Beteiligung des Bundes; verbleibender Bundesanteil: 16 v.H.

1986
IVG AG (Bundesanteil: 100 v.H.) Erst-Börsengang (45,0 v.H.); verbleibender Bundesanteil: 55,0 v.H.

1987
VEBA AG Vollprivatisierung
Deutsche Lufthansa AG (Bundesanteil: 65,4 v.H.) Kapitalerhöhung ohne Beteiligung des Bundes; verbleibender Bundesanteil: 65 v.H.
Treuarbeit AG (Bundesanteil: 45 v.H.)

1988
VIAG AG Vollprivatisierung
Treuarbeit AG Teilprivatisierung (5 v.H.); verbleibender Bundesanteil: 25,5 v.H.

1989
DSL Bank (Bundesanteil: 99 v.H.) Erst-Börsengang (48,5 v.H.); verbleibender Bundesanteil: 51,5 v.H.

➢

1990

Salzgitter AG (Bundesanteil: 100 v.H.) Vollprivatisierung; Privatisierungserlös diente zur Gründung der Bundesstiftung Umwelt

Prakla – Seismos AG (Bundesanteil: 95 v.H.) Teilprivatisierung (51 v.H.); verbleibender Bundesanteil: 44,0 v.H.

1991

Depfa Bank AG (Bundesanteil: 76,3 v.H.) Vollprivatisierung

1992

Berliner Industriebank AG (Bundesanteil: 88 v.H.) Vollprivatisierung

Deutsche Baurevision AG (Bundesanteil: 49 v.H.) Teilprivatisierung (19,0 v.H.); verbleibender Bundesanteil: 30,0 v.H.

Prakla- Seismos AG Vollprivatisierung

Aachener Bergmannssiedlungs-Gesellschaft mbH (Bundesanteil: 50 v.H.) Vollprivatisierung

1993

C & L Treuarbeit AG Vollprivatisierung

IVG AG Vollprivatisierung

Bayerischer Lloyd AG (Bundesanteil: 26,2 v.H.) Vollprivatisierung

1994

Rhein-Main-Donau AG (Bundesanteil: 66,2 v.H.) Vollprivatisierung

Deutsche Außenhandelsbank AG (Bundesanteil: 46,3 v.H.) Vollprivatisierung

1995

Deutsche Vertriebsgesellschaft für Publikationen und Filme mbH (Bundesanteil: 100 v.H.) Vollprivatisierung

Deutsche Film- und Fernsehakademie GmbH (Bundesanteil: 50 v.H.) Vollprivatisierung

Heimbetriebsgesellschaft mbH (Bundesanteil: 100 v.H.) Vollprivatisierung

Neckar AG (Bundesanteil: 63,5 v.H.) Vollprivatisierung

1996

Deutsche Lufthansa AG Veräußerung von Anteilen an die KfW/Platzhaltervertrag (35,7 v.H.)

Deutsche Telekom AG (Bundesanteil: 100 v.H.) Erst-Börsengang mittels Kapitalerhöhung ohne Beteiligung des Bundes; verbleibender Bundesanteil: 74,0 v.H.

Mon Repos Erholungsheim Davos AG (Bundesanteil: 100 v.H.) Vollprivatisierung

Gemeinnützige Deutsche Wohnungsbaugesellschaft mbH (Bundesanteil: 58,3 v.H.) Vollprivatisierung

Deutsche Lufthansa AG Vollprivatisierung durch Börsengang

Deutsche Telekom AG Veräußerung von Anteilen an die KfW/Platzhaltervertrag (13,5 v.H.); verbleibender Bundesanteil: 60,5 v.H.

1997

Deutsche Telekom AG Veräußerung von Anteilen an die KfW/Platzhaltervertrag (12,4 v.H.); verbleibender Bundesanteil: 48,1 v.H.

Autobahn Tank & Rast AG (Bundesanteil: 100 v.H.) Vollprivatisierung

Bundesanzeiger Verlagsgesellschaft mbH (Bundesanteil: 70 v.H.) Teilprivatisierung (34,9 v.H.); verbleibender Bundesanteil: 35,1 v.H.

Saarbergwerke AG (Bundesanteil: 74 v.H.) Vollprivatisierung

Landeswohnungs- und Städtebaugesellschaft Bayern mbH (Bundesanteil: 25,1 v.H.) Vollprivatisierung
Gesellschaft für Lagereibetriebe mbH (Bundesanteil: 100 v.H.) Vollprivatisierung
Heimstätte Rheinland-Pfalz GmbH (Bundesanteil: 25,8 v.H.) Vollprivatisierung
DG Bank Deutsche Genossenschaftsbank (Bundesanteil: 0,04 v.H.) Vollprivatisierung

1998
Lübecker Hafengesellschaft (Bundesanteil: 50 v.H.) Vollprivatisierung

1999
Deutsche Postbank AG (Bundesanteil: 100 v.H.) Veräußerung an die Deutsche Post AG
Schleswig-Holsteinische Landgesellschaft (Bundesanteil: 27,5 v.H.) Vollprivatisierung
Deutsche Telekom AG Zweit-Börsengang mittels Kapitalerhöhung ohne Beteiligung des Bundes; verbleibender Bundesanteil: 43,2 v.H.
Deutsche Post AG (Bundesanteil: 100 v.H.)

2000
Deutsche Telekom AG Dritt-Börsengang aus KfW-Bestand (6,6 v.H.); verbleibender KfW-Anteil: 15 v.H.; verbleibender Bundesanteil: 43,2 v.H.
Flughafen Hamburg GmbH (Bundesanteil: 26 v.H.) Vollprivatisierung
Deutsche Post AG Erst-Börsengang aus KfW-Bestand (28,8 v.H.); verbleibender KfWAnteil: 21,1 v.H.; verbleibender Bundesanteil: 50,1 v.H.
Bundesdruckerei GmbH (Bundesanteil: 100 v.H.) Vollprivatisierung

2001
Gesellschaft für Kommunale Altkredite und Sonderaufgaben der Währungsumstellung mbH (GAW) Vollprivatisierung
Deutsche Telekom AG (Bundesanteil: 43,2 v.H.) Kapitalerhöhung zur Ausgabe neuer Aktien zum Erwerb von VoiceStream/PowerTel; verbleibender Bundesanteil: 30,9 v.H.; verbleibender KfW-Anteil: 12,3 v.H.
juris GmbH (Bundesanteil: 95,34 v.H.) Teilprivatisierung (45,33 v.H.); verbleibender Bundesanteil: 50,01 v. H.
Fraport AG (Bundesanteil: 25,87 v.H.) Erst-Börsengang mittels Kapitalerhöhung ohne Beteiligung des Bundes; verbleibender Bundesanteil: 18,4 v.H.
DEG – Deutsche Investitions- und Entwicklungsgesellschaft mbH (Bundesanteil: 100 v.H.)
Veräußerung an die Kreditanstalt für Wiederaufbau-KfW

Abbildung 8.6
Quelle: Bundesminister der Finanzen

Große Medienkonzerne der Welt: In allen Sparten zu Hause, weltweit aktiv und politisch konservativ

Time Warner Inc. (USA) ist ein internationales Medienunternehmen mit zahlreichen Geschäftsfeldern. Es hat seinen Hauptsitz in New York und wurde 1989 durch die Fusion der Time Life Inc. und von Warner Communications geschaffen. Zu Time Warner gehören u. a. das Film- und Fernsehstudio Warner Brothers, der Musikkonzern Warner Music, das TV-Network The WB, der Pay-TV-Sender HBO sowie die Time Buch- und Zeitschriftenverlage und der Comicverlag DC, der u.a. als Originalverlag die Superheldencomics um Superman und Batman herausbringt. Im Jahre 1996 kaufte der Time-Warner Konzern die Turner Broadcasting Systems, zu der u.a. der amerikanische Nachrichtensender CNN gehört. 2000 fusionierte Time Warner mit AOL, der entstandende Konzern hieß AOL Time Warner. 2003 wurde AOL wieder aus dem Firmennamen gestrichen, was die anhaltende Skepsis der Börse gegenüber dem Erfolg der Fusion symbolisierte. 42 Mrd $ Umsatz, 3,3 Mrd Gewinn nach Steuern (+28%), 85.000 Angstellte.

Viacom (USA): 1970 verbot die staatliche Rundfunkbehörde den TV-Networks, auf demselben Markt Fernsehstationen und Kabelsysteme zu besitzen. CBS musste den Kabelbereich und die Filmproduktion ausgliedern. 1971 wurde dieser Geschäftsbereich in Viacom International umbenannt. Die folgenden Jahre sind geprägt durch den Zukauf von Kabelnetzen, Fernseh- und Radiostationen. Außerdem wurde 1978 der erste Pay-TV Sender Showtime gegründet. 1985 kaufte Viacom die Warner-Amex Satellite Entertainment Company (WASEC), die den Musiksender MTV betrieb. 1987 übernahm die Kinokette National Amusements Inc. (NAI) die Aktienmehrheit von 83%. Der Branchenneuling Sumner M. Redstone – Anwalt und Erbe der NAI – begann sofort, die einzelnen Branchenzweige auf- und auszubauen. Deshalb kauft Viacom 1993 Paramount Communications und den Videoverleih Blockbuster mit seinen Produktionsfirmen. 1999 lockerte die FCC ihre Bestimmungen, worauf – nur einen Monat später – Viacom und CBS ihre Fusion ankündigten. Viacom kaufte die „Konzernmutter" CBS für 68,5 Mrd. $ und wurde zum drittgrößten Medienunternehmen weltweit. Viacom wurde somit ein total integriertes Medienunternehmen, das von Radio- und Fernesehstationen über Produktionsfirmen und Kinos bis zu Verlagen und Außenwerbung alle Bereiche vereinigte. Die weitere Deregulierung des Medienmarktes 2003 sicherte Viacom in den wichtigen US-amerikanischen Großstädten die Abdeckung von bis zu 45% Marktanteil. Im März 2004 schloss Viacom ein Joint Venture mit der Shanghai Media Group (SMG) und eine Partnerschaft mit China Central Television (CCTV) zur Ausstrahlung einer Kindersendung und einer Anti-AIDS-Kampange ab. Viacom hat 2004 die Aktienmehrheit der VIVA Media AG in Deutschland übernommen und hält nun mit MTV Central Europe das Monopol auf dem deutschen Musiksendermarkt; zum anderen gehört zu VIVA die Produktionsfirma Brainpool, die sich auf Unterhaltungsshows (z.B. Anke Late Night und TV Total) spezialisiert hat. 2003 betrug der Gewinn 3,6 Mrd. $. Rund die Hälfte des Umsatzes und 70% des Gewinns erzielt Viacom mit dem Verkauf von Werbung. Der CEO von Viacom, Sumner Redstone leitet den Konzern straff hierarchisch und hat immer Einblick in alle Geschäftsbereiche. Er kontrolliert über 70 % der Viacom-Aktien. Hauptaktionär von Viacom ist National Amusement Inc. (61%). Da sich diese Kinokette im alleinigen Besitz von Redstone befindet und er bzw. seine Familie außerdem noch ca. 25% der Aktien besitzt, kann man Viacom somit als Familienbesitz und Redstone als „Firmenpatriarchen" bezeichnen. Die Tendenz der riesigen, mächtigen Medienkonglomerate, konservative Werte zu vertreten, bestätigt sich auch bei Viacom.

Disney (USA) ist der zweitgrößte Medienkonzern der Welt. Der Schwerpunkt liegt auf dem Filmbereich und der umfassenden Vermarktung der Produktionen. Die konzerneigenen Studios wie Touchstone Pictures/Television und Disney Pictures produzieren zahlreiche erfolgreiche Fernsehserien und Zeichentrickfolgen. Disney ist in den Branchen Film, Video, TV, Hörfunk, TV-Produktion, Tonträger, Multimedia, Telekommunikation, Online-Dienste, Verlage, Comics, Zeitungen, Merchandising, Freizeitparks und Hotels aktiv. Der erste Vorstandsvorsitzende ist Michael D. Eisner. Der Jahresumsatz liegt bei über 23 Milliarden $. Der Geschäftsbereich Media Networks ist in zwei Kategorien unterteilt, Rundfunk und Kabelstationen. Der Rundfunkbereich umfasst sowohl die ABC-Fernsehgruppe, die über 224 angeschlossene, regionale TV-Stationen mit Programmen versorgt, als auch die 10 konzerneigenen Fernsehstationen, sowie 21 Radiosender und die ABC-, Radio Disney- und ESPN-Radiogruppe. Der Bereich der Kabelstationen beinhaltet die ESPN-Kabelkanäle, die Spartenkanäle Lifetime, Art & Entertainment Network und History Channel, sowie die neun internationalen Disneykanäle. Studio Entertainment umfasst die Produktion und den Vertrieb sämtlicher Kino- und Fernsehfilme, von Fernsehsendungen und -shows, sowie von Videos und Musikproduktionen der verschiedenen Labels der Walt Disney Company. 1999 wurden insgesamt 282 Kinofilme veröffentlicht. Die Umsätze dieses Bereiches beliefen sich im selben Jahr auf ca. 6,5 Mrd. $. Der Konzern ist der stärkste Filmproduzent auf dem Weltmarkt. Theme Parks and Resorts umfasst nicht nur Attraktionen wie Erlebnisbahnen, Paraden, Shows und Geschäfte, sondern auch die beiden Disney Kreuzfahrtschiffe und die konzerneigenen Sportteams „California Angels" (Baseball) und „Mighty Ducks of Anaheim" (Hockey). Außerdem zählt die Baufirma und Landerschließung „Disney Development Co." dazu. Der Umsatz der Parks stieg im zweiten Quartal des laufenden Geschäftsjahres 2003/2004 um zwölf Prozent auf 1,7 Milliarden Dollar und der operative Gewinn um 21 Prozent auf 188 Millionen Dollar. Im September 1997 wird die „Buena Vista Internet Group" (BVIG) gegründet. Im Juni 1998 kauft Disney 43% des weltweit viertgrößten Internetproviders „Infoseek". „Infoseek" und „Starwave", ein von Microsoft-Mitbegründer Paul G. Allen geführtes Unternehmen, schlossen sich zusammen. Seit 1999 bilden sie zusammen mit der BIVG das GO-Network. Der Disney-Konzern betont seine politische Neutralität, seine Orientierung sei rein kommerziell. Allerdings pflegt er traditionelle amerikanische Familienwerte und bezieht damit doch, wenn auch indirekt und kaum erkennbar, eine konservative Position.

Murdoch: (USA) Momentan rangiert die News Corporation weltweit auf Platz sechs. Das 800 Tochterfirmen umfassende Unternehmen gliedert sich in die Bereiche Filmed Entertainment, Television, Cable Network Programming, Direct Broadcast Sattelite Television, Magazines, Newspapers, Book Publishing. Tochterfirmen sind in 52 Ländern vertreten. Zu dem Sektor Filmed Entertainment gehören unter anderem die „Fox Television Studios" und die „Twentieth Century Fox Corporation". Mit Subunternehmen wie „STAR-TV" im asiatischen Raum, „Fox Sports en Espanol" in Spanien, „Foxtel" in Australien oder „Fox Sports World" ist Murdoch weltweit tätig. Zum Sektor des Cable Network Programming gehört der „Fox News Channel". Der Bereich des Direct Broadcast Sattelite Television umfasst neben dem größten US-amerikanischen Sattelitenbetreiber „DIRECTV" auch „British Sky Broadcasting" (BSkyB), „Sky Latin America" und „Sky Italia". Zu den Zeitschriften gehört der konservative „Weekly standard". Der Bereich Newspapers zählt etwa 175 Zeitungen mit weltweiter Verbreitung. Der größte Buchverlag der News Corporation ist Harper Collins, in den wiederum „Regan Books" integriert ist. Zu dem achten Sektor des Unternehmens zählen unter anderem die beiden Angebote „Sky Radio" in Europa und „News Interactive". Der Geschäftsbericht weist für 2003 Einnahmen von 14 Mrd. $ aus. In den USA machte das Unternehmen 2003 76% der Einnahmen, auf dem europäischen Markt 16% und auf den australisch, asiatischen Raum fielen 8%. Robert Murdoch ist

➢

Managementdirektor und zusammen mit seiner Familie Hauptaktionär, so dass er bei Einzelentscheidungen keine Rechenschaft ablegen muss. Das Unternehmen selbst besitzt keinen strategischen Planungsstab, sondern Murdoch trifft alle wichtigen Entscheidungen bis in die einzelnen Tochterfirmen hinein eigenständig. Er steht der Republikanischen Partei nahe und verteidigt die Politik von George W. Bush und den Neokonservativen.

Die **Bertelsmann** (D) gehört drei Hauptaktionären: die Bertelsmann Stiftung (57,6%), Groupe Bruxelles Lambert (25,1%) und die Familie Mohn 1(7,3%). Die Bertelsmann Stiftung wurde 1977 von Reinhard Mohn als gemeinnützige Stiftung gegründet. Die Bertelsmann AG umfasst sechs verschiedene Unternehmen: (1) RTL Group (Radio Télé Luxemburg), werbefinanziertes Privatfernsehen und Privatradio, Produktion und Rechtehandel. Bertelsmann ist zu 90,4% Gesellschafter. RTL Group ist das grösste Rundfunkunternehmen Europas und betreibt 26 Fernsehsender und 24 Radiosender in 9 Ländern. (2) Die Buchverlagsgruppe Random House: Gesellschafter von Random House ist zu 100% die Bertelsmann AG. Random House betreibt mehr als 100 Verlage in 16 Ländern. (3) Gruner+Jahr, der grösste europäische Zeitschriftenverlag, weltweit auf dem zweiten Platz, veröffentlicht mehr als 120 Titel in 14 Ländern und besitzen Druckereien in Europa und den USA, sowie professsionelle Internet-Angebote. In Deutschland verlegt die Verlagsgruppe u. a. die Zeitschriften Stern, Brigitte und Gala, TV Today, Capital, Börse Online und Impulse, Geo, P.M., Art und National Geographic. Im Bereich der Tageszeitungen verlegt Gruner + Jahr die Berliner Zeitung, den Berliner Kurier, die Morgenpost Sachsen, die Sächsische Zeitung und in einem Joint Venture die Financial Times Deutschland. (4) BMG (Bertelsmann Music Group): Hier sind die Musiclabels (u. a. Arista, Ariola, RCA und Zomba) und Musikverlage zusammengefasst. Bei der BMG ist die Bertelsmann AG zu 100% Gesellschafter. BMG gehört zu den weltweit umsatzstärksten Musikkonzernen. Die BMG gibt es in 40 Ländern. Am 20. Juli 2004 hat die Europäische Kommission den Zusammenschluss von Sony und Bertelsmann genehmigt. So verringert sich die Zahl der Topkonzerne im Musikgeschäft auf vier. Der Konzern trägt jetzt den Namen Sony BMG und schließt zum Marktführer Universal Musik auf. (5) Arvato: Die Geschäftsfelder sind Druckdienstleister, CD-Fabriken, Speichermedien, Wissenschaftsmanagement, Buchauslieferungen und Deutschlands größte Call-Center. Die AG gehört zu 100% zu der Bertelsmann AG. Arvato gibt es in etwa 28 Ländern. (6) Direct Group: Die Direct Group hat Medien- und Direktkundengeschäfte, darunter fallen Buchclubs, Musikclubs, eCommerce. Service der Clubs und Onlineshops gibt es in 20 Ländern. Alleingesellschafter ist die Bertelsmann AG. Ende 2003 beschäftigt der Konzern 73.221 Mitarbeiter, davon 37% in Deutschland. RTL Group macht den höchsten Umsatz, gefolgt von Arvato. Das Medienunternehmen Bertelsmann hat sein operatives Ergebnis im ersten Quartal 2004 auf 111 Millionen Euro gesteigert. Bertelsmann bezeichnet sich selbst als unabhängig und parteipolitisch neutral. Doch ist der Konzern inzwischen so mächtig geworden und verfügt über so viele Medien, dass kein Politiker es sich leisten kann, eine Einladung der Stiftung oder des Unternehmens einfach abzulehnen. Die Bertelsmann Stiftung ist eine operative Stiftung. Sie investiert ihr Budget ausschließlich in Projekte, die sie selbst konzipiert, initiiert und auch in der Umsetzung begleitet. Partner der Stiftung sind beispielsweise Entscheidungsträger in Politik, Wirtschaft und Gesellschaft, öffentliche und wissenschaftliche Institutionen oder andere Stiftungen.

Abbildung 9.1 Materialien aus einem Seminar, das ich im Sommersemester 2003 an der Universität Trier durchgeführt habe. Allen Teilnehmern sei hier noch einmal ausdrücklich gedankt

Public Relationships. Hill & Knowlton, Robert Gray, and the CIA
Johan Carlisle

Public relations and lobbying firms are part of the revolving door between government and business that President Clinton has vowed to close. It is not clear how he will accomplish this goal when so many of his top appointees, including Ron Brown and Howard Paster, are „business as usual" Washington insiders. Ron Brown, who was a lobbyist and attorney for Haitis „Baby Doc „ Duvalier, is Clinton's Secretary of Commerce. Paster, former head of Hill and Knowlton's Washington office, directed the confirmation process during the transition period and is now Director of Intergovernmental Affairs for the House. After managing PR for the Gulf War, Hill and Knowlton executive Lauri J. Fitz Pegado became director of public liaison for the inauguration. The door swings both ways. Thomas Hoog, who served on Clinton's transition team, has replaced Paster as head of H&K's Washington office. Hill and Knowlton is one of the world's largest and most influential corporations. As such, its virtually unregulated status, its longstanding connections to intelligence agencies, its role in shaping policy, and its close relationship to the Clinton administration deserve careful scrutiny.

Despite hundreds of „credible reports" acknowledged by the State Department, documenting use of „high pressure cold water hoses, electric shocks, beating of the genitalia, and hanging by the arms," Turkey reaps the benefits of U.S. friendship and Most Favored Nation status. „Last year Turkey received more than $800 million in U.S. aid, and spent more than $3.8 million on Washington lobbyists to keep that money flowing." Turkey paid for U.S. tolerance of torture with its cooperative role in NATO, and its support for Operation Desert Storm; it bought its relatively benign public image with cold cash. Turkey's favorite Washington public relations and lobbying firm is Hill and Knowlton (H&K), to which it paid $ 1,200,000 from November 1990 to May 1992. Other chronic human rights abusers such as China, Peru, Israel, Egypt, and Indonesia, also retained Hill and Knowlton to the tune of $14 million in 1991 92. Hill and Knowlton has also represented the infamously repressive Duvalier regime in Haiti.

On October 10, 1990, as the Bush administration stepped up war preparations against Iraq, H&K, on behalf of the Kuwaiti government, presented 15 year old „Nayirah" before the House Human Rights Caucus. Passed off as an ordinary Kuwaiti with firsthand knowledge of atrocities committed by the Iraqi army, she testified tearfully before Congress: "I volunteered at the al Addan hospital ... [where] I saw the Iraqi soldiers come into the hospital with guns, and go into the room where 15 babies were in incubators. They took the babies out of the incubators, took the incubators, and left the babies on the cold floor to die." Supposedly fearing reprisals against her family, Nayirah did not reveal her last name to the press or Congress. Nor did this apparently disinterested witness mention that she was the daughter of Sheikh Saud Nasir al Sabah, Kuwait's ambassador to the U.S. As Americans were being prepared for war, her story which turned out to be impossible to corroborate –became the centerpiece of a finely tuned public relations campaign orchestrated by H&K and coordinated with the White House on behalf of the government of Kuwait and its front group, Citizens for a Free Kuwait. In May 1991, CFK was folded into the Washington based Kuwait America Foundation. CFK had sprung into action on August 2, the day Iraq invaded Kuwait. By August 10 it had hired H&K, the preeminent U.S. public relations firm. CFK reported to the Justice Department receipts of $17,861 from 78 individual U.S. and Canadian contributors and $11.8 million from the Kuwaiti government. Of those donations. H&K got nearly $10.8 million to wage one of the largest, most effective public relations campaigns in history.

The H&K team, headed by former U.S. Information Agency officer Lauri L. Fitz Pegado, organized a Kuwait Information Day on 20 college campuses on September 12. On Sunday,

➢

September 23, churches nationwide observed a national day of prayer for Kuwait. The next day, 13 state governors declared a national Free Kuwait Day. H&K distributed tens of thousands of Free Kuwait bumper stickers and T shirts, as well as thousands of media kits extolling the alleged virtues of Kuwaiti society and history. Fitz Pegado's crack press agents put together media events featuring Kuwaiti „resistance fighters" and businessmen and arranged meetings with newspaper editorial boards. H&K's Lew Allison, a former CBS and NBC News producer, created 24 video news releases from the Middle East, some of which purported to depict life in Kuwait under the Iraqi boot. The Wirthlin Group was engaged by H&K to study TV audience reaction to statements on the Gulf crisis by President Bush and Kuwaiti officials. All this PR activity helped „educate" Americans about Kuwait a totalitarian country with a terrible human rights record and no rights for women.

H&K's highly paid agents of influence, such as Vice President Bush's chief of staff Craig Fuller, and Democratic power broker Frank Mankiewicz, have run campaigns against abortion for the Catholic Church, represented the Church of Scientology, and the Moonies. They have made sure that gasoline taxes have been kept low for the American Petroleum Institute; handled flack for Three Mile Island's near catastrophe; and mishandled the apple growers' assertion that Alar was safe. They meddle in our political life at every turn and apparently are never held accountable.

In the 1930s, Edward Bernays, the „father of public relations," convinced corporate America that changing the public's opinion using PR techniques about troublesome social movements such as socialism and labor unions, was more effective than hiring goons to club people. Since then, PR has evolved into an increasingly refined art form of manipulation on behalf of whoever has the large amounts of money required to pay for it. In 1991, the top 50 U.S. based PR firms billed over $1,700,000,000 in fees. Top firms like Hill and Knowlton charge up to $350 per hour. They are positioned to sell their clients access and introductions to government officials, including those in intelligence agencies. Robert Keith Gray, head of Hill and Knowlton's Washington office for three decades, used to brag about checking major decisions personally with CIA director William Casey, whom he considered a close personal friend.

H&K leads PR charge in behalf of Kuwaiti cause

Hill and Knowlton in conducting a multi faceted PR campaign for Kuwaiti interests that may lead the U.S. to war in the Mid East, has assumed a role in world affairs unprecedented for a PR firm. H&K has employed „ a stunning variety of opinion forming devices and techniques to help keep U.S. opinion on the side of the Kuwaitis, who demand the complete ouster of 'the invading forces of' Iraq. The techniques range from full scale press conferences showing torture and other abuses by the Iraqis to President and CEO Robert L. Dilenschneider asking National Football League Commissioner Paul Tagliabue to arrange for a moment of silence for Kuwait at NFL.

One of the most important ways public relations firms influence what we think is through the massive distribution of press releases to newspapers and TV newsrooms. One study found that 40 percent of the news content in a typical U.S. newspaper originated with public relations press releases, story memos, or suggestions. The Columbia Journalism Review, which scrutinized a typical issue of the Wall Street Journal, found that more than half the Journal's news stories „were based solely on press releases." Although the releases were reprinted „almost verbatim or in paraphrase," with little additional reporting, many articles were attributed to „a Wall Street Journal staff reporter."

On November 27, 1990, just two days before the U.N. Security Council was to vote on the use of military force against Iraq, while the U.S. was extorting, bullying, and buying U.N. cooperation, Kuwait was trying to win hearts, minds, and tear ducts. „Walls of the [U.N.]

Council chamber were covered with oversized color photographs of Kuwaitis of all ages who reportedly had been killed or tortured by Iraqis. ...A videotape showed Iraqi soldiers apparently firing on unarmed demonstrators, and witnesses who had escaped from Kuwait related tales of horror. A Kuwaiti spokesman was on hand to insist that his nation had been ‚an oasis of peaceful harmony' before Iraq mounted its invasion."11 With few exceptions, the event was reported as news by the media, and two days later the Security Council voted to authorize military force against Iraq.

The Intelligence Connection

Former CIA official Robert T. Crowley, the Agency's long – time liaison with corporations, acknowledged: „Hill and Knowlton's overseas offices were perfect ‚cover' for the ever expanding CIA. Unlike other cover jobs, being a public relations specialist did not require technical training for CIA officers." The CIA, Crowley admitted, used its H&K connections „to put out press releases and make media contacts to further its positions. ...H&K employees at the small Washington office and elsewhere distributed this material through CIA assets working in the United States news media."

While the use of U.S. media by the CIA has a long and well documented history, the covert involvement of PR firms may be news to many. According to Trento: "Reporters were paid by the CIA, sometimes without their media employers' knowledge, to get the material in print or on the air. But other news organizations ordered their employees to cooperate with the CIA, including the San Diego based Copley News Service. But Copley was not alone, and the CIA had ‚tamed' reporters and editors in scores of newspaper and broadcast outlets across the country. To avoid direct relationships with the media, the CIA recruited individuals in public relations firms like H&K to act as middlemen for what the CIA wanted to distribute".

Over the years, Hill and Knowlton and Robert Gray have been implicated in the BCCI scandal, the October Surprise, the House page sex and drug scandal, Debategate, Koreagate, and Iran Contra. In October 1988, three days after the Bank of Credit and Commerce International (BCCI) was indicted by a federal grand jury for conspiring with the Medellin Cartel to launder $32,000,000 in illicit drug profits, the bank hired H&K to manage the scandal. Robert Gray also served on the board of directors of First American Bank, the Washington D.C. bank run by Clark Clifford (now facing federal charges) and owned by BCCI. Gray was close to, and helped in various ways, top Reagan officials. When Secretary of Defense Caspar Weinberger's son needed a job, Gray hired him for $2,000 a month. „And when Gray's clients needed something from the Pentagon, Gray and Co. went right to the top." Gray also helped Attorney General Ed Meese's wife, Ursula, get a lucrative job with a foundation which was created by a wealthy Texas client, solely to employ her. Robert Keith Gray, who set up Hill and Knowlton's important Washington, D.C. office and ran it for most of the time between 1961 and 1992, has had numerous contacts in the national and international intelligence community. The list of his personal and professional associates includes Edwin Wilson, William Casey, Tongsun Park (Korean CIA), Rev. Sun Myung Moon, Anna Chennault (Gray was a board member of World Airways aka Flying Tigers), Neil Livingstone, Robert Owen, and Oliver North. „Most of the International Division [of Gray & Co.] clients," said Susan Trento, „were right-wing government members tied closely to the intelligence community or businessmen with the same associations."

Abbildung 9.2

Quelle: CovertAction, Number 44, Spring 1993, pp. 19-27; aus Platzgründen habe ich den Beitrag um ca. 40 Prozent gekürzt, darunter auch um alle Fotos und alle 27 Fussnoten. Der Originalartikel samt allen Quellen findet sich auf meiner Homepage. B.H.

Aus Kapitel 10

Die zehn Verpflichtungen von Kopenhagen

Wir verpflichten uns, wirtschaftliche, politische, soziale, kulturelle und rechtliche Rahmenbedingungen zu schaffen, die die Menschen in die Lage versetzen, eine soziale Entwicklung zu verwirklichen.

Wir verpflichten uns zu dem Ziel, durch entschlossenes nationales Handeln und internationale Zusammenarbeit die Armut in der Welt auszurotten; dies ist ein ethischer, sozialer, politischer und wirtschaftlicher Imperativ der Menschheit.

Wir verpflichten uns, das Ziel der Vollbeschäftigung als grundlegende Priorität unserer Wirtschafts- und Sozialpolitik zu fördern und alle Männer und Frauen in die Lage zu versetzen, eine sichere und nachhaltige Lebensperspektive durch frei gewählte produktive Beschäftigung und Arbeit zu verwirklichen.

Wir verpflichten uns, die soziale Integration durch die Förderung von Gesellschaften voranzutreiben, die stabil, sicher und gerecht sind sowie auf der Förderung und dem Schutz der Menschenrechte, der Nichtdiskriminierung, der Toleranz, der Achtung der Diversität, Chancengleichheit, Solidarität, Sicherheit und Partizipation aller Menschen, einschließlich der benachteiligten und gefährdeten Gruppen und Personen, beruhen.

Wir verpflichten uns, die volle Achtung der menschlichen Würde zu fördern, Gleichheit und Gleichberechtigung von Männern und Frauen zu verwirklichen und die Partizipation sowie die führende Rolle der Frauen im politischen, zivilen, wirtschaftlichen, sozialen und kulturellen Leben und in der Entwicklung anzuerkennen und voranzutreiben.

Wir verpflichten uns, die Ziele des allgemeinen und gerechten Zugangs zu einer guten Bildung, des höchsten erreichbaren körperlichen und geistigen Gesundheitszustands und des Zugangs aller Menschen zur gesundheitlichen Grundversorgung zu fördern und zu verwirklichen, indem wir besondere Anstrengungen unternehmen werden, um Ungleichheiten im Hinblick auf soziale Verhältnisse zu beheben, ohne Unterschied nach Rasse, nationaler Herkunft, Geschlecht, Alter oder Behinderung; unsere gemeinsame Kultur wie auch unsere jeweilige kulturelle Eigenart zu achten und zu fördern; danach zu trachten, die Rolle der Kultur in der Entwicklung zu stärken; die unabdingbaren Grundlagen für eine bestandfähige Entwicklung, in deren Mittelpunkt der Mensch steht, zu erhalten; und zur vollen Erschließung der Humanressourcen und zur sozialen Entwicklung beizutragen. Das Ziel dieser Aktivitäten besteht darin, die Armut zu beseitigen, eine produktive Vollbeschäftigung zu fördern und die soziale Integration zu begünstigen.

Wir verpflichten uns, die Entwicklung der wirtschaftlichen, sozialen und menschlichen Ressourcen Afrikas und der am wenigsten entwickelten Länder zu beschleunigen.

Wir verpflichten uns sicherzustellen, dass dort, wo Strukturanpassungsprogramme verabschiedet werden, diese soziale Entwicklungsziele beinhalten sollten, vor allem die Ausrottung der Armut, die Förderung von Voll- und produktiver Beschäftigung und die Förderung der sozialen Integration.

Wir verpflichten uns, die für die soziale Entwicklung bereitgestellten Ressourcen signifikant zu erhöhen und /oder effektiver einzusetzen, um die Ziele des Gipfels durch nationales Handeln sowie regionale und internationale Zusammenarbeit zu verwirklichen.

Wir verpflichten uns, in partnerschaftlichem Geist und durch die Vereinten Nationen und andere multilaterale Institutionen einen verbesserten und gestärkten Rahmen für internationale, regionale und subregionale Zusammenarbeit für soziale Entwicklung zu schaffen.

Abbildung 10.1

Quellen: www.bmz.de/de/service/infothek/fach/spezial/spezial010/ spezi-al010_2.html

Milleniums-Entwicklungsziele der Vereinten Nationen
verabschiedet im September 2000

Ziel 1: Beseitigung der extremen Armut und des Hungers
Zielvorgabe 1: Den Anteil der Menschen halbieren, deren Einkommen weniger als einen Dollar pro Tag beträgt.
Zielvorgabe 2: Den Anteil der Menschen halbieren, die Hunger leiden.
Ziel 2: Verwirklichung der allgemeinen Primarschulbildung
Zielvorgabe 3: Sicherstellen, dass alle Jungen und Mädchen eine Primarschulbildung vollständig abschließen können.
Ziel 3: Förderung der Gleichheit der Geschlechter und Ermächtigung der Frauen
Zielvorgabe 4: Das Geschlechtergefälle in der Primar- und Sekundarschulbildung beseitigen, vorzugsweise bis 2005, und auf allen Bildungsebenen bis spätestens 2015
Ziel 4: Senkung der Kindersterblichkeit
Zielvorgabe 5: Die Sterblichkeitsrate von Kindern unter fünf Jahren um zwei Drittel senken.
Ziel 5: Verbesserung der Gesundheit von Müttern
Zielvorgabe 6: Die Müttersterblichkeitsrate noch vor 2015 um drei Viertel senken
Ziel 6: Bekämpfung von HIV/AIDS, Malaria und anderen Krankheiten
Zielvorgabe 7: Die Ausbreitung von HIV/AIDS zum Stillstand bringen und allmählich umkehren.
Zielvorgabe 8: Die Ausbreitung von Malaria und anderen schweren Krankheiten zum Stillstand bringen und allmählich umkehren.
Ziel 7: Sicherung der ökologischen Nachhaltigkeit
Zielvorgabe 9: Die Grundsätze der nachhaltigen Entwicklung in die Politik und Programme jedes einzelnen Staates einbeziehen und den Verlust von Umweltressourcen beseitigen.
Zielvorgabe 10: Den Anteil der Menschen um die Hälfte senken, die keinen nachhaltigen Zugang zu sauberem Trinkwasser haben.
Zielvorgabe 11: Bis 2020 eine erhebliche Verbesserung der Lebensbedingungen von mindestens 100 Mio. Slumbewohnern herbeiführen.
Ziel 8: Aufbau einer weltweiten Entwicklungspartnerschaft
Zielvorgabe 12: Ein offenes, regelgestütztes, berechenbares und nicht diskriminierendes Handels- und Finanzsystem weiterentwickeln. Umfasst die Verpflichtung auf eine gute Regierungs- und Verwaltungsführung, die Entwicklung und die Armutsreduzierung sowohl auf nationaler als auch auf internationaler Ebene.
Zielvorgabe 13: Den besonderen Bedürfnissen der am wenigsten entwickelten Länder Rechnung tragen. Dies umfasst einen zoll- und quotenfreien Zugang für Exportgüter dieser Länder, ein verstärktes Schuldenerleichterungsprogramm für die hoch verschuldeten armen Länder und die Streichung der bilateralen öffentlichen Schulden sowie die Gewährung großzügigerer öffentlicher Entwicklungshilfe für Länder, die zur Armutsminderung entschlossen sind.
Zielvorgabe 14: Den besonderen Bedürfnissen der Binnen- und kleinen Inselentwicklungsländer Rechnung tragen.
Zielvorgabe 15: Die Schuldenprobleme der Entwicklungsländer durch Maßnahmen auf nationaler und internationaler Ebene umfassend angehen und so die Schulden langfristig tragbar werden lassen.
Zielvorgabe 16: In Zusammenarbeit mit den Entwicklungsländern Strategien zur Beschaffung menschenwürdiger und produktiver Arbeit für junge Menschen erarbeiten und umsetzen.
Zielvorgabe 17: In Zusammenarbeit mit den Pharmaunternehmen erschwingliche unentbehrliche Medikamente in den Entwicklungsländern verfügbar machen.
Zielvorgabe 18: In Zusammenarbeit mit dem Privatsektor dafür sorgen, dass die Voreile der neuen Technologien – insbesondere der Informations- und Kommunikationstechnologien – genutzt werden können.[1]

Abbildung 10.2
1 – UNDP 2003, hier in der Übersetzung der Deutschen Gesellschaft für die Vereinten Nationen

Sozialbudget, Leistungen nach Institutionen und Funktionen			
Gegenstand der Nachweisung	**Einheit**	**2002**	**2003**
Deutschland			
Sozialbudget [1]			
Sozialleistungen insgesamt [2]	Mio. €	685 091	694 427
pro Kopf	€	8 281	8 416
Sozialleistungsquote [3]	%	32,4	32,6
Leistungen nach Institutionen			
Allgemeine Systeme	Mio. €	436 860	446 401
Allgemeine Systeme incl. Beiträge des Staates	Mio. €	473 715	483 913
darunter:			
- Rentenversicherung	Mio. €	232 922	238 508
- Krankenversicherung	Mio. €	141 227	143 337
- Pflegeversicherung	Mio. €	17 287	17 407
- Unfallversicherung	Mio. €	11 253	11 344
- Arbeitsförderung	Mio. €	71 025	73 317
Sondersysteme	Mio. €	5 541	5 820
Leistungssysteme des öff. Dienstes	Mio. €	52 083	52 713
Leistungssysteme der Arbeitgeber	Mio. €	55 956	52 580
Entschädigungssysteme	Mio. €	5 708	5 557
Förder- und Fürsorgesysteme	Mio. €	55 185	57 273
darunter:			
- Kindergeld [4]	Mio. €	108	132
- Erziehungsgeld	Mio. €	3 648	3 481
Direkte Leistungen insgesamt	Mio. €	610 425	619 427
Direkte Leistungen incl. Beiträge des Staates	Mio. €	648 188	657 856
Indirekte Leistungen	Mio. €	74 666	75 032
dar.: Familienleistungsausgleich	Mio. €	36 046	36 080
Leistungen nach Funktionen			
Ehe und Familie	Mio. €	101 073	101 734
Gesundheit	Mio. €	233 268	235 217
Beschäftigung	Mio. €	66 686	68 717
Alter und Hinterbliebene	Mio. €	260 102	266 094
Übrige Funktionen	Mio. €	21 907	22 697

[1] Quelle: Bundesministerium für Gesundheit und Soziale Sicherung, Bonn.
[2] Berechnungsstand März 2005. >>Sozialleistungen insgesamt<< nach Konsolidierung der Beiträge des Staates.
[3] Sozialleistungen im Verhältnis zum Bruttoinlandsprodukt.
[4] Ab 1.1. 1996 ist das Kindergeld im Rahmen des Familienleistungsausgleichs neu geregelt worden.

Aktualisiert am 09. Juni 2005

Tabelle 10.1: Sozialbudget, Leistungen nach Institutionen und Funktionen
Quelle: www.destatis.de/basis/d/solei/soleiq23.php, Juni 2005

Einschnitte ins soziale Netz unter der rot-grünen Bundesregierung

Die Agenda 2010, ...

1. Kürzung der Bezugsdauer von Arbeitslosengeld: Das Arbeitslosengeld – bislang über maximal 32 Monate gezahlt – wird für die unter 55jährigen auf zwölf und für die Älteren auf 18 Monate begrenzt.
2. Senkung der Arbeitslosenhilfe auf Sozialhilfeniveau: Die Arbeitslosenhilfe – künftig Arbeitslosengeld I – wird auf das Niveau und die Bedingungen der Sozialhilfe gesenkt.
3. Weitere Verschärfung der Zumutbarkeitskriterien: Wer zumutbare Arbeit ablehnt, muss mit Sanktionen rechnen.
4. Senkung des Rentenniveaus: Auf Vorschlag der Rürup-Kommission wird das Rentenniveau auf
5. Privatisierung des Krankengeldes: Das bisher im Rahmen der gesetzlichen Krankenversicherung paritätisch finanzierte Krankengeld wird in Zukunft alleine von den Arbeitnehmern bestritten.
6. Schrittweise Aufhebung des Kündigungsschutzes: Die Zahl derer, die befristet oder als Leih- und Zeitarbeiter eingestellt werden, wird nicht mehr auf die Obergrenze für Kleinbetriebe angerechnet. Die wahlweise Abfindungsregelung bei betriebsbedingter Kündigung wird eingeführt.
7. Aushöhlung der Tarifautonomie: Tarifverträge ollen mehr Optionen für Betriebsvereinbarungen schaffen, die von den „Betriebspartner" alleine ausgehandelt werden können.

... die Hartz-Reformen, ...

1. Ausweitung der Leiharbeit: Einführung von Personal-Service-Agenturen; Schutzbestimmungen fallen weg.
2. Leistungskürzungen: bei Arbeitslosengeld, Unterhaltsgeld und Arbeitslosenhilfe
3. Verschärfte Zumutbarkeitsregeln: Umzug kann erzwungen bzw. Leistung verweigert werden.
4. „Ich-AGs": Arbeitsamt zahl unter bestimmten Bedingungen Existenzgründungszuschüsse.
5. Mini-Jobs: Einführung von 400 Euro-Jobs
6. Midi-Jobs: Einführung von 401-800 Euro-Jobs
7. Reintegration älterer Arbeitnehmer: durch Entgeltsicherung, Einstellungsbefristung und Beitragsentlastung für den Arbeitgeber („Hatz I und II", 2002)
8. Reform der Arbeitsverwaltung und Neugestaltung der Transferinstrumente („Hartz III", 2003)
9. Begrenzung des Arbeitslosengeldes auf 12 Monate, Zusammenlegung von Arbeitslosenhilfe und Sozialhilfe (ALG II), Verschärfung der Anrechnungsregeln, , Grundsicherung für Arbeitsuchende auf Sozialhilfeniveau, Kinderzuschlag und Änderung des Wohngeldgesetzes („Hartz IV", 2005)

... die Gesundheitsreform ...

1. Krankengeld: Nur Arbeitsnehmer zahlen noch
2. Praxisgebühr zehn Euro pro Vierteljahr
3. Arzneimittelzuzahlung erhöht
4. Nicht verschreibungspflichtige Medikamente werde nicht mehr bezahlt
5. Rentner werden beitragspflichtig

... und die Sozialhilfereform (2005):

➢

1. Die Hilfe zum Lebensunterhalt soll nur noch den Menschen gezahlt werden, die bei Bedürftigkeit sonst keine Leistungen erhalten – also weder als erwerbsfähige Personen im Alter von 15-65 Jahren das neue ALG II, noch als 65jährige oder Ältere bzw. dauerhaft voll Erwerbsgeminderte die Leistungen der Grundsicherung im Alter und bei Erwerbsminderung.
2. Hilfe zum Lebensunterhalt werden demnach Menschen im erwerbsfähigen Alter erhalten, für die vorübergehend keine Erwerbstätigkeit möglich ist. Dies sind z.B. Bezieher einer Zeitrente wegen Erwerbsminderung, längerfristig Erkrankte, in Einrichtungen betreute Menschen, insgesamt etwa 200.000 Personen.
3. Einschließlich anderer Leistungsberechtigter, wie insbesondere behinderte und pflegebedürftige Personen, werden künftig etwa 1,2 Millionen Menschen von den Sozialämtern betreut.[1]
4. Die wichtigste Neuregelung: Es gibt zwar mehr Geld für aber keine zusätzlichen einmaligen Zuschüsse für größere Anschaffungen mehr. Und dafür zahlt das Sozialamt ab nächstes Jahr nicht mehr einzeln:

- Bekleidung: z. B. Wintermantel, Büstenhalter, Trainingsanzug, Gummistiefel, Anorak, Bademantel, Brautkleid, Schuhe, Nachthemd, Unterwäsche.
- Hausrat: z. B. Bett, Küche, Waschmaschine, Kühlschrank, Wohnzimmerschrank, Lattenrost, Bettwäsche, Handtücher, Sofa, Staubsauger, Bratpfanne, Essbesteck.
- Einrichtung: z. B. Teppichboden, Gardinen, Farbe.
- Familie: z. B. Eheringe, Fahrtkosten zum Besuch von Familienfeiern, Bewirtung bei Konfirmation, Beerdigung, Heiratsanzeige, Goldene Hochzeit
- Kinder: z. B. Taufkleid, Babysitter, Schultüte, Kindergeburtstag, Turnbeutel, Kommunions-/Konfirmationskleid, Beschneidungsfest, Fußballschuhe, Musikinstrumente.
- Gesundheit: z. B. Brille, Antibabypille, Zahnersatz, Kondome, Selbstbeteiligung bei Arzneien.

Abbildung 10.3
Quelle: Eigene Darstellung

1 – 2,76 Mio. Personen erhielten Ende 2002 Sozialhilfe; das entspricht ca. 3,3% der Bevölkerung

PERSONENREGISTER

SACHREGISTER

Bevölkerungswachstum *117, 122-137*

EU-Verfassung 25, 223, 250-253, 255, 259, 263, 353

Grundversorgung . . 292, 297-300, 306 353, 370

Selbstverwaltung 306, 313, 330, 340, 341

LITERATURVERZEICHNIS

Die vollständigen Literaturangaben der in diesem Buch verwendeten Texte sind unter folgenden Internet-Seiten zu finden:

www.kai-homilius-verlag.de

www.bernd-hamm.uni-trier.de

Auf der Webseite www.bernd-hamm.uni-trier.de gibt es außerdem eine Suchmaschine, über die sich alle Institutionen und zahlreiche Stichworte, die in diesem Buch erwähnt werden, finden lassen. Ebenso können zahlreiche Publikationen und Dokumente herunter geladen werden. Zudem befinden sich hier Hinweise auf besonders empfehlenswerte Internetseiten mit weiterführenden Informationen.